Umwandlungssteuerrecht

Gernot Brähler · Andreas Krenzin

Umwandlungssteuerrecht

Grundlagen für Studium und
Steuerberaterprüfung

11., überarbeitete und aktualisierte Auflage

 Springer Gabler

Gernot Brähler
München, Deutschland

Andreas Krenzin
Ingolstadt, Deutschland

ISBN 978-3-658-27979-0   ISBN 978-3-658-27980-6   (eBook)
https://doi.org/10.1007/978-3-658-27980-6

Die Deutsche Nationalbibliothek verzeichnet diese Publikation in der Deutschen Nationalbibliografie; detail-
lierte bibliografische Daten sind im Internet über http://dnb.d-nb.de abrufbar.

Springer Gabler
© Springer Fachmedien Wiesbaden GmbH, ein Teil von Springer Nature 2004, 2005, 2008, 2009, 2011, 2013,
2014, 2017, 2020

Springer Gabler ist ein Imprint der eingetragenen Gesellschaft Springer Fachmedien Wiesbaden GmbH und ist
ein Teil von Springer Nature.
Die Anschrift der Gesellschaft ist: Abraham-Lincoln-Str. 46, 65189 Wiesbaden, Germany

Vorwort zur 11. Auflage

Das Umwandlungssteuerrecht stellt eine äußerst komplexe und vielschichtige Materie dar, da neben dem eigentlichen UmwStG immer wieder Bezug auf Regelungsbereiche etwa des EStG, des KStG sowie des Bilanzrechts genommen wird. Sind allerdings die grundlegenden steuerlichen Problembereiche und Regelungszusammenhänge verstanden worden, zeigen sich die Vorschriften des UmwStG vielfach als lediglich konsequente Umsetzung dieser steuerlichen Grundsätze.

Im Rahmen dieses Lehrbuchs werden daher einleitend stets die relevanten steuerlichen Grundprinzipien erklärt, so dass die Regelungen des UmwStG als notwendige und nachvollziehbare Folge dieser Grundprinzipien erscheinen. Auf diese Weise zeigt sich das Umwandlungssteuerrecht als überschaubares und verständliches System, das – zumindest in weiten Teilen – in sich schlüssig ist. Die Erläuterung der steuerlichen Grundprinzipien erlaubt aber auch hierbei, die bestehenden Inkonsistenzen der Gesetzgebung aufzuzeigen und kritisch zu hinterfragen.

Angesichts der hohen Komplexität ist es das Ziel dieses Lehrbuchs, die Grundzüge und Hauptproblemstellungen einfach und strukturiert darzustellen. Aus diesem Grunde wurden zahlreiche Beispiele, Abbildungen und Übersichten verwendet, die zu einer besseren Veranschaulichung der Problemfelder beitragen sollen. Auch dienen die Merkfelder sowie die Zusammenfassungen einer zielgerichteten Vorbereitung auf Examens- und/oder Steuerberaterprüfungen.

Das Buch basiert auf dem Rechtsstand 01. September 2019.

Gernot Brähler / Andreas Krenzin

Inhaltsverzeichnis

KAPITEL IV: SPALTUNG VON KAPITALGESELLSCHAFTEN

KAPITEL V: EINBRINGUNG IN KAPITAL- UND PERSONENGESELL-
SCHAFTEN

Kapitel I: Überblick zum Umwandlungsrecht

1 Einleitung

Ein Unternehmen unterliegt im Laufe seines Bestehens Veränderungen. Es ist kein statisches Objekt, sondern passt sich in einem dynamischen Prozess an eine sich ständig ändernde Umwelt an. Dies bedeutet, dass sich das Unternehmen im Laufe seines Lebens geänderten Rahmenbedingungen stellen muss. Die Änderungen der Rahmenbedingungen können sowohl auf einer geänderten Zielsetzung des Unternehmens, bspw. der Konzentration auf das Kerngeschäft, als auch auf Änderungen der Umwelt, wie z. B. Änderungen der Rechtsprechung oder des Gesetzes, beruhen. Daher muss eine Anpassung der gewählten Unternehmensstruktur bzw. der ursprünglichen Rechtsform an die geänderten Rahmenbedingungen möglich sein. Diese Umstrukturierungen von Unternehmen sind sowohl zivil- als auch steuerrechtlich komplexe Sachverhalte. Ohne zivil- und steuerrechtliche Sonderregelungen müsste ein Unternehmen in seiner ursprünglichen Rechtsform aufgegeben bzw. eine Gesellschaft liquidiert werden. Danach müsste ein neues Unternehmen in der gewünschten Rechtsform gegründet werden. Abgesehen von einem hohen administrativen Aufwand könnten diese Umwandlungen ohne Sonderregelungen steuerlich nicht erfolgsneutral vorgenommen werden, da im Betriebsvermögen evtl. vorhandene stille Reserven bei der Betriebsaufgabe aufzudecken wären.

> **Merke:** Ohne zivil- und steuerrechtliche Sonderregelungen würde im Fall der Umwandlung von Unternehmen ein **hoher administrativer Aufwand** entstehen, und die im Betriebsvermögen des Unternehmens enthaltenen **stillen Reserven müssten aufgedeckt und besteuert** werden.

Das **Umwandlungsgesetz** reduziert den hohen administrativen Aufwand, indem es Umwandlungen auch ohne Abwicklung des übertragenden Rechtsträgers ermöglicht. Das **Umwandlungssteuergesetz** erlaubt die Vermeidung der Realisierung der stillen Reserven, indem unter bestimmten Voraussetzungen die Übertragung der stillen Reserven auf den übernehmenden Rechtsträger zugelassen wird.

1.1 Begriff der Umwandlung

Die Umwandlung lässt sich allgemein als **Fortführung einer wirtschaftlichen Einheit in einer anderen Rechtsform** beschreiben. Zivilrechtlich fallen unter den Begriff der Umwandlung Änderungen der Unternehmensstruktur durch Umstrukturierungen i. S. d. Umwandlungsgesetzes (UmwG), durch Einbringungen, durch Kapitalerhöhungen gegen Sacheinlage, durch Realteilungen sowie durch Anwachsungen. Umwandlungen können dabei grundsätzlich im Wege der Einzel- oder der (partiellen) Gesamtrechtsnachfolge erfolgen.

© Springer Fachmedien Wiesbaden GmbH, ein Teil von Springer Nature 2020
G. Brähler und A. Krenzin, *Umwandlungssteuerrecht*,
https://doi.org/10.1007/978-3-658-27980-6_1

1.1.1   Einzelrechtsnachfolge

Der Begriff **Einzelrechtsnachfolge** (Singularsukzession) bezeichnet den Eintritt einer Person in *einzelne* Rechte und Pflichten einer anderen Person. Die wichtigsten Übertragungsformen im Wege der Einzelrechtsnachfolge sind:

- Übertragung von Forderungen durch Abtretung (§ 398 BGB),
- Übertragung von Schulden durch Schuldübernahme (§ 414 BGB) bei Zustimmung des Gläubigers (§ 415 BGB),
- Übertragung von Grundstücken durch notariell beurkundete Einigung mit anschließender Eintragung der Auflassung in das Grundbuch (§ 873 BGB) sowie
- Übertragung beweglicher Sachen durch Einigung und Übergabe (§ 929 BGB).

Beispiel	**Singularsukzession** Harry kauft von der Hermine GmbH einen neuen Flachbild-Fernseher für sein Wohnzimmer. Er erwirbt das Eigentum an diesem durch Abschluss eines Kaufvertrags (§ 433 BGB) und anschließende Übereignung (§ 929 BGB). Harry tritt hierbei jedoch nicht in alle Rechte und Pflichten, die die Hermine GmbH bezüglich des Fernsehers besitzt, ein. Hat diese den Fernseher z. B. fremdfinanziert, haftet Harry nicht für die hieraus resultierenden Verpflichtungen, es sei denn, dies wäre im Kaufvertrag ausdrücklich vereinbart.

1.1.2   Gesamtrechtsnachfolge

Unter dem Begriff **Gesamtrechtsnachfolge** (Universalsukzession) versteht man den Eintritt einer Person in *alle* Rechte und Pflichten einer anderen Person in einem Rechtsakt. Dies ist z. B. im Fall der Erbschaft oder der Verschmelzung zweier Unternehmen gegeben. Das Vermögen wird hierbei **als Ganzes in einem Rechtsakt** (uno actu) erworben.

Beispiel	**Universalsukzession** Die Hermine GmbH wird auf die Albus GmbH verschmolzen. Bei dieser Verschmelzung durch Aufnahme geht das Vermögen der Hermine GmbH einschließlich ihrer Verbindlichkeiten auf die übernehmende Albus GmbH über. Die Albus GmbH tritt im Zeitpunkt des Wirksamwerdens der Verschmelzung in einem Rechtsakt in alle Rechte und Pflichten der Hermine GmbH, somit auch in deren Verbindlichkeiten, ein.

Wird jedoch nur ein Teil des Vermögens übertragen und tritt der Übernehmer in alle Rechte und Pflichten hinsichtlich dieses Vermögensteils ein, spricht man von einer **partiellen Gesamtrechtsnachfolge** (Sonderrechtsnachfolge). Dies bedeutet, dass nur ein Teil des Vermögens mit allen Rechten und Pflichten auf einen übernehmenden Rechtsträger übergeht, während der andere Teil entweder beim übertragenden Rechtsträger zurückbleibt oder auf einen dritten Rechtsträger überführt wird. Es handelt sich um eine Sonderform der Gesamtrechtsnachfolge, da die Ergebnisse hinsichtlich des übertragenen Vermögensteils denen der Gesamtrechtsnachfolge entsprechen.

Beispiel

Sonderrechtsnachfolge

Die Hermine GmbH besitzt zwei selbstständige Teilbetriebe, einen Elektronikmarkt und eine Reparaturwerkstatt. Die Hermine GmbH entschließt sich, die Reparaturwerkstatt auf die Albus GmbH auszugliedern. Bei dieser Ausgliederung geht das Vermögen der Reparaturwerkstatt auf die übernehmende Albus GmbH über. Die Albus GmbH tritt in alle Rechte und Pflichten der Reparaturwerkstatt in einem Rechtsakt ein. Allerdings tritt sie in keine Rechte und Pflichten des Elektronikmarkts ein, da dieser Teil der Vermögensmasse nicht auf die Albus GmbH übergeht. Es handelt sich daher um eine partielle Gesamtrechtsnachfolge.

1.2　Motive für eine Umwandlung

Bei der Darstellung der Motive für eine Umwandlung muss beachtet werden, dass eine Vielzahl von Faktoren die Wahl der Rechtsform und der Unternehmensorganisation beeinflusst. Daher können auch für Unternehmen vergleichbarer Größe und Struktur unterschiedliche Rechtsformen vorteilhaft sein. Die Motive für eine Änderung der Rechtsform sind somit vielfältig und oftmals von den Präferenzen der Anteilseigner bzw. Gesellschafter abhängig. Darüber hinaus sind die Motive nicht statisch, sondern können sich insbesondere mit Änderungen der rechtlichen Rahmenbedingungen ändern. An dieser Stelle werden einige allgemeine Kriterien aufgezählt, die bei der späteren Diskussion der einzelnen Umwandlungsarten näher bestimmt werden. Gründe für eine Umwandlung sind insbesondere:

Gesellschaftsrechtliche und betriebswirtschaftliche Motive:
- Unterschiede zwischen Kapital- und Personengesellschaften:

Unterschiede zwischen Kapitalgesellschaften und Personengesellschaften		
Vergleichskriterium	**Kapitalgesellschaft**	**Personengesellschaft**
Alleingesellschafter	Möglich	nicht möglich, Austritt eines Gesellschafters aus zweigliedriger OHG führt zur Auflösung
Anteilsveräußerung	Kauf und Verkauf von Aktien/ GmbH-Anteilen unkompliziert, da diese selbstständige Vermögensgegenstände sind	kompliziert, Übertragung eines Anteils erfordert Zustimmung aller Gesellschafter
Geschäftsführungsbefugnis	Fremdorganschaft, Vorstände/ Geschäftsführer müssen nicht Aktionäre/ Gesellschafter sein	im Außenverhältnis Grundsatz der Einzelgeschäftsführungsbefugnis der Gesellschafter

Gewinn- und Verlustbeteiligung	Gewinne/ Verluste entstehen auf Ebene der Gesellschaft; über die Ausschüttung des Gewinns entscheidet die Haupt- bzw. Gesellschafterversammlung; Gesellschafter haben Dividenden- bzw. Ausschüttungsanspruch; keine Verpflichtung zum Ausgleich von Verlusten der Gesellschaft	Gewinne/ Verluste erhöhen/ mindern das Kapitalkonto des Gesellschafters; Komplementäre besitzen Entnahmerechte; grundsätzlicher Auszahlungsanspruch des Kommanditisten, soweit die vereinbarte Einlage geleistet wurde
Haftung (aus Sicht des Gesellschafters)	beschränkt auf die Einlage	persönlich, unbeschränkt, solidarisch (Komplementär) bzw. beschränkt in Höhe der Einlage (Kommanditist)
Publizitäts-/ Prüfungsbestimmungen	Pflicht zur Aufstellung und Offenlegung des Jahresabschlusses; für (mittel-)große KapGes zusätzlich Prüfungspflicht	keine Publizitäts- und Prüfungspflichten (sofern nicht die Kriterien des PublG erfüllt sind[1])

Abbildung 1:   Gesellschaftsrechtliche Unterschiede zwischen Kapital- und Personengesellschaften

Weitere gesellschaftsrechtliche und betriebswirtschaftliche Motive sind z. B.:
- Zusammenschluss von verschiedenen Unternehmen eines Anteilseigners und damit einhergehende Vereinfachung der Struktur der Beteiligungen,
- Beendigung einer Kapitalgesellschaft ohne den erhöhten Aufwand der Liquidation, da der übertragende Rechtsträger bei Umwandlungen i. S. d. Umwandlungsgesetzes ohne Liquidation durch Löschung im Handelsregister untergeht,
- Abwendung der Insolvenz eines Tochterunternehmens durch Verschmelzung auf das Mutterunternehmen,
- Konzentration von Ressourcen zur Ausweitung von Marktanteilen, zur Ausweitung der Finanzierungsbasis, zur Durchsetzung von Rationalisierungsmaßnahmen oder zur gemeinsamen Nutzung von Patenten und Lizenzen,
- Möglichkeit zur Bildung von Pensionsrückstellungen für (beherrschende) geschäftsführende Gesellschafter einer GmbH,
- Zugang zum Kapitalmarkt (z. B. bei Umwandlung einer Personengesellschaft/ Einzelunternehmung in eine AG).

Beispiele für **steuerrechtliche Motive** einer Umwandlung sind:
- Unterschiede zwischen Kapital- und Personengesellschaften:

---

[1]   Kriterien sind: Bilanzsumme größer 65 Mio. €, Umsätze größer 130 Mio. €, Arbeitnehmeranzahl größer 5.000 Beschäftigte (§ 1 Abs. 1 i.V.m. § 3 Abs. 1 Nr. 1 PublG).

Unterschiede zwischen Kapitalgesellschaften und Personengesellschaften		
Vergleichs-kriterium	Kapitalgesellschaft	Personengesellschaft
Ertrags-besteuerung	Besteuerung auf Ebene der KapGes im Entstehungszeitpunkt des Gewinns mit KSt und GewSt; Besteuerung des Anteilseigners im Ausschüttungsfall	Besteuerung des Gesellschafters im Entstehungszeitpunkt mit seinem pers. ESt-Satz; Möglichkeit einer Thesaurierungsbegünstigung für nicht entnommene Gewinne (§ 34a EStG); (teilweise) Anrechnung der GewSt auf die pers. ESt (§ 35 EStG)
Vergleichs-kriterium	Kapitalgesellschaft	Personengesellschaft
Erbschaft-steuer	Bewertung von Anteilen an Kapitalgesellschaften und Betriebsvermögen erfolgt anhand der Verkehrswerte, sodass prinzipiell eine gleiche Bewertung vorgenommen wird. Sofern innerhalb von 5 bzw. 7 Folgejahren bestimmte Voraussetzungen (insbesondere Lohnsummenerfordernis) erfüllt sind, ist Betriebsvermögen zu 85 % bzw. auf Antrag zu 100 % von der ErbSt befreit; beachte hier aber den Verschonungsabschlag bei Groß-erwerben von begünstigtem Vermögen gem. § 13c ErbStG.	
Trennung zwischen Privat- und Betriebs-vermögen	strikte Trennung zwischen Vermö-gen der KapGes und Vermögen des Anteilseigners	Trennung, aber Möglichkeit der Bildung von Sonderbetriebs-vermögen
Verträge zwischen Ge-sellschafter und Gesell-schaft	werden steuerrechtlich im Rahmen des Fremdvergleichs anerkannt; Abzugsfähigkeit als Betriebs-ausgaben	werden nicht mit steuerlicher Wirkung anerkannt

Abbildung 2: Steuerrechtliche Unterschiede zwischen Kapital- und Personengesell-schaften

2 Grundlagen der Unternehmensbesteuerung

Im Folgenden sollen die Grundsätze der Besteuerung von Kapitalgesellschaften und Perso-nenunternehmen dargestellt werden. Das Verständnis dieser Grundsätze ist Voraussetzung dafür, die Auswirkungen bzw. Problembereiche nachvollziehen zu können, die sich aus einem Wechsel der Rechtsform eines Unternehmens ergeben.

2.1 Besteuerung von Kapitalgesellschaften

Gem. § 23 Abs. 1 KStG beträgt der **Körperschaftsteuersatz 15 %**. Die **Gewerbesteuer-messzahl** beläuft sich gem. § 11 Abs. 2 GewStG auf **3,5 %**. Diesbezüglich ist zu berücksichtigen, dass gem. § 4 Abs. 5b EStG die **Gewerbesteuer** trotz ihrer Eigenschaft als Objektsteuer **keine Betriebsausgabe** darstellt und damit weder von ihrer eigenen Bemessungsgrundlage noch von der Bemessungsgrundlage der Körperschaftsteuer abgezogen werden kann. Die gesamte Steuerbelastung für eine Kapitalgesellschaft bei einem GewSt-Hebesatz von 400 % beträgt somit 29,825 % (= 15 % KSt + 0,825 % SolZ + 14 % GewSt [400 % * 3,5 %]).

Schüttet die Kapitalgesellschaft ihre Gewinne an die Anteilseigner aus, müssen diese die erhaltene Ausschüttung versteuern:

- Hält der Anteilseigner die **Beteiligung im Betriebsvermögen**, kommt das **Teileinkünfteverfahren** gem. § 3 Nr. 40 S. 1 Bst. d i. V. m. § 3 Nr. 40 S. 2 EStG zur Anwendung. Hiernach werden 40 % der Ausschüttung steuerfrei gestellt. Der Gesellschafter versteuert den steuerpflichtigen Teil von 60 % der Ausschüttung anschließend mit seinem persönlichen ESt-Satz.

- Hält der Gesellschafter dagegen die **Beteiligung im Privatvermögen**, kommt grundsätzlich die **Abgeltungsteuer** i. H. v. 25 % (§ 32d Abs. 1 EStG) zzgl. SolZ zur Anwendung. Nach Zahlung der Abgeltungsteuer erhebt der Staat keine weiteren Steueransprüche.

> **Merke:** Dividenden im Betriebsvermögen werden nach dem **Teileinkünfteverfahren** zu 40 % steuerfrei gestellt. Kapitaleinkünfte im Privatvermögen unterliegen grundsätzlich einer **Abgeltungsteuer** von 25 %.

Von der grundsätzlichen Anwendung der Abgeltungsteuer im Privatvermögen gibt es jedoch eine Reihe von Ausnahmeregelungen. Im Fall von **Gewinnausschüttungen** kann das Teileinkünfteverfahren gem. § 32d Abs. 2 Nr. 3 EStG beantragt werden, wenn der Anteilseigner mindestens 25 % der Anteile oder mindestens 1 % der Anteile bei gleichzeitigem beruflichem Engagement für diese Gesellschaft hält. Im Fall von **Veräußerungsgewinnen** von Kapitalgesellschaftsanteilen sind Einkünfte, die aus der Veräußerung von Beteiligungen i. S. d. § 17 EStG resultieren, zwingend dem Teileinkünfteverfahren zu unterwerfen. Hält der Steuerpflichtige demnach 1 % oder mehr der Anteile an einer Kapitalgesellschaft im Privatvermögen, unterliegt deren Veräußerung nicht der Abgeltungsteuer, sondern dem Teileinkünfteverfahren.

> **Merke:** Von der Abgeltungsteuer gibt es mehrere Ausnahmeregelungen. Dabei ist zwischen Gewinnausschüttungen und Veräußerungsgewinnen zu unterscheiden.

	Höhe der Beteiligung	Gewinnausschüttung	Veräußerungsgewinn
Privatvermögen	< 1 %	Abgeltungsteuer	Abgeltungsteuer
	≥ 1 %	Wahlrecht (bei berufl. Engagement)	Teileinkünfteverfahren
	≥ 25 %	Wahlrecht	
Betriebsvermögen	0 - 100 %	Teileinkünfteverfahren	Teileinkünfteverfahren

Abbildung 3: Gewinnausschüttungen und Veräußerungsgewinne im Vergleich

Ist der **Anteilseigner** wiederum **eine Kapitalgesellschaft**, sind Dividendeneinkünfte grundsätzlich nach § 8b Abs. 1 KStG in voller Höhe steuerfrei. Allerdings gelten gem. § 8b Abs. 5 KStG 5 % der Bezüge als nichtabzugsfähige Betriebsausgabe, so dass die erhaltene Dividende im Ergebnis zu lediglich 95 % steuerfrei ist.

Beispiel

Steuerbelastung einer Kapitalgesellschaft und ihrer Anteilseigner
Die Mücke-GmbH erzielt in 2019 1 Mio. € Gewinn, den sie vollständig an ihren Gesellschafter ausschüttet. Die Gemeinde Ingolstadt, in der die Mücke-GmbH ihren Sitz hat, erhebt einen GewSt-Hebesatz von 400 %.

	Gewinn	1.000.000 €
./.	GewSt (400 % * 3,5 %)	./. 140.000 €
./.	KSt (15 %)	./. 150.000 €
./.	SolZ	./. 8.250 €
=	Gewinn nach Steuer	701.750 €

Fall 1: Anteilseigner ist eine natürliche Person

Der Anteilseigner hält die Beteiligung im Betriebsvermögen bzw. im Privatvermögen. Sein persönlicher ESt-Satz beträgt 45 %.

		BV	PV
	Dividende	701.750 €	701.750 €
	davon 40 % steuerfrei		
./.	gem. Teileinkünfteverfahren	./. 280.700 €	
=	zu versteuerndes Einkommen	421.050 €	
./.	ESt (45 %) bzw.	./. 189.473 €	
	Abgeltungsteuer (25 %)		./. 175.438 €
./.	SolZ	./. 10.421 €	./. 9.649 €
=	Dividende nach Steuer	501.856 €	516.663 €
	Gesamte Steuerlast	498.144 €	483.337 €
	in %	49,8 %	48,3 %

Fall 2: Anteilseigner ist eine Kapitalgesellschaft

	Dividende		701.750 €
./.	davon 95 % steuerfrei gem. § 8b Abs. 1, 5 KStG	./.	666.663 €
=	zu versteuerndes Einkommen		35.087 €
./.	GewSt (400 % * 3,5 %)	./.	4.912 €
./.	KSt (15 %)	./.	5.263 €
./.	SolZ	./.	289 €
=	Dividende nach Steuer		<u>691.286 €</u>
	Gesamte Steuerlast		308.714 €
	in %		30,9 %

2.2 Besteuerung von Einzelunternehmen und Personengesellschaften

Der **Spitzensteuersatz der Einkommensteuer** beträgt **45 %**. Die Erhebung der Gewerbesteuer erfolgt nach demselben System wie bei den Kapitalgesellschaften, so dass auch hier die **GewSt-Messzahl 3,5 %** beträgt (§ 11 Abs. 2 GewStG). Allerdings dürfen Einzelunternehmen und Personengesellschaften gem. § 11 Abs. 1 S. 3 Nr. 1 GewStG einen **Freibetrag i. H. v. 24.500 €** in Anspruch nehmen. Darüber hinaus ist die **Gewerbesteuer** auch bei Personengesellschaften **nicht als Betriebsausgabe** von ihrer Bemessungsgrundlage und der Bemessungsgrundlage der Einkommensteuer **abziehbar**. Allerdings kann die Gewerbesteuer auf die Einkommensteuer angerechnet werden; der Anrechnungsbetrag ergibt sich aus dem **Anrechnungsfaktor** von **3,8** (§ 35 EStG) multipliziert mit dem GewSt-Messbetrag (§ 11 Abs. 1 GewStG), maximal jedoch die tatsächliche GewSt-Belastung.

Um eine rechtsformneutrale Besteuerung zu erreichen, hat der Gesetzgeber die **Thesaurierungsbegünstigung** gem. § 34a EStG für Personenunternehmen eingeführt. Diese ermöglicht es Einzelunternehmen und Gesellschaftern von Personengesellschaften, nicht ausgeschüttete (= thesaurierte) Gewinne mit einem **ermäßigten Steuersatz von 28,25 %** zzgl. SolZ zu versteuern. Werden diese Gewinne zu einem späteren Zeitpunkt entnommen, erfolgt analog zur Dividendenbesteuerung eine Nachversteuerung i. H. v. 25 % zzgl. SolZ. Im Ergebnis soll Personenunternehmen durch die Thesaurierungsbegünstigung eine begünstigte Besteuerung einbehaltener Gewinne ermöglicht werden, vergleichbar zu der Besteuerung von Kapitalgesellschaften.

Beispiel

Steuerbelastung eines Einzelunternehmens

Jon Snow e.K. erzielt in 2019 1 Mio. € Gewinn. Die Gemeinde Ingolstadt, in der Jon Snow sein Gewerbe betreibt, erhebt einen GewSt-Hebesatz von 400 %. Um die Intentionen des Gesetzgebers zu verdeutlichen, wird in dem Beispiel mit den Grenzsteuersätzen gerechnet, so dass Freibeträge nicht berücksichtigt werden.

Fall 1:

Jon Snow möchte die Thesaurierungsbegünstigung nicht in Anspruch nehmen. Somit unterliegt der gesamte Gewinn seinem persönlichen ESt-Satz von 45 %.

	Gewinn		1.000.000 €
./.	GewSt (400 % * 3,5 %)		./. 140.000 €
	ESt (45 %)	*450.000 €*	
	./. GewSt-Anrechnung	*./. 133.000 €*	
	*(3,5 % * 3,8 = 13,3 %)*		
./.	ESt	*= 317.000 €*	./. 317.000 €
./.	SolZ		./. 17.435 €
=	Gewinn nach Steuer		<u>525.565 €</u>
	Gesamte Steuerlast		474.435 €
	in %		47,4 %

Fall 2:

Jon Snow möchte die Thesaurierungsbegünstigung in voller Höhe in Anspruch nehmen. Sein persönlicher ESt-Satz beträgt 45 %.

	Gewinn		1.000.000 €
./.	GewSt (400 % * 3,5 %)		./. 140.000 €
	ESt (begünstigt 28,25 %)	*282.500 €*	
	./. GewSt-Anrechnung	*./. 133.000 €*	
	*(3,5 % * 3,8 = 13,3 %)*		
./.	ESt	*= 149.500 €*	./. 149.500 €
./.	SolZ		./. 8.223 €
=	Gewinn nach Steuer		<u>702.277 €</u>
	Gesamte Steuerlast		297.723 €
	in %		29,8 %

Es liegt eine Steuerbelastung von 29,8 % vor. Diese ist damit um 17,6 % ermäßigt gegenüber der vollen Versteuerung mit dem persönlichen ESt-Satz. Im Vergleich zur Kapitalgesellschaft ist die Steuerbelastung identisch.

Im Folgejahr 2020 möchte Jon Snow den im Vorjahr thesaurierten Gewinn entnehmen. Auf den entnommenen Gewinn muss eine Nachversteuerung i. H. v. 25 % erfolgen (§ 34a Abs. 4 EStG).

	Gewinn	1.000.000 €
./.	GewSt	./. 140.000 €
./.	Begünstigte ESt	./. 149.500 €
./.	SolZ	./. 8.223 €
=	Thesaurierter Gewinn	702.277 €
	ESt (Nachversteuerung 25 %)	175.569 €
+	SolZ (Nachversteuerung)	+ 9.656 €
=	Nachversteuerung	185.225 €
	Gewinn nach Steuer	<u>517.052 €</u>
	Gesamte Steuerlast	482.948 €
	in %	48,3 %

Die Steuerbelastung, die Jon Snow nun entstanden ist, ist etwas höher als im Fall der vollen Versteuerung zum Zeitpunkt der Gewinnentstehung (Fall 1). Im Vergleich zur Kapitalgesellschaft (48,3 %) ergibt sich grundsätzlich kein Unterschied.

Das oben dargestellte theoretische Beispiel zur Thesaurierungsbegünstigung unterliegt in der Praxis einigen Einschränkungen. Dies ist zum einen auf nichtabzugsfähige Betriebsausgaben, wie z. B. die Gewerbesteuer, und zum anderen auf Entnahmen der Gesellschafter zurückzuführen.

Die **nichtabzugsfähigen Betriebsausgaben** werden bei der Ermittlung des Steuerbilanzgewinns (§ 4 Abs. 1 S. 1 EStG oder § 5 EStG) aufwandswirksam erfasst. Da diese aber gem. § 4 Abs. 5 EStG die steuerliche Bemessungsgrundlage nicht mindern dürfen, sind sie dem Steuerbilanzgewinn außerbilanziell wieder hinzuzuaddieren. Auf diese Weise ergeben sich die steuerpflichtigen Einkünfte, die die Bemessungsgrundlage für die Gewerbesteuer und Einkommensteuer darstellen. Da der nicht entnommene Gewinn, d. h. der thesaurierungsfähige Gewinn, gem. § 34a Abs. 2 EStG allerdings lediglich der Steuerbilanzgewinn ist, ergibt sich die Problematik, dass bei Vorliegen nichtabzugsfähiger Betriebsausgaben die steuerpflichtigen Einkünfte nicht dem thesaurierungsfähigen Gewinn entsprechen können.

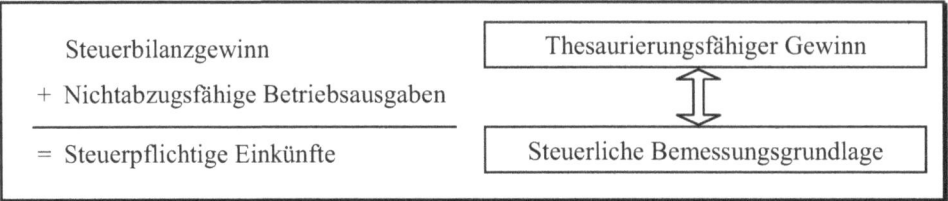

Abbildung 4:   Behandlung der nichtabzugsfähigen Betriebsausgaben

Demnach bilden die nichtabzugsfähigen Betriebsausgaben die Differenz zwischen dem thesaurierungsfähigen Gewinn und der Steuerbemessungsgrundlage. Da der ermäßigte ESt-Satz von 28,25 % nur auf den thesaurierungsfähigen Gewinn anwendbar ist, müssen die nichtabzugsfähigen Betriebsausgaben mit dem persönlichen ESt-Satz des Gesellschafters versteuert werden. Eine Thesaurierung von 100 % der Steuerbemessungsgrundlage ist folglich nur möglich, soweit keine nichtabzugsfähigen Betriebsausgaben vorhanden sind. Da insbesondere die Gewerbesteuer eine nichtabzugsfähige Betriebsausgabe darstellt, kann eine vollständige Thesaurierung des Gewinns im Regelfall nicht realisiert werden.

Nichtabzugsfähige Betriebsausgaben und Thesaurierungsbegünstigung
Jon Snow e.K. erzielt in 2019 einen Gewinn lt. Steuerbilanz i. H. v. 100 T€. Darin enthalten sind nichtabzugsfähige Betriebsausgaben i. H. v. 20 T€. Jon Snow möchte den kompletten Gewinn in die Thesaurierungsbegünstigung einstellen.

Die steuerpflichtigen Einkünfte von Jon Snow ergeben sich aus dem Steuerbilanzgewinn von 100 T€ zzgl. den nichtabzugsfähigen Betriebsausgaben von 20 T€ und betragen demnach 120 T€. Dieser Betrag müsste mit dem persönlichen ESt-Satz von 45 % versteuert werden. Jon Snow möchte jedoch die Thesaurierungsbegünstigung in größtmöglichem Umfang in Anspruch nehmen. Hierbei ergibt sich allerdings die Problematik, dass die Bemessungsgrundlage für die Thesaurierungsbegünstigung nicht die steuerliche Bemessungsgrundlage von 120 T€ ist, sondern lediglich der Steuerbilanzgewinn i. H. v. 100 T€. Somit kann nur ein Betrag i. H. v. 100 T€ dem begünstigten Steuersatz von 28,25 % unterworfen werden; die verbleibende Differenz i. H. v. 20 T€ in Form der nichtabzugsfähigen Betriebsausgaben ist dementsprechend nicht begünstigt und muss daher mit dem persönlichen ESt-Satz von 45 % versteuert werden.

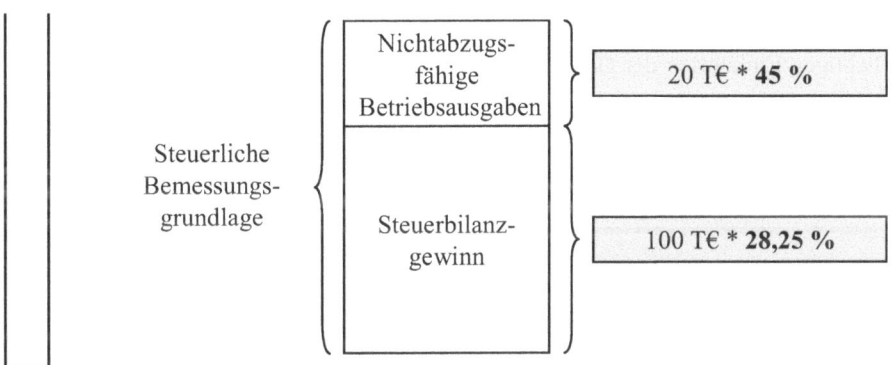

Einen weiteren Problembereich bei der Thesaurierungsbegünstigung stellen **Entnahmen und Einlagen** der Gesellschafter dar. Diese haben zwar keinen Einfluss auf den Steuerbilanzgewinn der Gesellschaft, wirken sich jedoch auf den thesaurierungsfähigen Gewinn aus, da lediglich die Beträge thesauriert werden können, die dem Unternehmen nicht entnommen wurden. Aus diesem Grund ist gem. § 34a Abs. 2 EStG zur Ermittlung des thesaurierungsfähigen Gewinns der positive Saldo von Entnahmen und Einlagen vom Steuerbilanzgewinn zu subtrahieren.

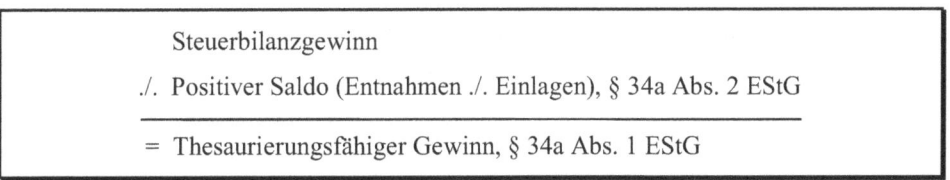

Abbildung 5:   Ermittlung des thesaurierungsfähigen Gewinns

Der thesaurierungsfähige Gewinn kann mit dem ermäßigten ESt-Satz i. H. v. 28,25 % versteuert werden. Da in diesem Fall jedoch der Steuerbilanzgewinn die steuerliche Bemessungsgrundlage darstellt, ergibt sich eine Differenz zwischen dem thesaurierungsfähigen Gewinn und der Steuerbemessungsgrundlage in Höhe des Entnahmeüberschusses. Aufgrund dieses Auseinanderfallens von thesaurierungsfähigem Gewinn und Steuerbemessungsgrundlage können die Entnahmen nicht begünstigt besteuert werden, sondern unterliegen dem persönlichen ESt-Satz.

Um die Thesaurierungsbegünstigung in größtmöglichem Umfang in Anspruch nehmen zu können, sollte der Gesellschafter somit keine Entnahmen tätigen. Dies ist im Regelfall jedoch nicht realisierbar. Insbesondere die privaten Steuern des Unternehmers (ESt, SolZ) werden regelmäßig von betrieblichen Konten gezahlt und stellen somit stets Entnahmen dar, die zu einer Minderung des thesaurierungsfähigen Gewinns führen und daher mit dem persönlichen ESt-Satz zu versteuern sind. Diese negative Auswirkung kann nur dadurch vermieden werden, dass in Höhe der Steuerzahlung eine Privateinlage, d. h. eine Überweisung von einem nicht unternehmensbezogenen Konto, stattfindet.

Im Regelfall ergibt sich somit die maximale Höhe der Thesaurierungsbegünstigung aus den steuerpflichtigen Einkünften der Gesellschaft abzüglich Gewerbesteuer, Einkommensteuer und Solidaritätszuschlag.

> **Merke:** Der thesaurierungsfähige Gewinn wird durch nichtabzugsfähige Betriebsausgaben und Entnahmen gemindert.

2.3 Vergleich der Steuerbelastung zwischen KapGes und EU/PersGes

Wie bereits dargestellt, unterliegen Kapitalgesellschaften und Einzelunternehmen bzw. Personengesellschaften einer unterschiedlichen Besteuerung mit Körperschaftsteuer und Einkommensteuer. Im Folgenden werden die Besteuerungssysteme von Kapitalgesellschaften und Personenunternehmen gegenübergestellt. Bei den Anteilseignern bzw. Gesellschaftern handelt es sich dabei um natürliche Personen. Der GewSt-Hebesatz wurde mit 400 % angenommen, und bei der Einkommensteuer wurde der Spitzensteuersatz von 45 % unterstellt.

Die folgende Abbildung stellt die unterschiedlichen Besteuerungssysteme von Kapitalgesellschaften und Personenunternehmen gegenüber, wenn die Thesaurierungsbegünstigung nicht in Anspruch genommen wird.

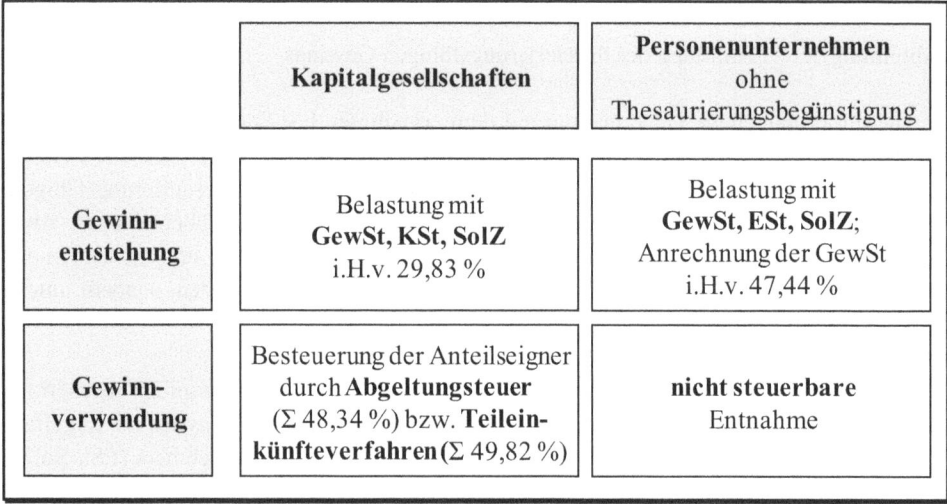

Abbildung 6:   Steuerbelastung von Kapitalgesellschaften im Vergleich zu Personenunternehmen ohne Thesaurierungsbegünstigung

Kapitalgesellschaften unterliegen bei Gewinnentstehung einer niedrigeren Steuerbelastung als Personenunternehmen. Dies bietet Vorteile, wenn eine Gesellschaft ihre Gewinne thesaurieren möchte. Schüttet eine Kapitalgesellschaft ihre Gewinne aus, erfolgt eine Nachversteuerung auf Anteilseignerebene. Gesellschafter einer Personengesellschaft können hingegen ihre Gewinne grundsätzlich ohne steuerliche Folgen entnehmen. Wie oben ersichtlich, nähern sich nach der Gewinnverwendung die Steuersätze von Kapitalgesellschaften und Personenunternehmen an. Es liegt folglich nur annähernd eine rechtsformneutrale Besteuerung vor.

Nimmt ein Personenunternehmen bzw. seine Gesellschafter die Thesaurierungsbegünstigung zu 100 % in Anspruch, ergibt sich die im Folgenden dargestellte Steuerbelastung.

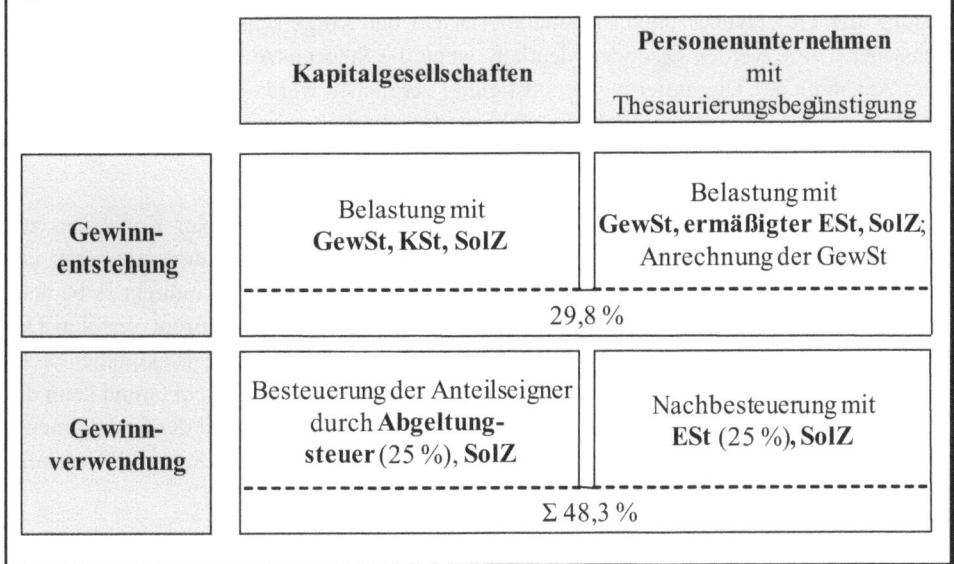

Abbildung 7:   Steuerbelastung von Kapitalgesellschaften im Vergleich zu Personenunternehmen mit Thesaurierungsbegünstigung

Die Steuerbelastung von Kapitalgesellschaften und Personenunternehmen liegt bei einer vollständigen Thesaurierung des Gewinns auf demselben Niveau. Auch nach der Gewinnverwendung ergibt sich dieselbe Steuerbelastung. Dabei wurde unterstellt, dass die Kapitalgesellschaftsanteile im Privatvermögen gehalten werden, weil die Abgeltungsteuer und die Nachversteuerung thesaurierungsbegünstigter Gewinne mit jeweils 25 % gleich hoch sind.

Wie in der Abbildung ersichtlich, liegt eine grundsätzlich rechtsformneutrale Besteuerung vor. Diese ist jedoch nur unter der Prämisse der vollständigen Thesaurierung des Gewinns möglich. Da aufgrund der nichtabzugsfähigen Betriebsausgaben und den Privatentnahmen der Einkommensteuer der Gesellschafter eine vollständige Thesaurierung nicht erreicht werden kann, ist die oben dargestellte rechtsformneutrale Besteuerung nur in der Theorie gegeben.

> **Merke:** Wird **keine Thesaurierungsbegünstigung** in Anspruch genommen, kann nur eine bedingte Rechtsformneutralität erreicht werden.
>
> Bei Nutzung der **Thesaurierungsbegünstigung** ist eine rechtsformneutrale Besteuerung hinsichtlich der Steuersätze gegeben, jedoch nicht bezüglich der Bemessungsgrundlagen.

Die Gewerbesteuer ist eine Besonderheit des deutschen Steuersystems. Sie wird zusätzlich zu Körperschaftsteuer und Einkommensteuer erhoben und erhöht damit die Steuerbelastung für gewerbliche Unternehmen. Um der Erhöhung der Steuerbelastung entgegen zu wirken, verfolgt der Gesetzgeber unterschiedliche Ansätze bei Körperschaftsteuer und Einkommensteuer. Diese werden besonders deutlich, wenn die Steuersätze bei Gewinnentstehung, unter Annahme der Thesaurierungsbegünstigung, verglichen werden. Kapitalgesellschaften unterliegen einem KSt-Satz von 15 %, während Gesellschafter von Personenunternehmen dem ermäßigten ESt-Satz von 28,25 % unterliegen.

Die unterschiedlichen Steuersätze resultieren aus den unterschiedlichen Konzepten zur Berücksichtigung der Gewerbesteuer. So ist der KSt-Satz relativ niedrig angesetzt, um somit die Gewerbesteuer bei der Besteuerung von Kapitalgesellschaften indirekt zu berücksichtigen. Auf Ebene der Personengesellschaften wird ein anderes Konzept verfolgt. Die Gesellschafter dürfen die Gewerbesteuer mit dem Faktor 3,8 auf ihre Einkommensteuer anrechnen. Dies entspricht einem GewSt-Hebesatz von 380 %. Aus diesem Grund kann die Gewerbesteuer bis zu einem GewSt-Hebesatz von 380 % vollständig mit der Einkommensteuer verrechnet werden. Die folgende Abbildung soll dies verdeutlichen; aus Vereinfachungsgründen wird der Solidaritätszuschlag vernachlässigt.

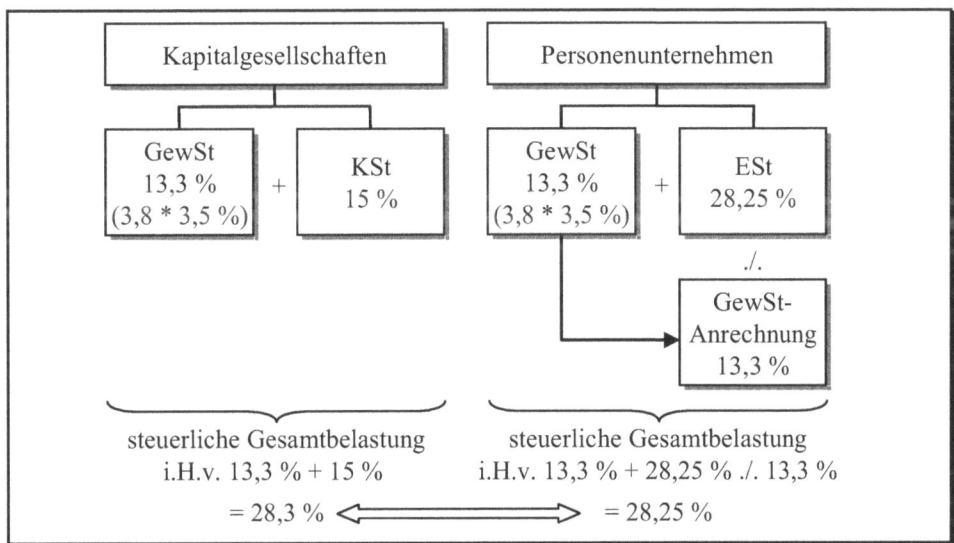

Abbildung 8:   Berücksichtigung der Gewerbesteuer bei Kapitalgesellschaften und Personenunternehmen im Vergleich

Im Ergebnis ist dem Gesetzgeber vorzuwerfen, dass das Konzept der Rechtsformneutralität in Bezug auf die Berücksichtigung der Gewerbesteuer völlig unterschiedlich umgesetzt wurde. Auf diese Weise ergibt sich ein unsystematisches und komplexes Besteuerungssystem von Kapitalgesellschaften und Personenunternehmen. Insbesondere die Berücksichtigung der Gewerbesteuer hätte sowohl auf Ebene der Körperschaftsteuer als auch der Einkommensteuer einheitlich ausgestaltet werden müssen.

3 Umwandlungsgesetz, Umwandlungssteuergesetz und Umwandlungssteuererlass

Das Umwandlungsgesetz und das Umwandlungssteuergesetz traten nach einer grundlegenden Überarbeitung am 01.01.1995 in Kraft. Aufgabe der beiden Gesetze ist es, **Umwandlungsvorgänge** zu **vereinfachen** und **steuerliche Hindernisse** bei Umstrukturierungen von Unternehmen **abzuschaffen**.[2] Das Umwandlungsgesetz vereinfacht zivilrechtlich die Umstrukturierung von Unternehmen, indem es Umwandlungen des übertragenden Rechtsträgers auch ohne Abwicklung ermöglicht. Das Umwandlungssteuergesetz reduziert flankierend hierzu die Steuerbelastung einer Umwandlung, indem unter bestimmten Voraussetzungen eine steuerneutrale Übertragung des Vermögens ermöglicht wird. Um auch steuerliche Hemmnisse bei grenzüberschreitenden Umwandlungen zu beseitigen, fand nochmals

---

[2]   Vgl. BT-Drucks. 12/6699 v. 01.02.1994, S. 71; BT-Drucks. 12/6885 v. 24.02.1994, S. 1.

eine komplette Überarbeitung des Umwandlungssteuergesetzes statt, die am 13.12.2006 in Kraft getreten ist.

Merke:	Ohne die Möglichkeit zur steuerneutralen Übertragung von stillen Reserven würden nur wenige Unternehmen eine Umwandlung in Betracht ziehen.
Begründung:	Im Gegensatz zur Aufdeckung der stillen Reserven bei Verkauf fließt dem Unternehmen bei Umwandlungen **keine Liquidität** zu. Sofern eine Umwandlung die steuerwirksame Auflösung stiller Reserven bewirken würde, müsste die daraus entstehende Steuerschuld ohne Liquiditätszufluss beglichen werden.

Die **Regelungen des Umwandlungssteuergesetzes** können **nicht losgelöst vom Umwandlungsgesetz** betrachtet werden, denn § 1 Abs. 1 des Umwandlungssteuergesetzes (UmwStG) bestimmt, dass der zweite bis fünfte Teil (§§ 3 - 19) des UmwStG ausschließlich für Umwandlungen i. S. d. Umwandlungsgesetzes (UmwG) gelten. Im Falle grenzüberschreitender Umstrukturierungen dürfen auch zum UmwG vergleichbare ausländische Vorschriften herangezogen werden.

Mit Ausnahme der in den §§ 20 ff. UmwStG geregelten Umwandlungen bildet das UmwG folglich die zivilrechtliche Grundlage für Umstrukturierungen i. S. d. UmwStG. Daher werden zunächst die Regelungen des UmwG und der Aufbau des UmwStG kurz erläutert. Dies soll einen Überblick über den Aufbau beider Gesetze und ihrer Interdependenzen geben. Die einzelnen Regelungen werden im Rahmen der jeweiligen Umwandlungsarten genauer betrachtet.

3.1 Das Umwandlungsgesetz

Das in sieben Bücher gegliederte UmwG trat am 01.01.1995 in Kraft. Das erste Buch, welches aus nur einem Paragraphen besteht, bestimmt die nach dem UmwG möglichen Umwandlungen. Die Bücher zwei bis fünf bestehen aus Vorschriften zu den jeweiligen Umwandlungsarten. Die Bücher sechs bis sieben enthalten Strafvorschriften sowie die Übergangs- und Schlussvorschriften.

Der Vorteil des UmwG besteht insbesondere darin, dass Umstrukturierungen als Ausnahme von dem Grundsatz, dass Vermögensgegenstände und Verbindlichkeiten im Wege der Einzelrechtsnachfolge zu übertragen sind, im Wege der **Gesamtrechtsnachfolge** durchgeführt werden können. Der Erwerb des Vermögens in vielen Einzelschritten, wie sie bei der Einzelrechtsnachfolge erforderlich sind, ist dadurch entbehrlich. Auf diese Weise sind Umstrukturierungen erheblich einfacher durchführbar. Dies gilt insbesondere für die Übertragung von Verbindlichkeiten, für die die Zustimmung jedes einzelnen Gläubigers gem. §§ 414 ff. BGB aufgrund der Gesamtrechtsnachfolge nicht erforderlich ist.

> **Merke:** Ein Vorteil des UmwG liegt darin, dass Umwandlungen i. S. d. UmwG eine
> Vermögensübertragung im Wege der **Gesamtrechtsnachfolge** ermöglichen.
> Zudem erlöschen die übertragenden Rechtsträger im Falle der Verschmelzung
> und Aufspaltung ohne Liquidation (§§ 20 Abs. 1 Nr. 2 bzw. 36 Abs. 1 S. 1, 131
> Abs. 1 Nr. 2 UmwG).

Das UmwG definiert den Begriff der Umwandlung nicht. § 1 Abs. 1 UmwG enthält lediglich eine Aufzählung der nach dem UmwG möglichen Umwandlungen:

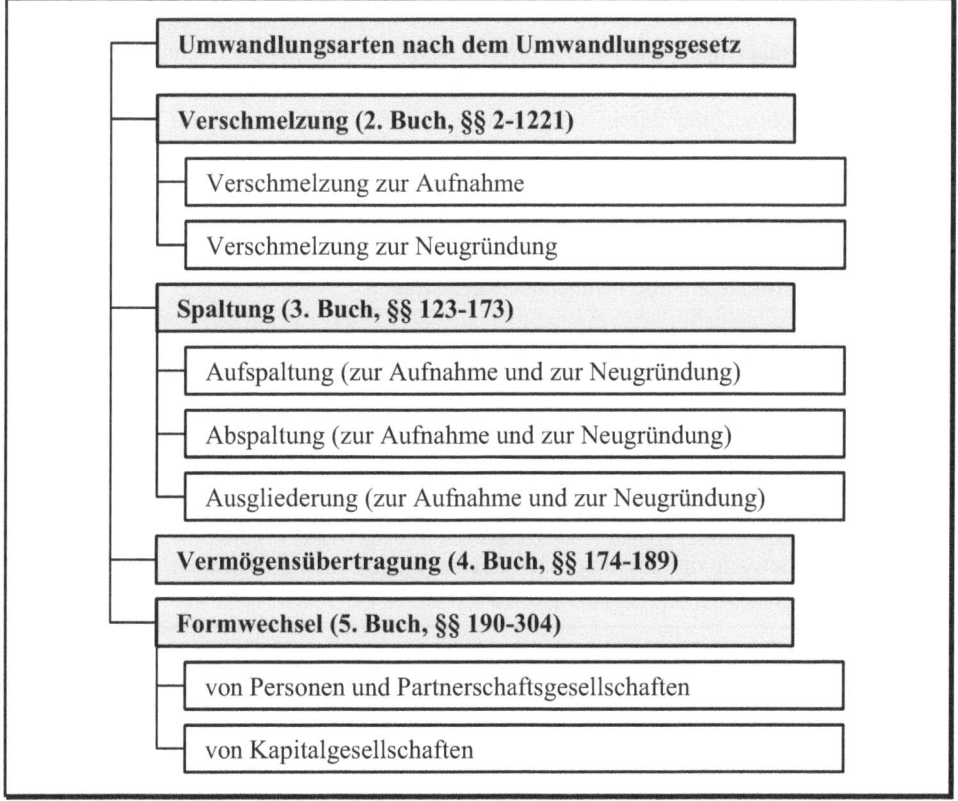

Abbildung 9:   Umwandlungsarten nach dem UmwG

Die **Aufzählung der Umwandlungsarten** in § 1 Abs. 1 UmwG ist **abschließend**. Eine analoge Anwendung der Regelungen des UmwG auf im UmwG nicht explizit geregelte Sachverhalte ist nicht möglich (sog. **Analogieverbot**). In den Büchern zwei bis fünf werden die Rechtsträger aufgeführt, die an der jeweiligen Umwandlungsart beteiligt sein dürfen.

Durch die Reform des Umwandlungsgesetzes zum 19. April 2007 wurde die Verschmelzungsrichtlinie 2005/56/EG der Europäischen Gemeinschaft umgesetzt. Ziel ist es, deutschen Kapitalgesellschaften die grenzüberschreitende Verschmelzung mit Kapitalgesellschaften aus anderen EU-Staaten zu ermöglichen. Hierfür wurden die § 122a bis § 122l ins UmwG eingefügt. Für die Verschmelzung von Gesellschaften anderer Rechtsformen fehlt es an gemeinschaftsrechtlichen Harmonisierungsregeln, sodass **grenzüberschreitende Verschmelzungen nach dem UmwG grundsätzlich nur** für **Kapitalgesellschaften** möglich sind.

3.1.1 Verschmelzung nach dem Umwandlungsgesetz

Bei der Verschmelzung (geregelt im 2. Buch des UmwG, §§ 2 - 122l) geht das Vermögen des übertragenden Rechtsträgers im Wege der Gesamtrechtsnachfolge auf den übernehmenden Rechtsträger über. Gem. § 2 UmwG bestand dieser entweder schon vor der Umwandlung (Verschmelzung durch Aufnahme (§§ 4 - 35 UmwG)) oder entsteht durch Neugründung (Verschmelzung durch Neugründung (§§ 36 - 38 UmwG)). Im Falle der Verschmelzung durch Neugründung geht das Vermögen zweier oder mehrerer Rechtsträger auf einen eigens zu diesem Zweck gegründeten Rechtsträger über. Der übertragende Rechtsträger wird ohne Abwicklung durch Löschung im jeweiligen Register aufgelöst. Für die Anteilseigner findet ein Anteilstausch statt. Anstelle der Anteile am übertragenden Rechtsträger erhalten sie Anteile am übernehmenden Rechtsträger.

Wesentliche Merkmale der Verschmelzung nach dem UmwG:
- ✓ Übertragung des gesamten Vermögens
- ✓ auf einen bestehenden Rechtsträger (durch Aufnahme)
- ✓ oder auf einen neu zu gründenden Rechtsträger (durch Neugründung)
- ✓ im Wege der Gesamtrechtsnachfolge
- ✓ mit Anteilstausch für die Anteilseigner
- ✓ und Untergang des übertragenden Rechtsträgers ohne Abwicklung.

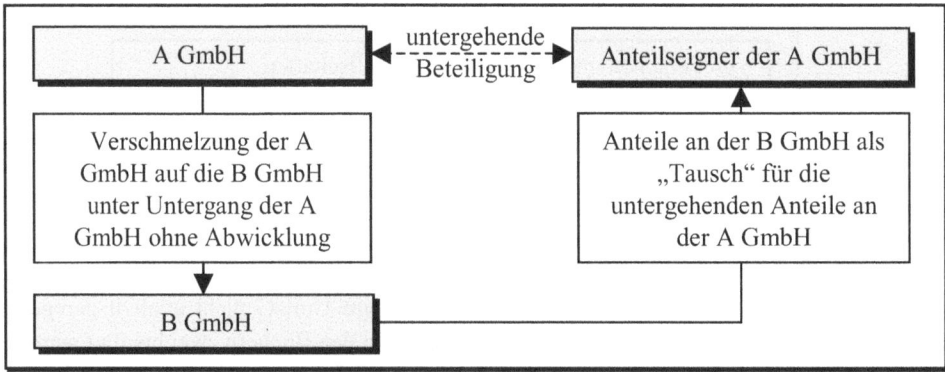

Abbildung 10:   Verschmelzung nach dem UmwG

An einer Verschmelzung können folgende Rechtsträger beteiligt sein (§ 3 UmwG):

Rechtsträger	Übertragender Rechtsträger	Übernehmender Rechtsträger
Personenhandelsgesellschaften und Partnerschaftsgesellschaften	✓	✓
Kapitalgesellschaften	✓	✓
Eingetragene Genossenschaften	✓	✓
Eingetragene Vereine	✓	✓
Genossenschaftliche Prüfungsverbände	✓	✓
Versicherungsvereine auf Gegenseitigkeit	✓	✓
Wirtschaftliche Vereine	✓	(-)
Natürliche Person als Alleingesellschafter einer KapGes	(-)	✓

Abbildung 11:   Verschmelzungsfähige Rechtsträger

Die grundsätzliche Aufzählung der verschmelzungsfähigen Rechtsträger in § 3 UmwG erfährt in den weiteren Vorschriften zur Verschmelzung jedoch einige Einschränkungen. Folgende Abbildung zeigt die (für dieses Lehrbuch) relevanten, im Einzelnen möglichen Verschmelzungsmöglichkeiten:

Verschmelzung von ...	auf...
Personenhandelsgesellschaft	- Personenhandelsgesellschaft - Kapitalgesellschaft
Kapitalgesellschaft	- Personenhandelsgesellschaft - Kapitalgesellschaft - natürliche Person

Abbildung 12:   Relevante Verschmelzungsmöglichkeiten nach dem UmwG

Die wichtigsten allgemeinen Regelungen zur Verschmelzung nach dem UmwG werden im Folgenden kurz dargestellt. Im Rahmen der Diskussion der einzelnen Verschmelzungsarten werden diese weiter ausgeführt:

- Die Vertretungsorgane der beteiligten Rechtsträger müssen gem. § 4 Abs. 1 S. 1 UmwG einen Verschmelzungsvertrag schließen. Dessen Inhalt wird in § 5 Abs. 1 bzw. § 37 UmwG genauer bestimmt.
- Gem. § 5 Abs. 1 Nr. 6 UmwG ist im Verschmelzungsvertrag ein Verschmelzungsstichtag festzulegen. Ab diesem Verschmelzungsstichtag gelten die Handlungen des übertragenden Rechtsträgers als für Rechnung des übernehmenden Rechtsträgers vorgenommen.

- Der Verschmelzungsvertrag muss notariell beurkundet werden (§ 6 UmwG). Zudem ist er von einem Verschmelzungsprüfer zu prüfen (§ 9 Abs. 1 UmwG).
- Außerdem ist ein Verschmelzungsbericht, in dem die Verschmelzung erläutert und begründet wird, anzufertigen (§ 8 Abs. 1 UmwG). Dieser muss nicht erstellt werden, soweit alle Anteilseigner darauf verzichten oder sich alle Anteile am übertragenden Rechtsträger in der Hand des übernehmenden Rechtsträgers befinden (§ 8 Abs. 3 UmwG).
- Die Verschmelzung ist von den Vertretern der beteiligten Rechtsträger zur Eintragung in das jeweilige Register (Handels-, Partnerschafts-, Genossenschafts- oder Vereinsregister) anzumelden (§ 16 Abs. 1 UmwG). Der Registeranmeldung der übertragenden Rechtsträger ist jeweils eine Schlussbilanz beizufügen (§ 17 Abs. 2 S. 1 UmwG).
- Grenzüberschreitende Verschmelzungen mit Kapitalgesellschaften aus anderen EU-Mitgliedstaaten sind möglich (§§ 122a-l UmwG).

3.1.2   Spaltung nach dem Umwandlungsgesetz

Die Spaltung ist im dritten Buch des UmwG (§§ 123 - 173 UmwG) geregelt und stellt das Gegenstück zur Verschmelzung dar. Vereinfachend kann dies folgendermaßen dargestellt werden:

- Vor einer Verschmelzung existieren mehrere Rechtsträger. Danach existiert nur noch ein einziger.
- Vor einer Spaltung existiert nur ein Rechtsträger. Danach existieren mehrere.

Die Spaltung lässt sich in drei unterschiedliche Formen – die Aufspaltung, die Abspaltung und die Ausgliederung – unterteilen. Letztere wird steuerlich als Einbringung behandelt.

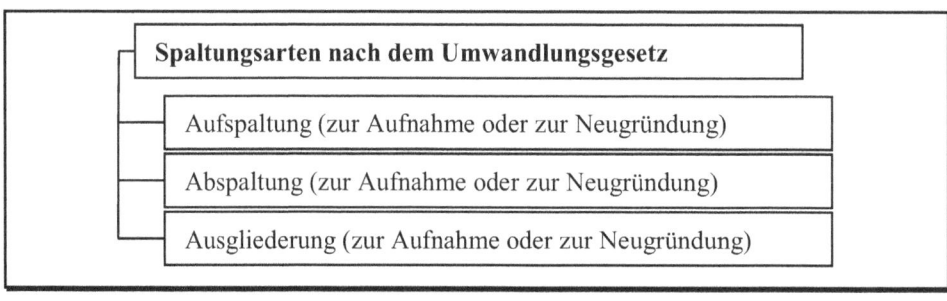

Abbildung 13:   Spaltungsarten nach dem Umwandlungsgesetz

Merke: Während Auf- und Abspaltung sowohl zivil- als auch steuerrechtlich als Spaltung gelten, wird die Ausgliederung steuerrechtlich als Einbringung behandelt.

Die Spaltung kann sowohl als Spaltung zur Aufnahme (§§ 126 - 134 UmwG) auf einen **bestehenden Rechtsträger** als auch als Spaltung zur Neugründung (§§ 135 - 137 UmwG) auf einen **neu zu gründenden Rechtsträger** erfolgen. Die Vermögensübertragung erfolgt dabei nicht durch Gesamtrechtsnachfolge, sondern durch partielle Gesamtrechtsnachfolge (Sonderrechtsnachfolge), da bei der Spaltung im Unterschied zur Verschmelzung nicht das gesamte Vermögen des übertragenden Rechtsträgers auf einen übernehmenden Rechtsträger übertragen wird. Gem. § 125 S. 1 UmwG sind die Regelungen des zweiten Buchs (Verschmelzung) auch auf die Spaltung anzuwenden, sofern diese nicht explizit von der Anwendung ausgeschlossen sind oder sich aus den Vorschriften zur Spaltung etwas anderes ergibt. Folgende Rechtsträger dürfen an der Spaltung nach dem UmwG beteiligt sein (§ 124 i. V. m. § 3 UmwG):

Rechtsträger	Übertragender Rechtsträger	Übernehmender Rechtsträger
Personenhandelsgesellschaften und Partnerschaftsgesellschaften	✓	✓
Kapitalgesellschaften	✓	✓
eingetragene Genossenschaften	✓	✓
eingetragene Vereine	✓	✓
genossenschaftliche Prüfungsverbände	✓	✓
Versicherungsvereine auf Gegenseitigkeit	✓	✓
wirtschaftliche Vereine	✓	(-)

Abbildung 14:   Spaltungsfähige Rechtsträger

Bei der Spaltung in Form der Ausgliederung kommen zudem noch Einzelkaufleute, Stiftungen und (Zusammenschlüsse von) Gebietskörperschaften als übertragende Rechtsträger in Betracht. Die Aufzählung der grundsätzlich spaltungsberechtigten Rechtsträger wird in weiteren Vorschriften des dritten Buchs des UmwG konkretisiert. Dabei muss zwischen den Vorschriften zu Auf- und Abspaltungen einerseits und zur Ausgliederung andererseits unterschieden werden. Das UmwG erlaubt folgende (für dieses Lehrbuch) relevante **Auf- und Abspaltungen**:

Auf- und Abspaltung von ...	*auf ...*
Personenhandelsgesellschaft	- Personenhandelsgesellschaft - Kapitalgesellschaft
Kapitalgesellschaft	- Personenhandelsgesellschaft - Kapitalgesellschaft

Abbildung 15:   Relevante Auf- und Abspaltungsmöglichkeiten nach dem UmwG

Als (relevante) **Ausgliederungen** nach dem UmwG sind folgende Fälle möglich:

Ausgliederung von ...	*auf ...*
Personenhandelsgesellschaft	- Personenhandelsgesellschaft - Kapitalgesellschaft
Kapitalgesellschaft	- Personenhandelsgesellschaft - Kapitalgesellschaft
Einzelkaufmann	- Personenhandelsgesellschaft - Kapitalgesellschaft

Abbildung 16:   Relevante Ausgliederungsmöglichkeiten nach dem UmwG

Analog zum Verschmelzungsvertrag muss bei der Spaltung zur Aufnahme gem. § 126 Abs. 1 UmwG ein Spaltungsvertrag geschlossen werden. Dieser ist ebenfalls notariell zu beurkunden und – außer bei der Ausgliederung – prüfungspflichtig (§ 125 i. V. m. §§ 6, 9 UmwG). Die Spaltung ist sowohl in das Register des übertragenden als auch in das des übernehmenden Rechtsträgers einzutragen. Bei der Spaltung zur Neugründung wird der Spaltungsvertrag durch den Spaltungsplan (§ 136 UmwG) ersetzt. Im Folgenden werden die einzelnen Spaltungsarten kurz dargestellt.

3.1.2.1 Aufspaltung

Bei der Aufspaltung (zur Aufnahme oder zur Neugründung) geht das gesamte Vermögen eines Rechtsträgers auf zwei oder mehrere übernehmende, bereits bestehende oder neu zu gründende Rechtsträger im Wege der partiellen Gesamtrechtsnachfolge (Sonderrechtsnachfolge) über. Der übertragende Rechtsträger wird dabei ohne Abwicklung aufgelöst. Die Anteilseigner des übertragenden Rechtsträgers erhalten Anteile an den übernehmenden Rechtsträgern (§ 131 Abs. 1 Nr. 2 und 3 UmwG).

Wesentliche Merkmale der Aufspaltung nach dem UmwG:
- ✓ Übertragung des gesamten Vermögens des übertragenden Rechtsträgers
- ✓ auf mindestens zwei
- ✓ bestehende Rechtsträger (zur Aufnahme)
- ✓ oder neu zu gründende Rechtsträger (zur Neugründung)
- ✓ im Wege der partiellen Gesamtrechtsnachfolge,
- ✓ wobei die Anteilseigner des übertragenden Rechtsträgers
- ✓ Anteile an den übernehmenden Rechtsträgern erhalten
- ✓ und der übertragende Rechtsträger ohne Abwicklung untergeht.

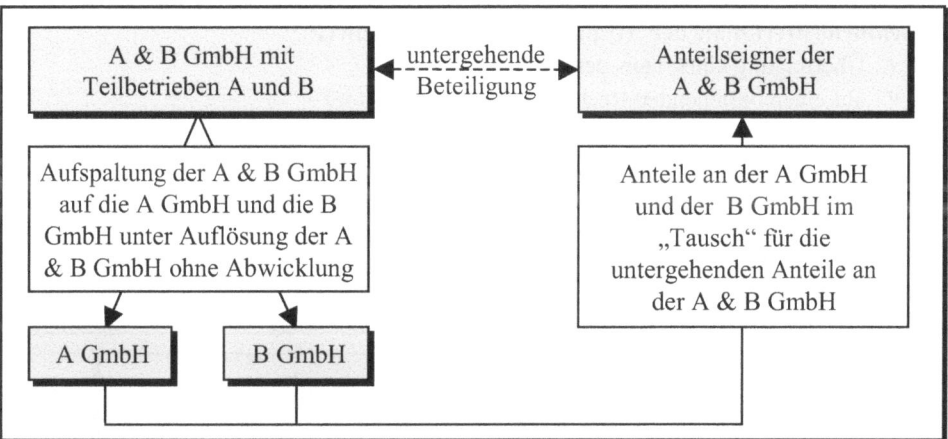

Abbildung 17:   Aufspaltung nach dem UmwG

Die **Aufspaltung** stellt das **Gegenstück zur Verschmelzung** dar. Während bei der Verschmelzung eine Konzentration von Vermögen im Vordergrund steht, dient die Aufspaltung der Aufteilung von Vermögen auf verschiedene Rechtsträger. Folgendes Schaubild verdeutlicht den Gegensatz:

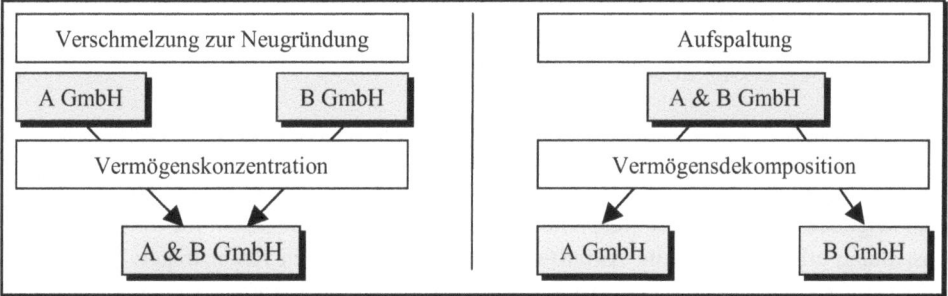

Abbildung 18:   Vergleich zwischen der Verschmelzung durch Neugründung und der Aufspaltung

3.1.2.2   Abspaltung

Bei der Abspaltung bleibt der übertragende Rechtsträger bestehen. Nur ein Teil seines Vermögens wird dabei auf mindestens einen schon bestehenden oder neu zu gründenden Rechtsträger übertragen. Die Anteilseigner des übertragenden Rechtsträgers erhalten Anteile an dem bzw. den übernehmenden Rechtsträger(n) (§ 131 Abs. 1 Nr. 3 S. 1 UmwG).

Wesentliche Merkmale der Abspaltung nach dem UmwG:
- ✓ Übertragung eines Teils des Vermögens
- ✓ auf einen bestehenden Rechtsträger (zur Aufnahme)
- ✓ oder neu zu gründenden Rechtsträger (zur Neugründung)
- ✓ im Wege der partiellen Gesamtrechtsnachfolge,
- ✓ wobei die Anteilseigner des übertragenden Rechtsträgers
- ✓ Anteile am übernehmenden Rechtsträger erhalten
- ✓ und der übertragende Rechtsträger **nicht** untergeht.

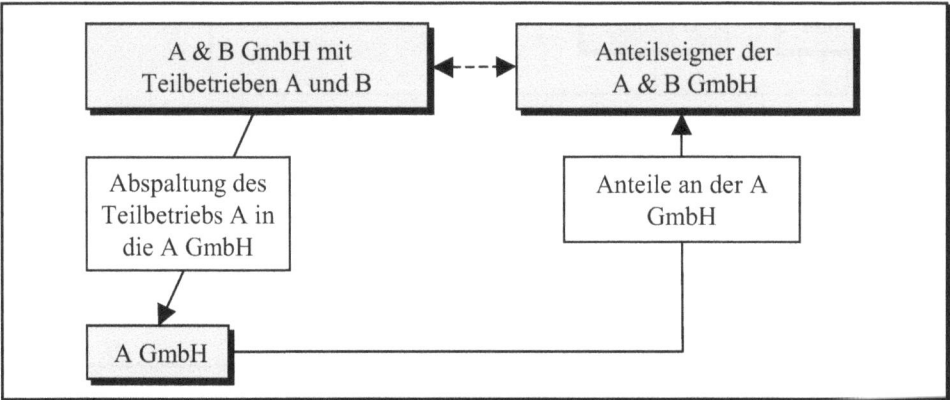

Abbildung 19:   Abspaltung nach dem UmwG

3.1.2.3   Ausgliederung

Die Ausgliederung ist mit der Abspaltung bis auf einen Punkt identisch: Im Unterschied zur Abspaltung erhalten **nicht die Anteilseigner** des übertragenden Rechtsträgers Anteile am übernehmenden Rechtsträger, sondern **der übertragende Rechtsträger selbst** (§ 131 Abs. 1 Nr. 3 S. 3 UmwG). Steuerrechtlich wird die Ausgliederung als **Einbringung** behandelt.

Wesentliche Merkmale der Ausgliederung nach dem UmwG:
- ✓ Übertragung eines Teils des Vermögens
- ✓ auf mindestens einen
- ✓ bestehenden Rechtsträger (zur Aufnahme)
- ✓ oder neu zu gründenden Rechtsträger (zur Neugründung)
- ✓ im Wege der partiellen Gesamtrechtsnachfolge,
- ✓ wobei der **übertragende Rechtsträger**
- ✓ Anteile am übernehmenden Rechtsträger erhält
- ✓ und der übertragende Rechtsträger nicht untergeht.

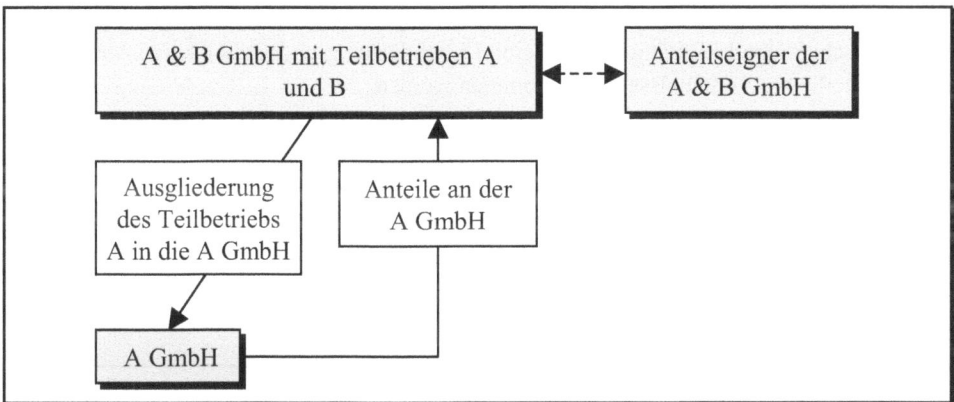

Abbildung 20:   Ausgliederung nach dem UmwG

Folgende Tabelle macht die wesentlichen Unterschiede zwischen den drei Spaltungsarten deutlich:

Art der Spaltung	Untergang des übertragenden Rechtsträgers?	Anteile am übernehmenden Rechtsträger erhält/ erhalten
Aufspaltung	Ja	Anteilseigner des übertragenden Rechtsträgers
Abspaltung	Nein	Anteilseigner des übertragenden Rechtsträgers
Ausgliederung	Nein	Übertragender Rechtsträger selbst

Abbildung 21:   Unterschiede zwischen den Spaltungsarten

3.1.3   Vermögensübertragung nach dem Umwandlungsgesetz

Die Vermögensübertragung (4. Buch, §§ 174 - 189 UmwG) kann gem. § 175 UmwG zwischen Versicherungsunternehmen oder von einer Kapitalgesellschaft auf die öffentliche Hand stattfinden. Sie kann entweder als Teil- oder als Vollübertragung ausgestaltet sein. Die Vollübertragung entspricht dabei gem. § 176 UmwG der Verschmelzung, die Teilübertragung gem. § 177 UmwG der Spaltung. Für die in diesem Lehrbuch erläuterten Fälle ist die Vermögensübertragung irrelevant und wird daher nicht weiter diskutiert.

3.1.4   Formwechsel nach dem Umwandlungsgesetz

Im Gegensatz zur Verschmelzung, Spaltung und Vermögensubertragung findet beim Formwechsel (5. Buch, §§ 190 - 304 UmwG) **keine Vermögensübertragung** statt. Beim

Formwechsel ändert der formwechselnde Rechtsträger lediglich sein Rechtskleid, wobei seine wirtschaftliche Identität gewahrt bleibt. Dabei dürfen grundsätzlich keine Änderungen an den Beteiligungsverhältnissen vorgenommen werden.

Gem. § 191 UmwG können folgende Rechtsträger ihr Rechtskleid ändern:

Rechtsträger	Formwechselnder Rechtsträger	Rechtsträger neuer Rechtsform
Personenhandelsgesellschaften und Partnerschaftsgesellschaften	✓	✓
Kapitalgesellschaften	✓	✓
eingetragene Genossenschaften	✓	✓
rechtsfähige Vereine	✓	(-)
Versicherungsvereine auf Gegenseitigkeit	✓	(-)
Körperschaften und Anstalten des öffentlichen Rechts	✓	(-)
Gesellschaften bürgerlichen Rechts	(-)	✓

Abbildung 22:   In den Formwechsel nach dem UmwG einbezogene Rechtsträger

Aufgrund der Einzelbestimmungen des fünften Buchs des Umwandlungsgesetzes sind folgende (für dieses Lehrbuch relevante) Formwechsel möglich:

Formwechsel von ...	*in ...*
Personenhandelsgesellschaft	- Kapitalgesellschaft
Kapitalgesellschaft	- Personenhandelsgesellschaft - Kapitalgesellschaft - Gesellschaft bürgerlichen Rechts

Abbildung 23:   Relevante Formwechsel nach dem UmwG

Für den Formwechsel ist ein Umwandlungsbeschluss notwendig und notariell zu beurkunden (§ 193 UmwG). Zudem ist ein Umwandlungsbericht inklusive einer Vermögensaufstellung anzufertigen (§ 192 UmwG). Der formwechselnde Rechtsträger muss den Formwechsel zum Registereintrag anmelden (§ 198 Abs. 1 UmwG). Für den Rechtsträger neuer Rechtsform müssen die für die jeweilige Rechtsform gültigen Gründungsvorschriften beachtet werden (§ 197 UmwG).

Wesentliche Merkmale des Formwechsels nach dem UmwG:
- ✓ kein Vermögensübergang,
- ✓ lediglich Änderung des Rechtskleids,
- ✓ unter Wahrung der wirtschaftlichen Identität
- ✓ und grundsätzlich unter Wahrung der Beteiligungsverhältnisse.

3.2 Das Umwandlungssteuergesetz

Das UmwStG begründet keine eigenständige Steuer für Unternehmensumstrukturierungen, sondern enthält Regelungen, die sich auf (schon bestehende) Ertragsteuern (ESt, KSt, GewSt) beziehen. Das im Jahr 2006 durch das SEStEG (Gesetz über steuerliche Begleitmaßnahmen zur Einführung der Europäischen Gesellschaft und zur Änderung weiterer steuerlicher Vorschriften) reformierte UmwStG gilt nun nicht mehr nur für rein inländische Umwandlungen, sondern erstreckt sich auf die Europäische Union und den Europäischen Wirtschaftsraum. Dadurch sollen steuerliche Hemmnisse bei grenzüberschreitenden Umstrukturierungen beseitigt werden.[3]

Merke: Das UmwStG regelt die steuerliche Behandlung von Rechtsformänderungen. Zur Erleichterung von Umstrukturierungen wird **von der ansonsten steuerlich zwingenden Auflösung der stillen Reserven** unter bestimmten Voraussetzungen **abgesehen.**

Das UmwStG begründet jedoch **keine eigenständige Steuer für Umwandlungsfälle.**

---

[3]   Vgl. BT-Drucks. 542/06 v. 11.08.2006, S. 37, 54 ff.

3.2.1   Aufbau des Umwandlungssteuergesetzes

Das UmwStG gliedert sich in zehn Teile:

Aufbau des Umwandlungssteuergesetzes
1. Teil, §§ 1-2   Allgemeine Vorschriften
2. Teil, §§ 3-10   Verschmelzung auf eine PersGes oder nat. Person
3. Teil, §§ 11-13   Verschmelzung auf eine andere Körperschaft
4. Teil, §§ 15-16   Aufspaltung, Abspaltung und Vermögensübergang
5. Teil, §§ 18-19   Gewerbesteuer
6. Teil, §§ 20-23   Einbringung in eine KapGes
7. Teil, § 24   Einbringung in eine PersGes
8. Teil, § 25   Formwechsel einer PersGes in eine KapGes
9. Teil, § 26   *Weggefallen*
10. Teil, §§ 27-28 Anrechnungsvorschriften und Ermächtigung

Abbildung 24:   Aufbau des Umwandlungssteuergesetzes

3.2.2   Beziehung zwischen Umwandlungsgesetz und Umwandlungs-steuergesetz

Wie bereits ausgeführt, bildet das zivilrechtliche UmwG, oder vergleichbare europäische Gesetze, die Grundlage für die Mehrzahl der im UmwStG geregelten Umwandlungsarten. So sind gem. § 1 Abs. 1 UmwStG der zweite bis fünfte Teil des UmwStG nur für Umwandlungen i. S. d. § 1 UmwG anwendbar. Dennoch sind die beiden Gesetzeswerke nicht vollständig aufeinander abgestimmt. Umwandlungen im Wege der Einzelrechtsnachfolge bleiben im UmwG unbehandelt. Demgegenüber enthält das **UmwStG** auch Vorschriften, die eine **steuerneutrale Umwandlung ohne (partielle) Gesamtrechtsnachfolge** ermöglichen. Auf der anderen Seite greift das UmwStG nicht alle Regelungen des UmwG auf. Folgende Abbildung verdeutlicht das Verhältnis der beiden Gesetze zueinander:

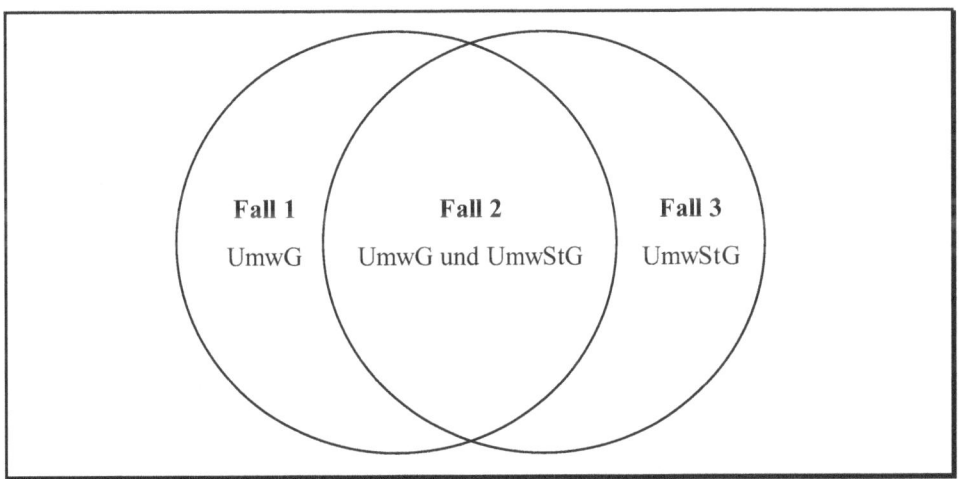

Abbildung 25:   Verhältnis von UmwG und UmwStG

- Beispiel zu **Fall 1**: Die Spaltung von Personengesellschaften ist nur im UmwG, nicht aber im UmwStG geregelt.
- Beispiel zu **Fall 2**: Die Verschmelzung oder Spaltung einer Kapitalgesellschaft auf eine Kapitalgesellschaft oder Personengesellschaft ist sowohl im UmwG als auch im UmwStG geregelt.
- Beispiel zu **Fall 3**: Die Einbringung eines Betriebs im Wege der Einzelrechtsnachfolge ist nur im UmwStG geregelt.

> **Merke:** Der 2. - 5. Teil des UmwStG regelt die Besteuerung von Umwandlungen i. S. d. UmwG, d.h. für Umwandlungen im Rahmen der **Gesamtrechtsnachfolge**.
> Der 6. und 7. Teil beinhalten dagegen Vermögensübertragungen im Rahmen der **Gesamt- und Einzelrechtsnachfolge**.

3.3   Der Umwandlungssteuererlass

Die Finanzverwaltung legt im sog. Umwandlungssteuererlass (UmwStE)[4] ihre Auffassung zu Zweifels- und Auslegungsfragen des UmwStG dar. Außer einer ausführlichen Kommentierung des Gesetzes enthält der UmwStE auch Einschränkungen des Gesetzeswortlauts.

> **Merke:** Der Umwandlungssteuererlass erläutert die **Auslegung des UmwStG aus Sicht der Finanzverwaltung**. Er entfaltet **Bindungswirkung für die Finanzverwaltung**, jedoch **nicht für den Steuerpflichtigen**.

---

[4]   BMF-Schreiben v. 11.11.2011, IV C 2 – S 1978-b/08/10001, BStBl. I 2011, S. 1314.

Kapitel II: Verschmelzung von Kapitalgesellschaften auf Personengesellschaften

1 Allgemeines

Unter einer Verschmelzung ist die Übertragung des gesamten Vermögens eines oder mehrerer Rechtsträger auf einen anderen Rechtsträger im Wege der Gesamtrechtsnachfolge zu verstehen. Für die Übertragung des Vermögens wird den Anteilseignern des oder der übertragenden Rechtsträger im Wege des Anteilstausches eine Beteiligung am übernehmenden Rechtsträger gewährt. Die gesellschaftsrechtliche Verbundenheit des Vermögens und der Anteilseigner des oder der übertragenden Rechtsträger wird aufgelöst. Durch den Anteilstausch setzt sie sich aber im größeren Rahmen des übernehmenden Rechtsträgers fort. Der oder die übertragenden Rechtsträger gehen gem. § 2 UmwG durch Auflösung ohne Abwicklung unter.

Bei der Verschmelzung einer Kapitalgesellschaft auf eine Personengesellschaft wird das gesamte Vermögen der Kapitalgesellschaft auf eine bereits bestehende (Verschmelzung durch Aufnahme) oder neu zu gründende (Verschmelzung durch Neugründung) Personengesellschaft übertragen. Die Anteilseigner der Kapitalgesellschaft werden zu Mitunternehmern der übernehmenden Personengesellschaft. Die übertragende Kapitalgesellschaft geht durch Auflösung ohne Abwicklung unter (§ 2 UmwG).

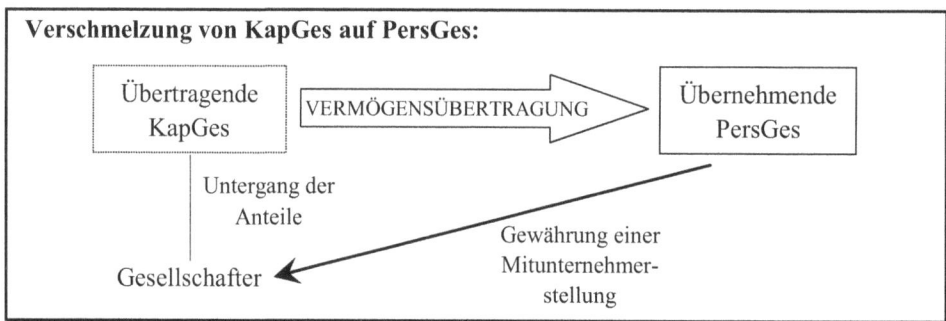

Abbildung 26: Verschmelzung von Kapitalgesellschaft(en) auf eine Personengesellschaft

2 Verschmelzungsmotive

Wie die Motive für eine Umwandlung im Allgemeinen, so können auch die Motive für die Umwandlung einer Kapitalgesellschaft in eine Personengesellschaft vielfältig sein. Vor jeder Entscheidung zur Verschmelzung einer Kapitalgesellschaft auf eine Personengesellschaft müssen die Sachverhalte des Einzelfalls betrachtet werden. Die bereits dargestellten

© Springer Fachmedien Wiesbaden GmbH, ein Teil von Springer Nature 2020
G. Brähler und A. Krenzin, *Umwandlungssteuerrecht*,
https://doi.org/10.1007/978-3-658-27980-6_2

rechtlichen und steuerrechtlichen Besonderheiten der verschiedenen Rechtsformen haben gezeigt, dass es zahlreiche Unterschiede zwischen Kapital- und Personengesellschaften gibt. Insbesondere die fehlende rechtsformneutrale Besteuerung ermöglicht neben betriebswirtschaftlich auch steuerlich motivierte Umwandlungen.

Ein wesentliches steuerliches Motiv für die Verschmelzung einer Kapital- auf eine Personengesellschaft ist die **unterschiedliche Belastung mit KSt und ESt**. Im einleitenden Belastungsvergleich wurde festgestellt, dass ohne die Anwendung der Thesaurierungsbegünstigung keine rechtsformneutrale Besteuerung vorliegt. Bei Gewinnentstehung unterliegen Kapitalgesellschaften einer niedrigeren Steuerbelastung, während bei Gewinnverwendung die Personenunternehmen einer etwas geringeren Steuerbelastung unterliegen. In diesem Belastungsvergleich wurde allerdings von der Prämisse ausgegangen, dass die Steuerbelastung dem ESt-Spitzensatz von 45 % entspricht. Diese Belastungshöhe wird jedoch niemals erreicht, da der durchschnittliche ESt-Satz immer unter 45 % liegt. Wird z. B. ein durchschnittlicher ESt-Satz von 28 % unterstellt, ist die Steuerbelastung einer Personengesellschaft auch bei Gewinnentstehung niedriger als die einer Kapitalgesellschaft.

Darüber hinaus können die Gesellschafter eines Personenunternehmens die GewSt größtenteils auf ihre ESt anrechnen (§ 35 EStG). Dadurch hat die GewSt für Personengesellschaften eine geringere Bedeutung als für Kapitalgesellschaften.

Im Ergebnis bleibt festzustellen, dass ein Personenunternehmen, in Abhängigkeit von den persönlichen ESt-Sätzen der Gesellschafter, eine niedrigere Steuerbelastung ermöglicht.

3 Handelsrechtliche Regelungen

3.1 Systematik

Die Verschmelzung einer Kapitalgesellschaft auf eine Personengesellschaft fällt, wie alle Verschmelzungen, in den Regelungsbereich des zweiten Buchs des UmwG, welches zugleich die Grundlage für alle anderen im UmwG geregelten Umwandlungsarten darstellt.

Im ersten Teil (Allgemeine Vorschriften, §§ 2 - 38 UmwG) werden zunächst für alle verschmelzungsfähigen Rechtsträger gültige Vorschriften bestimmt. Der zweite Teil (Besondere Vorschriften, §§ 39 - 122 l UmwG) beinhaltet rechtsträgerspezifische Vorschriften.

3.2 Verschmelzungsfähige Rechtsträger

Verschmelzungsfähige Rechtsträger bei der Verschmelzung einer Kapitalgesellschaft auf eine Personengesellschaft nach dem UmwG sind (§ 3 UmwG):

Verschmelzungsfähige Rechtsträger bei der Verschmelzung KapGes auf PersGes	
übertragender Rechtsträger	*übernehmender Rechtsträger*
- AG	- OHG
- KGaA	- KG
- GmbH	- GmbH & Co. KG
	- Partnerschaftsgesellschaft

Abbildung 27:   Verschmelzungsfähige Rechtsträger (KapGes auf PersGes)

Voraussetzung: Sowohl übertragende als auch übernehmende Rechtsträger müssen nach § 1 Abs. 1 Nr. 1 UmwG **im Inland ansässig** sein.

3.3   Verschmelzung durch Aufnahme

Bei der Verschmelzung durch Aufnahme (§§ 4 - 35 UmwG) gehen das Vermögen und die Verbindlichkeiten der übertragenden Kapitalgesellschaft im Wege der Gesamtrechtsnachfolge auf die bereits bestehende, übernehmende Personengesellschaft über. Die Kapitalgesellschaft erlischt dabei ohne Abwicklung. Ihre Anteilseigner erhalten im Austausch Anteile am übernehmenden Rechtsträger, d. h. sie werden Gesellschafter der übernehmenden Personengesellschaft.

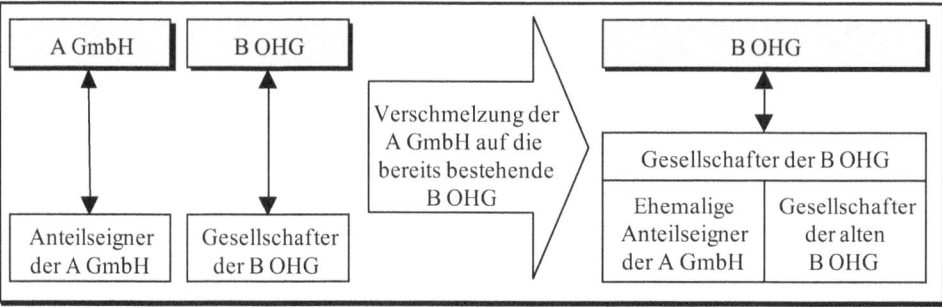

Abbildung 28:   Verschmelzung durch Aufnahme

In der Praxis sind die Gesellschafter der übernehmenden Personengesellschaft regelmäßig gleichzeitig auch die Gesellschafter der übertragenden Kapitalgesellschaft.

Beispiel

Verschmelzung durch Aufnahme

Die Brüder Werner und Ernst Wiesenkamp sind schon seit Jahren Geschäftspartner. Zuerst gründeten sie die WF (Wiesenkamp Fertighäuser) OHG, später die Wiesenkamp GmbH. Aus betriebswirtschaftlichen Gründen entschließen sie sich, die Wiesenkamp GmbH auf die WF OHG zu verschmelzen. Hierbei handelt es sich um eine Verschmelzung durch Aufnahme. Das Vermögen und die Schulden der Wiesenkamp GmbH gehen im Wege der Gesamtrechtsnachfolge auf die WF OHG über.

3.4 Verschmelzung durch Neugründung

Im Unterschied zur Verschmelzung durch Aufnahme geht bei der Verschmelzung durch Neugründung (§§ 36 - 38 UmwG) das Vermögen auf eine eigens zu diesem Zweck gegründete Personengesellschaft über. Es müssen **zwei oder mehr** übertragende Kapitalgesellschaften vorhanden sein (§ 2 Nr. 2 UmwG). Soll **nur eine** Kapitalgesellschaft in eine noch nicht bestehende Personengesellschaft umgewandelt werden, so wäre dies nur über einen **Formwechsel** der Kapitalgesellschaft in eine Personengesellschaft möglich. Wie bei der Verschmelzung durch Aufnahme gehen das Vermögen und die Schulden im Wege der Gesamtrechtsnachfolge über. Die übertragenden Kapitalgesellschaften erlöschen ohne Abwicklung. Ihre Anteilseigner werden Mitunternehmer der Personengesellschaft.

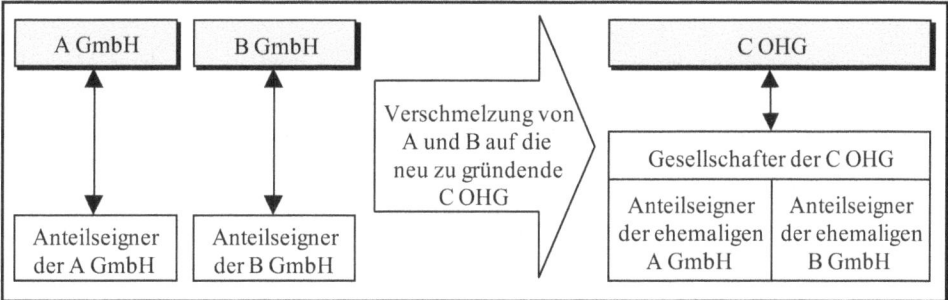

Abbildung 29:   Verschmelzung durch Neugründung

Merke: Die Verschmelzung durch Neugründung erfordert **zwei übertragende Kapitalgesellschaften** (§ 2 Nr. 2 UmwG). Soll nur eine Kapitalgesellschaft in eine noch nicht vorhandene Personengesellschaft umgewandelt werden, so liegt ein **Formwechsel** (§§ 190 - 304 UmwG) vor.

→ Daher ist in Klausuren häufig ein **Formwechsel** Gegenstand der Prüfung.

Beispiel

Verschmelzung durch Neugründung

Rick Dalton und Cliff Booth besitzen jeweils eine GmbH. Um einen größeren Markt-anteil zu erreichen, entschließen sich die Freunde, ihre Gesellschaften auf eine neu zu gründende OHG zu verschmelzen. Hierbei handelt es sich um eine Verschmelzung durch Neugründung. Das Vermögen und die Schulden ihrer GmbHs gehen im Wege der Gesamtrechtsnachfolge in einem einzigen Rechtsakt auf die neu zu gründende OHG über. Ihre GmbHs erlöschen ohne Abwicklung.

Merke: Bei der Verschmelzung **durch Aufnahme** wird auf einen **schon bestehenden Rechtsträger** verschmolzen. Im Falle der Verschmelzung **durch Neugründung** wird dieser **eigens zu diesem Zweck neu gegründet**.

3.5 Ablauf einer Verschmelzung im Überblick

Im Anschluss an den Entschluss zur Verschmelzung ist die Umwandlung sorgfältig zu planen, da die Vorteile des Umwandlungsrechts und damit auch des Umwandlungssteuer-rechts nur dann genutzt werden können, wenn die Umwandlung den Bestimmungen des UmwG entspricht.

Die in der sog. **Planungsphase** vorzunehmenden Schritte lassen sich in drei Phasen unter-teilen:

– Zunächst müssen die zur Verschmelzung nach dem UmwG notwendigen Maßnah-men vorbereitet werden (**Vorbereitungsphase**).
– Im Anschluss daran kommt es zum Beschlussverfahren, in welchem die Verschmel-zung von den Anteilseignern der beteiligten Rechtsträger genehmigt werden muss (**Beschlussphase**).
– In der **Vollzugsphase** wird die Verschmelzung schließlich wirksam.

Folgendes Schaubild zeigt die wichtigsten Komponenten der einzelnen Phasen im Falle der Verschmelzung einer Kapitalgesellschaft auf eine Personengesellschaft.

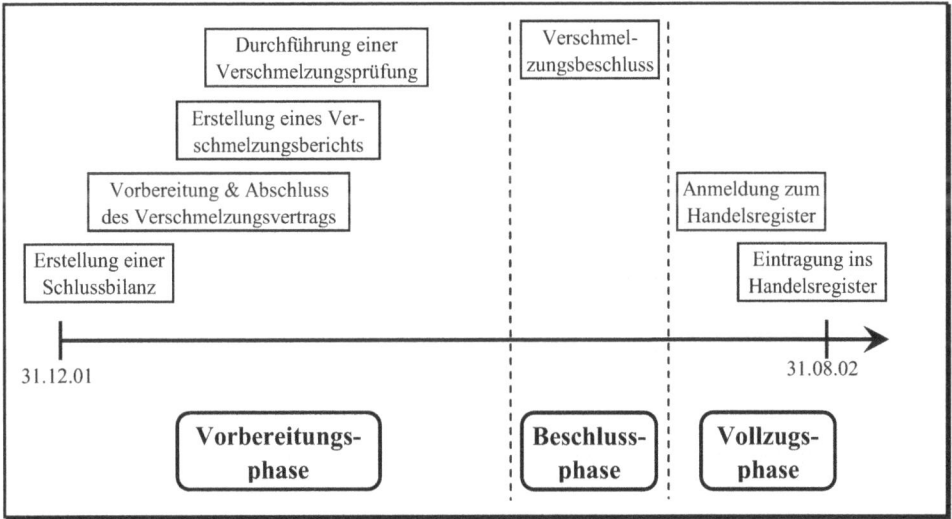

Abbildung 30:   Ablauf einer Verschmelzung

3.5.1   Vorbereitungsphase

In der Vorbereitungsphase werden die für die eigentliche Verschmelzung grundlegenden Vorarbeiten geleistet. Dazu gehört das Erstellen einer Schlussbilanz des übertragenden Rechtsträgers. Diese ist entsprechend den Vorschriften über die Jahresbilanz und deren Prüfung aufzustellen (§ 17 Abs. 2 UmwG). Danach muss ein Verschmelzungsvertrag vorbereitet und beschlossen werden. Zudem ist ein Verschmelzungsbericht anzufertigen, und die Verschmelzung ist einer Prüfung zu unterziehen. Zu beachten ist dabei, dass sich die gesetzlichen Vorgaben für den Verschmelzungsvertrag an der Verschmelzung von Kapitalgesellschaften orientieren.

3.5.1.1   Verschmelzungsvertrag

Für den Abschluss des Verschmelzungsvertrags sind die **Vertretungsorgane** der beteiligten Rechtsträger zuständig (§ 4 Abs. 1 UmwG).

Gem. §§ 5 Abs. 1 Nr. 1 - 9, 29 Abs. 1 bzw. 40 UmwG muss der Verschmelzungsvertrag Folgendes beinhalten:

┌───┐
│   ┌───┐ │
│   │ **Inhalt des Verschmelzungsvertrages bei der Verschmelzung auf eine Personengesellschaft** │ │
│   └───┘ │
│   ┌───┐ │
│   │ Firma und Sitz der an der Verschmelzung beteiligten Rechtsträger (§ 5 Abs. 1 Nr. 1 UmwG) │ │
│   └───┘ │
│   ┌───┐ │
│   │ Vereinbarung über die Vermögensübertragung als Ganzes gegen Anteilsgewähr (§ 5 Abs. 1 Nr. 2 UmwG) │ │
│   └───┘ │
│   ┌───┐ │
│   │ Angaben zum Umtauschverhältnis und Höhe der baren Zuzahlungen (§ 5 Abs. 1 Nr. 3 UmwG) │ │
│   └───┘ │
│   ┌───┐ │
│   │ Einzelheiten für die Übertragung der Anteile des übernehmenden Rechtsträgers (§ 5 Abs. 1 Nr. 4 UmwG) │ │
│   └───┘ │
│   ┌───┐ │
│   │ Zeitpunkt des Anspruchs auf Gewinnbeteiligung (§ 5 Abs. 1 Nr. 5 UmwG) │ │
│   └───┘ │
│   ┌───┐ │
│   │ Verschmelzungsstichtag (§ 5 Abs. 1 Nr. 6 UmwG) │ │
│   └───┘ │
│   ┌───┐ │
│   │ Rechte einzelner Anteilsinhaber sowie Inhaber besonderer Rechte (§ 5 Abs. 1 Nr. 7 UmwG) │ │
│   └───┘ │
│   ┌───┐ │
│   │ Vorteile für Aufsichtsratsmitglieder, Vertretungsorgane, Geschäftsführer usw. (§ 5 Abs. 1 Nr. 8 UmwG) │ │
│   └───┘ │
│   ┌───┐ │
│   │ Folgen der Verschmelzung für die Arbeitnehmer (§ 5 Abs. 1 Nr. 9 UmwG) │ │
│   └───┘ │
│   ┌───┐ │
│   │ Angaben zum Barabfindungsangebot (§ 29 Abs. 1 UmwG) │ │
│   └───┘ │
│   ┌───┐ │
│   │ Stellung und Einlage hinzutretender Gesellschafter (§ 40 UmwG) │ │
│   └───┘ │
└───┘

Abbildung 31: Inhalt des Verschmelzungsvertrags bei der Verschmelzung einer Kapitalgesellschaft auf eine Personengesellschaft

Grundsätzlich muss den Anteilseignern des übertragenden Rechtsträgers als Gegenleistung für ihre untergegangenen Anteile an der übertragenden Körperschaft eine Beteiligung an der übernehmenden Personengesellschaft gewährt werden.

Verschmelzung durch Aufnahme

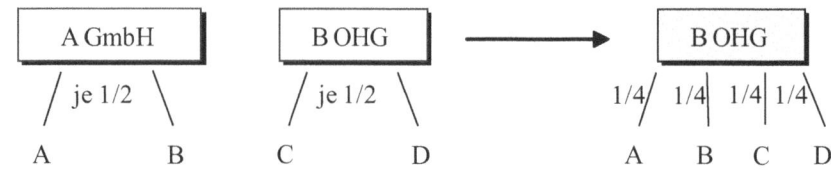

Die Anteilseigner der A GmbH erhalten im Gegenzug für ihre untergehenden Anteile an der A GmbH eine Beteiligung an der übernehmenden B OHG. Sie werden dadurch Gesellschafter der B OHG.

§ 40 UmwG bestimmt, dass im Gesellschaftsvertrag angegeben werden muss, welche Stellung der durch die Umwandlung hinzutretende Gesellschafter einnimmt. Da Anteilsinhaber der übertragenden Kapitalgesellschaft bisher nicht gesamtschuldnerisch, persönlich und unbeschränkt gehaftet haben, ist ihnen in der übernehmenden Personengesellschaft die Stellung eines **Kommanditisten** zu gewähren (§ 40 Abs. 2 S. 1 UmwG). Eine abweichende

Regelung ist nur möglich, wenn der betroffene Anteilsinhaber dem Verschmelzungsbe-
schluss des übertragenden Rechtsträgers zustimmt (§ 40 Abs. 2 S. 2 UmwG).

Merke: Die Vorschrift des § 40 UmwG stellt sicher, dass die Übernahme einer Haftung
durch einen Anteilseigner des untergehenden übertragenden Rechtsträgers nur
mit dessen Zustimmung erfolgen kann.

Beispiel

Im obigen Beispiel müssen die Gesellschafter A und B daher dem Verschmelzungsbe-
schluss zustimmen. Stimmen sie einer unbeschränkten, persönlichen und gesamt-
schuldnerischen Haftung und damit der Stellung eines Komplementärs nicht zu, so ist
ihnen die Stellung eines Kommanditisten zu gewähren. Die übernehmende B OHG
wird dann durch Formwechsel zur B KG.

Zudem müssen im Verschmelzungsvertrag Angaben zum **Umtauschverhältnis** und zur
Höhe der baren Zuzahlungen gemacht werden (§ 5 Abs. 1 Nr. 3 UmwG). Das Umtauschverhältnis soll ausdrücken, wie viele Anteile des übertragenden Rechtsträgers auf wie viele
Anteile des übernehmenden Rechtsträgers entfallen. Daher wird bei jedem Unternehmen
zunächst eine Unternehmensbewertung, üblicherweise mit dem Ertragswertverfahren oder
mit dem Discounted Cash Flow-Verfahren, durchgeführt. Aus dem Vergleich dieser Unternehmenswerte ergibt sich das Umtauschverhältnis.

Bei der Verschmelzung einer Kapitalgesellschaft auf eine Personengesellschaft sind hierbei
zwei Besonderheiten zu beachten:
- Zum einen trägt der Komplementär einer übernehmenden KG ein höheres Haftungs-
  risiko. Der für diesen Nachteil zu zahlende Ausgleich muss im Rahmen der Ver-
  schmelzung berücksichtigt werden.
- Zum anderen geht das HGB in den §§ 120 - 122 von einem variablen Kapital als
  Rechengröße aus. Dadurch ergibt sich das Problem, dass bei der Bestimmung des
  Umtauschverhältnisses nicht auf die Nennbeträge der Anteile, sondern auf die Kapi-
  talkonten der Gesellschafter abgestellt werden muss. Hierzu ist eine Änderung des
  Gesellschaftsvertrags der übernehmenden Personengesellschaft nötig. Die genaue
  Art und Höhe der Kapitalkonten der neu hinzutretenden Gesellschafter müssen im
  Verschmelzungsvertrag namentlich zugeordnet werden.

Ist die Personengesellschaft am übertragenden Rechtsträger beteiligt, treten (den Anteil der
Personengesellschaft an der übertragenden Gesellschaft betreffend) keine neuen Gesellschafter hinzu. Daher sind in diesem Fall keine Angaben zur zukünftigen Gesellschafterstellung und zum Betrag der Einlage nötig und möglich.

Beispiel

Bestimmung des Umtauschverhältnisses

Im obigen Beispiel wurde vereinfachend von einem Umtauschverhältnis von 1:1 ausgegangen. Der Unternehmenswert der A GmbH betrage nun 200 und der der B OHG 100. Ein Anteil an der A GmbH ist daher doppelt so viel wert wie ein Anteil an der B OHG.

Unternehmenswert der A GmbH (Überträgerin)　　　=　　200

Unternehmenswert der B OHG (Übernehmerin)　　　=　　100

$$\text{Umtauschverhältnis} \;=\; \frac{\text{Unternehmenswert des Überträgers}}{\text{Unternehmenswert des Übernehmers}} \;=\; \frac{200}{100} \;=\; 2\text{:}1$$

Die Gesellschafter der A GmbH stimmen der Gesellschafterstellung eines unbeschränkt haftenden Gesellschafters in der übernehmenden B OHG zu. Auf den Ausgleich für die Übernahme des Haftungsrisikos soll in diesem Beispiel aus Vereinfachungsgründen nicht eingegangen werden.

Zusätzlich zur Gewährung von Anteilen an der übernehmenden Personengesellschaft können den Anteilseignern der übertragenden Körperschaft auch bare Zuzahlungen als Ausgleich für ihre untergehenden Anteile an der übertragenden Kapitalgesellschaft gewährt werden. Die Höhe der baren Zuzahlungen ist bei einer Personengesellschaft als aufnehmender Gesellschaft nicht beschränkt.

Die **Höhe der Einlage** eines jeden hinzutretenden Gesellschafters ist festzusetzen (§ 40 Abs. 1 UmwG). Ihre Höhe richtet sich dabei nach dem in § 5 Abs. 1 Nr. 3 UmwG festgelegten Umtauschverhältnis.

Da der Gesetzgeber keine Regelung getroffen hat, in der die Gewährung von Kapitalanteilen an der aufnehmenden Personengesellschaft bestimmt wird, ist sowohl eine Gewährung von zusätzlichen Kapitalanteilen als auch eine Aufteilung der bisherigen Gesamtkapitalgröße auf die einzelnen Kapitalanteile der – sowohl alten als auch neuen – Gesellschafter möglich. Zu beachten ist hierbei jedoch der Grundsatz der Einheitlichkeit der Beteiligung an einer Personengesellschaft. Dies bedeutet, dass einem bereits an der aufnehmenden Personengesellschaft beteiligten Gesellschafter kein weiterer eigenständiger Anteil gewährt werden kann. In diesem Fall ist daher eine Erhöhung des schon vorhandenen Kapitalkontos des Gesellschafters nötig.[5]

---

[5]　Vgl. Schmitt, J./ Hörtnagl, R./ Stratz, R., Umwandlungsgesetz, Umwandlungssteuergesetz, 7. Aufl., München 2016, § 5 UmwG, Rn. 5 ff.

Gewährung von Gesellschaftsrechten

Die Gesellschafter der B OHG hatten vor der Umwandlung Kapitalkonten i. H. v. jeweils 50 T€, die zugleich Grundlage für die Verteilung des Gewinns der OHG waren. Wie das Umtauschverhältnis von 2:1 angibt, ist ein Anteil an der übertragenden A GmbH doppelt so viel wert wie ein Anteil an der übernehmenden B OHG. Den hinzutretenden Gesellschaftern A und B sind daher Kapitalanteile in Form eines Kapitalkontos i. H. v. jeweils 100 T€ zu gewähren. Damit entspricht ihr wirtschaftliches Verhältnis (unter Vernachlässigung des Haftungsrisikos) vor der Verschmelzung demjenigen nach der Verschmelzung.

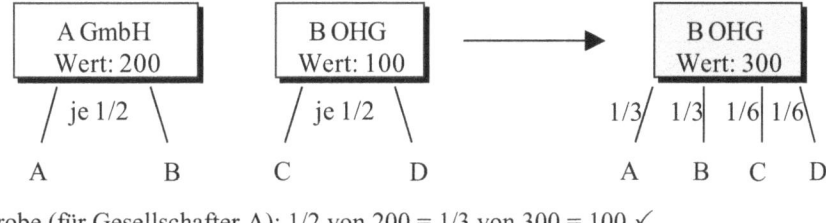

Probe (für Gesellschafter A): 1/2 von 200 = 1/3 von 300 = 100 ✓

Folgendes Schema verdeutlicht die Gewährung von Gesellschaftsrechten bei der Verschmelzung einer Kapitalgesellschaft auf eine Personengesellschaft:

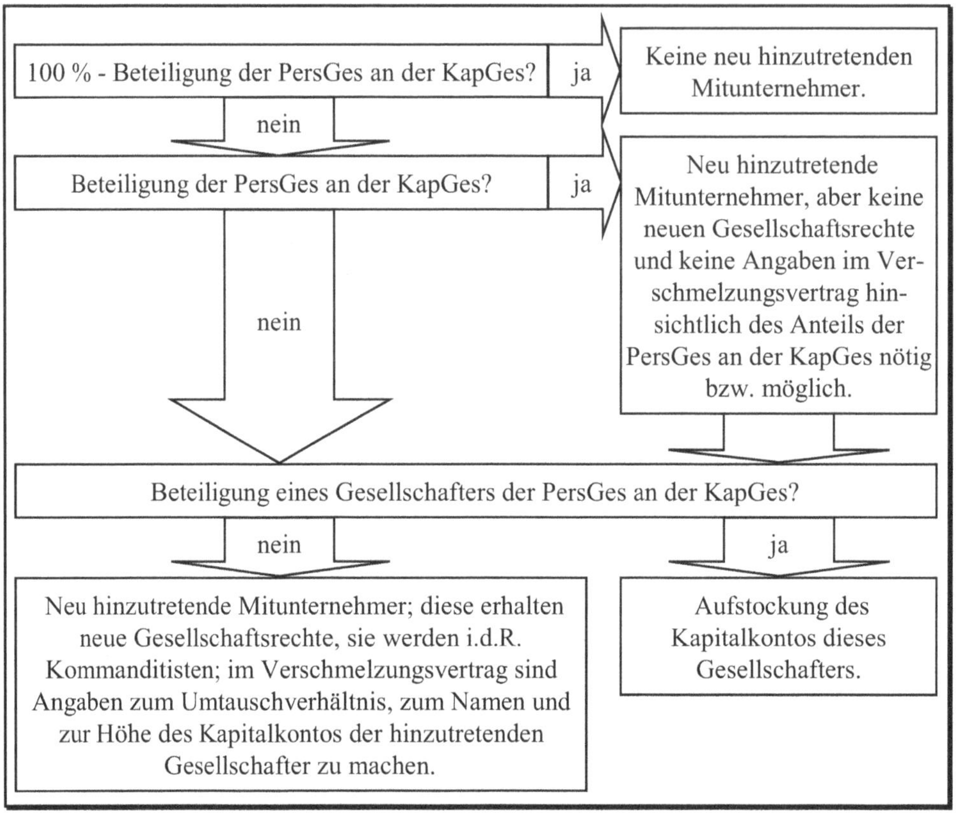

| 100 % - Beteiligung der PersGes an der KapGes? | ja | Keine neu hinzutretenden Mitunternehmer. |

nein

| Beteiligung der PersGes an der KapGes? | ja | Neu hinzutretende Mitunternehmer, aber keine neuen Gesellschaftsrechte und keine Angaben im Verschmelzungsvertrag hinsichtlich des Anteils der PersGes an der KapGes nötig bzw. möglich. |

nein

Beteiligung eines Gesellschafters der PersGes an der KapGes?

nein

ja

| Neu hinzutretende Mitunternehmer; diese erhalten neue Gesellschaftsrechte, sie werden i.d.R. Kommanditisten; im Verschmelzungsvertrag sind Angaben zum Umtauschverhältnis, zum Namen und zur Höhe des Kapitalkontos der hinzutretenden Gesellschafter zu machen. | Aufstockung des Kapitalkontos dieses Gesellschafters. |

Abbildung 32: Gewährung von Gesellschaftsrechten bei der Verschmelzung KapGes auf PersGes im Überblick

Beispiel

Erhöhung eines Kapitalanteils

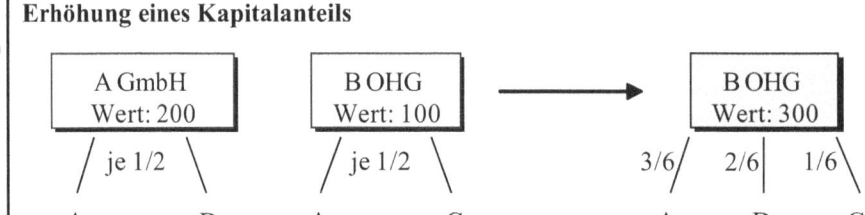

| A GmbH Wert: 200 | B OHG Wert: 100 | → | B OHG Wert: 300 |

je 1/2   je 1/2   3/6   2/6   1/6

A   D   A   C   A   D   C

Die Gesellschafter A und C der B OHG hatten vor der Umwandlung Kapitalkonten i. H. v. jeweils 50 T€. Das Umtauschverhältnis beträgt 2:1. Durch die Umwandlung tritt der Gesellschafter D der B OHG hinzu. Dem Gesellschafter D ist (unter Vernachlässigung des Haftungsrisikos) ein Kapitalanteil an der übernehmenden B OHG in Form eines Kapitalkontos i. H. v. 100 T€ zu gewähren. Da der Gesellschafter A schon vor der Verschmelzung an der übernehmenden B OHG beteiligt war, muss sein Kapitalkonto aufgrund der Einheitlichkeit der Beteiligung an einer Personengesellschaft um 100 T€ auf 150 T€ erhöht werden (Probe: 3/6 von 300 T€ = 150 T€ ✓).

Im Verschmelzungsvertrag muss außerdem ein **Verschmelzungsstichtag** (§ 5 Abs. 1 Nr. 6 UmwG) festgelegt werden. Ab diesem Tag gelten die Handlungen der übertragenden Rechtsträger als für Rechnung des übernehmenden Rechtsträgers vorgenommen.

3.5.1.2 Verschmelzungsbericht

Die Vertretungsorgane der beteiligten Rechtsträger müssen gem. § 8 Abs. 1 UmwG einen **Verschmelzungsbericht** anfertigen. In diesem sind der Verschmelzungsvertrag, insbesondere das **Umtauschverhältnis** der Anteile oder die **Angaben über die Mitgliedschaft** sowie die Höhe einer an ausscheidende Gesellschafter anzubietenden Barabfindung **rechtlich und wirtschaftlich zu erläutern und zu begründen**. Der Verschmelzungsbericht soll den Anteilseigner ausreichend informieren, so dass dieser die Auswirkungen der Verschmelzung überblicken und sein Abstimmungsverhalten danach richten kann. Er dient daher dem Schutz der Anteilseigner.

Auf die Aufstellung des Verschmelzungsberichts kann verzichtet werden, wenn alle Anteile an der übertragenden Körperschaft in der Hand der übernehmenden Personengesellschaft sind oder wenn alle Anteilseigner notariell beurkundet auf die Aufstellung verzichten (§ 8 Abs. 3 UmwG). Der Verschmelzungsbericht braucht für die Personengesellschaft ebenfalls dann nicht aufgestellt zu werden, wenn alle Gesellschafter der Personengesellschaft zur Geschäftsführung berechtigt sind (§ 41 UmwG).

3.5.1.3 Verschmelzungsprüfung

Nach § 9 Abs. 1 UmwG muss der Verschmelzungsvertrag grundsätzlich einer **Prüfung durch sachverständige Prüfer** unterzogen werden. Ist der übertragende Rechtsträger eine AG bzw. eine KGaA, ist eine Verschmelzungsprüfung zwingend vorgeschrieben. Bei der GmbH besteht die Pflicht zur Verschmelzungsprüfung nur auf Verlangen eines Gesellschafters (§ 48 S. 1 UmwG). Bei der aufnehmenden Personengesellschaft besteht die Pflicht zur Verschmelzungsprüfung aufgrund der Sondervorschrift des § 44 UmwG nur dann, wenn einer ihrer Gesellschafter dies verlangt. Die Verschmelzungsprüfung braucht im Übrigen aus den gleichen Gründen wie beim Verzicht auf den Verschmelzungsbericht nicht durchgeführt zu werden (§ 9 Abs. 3 i. V. m. § 8 Abs. 3 UmwG). Der Prüfungsbericht soll den Anteilseignern ein **unabhängiges Urteil über die Angemessenheit des Umtauschverhältnisses** und die **Änderungen in ihrer Gesellschafterstellung** ermöglichen. Er dient somit dem **Präventiv-Schutz der Anteilseigner** sowohl des übertragenden als auch des übernehmenden Rechtsträgers.[6]

---

[6]   Vgl. Schmitt, J./ Hörtnagl, R./ Stratz, R., Umwandlungsgesetz, Umwandlungssteuergesetz, 7. Aufl., München 2016, § 9 UmwG, Rn. 1.

> **Merke:** **Verschmelzungsbericht** und **Verschmelzungsprüfung** dienen dem **Schutz der Anteilseigner**. Durch die Begründung der Verschmelzung und durch das unabhängige Urteil des Prüfers soll sichergestellt werden, dass die Anteilseigner einen angemessenen Ausgleich erhalten.

3.5.2 Beschlussverfahren

In der Beschlussphase wird die Verschmelzung durch die Anteilsinhaber der beteiligten Rechtsträger festgelegt. Die Anteilsinhaber aller beteiligten Gesellschaften müssen der Verschmelzung in einer Versammlung zustimmen (§ 13 Abs. 1 UmwG). Erst zu diesem Zeitpunkt wird der Verschmelzungsvertrag wirksam. Zum Wirksamwerden des Vertrags ist auf Seiten der Kapitalgesellschaft eine **Mehrheit von mindestens 75 % der abgegebenen Stimmen** nötig (§ 50 UmwG (GmbH), § 65 UmwG (AG)). Bei der übernehmenden Personengesellschaft müssen grundsätzlich alle Gesellschafter zustimmen (§ 43 Abs. 1 UmwG). Sofern der Gesellschaftsvertrag eine Mehrheitsentscheidung vorsieht, reicht eine Mehrheit von 75 % der abgegebenen Stimmen aus (§ 43 Abs. 2 S. 2 UmwG).

3.5.3 Vollzug

Die Vollzugsphase beginnt mit der Anmeldung der Verschmelzung zur Eintragung in die jeweiligen Register. Die Verschmelzung wird erst durch Eintragung in die Handelsregister aller an der Verschmelzung beteiligten Rechtsträger wirksam. Gem. §§ 16 Abs. 1 S. 1, 38 UmwG müssen die Vertretungsorgane der beteiligten Rechtsträger die Verschmelzung zur Eintragung in das jeweils zuständige Register anmelden. Der Anmeldung zum Handelsregister sind gem. § 17 UmwG insbesondere der Verschmelzungsvertrag und -bericht beizulegen. Zudem muss die übertragende Kapitalgesellschaft ihrer Anmeldung eine Schlussbilanz beifügen, die auf einen höchstens acht Monate vor der Anmeldung liegenden Stichtag aufgestellt ist (§ 17 Abs. 2 S. 4 UmwG). Der Stichtag der handelsrechtlichen Schlussbilanz liegt immer einen Tag vor dem im Verschmelzungsvertrag gem. § 5 Abs. 1 Nr. 6 UmwG festgelegten Verschmelzungsstichtag (Tz. 02.02 UmwStE).

> **Merke:** Der übertragende Rechtsträger muss seiner Anmeldung zur Handelsregistereintragung eine handelsrechtliche Schlussbilanz beifügen, die auf einen höchstens acht Monate zurückliegenden Stichtag aufgestellt ist. Der Stichtag der handelsrechtlichen Schlussbilanz liegt immer einen Tag vor dem Verschmelzungsstichtag gem. § 5 Abs. 1 Nr. 6 UmwG.

> **Tipp:** Aus Kostengründen sollte als Verschmelzungsstichtag gem. § 5 Abs. 1 Nr. 6
> UmwG immer der erste Tag des Wirtschaftsjahres des übertragenden Rechtsträgers gewählt werden.
> Da die Schlussbilanz gem. § 17 Abs. 2 UmwG auf den dem Verschmelzungsstichtag vorhergehenden Stichtag aufzustellen ist, kann die Jahresbilanz der Überträgerin als Schlussbilanz i. S. d. UmwG verwendet werden.
> Daraus ergibt sich, dass die Verschmelzung bis spätestens zum 31. August des Folgejahres zur Handelsregistereintragung angemeldet werden muss.

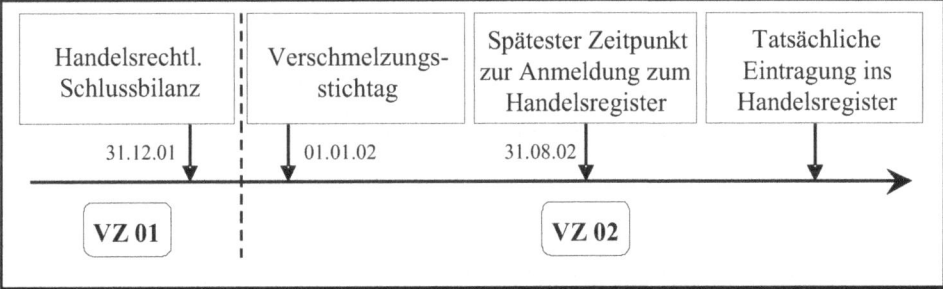

Abbildung 33:   Handelsrechtliche Schlussbilanz und Verschmelzungsstichtag

Nach Einreichung der gem. § 17 UmwG erforderlichen Unterlagen überprüft das jeweilige Registergericht die beigefügten Anlagen auf Vollständigkeit und formale Richtigkeit. Danach wird die Verschmelzung in folgender Reihenfolge in die Register eingetragen:

> Eintragung ins Register am Sitz der übertragenden Kapitalgesellschaft mit dem Vermerk, dass die Verschmelzung erst mit der Eintragung ins Register am Sitz der übernehmenden Personengesellschaft wirksam wird (§ 19 Abs. 1 S. 2 UmwG).

> Eintragung ins Register am Sitz der übernehmenden Personengesellschaft (§ 19 Abs. 1 S. 1 UmwG).

> Die Verschmelzung ist nach § 19 Abs. 3 UmwG von den jeweils am Sitz der beteiligten Rechtsträger zuständigen Gerichten gem. § 10 HGB bekannt zu machen.

3.6   Rechtsfolgen einer Verschmelzung

Mit der Eintragung der Verschmelzung in das Register des übernehmenden Rechtsträgers treten gem. § 20 Abs. 1 UmwG folgende Wirkungen ein:

- Das Vermögen der übertragenden Rechtsträger geht einschließlich der Verbindlichkeiten auf den übernehmenden Rechtsträger im Wege der Gesamtrechtsnachfolge über (Nr. 1).
- Die übertragenden Rechtsträger erlöschen ohne Liquidation (Nr. 2).
- Die Anteilseigner der übertragenden Rechtsträger werden Gesellschafter der übernehmenden Personengesellschaft (Nr. 3).
- Eine evtl. unterlassene notarielle Beurkundung des Verschmelzungsvertrags oder erforderlicher Zustimmungs- oder Verzichtserklärungen wird geheilt (Nr. 4).

3.7 Grenzüberschreitende Verschmelzung

Während das UmwStG eindeutig auch grenzüberschreitende Verschmelzungen unter Beteiligung von Personengesellschaften (§ 1 Abs. 1, 2 UmwStG) regelt, sind die Regelungen für grenzüberschreitende Verschmelzungen im UmwG nur für Kapitalgesellschaften anwendbar (§§ 122a ff. UmwG). Auch die Fusionsrichtlinie und die SE-Verordnung beschränken sich auf Kapitalgesellschaften. Die zivilrechtlichen Regelungen für Verschmelzungen unter Beteiligung von Personengesellschaften beziehen sich nur auf Inlandsfälle. Demnach wäre zivilrechtlich eine grenzüberschreitende Verschmelzung unter Beteiligung von Personengesellschaften nicht möglich.

Allerdings hat der EuGH in der Rechtssache Sevic Systems AG entschieden, dass die Versagung der Eintragung einer grenzüberschreitenden Verschmelzung mit der Begründung, dass das deutsche UmwG nur die Verschmelzung von Gesellschaften mit Sitz im Inland vorsehe, gegen die Niederlassungsfreiheit (Art. 43, 48 EG) verstößt. Da die Grundsätze dieses Urteils auch auf Personengesellschaften anwendbar sind, ist eine generelle Beschränkung von grenzüberschreitenden Verschmelzungen nicht mit dem EU-Recht vereinbar.[7] Folglich müssen auch grenzüberschreitende Verschmelzungen unter Beteiligung von Personengesellschaften möglich sein.

Daraus ergibt sich die Frage, wie eine solche Verschmelzung durchzuführen ist. Das Problem des Fehlens zivilrechtlicher Regelungen für diesen Sachverhalt besteht nach wie vor. Ein Lösungsansatz stellt die Kombination mehrerer Rechtsordnungen dar. Bei einer grenzüberschreitenden Verschmelzung würde dabei das deutsche UmwG sich nur auf die im Inland ansässige Gesellschaft beziehen und somit nur die inländischen Tatbestände regeln. Die ausländische Gesellschaft würde unter die Rechtsordnung ihres Ansässigkeitsstaates fallen. Soweit ein gemeinsames Tätigwerden erforderlich wäre, z. B. bei Verschmelzungsvertrag und -bericht, wären beide Rechtsordnungen zu kumulieren.[8]

---

[7]   Vgl. Brähler, G./ Heerdt, T., Steuerneutralität bei grenzüberschreitenden Verschmelzungen unter Beteiligung hybrider Gesellschaften, StuW 3/2007, S. 265.

[8]   Vgl. Kieninger, E.-M., Grenzüberschreitende Verschmelzungen in der EU – das SEVIC-Urteil des EuGH, EWS 2/2006, S. 50 f.

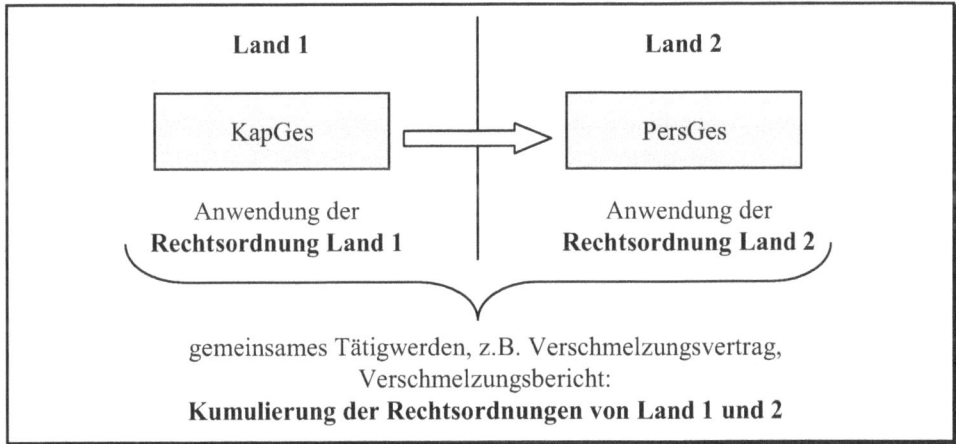

Abbildung 34:   Grenzüberschreitende Verschmelzung KapGes auf PersGes

Merke: Zivilrechtlich ist die grenzüberschreitende Verschmelzung einer KapGes auf eine PersGes auf Basis der Umwandlungsgesetze der Ansässigkeitsstaaten der Gesellschaften möglich.

Der dargestellte Lösungsansatz birgt jedoch das Problem, dass sich eventuell die Rechtsordnungen der beteiligten Staaten als inkompatibel zueinander erweisen. Vor diesem Hintergrund wäre es wünschenswert, wenn der europäische Gesetzgeber die Regelungen für grenzüberschreitende Verschmelzungen auf Personengesellschaften ausdehnen würde.

4 Bilanzielle Behandlung in der Handelsbilanz

Die handelsbilanzielle Behandlung von Verschmelzungen wird im UmwG durch § 17 Abs. 2 S. 2 UmwG für den übertragenden Rechtsträger und durch § 24 UmwG für den übernehmenden Rechtsträger geregelt. Danach muss der **übertragende Rechtsträger** die bei der Anmeldung zur Handelsregistereintragung einzureichende Schlussbilanz entsprechend seiner Jahresbilanz aufstellen. Er besitzt also **kein Wahlrecht** bezüglich Ansatz und Bewertung seiner Wirtschaftsgüter. Demgegenüber besitzt der **übernehmende Rechtsträger** das **Wahlrecht**, die übernommenen Wirtschaftsgüter zu Buchwerten oder zu seinen Anschaffungskosten anzusetzen.

4.1   Bilanzierung bei der übertragenden Kapitalgesellschaft

Für die Schlussbilanz sind gem. § 17 Abs. 2 S. 2 UmwG die Bestimmungen für den handelsrechtlichen Jahresabschluss anzuwenden. Es gelten die Grundsätze der:

- Bilanzkontinuität (§ 252 Abs. 1 Nr. 1 HGB), der
- Bewertungsstetigkeit (§ 252 Abs. 1 Nr. 6 HGB)[9], der
- ordnungsgemäßen Buchführung einschließlich der
- allgemeinen Vorschriften nach §§ 238 ff. HGB und der
- ergänzenden Regelungen für Kapitalgesellschaften (§§ 264 ff. HGB).

Die Vermögensgegenstände sind in der handelsrechtlichen Schlussbilanz der übertragenden Kapitalgesellschaft mit den Anschaffungs- bzw. Herstellungskosten (§ 255 Abs. 1 und 2 HGB), vermindert um planmäßige sowie außerplanmäßige Abschreibungen anzusetzen (§ 253 Abs. 1 S. 1 HGB). Ist eine außerplanmäßige Abschreibung vorgenommen worden und fallen die Gründe für diese Abschreibung weg, so sind diese durch Wertaufholung bis zu den um planmäßige Abschreibungen verminderten Anschaffungs- oder Herstellungskosten rückgängig zu machen (§§ 253 Abs. 5, 254 S. 2, 280 HGB).

4.2 Bilanzierung bei der übernehmenden Personengesellschaft

Die übernehmende Personengesellschaft hat gem. § 24 UmwG ein **Wahlrecht**. Sie kann das übernommene Vermögen entweder mit den Buchwerten aus der Schlussbilanz der übertragenden Körperschaft ansetzen oder das übernommene Vermögen mit den Anschaffungskosten ausweisen. Das Wahlrecht des § 24 UmwG kann für das übernommene Vermögen nur einheitlich angewandt werden.[10]

Das Aufstellen einer Übernahmebilanz ist im Falle der Verschmelzung durch Aufnahme nicht nötig. Die Verschmelzung stellt in diesem Falle einen laufenden Geschäftsvorfall dar.[11]

Merke: Weil die Verschmelzung aus Sicht der übernehmenden Personengesellschaft einen Anschaffungsvorgang darstellt, kann sie die Anschaffungskosten für das übergehende Vermögen ansetzen. Zudem wird ihr die Möglichkeit zur Fortführung der Buchwerte gewährt.

---

[9] Der Grundsatz der Bewertungsstetigkeit kann durchbrochen werden, sofern die Bewertungsmethoden an die Bilanzierung des übernehmenden Rechtsträgers angeglichen werden sollen und dieser die Buchwerte fortführt; vgl. IDW, Stellungnahme HFA 2/1997: Zweifelsfragen der Rechnungslegung bei Verschmelzungen, FN-IDW 1997, S. 176.

[10] Vgl. IDW, Stellungnahme HFA 2/1997: Zweifelsfragen der Rechnungslegung bei Verschmelzungen, FN-IDW 1997, S. 180.

[11] Vgl. Schmitt, J./ Hörtnagl, R./ Stratz, R., Umwandlungsgesetz, Umwandlungssteuergesetz, 7. Aufl., München 2016, § 24 UmwG, Rz. 4.

Die **Anschaffungskosten** bestehen aus der ggf. baren Zuzahlung und den gewährten oder untergehenden Anteilen. Das Aktivierungswahlrecht für nicht entgeltlich erworbene immaterielle Vermögensgegenstände des Anlagevermögens (§ 248 Abs. 2 HGB) findet auf übergehende immaterielle Vermögensgegenstände keine Anwendung bzw. wird zur Aktivierungspflicht, da es sich aus Sicht der übernehmenden Personengesellschaft um einen entgeltlichen Anschaffungsvorgang handelt. Da die Anschaffungskosten dem Wert der Gegenleistung entsprechen, wird weder ein Verschmelzungsgewinn noch ein Verschmelzungsverlust ausgewiesen. In diesem Falle sind die im übernommenen Vermögen enthaltenen stillen Reserven gleichmäßig für alle Wirtschaftsgüter aufzustocken. Die Aufstockung ist allerdings auf die im übernommenen Vermögen enthaltenen stillen Reserven beschränkt. Sind die Anschaffungskosten höher als die gemeinen Werte (= Verkehrswerte) des übergehenden Vermögens (= gemeiner Wert der Vermögensgegenstände ./. gemeiner Wert der Schulden), so kann entweder ein Geschäfts- oder Firmenwert aktiviert werden, sofern dieser werthaltig ist, oder der Unterschiedsbetrag direkt als Aufwand erfasst werden.[12]

Merke: Da die Anschaffungskosten grundsätzlich dem Wert der Gegenleistung entsprechen, ist der Ansatz der Anschaffungskosten üblicherweise **erfolgsneutral**.

Im Falle der **Buchwertfortführung** ist die übernehmende Personengesellschaft an die Wertansätze der übertragenden Kapitalgesellschaft gebunden. Dies gilt sowohl für Ansatzwahlrechte, die für die übernehmende Personengesellschaft eigentlich nicht zulässig wären, als auch für Wertansatzverbote, wie z. B. das Ansatzverbot originär entstandener immaterieller Vermögensgegenstände.[13] Die Buchwertfortführung ist **nicht erfolgsneutral**. Ein **Verschmelzungsverlust** ergibt sich immer dann, wenn stille Reserven der übertragenden Kapitalgesellschaft abgegolten wurden. In diesem Fall ist der Wert der gewährten Gesellschaftsrechte höher als der Buchwert des übergegangenen Vermögens. Dieser Verschmelzungsverlust ist als Aufwand zu verbuchen.[14] Im umgekehrten Fall ergibt sich ein **Verschmelzungsgewinn**. Dieser ist den Kapitalkonten der Gesellschafter entsprechend ihres Beteiligungsverhältnisses zuzuschreiben oder in eine gesamthänderisch gebundene Rücklage einzustellen. War die Personengesellschaft schon vor der Verschmelzung an der übertragenden Kapitalgesellschaft beteiligt, so ist ein sich aus dem Vergleich des Buchwerts des übernommenen Vermögens mit dem Buchwert der untergehenden Beteiligung ergebener Verschmelzungsgewinn oder Verschmelzungsverlust ebenfalls erfolgswirksam zu verbuchen.[15]

---

[12] IDW, Stellungnahme HFA 2/1997: Zweifelsfragen der Rechnungslegung bei Verschmelzungen, FN-IDW 1997, S. 182.

[13] Vgl. Schmitt, J./ Hörtnagl, R./ Stratz, R., Umwandlungsgesetz Umwandlungssteuergesetz, 7. Aufl., München 2016, § 24 UmwStG, Rz. 65 ff.

[14] Vgl. Schmitt, J./ Hörtnagl, R./ Stratz, R., Umwandlungsgesetz Umwandlungssteuergesetz, 7. Aufl., München 2016, § 24 UmwStG, Rz. 75 ff.

[15] Vgl. IDW, Stellungnahme HFA 2/1997: Zweifelsfragen der Rechnungslegung bei Verschmelzungen, FN-IDW 1997, S. 183.

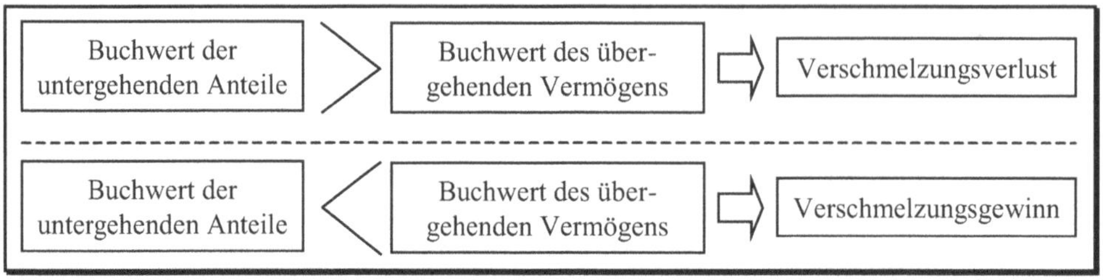

Abbildung 35: Handelsrechtlicher Verschmelzungsgewinn oder -verlust bei Buchwertfortführung

Der handelsrechtliche Verschmelzungsgewinn / -verlust berechnet sich dabei wie folgt:

Buchwert der übernommenen Vermögensgegenstände
./. Buchwert der übernommenen Schulden
_____
= **Buchwert des übernommenen Vermögens**
./. Buchwert der untergehenden Beteiligung
_____
= **Verschmelzungsgewinn/ -verlust**

Beispiel

Handelsrechtlicher Verschmelzungsgewinn/ -verlust
Die Wiesenkamp GmbH wird auf die bestehende WF OHG verschmolzen. An der WF
OHG sind die beiden Gesellschafter Werner und Ernst Wiesenkamp zu je 50 % beteiligt. Die WF OHG besitzt 100 % der Anteile der Wiesenkamp GmbH im Betriebsvermögen. Die Anschaffungskosten dieser Anteile betrugen 100 T€.
Die handelsrechtliche Schlussbilanz der Wiesenkamp GmbH (§ 17 Abs. 2 UmwG)
sieht wie folgt aus:

Aktiva	Wiesenkamp GmbH		Passiva
Aktiva	100 T€	Eigenkapital	50 T€
		Fremdkapital	50 T€
	100 T€		100 T€

Die Aktiva der Wiesenkamp GmbH enthalten stille Reserven i. H. v. 400 T€. Der
gemeine Wert der Aktiva beträgt daher 500 T€. Da Zuschreibungen nur innerhalb der
Grenzen der §§ 253 Abs. 5, 254 S. 2, 280 HGB möglich sind, ist eine Aufstockung auf
die höheren gemeinen Werte durch Aufdeckung stiller Reserven nicht möglich.

Aktiva	WF OHG		Passiva
Beteiligung	100 T€	Kapital Ernst	50 T€
Sonst. Aktiva	100 T€	Kapital Werner	50 T€
		Fremdkapital	100 T€
	200 T€		200 T€

Die WF OHG ist die alleinige Gesellschafterin der Wiesenkamp GmbH. Aus diesem Grund müssen bei der Verschmelzung keine ausscheidenden Gesellschafter abgefunden oder Gesellschafteranteile an der übernehmenden WF OHG gewährt werden.

Der Buchwert des übergehenden Vermögens entspricht dem Eigenkapital der Wiesenkamp GmbH:

	Buchwert der übernommenen Vermögensgegenstände	100 T€
./.	Buchwert der übernommenen Schulden	./. 50 T€
=	Buchwert des übernommenen Vermögens	50 T€

Durch die Verschmelzung gehen die Aktiva der Wiesenkamp GmbH auf die WF OHG über. Die Beteiligung an der Wiesenkamp GmbH geht unter.

Je nachdem, ob die WF OHG (1.) die **Buchwerte fortführt** oder aber (2.) die **Anschaffungskosten ansetzt**, entsteht entweder ein Verschmelzungsverlust, oder die Verschmelzung ist erfolgsneutral.

1. Fortführung der Buchwerte

Bei Fortführung der Buchwerte ergibt sich folgender Verschmelzungsverlust, der als Aufwand zu erfassen ist:

	Buchwert des übernommenen Vermögens	50 T€
./.	Buchwert der untergehenden Beteiligung	./. 100 T€
=	Verschmelzungsverlust	./. 50 T€

Aktiva			WF OHG			Passiva
Beteiligung	100 T€		Kapital Ernst		50 T€	
./. Beteiligung	./. **100 T€**	0 T€	Kapital Werner		50 T€	
			Verschm.verlust	./.	**50 T€**	50 T€
sonst. Aktiva	100 T€		FK		100 T€	
+ Aktiva W GmbH*	+ **100 T€**	200 T€	+ FK W GmbH*	+	**50 T€**	150 T€
		200 T€				200 T€

2. Ansatz mit Anschaffungskosten

Der Ansatz mit Anschaffungskosten erlaubt, dass ein Verschmelzungsverlust vermieden wird. Hierzu sind die im übergehenden Vermögen enthaltenen stillen Reserven soweit aufzudecken, dass die Anschaffungskosten gedeckt sind. Die Aktiva der übernommenen Wirtschaftsgüter sind folglich um stille Reserven i. H. v. 50 T€ zu erhöhen. Das Vermögen der Wiesenkamp GmbH wird dann mit den Anschaffungskosten, d. h. dem Wert der untergehenden Beteiligung, in der Bilanz der WF OHG ausgewiesen.

Beachte: Obwohl die stillen Reserven in den übernommenen Wirtschaftsgütern 400 T€ betragen, darf handelsrechtlich nicht auf die gemeinen Werte aufgestockt werden. Eine Aufdeckung der stillen Reserven ist nur bis zur Höhe der Anschaffungskosten der Personengesellschaft möglich.

Aktiva			WF OHG			Passiva
Beteiligung	100 T€		Kapital Ernst			50 T€
./. Beteiligung	./. **100 T€**	0 T€	Kapital Werner			50 T€
sonst. Aktiva	100 T€					
+ Aktiva W GmbH*	+ **100 T€**		FK		100 T€	
+ stille Reserven	+ **50 T€**	250 T€	+ FK W GmbH*	+	**50 T€**	150 T€
		250 T€				250 T€

*W GmbH = Wiesenkamp GmbH

5 Steuerrechtliche Regelungen

5.1 Systematik

Die Verschmelzung einer Kapitalgesellschaft auf eine Personengesellschaft wird im UmwStG durch die §§ 3 - 10 UmwStG sowie § 18 UmwStG geregelt:

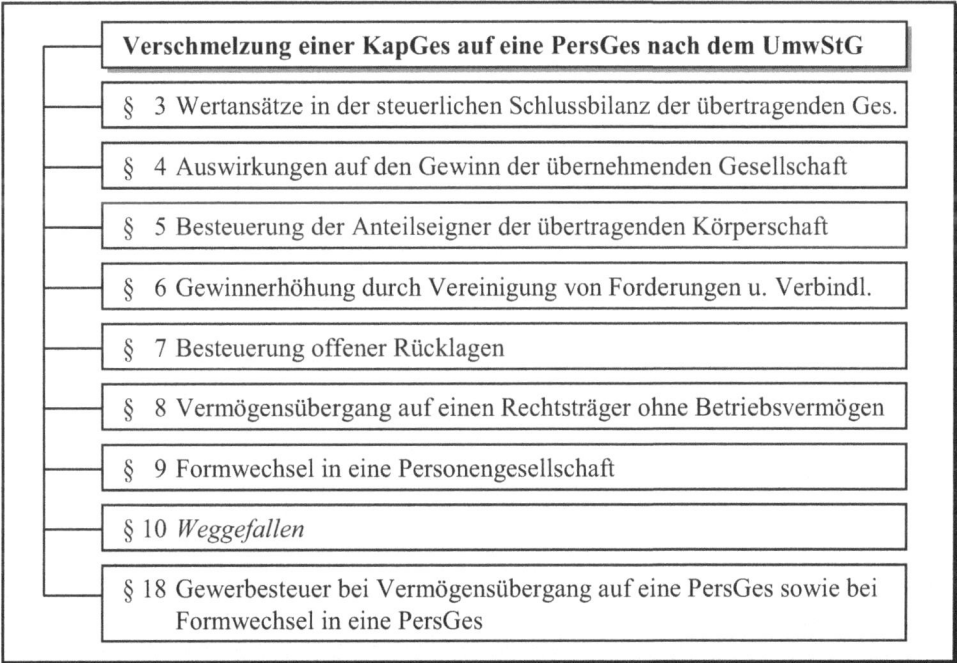

Verschmelzung einer KapGes auf eine PersGes nach dem UmwStG

§ 3 Wertansätze in der steuerlichen Schlussbilanz der übertragenden Ges.

§ 4 Auswirkungen auf den Gewinn der übernehmenden Gesellschaft

§ 5 Besteuerung der Anteilseigner der übertragenden Körperschaft

§ 6 Gewinnerhöhung durch Vereinigung von Forderungen u. Verbindl.

§ 7 Besteuerung offener Rücklagen

§ 8 Vermögensübergang auf einen Rechtsträger ohne Betriebsvermögen

§ 9 Formwechsel in eine Personengesellschaft

§ 10 *Weggefallen*

§ 18 Gewerbesteuer bei Vermögensübergang auf eine PersGes sowie bei Formwechsel in eine PersGes

Abbildung 36:   Regelungen zur Verschmelzung KapGes auf PersGes nach dem UmwStG

Dabei ist Folgendes zu beachten:

- Voraussetzung für die Anwendung des UmwStG ist, dass gem. § 1 Abs. 1, 2 UmwStG die übertragende Kapitalgesellschaft und die übernehmende Personengesellschaft nach den Rechtsvorschriften eines EU-Mitgliedstaates bzw. eines EWR-Staates gegründet wurden und im Hoheitsgebiet der EU bzw. des EWR ansässig sind.
- Im Gegensatz zum UmwG differenziert das UmwStG nicht zwischen einer Verschmelzung durch Aufnahme und einer Verschmelzung durch Neugründung.
- Die §§ 3-10 UmwStG sind nur auf die Verschmelzung einer Kapitalgesellschaft auf eine Personengesellschaft anwendbar. Die Verschmelzung zweier Personengesellschaften wird steuerrechtlich als Einbringung (§ 24 UmwStG) behandelt.

Merke: Die **Verschmelzung zweier Personengesellschaften** ist steuerrechtlich als **Einbringung** i. S. d. § 24 UmwStG zu behandeln.

5.1.1   Die Problematik stiller Reserven

Durch das UmwStG können Umwandlungsprozesse steuerneutral gestaltet werden. Steuerliche Belastungen des Umwandlungsvorgangs durch die Realisation und Besteuerung von stillen Reserven sollen verhindert werden. Im Folgenden soll die Entstehung und Realisation von stillen Reserven erläutert werden. Anschließend wird die Behandlung von stillen Reserven im UmwStG verdeutlicht.

5.1.1.1 Entstehung stiller Reserven

Stille Reserven entstehen durch Unterbewertung von Aktiva und/oder durch Überbewertung von Passiva. Grundsätzlich ist das Vorsichtsprinzip gem. § 252 Abs. 1 Nr. 4 Hs. 1 HGB sowie das Realisationsprinzip gem. § 252 Abs. 1 Nr. 4 Hs. 2 HGB für diese Unter- bzw. Überbewertungen des Vermögens verantwortlich:

- Gewinne sind erst auszuweisen, wenn sie durch einen Umsatzakt realisiert wurden (Realisationsprinzip). Vermögensgegenstände sind nur zu den fortgeführten Anschaffungskosten und nicht etwa zu höheren gemeinen Werten anzusetzen.
- Verluste müssen dagegen bereits dann berücksichtigt werden, wenn sie mit ausreichender Sicherheit bekannt sind. Die unterschiedliche zeitliche Berücksichtigung von Gewinnen und Verlusten wird auch als Imparitätsprinzip bezeichnet.

Merke: Stille Reserven entstehen durch Unterbewertung von Aktiva und/ oder Überbewertung von Passiva.

5.1.1.2 Realisation und Besteuerung von stillen Reserven

Stille Reserven können nur realisiert werden, wenn unterbewertete Wirtschaftsgüter aus dem Betriebsvermögen des Steuerpflichtigen ausscheiden (Veräußerungstatbestand). Beim Ausscheiden eines Wirtschaftsguts (z. B. durch Verkauf) endet für dieses Wirtschaftsgut die Steuerpflicht beim Veräußerer. Liegt der Veräußerungspreis eines Wirtschaftsguts über dem Buchwert, entspricht die Differenz zwischen Veräußerungspreis und Buchwert den stillen Reserven.

Veräußerungspreis

./. Buchwert

= **stille Reserven ≙ Veräußerungsgewinn**

Bei Veräußerungstatbeständen müssen die stillen Reserven aufgedeckt und als Veräußerungsgewinn der Besteuerung unterworfen werden. Die Besteuerung des Veräußerungsgewinns entspricht dem Gedanken, dass Steuersubjekte nach ihrer wirtschaftlichen Leistungsfähigkeit zu besteuern sind: Vor der Veräußerung der Wirtschaftsgüter führen die stillen Reserven beim Steuersubjekt zu einem zunächst unrealisierten und damit steuerfreien Wertzuwachs. Im Zeitpunkt der Veräußerung wird dieser Wertzuwachs jedoch am Markt umgesetzt und erhöht dadurch die wirtschaftliche Leistungsfähigkeit des Veräußerers. Daher sind die stillen Reserven als Veräußerungsgewinn der Besteuerung zu unterwerfen.

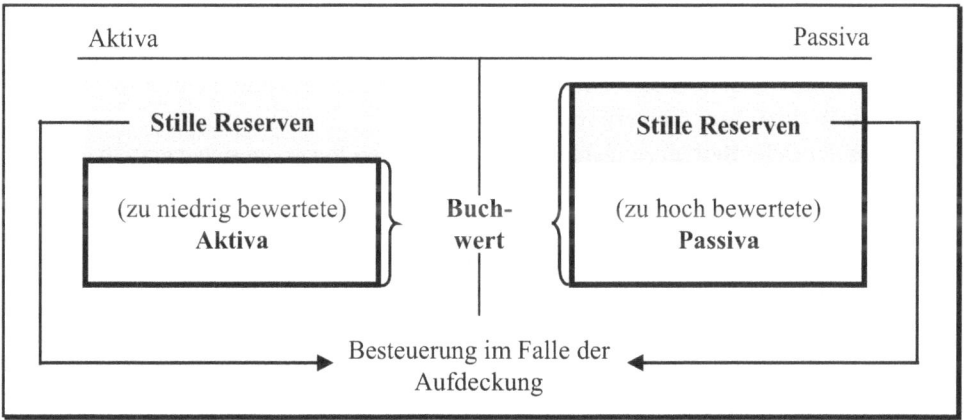

Abbildung 37:   Realisation und Besteuerung von stillen Reserven

5.1.1.3   Stille Reserven bei Umwandlungen

Auch Umwandlungen stellen grundsätzlich Veräußerungstatbestände dar. Die Wirtschaftsgüter des umzuwandelnden Rechtsträgers scheiden ganz (z. B. Aufspaltung) oder teilweise
(z. B. Abspaltung) aus dem Betriebsvermögen des umzuwandelnden Rechtsträgers aus. Die
übergehenden Wirtschaftsgüter sind danach beim umzuwandelnden Rechtsträger nicht
mehr steuerverhaftet. Daher müsste nach dem oben erläuterten Grundsatz eine Realisation
und Besteuerung der stillen Reserven erfolgen. Durch das UmwStG kann diese Realisation
und Besteuerung von stillen Reserven jedoch verschoben werden, so dass Umwandlungen
steuerneutral, d. h. ohne steuerliche Belastung infolge des Umwandlungsprozesses, vorgenommen werden können.

Ohne die Gestaltungsmöglichkeiten des UmwStG müsste eine Änderung der Rechtsform
auf folgende Weise verlaufen:
- Der ursprüngliche Betrieb muss aufgegeben (§ 16 EStG) bzw. die Gesellschaft auf-
  gelöst und anschließend liquidiert (GmbH: §§ 60 - 77 GmbHG) bzw. abgewickelt
  (AG: §§ 262 - 277 AktG) werden.
- Ein neues Unternehmen in der gewünschten Rechtsform ist zu gründen.

Bei der Aufgabe eines Betriebs oder der Liquidation bzw. Abwicklung einer Gesellschaft
liegt ein **Entstrickungstatbestand** vor. Die Wirtschaftsgüter scheiden aus dem Betriebsvermögen des Betriebs oder der Gesellschaft aus. Die im Vermögen enthaltenen stillen
Reserven werden aufgedeckt und müssen als Aufgabe- bzw. Liquidationsgewinn der Besteuerung gem. § 16 EStG (Betriebsaufgabe) bzw. gem. § 11 KStG (Liquidation einer Gesellschaft) unterworfen werden.

Das UmwStG ermöglicht es nun, dass trotz Vorliegen eines Veräußerungstatbestands unter
bestimmten Voraussetzungen von einer sofortigen Realisation und Besteuerung der stillen

Reserven abgewichen wird (teleologische Reduktion der Veräußerung). Dies wird immer dann ermöglicht, wenn

- die **stillen Reserven der übertragenden Kapitalgesellschaft beim übernehmenden Rechtsträger fortgeführt werden und**
- **das deutsche Besteuerungsrecht an diesen stillen Reserven sichergestellt ist.**

Die **Fortführung der stillen Reserven** wird dadurch erreicht, dass der übernehmende Rechtsträger die **Buchwerte der Überträgerin ansetzt.** Die Realisation und Besteuerung der stillen Reserven wird durch diesen Vorgang nicht etwa aufgehoben, sondern nur auf einen späteren Zeitpunkt verschoben. Auf diese Weise ergibt sich eine **Steuerstundungswirkung.** Eine spätere Veräußerung der Wirtschaftsgüter wäre auch durch die übernehmende Personengesellschaft zu versteuern, sofern sich hieraus ein Veräußerungsgewinn ergäbe.

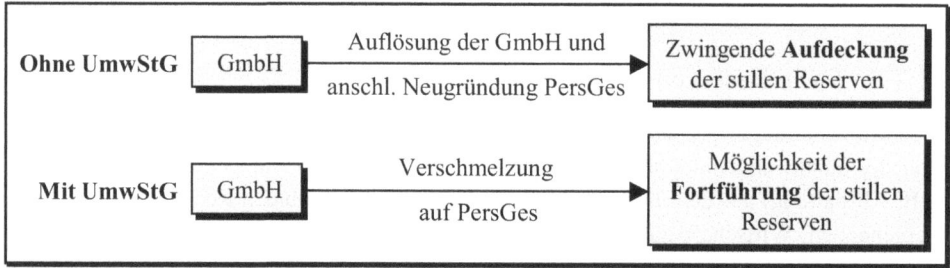

Abbildung 38:   Möglichkeit der Buchwertfortführung

Die übernehmende Personengesellschaft ist aufgrund der Vorschriften des UmwStG berechtigt, die stillen Reserven der übertragenden Kapitalgesellschaft fortzuführen, da sie bei einer späteren Veräußerung die stillen Reserven selbst zu versteuern hat. Wären die stillen Reserven nicht weiterhin steuerverhaftet, müssten sie steuerwirksam aufgedeckt werden. Eine Aufdeckung der stillen Reserven würde jedoch auch zu höheren Anschaffungskosten und damit zu einem höheren Bilanzansatz bei der übernehmenden Personengesellschaft führen.

Die Entstehung und Realisierung stiller Reserven sowie die Vorteile, aber auch die Nachteile der – nach dem UmwStG möglichen – steuerneutralen Übertragung der stillen Reserven auf die übernehmende Personengesellschaft sollen im folgenden Beispiel erläutert werden:

Gegenüberstellung der Vor- und Nachteile der Übertragung von stillen Reserven
Die Finch GmbH soll auf die Kevin & Stifler (KS) OHG verschmolzen werden. Die
stillen Reserven in den Aktiva der Finch GmbH resultieren aus der Aktivierung einer
selbst erstellten Maschine. Die Maschine wird mit den Herstellungskosten i. H. v.
100 T€ in der Bilanz ausgewiesen. Ein fremder Dritter wäre bereit, für die Maschine
130 T€ zu bezahlen. Da die Herstellungskosten jedoch die Obergrenze für den Bilanzansatz der Maschine bilden (§ 253 HGB), wird sie weiterhin mit einem Wert von
100 T€ bilanziert. Daher liegen stille Reserven in Höhe von 30 T€ vor. Würde die
Finch GmbH die Maschine verkaufen, so würde sie einen Veräußerungsgewinn i. H. v.
30 T€ (Verkaufspreis ./. Buchwert) erzielen. Der Veräußerungsgewinn würde den laufenden Gewinn und die steuerliche Bemessungsgrundlage der Finch GmbH im Veranlagungszeitraum der Veräußerung erhöhen.

Die Nutzungsdauer der Maschine betrage 5 Jahre. Sie wird linear mit 20 T€ pro Jahr
(100 T€/ 5 Jahre = 20 T€) abgeschrieben. Im Folgenden soll nun untersucht werden,
welche Unterschiede die steuerneutrale Übertragung der Maschine auf die KS OHG
im Rahmen einer Verschmelzung im Vergleich zu einem Verkauf der Maschine an die
KS OHG unmittelbar vor der Verschmelzung bewirkt.

Verkauf der Maschine zum Kaufpreis von 130 T€ unmittelbar vor der Verschmelzung:

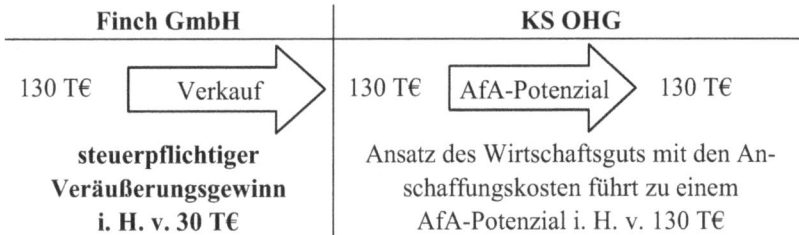

Die KS OHG hätte damit um 6 T€ pro Jahr höhere Abschreibungen (130 T€/ 5 Jahre =
26 T€) als sie es im Falle einer Übertragung des Wirtschaftsguts zum Buchwert im
Rahmen der Verschmelzung gehabt hätte. Findet jedoch eine Verschmelzung statt, so
ist kein Veräußerungsgewinn zu versteuern, da das UmwStG die Fortführung der
Buchwerte ermöglicht.

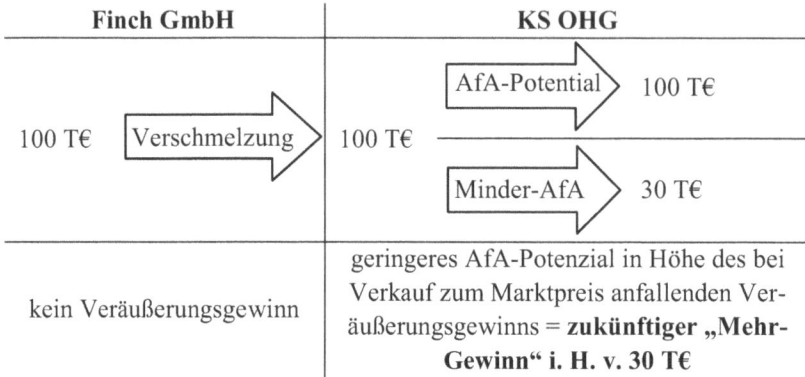

Finch GmbH	KS OHG
kein Veräußerungsgewinn	geringeres AfA-Potenzial in Höhe des bei Verkauf zum Marktpreis anfallenden Veräußerungsgewinns = zukünftiger „Mehr-Gewinn" i. H. v. 30 T€

Bei der Übertragung der Wirtschaftsgüter zum Buchwert **lösen sich die stillen Reserven im Zeitablauf beim übernehmenden Rechtsträger auf**. Bei einem Verkauf der Maschine unmittelbar vor der Verschmelzung müsste die Finch GmbH einen Veräußerungsgewinn i. H. v. 30 T€ versteuern. Im Fall der Verschmelzung muss zwar kein Veräußerungsgewinn versteuert werden, allerdings hat die KS OHG ein geringeres AfA-Potenzial i. H. v. 30 T€ und damit in den folgenden 5 Jahren niedrigere AfA i. H. v. insgesamt 30 T€ (6 T€ über 5 Jahre). Das geringere AfA-Potenzial führt ceteris paribus zu höheren Gewinnen und damit zu einem höheren zu versteuernden Einkommen der KS OHG in den nächsten fünf Jahren.

Diese Steuermehrbelastungen werden jedoch nicht sofort (wie der Veräußerungsgewinn), sondern erst in der Zukunft fällig. **Der Übergang der Wirtschaftsgüter zum Buchwert** im Rahmen der Verschmelzung hat daher nur **steuerverzögernde bzw. steueraufschiebende Wirkung**. Im Ergebnis erfolgt bei beiden Varianten eine (Netto-) Minderung der steuerlichen Bemessungsgrundlage i. H. v. 100 T€ über 5 Jahre, wie folgende Tabelle zeigt:

Auswirkungen auf die steuerliche Bemessungsgrundlage		
Jahr	Buchwertübertragung	Verkauf
0	0 T€	+ 30 T€
1	./. 20 T€	./. 26 T€
2	./. 20 T€	./. 26 T€
3	./. 20 T€	./. 26 T€
4	./. 20 T€	./. 26 T€
5	./. 20 T€	./. 26 T€
Σ	./. 100 T€	./. 100 T€

= identisch!

	Nachteile	Vorteile
Verkauf	Sofortige Versteuerung durch den Überträger	Höheres AfA-Potenzial des Übernehmers
Buchwertübertragung	Geringeres AfA-Potenzial des Übernehmers	Keine (sofortige) Versteuerung durch den Überträger

Merke: Da sich stille Reserven im Zeitablauf auflösen, hat der Übergang der Wirtschaftsgüter zum Buchwert im Rahmen der Verschmelzung **nur steueraufschiebende Wirkung**, es entsteht aber **kein materieller Vorteil**.

5.1.2   Die Problematik der Gewinnrücklagen

Obwohl das UmwStG eine Buchwertfortführung ermöglicht, kommt es bei der Verschmelzung einer Kapitalgesellschaft auf eine Personengesellschaft dennoch zu Problemen, die aus der **steuerlichen Ungleichbehandlung von Personengesellschaften und Kapitalgesellschaften** resultieren. Der Gewinn einer Kapitalgesellschaft ist von ihr selbst zu versteuern. Demgegenüber wird der Gewinn einer Personengesellschaft bei dieser lediglich erfasst und danach den beteiligten Gesellschaftern zugerechnet und von diesen versteuert.

Eine **Kapitalgesellschaft**, die ein **selbstständiges Steuersubjekt** darstellt, muss die erwirtschafteten Gewinne im Zeitpunkt der Gewinnentstehung selbst versteuern. Zu einer Besteuerung auf Ebene des Anteilseigners kommt es erst im Zeitpunkt der Gewinnausschüttung an ihn. Für die Kapitalgesellschaft und den Eigentümer gilt das **Trennungsprinzip**. Der Fiskus „blickt" nicht durch die Gesellschaft auf den Gesellschafter durch. Die Kapitalgesellschaft schirmt den Gesellschafter gegenüber dem Fiskus ab. Man spricht daher vom **Intransparenzprinzip** bzw. **der Abschirmwirkung einer Kapitalgesellschaft**.

Beispiel

Intransparenzprinzip
Die Steve Stifler GmbH, an der die beiden Anteilseigner Paul und Steve je 50% der Anteile halten, erzielt im Veranlagungszeitraum einen Gewinn i. H. v. 100 T€. Diesen muss die GmbH i. S. d. Körperschaftsteuerrechts im Veranlagungszeitraum, d. h. im Zeitpunkt der Gewinnentstehung, versteuern. Zu einer Besteuerung auf Ebene der Anteilseigner kommt es erst im Fall der Gewinnausschüttung.

Der Gewinn einer Kapitalgesellschaft wird sowohl auf Ebene der Gesellschaft als auch – im Fall der Ausschüttung – auf Ebene des Anteilseigners versteuert. Die Belastung der Kapitalgesellschaft mit KSt erfolgt getrennt von der ESt- oder KSt-Belastung ihrer Anteilseigner. Eine Anrechnung der auf Ebene der Kapitalgesellschaft angefallenen KSt auf die Steuerlast des Gesellschafters ist nicht vorgesehen. Dennoch sind Steuerbelastungen von Kapitalgesellschaft und Anteilseigner aufeinander abgestimmt.

Die Kapitalgesellschaft trägt eine Steuerlast von ca. 30 % (GewSt + KSt + SolZ). Bei Ausschüttung der Gewinne erfolgt beim (letzten) Empfänger – einer natürlichen Person – eine Nachversteuerung der Dividende durch das Teileinkünfteverfahren, sofern die Anteile im Betriebsvermögen gehalten werden, bzw. durch die Abgeltungsteuer bei Anteilen im Privatvermögen. Durch diese Besteuerungsregelung wird eine Gesamtsteuerbelastung der Gewinne einer Kapitalgesellschaft von ca. 48 - 50 % erreicht. Im Ergebnis wird die Steuerbelastung auf Gesellschaft und Gesellschafter aufgeteilt und liegt in etwa auf dem Niveau des ESt-Spitzensteuersatzes zzgl. SolZ.

Wird die Dividende an eine andere Kapitalgesellschaft ausgeschüttet, ist diese Ausschüttung gem. § 8b Abs. 1, 5 KStG zu 95 % steuerfrei. Wäre dies nicht der Fall, würde eine Mehrfachbesteuerung der ursprünglichen Gewinne mit KSt erfolgen und die effektive Steuerbelastung würde steigen.

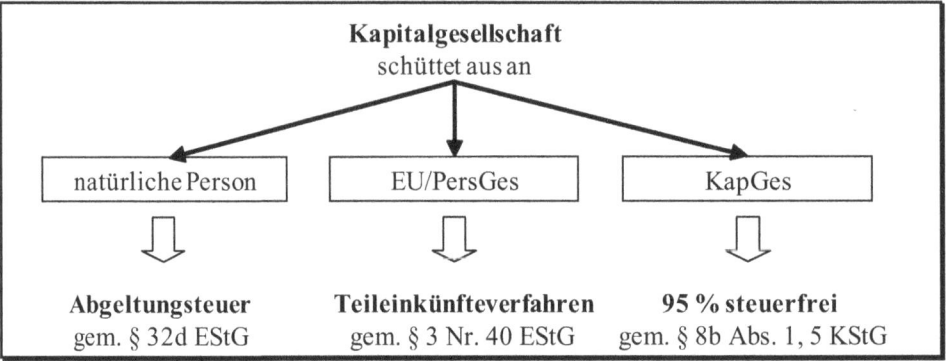

Abbildung 39:   Dividendenbesteuerung

Eine **Personengesellschaft** ist dagegen **kein eigenständiges Steuersubjekt**. Sie wird als steuerlich transparent bezeichnet. Die Besteuerung erfolgt beim Gesellschafter im Zeitpunkt der Gewinnentstehung und nicht erst im Zeitpunkt des Zuflusses des Gewinns an den Gesellschafter, sofern die Thesaurierungsbegünstigung nicht in Anspruch genommen wird. Der Zufluss des Gewinns an den Gesellschafter stellt eine steuerlich unbeachtliche Entnahme dar. Es gilt das **Einheitsprinzip**, d. h. dass Gesellschafter und Betrieb steuerlich betrachtet eine Einheit bilden. Der Fiskus „blickt" folglich durch eine Personengesellschaft auf den Gesellschafter durch. Man spricht daher vom **Transparenzprinzip**. Gleiches gilt für Einzelunternehmen. Auch ein Einzelunternehmer muss seinen Gewinn im Entstehungszeitpunkt versteuern, wobei Entnahmen ebenfalls steuerlich nicht relevant sind.

Auf Antrag kann der Gesellschafter die **Thesaurierungsbegünstigung** gem. § 34a EStG in Anspruch nehmen, die eine zur Kapitalgesellschaft vergleichbare Besteuerung bietet. Die thesaurierten Gewinne werden mit einem ermäßigten Steuersatz von 28,25 % im Zeitpunkt ihrer Entstehung besteuert. Entnimmt der Gesellschafter die thesaurierten Gewinne aus dem Unternehmen, muss er diese gem. § 34a Abs. 4 EStG mit einem Steuersatz von 25 % nachversteuern. Diese Nachversteuerung ist äquivalent zur Abgeltungsteuer.

Transparenzprinzip

Die Paul und Steve OHG, an der die beiden Gesellschafter Paul und Steve zu je 50 %
beteiligt sind, erzielt im Veranlagungszeitraum einen Gewinn (nach GewSt) i. H. v.
100 T€. Dieser wird bei der OHG in einer einheitlichen und gesonderten Gewinnfeststellung (§§ 179 ff. AO) erfasst und danach direkt den beteiligten Gesellschaftern
zugerechnet, die jeweils einen anteiligen Gewinn i. H. v. 50 T€ mit ihrem persönlichen Einkommensteuersatz zu versteuern haben. Sie müssen den Gewinn folglich im
Zeitpunkt der Gewinnentstehung versteuern. Die (spätere) Entnahme der Gewinne
durch die Gesellschafter ist hingegen nicht zu versteuern.

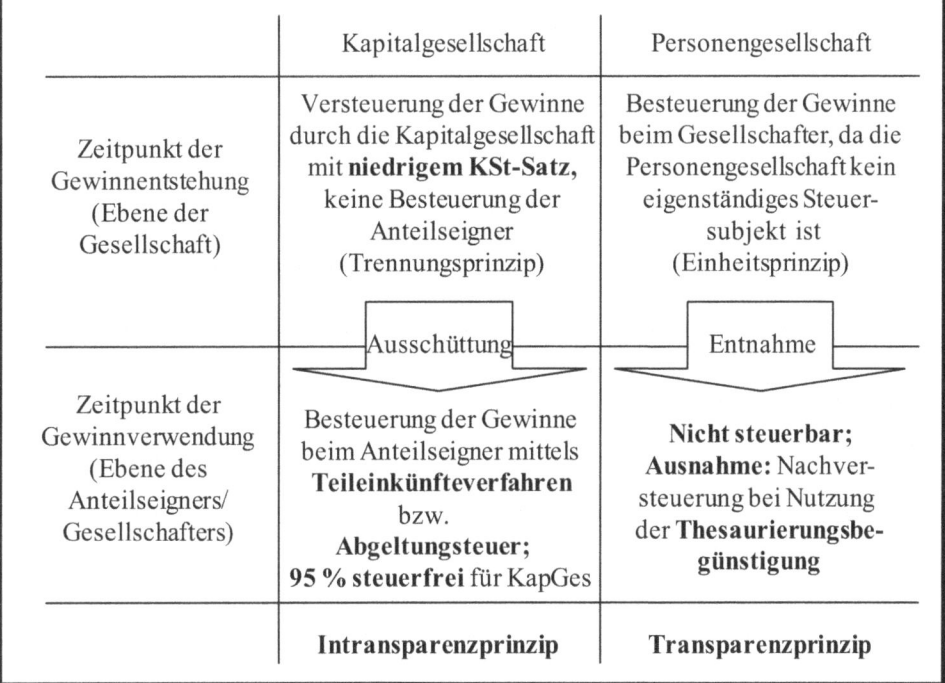

Abbildung 40:   Transparenz- und Intransparenzprinzip bei der Besteuerung von Kapital-
und Personengesellschaften

Die Gewinne einer Personengesellschaft werden, sofern sie nicht von den Gesellschaftern
entnommen werden, auf den variablen Kapitalkonten der Gesellschafter verbucht.

Wird nun eine Kapitalgesellschaft, die die Gewinne einbehalten und in eine Gewinnrücklage eingestellt hat, auf eine Personengesellschaft verschmolzen, so ergibt sich das Problem,
dass eine Gewinnrücklage nicht einfach auf die Kapitalkonten der Gesellschafter der übernehmenden Personengesellschaft aufgeteilt werden kann, da die in ihr enthaltenen Gewinne
im Entnahmefall nicht mehr (auf Ebene der Anteilseigner) versteuert werden. Bislang nicht
auf Ebene der Anteilseigner besteuerte Gewinne würden also durch die Umwandlung von

einer zukünftigen Besteuerung auf Ebene der Gesellschafter steuerfrei gestellt. Damit dies nicht geschieht, fingiert der Gesetzgeber – **trotz Buchwertfortführung** – die **Totalausschüttung aller Gewinnrücklagen der übertragenden Kapitalgesellschaft**.

Folgendes Beispiel soll dies verdeutlichen:

Ausschüttungsfiktion

Paul Finch besitzt 100 % der Anteile an der Finch GmbH. Nach ihrer Gründung am 01.01. erwirtschaftete die Gesellschaft 70.170 € Gewinn (nach 14 % GewSt i. H. v. 14.000 € + 15 % KSt i. H. v. 15.000 € + 0,83 % SolZ i. H. v. 830 €). Diesen Gewinn schüttete sie nicht aus, sondern stellte ihn in eine Gewinnrücklage ein. Der Gewinn wurde im Entstehungszeitpunkt auf Ebene der Gesellschaft versteuert. Da er jedoch nicht ausgeschüttet wurde, kam es noch nicht zu einer Besteuerung auf Ebene des Anteilseigners. Die Finch GmbH soll unter Fortführung der Buchwerte zum 01.01. des Folgejahres auf ihren Alleingesellschafter Paul Finch verschmolzen werden.

Im Folgenden soll untersucht werden, was im Rahmen einer Umwandlung beim **Wechsel vom Intransparenz- zum Transparenzprinzip** zu beachten ist. Zu diesem Zweck wird eine Vollausschüttung der Gewinnrücklagen vor der Umwandlung mit einer Entnahme der Gewinnrücklagen nach der Umwandlung verglichen. Zudem muss überprüft werden, ob der übernehmende Einzelunternehmer die stillen Reserven in den Wirtschaftsgütern übernehmen kann oder ob diese im Rahmen der Umwandlung aufzudecken sind.

Würde die Gesellschaft die in die Gewinnrücklage eingestellten Gewinne unmittelbar vor einer Umwandlung vollständig ausschütten und wird ein persönlicher durchschnittlicher Steuersatz von 40 % unterstellt, so hätte Paul bei im **Betriebsvermögen** gehaltenen Kapitalgesellschaftsanteilen nach dem Teileinkünfteverfahren folgendes zu versteuerndes Einkommen bzw. folgende Steuerbelastung:

	Einkünfte	70.170 €
./.	davon 40 % steuerbefreit (§ 3 Nr. 40 S. 1 Bst. d EStG)	28.068 €
=	zu versteuerndes Einkommen	42.102 €
	Einkommensteuer (40 % v. 42.102 €)	**16.841 €**

Falls Paul die Anteile an der Finch GmbH im **Privatvermögen** halten würde, müsste er die erhaltene Dividende i. H. v. 70.170 € mit der Abgeltungsteuer von 25 % versteuern, so dass sich eine **Steuerlast von 17.543 €** ergeben würde. Da Paul allerdings 100 % und damit mehr als 25 % der Anteile hält, kann er gem. § 32d Abs. 2 Nr. 3 EStG die Anwendung des Teileinkünfteverfahrens beantragen, womit die Steuerlast wiederum bei 16.841 € liegen würde.

In den Aktiva der Finch GmbH sind stille Reserven i. H. v. 30.000 € enthalten. Im Rahmen der Verschmelzung hat die Finch GmbH folgende steuerliche Schlussbilanz und Paul Finch folgende Eröffnungsbilanz aufgestellt:

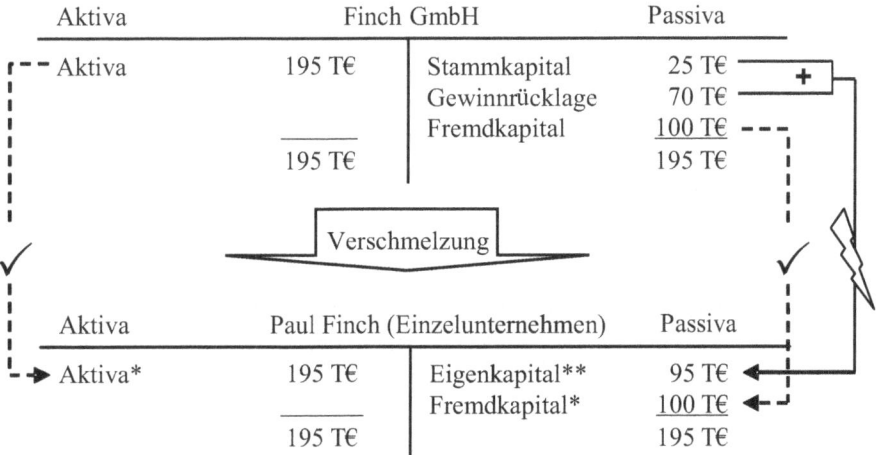

Überprüfung:

* Bei der Übernahme der Buchwerte der Aktiva durch Paul übernimmt dieser auch die stillen Reserven, da die Wirtschaftsgüter Betriebsvermögen seines Einzelunternehmens werden. Würde Paul die Aktiva nach der Verschmelzung veräußern, würde er einen steuerpflichtigen Veräußerungsgewinn i. H. v. 30 T€ realisieren. Die stillen Reserven bleiben demnach steuerverhaftet. Dies gilt analog für das Fremdkapital, sofern es in der Schlussbilanz der Finch GmbH überbewertet war.

** Eine Verbuchung des Stammkapitals und der Gewinnrücklage der Finch GmbH auf dem Eigenkapitalkonto von Paul ist nicht ohne eine Sicherstellung der Besteuerung möglich. Da Entnahmen bei Einzelunternehmen nicht steuerbar sind, könnte Paul den aus der Gewinnrücklage der GmbH stammenden Gewinn i. H. v. 70.170 € steuerfrei entnehmen. Dies wäre dann folgerichtig, wenn er die Gewinnrücklagen – wie bei einem Einzelunternehmen – bereits im Entstehungszeitpunkt mit seinem persönlichen Einkommensteuersatz versteuert hätte. Die Gewinne sind jedoch bisher (d. h. auch bis zum Umwandlungszeitpunkt) nur mit dem niedrigeren KSt-Satz von 15 % zzgl. GewSt und SolZ im Entstehungszeitpunkt besteuert worden.

Durch die Umwandlung hätte Paul somit Steuern i. H. v. 16.841 € (Teileinkünfteverfahren, TEV) bzw. 17.543 € (Abgeltungsteuer, AbgSt) im Vergleich zur Ausschüttung
durch die GmbH unmittelbar vor der Umwandlung (s.o.) gespart.

Entnahmen/ Gewinnausschüttungen (bei einem pers. ESt-Satz von 40 %)	
Steuer unmittelbar **vor** Umwandlung	Steuer unmittelbar **nach** Umwandlung (ohne Sicherstellung der Besteuerung)
29.830 € (Steuer der Finch GmbH)	29.830 € (Steuer der Finch GmbH)
+ 16.841 € (ESt TEV) + 17.543 € (Abgeltungsteuer)	+ 0 € (nicht steuerbare Entnahmen)
= **46.671 €** (Σ Steuer TEV) = **47.373 €** (Σ Steuer AbgSt)	= **29.830 €**

Das System der Nachbesteuerung auf Anteilseignerebene (Teileinkünfteverfahren
bzw. Abgeltungsteuer) **könnte durch die Verschmelzung einer Kapitalgesellschaft
auf ein Personenunternehmen unterlaufen werden.**

Daher fingiert der Gesetzgeber eine Vollausschüttung der Gewinnrücklagen der Kapitalgesellschaft. Paul muss im Rahmen der Umwandlung die Gewinnrücklagen der Kapitalgesellschaft wie im Ausschüttungsfall mittels Teileinkünfteverfahren bzw. Abgeltungsteuer versteuern.

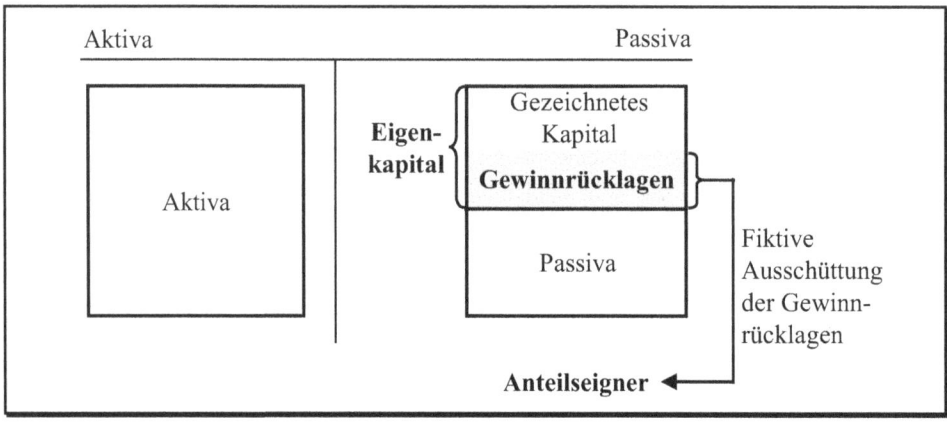

Abbildung 41:   Ausschüttungsfiktion des UmwStG

Wird das Besteuerungskonzept der Kapitalgesellschaft mit der Thesaurierungsbegünstigung
der Personengesellschaft verglichen, ist erkennbar, dass beide Konzepte demselben Schema
folgen. Im Falle einer Ausschüttung an den Gesellschafter bzw. Anteilseigner (als natürliche Person) erfolgt eine Nachversteuerung auf Gesellschafter- bzw. Anteilseignerebene mit
25 %. Daher wäre es theoretisch möglich, im Falle einer Umwandlung die Gewinnrückla-

gen der Kapitalgesellschaft als thesaurierungsbegünstigte Gewinne i. S. d. § 34a EStG in die Personengesellschaft zu überführen. Bei einer Entnahme der thesaurierungsbegünstigten Gewinne würde eine Nachversteuerung gem. § 34a Abs. 4 EStG erfolgen, so dass das System der Gewinnbesteuerung auf Anteilseignerebene nicht unterlaufen werden könnte.

Im Ergebnis ist dem Gesetzgeber somit vorzuwerfen, dass das Konzept der Rechtsformneutralität im Bereich des UmwStG nicht konsequent angewendet wurde, da eine zwingende Besteuerung der Gewinnrücklagen nicht notwendig gewesen wäre.

> **Merke:** Die Besteuerung im Rahmen der Ausschüttungsfiktion bezweckt, dass der Anteilseigner so besteuert wird, wie er auch bei einer Ausschüttung sämtlicher Gewinnrücklagen besteuert worden wäre.

Vermögen, dessen Steuerverstrickung bei der Verschmelzung einer Kapitalgesellschaft auf eine Personengesellschaft/ Einzelunternehmung gesichert ist:			
Aktiva, z. B.		Passiva	
• Gebäude • Maschinen • Vorräte • etc.	☺ Steuerverstrickung ist gesichert, soweit die Wirtschaftsgüter Betriebsvermögen des übernehmenden Rechtsträgers werden und die Buchwerte fortgeführt werden.	• Eigenkapital:	
		• gezeichnetes Kapital	☺ Rückgewähr an Anteilseigner ist steuerfrei.
		• Gewinnrücklagen	☹ müssen bei der Verschmelzung im Rahmen einer fiktiven Gewinnausschüttung versteuert werden.
		• Fremdkapital	☺ Steuerverstrickung ist gesichert, soweit die Schulden Betriebsvermögen des übernehmenden Rechtsträgers werden und die Buchwerte fortgeführt werden.

Abbildung 42:   Steuerverstrickung bei der Verschmelzung von KapGes auf PersGes

> **Merke:** Das UmwStG vermeidet eine Versteuerung der stillen Reserven, indem es eine **Buchwertfortführung** zulässt. Eine Personengesellschaft kann allerdings die **Gewinnrücklagen** einer Kapitalgesellschaft aufgrund ihrer transparenten steuerlichen Behandlung grundsätzlich **nicht** fortführen. Aus diesem Grund fingiert das UmwStG eine **Vollausschüttung der Gewinnrücklagen** an die Anteilseigner.

5.2 Steuerliche Rückwirkung

5.2.1 Handelsrechtlicher Umwandlungsstichtag und steuerlicher Übertragungsstichtag

§ 20 Abs. 1 UmwG bestimmt, dass die Verschmelzung erst mit der Eintragung in das Handelsregister wirksam wird. Ohne weitere Sonderregelungen müsste der Gewinn der übertragenden Körperschaft bis zu diesem Zeitpunkt bei ihr erfasst und besteuert werden. Erst nach der Eintragung wäre der Gewinn bei der Personengesellschaft zu erfassen und von den Gesellschaftern zu versteuern. Auf den Stichtag der Eintragung in das Handelsregister müsste die übertragende Körperschaft eine Schlussbilanz und die übernehmende Personengesellschaft im Falle der Verschmelzung durch Neugründung eine Eröffnungsbilanz aufstellen. Problematisch daran ist insbesondere, dass der Zeitpunkt der Eintragung der Verschmelzung von den beteiligten Gesellschaften nur schwer prognostiziert werden kann. Der Gesetzgeber hat daher bestimmt, dass die Vertragsparteien einen Zeitpunkt festlegen müssen, von dem an die Handlungen der übertragenden Kapitalgesellschaft als für Rechnung der übernehmenden Personengesellschaft vorgenommen gelten. Dieser wird als **handelsrechtlicher Verschmelzungsstichtag** bezeichnet (§ 5 Abs. 1 Nr. 6 UmwG). Die übertragende Kapitalgesellschaft hat gem. § 17 Abs. 2 UmwG auf den Schluss des Tages, der dem Verschmelzungsstichtag vorausgeht, eine **handelsrechtliche Schlussbilanz** aufzustellen. Die handelsrechtliche Schlussbilanz muss auf einen höchstens acht Monate vor der Anmeldung der Verschmelzung zur Eintragung lautenden Stichtag aufgestellt sein.

> **Merke:** Der **handelsrechtliche Verschmelzungsstichtag** ist der Zeitpunkt, von dem an die Handlungen der übertragenden Kapitalgesellschaft als für Rechnung der übernehmenden Personengesellschaft vorgenommen gelten (§ 5 Abs. 1 Nr. 6 UmwG).

Zu beachten ist, dass der **steuerliche Übertragungsstichtag** nicht mit dem handelsrechtlichen Verschmelzungsstichtag übereinstimmt (Tz. 02.01 UmwStE). Der steuerliche Übertragungsstichtag ist der Tag, auf den der übertragende Rechtsträger gem. § 3 UmwStG die steuerliche Schlussbilanz aufzustellen hat. Er liegt einen Tag vor dem handelsrechtlichen Verschmelzungsstichtag und ist identisch mit dem Stichtag der handelsrechtlichen Schlussbilanz. Die Wahl eines anderen steuerlichen Übertragungsstichtags ist nicht erlaubt (Tz. 02.02 UmwStE).

> **Merke:** Der **steuerliche Übertragungsstichtag** ist der Zeitpunkt, auf den gem. § 17 Abs. 2 UmwG die handelsrechtliche Schlussbilanz aufzustellen ist. Er liegt **einen Tag vor dem handelsrechtlichen Verschmelzungsstichtag**.

Die Wahl des handelsrechtlichen Verschmelzungsstichtags (V-Tag) und damit auch des steuerlichen Übertragungsstichtags (Ü-Tag) ist von erheblicher Bedeutung. Wird der 01.01. eines Jahres als handelsrechtlicher Verschmelzungsstichtag festgelegt, ist sowohl die handelsrechtliche als auch die steuerrechtliche Schlussbilanz auf den 31.12. des Vorjahres aufzustellen. Alle steuerlichen Folgen der Umwandlung treten damit noch im „alten" Veranlagungszeitraum ein, während die Folgen der Umwandlung in der Handelsbilanz erst im nächsten Veranlagungszeitraum sichtbar werden. Wird dagegen der 02.01. als handelsrechtlicher Verschmelzungsstichtag gewählt, so sind sowohl das Übertragungs- als auch das Übernahmeergebnis im „neuen" Veranlagungszeitraum zu versteuern.

> **Merke:** Der u.U. auf Ebene der übertragenden Kapitalgesellschaft anfallende **Übertragungsgewinn** und der sich auf Ebene der übernehmenden Personengesellschaft u.U. ergebende **Übernahmegewinn entstehen im selben Veranlagungszeitraum** (Tz. 02.04 UmwStE).

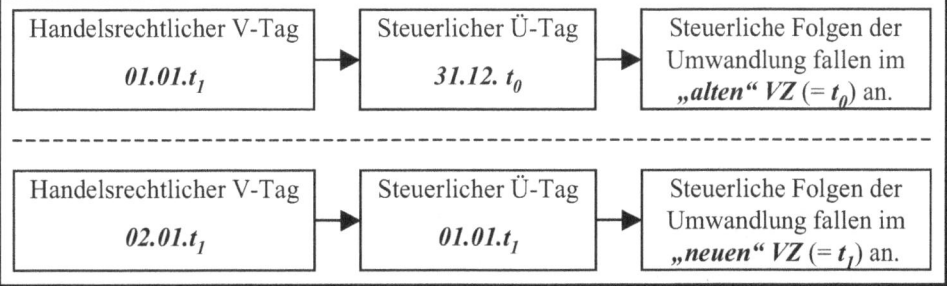

Abbildung 43:   Wahl des handelsrechtlichen Umwandlungsstichtags und Auswirkung auf die Besteuerung

> **Beispiel**
>
> **Steuerlicher Übertragungsstichtag**
> Im Verschmelzungsvertrag vereinbaren die Wiesenkamp GmbH und die WF OHG, dass als handelsrechtlicher Verschmelzungsstichtag der 01.01.2020 gewählt wird. Am 31.08.2020 melden die Vertretungsorgane der beiden Gesellschaften die Verschmelzung zur Eintragung ins Handelsregister an. Als Schlussbilanz reicht die Wiesenkamp GmbH die auf den 31.12.2019 aufgestellte handelsrechtliche Jahresbilanz ein. Der steuerliche Übertragungsstichtag ist damit ebenfalls der 31.12.2019. Dies hat zur Folge, dass sowohl ein Übertragungs- als auch ein Übernahmegewinn noch – sofern steuerpflichtig – im Veranlagungszeitraum 2019 versteuert werden müssen.

5.2.2   Steuerlicher Rückwirkungszeitraum

Die **steuerliche Rückwirkungsfiktion** ergibt sich aus **§ 2 Abs. 1 UmwStG**:

> **§ 2 Abs. 1 S. 1 UmwStG:** „Das Einkommen und das Vermögen der übertragenden Körperschaft sowie des übernehmenden Rechtsträgers sind so zu ermitteln, als ob das Vermögen der Körperschaft mit Ablauf des Stichtags der Bilanz, die dem Vermögensübergang zugrunde liegt (steuerlicher Übertragungsstichtag), ganz oder teilweise auf die Übernehmerin übergegangen wäre."

Die Steuerpflicht der übertragenden Kapitalgesellschaft endet und die der Übernehmerin beginnt folglich mit Ablauf des steuerlichen Übertragungsstichtags. Da es sich im hier betrachteten Fall bei der Übernehmerin um eine Personengesellschaft handelt, die kein eigenständiges Steuersubjekt ist, gilt dies für die Gesellschafter der übernehmenden Personengesellschaft (§ 2 Abs. 2 UmwStG).

Der **steuerliche Rückwirkungszeitraum** ist die Zeitspanne zwischen dem steuerlichen Übertragungsstichtag und der Handelsregistereintragung, d. h. die Zeitspanne zwischen der (steuerrechtlichen) Fiktion des Übergangs des Vermögens und dem zivilrechtlichen Übergang des Vermögens. Folgendes Schaubild verdeutlicht die unterschiedlichen Stichtage und den sich aus der steuerlichen Rückwirkungsfiktion ergebenden steuerlichen Rückwirkungszeitraum.

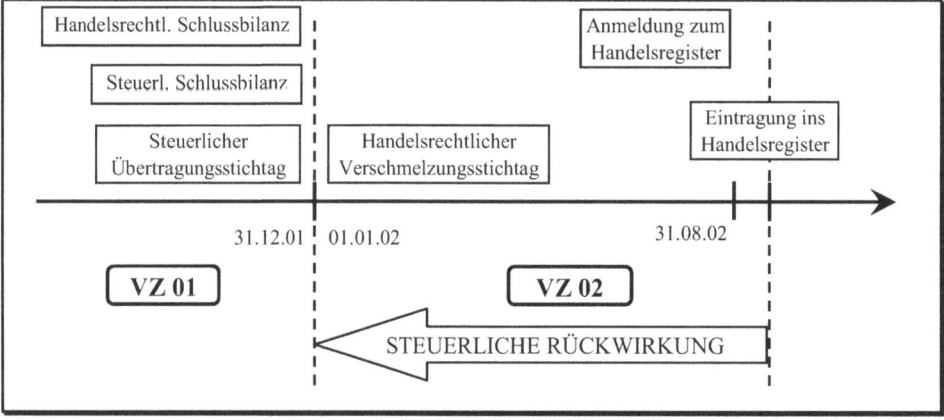

Abbildung 44:   Steuerlicher Rückwirkungszeitraum

Die **steuerliche Rückwirkung** gilt dem Wortlaut des § 2 UmwStG entsprechend für Steuern auf Einkommen und Vermögen. Dies sind vor allem die **Körperschaftsteuer, Einkommensteuer** und die **Gewerbesteuer. Nicht** unter die Rückwirkungsfiktion fallen jedoch Verbrauchs- und Verkehrssteuern wie z. B. die **Umsatzsteuer** (Tz. 01.01 UmwStE).

> **Merke:** Die **steuerliche Rückwirkung** tritt **zwischen** der **Eintragung ins Handelsregister** und dem **steuerlichen Übertragungsstichtag** ein.

5.2.3   Probleme im steuerlichen Rückwirkungszeitraum

Aufgrund der Tatsache, dass die Steuerpflicht der übertragenden Kapitalgesellschaft endet, die Kapitalgesellschaft zivilrechtlich aber bis zur Eintragung ins Handelsregister fortbesteht, können Probleme bei der Zurechnung bestimmter Ereignisse entstehen. Die wichtigsten Besonderheiten im Rückwirkungszeitraum sind dabei:

- Ausscheiden von Anteilseignern,
- Gewinnausschüttungen der übertragenden Kapitalgesellschaft,
- Zahlungen an Gesellschafter der übertragenden Kapitalgesellschaft,
- Lieferungen und Leistungen zwischen den Gesellschaften,
- Aufsichtsratsvergütungen der übertragenden Kapitalgesellschaft,
- Pensionszusagen an Gesellschafter der übertragenden Kapitalgesellschaft.

5.2.3.1 Ausscheiden von Anteilseignern

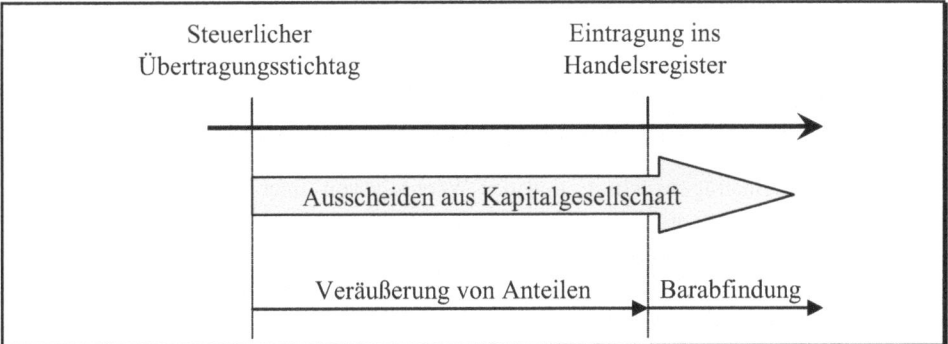

Abbildung 45:   Ausscheiden von Anteilseignern

Werden Anteile an der übertragenden Kapitalgesellschaft im Rückwirkungszeitraum veräußert, gilt die Rückwirkungsfiktion des § 2 Abs. 1, Abs. 2 UmwStG nicht: Das Ausscheiden des Anteilseigners wird als Ausscheiden aus der übertragenden Kapitalgesellschaft behandelt (Tz. 02.18 UmwStE).

Die Rückwirkungsfiktion ist ebenfalls nicht anzuwenden, wenn Anteilseigner gegen Barabfindung gem. § 29 UmwG ausscheiden. Gem. § 29 UmwG kann jeder Anteilseigner der Kapitalgesellschaft gegen den Umwandlungsbeschluss Widerspruch einlegen. Die Personengesellschaft muss ihm dann den Erwerb seiner Anteile gegen eine angemessene Barabfindung anbieten. Dieses Angebot ist innerhalb von 2 Monaten nach Bekanntmachung der Verschmelzung durch das Gericht des Sitzes der Übernehmerin anzunehmen (§ 31 UmwG). Bei Annahme des Angebots innerhalb der zwei Monate nach Bekanntmachung scheidet der Anteilseigner erst nach der Handelsregistereintragung und damit aus der handelsrechtlich bereits bestehenden Personengesellschaft aus. Steuerlich ist er jedoch so zu behandeln, als ob er aus der übertragenden Kapitalgesellschaft ausgeschieden wäre (Tz. 02.19 UmwStE).

Somit wird verhindert, dass ausscheidende Anteilseigner von den steuerlichen Wirkungen der Verschmelzung betroffen werden. Die ausscheidenden Anteilseigner veräußern somit keine Mitunternehmeranteile, sondern Anteile an einer Kapitalgesellschaft, deren Veräußerungsgewinn unter den Voraussetzungen des § 17 EStG für natürliche Personen bzw. § 8b Abs. 2 KStG für Kapitalgesellschaften besteuert wird.

Ausscheiden des Anteilseigners durch	Steuerliche Behandlung
1. Veräußerung:	• Keine Rückwirkung gem. § 2 UmwStG • Ausscheiden des Anteilseigners aus Kapitalgesellschaft (Tz. 02.18 UmwStE)
2. Barabfindung:	• Keine Rückwirkung gem. § 2 UmwStG • Ausscheiden des Anteilseigners aus Kapitalgesellschaft (Tz. 02.19 UmwStE)

Abbildung 46:   Steuerliche Behandlung beim Ausscheiden von Anteilseignern

5.2.3.2   Gewinnausschüttungen der übertragenden Kapitalgesellschaft

Aufgrund des Rechtsträgerwechsels und des Wechsels von einer intransparenten in eine transparente Besteuerung ergeben sich Probleme bei Gewinnausschüttungen (inkl. verdeckter Gewinnausschüttungen und Vorabausschüttungen) der übertragenden Körperschaft im Rückwirkungszeitraum. Hierbei ist danach zu differenzieren, ob diese vor oder nach dem Übertragungsstichtag beschlossen bzw. abgeflossen sind und ob nach dem Übertragungsstichtag beschlossene Gewinnausschüttungen ausscheidenden Gesellschaftern oder nicht ausscheidenden Gesellschaftern zufließen.

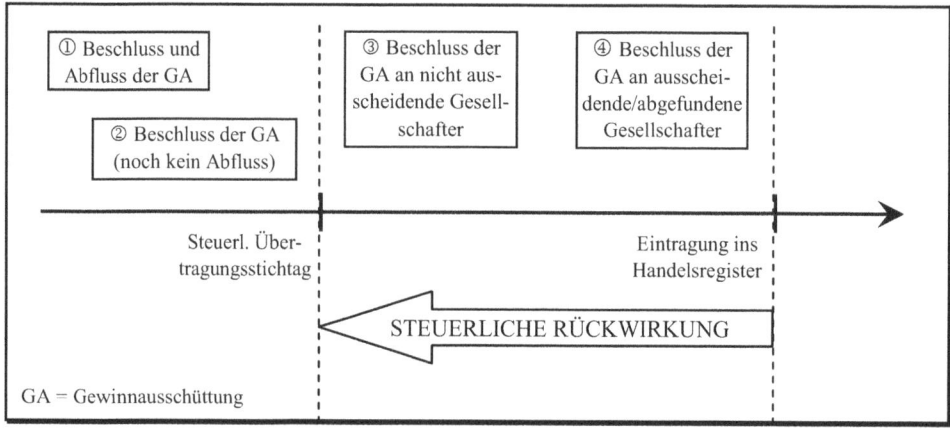

Abbildung 47:   Gewinnausschüttungen während des Rückwirkungszeitraums

Fall 1: Vor dem steuerlichen Übertragungsstichtag beschlossene und bereits abgeflossene Gewinnausschüttungen haben das Vermögen der übertragenden Körperschaft am steuerlichen Übertragungsstichtag bereits gemindert (Tz. 02.25 UmwStE). Sie führen bei den Anteilseignern zu Einkünften aus Kapitalvermögen (§ 20 EStG).

Fall 2: Vor dem steuerlichen Übertragungsstichtag beschlossene und noch nicht abgeflossene Gewinnausschüttungen sind steuerlich noch bei der übertragenden Kapitalgesellschaft zu erfassen. Um diese Erfassung sicherzustellen, ist die Schlussbilanz der übertragenden Kapitalgesellschaft zu korrigieren und sind die noch nicht erfolgten Ausschüttungen als Schuldposten (Ausschüttungsverbindlichkeit) in der steuerlichen Übertragungsbilanz zu erfassen. Die Ausschüttungen gelten allerdings unabhängig von ihrer tatsächlichen Zahlung als am steuerlichen Übertragungsstichtag erfolgt, da sie noch der übertragenden Kapitalgesellschaft zuzurechnen sind (Tz. 02.27 UmwStE). Es handelt sich somit um eine Ausschüttung der übertragenden Kapitalgesellschaft, die bei den Anteilseignern zu Einkünften aus Kapitalvermögen (§ 20 EStG) führt. Dies wird für Gesellschafter der übernehmenden Personengesellschaft, die nicht aus der Gesellschaft ausscheiden, dadurch bewirkt, dass die Ausschüttungen als mit dem Vermögensübergang am steuerlichen Übertragungsstichtag zugeflossen gelten (Tz. 02.28 UmwStE). Bei der übernehmenden Personengesellschaft ist der Abfluss der Ausschüttungsverbindlichkeiten erfolgsneutral (Tz. 02.30 UmwStE).

Beispiel

Gewinnausschüttungen im Rückwirkungszeitraum
Die übertragende Wiesenkamp GmbH hat bereits vor dem steuerlichen Übertragungsstichtag beschlossen, 50 T€ an ihre Anteilseigner auszuschütten. Die Ausschüttungen führen bei den Anteilseignern zu Dividendeneinkünften (§ 20 EStG).

Zu Fall 1: Die Ausschüttung wurde beschlossen und ist abgeflossen. Es ist kein Schuldposten zu bilden. Die Ausschüttungen haben das Vermögen der Wiesenkamp GmbH bereits vor dem steuerlichen Übertragungsstichtag gemindert, da die Ausschüttung tatsächlich erfolgt ist.

Zu Fall 2: Die Ausschüttung wurde beschlossen, ist jedoch noch nicht abgeflossen. Die Ausschüttung gilt als am steuerlichen Übertragungsstichtag erfolgt und ist in einem Schuldposten (Ausschüttungsverbindlichkeit) zu erfassen.

Buchungssatz:
Per Gewinnrücklagen 50 T€ an Ausschüttungsverbindlichkeiten 50 T€

Im Zeitpunkt der Zahlung (nach dem steuerlichen Übertragungsstichtag) ist die Gewinnausschüttung (bei der übernehmenden Personengesellschaft) erfolgsneutral.

Buchungssatz:
Per Ausschüttungsverbindlichkeiten 50 T€ an Zahlungsmittelkonto 50 T€

Fall 3: Im Rückwirkungszeitraum beschlossene Gewinnausschüttungen an nicht ausscheidende Gesellschafter fallen unter die Rückwirkungsfiktion des § 2 Abs. 1, Abs. 2 UmwStG. Sie sind so zu behandeln, als wären sie vom übernehmenden Rechtsträger erfolgt und stellen daher nicht steuerbare Entnahmen dar. Dies ist folgerichtig, da, wie im Rahmen der Diskussion des Übernahmegewinns verdeutlicht wurde, der Gesetzgeber für die Gesellschafter eine Totalausschüttung der Gewinnrücklagen der Kapitalgesellschaft fingiert. Daher müssen nach dem Übertragungsstichtag beschlossene Gewinnausschüttungen an nicht ausscheidende Gesellschafter steuerlich unbeachtliche Entnahmen darstellen, weil die Gewinnverwendung ansonsten doppelt besteuert würde.

Fall 4: Im Rückwirkungszeitraum beschlossene Gewinnausschüttungen an ausscheidende Gesellschafter fallen nicht unter die Rückwirkungsfiktion des § 2 Abs. 1, Abs. 2 UmwStG. Die Gewinnausschüttungen werden daher noch der übertragenden Kapitalgesellschaft zugerechnet (Tz. 02.33 UmwStE). Die durch die Gewinnausschüttung entstehende Vermögensminderung wird durch Bildung eines passiven Ausgleichspostens, mit dem die Gewinnausschüttungen bei Abfluss verrechnet werden, in der Schlussbilanz der übertragenden Kapitalgesellschaft ausgeglichen. Dieser ist außerhalb der Bilanz zu korrigieren, so dass sich der steuerliche Gewinn der übertragenden Kapitalgesellschaft nicht mindert (Tz. 02.31 UmwStE). Die Ausschüttungen führen bei den Anteilseignern zu Einkünften aus § 20 Abs. 1 Nr. 1 EStG und damit nicht zu steuerlich unbeachtlichen Entnahmen. Dies ist folgerichtig, da diese Anteilseigner keine Mitunternehmer der übernehmenden Personengesellschaft werden und daher die Rückwirkungsfiktion nicht greifen kann.

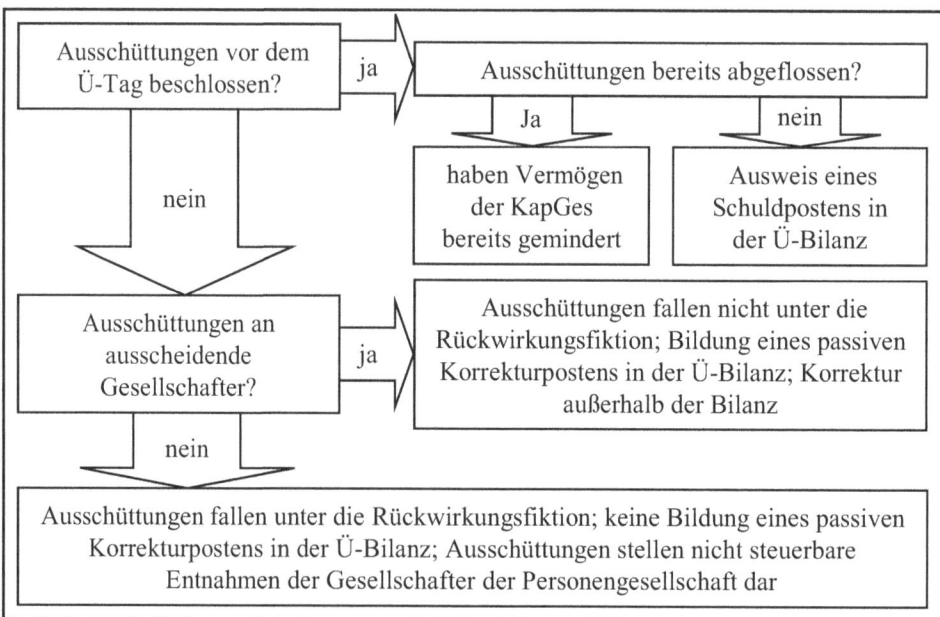

Abbildung 48: Behandlung von Gewinnausschüttungen im Rückwirkungszeitraum bei der Verschmelzung KapGes auf PersGes

---

Merke: Grundregel bei der Besteuerung von Gewinnausschüttungen
Beschluss der Gewinnausschüttung:

      Vor steuerlichem Übertragungsstichtag   → Einkünfte gem. § 20 EStG

      Nach steuerlichem Übertragungsstichtag → Umqualifizierung in Entnahme

Ausnahme:

Ausschüttung an ausscheidenden Anteilseigner   → Immer Einkünfte gem. § 20 EStG

5.2.3.3 Zahlungen an Gesellschafter der übertragenden Kapitalgesellschaft

Im Rückwirkungszeitraum geleistete Zahlungen an Gesellschafter der übertragenden Kapitalgesellschaft wie z. B. Gehälter, Miet- oder Darlehenszinsen sind Gewinnanteile der Mitunternehmerschaft i. S. d. § 15 Abs. 1 S. 1 Nr. 2 EStG (Sondervergütungen), soweit der Empfänger der Leistungen **Gesellschafter der übernehmenden Personengesellschaft** wird. Dies ist folgerichtig, da für diese Gesellschafter die Rückwirkungsfiktion greift. Insofern müssen sie im Hinblick auf im Rückwirkungszeitraum erhaltene Zahlungen wie Gesellschafter einer Personengesellschaft besteuert werden. Für Gesellschafter von Personengesellschaften zählen Sondervergütungen aufgrund des Einheitsprinzip zu den Einkünften aus der Mitunternehmerschaft (§ 15 Abs. 1 S. 1 Nr. 2 EStG). Sie werden bei der Ermittlung der Einkünfte aus Gewerbebetrieb des einzelnen Gesellschafters zu seinem Anteil am Gewinn der Personengesellschaft hinzuaddiert und mindern daher den Gewinn der übernehmenden Personengesellschaft nicht (Tz. 02.36 UmwStE).

An **ausscheidende Gesellschafter** geleistete Zahlungen sind Betriebsausgaben der Personengesellschaft. Bei den ausgeschiedenen Gesellschaftern werden diese Zahlungen nach den allgemeinen Regeln besteuert, d. h. z. B. Mietzahlungen als Einkünfte aus Vermietung und Verpachtung (§ 21 EStG), Gehaltszahlungen als Einkünfte aus nichtselbstständiger Arbeit (§ 19 EStG), Ausschüttungen als Einkünfte aus Kapitalvermögen (§ 20 EStG), etc. (Tz. 02.33 UmwStE). Dies ist ebenfalls folgerichtig, da ausscheidende Anteilseigner nicht Mitunternehmer werden und daher die Rückwirkungsfiktion nicht gelten kann. Insofern müssen diese Personen im Hinblick auf im Rückwirkungszeitraum erhaltene Zahlungen wie Gesellschafter einer Kapitalgesellschaft besteuert werden. Nach dem zwischen der Kapitalgesellschaft und ihren Gesellschaftern geltenden Trennungsprinzip sind die erhaltenen Zahlungen entsprechend den allgemeinen Regeln des EStG zu besteuern.

Dies gilt ebenfalls für **Aufsichtsratsvergütungen**. Während steuerrechtlich ein Erlöschen der Steuerpflicht der übertragenden Kapitalgesellschaft zum steuerlichen Übertragungsstichtag fingiert wird, besteht die Kapitalgesellschaft zivilrechtlich fort. Daher besitzt sie bis zur Eintragung der Umwandlung in das Handelsregister noch einen Aufsichtsrat. Für den Rückwirkungszeitraum gezahlte Aufsichtsratsvergütungen der übertragenden Kapitalgesellschaft fallen jedoch steuerrechtlich unter die Rückwirkungsfiktion des § 2 Abs. 1 UmwStG. Sie gelten daher als von der übernehmenden Personengesellschaft geleistet (Tz. 02.37 UmwStE). Werden sie an Anteilseigner gezahlt, die im Rückwirkungszeitraum ausscheiden, hat der Empfänger die Aufsichtsratsvergütungen als Einkünfte i. S. d. § 18

Abs. 1 Nr. 3 EStG zu versteuern. Erfolgt die Zahlung hingegen an Gesellschafter der Personengesellschaft, sind diese wie Sondervergütungen im Sinne des § 15 Abs. 1 S. 1 Nr. 2 EStG zu versteuern.

Zahlungen an Gesellschafter der übertragenden Kapitalgesellschaft	
an verbleibende Anteilseigner	*an ausscheidende Anteilseigner*
• Sondervergütungen; zählen zu den Einkünften aus der Mitunternehmerschaft (§ 15 Abs. 1 S. 1 Nr. 2 EStG) • Sondervergütungen mindern den Gewinn der Personengesellschaft nicht	• Einkünfte i. S. d. jeweiligen Einkunftsart (z. B. Mietzahlungen = Einkünfte aus Vermietung und Verpachtung gem. § 21 EStG; Aufsichtsratsvergütungen = Einkünfte aus selbstständiger Arbeit gem. § 18 Abs. 1 Nr. 3 EStG) • sind Betriebsausgaben der Personengesellschaft und mindern deren Gewinn

Abbildung 49:   Zahlungen an Gesellschafter der übertragenden Kapitalgesellschaft

Beispiel

Zahlungen an Gesellschafter der übertragenden Kapitalgesellschaft
Die Wiesenkamp GmbH, an der Ernst und Werner beteiligt sind, soll auf die WP OHG verschmolzen werden. Beide Gesellschafter haben in ihrem Besitz befindliche Immobilien an die Wiesenkamp GmbH vermietet. Werner wird Gesellschafter der WP OHG, während Ernst im Rückwirkungszeitraum aus der GmbH ausscheidet. Daher gilt die Rückwirkungsfiktion des § 2 Abs. 1 UmwStG für Ernst nicht. Er erzielt folglich Einkünfte aus Vermietung und Verpachtung gem. § 21 EStG. Diese sind Betriebsausgaben der Personengesellschaft. Auf die Mietzahlungen an Werner findet die Rückwirkungsfiktion jedoch Anwendung. Die Mietzahlungen sind daher ab dem steuerlichen Übertragungsstichtag als Sondervergütungen für die Überlassung der Immobilie (§ 15 Abs. 1 S. 1 Nr. 2 EStG) zu qualifizieren und mindern den Gewinn der übernehmenden Personengesellschaft nicht.

5.2.3.4 Lieferungen und Leistungen zwischen übertragender Kapitalgesellschaft und übernehmender Personengesellschaft

Lieferungen und Leistungen zwischen der übertragenden Körperschaft und der übernehmenden Personengesellschaft im steuerlichen Rückwirkungszeitraum stellen aus steuerrechtlicher Sicht **rein innerbetriebliche Vorgänge** dar und beeinflussen daher die steuerliche Gewinnermittlung nicht. Aus diesem Grund sind sie in der nächsten auf die Eintragung in das Handelsregister folgenden Bilanz der übernehmenden Personengesellschaft zu eliminieren (Tz. 02.13 UmwStE).

5.2.3.5 Pensionszusagen an Gesellschafter der übertragenden Kapitalgesellschaft

Vor dem steuerlichen Übertragungsstichtag zu Gunsten eines Gesellschafters der übertragenden Kapitalgesellschaft gebildete Pensionsrückstellungen dürfen von der übernehmenden Personengesellschaft in ihrer Gesamthandsbilanz, und bei fortbestehendem Dienstverhältnis bewertet zum Teilwert nach § 6a Abs. 3 S. 2 Nr. 1 EStG, fortgeführt werden (Tz. 06.04 f. UmwStE). Die Zuführungen zu diesen Pensionsrückstellungen nach dem steuerlichen Übertragungsstichtag gelten als Vergütungen der Personengesellschaft an ihren Gesellschafter (Sondervergütungen, § 15 Abs. 1 S. 1 Nr. 2 EStG). Die Pensionszusage ist beim begünstigten Mitunternehmer in einen Teil vor und in einen Teil nach der Umwandlung aufzuteilen. Im Versorgungsfall folgt hieraus eine Aufteilung in Einkünfte nach § 19 EStG und § 15 EStG jeweils i. V. m. § 24 Nr. 2 EStG (Tz. 06.06 UmwStE).

Merke: Pensionsrückstellungen sind von der Personengesellschaft zu übernehmen. Zuführungen nach dem steuerlichen Übertragungsstichtag stellen Sondervergütungen i. S. d. § 15 Abs. 1 S. 1 Nr. 2 EStG dar und mindern daher nicht den steuerlichen Gewinn.

Es soll bereits jetzt darauf hingewiesen werden, dass im Fall der Verschmelzung einer Kapitalgesellschaft auf eine natürliche Person die Pensionsrückstellung auf Ebene des Einzelunternehmens nicht übernommen werden kann, da eine Rückstellung gegen sich selbst nicht möglich ist. Die Pensionsrückstellung muss erfolgswirksam aufgelöst werden, wodurch ein Übernahmefolgegewinn (§ 6 UmwStG) entsteht.

5.2.4 Grenzüberschreitende Umwandlungen und steuerlicher Rückwirkungszeitraum

Die einzelnen Staaten haben unterschiedliche Regelungen, um die steuerliche Rückbeziehung zu regeln. Dadurch ist es möglich, dass bei grenzüberschreitenden Umwandlungen eine Doppelbesteuerung entstehen kann oder weiße Einkünfte („Keinmalbesteuerung") entstehen können.

Um das Entstehen weißer Einkünfte zu verhindern, hat der Gesetzgeber § 2 Abs. 3 UmwStG eingefügt. Dieser regelt, dass die steuerliche Rückbeziehung nicht anzuwenden ist, wenn aufgrund abweichender Regelungen im anderen Staat die Einkünfte der Besteuerung entzogen werden.

Eine Doppel- oder Mehrfachbesteuerung, die aufgrund unterschiedlicher zeitlicher Erfassung des Umwandlungsvorgangs entstehen kann, ist im deutschen Steuerrecht nicht geregelt. Somit ist es denkbar, dass gewisse Einkünfte doppelt oder mehrfach besteuert werden.

Steuerlicher Rückwirkungszeitraum bei grenzüberschreitenden Umwandlungen[16]
Die deutsche Hamburg GmbH wird auf die im EU-Ausland ansässige Dover Partnership verschmolzen. Der deutsche steuerliche Übertragungsstichtag ist der 31.12.2019. Im Ansässigkeitsstaat der Dover Partnership wird die Verschmelzung am 01.09.2020 sowohl zivilrechtlich als auch steuerrechtlich wirksam. Es gibt keine steuerliche Rückwirkung.

Die Hamburg GmbH erzielt im Zeitraum vom 01.01.2020 bis 01.09.2020 Lizenzeinnahmen von 100 T€.

Nach der Verschmelzung bleibt in Deutschland keine Betriebsstätte zurück.*

Fall 1:
Aufgrund der steuerlichen Rückwirkung endet die deutsche Besteuerung am 31.12.2019. Die ausländische Steuerpflicht beginnt allerdings erst am 01.09.2020, da das ausländische Recht keine steuerliche Rückwirkung kennt. Somit müsste die Hamburg GmbH die Einkünfte i. H. v. 100 T€, die sie vom 01.01.2020 bis zum 01.09.2020 erzielt, weder in Deutschland noch im Auslandsstaat versteuern. Es würden weiße Einkünfte entstehen. Dies wird allerdings durch § 2 Abs. 3 UmwStG verhindert, der die Anwendung der steuerlichen Rückwirkung in diesem Falle untersagt. Dadurch endet die Steuerpflicht der Hamburg GmbH in Deutschland erst am 01.09.2020.

Fall 2:
Würde die ausländische Dover Corporation auf die deutsche Hamburg OHG verschmolzen werden und fielen die Lizenzeinnahmen bei der Dover Corporation an, würde eine Doppelbesteuerung vorliegen. Steuerlicher Übertragungsstichtag aus deutscher Sicht ist der 31.12.2019, so dass die deutsche Steuerpflicht am 01.01.2020 beginnt. Da die Steuerpflicht im EU-Ausland allerdings erst am 01.09.2020 endet, liegt in diesem Fall eine Doppelbesteuerung vor.

---

[16] Vgl. Schaflitzl, A./ Widmeyer, G., Die Besteuerung von Umwandlungen, in: Blumenberg, J./ Schäfer, P., Das SEStEG, München 2007, S. 107.

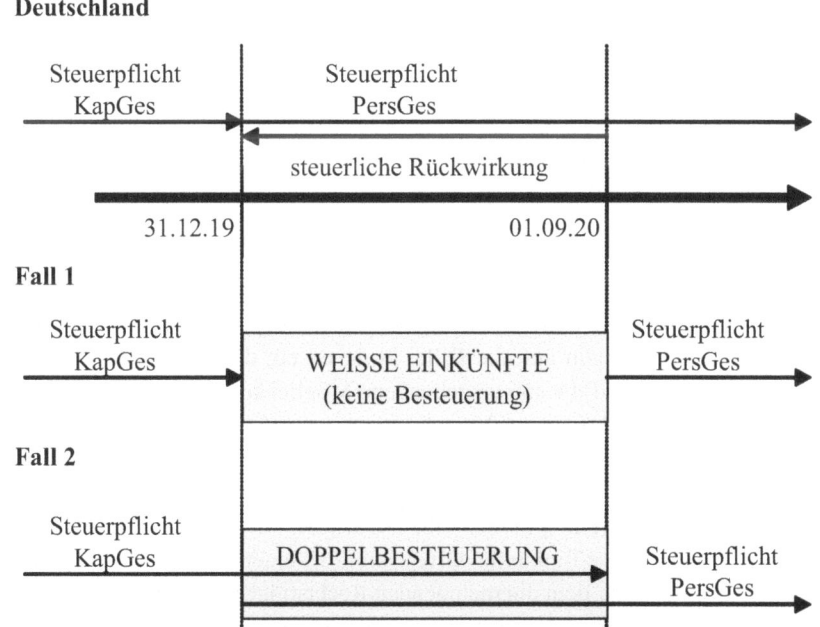

Deutschland

* *Anmerkung:* Die Vorschrift des § 2 Abs. 3 UmwStG setzt voraus, dass Vermögen übergeht bzw. nicht in einer deutschen Betriebsstätte verbleibt. Dieser Fall ist als Ausnahme anzusehen, da üblicherweise bei einer Umstrukturierung das reale Vermögen nicht bewegt wird.

5.2.5 Einschränkung der Verlustverrechnung mit einem Übertragungsgewinn bei Umwandlungen im Rückwirkungszeitraum

Durch § 2 Abs. 4 UmwStG ist der Ausgleich oder die Verrechnung eines Übertragungsgewinns mit Verlusten und Verlustvorträgen des übertragenden Rechtsträgers nur dann zulässig, wenn dies dem übertragenden Rechtsträger auch ohne die Anwendung der Rückwirkungsfiktion nach § 2 Abs. 1 und 2 UmwStG möglich gewesen wäre. Ein Ausgleich oder eine Verrechnung von positiven Einkünften des übertragenden Rechtsträgers aus dem Rückwirkungszeitraum mit Verlusten und Verlustvorträgen des übernehmenden Rechtsträgers ist darüber hinaus durch § 2 Abs. 4 S. 3 - 5 UmwStG grundsätzlich nicht zulässig.

Ziel von § 2 Abs. 4 ist die Verhinderung der Umgehung der Mantelkaufregelung des § 8c KStG durch die steuerliche Rückwirkungsfiktion.[17] Der Gesetzgeber will durch die Vor-

---

[17]   BT-Drs. 16/11108, S. 40.

schrift die rückwirkende Rettung eigentlich durch einen schädlichen Anteilseignerwechsel untergegangener Verlustvorträge verbieten. Ohne § 2 Abs. 4 UmwStG könnte die steuerliche Rückwirkungsfiktion dergestalt ausgenutzt werden, dass auf einen Zeitpunkt vor dem Wegfall der Vorträge umgewandelt wird und die Verlustvorträge – noch vor ihrem eigentlichen Untergang – mit einem Übertragungsgewinn verrechnet werden. Somit kann verhindert werden, dass ein gem. § 8c KStG nicht verrechenbarer Verlust aufgrund einer Anwendung der Rückwirkungsfiktion und einer daraus resultierenden Verschmelzung der erworbenen Verlustgesellschaft auf einen steuerlichen Stichtag vor dem schädlichen Anteilseignerwechsel doch noch ausgeglichen werden kann.

Die Regelung des § 2 Abs. 4 UmwStG stellt jedoch nicht nur auf einen schädlichen Anteilseignerwechsel nach § 8c KStG ab, sondern beschränkt die Verlustnutzung durch die Rückwirkungsfiktion allgemein auf alle Fälle, in denen ein die Verlustnutzung ausschließendes Ereignis vorliegt. Auf die antragsgebundene Möglichkeit, die Folgen des § 8c KStG durch einen fortführungsgebundenen Verlustvortrag gem. § 8d KStG zu vermeiden, soll bereits an dieser Stelle hingewiesen werden.

Für laufende Verluste gilt gem. § 2 Abs. 4 S. 2 UmwStG die Anwendung des Satz 1 entsprechend. Laufende negative Einkünfte dürfen somit bei einem schädlichen Mantelkauf im Rückwirkungszeitraum nicht dem übernehmenden Rechtsträger zugerechnet werden, sofern der übertragende Rechtsträger im Übertragungszeitraum insgesamt ein negatives Ergebnis erzielt.[18]

Beispiel	Die Lost GmbH verfügt über steuerliche Verlustvorträge i. H. v. 1 Mio. €. Am 31.05.2020 werden mehr als 50 % der Anteile der Lost GmbH an einen Erwerber verkauft. Dass dadurch gem. § 8c KStG die Verlustvorträge der Lost GmbH untergehen, wurde nicht bedacht.
	Die Lost GmbH könnte auf die Idee kommen, die Verlustvorträge durch eine rückwirkende Umwandlung noch zu nutzen. Dies könnte durch eine rückwirkende Umwandlung der Lost GmbH in eine Personengesellschaft zum 31.12.2019 erreicht werden. Würden im Rahmen der Umwandlung stille Reserven durch einen Zwischenwertansatz aufgedeckt, könnte ein daraus resultierender Übertragungsgewinn mit den Verlustvorträgen verrechnet werden. Der Anteilseignerwechsel würde dann nicht zu einem Untergang der Verlustvorträge gem. § 8c KStG führen. § 2 Abs. 4 UmwStG verhindert allerdings eine solche rückwirkende Rettung von Verlustvorträgen.

Durch die Sätze 3 - 6 des § 2 Abs. 4 UmwStG wird der Anwendungsbereich der Sätze 1 und 2 um das Verbot des Ausgleichs oder der Verrechnung von positiven Einkünften des übertragenden Rechtsträgers aus dem Rückwirkungszeitraum mit Verlusten und Verlust-

---

[18] Vgl. Hubertus, O./Krenzin, A., Verlustnutzung im Rückwirkungszeitraum nach dem JStG 2009, GmbHR 12/2009, S. 651.

vorträgen des übernehmenden Rechtsträgers erweitert. Es ist dabei unbeachtlich, ob der übernehmende Rechtsträger eine Körperschaft, eine Organgesellschaft oder eine Personengesellschaft ist. Einzig wenn der übertragende Rechtsträger und der übernehmende Rechtsträger vor Ablauf des steuerlichen Übertragungsstichtags verbundene Unternehmen i. S. d. § 271 Abs. 2 HGB darstellen (Konzernklausel)[19], greifen gem. § 2 Abs. 4 S. 6 UmwStG die Verlustverrechnungsbeschränkungen der Sätze 3 - 5 nicht.

> **Beispiel**
>
> Die G GmbH soll zum 01.07.2020 auf die V OHG verschmolzen werden. Die Eintragung im zuständigen Register erfolgt am 01.08.2020; als steuerlicher Übertragungsstichtag wurde der 31.12.2019 gewählt. Die V OHG hat bislang nicht verrechnete Verluste erzielt und möchte diese mit positiven Einkünften der G GmbH aus dem Rückwirkungszeitraum verrechnen. Beide Unternehmen sind nicht im Sinne des § 271 Abs. 2 HGB verbunden.
>
> § 2 Abs. 4 S. 5 i. V. m. S. 3 UmwStG verhindert eine solche rückwirkende Verlustverrechnung zwischen den an der Verschmelzung beteiligten Gesellschaften. Durch die § 2 Abs. 4 S. 3 - 6 UmwStG können Verlustvorträge durch eine rückwirkende Umwandlung einer Körperschaft auf eine Personengesellschaft auch dann nicht genutzt werden, wenn die Verluste auf Ebene des übernehmenden Rechtsträgers vorliegen und mit den positiven Einkünften des übertragenen Rechtsträgers aus dem Rückwirkungszeitraum verrechnet werden sollen. Die Gewinne der G GmbH aus dem Rückwirkungszeitraum sind somit voll steuerpflichtig, und die nicht verrechneten Verluste der V OHG sind vorzutragen.

5.3 Auswirkungen bei der übertragenden Kapitalgesellschaft

Bei der Verschmelzung einer Kapitalgesellschaft auf eine Personengesellschaft erfolgt gem. § 3 Abs. 1 UmwStG in der steuerlichen Übertragungsbilanz ein **Ansatz der Wirtschaftsgüter zum gemeinen Wert**. Eine steuerneutrale Übertragung zum Buchwert wird nur gewährt, wenn die Voraussetzungen des § 3 Abs. 2 UmwStG erfüllt sind.

5.3.1 Wertansatz in der steuerlichen Schlussbilanz

In der steuerlichen Schlussbilanz ist gem. § 3 Abs. 1 UmwStG das übergehende Betriebsvermögen grundsätzlich mit dem gemeinen Wert anzusetzen. Dabei sind ebenfalls nicht entgeltlich erworbene und selbst erstellte immaterielle Wirtschaftsgüter zu berücksichtigen, für die nach § 248 Abs. 2 HGB ein Ansatzwahlrecht besteht. Dies stellt damit eine Abkehr

---

[19] Vgl. Viebrock, B./ Loose, T., Erste Gedanken zu § 2 Abs. 4 Sätze 3 bis 6 UmwStG, DStR 2013, S. 1365.

von den handelsrechtlichen Grundsätzen der Vermögensbewertung nach § 253 HGB dar. Somit können die Wertansätze in der steuerlichen Schlussbilanz unabhängig von der Handelsbilanz erfolgen. Daraus ergibt sich, dass es **keine Maßgeblichkeit der Handels- für die Steuerbilanz** im Umwandlungsfall gibt.[20]

5.3.1.1 Gemeiner Wert

Der gemeine Wert ist im Bewertungsrecht geregelt.

> **§ 9 Abs. 2 BewG:**
> Der gemeine Wert wird durch den Preis bestimmt, der im gewöhnlichen Geschäftsverkehr nach der Beschaffenheit des Wirtschaftsgutes bei der Veräußerung zu erzielen wäre. Dabei sind alle Umstände, die den Preis beeinflussen, zu berücksichtigen. Ungewöhnliche oder persönliche Verhältnisse sind nicht zu berücksichtigen.

Dem Gesetzestext folgend kann der gemeine Wert als ein Betrag angesehen werden, der üblicherweise im Verkaufsfall zu erzielen ist. Demnach zielt der gemeine Wert auf den Verkehrswert unter Dritten ab.

Von der generellen Bewertung zum gemeinen Wert gibt es allerdings eine Ausnahme. Gem. § 3 Abs. 1 S. 2 UmwStG sind die Pensionsrückstellungen nach § 6a EStG zu bewerten. Die Bewertung nach § 6a EStG birgt jedoch das Problem, dass dieser Wert aufgrund der vom Gesetzgeber vorgeschriebenen Bewertungsmethode im Verhältnis zum gemeinen Wert zu gering ist und somit stille Lasten enthält. Diese stillen Lasten können im Zuge der Verschmelzung nicht aufwandswirksam realisiert werden, da die Pensionsrückstellungen in der Übertragungsbilanz nicht mit dem gemeinen Wert angesetzt werden dürfen.

Im Ergebnis bedeutet dies, dass der Gesetzgeber durch die Bewertung zum gemeinen Wert die Aufdeckung sämtlicher stiller Reserven fordert, jedoch die Aufdeckung der in den Pensionsrückstellungen enthaltenen stillen Lasten verbietet. Dieses Vorgehen ist als inkonsequent zu bezeichnen und kann nur als verdeckte Besteuerung gewertet werden.

5.3.1.2 Bewertung zum Buch- oder Zwischenwert

Sind bestimmte Voraussetzungen erfüllt, gesteht der Gesetzgeber der übertragenden Gesellschaft ein **Bewertungswahlrecht** zu, das einen Ansatz der übergehenden Wirtschaftsgüter zum **Buch- oder Zwischenwert** ermöglicht.

Der **Buchwert** ist der Wert, mit welchem das Wirtschaftsgut nach steuerrechtlichen Gewinnvorschriften in der Bilanz angesetzt wird (§ 1 Abs. 5 Nr. 4 UmwStG).

---

[20] Vgl. BT-Drucks. 16/2710 v. 25.09.2006, S. 37.

Der Buchwert entspricht daher:

- den Anschaffungs- oder Herstellungskosten bei nicht abnutzbaren Wirtschaftsgütern,
- den Anschaffungs- oder Herstellungskosten, vermindert um planmäßige Abschreibungen, Sonderabschreibungen und ähnliche Abzüge bei abnutzbaren Wirtschaftsgütern,
- dem Teilwert von abnutzbaren und nicht abnutzbaren Wirtschaftsgütern, falls dieser
  niedriger ist und das Wahlrecht zur Ausübung der Teilwertabschreibung ausgeübt
  wurde.

Die Möglichkeit, das Bewertungswahlrecht bezüglich der übergehenden Wirtschaftsgüter
zu nutzen, ist an die Bedingungen des § 3 Abs. 2 UmwStG geknüpft:

Bewertungswahlrecht	Voraussetzung
mindestens • Buchwert • Zwischenwert höchstens • gemeiner Wert	• Das Bewertungswahlrecht besteht, wenn die übergehenden Wirtschaftsgüter Betriebs-vermögen der übernehmenden Personenge-sellschaft werden und das deutsche Besteue-rungsrecht an den stillen Reserven sicherge-stellt ist.

Abbildung 50:   Voraussetzung des Bewertungswahlrechts des § 3 Abs. 2 UmwStG

Gem. § 3 Abs. 2 UmwStG dürfen Wirtschaftsgüter auf Antrag zum Buch- oder Zwischenwert angesetzt werden, soweit

Nr. 1: sie Betriebsvermögen der übernehmenden Personengesellschaft oder natürlichen
Person werden und sichergestellt ist, dass sie später der Besteuerung mit Einkommensteuer oder Körperschaftsteuer unterliegen, **und**

Nr. 2: das Recht der Bundesrepublik Deutschland hinsichtlich der Besteuerung des
Gewinns aus der Veräußerung der übertragenden Wirtschaftsgüter bei den Ge-
sellschaftern der übernehmenden Personengesellschaft oder bei der natürlichen
Person nicht ausgeschlossen oder beschränkt wird **und**

Nr. 3: eine Gegenleistung nicht gewährt wird oder in Gesellschaftsrechten besteht.

- Zu § 3 Abs. 2 Nr. 1 UmwStG:

Die erste Bedingung soll die **Besteuerung der** in den übergehenden Wirtschaftsgütern
enthaltenen **stillen Reserven** mittels Einkommensteuer oder Körperschaftsteuer **sicherstellen**. Diese Vorschrift kommt zum Tragen, wenn eine rein vermögensverwaltende Kapitalgesellschaft auf eine Personengesellschaft ohne Betriebsvermögen (= vermögensverwaltende Personengesellschaft) verschmolzen wird.

Eine Personengesellschaft ohne Betriebsvermögen liegt vor, wenn diese Gesellschaft eine
rein vermögensverwaltende Tätigkeit ausübt. Da die Verwaltung des eigenen Vermögens

gem. R 15.7 EStR keine gewerbliche Tätigkeit darstellt, erzielen die Gesellschafter dieser Gesellschaft somit keine Einkünfte aus Gewerbebetrieb i. S. d. § 15 EStG, sondern ausschließlich Einkünfte aus Vermietung und Verpachtung bzw. privater Vermögensverwaltung. Da diese Einkünfte dem privaten Bereich zuzurechnen sind, muss es sich folglich beim Vermögen der Personengesellschaft um Privatvermögen der Gesellschafter handeln. Somit liegt aus steuerlicher Sicht eine Personengesellschaft ohne Betriebsvermögen vor.

Veräußert eine rein vermögensverwaltende Personengesellschaft Wirtschaftsgüter, liegt aufgrund des fehlenden Betriebsvermögens ein privates Veräußerungsgeschäft i. S. d. § 23 EStG vor. Die Besonderheit privater Veräußerungsgeschäfte liegt darin, dass der Veräußerungsgewinn nach 10 Jahren Haltedauer bei Grundstücken und Gebäuden (§ 23 Abs. 1 EStG) bzw. nach 1 Jahr bei sonstigen Wirtschaftsgütern (§ 23 Abs. 2 EStG) steuerfrei ist. Folglich erfolgt keine Besteuerung realisierter stiller Reserven. Ausgenommen hiervon sind Einkünfte aus der Veräußerung von Anteilen an Kapitalgesellschaften, die gem. § 20 Abs. 2 S. 1 Nr. 1 EStG unabhängig von einer Haltedauer der Abgeltungsteuer gem. § 32d Abs. 1 EStG unterworfen werden.

Bei der Verschmelzung einer vermögensverwaltenden Kapitalgesellschaft auf eine vermögensverwaltende Personengesellschaft wird aus dem Betriebsvermögen der Kapitalgesellschaft Privatvermögen der Gesellschafter der Personengesellschaft. Da private Veräußerungsgeschäfte, abgesehen von Einkünften aus der Veräußerung von Kapitalgesellschaftsanteilen, nach Ablauf einer bestimmten Haltedauer steuerfrei sind, ist die Besteuerung der stillen Reserven nicht sichergestellt. Im Ergebnis bedeutet dies, dass das Vermögen der Kapitalgesellschaft in der Übertragungsbilanz zum gemeinen Wert angesetzt werden muss, damit die Besteuerung der stillen Reserven sichergestellt wird.

- Zu § 3 Abs. 2 Nr. 2 UmwStG:
Die zweite Bedingung zielt ebenfalls auf die stillen Reserven ab. Werden die Wirtschaftsgüter veräußert und somit die stillen Reserven realisiert, muss der **Veräußerungsgewinn in Deutschland steuerpflichtig** sein. Diese Regelung soll das deutsche Besteuerungsrecht an den stillen Reserven sicherstellen und tritt i. d. R. in Kraft, wenn die Wirtschaftsgüter nach der Verschmelzung nicht mehr einer deutschen Betriebsstätte zuzuordnen sind oder in Deutschland beschränkt steuerpflichtige Gesellschafter an der übernehmenden Gesellschaft beteiligt sind.

- Zu § 3 Abs. 2 Nr. 3 UmwStG:
Die dritte Bedingung soll verhindern, dass die Wirtschaftsgüter im Rahmen einer Verschmelzung entgeltlich veräußert werden. Die **Gegenleistung** darf daher **nur in Gesellschaftsrechten** an der übernehmenden Gesellschaft bestehen.

Alle drei genannten Bedingungen müssen kumulativ erfüllt werden, damit ein Ansatz zum Buch- oder Zwischenwert möglich ist. Der deutsche Gesetzgeber will durch diese Regelungen verhindern, dass das Besteuerungsrecht der bisher in Deutschland steuerverhafteten stillen Reserven ausgeschlossen wird und im Rahmen der Verschmelzung eine entgeltliche

Veräußerung von Wirtschaftsgütern erfolgt. Bei einer reinen Inlandsverschmelzung ist der steuerneutrale Ansatz zum Buchwert nach wie vor problemlos möglich, sofern es sich nicht um rein vermögensverwaltende Gesellschaften handelt.

Der **Antrag zur Übertragung zum Buch- oder Zwischenwert ist** für alle übergehenden Wirtschaftsgüter **einheitlich** von der übertragenden Körperschaft bzw. von dem übernehmenden Rechtsträger als steuerlicher Rechtsnachfolger spätestens bis zur erstmaligen Abgabe der steuerlichen Schlussbilanz nach § 3 Abs. 2 S. 2 UmwStG bei dem für die Besteuerung zuständigen Finanzamt der übertragenden Körperschaft **zu stellen** (Tz. 03.13 UmwStE). Jede übertragende Körperschaft ist somit verpflichtet, eine steuerliche Schlussbilanz gem. § 3 Abs. 1 S. 1 UmwStG auf den steuerlichen Übertragungsstichtag zu erstellen, es sei denn, sie wird nicht für inländische Besteuerungszwecke benötigt. Die steuerliche Schlussbilanz ist eine eigenständige Bilanz und von der Gewinnermittlung i. S. d. § 4 Abs. 1, § 5 Abs. 1 EStG zu unterscheiden. Lediglich dann, wenn die ausdrückliche Erklärung abgegeben wird, dass die Steuerbilanz i. S. d. § 4 Abs. 1, § 5 Abs. 1 EStG gleichzeitig die steuerliche Schlussbilanz sein soll, sieht die Finanzverwaltung in dieser Erklärung gleichzeitig einen konkludenten Antrag auf Ansatz der Buchwerte, sofern kein ausdrücklicher gesonderter anderweitiger Antrag gestellt wurde. Der Antrag bedarf keiner besonderen Form, ist bedingungsfeindlich und unwiderruflich, muss jedoch ausdrücklich angeben, ob ein Ansatz zum Buch- oder Zwischenwert erfolgt und zusätzlich bei Wahl des Zwischenwertansatzes, in welcher Höhe die stillen Reserven aufzudecken sind (Tz. 03.29 UmwStE).

Die **Voraussetzungen** für einen Antrag sind **bezogen auf jeden Gesellschafter gesondert zu prüfen** (Tz. 03.11 UmwStE). Dies ergibt sich daraus, dass bei einer Personengesellschaft nicht die Gesellschaft einkommen- bzw. körperschaftsteuerpflichtig ist, sondern deren Gesellschafter. Folglich müssen diese auch die realisierten stillen Reserven versteuern. Für den Wertansatz in der Übertragungsbilanz bedeutet dies, dass z. B. im Ausland belegene Wirtschaftsgüter anteilig mit dem gemeinen Wert anzusetzen sind, soweit sie einem im Inland beschränkt steuerpflichtigen Gesellschafter zuzurechnen sind.[21]

> **Merke:** Sämtliche Wirtschaftsgüter, inklusive selbst erstellter und nicht entgeltlich erworbener immaterieller Wirtschaftsgüter, werden grundsätzlich mit dem gemeinen Wert angesetzt. Falls die Bedingungen des § 3 Abs. 2 UmwStG erfüllt sind, ist auch ein Ansatz zum Buch- oder Zwischenwert möglich.

Die eigenständigen steuerlichen Ansatz- und Bewertungsvorschriften des § 3 UmwStG sind nach der herrschenden Meinung und der Auffassung der Finanzverwaltung über die gesetzliche Regelung hinaus auch auf Rechnungsabgrenzungsposten, steuerfreie Rücklagen oder steuerliche Ausgleichsposten auszuweiten (Tz. 03.04 UmwStE). Dass die in § 3 Abs. 1 UmwStG aufgeführten Wirtschaftsgüter unter den Voraussetzungen des § 3 Abs. 2 UmwStG auch entgegen dem steuerlichen Aktivierungsverbot des § 5 Abs. 2 EStG in der steu-

---

[21] Vgl. BT-Drucks. 16/2710 v. 25.09.2006, S. 37.

erlichen Schlussbilanz anzusetzen sind, ergibt sich aus dem Gesetzeswortlaut. Inwieweit jedoch auch die anderen steuerlichen Ansatzverbote des § 5 EStG, wie beispielsweise das steuerliche Ansatzverbot für Drohverlustrückstellungen gem. § 5 Abs. 4a EStG, für die steuerliche Schlussbilanz durchbrochen werden, war lange Zeit umstritten. Drohverlustrückstellungen stellen stille Lasten dar, da drohende Verluste aus schwebenden Geschäften wirtschaftlich eine Belastung sind und deshalb auch handelsrechtlich zwingend nach § 249 Abs. 1 S. 1 HGB passiviert werden müssen, in der Steuerbilanz aber – aus Gründen der Sicherstellung des Steueraufkommens – nicht ausgewiesen werden dürfen.

Beispiel Drohverlustrückstellung

Jimmy McNulty verpflichtet sich, im August 2019 gegenüber Frank Sobotka 2 Tonnen Kupfer zum Preis von 10 T € am 01.02.2020 zu liefern. Den Einkauf des Kupfers plant McNulty für den Januar 2020. Durch ansteigende Kupfernachfrage erhöht sich jedoch der erwartete Einkaufspreis für die benötigten 2 Tonnen im Dezember schon auf 12 T €. McNulty muss folglich mit einem Verlust von 2 T € aus dem Verkauf des Kupfers rechnen.

Handelsrechtlich ist dieser drohende Verlust aus dem schwebenden Geschäft nach § 249 Abs. 1 S. 1 HGB zwingend zu passivieren. In seiner Steuerbilanz darf McNulty allerdings eine solche Rückstellung für drohende Verluste aus einem schwebenden Geschäft trotz handelsrechtlicher Ansatzpflicht gem. § 5 Abs. 4a EStG nicht bilden.

Mit dem AIFM-StAnpG vom 18.12.2013 hat der Gesetzgeber diese strittige Rechtslage für die Übertragung mit stillen Lasten behafteter Verpflichtungen durch die Einführung der §§ 4f und 5 Abs. 7 EStG grundlegend geregelt. Der Gesetzgeber möchte durch die Neuregelung dem Gestaltungspotenzial durch steuergünstige „Verschiebungen" von Verpflichtungen insbesondere bei verbundenen Unternehmen aufgrund der Rechtsprechung vorbeugen und will mittels dieser gesetzlichen Regelung die Aufwandsrealisierung zeitlich strecken. § 4f EStG regelt dabei die steuerliche Behandlung beim Übertragenden und § 5 Abs. 7 EStG beim Erwerber. Beide Normen betreffen jede Übertragung und Übernahme von Verpflichtungen. Der Gesetzgeber erkennt über § 4f EStG zwar die aufwandswirksame Realisierung der stillen Lasten an, der sich aus der Übertragung einer Verpflichtung ergebende Aufwand ist jedoch über das Wirtschaftsjahr der Schuldübernahme und die nachfolgenden 14 Jahre zu strecken und gleichmäßig verteilt als Betriebsausgabe abziehbar. Die Streckung des sich ergebenden Aufwandes unterbleibt gem. § 4f Abs. 1 S. 3 EStG nur dann, wenn die Schuldübernahme im Rahmen einer Veräußerung oder Aufgabe des ganzen Betriebes oder des gesamten Mitunternehmeranteils im Sinne der §§ 14, 16 Abs. 1, 3 und 3a sowie des § 18 Abs. 3 EStG erfolgt. Obwohl Umwandlungen als Veräußerungen gelten und damit per Definition von der Aufwandsverteilung auszunehmen wären, macht die Gesetzesbegründung jedoch deutlich, dass diese Ausnahmeregelung von der Aufwandsstreckung nicht für Umwandlungsvorgänge nach dem Umwandlungssteuergesetz gelten soll.[22] Ein Umwandlungsvorgang nach dem UmwStG unterliegt somit immer der zeitlichen Stre-

---

[22] Vgl. BT-Drs. 18/68 v. 20.11.2013, S. 73.

ckung der §§ 4f und 5 Abs. 7 EStG. Der jeweilige Rechtsnachfolger des ursprünglich Verpflichteten ist nach § 4f Abs. 7 EStG an diese Aufwandsverteilung gebunden.

Gem. § 5 Abs. 7 S. 1 - 3 EStG sind übernommene Verpflichtungen bei dem Übernehmer und dessen Rechtsnachfolger auf dem der Übernahme folgenden Abschlussstichtag so zu bilanzieren, wie sie beim ursprünglich Verpflichteten ohne Übernahme zu bilanzieren wären. Für den sich hieraus ergebenden Gewinn besteht nach § 5 Abs. 7 S. 5 EStG das Wahlrecht, jeweils in Höhe von 14/15tel des Gewinns eine gewinnmindernde Rücklage zu bilden, die in den folgenden 14 Wirtschaftsjahren jeweils mit mindestens 1/14tel erfolgswirksam aufzulösen ist (Auflösungszeitraum). Für einen über 1/14tel hinausgehenden Auflösungsbetrag gilt somit ein Auflösungswahlrecht. Die für eine Verpflichtung gebildete Rücklage ist gem. § 5 Abs. 7 S. 6 EStG sofort erhöhend aufzulösen, wenn die Verpflichtung bereits vor Ablauf des Auflösungszeitraums nicht mehr besteht. Im Ergebnis werden somit durch die §§ 4f und 5 Abs. 7 EStG der sich aus der Umwandlung ergebende Aufwand und Ertrag aus der Drohverlustrückstellung auf 15 Jahre gestreckt.

Beispiel

Behandlung von Drohverlustrückstellungen

Die Raj GmbH soll zum gemeinen Wert auf die Sheldon OHG verschmolzen werden. Die Raj GmbH weist dabei folgende Bilanz aus:

Aktiva		Raj GmbH		Passiva
	BW	gW		
AV	1 Mio. €	4 Mio. €	EK	1 Mio. €
	1 Mio. €			1 Mio. €

Die Raj GmbH verfügt darüber hinaus über eine nicht ausgewiesenen Drohverlustrückstellung von 1,2 Mio. € und über einen originären Firmenwert in Höhe von 1,5 Mio. €. Die GmbH hat damit einen Verkehrswert von 4,3 Mio. € (= 4 Mio. € ./. 1,2 Mio. € + 1,5 Mio. €).

Bei einer Verschmelzung zum gemeinen Wert sind sämtliche stillen Reserven und Lasten aufzudecken. In der steuerlichen Schlussbilanz der Raj GmbH ist die Aktivseite daher um 4,5 Mio. € (= 3 Mio. € + 1,5 Mio. €) aufzustocken. Auf der Passivseite ist die bislang aufgrund des Ansatzverbotes gem. § 5 Abs. 4a EStG nicht ausgewiesene Drohverlustrückstellung in der Höhe von 1,2 Mio. € anzusetzen.

Der sich aus diesem Vorgang ergebende Aufwand ist gem. § 4f Abs. 1 S. 1 EStG in diesem und den 14 folgenden Wirtschaftsjahren gleichmäßig verteilt als Betriebsausgabe abziehbar.

Die Abbildung des Betriebsausgabenabzugs ist im Gesetz nicht explizit geregelt und daher strittig. Gemäß der Gesetzesbegründung sind die zeitlich gestreckten Betriebsausgaben außerbilanziell zu jeweils 1/15tel zu berücksichtigen. Dem gegenüber wird in der Literatur die Abbildung der Betriebsausgaben mittels eines aktiven „steuerlichen Ausgleichsposten" diskutiert, welcher mit dem Jahr der Bildung über 15 Wirtschaftsjahre gleichmäßig aufzulösen wäre und bei einer Übertragung wie ein Wirtschaftsgut auf den Rechtsnachfolger übergehen würde. Letzteres Vorgehen würde somit auch mit der Regelung des § 4f Abs. 1 S. 7 EStG zur Regelung der Rechtsnachfolge übereinstimmen. Im Weiteren wird dieser Auffassung gefolgt. Auf der Aktivseite ist somit ein über insgesamt 15 Jahre abzubauender „steuerlicher Ausgleichsposten" in Höhe von 1,2 Mio. € anzusetzen. Für die Raj GmbH ergibt sich ein Übertragungsgewinn von 4,5 Mio. €. Dieser setzt sich zusammen aus dem Firmenwert von 1,5 Mio. € und den stillen Reserven der Aktivseite von 3 Mio. €. Der Aufwand aus der Drohverlustrückstellung in Höhe von 1,2 Mio. € darf in der Steuerbilanz und damit bei der Bestimmung des Übertragungsgewinnes hingegen gem. § 4f EStG nicht unmittelbar berücksichtigt werden.

Die steuerliche Schlussbilanz der Raj GmbH zum 31.12. entspricht der Eröffnungsbilanz der Sheldon OHG:

Aktiva	Eröffnungsbilanz Sheldon OHG		Passiva
FW	1.500 T €	EK	5.500 T €
AV	4.000 T €	DrohverlustRSt	1.200 T €
Stl. Ausgleichsposten	1.200 T €		
	6.700 T €		6.700 T €

§ 5 Abs. 7 S. 1 - 2 EStG folgend sind die von der Raj GmbH übernommenen Verpflichtungen bei der Sheldon OHG in der ersten auf die Übertragung folgenden Bilanz so zu erfassen, wie sie ohne Übernahme bilanziert worden wären. Hieraus ergibt sich ein **Auflösungsgebot** der Drohverlustverlustrückstellung.

Gem. § 5 Abs. 7 S. 5 EStG ergibt sich aber für die Sheldon OHG das Wahlrecht, für den Erwerbsgewinn in Höhe von 14/15tel eine gewinnmindernde Rücklage zu bilden, die in den folgenden Wirtschaftsjahren jeweils mit mindestens einem Vierzehntel gewinnerhöhend aufzulösen ist. Durch Ausübung dieses Wahlrechts hat die Sheldon OHG die Möglichkeit, eine parallele Berücksichtigung des Betriebsausgabenabzugs und der Gewinnbesteuerung und damit eine korrespondierende Verlust- und Gewinnberücksichtigung über einen gleichen Zeitraum zu erreichen. Die Steuerbelastung würde somit liquiditätsschonend über einen längeren Zeitraum verteilt.

Somit ist die in der Eröffnungsbilanz ausgewiesene Drohverlustrückstellung genauso wie der steuerliche Ausgleichsposten gem. §§ 4f und 5 Abs. 7 EStG über 15 Jahre aufzulösen. Dies entspricht für den aktiven steuerlichen Ausgleichsposten und für die ausgewiesene Drohverlustrückstellung einer jährlichen Auflösung von 80 T €. Für die Sheldon OHG ergibt sich dadurch korrespondierend zu der Streckung des Aufwands auch eine Streckung des Ertrages. Der Firmenwert ist gem. § 7 Abs. 1 S. 3 EStG ebenfalls über 15 Jahre jeweils jährlich um 100 T € aufzulösen.

Damit ergibt sich die Bilanz der Sheldon OHG am ersten auf die Übertragung folgenden Bilanzstichtag wie folgt:

Aktiva	Sheldon OHG		Passiva
FW	1.400 T €	EK	5.400 T €
AV	4.000 T €	Rücklage	1.120 T €
Stl. Ausgleichsposten	1.120 T €		
	6.520 T €		6.520 T €

Merke:	§ 4f EStG führt zu einer Streckung des Aufwandes aus der Bildung der erworbenen Drohverlustrückstellung in der Steuerbilanz auf 15 Jahre. § 5 Abs. 7 EStG normiert die korrespondierende Streckung des Erlöses aus der Auflösung der Drohverlustrückstellung auf 15 Jahre.

5.3.2   Übertragungsgewinn

Das **Hauptziel des UmwStG ist** die **Vermeidung der Besteuerung von stillen Reserven im Rahmen einer Umwandlung**. Umwandlungen sollen unter bestimmten Voraussetzungen steuerneutral verlaufen. Dies ist genau dann der Fall, wenn die übertragende Kapitalgesellschaft in ihrer steuerlichen Schlussbilanz den Buchwertansatz wählt, da in diesem Fall keine stillen Reserven aufgedeckt werden. Als **stille Reserven** wird der Unterschiedsbetrag zwischen dem tatsächlichen Wert eines Wirtschaftsguts (gemeiner Wert) und dem in der Bilanz angesetzten Wert (Buchwert) bezeichnet.

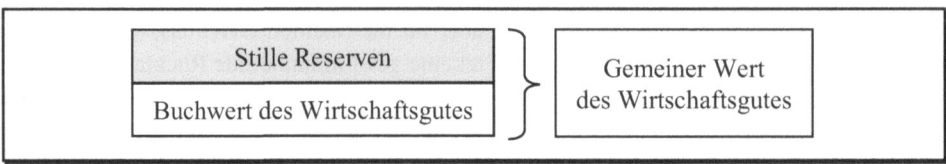

Abbildung 51:   Stille Reserven

Wählt die Kapitalgesellschaft in ihrer Schlussbilanz einen höheren Wertansatz als den Buchwert, so ist der daraus entstehende **Übertragungsgewinn voll steuerpflichtig**. Dies gilt gem. § 18 Abs. 1 S. 1 UmwStG **auch** für die **Gewerbesteuer**. Eine solche Vorgehensweise ist aus folgenden Gründen konsequent:

Die aufnehmende Personengesellschaft hat aufgrund der Buchwertverknüpfung des § 4 Abs. 1 UmwStG den Wertansatz der übertragenden Kapitalgesellschaft in ihrer Bilanz fortzuführen. Wurden die übergehenden Wirtschaftsgüter in der Schlussbilanz der übertragenden Kapitalgesellschaft aufgestockt, so erhöht sich folglich auch die AfA-Bemessungsgrundlage der übergehenden Wirtschaftsgüter bei der übernehmenden Personengesellschaft. Sie hat damit – ähnlich der Situation des Käufers eines Wirtschaftsguts – durch die Aufwertung des Wirtschaftsguts in der Schlussbilanz der übertragenden Kapitalgesellschaft **zusätzliches Abschreibungspotenzial** erhalten. Dies verringert den laufenden Gewinn der übernehmenden Personengesellschaft und damit die Steuerbelastung ihrer Gesellschafter in der Zukunft.

Auch im Falle von nicht abschreibbaren Wirtschaftsgütern oder bei einer Veräußerung der Wirtschaftsgüter unmittelbar nach der Umwandlung wird die Versteuerung der Wirtschaftsgüter aufgeschoben, da die übernehmende Personengesellschaft im Falle der Veräußerung einen **niedrigeren Veräußerungsgewinn** als im Fall ohne Aufstockung der Wirtschaftsgüter auf Ebene der übertragenden Kapitalgesellschaft erzielt.

Hieraus ergibt sich:
Der Übertragungsgewinn muss **zwangsläufig steuerpflichtig** sein, da er durch die **freiwillige Auflösung von stillen Reserven** entsteht.

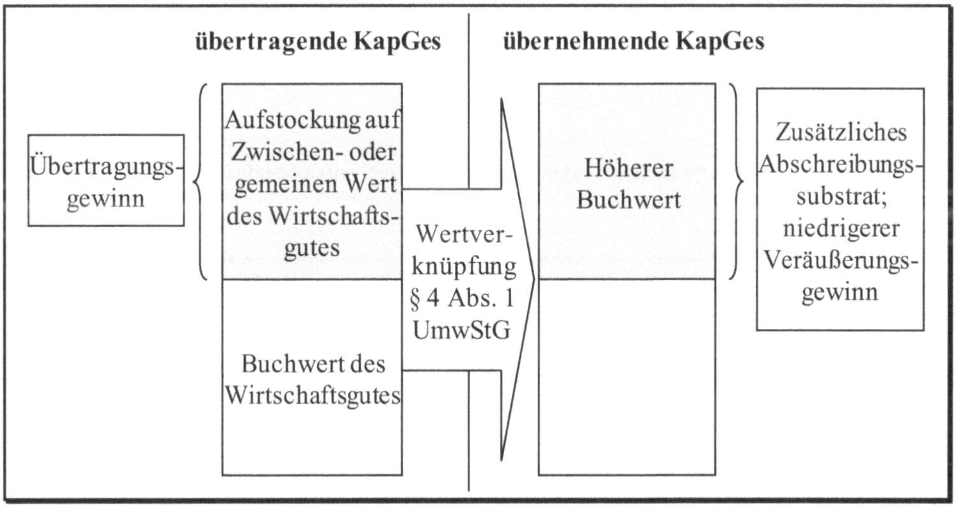

übertragende KapGes		übernehmende KapGes	
Übertragungs-gewinn	Aufstockung auf Zwischen- oder gemeinen Wert des Wirtschafts-gutes	Höherer Buchwert	Zusätzliches Abschreibungs-substrat; niedriger Veräußerungs-gewinn
	Wertver-knüpfung § 4 Abs. 1 UmwStG		
	Buchwert des Wirtschaftsgutes		

Abbildung 52:   Auswirkungen bei Aufstockung der Buchwerte

Merke: Ein **Übertragungsgewinn ist voll steuerpflichtig**.

Begründung: Er stammt aus der freiwilligen Auflösung von stillen Reserven der über-tragenden Kapitalgesellschaft und führt bei der übernehmenden Personen-gesellschaft zu einem höheren AfA-Potenzial bzw. einem niedrigeren möglichen Veräußerungsgewinn.

Beispiel

Steuerpflicht des Übertragungsgewinns
Im Rahmen der Verschmelzung geht ein Grundstück von der übertragenden Grimes GmbH auf die übernehmende Dixon OHG über. Der Buchwert des Grundstücks be-trägt 100 T€, der gemeine Wert 150 T€.

Fall 1: Fortführung der Buchwerte und Veräußerung des Grundstücks nach der Umwandlung. Die Grimes GmbH hat **keinen Übertragungsgewinn** zu versteuern. Demgegenüber hat die Dixon OHG einen **Veräußerungsgewinn** i. H. v. 50 T€ (ge-meiner Wert ./. Buchwert) zu versteuern.

Fall 2: Aufstockung des Grundstücks in der Bilanz der Grimes GmbH auf den ge-meinen Wert und Veräußerung des Grundstücks nach der Umwandlung. Durch die Aufstockung, die eine freiwillige Auflösung von stillen Reserven darstellt, da es sich um ein Bewertungswahlrecht handelt, hat die übertragende Kapitalgesellschaft einen Übertragungsgewinn i. H. v. 50 T€ (gemeiner Wert ./. Buchwert) zu versteuern.

Die Dixon OHG hat bei der Veräußerung **keinen Veräußerungsgewinn** zu versteu-ern, da der Buchwert (= 150 T€) dem gemeinen Wert entspricht.

> **Ergebnis**: Der Übertragungsgewinn muss zwangsläufig steuerpflichtig sein, damit in beiden Fällen der Gewinn versteuert wird, der aus der Differenz zwischen gemeinem Wert und Buchwert besteht.

Der beim Ansatz zum Zwischen- oder gemeinen Wert entstehende Übertragungsgewinn errechnet sich folgendermaßen:

	übergehendes Vermögen zu Zwischen- bzw. gemeinen Werten
./.	übergehendes Vermögen zu Buchwerten
=	**Übertragungsergebnis**
./.	Umwandlungskosten
=	**Übertragungsergebnis vor Steuern**
./.	auf den Übertragungsgewinn anfallende GewSt
./.	auf den Übertragungsgewinn anfallende KSt, SolZ
=	**Übertragungsergebnis nach Steuern**

Abbildung 53: Ermittlung des Übertragungsergebnisses

Folgende Tabelle fasst die Auswirkungen des Bewertungswahlrechts zusammen:

KapGes			PersGes
Wertansatz	**Aufdeckung der stillen Reserven?**	**Übertragungs- gewinn?**	**Folgen**
Buchwert	nein	Nein	PersGes erhält <u>kein</u> zusätzliches Abschreibungssubstrat
Zwischenwert	teilweise	Übertragungsgewinn ist zu versteuern (soweit keine Verlustvorträge vorhanden sind)	PersGes erhält zusätzliches Abschreibungspotenzial
gemeiner Wert	vollständig		

Abbildung 54: Auswirkung des Bewertungswahlrechts von § 3 UmwStG

Wählt die übertragende Kapitalgesellschaft den Ansatz zum gemeinen Wert, entsteht ein steuerpflichtiger Übertragungsgewinn. Dies wäre so, als ob das UmwStG nicht existieren würde und daher seine Vorteile nicht zur Anwendung kämen. Daher wird eine Verschmelzung üblicherweise (sowohl in der Praxis als auch in Klausuren (!)) unter **Fortführung der Buchwerte** vorgenommen.

Beispiel

Die Stinson GmbH soll zum 01.01.2020 auf die Mosby OHG verschmolzen werden. Die vorläufige Steuerbilanz der Stinson GmbH zeigt zum 31.12.2019 folgende Werte:

Aktiva	Stinson GmbH		Passiva
Wirtschaftsgut A	300 T€	Stammkapital	400 T€
Wirtschaftsgut B	200 T€	Fremdkapital	100 T€
	500 T€		500 T€

Im Wirtschaftsgut A sind stille Reserven in Höhe von 100 T€ enthalten.
Im Wirtschaftsgut B sind stille Reserven in Höhe von 200 T€ enthalten.
Die Stinson GmbH verfügt darüber hinaus über einen originären Firmenwert in Höhe von 50 T€.

Fall 1:
Die Stinson GmbH will die **Buchwerte fortführen** (§ 3 Abs. 2 UmwStG). Beim Buchwertansatz werden die in den Wirtschaftsgütern enthaltenen stillen Reserven nicht aufgedeckt. Deshalb entsteht **kein Übertragungsgewinn**. Die endgültige Schlussbilanz der Stinson GmbH zum 31.12.2019 ist somit mit der vorläufigen identisch:

Aktiva	Stinson GmbH		Passiva
Wirtschaftsgut A	300 T€	Stammkapital	400 T€
Wirtschaftsgut B	200 T€	Fremdkapital	100 T€
	500 T€		500 T€

Fall 2:
Die Stinson GmbH wählt den **Ansatz zum gemeinen Wert** (§ 3 Abs. 1 UmwStG). Dadurch werden die in den Wirtschaftsgütern enthaltenen stillen Reserven aufgedeckt. In Höhe der aufgedeckten stillen Reserven entsteht ein **Übertragungsgewinn**, der von der Stinson GmbH der KSt in Höhe von 15 % zzgl. SolZ und gem. § 18 Abs. 1 UmwStG auch der GewSt zu unterwerfen ist.

Es ergibt sich die folgende steuerliche Schlussbilanz der Stinson GmbH:

Aktiva		Stinson GmbH		Passiva
+ Firmenwert		**50 T€**	Stammkapital	400 T€
Wirtschaftsgut A	300 T€		**Übertragungsgewinn**	**350 T€**
+ stille Reserven	+ **100 T€**	400 T€	Fremdkapital	100 T€
Wirtschaftsgut B	200 T€			
+ stille Reserven	+ **200 T€**	400 T€		
		850 T€		850 T€

Fall 3:

In der steuerlichen Schlussbilanz will die Stinson GmbH **Zwischenwerte** ansetzen (§ 3 Abs. 2 UmwStG). Dabei sollen stille Reserven in Höhe von 245 T€ aufgedeckt werden. In Höhe der aufgedeckten stillen Reserven entsteht ein **Übertragungsgewinn**, der von der Stinson GmbH der KSt zzgl. SolZ und gem. § 18 Abs. 1 UmwStG auch der GewSt zu unterwerfen ist. Gem. Tz. 03.26 i. V. m. Tz. 03.23 UmwStE sind beim Zwischenwertansatz die stillen Reserven aller Wirtschaftsgüter und damit auch der Firmenwert, mit Ausnahme von eventuellen stillen Lasten in Pensionsrückstellungen, anteilig um einen einheitlichen Prozentsatz nach Tz. 03.25 f. i. V. m. Tz. 03.24 UmwStE aufzustocken.

1. Feststellen der in den einzelnen Wirtschaftsgütern enthaltenen stillen Reserven
Originärer Firmenwert: 50 T€
Wirtschaftsgut A: 100 T€
Wirtschaftsgut B: 200 T€

2. Summe der stillen Reserven
50 T€ + 100 T€ + 200 T€ = 350 T€

3. Ermittlung des Prozentsatzes der Aufstockung der jeweiligen stillen Reserven

$$\text{Prozentsatz} = \frac{\text{Aufstockungsbetrag}}{\sum \text{stille Reserven}} = \frac{245 \text{ T€}}{350 \text{ T€}} - \mathbf{70\ \%}$$

4. Anteilige Aufstockung
Anteilige Aufstockung = stille Reserven x Prozentsatz

Die Buchwerte betragen nach der Aufstockung:
Firmenwert: 0 T€ + **50 T€ x 70 %**   = 0 T€ + **35 T€**   =   35 T€
Wirtschaftsgut A: 300 T€ + **100 T€ x 70 %**   = 300 T€ + **70 T€**   =   370 T€
Wirtschaftsgut B: 200 T€ + **200 T€ x 70 %**   = 200 T€ + **140 T€** =   340 T€

Es ergibt sich folgende steuerliche Schlussbilanz der Stinson GmbH:

Aktiva		Stinson GmbH	Passiva
+ Firmenwert		**35 T€** Stammkapital	400 T€
Wirtschaftsgut A	300 T€	**Übertragungsgewinn**	**245 T€**
+ stille Reserven	+ **70 T€** 370 T€	Fremdkapital	100 T€
Wirtschaftsgut B	200 T€		
+ stille Reserven	+ **140 T€** 340 T€		
	760 T€		760 T€

5.3.3   Umwandlungskosten

Die Abzugsfähigkeit der Umwandlungskosten bei der übertragenden Gesellschaft ist im UmwStG nicht geregelt. Nach der vom BFH[23] und der Finanzverwaltung[24] vertretenen Auffassung sind die verschmelzungsbedingten Kosten wie folgt zu behandeln:

- Die Umwandlungskosten können sich nur bei demjenigen Unternehmen auswirken, durch das die Kosten entstanden sind. Es besteht **kein Wahlrecht** zur Verteilung der Umwandlungskosten auf die an der Verschmelzung beteiligten Rechtsträger.

Bei der übertragenden Körperschaft anfallende, als Betriebsausgaben i. S. d. § 4 Abs. 4 EStG abzugsfähige Umwandlungskosten sind bspw.:

- Im Rahmen der Verschmelzung anfallende Gebühren für Notare, Gerichte, Registereinträge etc.,
- Kosten für Beratung und Prüfung der Verschmelzung,
- Kosten der Gesellschafterversammlung zur Zustimmung zu der Verschmelzung,
- Kosten für die Erstellung und ggf. Veröffentlichung der Bilanz.

5.3.4   Mögliche Vorteilhaftigkeit eines Zwischenwertansatzes

Im Rahmen einer steueroptimalen Gestaltung der Umwandlung kann ein **Wertansatz über dem Buchwert** sinnvoll sein. Dies ist insbesondere darauf zurückzuführen, dass verrechenbare Verluste, verbleibende Verlustvorträge oder vom übertragenden Rechtsträger nicht ausgeglichene negative Einkünfte gem. § 4 Abs. 2 S. 2 UmwStG nicht auf die übernehmende Gesellschaft übergehen und somit ungenutzt verfallen würden.

Eine Möglichkeit, diese Verluste geltend zu machen, bietet die (teilweise) Aufdeckung der stillen Reserven, da ein Verlustvortrag mit dem dadurch entstehenden Übertragungsgewinn verrechnet werden kann. Die Aufdeckung der stillen Reserven führt bei der Übernehmerin zu einem höheren Abschreibungspotential, so dass **die Verluste indirekt genutzt werden können**.

Merke:	Eine **direkte Nutzung** der Verluste der Überträgerin bei der Übernehmerin ist bei Verschmelzung KapGes auf PersGes nicht möglich. Allerdings kann durch Ansatz eines Zwischenwertes bzw. des gemeinen Wertes der Verlust der Überträgerin auf Ebene der Übernehmerin in Form von höherem AfA-Potential bzw. niedrigeren späteren Veräußerungsgewinnen zumindest **indirekt genutzt** werden.

---

[23]   Vgl. BFH v. 22.04.1998, I R 83/96, BStBl. II 1998, S. 698.

[24]   Vgl. BMF v. 25.03.1998, BStBl. I 1998, S. 268 ff.

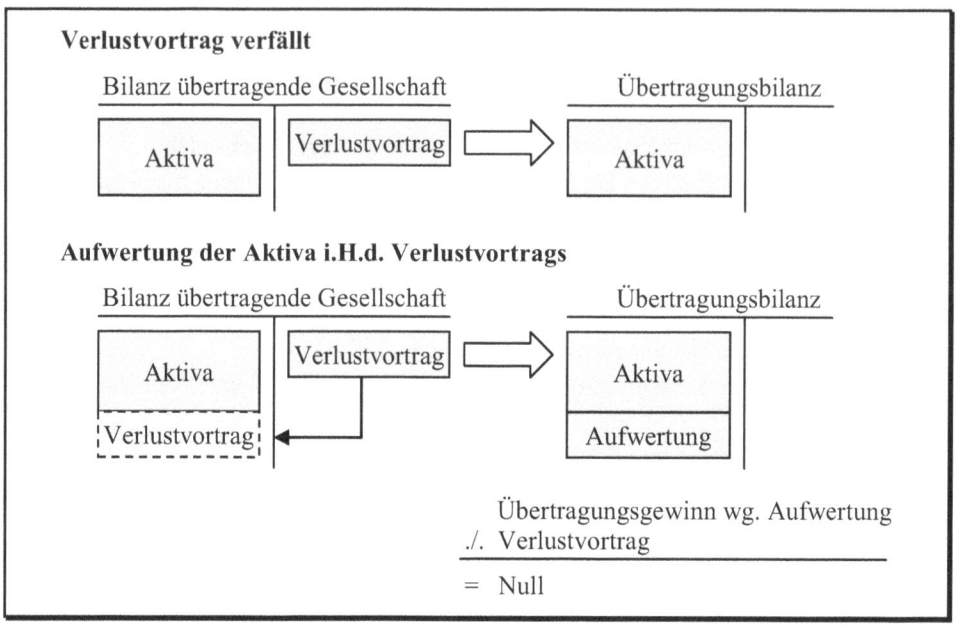

Abbildung 55:   Übertragung eines Verlustvortrages

Allerdings müssen hierbei die Regelungen der Mindestbesteuerung beachtet werden. Durch die Mindestbesteuerung können Verlustvorträge nur bis zu einem Betrag von 1 Mio. € unbeschränkt geltend gemacht werden. Der 1 Mio. € übersteigende Betrag darf nur bis zu 60 % der Einkünfte abgezogen werden (§ 10d Abs. 2 EStG, § 10a GewStG), so dass im Ergebnis eine Mindestbesteuerungsgrundlage von 40 % der 1 Mio. € übersteigenden Einkünfte erreicht wird. Diese Regelung bedingt, dass der Verlustabzug zeitlich gestreckt wird, aber sämtliche Verlustvorträge grundsätzlich erhalten bleiben.

Da die Verlustvorträge im Falle einer Umwandlung jedoch nicht übergehen, ergeben sich durch die Mindestbesteuerung Probleme bei der oben dargestellten mittelbaren Übertragung, die das folgende Beispiel verdeutlichen soll.[25]

---

[25]   Vgl. Brähler, G./ Göttsche, M./ Rauch, B., Verlustnutzung von Kapitalgesellschaften bei Umwandlungen – Eine ökonomische Vorteilhaftigkeitsanalyse, ZfB 2009, S. 1175 ff.

Die Bridget Jones GmbH soll zum 01.01.2020 auf die Marc Darcy OHG verschmolzen werden.

Aktiva	Bridget Jones GmbH 31.12.2019	Passiva	
Aktiva	2.000 T€	Stammkapital	2.000 T€
		Verlustvortrag	./. 1.600 T€
		Fremdkapital	1.600 T€
	2.000 T€		2.000 T€

In den Aktiva sind stille Reserven i. H. v. 2.000 T€ enthalten. Darüber hinaus verfügt die Bridget Jones GmbH über einen Verlustvortrag i. H. v. 1.600 T€. In 2019 sind keine Gewinne angefallen.

Die Bridget Jones GmbH entschließt sich, die Aktiva i. H. d. Verlustvortrages von 1.600 T€ aufzuwerten, damit dieser im Rahmen der Verschmelzung nicht ungenutzt verfällt. Durch die Aufwertung ergeben sich folgende steuerpflichtige Einkünfte:

	Gewinn vor Aufdeckung der stillen Reserven		0 €
+	Gewinn durch Aufwertung der Aktiva		+ 1.600 T€
=	vorläufige Einkünfte		1.600 T€
	Verlustvortrag unbeschränkt	*1.000 T€*	
	*+ Verlustvortrag beschränkt (600 T€ * 60 %)*	*+ 360 T€*	
./.	Verlustvortrag	*1.360 T€*	./. 1.360 T€
=	steuerpflichtige Einkünfte		240 T€

Durch die Mindestbesteuerung kann der Verlustvortrag nicht in voller Höhe verrechnet werden. Ein Verlustvortrag i. H. v. 240 T€ würde ungenutzt verfallen. 40 % der 1 Mio. € übersteigenden aufgedeckten stillen Reserven (hier: 240 T€) müssen versteuert werden.

Da die Bridget Jones GmbH jedoch noch über weitere stille Reserven verfügt, können diese aufgedeckt werden, um den vollen Verlustvortrag zu nutzen. Um den benötigten Betrag zu ermitteln, muss der 1 Mio. € übersteigende Verlustvortrag durch 60 % dividiert werden:

$$\frac{600 \text{ T}\text{€}}{60\,\%} = 1.000 \text{ T}\text{€}$$

$+ 1.000$ T€   (unbeschränkt abzugsfähiger Verlustvortrag)
$= 2.000$ T€   (Aufwertungsbedarf)

Folglich müssen stille Reserven i. H. v. 2.000 T€ aufgedeckt werden, damit der Verlustvortrag vollständig verrechnet werden kann.

	Gewinn vor Aufdeckung der stillen Reserven		0 €
+	Gewinn durch Aufwertung der Aktiva		+ 2.000 T€
=	vorläufige Einkünfte		2.000 T€
	Verlustvortrag unbeschränkt	*1.000 T€*	
	*+ Verlustvortrag beschränkt (1.000 T€ * 60 %)*	*+ 600 T€*	
./.	Verlustvortrag	*1.600 T€*	./. 1.600 T€
=	steuerpflichtige Einkünfte		400 T€

Die Bridget Jones GmbH kann nun den Verlustvortrag in voller Höhe verrechnen, jedoch muss sie 400 T€ versteuern.

Da der Übertragungsgewinn nicht von der Mindestbesteuerung ausgenommen ist, führt dies im Ergebnis dazu, dass die übertragende Kapitalgesellschaft über die Höhe des Verlustvortrags hinaus stille Reserven aufdecken muss, so dass eine zusätzliche Steuerbelastung entsteht. Sind nicht ausreichend stille Reserven vorhanden, wird der Kapitalgesellschaft unter Umständen zum letztmöglichen Zeitpunkt die Nutzung von Verlustvorträgen versagt. Dies widerspricht dem Gebot der Besteuerung nach der Leistungsfähigkeit.

Darüber hinaus ist es zweifelhaft, ob die Mindestbesteuerung gemäß § 10d Abs. 2 EStG verfassungskonform ist, sofern eine Verlustverrechnung in späteren Veranlagungszeiträumen aus rechtlichen Gründen endgültig ausgeschlossen ist, also ein Definitiveffekt eintritt.[26] Ein Beschluss des Bundesverfassungsgerichts (BVerfG) speziell zur Regelung des § 10d Abs. 2 EStG liegt zwar noch nicht vor, allerdings hat das BVerfG in seinem Urteil vom 30.09.1998 bereits den vollständigen Ausschluss der Verlustverrechnung bei laufenden Einkünften aus Vermietung beweglicher Gegenstände (§ 22 Nr. 3 S. 3 EStG 1983) für verfassungswidrig erklärt.[27]

Ein weiteres Problem bei der Aufwertung kann entstehen, wenn der gewerbesteuerliche Verlustvortrag geringer als der körperschaftsteuerliche ist. Des Weiteren ist zu beachten, dass aufgedeckte stille Reserven in der Übertragungsbilanz bei der Übernehmerin bzw.

---

[26] Vgl. BFH v. 26.08.2010, I B 49/10, DStR 2010, S. 2179; FG Nürnberg v. 17.03.2010, I V 1379/2009.

[27] Vgl. BVerfG v. 30.09.1998, 2 BvR 1818/91, DStR 1998, S. 1743.

deren Gesellschaftern zu einem höheren Übernahmeergebnis gem. § 4 Abs. 4 S. 1 UmwStG führen bzw. sich die steuerpflichtigen offenen Rücklagen gem. § 7 UmwStG erhöhen.[28]

Im Ergebnis ermöglicht die (teilweise) Aufwertung der übergehenden Wirtschaftsgüter eine **mittelbare Verlustübertragung**, da der höhere Wertansatz bei der übernehmenden Gesellschaft zu zusätzlichem Abschreibungspotential bzw. niedrigeren Veräußerungsgewinnen führt. Dabei können die Regelungen zur Mindestbesteuerung und die Höhe der stillen Reserven einen vollständigen Verlustübertrag jedoch beschränken.

5.3.5   Verschmelzungen mit ausländischer Beteiligung

Hauptziel der Reform des UmwStG ist es, Verschmelzungen innerhalb der EU bzw. des EWR zu erleichtern. Allerdings ergeben sich für die verschiedenen Konstellationen (folgende Abbildung) unterschiedliche Bewertungsansätze, die in diesem Kapital dargestellt werden.

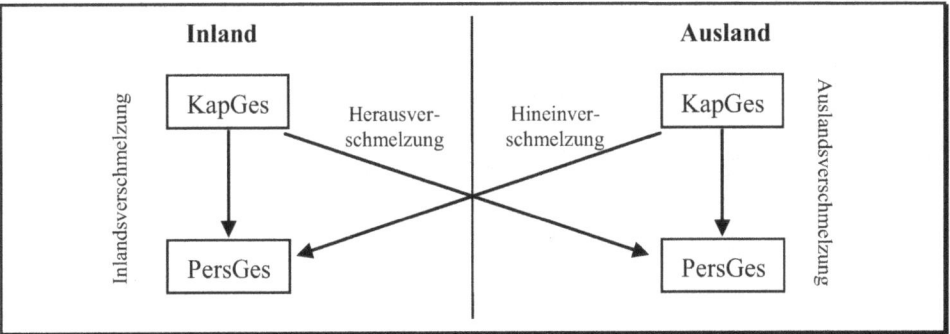

Abbildung 56:   Verschmelzungsarten

5.3.5.1 Grundlagen

Grenzüberschreitende Verschmelzungen berühren immer die Besteuerungsansprüche mehrerer Staaten und können somit zu einer Doppelbesteuerung führen. Zur Vermeidung einer Doppelbesteuerung gibt es unterschiedliche Verfahren, die einen erheblichen Einfluss auf die Wertansätze in der Übertragungsbilanz haben können. Zum besseren Verständnis werden diese Verfahren im Folgenden kurz erläutert.

Eine in Deutschland ansässige Person bzw. Gesellschaft unterliegt in Deutschland der **unbeschränkten Steuerpflicht** mit dem gesamten Welteinkommen (§ 1 Abs. 1 EStG, § 1 KStG). Erzielt ein in Deutschland unbeschränkt Steuerpflichtiger Einkünfte im Ausland,

---

[28] Vgl. Förster, G./ Ott, H., Formwechsel einer GmbH in eine GmbH & Co. KG nach Maßgabe des SEStEG, Stuttgart 2007, S. 11.

unterliegt er dort i. d. R. mit diesen Einkünften einer **beschränkten Steuerpflicht** (vgl. § 1 Abs. 4 EStG, § 2 KStG). Dies führt dazu, dass sowohl der deutsche als auch der ausländische Staat einen Besteuerungsanspruch auf diese Einkünfte erheben. Der Steuerpflichtige muss diese Einkünfte in beiden Staaten versteuern und würde somit einer Doppelbesteuerung unterliegen. Um diese Doppelbesteuerung zu vermeiden, gibt es verschiedene Möglichkeiten. Dabei ist zwischen unilateralen (einseitigen) Maßnahmen und bilateralen (zweiseitigen) Maßnahmen zu unterscheiden.

Unilaterale Maßnahmen sind Regelungen der nationalen Steuergesetzgebung, die einen (völligen oder teilweisen) Steuerverzicht eines Staates nach sich ziehen. In Deutschland stellt das sog. Anrechnungsverfahren, das in § 34c EStG bzw. § 26 KStG geregelt ist, eine solche unilaterale Maßnahme dar. Das Anrechnungsverfahren ermöglicht es im Inland unbeschränkt steuerpflichtigen Personen oder Gesellschaften, ihre im Ausland auf die ausländischen Einkünfte gezahlte Steuer auf die inländische Steuer anzurechnen. Dadurch wird die inländische Steuer auf ausländische Einkünfte um die ausländische Steuer auf diese Einkünfte ermäßigt.

Bei **bilateralen Maßnahmen** handelt es sich um gegenseitige Abkommen, in denen zwei Staaten ihre Besteuerungsansprüche untereinander aufteilen. Ein Beispiel dafür sind die sog. Doppelbesteuerungsabkommen (DBA). Ein solches DBA ist ein Vertrag, der zwischen zwei Staaten geschlossen wird. Dabei regeln die Vertragsstaaten in dem DBA, wie und in welchem Umfang ihre bestehenden Besteuerungsrechte beschränkt werden. Bilaterale Maßnahmen bieten gegenüber unilateralen den Vorteil, dass sie wesentlich umfassender sind und sich dadurch eine Doppelbesteuerung wirksamer vermeiden lässt.

Als Grundlage für ein DBA dient i. d. R. das OECD-Musterabkommen (OECD-MA). Auf dieses wird auch im Folgenden zurückgegriffen. Im OECD-MA gibt es grundsätzlich zwei Methoden zur Vermeidung einer Doppelbesteuerung, die in Art. 23 OECD-MA, dem sog. Methodenartikel, geregelt werden.

Dabei handelt es sich zum einen um die sog. **Freistellungsmethode** gem. Art. 23A OECD-MA. Bei der Freistellungsmethode werden die ausländischen Einkünfte von einer inländischen Besteuerung freigestellt. Dies geschieht, indem die ausländischen Einkünfte von der inländischen Steuerbemessungsgrundlage ausgenommen werden. Zum anderen gibt es noch die sog. **Anrechnungsmethode** gem. Art. 23B OECD-MA, die identisch mit dem deutschen Anrechnungsverfahren ist.

	geregelt im	Wirkungsweise
Anrechnungsverfahren	nationalen Steuerrecht: § 34c EStG, § 26 KStG	Anrechnung der ausländischen Steuer auf die inländische Steuer
DBA nach der **Freistellungsmethode**	internationalen Steuerrecht: Art. 23A OECD-MA	Ausländische Einkünfte werden von der inländischen Steuerbemessungsgrundlage ausgenommen
DBA nach der **Anrechnungsmethode**	internationalen Steuerrecht: Art. 23B OECD-MA	Anrechnung der ausländischen Steuer auf die inländische Steuer

Abbildung 57:   Möglichkeiten zur Vermeidung einer Doppelbesteuerung

Neben der Vermeidung der Doppelbesteuerung regelt das OECD-MA auch die Besteuerungsrechte an dem Vermögen bzw. den Einkünften. Für den Bereich des Umwandlungssteuerrechts sind dabei insbesondere die Besteuerung von Unternehmens- und Veräußerungsgewinnen von Bedeutung.

Die Besteuerung von **Unternehmensgewinnen** erfolgt gem. Art. 7 OECD-MA im Sitzstaat des Unternehmens. Verfügt das Unternehmen über eine im anderen Staat gelegene Betriebsstätte, so können die der Betriebsstätte zuzurechnenden Gewinne im Betriebsstättenstaat versteuert werden, sog. Betriebsstättenprinzip. Diese offene Formulierung führt dazu, dass sowohl der Quellenstaat (Betriebsstättenstaat) als auch der Sitzstaat des Unternehmens ein Besteuerungsrecht haben. Die Vermeidung der Doppelbesteuerung erfolgt durch den oben dargestellten Art. 23 OECD-MA (Methodenartikel). Bei einem DBA nach der Freistellungsmethode verzichtet der Sitzstaat des Unternehmens auf sein Besteuerungsrecht bzgl. der Betriebsstättengewinne. Dies führt dazu, dass die Betriebsstättengewinne nur noch im Betriebsstättenstaat steuerpflichtig sind. Ist ein DBA nach der Anrechnungsmethode geschlossen, sind die Betriebsstättengewinne sowohl im Quellenstaat (z. B. Steuer i. H. v. 25 %) als auch im Sitzstaat des Unternehmens (z. B. Steuer i. H. v. 40 %) zu versteuern. Eine Doppelbesteuerung vermeidet der Sitzstaat des Unternehmens durch eine Anrechnung der ausländischen Steuer auf seine eigene (im Beispiel 40 % ./. 25 % = 15 %).

Erzielt ein Unternehmen oder eine natürliche Person **Gewinne aus der Veräußerung von unbeweglichem Vermögen**, so können diese Gewinne gem. Art. 13 Abs. 1 OECD-MA im Belegenheitsstaat des Vermögens besteuert werden, sog. Belegenheitsprinzip. Die Vermeidung der Doppelbesteuerung erfolgt wie oben dargestellt durch den Methodenartikel. Entstehen die Gewinne aus der **Veräußerung von beweglichem Vermögen** der Betriebsstätte, greift gem. Art. 13 Abs. 2 OECD-MA das oben bereits dargestellte Betriebsstättenprinzip.

Veräußerungsgewinne sind somit im Belegenheitsstaat des veräußerten Vermögens zu versteuern. Ob im Sitzstaat des steuerpflichtigen Unternehmens oder im Wohnsitzstaat der natürlichen Person diese Gewinne ebenfalls zu versteuern sind, ist von der Ausgestaltung des DBA abhängig.

An dieser Stelle soll der Begriff der Betriebsstätte näher erläutert werden. Die Betriebsstätte ist im internationalen Bereich von erheblicher Bedeutung, weil nur bei Vorliegen einer Betriebsstätte der Belegenheitsstaat der Betriebsstätte zu einer Besteuerung berechtigt ist. Das grundsätzliche Problem des Begriffs der Betriebsstätte ergibt sich daraus, dass im europäischen Recht keine einheitliche Definition existiert und somit eine Vielzahl von Betriebsstättenbegriffen bestehen. Ungeachtet aller Definitionen ist jedoch als wesentliches Merkmal einer Betriebsstätte die rechtliche Unselbstständigkeit anzuführen. Im deutschen Steuerrecht wird die Betriebsstätte in § 12 AO als jede feste Geschäftseinrichtung oder Anlage, die der Tätigkeit des Unternehmens dient, beschrieben. Im Gegensatz dazu ist die Betriebsstättendefinition der OECD, die in Art. 5 OECD-MA niedergeschrieben ist, enger formuliert. Diese entspricht zwar im Grundsatz § 12 AO, jedoch erfolgt in Art. 5 Abs. 4 OECD-MA eine Eingrenzung, nach der z. B. Lager und Auflieferungszentren nicht als Betriebsstätte gelten. Da Deutschland mit allen EU-Mitgliedstaaten ein DBA unterhält, welches auf dem OECD-MA basiert, kann die Betriebsstättendefinition der OECD als die relevante angesehen werden.

5.3.5.2 Steuerliche Übertragungsbilanz

Die übertragende Gesellschaft ist gem. § 3 Abs. 1 UmwStG verpflichtet, eine steuerliche Schlussbilanz aufstellen. Dies gilt für jede Gesellschaft, die vom sachlichen Anwendungsbereich des UmwStG erfasst wird. Dabei ist es unerheblich, ob die übertragende Gesellschaft einer inländischen Steuerpflicht unterliegt oder im Inland zur Führung von Büchern verpflichtet ist. Auf das Aufstellen einer steuerlichen Übertragungsbilanz kann nur verzichtet werden, wenn sie nicht für inländische Besteuerungszwecke benötigt wird.[29] Dies bedeutet, dass eine steuerliche Übertragungsbilanz gem. § 3 Abs. 1 UmwStG aufzustellen ist, soweit auf Ebene der übertragenden Gesellschaft oder auf Ebene der übernehmenden Gesellschaft deutsche Besteuerungsrechte berührt werden.

---

[29] Vgl. BT-Drucks. 16/2710 v. 25.09.2006, S. 37.

Beispiel

Steuerliche Übertragungsbilanz

Fall 1:
Die deutsche Hofer GmbH soll auf eine ausländische Personengesellschaft verschmolzen werden. Da die Hofer GmbH im Inland ansässig ist (§ 11 AO), unterliegt sie der unbeschränkten Steuerpflicht in Deutschland (§ 1 KStG), so dass ihr gesamtes Vermögen in Deutschland steuerverstrickt ist. Die Hofer GmbH muss demnach über ihr gesamtes Vermögen eine steuerliche Übertragungsbilanz aufstellen.

Fall 2:
Die ausländische Holmes Corp., die in Deutschland eine Betriebsstätte unterhält, soll auf eine ausländische Personengesellschaft mit dort ansässigen Gesellschaftern verschmolzen werden. Da die Holmes Corp. nicht in Deutschland ansässig ist, unterliegt sie im Inland nur der beschränkten Steuerpflicht (§ 2 KStG) mit ihren inländischen Betriebsstätteneinkünften. Demnach ist das Betriebsstättenvermögen in Deutschland steuerverstrickt, so dass die Holmes Corp. über dieses Vermögen eine Übertragungsbilanz aufstellen muss.

Fall 3:
Die ausländische Holmes Corp. soll auf eine ausländische Personengesellschaft verschmolzen werden. An der Holmes Corp. ist der in Deutschland wohnhafte Korbinian Hofer Anteilseigner, der nach der Verschmelzung Gesellschafter der ausländischen Personengesellschaft wird. Da Korbinian Hofer in Deutschland unbeschränkt steuerpflichtig ist, muss über das gesamte Vermögen der Holmes Corp. eine steuerliche Übertragungsbilanz aufgestellt werden.

Merke: Eine steuerliche Schlussbilanz gem. § 3 Abs. 1 UmwStG ist aufzustellen, soweit auf Ebene der übertragenden oder auf Ebene der übernehmenden Gesellschaft deutsche Besteuerungsrechte berührt werden.

5.3.5.3 Inlandsverschmelzung mit Auslandsbezug

Bei einer Inlandsverschmelzung wird eine deutsche Kapitalgesellschaft auf eine deutsche Personengesellschaft mit dort ansässigen Gesellschaftern verschmolzen. Der Auslandsbezug kann durch eine ausländische Betriebsstätte und/oder ausländische Gesellschafter der übernehmenden Personengesellschaft entstehen.

Im Folgenden soll gezeigt werden, ob in der Übertragungsbilanz der Kapitalgesellschaft die Wirtschaftsgüter zum Buch- oder Zwischenwert angesetzt werden können und inwieweit dabei Probleme auftreten. Die zentrale Vorschrift hierfür ist § 3 Abs. 2 S. 1 Nr. 2 UmwStG. Danach darf bei einer Verschmelzung das Besteuerungsrecht der BRD hinsichtlich des Veräußerungsgewinns der übertragenen Wirtschaftsgüter nicht ausgeschlossen oder beschränkt werden.

Im **ersten Schritt** ist zu klären, inwieweit vor der Verschmelzung ein deutsches Besteuerungsrecht an Einkünften der Kapitalgesellschaft bestanden hat, so dass ein Ansatz in der steuerlichen Schlussbilanz erfolgen muss.

Bei einer Inlandsverschmelzung mit Auslandsbezug ist die übertragende Kapitalgesellschaft in Deutschland ansässig (§ 11 AO) und unterliegt demnach gem. § 1 Abs. 1 KStG der unbeschränkten Steuerpflicht im Inland. Dies bedingt, dass grundsätzlich sämtliche Einkünfte im Inland zu versteuern sind (§ 1 Abs. 2 KStG). Somit müssen auch alle Veräußerungsgewinne aus in- und ausländischem Betriebsvermögen in Deutschland der Besteuerung unterworfen werden. Folglich ist das gesamte Vermögen der Kapitalgesellschaft im Inland steuerverstrickt.

Im **zweiten Schritt** ist zu prüfen, wie sich die Besteuerungssituation nach der Verschmelzung gestaltet. Daraus ergibt sich, ob in der steuerlichen Schlussbilanz ein Bewertungswahlrecht gem. § 3 Abs. 2 UmwStG genutzt werden kann.

Die übernehmende Personengesellschaft wird nach dem Transparenzprinzip besteuert. Demnach ist die Personengesellschaft kein Steuersubjekt, sondern die Gesellschafter müssen die Einkünfte versteuern. Ein im Inland ansässiger Gesellschafter ist im Inland unbeschränkt steuerpflichtig gem. § 1 Abs. 1 EStG. Somit muss er sämtliche Einkünfte im Inland versteuern. Dies beinhaltet auch sämtliche Veräußerungsgewinne aus in- und ausländischem Betriebsvermögen der Personengesellschaft. Folglich ergibt sich beim unbeschränkt steuerpflichtigen Gesellschafter kein Unterschied zur übertragenden Kapitalgesellschaft, da beide im Inland unbeschränkt steuerpflichtig sind.

Ist ein Gesellschafter im Ausland ansässig, so kann er in Deutschland nur einer beschränkten Steuerpflicht gem. § 1 Abs. 4 EStG unterliegen. Dies bedingt, dass der Gesellschafter in Deutschland nur seine inländischen Einkünfte versteuern muss. Folglich unterliegen nach der Verschmelzung insoweit nur noch Veräußerungsgewinne aus inländischem Betriebsvermögen der deutschen Besteuerung. Als problematisch sind somit Veräußerungsgewinne aus ausländischem Betriebsstättenvermögen anzusehen, soweit sie einem beschränkt steuerpflichtigen Gesellschafter zuzurechnen sind.

Deutschland könnte jedoch aufgrund eines DBA nach der Freistellungsmethode bereits vor der Verschmelzung von seinem Besteuerungsrecht hinsichtlich des ausländischen Betriebsstättenvermögens zurückgetreten sein. Aus diesem Grund ist im **dritten Schritt** zu prüfen, ob Deutschland ein DBA nach der Freistellungsmethode mit dem Betriebsstättenstaat geschlossen hat.

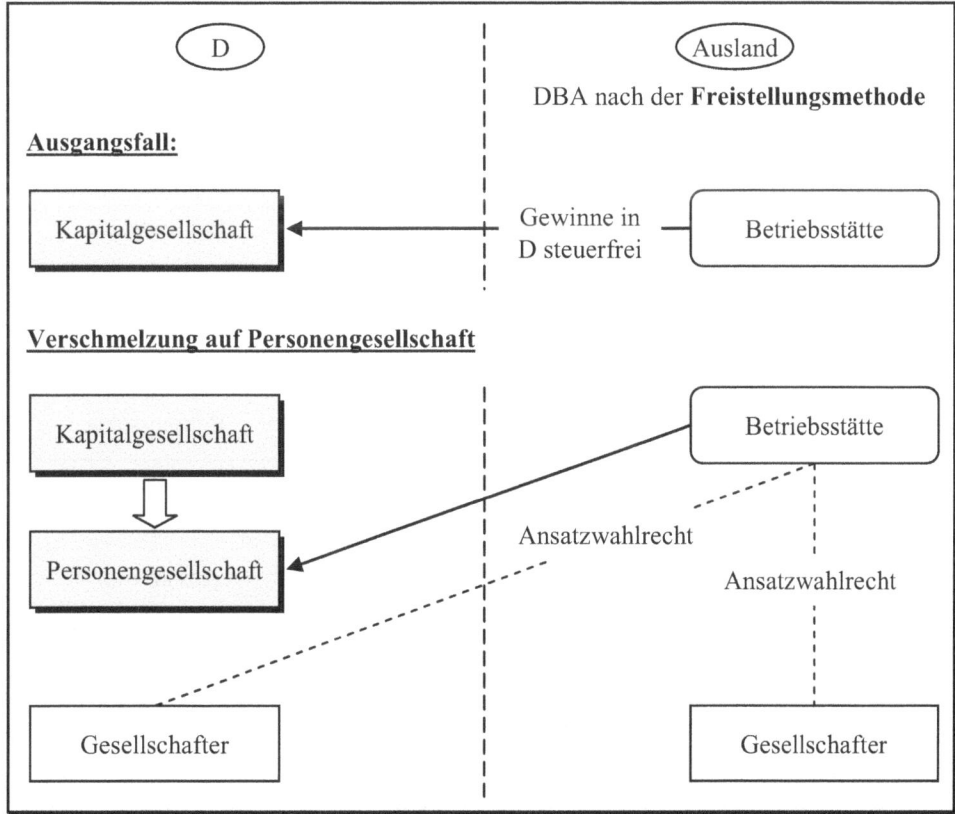

Abbildung 58:   Inlandsverschmelzung mit Auslandsbezug, DBA-Freistellungsmethode

Ist das ausländische Betriebsstättenvermögen in einem solchen Staat belegen, ist Deutschland aufgrund des DBA von seinem Besteuerungsrecht an diesem Vermögen zurückgetreten. Folglich kann das deutsche Besteuerungsrecht insoweit nicht durch die Verschmelzung
ausgeschlossen oder beschränkt werden, da bereits vor der Verschmelzung kein Besteuerungsrecht bestanden hat.

Ist das ausländische Betriebsstättenvermögen hingegen in einem Staat belegen, mit dem
Deutschland kein DBA oder ein DBA nach der Anrechnungsmethode geschlossen hat, wird
das deutsche Besteuerungsrecht an dem Betriebsstättenvermögen im Zuge der Verschmelzung ausgeschlossen, soweit es einem beschränkt steuerpflichtigen Gesellschafter zuzurechnen ist.

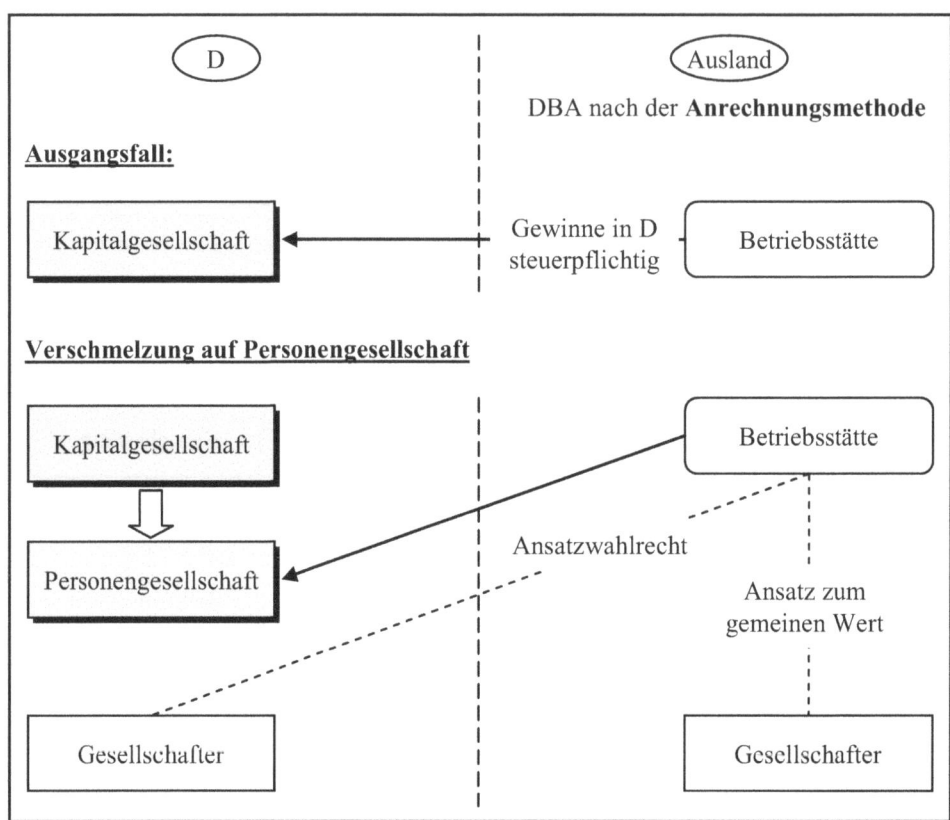

Abbildung 59:   Inlandsverschmelzung mit Auslandsbezug, DBA-Anrechnungsmethode

Vor der Verschmelzung muss die Kapitalgesellschaft aufgrund ihrer unbeschränkten Steuerpflicht Veräußerungsgewinne aus dem Betriebsstättenvermögen in Deutschland versteuern. Eine Doppelbesteuerung wird durch die Anrechnung der ausländischen Steuer auf die inländische gem. § 26 KStG bzw. Art. 23B OECD-MA vermieden. Dies führt dazu, dass in Deutschland üblicherweise Steuern auf diese Veräußerungsgewinne zu zahlen sind, da das deutsche Steuerniveau i. d. R. über dem ausländischen liegt. Nach der Verschmelzung ergibt sich das Problem, dass ein beschränkt steuerpflichtiger Gesellschafter in Deutschland nur noch inländische Einkünfte versteuern muss, so dass die Veräußerungsgewinne aus dem ausländischen Betriebsstättenvermögen insoweit keiner deutschen Besteuerung mehr unterliegen. Somit wird das deutsche Besteuerungsrecht an dem ausländischen Betriebsstättenvermögen ausgeschlossen, soweit dieses einem beschränkt steuerpflichtigen Gesellschafter zuzurechnen ist. Bei einem unbeschränkt steuerpflichtigen Gesellschafter hingegen besteht dieses Problem, wie bereits dargestellt, nicht.

Im Ergebnis besteht in der Übertragungsbilanz ein Bewertungswahlrecht i. S. d. § 3 Abs. 2 UmwStG für inländisches Betriebsvermögen, ausländisches Betriebsstättenvermögen, soweit es in einem DBA-Staat mit Freistellungsmethode liegt, und ausländisches Betriebsstättenvermögen, das nach der Verschmelzung einem im Inland unbeschränkt steuerpflichtigen Gesellschafter zuzurechnen ist. Ausländisches Betriebsstättenvermögen, das in einem Nicht-DBA-Staat oder einem DBA-Staat mit Anrechnungsmethode liegt, muss, soweit es einem im Inland beschränkt steuerpflichtigen Gesellschafter zuzurechnen ist, mit dem gemeinen Wert angesetzt werden.[30]

Unterhält im letztgenannten Fall die inländische Kapitalgesellschaft eine Betriebsstätte in einem EU/EWR-Staat, mit dem kein DBA nach der Freistellungsmethode geschlossen wurde, so sind die Voraussetzungen des § 3 Abs. 3 UmwStG erfüllt, soweit an der übernehmenden Personengesellschaft ausländische Gesellschafter beteiligt sind. Grundlage des § 3 Abs. 3 UmwStG ist Art. 10 der EU-Richtlinie 90/434/EWG, die die Besteuerungsrechte bzgl. einer ausländischen Betriebsstätte im Umwandlungsfalle regelt.

Verliert Deutschland im Zuge einer Verschmelzung das Besteuerungsrecht an einer ausländischen Betriebsstätte, so ist das Betriebsstättenvermögen in der Übertragungsbilanz zum gemeinen Wert anzusetzen. Dieses Vorgehen stellt eine fiktive Veräußerung des Betriebsstättenvermögens dar, bei der die stillen Reserven realisiert werden. Der dabei entstehende Veräußerungs- bzw. Übertragungsgewinn ist in Deutschland steuerpflichtig, jedoch nicht im Betriebsstättenstaat.

Hätte eine tatsächliche Veräußerung des Betriebsstättenvermögens stattgefunden, wäre der Veräußerungsgewinn im Betriebsstättenstaat und in Deutschland steuerpflichtig gewesen. Da in diesem Falle zur Vermeidung einer Doppelbesteuerung das Anrechnungsverfahren zur Anwendung gekommen wäre (§ 26 KStG bzw. Art. 23B OECD-MA), würde die in Deutschland fällige Steuer um die im Ausland gezahlte Steuer ermäßigt. Da im Rahmen der Aufwertung jedoch nur eine fiktive Veräußerung vorliegt, fällt keine ausländische Steuer an. Aus diesem Grund ist gem. § 3 Abs. 3 UmwStG die entstehende Körperschaftsteuer auf den Übertragungsgewinn um eine fiktive ausländische Steuer zu kürzen, die entstanden wäre, wenn die übertragenen Wirtschaftsgüter im Belegenheitsstaat zum gemeinen Wert veräußert worden wären.

Im Ergebnis ist in Deutschland nur die Steuer zu zahlen, die auch im Veräußerungsfall angefallen wäre.

---

[30] Vgl. BT-Drucks. 16/2710 v. 25.09.2006, S. 37 f.

	in D <u>unbeschränkt</u> steuerpfl. Gesellschafter	in D <u>beschränkt</u> steuerpfl. Gesellschafter
BS Inland	Ansatzwahlrecht	Ansatzwahlrecht
BS Ausland, DBA-Freistellung	Ansatzwahlrecht	Ansatzwahlrecht
BS Ausland, DBA-Anrechnung	Ansatzwahlrecht	Ansatz zum gemeinen Wert, evtl. Anwendung des § 3 Abs. 3 UmwStG

Abbildung 60:   Ansatz der Aktiva in der steuerlichen Schlussbilanz bei einer Inlandsverschmelzung mit Auslandsbezug

Beispiel

Die Django GmbH wird auf die Brunhilde OHG verschmolzen. Das übergehende Vermögen der Django GmbH beträgt 200 T€ (gemeiner Wert 400 T€), wovon 100 T€ (gemeiner Wert 200 T€) auf eine spanische Betriebsstätte entfallen. Die Anteile der Django GmbH halten der in Deutschland wohnhafte Dr. King Schultz und der in Spanien wohnhafte Calvin Candie zu gleichen Teilen. Beide Anteilseigner der GmbH werden im Zuge der Verschmelzung Gesellschafter der OHG. Spanien erhebt eine KSt von 10 %.

Bilanz Django GmbH 31.12.2019

Aktiva	100 T€	Stammkapital	200 T€
Betriebsstätte	<u>100 T€</u>		<u> </u>
	200 T€		200 T€

Fall 1: Mit Spanien besteht ein DBA nach der Freistellungsmethode

1.) Die Django GmbH ist in Deutschland unbeschränkt steuerpflichtig gem. § 1 KStG, da sie ihren Sitz im Inland (§ 11 AO) hat. Folglich unterliegt vor der Ver-schmelzung das gesamte Vermögen der deutschen Besteuerung.

2.) Dr. King Schultz ist in Deutschland wohnhaft und demnach auch in Deutschland unbeschränkt steuerpflichtig gem. § 1 Abs. 1 EStG. Somit kann das ihm zu re-chenbare Vermögen problemlos mit dem Buchwert angesetzt werden, da das deut-sche Besteuerungsrecht unverändert erhalten bleibt.

Calvin Candie hingegen ist in Spanien wohnhaft und unterliegt demnach in Deutschland der beschränkten Steuerpflicht gem. § 1 Abs. 4 EStG mit seinen inländischen Einkünften. Somit unterliegt das ihm zurechenbare inländische Vermögen auch nach der Verschmelzung der inländischen Besteuerung. Problematisch ist jedoch das ausländische Betriebsstättenvermögen.

3.) Da die Betriebsstätte in Spanien belegen ist und mit Spanien ein DBA nach der Freistellungsmethode besteht, ist Deutschland bereits vor der Verschmelzung von seinem Besteuerungsrecht an dem Betriebsstättenvermögen zurückgetreten. Somit kann hinsichtlich des Calvin Candie zurechenbaren Betriebsstättenvermögens keine Beschränkung des deutschen Besteuerungsrechts vorliegen.

Durch die Verschmelzung erfolgt keine Beschränkung bzw. kein Ausschluss des deutschen Besteuerungsrechts. Die Bedingung des § 3 Abs. 2 Nr. 2 UmwStG ist erfüllt. Folglich kann das gesamte Vermögen der Django GmbH in der Übertragungsbilanz mit dem Buchwert von 200 T€ angesetzt werden.

Fall 2: Mit Spanien besteht ein DBA nach der Anrechnungsmethode
Die Steuerpflicht der übertragenden Gesellschaft (Prüfpunkt 1) sowie der Gesellschafter (Prüfpunkt 2) bleibt unverändert zu Fall 1. Ein Unterschied ergibt sich lediglich bzgl. des Calvin Candie zurechenbaren Betriebsstättenvermögens. Aufgrund des DBA nach der Anrechnungsmethode hat Deutschland vor der Verschmelzung ein teilweises Besteuerungsrecht an den Betriebsstätteneinkünften. Da Candie jedoch in Deutschland nur mit seinen inländischen Einkünften beschränkt steuerpflichtig ist, wird das deutsche Besteuerungsrecht an den Betriebsstätteneinkünften ausgeschlossen, soweit diese Candie zuzurechnen sind.

Die Bedingung des § 3 Abs. 2 Nr. 2 UmwStG ist hinsichtlich des inländischen Vermögens und des Betriebsstättenvermögens, soweit es Dr. King Schultz zuzurechnen ist, erfüllt. Das Betriebsstättenvermögen muss allerdings, soweit es Calvin Candie zuzurechnen ist, mit dem gemeinen Wert angesetzt werden, da im Zuge der Verschmelzung das deutsche Besteuerungsrecht insoweit ausgeschlossen wird.

Wertansatz der Betriebsstätte:

Schultz zurechenbar, Ansatz zum Buchwert	50 % v. 100 T€ =	50 T€
Candie zurechenbar, Ansatz zum gemeinen Wert	50 % v. 200 T€ =	100 T€
		Σ 150 T€

Übertragungsbilanz Django GmbH 31.12.2019 (Fall 2)

Aktiva	100 T€	Stammkapital	200 T€
Betriebsstätte	150 T€	Gewinn	50 T€
	250 T€		250 T€

Aufgrund der teilweisen Aufwertung des Candie zurechenbaren Betriebsstättenvermögens fällt in Deutschland ein Übertragungsgewinn an, der von der Django GmbH zu versteuern ist. Die Steuerbelastung errechnet sich wie folgt:

	übergehendes Vermögen zum gemeinen Wert	100.000 €
./.	übergehendes Vermögen zum Buchwert	./. 50.000 €
=	Übertragungsgewinn vor Steuer	50.000 €
./.	GewSt (400 % * 3,5 % = 14 %)	./. 7.000 €
./.	KSt (15 %)	./. 7.500 €
./.	SolZ	./. 413 €
=	**Übertragungsgewinn nach Steuer**	**35.087 €**

Da eine **inländische Kapitalgesellschaft**, die eine **Betriebsstätte in einem EU/EWR-Staat** unterhält, mit dem kein **DBA nach der Freistellungsmethode** geschlossen wurde, auf eine **Personengesellschaft mit ausländischen Gesellschaftern** verschmolzen wird, sind die Bedingungen des § 3 Abs. 3 UmwStG erfüllt. Somit ist eine fiktive ausländische Steuer auf die inländische KSt, die auf den Übertragungsgewinn entfällt, anzurechnen.

Wären die Wirtschaftsgüter der spanischen Betriebsstätte zu 50 % zum gemeinen Wert von 100 T€ (50 % v. 200 T€) veräußert worden, hätte sich folgende spanische Steuerbelastung ergeben:

	Veräußerungserlöse (gemeiner Wert)	100.000 €
./.	Buchwert des veräußerten Vermögens	./. 50.000 €
=	Veräußerungsgewinn	50.000 €
	Spanische KSt (10 %)	**5.000 €**

Gem. § 3 Abs. 3 UmwStG ist die deutsche KSt i. S. d. § 26 KStG um die ausländische KSt zu ermäßigen. Somit ergibt sich folgende Steuerbelastung:

	Übertragungsgewinn vor Steuer	50.000 €
./.	GewSt (400 * 3,5 % = 14 %)	./. 7.000 €
./.	KSt (15 %)	./. 7.500 €
+	Anrechnung spanische KSt gem. § 26 KStG (5 T€, max. deutsche KSt)	+ 5.000 €
./.	SolZ (auf gezahlte KSt i. H. v. 2.500 €)	./. 138 €
=	**Übertragungsgewinn nach Steuer**	**40.362 €**

Durch die Anrechnung der fiktiven spanischen KSt fällt in Deutschland die Steuerbelastung der Django GmbH um 5.275 € niedriger aus.

Dasselbe Ergebnis läge vor, wenn mit Spanien kein DBA bestehen würde.

5.3.5.4   Herausverschmelzung

Bei einer Herausverschmelzung wird eine deutsche Kapitalgesellschaft auf eine ausländische Personengesellschaft mit im Ausland ansässigen Gesellschaftern verschmolzen. Vor der Verschmelzung ist das in- und ausländische Vermögen der übertragenden Kapitalgesellschaft, wie bei der Inlandsverschmelzung, im Inland steuerverstrickt, sofern keine Betriebsstätte in einem DBA-Staat mit Freistellungsmethode belegen ist. Bleibt das inländische Vermögen nach der Verschmelzung in einer inländischen Betriebsstätte belegen, wird insoweit das deutsche Besteuerungsrecht erhalten. Die Gesellschafter der übernehmenden Gesellschaft sind in Deutschland mit den Betriebsstätteneinkünften mindestens beschränkt steuerpflichtig (§ 1 Abs. 4 i. V. m. § 49 Abs. 1 Nr. 2a EStG). Somit besteht in der steuerlichen Übertragungsbilanz ein Bewertungswahlrecht gem. § 3 Abs. 2 UmwStG, soweit das Vermögen nach der Verschmelzung in einer inländischen Betriebsstätte zuzurechnen ist.

Der wesentliche Unterschied der Herausverschmelzung zur Inlandsverschmelzung mit Auslandsbezug besteht darin, dass bei der Herausverschmelzung die übernehmende Personengesellschaft im Ausland ansässig ist. Daraus ergibt sich ein Problem hinsichtlich des von der Finanzverwaltung vertretenen Grundsatzes der Zentralfunktion des Stammhauses[31].

Die Zentralfunktion des Stammhauses besagt, dass es nicht zulässig ist, einer Betriebsstätte oder einer Tochter-Personengesellschaft eine Finanzierungsfunktion, eine Holdingfunktion und/ oder eine Lizenzgeberfunktion einzuräumen. Diese Funktionen sind grundsätzlich dem Stammhaus zuzurechnen. Somit sind Beteiligungen und Lizenzen aber auch sonstige immaterielle Wirtschaftsgüter, wie z. B. der Firmenwert, stets dem Stammhaus zuzurechnen und nicht einer Betriebsstätte.

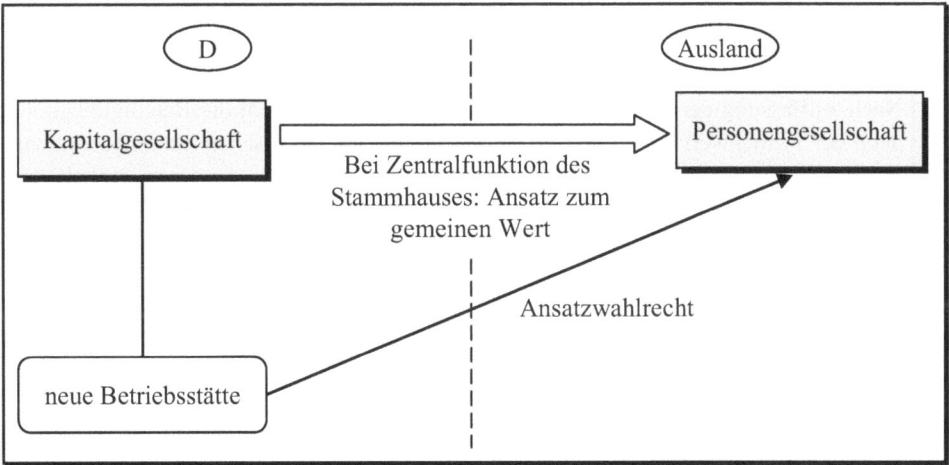

Abbildung 61:   Herausverschmelzung

---

[31]   Vgl. BMF v. 24.12.1999, IV B 4-S 1300-111/99, BStBl. I 1999, S. 1076, Tz. 2.4.

Bei einer Herausverschmelzung führt dies dazu, dass bestimmte Wirtschaftsgüter vor der Verschmelzung dem inländischen Stammhaus zuzurechnen sind und nach der Verschmelzung dem ausländischen. Somit verlassen diese Wirtschaftsgüter die deutsche Besteuerungssphäre, was einen Ausschluss des deutschen Besteuerungsrechts nach sich zieht.

Nach Auffassung der Finanzverwaltung müssen Wirtschaftsgüter, die dem Stammhaus zuzurechnen sind, in der Übertragungsbilanz mit dem gemeinen Wert angesetzt werden. Vertritt der ausländische Staat eine abweichende Auffassung, kommt es bei einer Herausverschmelzung i. d. R. zu keinen Komplikationen. Aus deutscher Sicht sind die von der Zentralfunktion des Stammhauses erfassten Wirtschaftsgüter nach der Verschmelzung im Ausland belegen. Der ausländische Staat wird zweifelsohne damit einverstanden sein, dass diese Wirtschaftsgüter steuerlich ihm Folgen zufallen. Somit ist die Zentralfunktion des Stammhauses bei einer Herausverschmelzung problemlos anwendbar.

Beispiel

Herausverschmelzung

Die inländische Berghammer GmbH wird auf die ausländische London Partnership verschmolzen. An der Berghammer GmbH halten die in England ansässigen Gesellschafter Sherlock Holmes und Dr. Watson jeweils einen Anteil von 50 %. Das übergehende Vermögen der Berghammer GmbH beträgt 200 T€ (gemeiner Wert 400 T€). In den Aktiva sind Beteiligungen i. H. v. 50 T€ (gemeiner Wert 100 T€) enthalten. Des Weiteren enthalten die stillen Reserven einen Firmenwert i. H. v. 100 T€. In Deutschland verbleibt nach der Verschmelzung eine Betriebsstätte.

Bilanz Berghammer GmbH 31.12.2019

Beteiligungen	50 T€	Stammkapital	200 T€
sonst. Aktiva	150 T€		
	200 T€		200 T€

Nach Auffassung der deutschen Finanzverwaltung sind sowohl die Beteiligungen als auch der Firmenwert nach der Verschmelzung dem ausländischen Stammhaus zuzurechnen. Da Deutschland dadurch sein Besteuerungsrecht an den darin enthaltenen stillen Reserven verliert, ist diesbezüglich § 3 Abs. 2 Nr. 2 UmwStG nicht mehr erfüllt. Folglich müssen gem. § 3 Abs. 1 UmwStG die Beteiligungen zum gemeinen Wert von 100 T€ und der Firmenwert zu 100 T€ in der Übertragungsbilanz angesetzt werden. Somit entsteht aus der Aufdeckung der stillen Reserven ein Übertragungsgewinn i. H. v. 150 T€ (50 T€ Beteiligungen, 100 T€ Firmenwert).

Das restliche Vermögen verbleibt nach der Verschmelzung in einer deutschen Betriebsstätte. Insoweit bleibt das deutsche Besteuerungsrecht erhalten, so dass das restliche Vermögen zum Buchwert angesetzt werden kann.

Übertragungsbilanz Berghammer GmbH 31.12.2019

Firmenwert	100 T€	Stammkapital	200 T€
Beteiligungen	100 T€	Gewinn	150 T€
sonst. Aktiva	150 T€		
	350 T€		350 T€

Hinsichtlich der Behandlung ausländischer Betriebsstätten der übertragenden Kapitalgesell-schaft ergeben sich keine Unterschiede zur Inlandsverschmelzung. Ist die ausländische Betriebsstätte in einem Staat mit DBA nach der Freistellungsmethode belegen, hat bereits vor der Verschmelzung kein deutsches Besteuerungsrecht an dem Betriebsstättenvermögen bestanden, so dass ein Ansatzwahlrecht in der Übertragungsbilanz gegeben ist. Ist die Be-triebsstätte in einem Nicht-DBA-Staat oder in einem Staat mit DBA nach der Anrech-nungsmethode belegen, so besteht ein Ansatzwahlrecht in der Übertragungsbilanz, soweit das Betriebsstättenvermögen einem im Inland unbeschränkt steuerpflichtigen Gesellschafter zuzurechnen ist. Ist das Betriebsstättenvermögen jedoch einem im Inland beschränkt steu-erpflichtigen Gesellschafter zuzurechnen, kommt es zu einem Ausschluss des deutschen Besteuerungsrechts, so dass in der Übertragungsbilanz ein Ansatz zum gemeinen Wert erfolgen muss.

5.3.5.5 Auslandsverschmelzung mit Inlandsbezug und Hinein-verschmelzung

Bei einer Auslandsverschmelzung wird eine ausländische Kapitalgesellschaft auf eine aus-ländische Personengesellschaft mit im Ausland ansässigen Gesellschaftern verschmolzen. Ein Inlandsbezug kann durch eine inländische Betriebsstätte und/oder im Inland ansässige Gesellschafter der übernehmenden Gesellschaft entstehen.

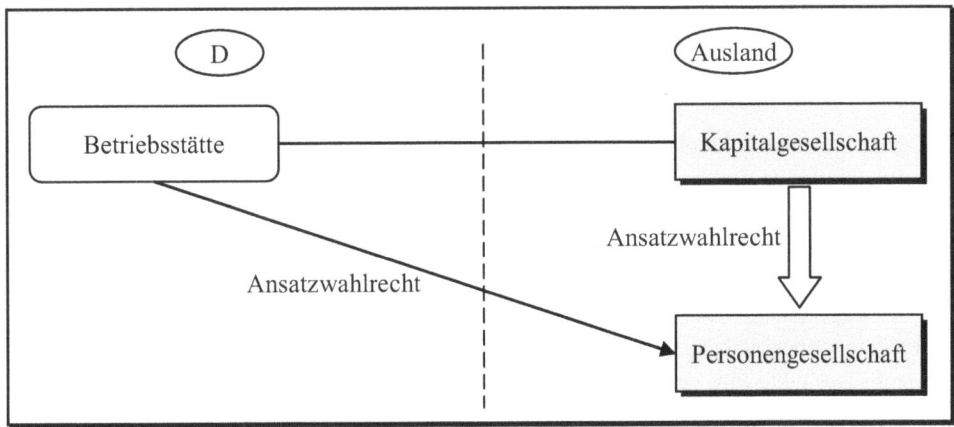

Abbildung 62:   Auslandsverschmelzung mit Inlandsbezug

Im Gegensatz dazu wird bei einer Hineinverschmelzung eine ausländische Kapitalgesellschaft auf eine inländische Personengesellschaft mit im Inland ansässigen Gesellschaftern verschmolzen.

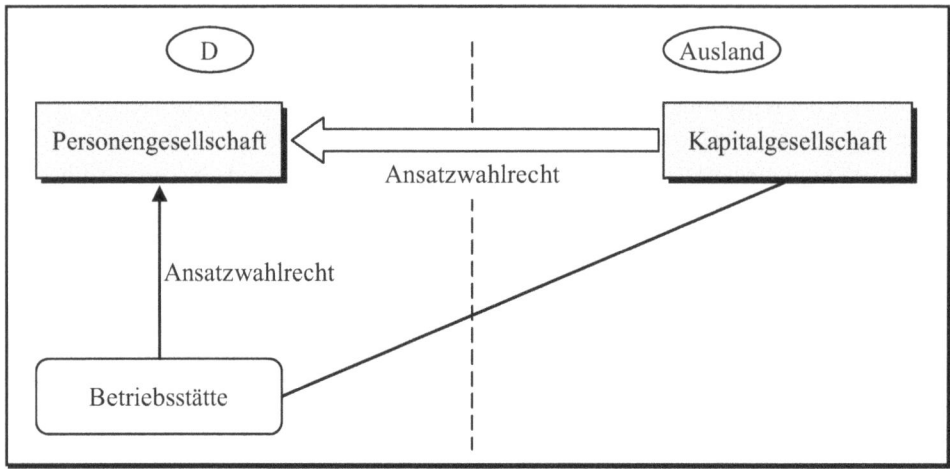

Abbildung 63:   Hineinverschmelzung

Grundsätzlich besteht in beiden Fällen ein Ansatzwahlrecht gem. § 3 Abs. 2 UmwStG in der deutschen steuerlichen Übertragungsbilanz für das gesamte Vermögen. Die ausländische Kapitalgesellschaft ist im Ausland ansässig, so dass sie in Deutschland nur mit Einkünften aus einer inländischen Betriebsstätte beschränkt steuerpflichtig sein kann (§ 2 KStG). Im Regelfall bleibt eine deutsche Betriebsstätte auch nach der Verschmelzung bestehen. Somit wird das deutsche Besteuerungsrecht an den Betriebsstätteneinkünften erhalten, und die Bedingung des § 3 Abs. 2 Nr. 2 UmwStG ist insoweit erfüllt. Bezüglich im Ausland belegenen Vermögens besteht vor der Verschmelzung kein deutsches Besteuerungsrecht, das im Zuge der Verschmelzung ausgeschlossen oder beschränkt werden könnte. Somit ist sowohl bei einer Auslandsverschmelzung als auch bei einer Hineinverschmelzung ein Ansatzwahlrecht für das gesamte Vermögen in der Übertragungsbilanz möglich.[32]

Bei einer Hineinverschmelzung ist jedoch das von der deutschen Finanzverwaltung vertretene Prinzip der Zentralfunktion des Stammhauses problematisch. Vertritt der Staat, in dem die ausländische Kapitalgesellschaft ansässig ist, dieses Prinzip nicht, könnte es zu einer Kollision von Besteuerungsrechten kommen. Dabei ist es entscheidend, welche Wirtschaftsgüter aus Sicht der ausländischen Finanzverwaltung im Rahmen der Verschmelzung auf das neue inländische Stammhaus übergehen und welche in einer ausländischen Betriebsstätte zurückbleiben. Da es gem. der Auffassung der OECD keine Zentralfunktion des Stammhauses gibt, wird der ausländische Staat diese im Zweifel auch nicht vertreten. Dies

---

[32]   Vgl. Dötsch, E./ Pung, A./ Möhlenbrock, R., Kommentar zum UmwStG, 87. Erg.-Lief. 2016, § 3 UmwStG, Tz. 6 ff.

könnte dazu führen, dass bestimmte Wirtschaftsgüter aus ausländischer Sicht in einer ausländischen Betriebsstätte verbleiben und demnach dort besteuert werden. Aus deutscher Sicht sind dieselben Wirtschaftsgüter dem deutschen Stammhaus zuzurechnen und in Deutschland zu versteuern. Das Ergebnis wäre eine Doppelbesteuerung.[33]

Das Prinzip der Zentralfunktion des Stammhauses ist eine rein fiskalpolitisch motivierte Entscheidung der deutschen Finanzverwaltung, die insbesondere bei grenzüberschreitenden Umwandlungen zu erheblichen Problemen führen kann. Aus diesem Grund wäre es wünschenswert, wenn die Zentralfunktion des Stammhauses aufgegeben würde und die deutsche Finanzverwaltung sich der Auffassung der OECD anschließen würde.

5.4 Auswirkungen bei der übernehmenden Personengesellschaft

Die grundlegenden Vorschriften über die Auswirkungen der Verschmelzung bei der übernehmenden Personengesellschaft finden sich in § 4 UmwStG:

§ 4 Abs. 1 UmwStG:	Wertverknüpfung
§ 4 Abs. 2 UmwStG:	Eintritt in die Rechtsstellung der übertragenden KapGes, kein Übergang eines verbleibenden Verlustvortrags
§ 4 Abs. 3 UmwStG:	Abschreibung der übergehenden Wirtschaftsgüter
§ 4 Abs. 4 UmwStG:	Ermittlung des Übernahmeergebnisses
§ 4 Abs. 5 UmwStG:	Hinzurechnung des Sperrbetrags (§ 50c EStG a. F.) und Abzug der Bezüge nach § 7 UmwStG beim Übernahmeergebnis
§ 4 Abs. 6 UmwStG:	Vorschriften zur Besteuerung eines Übernahmeverlusts
§ 4 Abs. 7 UmwStG:	Vorschriften zur Besteuerung eines Übernahmegewinns

Die Regelungen des § 4 UmwStG werden durch die §§ 5 und 6 UmwStG ergänzt.

5.4.1 Wertverknüpfung und Wertaufholung

Die übernehmende Personengesellschaft hat gem. § 4 Abs. 1 S. 1 UmwStG die in der steuerlichen Schlussbilanz der übertragenden Körperschaft ausgewiesenen Wertansätze der Wirtschaftsgüter zu übernehmen. Auf diese Weise wird die spätere Besteuerung der stillen Reserven sichergestellt, sofern in der steuerlichen Schlussbilanz kein Ansatz zum gemeinen Wert erfolgt ist.

---

[33] Vgl. Blumers, W., Die Europarechtswidrigkeit der Betriebsstättenzurechung im Betriebsstättenerlass, DB 2006, S. 859.

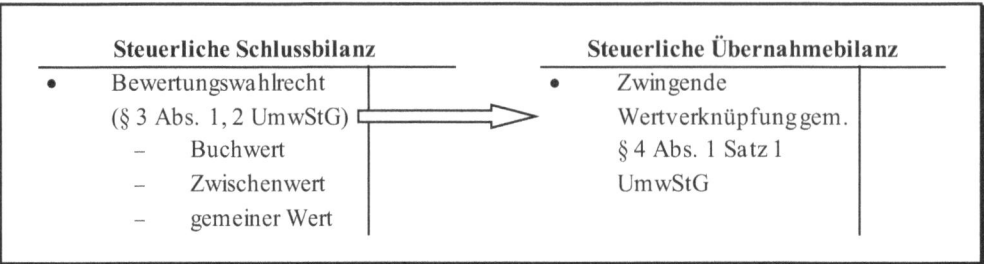

Abbildung 64: Steuerliche Schlussbilanz und steuerliche Übernahmebilanz

Der Wertansatz in der Bilanz der übernehmenden Personengesellschaft hängt damit entscheidend davon ab, ob die übertragende Kapitalgesellschaft in ihrer steuerlichen Schlussbilanz die Buchwerte fortführt oder den Ansatz zum Zwischen- oder gemeinen Wert wählt. Die Wertverknüpfung muss sich jedoch nicht zwangsweise in der Gesamthandsbilanz der übernehmenden Personengesellschaft niederschlagen. Soweit dies keine Auswirkungen auf die Ermittlung des Übernahmegewinns und zukünftiger laufender Gewinne hat, können die übernommenen Werte auch in den Ergänzungsbilanzen der Gesellschafter ausgewiesen werden. Im Ergebnis ist der Wertansatz der Wirtschaftsgüter der übertragenden Kapitalgesellschaft daher in der Gesamthandsbilanz einschließlich der Ergänzungsbilanzen der Gesellschafter zu übernehmen.

Merke:	Die übernehmende PersGes hat die Werte aus der Schlussbilanz der übertragenden KapGes fortzuführen.
Begründung:	Dadurch wird die spätere Besteuerung der in den übergehenden Wirtschaftsgütern enthaltenen stillen Reserven (bei einem Ansatz unter dem gemeinen Wert seitens der übertragenden KapGes) gesichert.

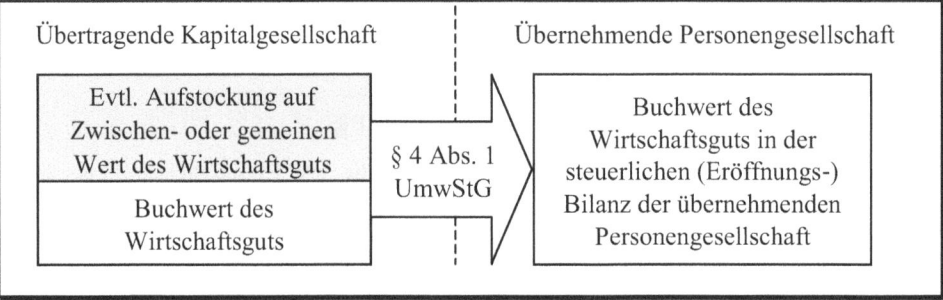

Abbildung 65: Wertverknüpfung (§ 4 Abs. 1 S. 1 UmwStG)

Wertverknüpfung

Die in Deutschland ansässige Elm Street GmbH soll zum 01.01.2020 auf die Nightmare OHG, an der die in Deutschland wohnhaften Freddy und Jason zu je 50 % beteiligt sind, verschmolzen werden. Die Nightmare OHG hält eine Beteiligung i. H. v. 100 % der Anteile an der Elm Street GmbH im Betriebsvermögen. Die Elm Street GmbH führt in ihrer steuerlichen Schlussbilanz gem. dem in § 3 Abs. 2 UmwStG gewährten Wahlrecht die Buchwerte der Wirtschaftsgüter fort. Dies ist möglich, da es sich um eine Inlandsverschmelzung handelt.

Aktiva	Elm Street GmbH		Passiva
Aktiva	50 T€	Stammkapital	25 T€
		Fremdkapital	25 T€
	50 T€		50 T€

Die Aktiva der Elm Street GmbH enthalten stille Reserven i. H. v. 50 T€.

Aktiva	Nightmare OHG		Passiva
Beteiligung	25 T€	Kapital Freddy	25 T€
Sonst. Aktiva	75 T€	Kapital Jason	25 T€
		Fremdkapital	50 T€
	100 T€		100 T€

Aufgrund der Wertverknüpfung des § 4 Abs. 1 S. 1 UmwStG hat die übernehmende Nightmare OHG die Wirtschaftsgüter mit dem Wertansatz in der steuerlichen Schlussbilanz der Elm Street GmbH zu übernehmen.

Aktiva		Nightmare OHG			Passiva
Beteiligung		25 T€	Kapital Freddy		25 T€
./. Beteiligung	./. **25 T€**	0 T€	Kapital Jason		25 T€
Sonst. Aktiva		75 T€	FK		50 T€
+ Aktiva E GmbH*	+ **50 T€**	125 T€	+ FK E GmbH*	+ **25 T€**	75 T€
		125 T€			125 T€

*E GmbH = Elm Street GmbH

Die in den Aktiva der übertragenden Elm Street GmbH enthaltenen **stillen Reserven sind aufgrund der Wertverknüpfung** im Folgenden **weiterhin steuerverhaftet**, da sie zum Betriebsvermögen der Nightmare OHG gehören und diese im Falle der Veräußerung der Aktiva einen Veräußerungsgewinn zu versteuern hätte.

Der Gesetzgeber unterstellt bei einer Verschmelzung den Grundfall, dass die übernehmende Personengesellschaft sämtliche Anteile der übertragenden Kapitalgesellschaft hält, d. h. eine sog. **Aufwärtsverschmelzung** vorliegt. Dabei setzt gem. § 4 Abs. 1 S. 2 UmwStG die übernehmende Personengesellschaft die Anteile der übertragenden Gesellschaft am steuerlichen Übertragungsstichtag mit dem Buchwert an. Dieser ist um Abschreibungen der Vorjahre, die steuerwirksam vorgenommen wurden, und um Abzüge nach § 6b EStG zu erhöhen (= **Wertaufholungsgebot**), maximal jedoch auf den gemeinen Wert. Der sich aus dieser Wertaufholung ergebende Gewinn ist von den Gesellschaftern der übernehmenden Personengesellschaft gem. § 8b Abs. 2 S. 4 und 5 KStG bzw. § 3 Nr. 40 S. 1 Bst. a S. 2 und 3 EStG als nicht begünstigter laufender Gewinn i. S. d. § 15 EStG zu versteuern (§ 4 Abs. 1 S. 3 UmwStG). Durch dieses Wertaufholungsgebot werden steuerwirksame Teilwertabschreibungen sowie die ursprüngliche Übertragung stiller Reserven gem. § 6b EStG rückgängig gemacht.

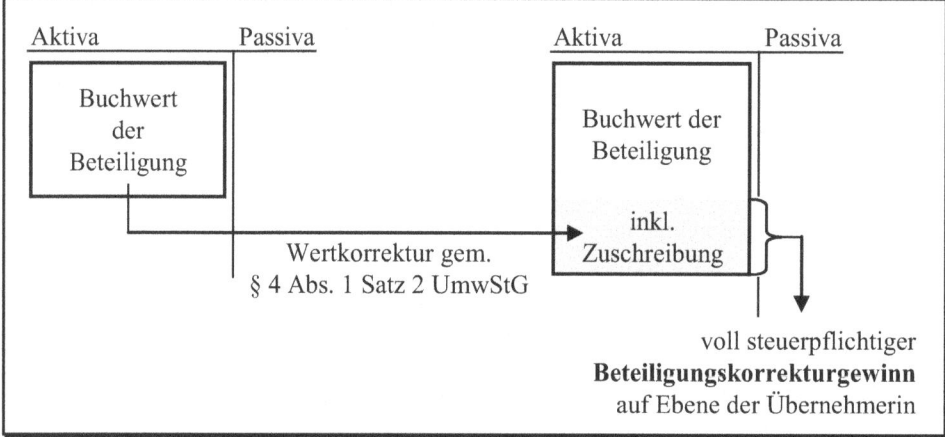

Abbildung 66:   Beteiligungskorrekturgewinn auf Ebene der übernehmenden PersGes

5.4.2   Übernahmeergebnis

Wie bereits im einleitenden Beispiel erläutert, ist die übernehmende Personengesellschaft aufgrund des Wechsels von einer intransparenten in eine transparente Besteuerung nicht berechtigt, die Gewinnrücklagen der übertragenden Kapitalgesellschaft fortzuführen. Die Gewinnrücklagen der übertragenden Kapitalgesellschaft müssen beim Vermögensübergang im Rahmen der Verschmelzung versteuert werden.

Die Besteuerung des Vermögensübergangs erfolgt in zwei Schritten. Dabei werden im **1. Schritt** die **Gewinnrücklagen** der Kapitalgesellschaft prozentual, d. h. entsprechend ihrer Beteiligung am Nennkapital, auf die Anteilseigner der Kapitalgesellschaft verteilt und gem. § 7 UmwStG als **Einnahmen aus Kapitalvermögen** i. S. d. § 20 Abs. 1 Nr. 1 EStG erfasst. Anschließend wird im **2. Schritt** für das übrige Vermögen ein **Übernahmeergebnis** nach §§ 4, 5 UmwStG ermittelt.

> **Merke:** Für die Besteuerung des Vermögensübergangs ergibt sich folgende Vorgehensweise:
>
> **1. Schritt:** Die **Gewinnrücklagen** werden den Anteilseignern als Einnahmen aus Kapitalvermögen zugerechnet.
>
> **2. Schritt:** Es erfolgt eine **Übernahmeergebnisermittlung** nach §§ 4, 5 UmwStG.

5.4.2.1 Ausschüttungsfiktion der offenen Rücklagen

Die offenen Rücklagen (= Gewinnrücklagen) der Kapitalgesellschaft gelten aufgrund des Wechsels von der intransparenten zur transparenten Besteuerung als fiktiv ausgeschüttet und müssen dementsprechend versteuert werden. Die fiktive Ausschüttung der Gewinnrücklagen gem. § 7 UmwStG soll das deutsche Besteuerungsrecht an diesen sicherstellen. Gewinnrücklagen wurden vor ihrer Entstehung bereits auf Ebene der Kapitalgesellschaft besteuert, und bei Ausschüttung erfolgt eine Nachversteuerung auf Anteilseignerebene. Im Falle einer Umwandlung erfolgte diese Nachversteuerung der Anteilseigner nach altem Recht unmittelbar im Rahmen des Übernahmeergebnisses. Dies führte jedoch bei ausländischen Anteilseignern in DBA-Staaten zu Problemen, da ein Übernahmegewinn nach der herrschenden Literaturmeinung unter Art. 13 Abs. 5 OECD-MA fällt, so dass das Besteuerungsrecht an diesem dem ausländischen Ansässigkeitsstaat des Anteilseigners zusteht. Folglich kam es zu einem Ausschluss des deutschen Besteuerungsrechts an den Gewinnrücklagen.

Um diesen Ausschluss des deutschen Besteuerungsrechts zu unterbinden, fingiert § 7 UmwStG eine Vollausschüttung der Gewinnrücklagen, die als Dividendeneinkünfte zu versteuern sind. Dividenden sind zwar grundsätzlich gem. Art. 10 Abs. 1 OECD-MA ebenfalls im Ansässigkeitsstaat des Empfängers zu versteuern, jedoch unterliegen Dividenden in Deutschland dem Kapitalertragsteuerabzug gem. § 43 Abs. 1 S. 1 Nr. 1 EStG, so dass zumindest eine teilweise Besteuerung sichergestellt wird.

> **§ 7 UmwStG: Besteuerung offener Rücklagen**
> [1]Dem Anteilseigner ist der Teil des in der Steuerbilanz ausgewiesenen Eigenkapitals abzüglich des Bestands des steuerlichen Einlagekontos im Sinne des § 27 des Körperschaftsteuergesetzes, der sich nach Anwendung des § 29 Abs. 1 des Körperschaftsteuergesetzes ergibt, in dem Verhältnis der Anteile zum Nennkapital der übertragenden Körperschaft als Einnahmen aus Kapitalvermögen im Sinne des § 20 Abs. 1 Nr. 1 des Einkommensteuergesetzes zuzurechnen. [2]Dies gilt unabhängig davon, ob für den Anteilseigner ein Übernahmegewinn oder Übernahmeverlust nach § 4 oder § 5 ermittelt wird.

Um die Bezüge gem. § 7 UmwStG zu ermitteln, ist zunächst § 29 Abs. 1 i. V. m. § 28 Abs. 2 S. 1 KStG anzuwenden.

Nennkapital

./. Sonderausweis i. S. d. § 28 Abs. 1 S. 3 KStG (falls vorhanden)

= Unterschiedsbetrag (wird dem steuerlichen Einlagekonto zugeschrieben)

Aufgrund der Berechnungsvorschrift von § 7 UmwStG ermitteln sich die Bezüge aus Kapitalvermögen danach wie folgt:

Eigenkapital lt. Steuerbilanz

./. modifiziertes steuerliches Einlagekonto (§ 29 Abs. 1 i. V. m. § 28 Abs. 2 S. 1 KStG)

= Zwischenergebnis (entspricht den Gewinnrücklagen)

$$\text{Zwischenergebnis} \ * \ \frac{\text{Anteil am Nennkapital}}{\text{Gesamtes Nennkapital}} = \begin{array}{c}\text{Bezüge aus Kapitalvermögen i. S. d.} \\ \text{§ 20 Abs. 1 Nr. 1 EStG}\end{array}$$

Diese Kapitaleinkünfte unterliegen dem Teileinkünfteverfahren bzw. der Abgeltungsteuer, soweit natürliche Personen an der übertragenden Kapitalgesellschaft beteiligt sind. Das Teileinkünfteverfahren kommt zur Anwendung, sofern die Anteile im Betriebsvermögen gehalten werden. Dabei ist zu beachten, dass bei sämtlichen Anteilseignern, die an der Übernahmegewinnermittlung teilnehmen und deren Anteile daher zum steuerlichen Übertragungsstichtag entweder tatsächlich im Betriebsvermögen der Personengesellschaft gehalten werden oder als ins Betriebsvermögen eingelegt gelten, die Einnahmen gem. § 7 UmwStG **aufgrund der Subsidiaritätsklausel des § 20 Abs. 8 EStG als Einkünfte aus Gewerbebetrieb umqualifiziert** werden.

Aus diesem Grund ist die Abgeltungssteuer im Rahmen von § 7 UmwStG nur anwendbar, wenn der Anteilseigner zu weniger als 1 % beteiligt ist und die Anteile im Privatvermögen hält. In allen anderen Fällen findet somit das Teileinkünfteverfahren Anwendung.

Für Kapitalgesellschaften gilt jeweils die 95 % ige Dividendenfreistellung nach § 8b Abs. 1 i. V. m. Abs. 5 KStG. Liegt zu Beginn des Kalenderjahres eine Beteiligung von unmittelbar weniger als 10 % vor, so unterliegen die Ausschüttungen gemäß § 8b Abs. 4 KStG abweichend von § 8b Abs. 1 i. V. m. Abs. 5 KStG in voller Höhe der Körperschaftsteuer.

Besteuerung der offenen Rücklagen

Die Casino GmbH soll auf die „Five Dimond Award" OHG verschmolzen werden. An der Casino GmbH und der „Five Dimond Award" OHG sind die Gesellschafter Danny Ocean zu 50 %, Rusty Ryan zu 0,5 % sowie die Willie Bank GmbH zu 49,5 % beteiligt. Danny Ocean hält seine Beteiligung im Betriebsvermögen, Rusty Ryan hingegen in seinem Privatvermögen. Die Casino GmbH weist folgende Übertragungsbilanz aus:

Casino GmbH			
Aktiva	500 T€	Nennkapital	50 T€
		Kapitalrücklage	100 T€
		Gewinnrücklagen	200 T€
		Fremdkapital	150 T€
	500 T€		500 T€

Ermittlung der Bezüge nach § 7 UmwStG

	Eigenkapital lt. Bilanz	350 T€ (Nennkapital + KapitalRL + GewinnRL)
./.	Steuerliches Einlagekonto	150 T€ (Nennkapital + KapitalRL)
=	Bezüge i. S. d. § 7 UmwStG	200 T€ (Gewinnrücklagen)

Aufteilung der Bezüge auf die Gesellschafter

	Danny Ocean	**Rusty Ryan**	**W. Bank GmbH**
Anteil	50 %	0,5 %	49,5 %
Bezüge § 7 UmwStG	100 T€	1 T€	99 T€
	(50 % * 200 T€)	(0,5% * 200 T€)	(49,5 % * 200 T€)
Besteuerung von Kapitaleinkünften	Teileinkünfte-verfahren	Abgeltungs-steuer	Dividendenfrei-stellung zu 95 %
steuerpfl. Bezüge	60 T€	1 T€ (Steuersatz 25%)	4,95 T€

Anmerkung: Auch wenn Danny Ocean die Beteiligung im Privatvermögen halten würde, unterläge er der Besteuerung im Rahmen des Teileinkünfteverfahrens, da die Bezüge nach § 7 UmwStG aufgrund seiner Beteiligungshöhe von 1 % bzw. mehr als 1 % als Einkünfte aus Gewerbebetrieb zu behandeln sind. Somit scheidet die Anwendung der Abgeltungssteuer bei ihm aus.

Merke: Die **Gewinnrücklagen** der übertragenden Kapitalgesellschaft **sind** von deren Anteilseignern im Zuge der Verschmelzung auf eine Personengesellschaft **als Kapitaleinkünfte zu versteuern.**

Aufgrund der **Subsidiaritätsklausel** des § 20 Abs. 8 EStG erzielen die Anteilseigner bei den Kapitaleinkünften regelmäßig gewerbliche Einkünfte, die dem **Teileinkünfteverfahren** unterliegen.

Nur bei Anteilseignern, die Anteile von weniger als 1 % im Privatvermögen halten, findet im Rahmen von § 7 UmwStG eine Besteuerung durch die **Abgeltungssteuer** statt.

5.4.2.2 Ermittlung des Übernahmeergebnisses

Nachdem die Gewinnrücklagen der übertragenden Kapitalgesellschaft von deren Anteilseignern als Kapitaleinkünfte versteuert wurden, ist im nächsten Schritt das Übernahmeergebnis zu ermitteln.

Die übernehmende Personengesellschaft ist in ihrer steuerlichen Übernahmebilanz gem. § 4 Abs. 1 S. 1 UmwStG an die Werte aus der steuerlichen Schlussbilanz der Überträgerin gebunden. Hält die übernehmende Personengesellschaft Anteile an der übertragenden Kapitalgesellschaft, fallen diese mit Zugang der Wirtschaftsgüter weg.

Aktiva	Übernehmende PersGes		Passiva
Aktiva	450 T€	Eigenkapital	500 T€
⟵ Beteiligung	./. 250 T€	Fremdkapital	200 T€
⟶ Wirtschaftsgüter	+ **250 T€**		
	700 T€		700 T€

Die übernehmende Personengesellschaft wird um die übergehenden Wirtschaftsgüter (hier: 250 T€) reicher und um die wegfallende Beteiligung (hier: 250 T€) ärmer. Da übergehende Wirtschaftsgüter und wegfallende Beteiligung sich im Regelfall wertmäßig nicht entsprechen, entsteht ein Übernahmegewinn oder -verlust in Höhe der Differenz. Dieser Übernahmegewinn bzw. -verlust wird im Folgenden als **bilanzielles Übernahmeergebnis** bezeichnet und ist als Ertrag oder Aufwand zu erfassen.

Die steuerlichen Folgen werden im sog. **steuerlichen Übernahmeergebnis** gem. § 4 Abs. 4, 5 UmwStG ermittelt. Das steuerliche Übernahmeergebnis erfasst neben den bilanzwirksamen übergehenden Wirtschaftsgütern und der untergehenden Beteiligung noch weitere Positionen, die keinen bilanziellen Einfluss haben und deshalb außerhalb der Bilanz erfasst werden. Aufgrund dieser Positionen weicht i. d. R. das steuerliche Übernahmeergebnis vom bilanziellen ab.

	Wert, mit dem die Wirtschaftsgüter nach § 4 Abs. 1 UmwStG zu übernehmen sind
./.	Kosten des Vermögensübergangs
./.	Buchwert der Anteile an der übertragenden Körperschaft
+	Umbewertungen nach § 4 Abs. 4 S. 2 UmwStG
=	**Übernahmegewinn/ -verlust (1. Stufe)**
+	Sperrbetrag nach § 50c EStG a. F.
./.	Kapitalerträge nach § 7 UmwStG
=	**Übernahmegewinn/ -verlust (2. Stufe)**

Abbildung 67:   Ermittlung des steuerlichen Übernahmeergebnisses

Im Folgenden wird die Grundsystematik der steuerlichen Übernahmeergebnisrechnung zunächst unter Vernachlässigung der Umbewertungen gem. § 4 Abs. 4 S. 2 UmwStG erläutert. Der Sperrbetrag nach § 50c EStG a. F. wurde dabei in obiger Abbildung nur der Vollständigkeit halber aufgeführt. Die Regelung sollte die Einmalbesteuerung von Beteiligungserträgen bei einer Übertragung von Kapitalgesellschaftsanteilen, die innerhalb der letzten 10 Jahre vor Übertragung von einem Steuerinländer oder einem nicht i. S. d. § 17 EStG Beteiligten erworben wurden, sicherstellen und wurde durch das StSenkG im Jahre 2001 aufgehoben. Da die letzte Sperrfrist im VZ 2012 ausläuft und somit keine Sperrbeträge mehr existieren, hat die Vorschrift ihre Relevanz verloren. Daher wird im weiteren Verlauf des Lehrbuches auf eine genauere Darstellung der Regelung des § 50c EStG a. F. verzichtet.

Der **Wert, mit dem die Wirtschaftsgüter zu übernehmen** sind, ist:

	Wert der übernommenen Vermögensgegenstände der übertragenden KapGes
./.	Wert der übernommenen Schulden der übertragenden KapGes
=	Wert, mit dem die Wirtschaftsgüter nach § 4 Abs. 1 UmwStG zu übernehmen sind

Die Werte ergeben sich aus der steuerlichen Schlussbilanz der übertragenden Kapitalgesellschaft nach Anwendung des Bewertungswahlrechts des § 3 Abs. 2 UmwStG inklusive einer evtl. vorhandenen Körperschaftsteuerforderung bzw. -verbindlichkeit. Im Ergebnis handelt es sich dabei um das **Eigenkapital der übertragenden Kapitalgesellschaft**.

Kosten, die der übernehmenden Gesellschaft durch die Umwandlung entstehen, dürfen bei der Übernehmerin nicht als laufende Betriebsausgaben erfasst werden, sondern sind gem. § 4 Abs. 4 S. 1 UmwStG im Rahmen der Ermittlung des Übernahmeergebnisses zu berücksichtigen. Dies führt im Ergebnis dazu, dass wegen § 4 Abs. 6, 7 UmwStG i. d. R. eine volle bzw. teilweise Nichtabzugsfähigkeit der Kosten vorliegt.

Diese volle bzw. teilweise Nichtabzugsfähigkeit der Kosten resultiert daraus, dass Kosten einen Übernahmeverlust erhöhen bzw. einen Übernahmegewinn vermindern. Wenn ein Übernahmeverlust gem. § 4 Abs. 6 UmwStG vollständig außer Ansatz bleibt, werden daher die Kosten in diesem Falle ebenfalls nicht berücksichtigt. So ist gem. § 4 Abs. 6 S. 2 und

S. 3 UmwStG der Übernahmeverlust nur bis zur Höhe der Bezüge i. S. d. § 7 UmwStG, in allen übrigen Fällen in Höhe von 60% der Bezüge i. S. d. § 7 UmwStG gem. § 4 Abs. 6 S. 4 UmwStG, zu berücksichtigen, soweit die Anteile an einer übertragenden Gesellschaft die Voraussetzungen des § 8b Abs. 7 oder Abs. 8 S. 1 KStG erfüllen. Darüber hinaus bleibt gem. § 4 Abs. 6 S. 6 UmwStG ein Übernahmeverlust außer Ansatz, soweit bei Veräußerung der Anteile an der übertragenden Körperschaft ein Veräußerungsverlust nach § 17 Abs. 2 S. 6 EStG nicht zu berücksichtigen wäre oder soweit die Anteile an der übertragenden Körperschaft innerhalb der letzten fünf Jahre vor dem steuerlichen Übertragungsstichtag entgeltlich erworben wurden. Ein Übernahmegewinn ist gem. § 4 Abs. 7 UmwStG wie Veräußerungsgewinne zu behandeln, so dass eine Steuerfreiheit i. H. v. 40 % besteht, soweit der Übernahmegewinn auf eine natürliche Person entfällt bzw. eine Steuerfreiheit von 95 % bei einer Kapitalgesellschaft. Diese teilweise Steuerfreiheit bedingt eine 40 %ige bzw. 95 %ige Nichtabzugsfähigkeit der Kosten. Das Ergebnis ist eine volle bzw. teilweise Nichtabzugsfähigkeit der Kosten.

Der **Buchwert der untergehenden Anteile** ist der Wert, mit dem die Anteile nach den steuerrechtlichen Vorschriften über die Gewinnermittlung in einer auf den steuerlichen Übertragungsstichtag aufzustellenden Bilanz angesetzt sind bzw. anzusetzen wären (§ 1 Abs. 5 Nr. 4 UmwStG). Da es sich bei dem übernehmenden Rechtsträger um eine Personengesellschaft handelt, ist unter dem Begriff Steuerbilanz i. S. d. § 1 Abs. 5 Nr. 4 UmwStG nicht nur die Gesamthandsbilanz, sondern die Gesamthandsbilanz einschließlich der Sonder- und Ergänzungsbilanzen der Gesellschafter zu verstehen.

Die **Gewinnrücklagen** werden bei der Ermittlung des Übernahmeergebnisses 2. Stufe gem. § 4 Abs. 5 S. 2 UmwStG **subtrahiert**. Dies ist erforderlich, um eine **Doppelbesteuerung zu vermeiden**:

–   Die Gewinnrücklagen sind gem. § 7 UmwStG bereits im Vorfeld der Übernahmeergebnisermittlung als Kapitaleinkünfte zu versteuern.

–   Da die Gewinnrücklagen jedoch im übergehenden Vermögen enthalten sind, müssen sie zur Vermeidung einer Doppelbesteuerung bei der Ermittlung des Übernahmeergebnisses abgezogen werden.

Dadurch gehen die Gewinnrücklagen nicht in die Berechnung des Übernahmeergebnisses ein, so dass i. d. R. ein Übernahmeergebnis von Null oder ein Übernahmeverlust entstehen wird.

Gewinnrücklagen

Die Ellsworth „Bumpy" Johnson GmbH soll auf die bereits bestehende Frank Lucas OHG verschmolzen werden. Die Ellsworth „Bumpy" Johnson GmbH hat folgende steuerliche Schlussbilanz, in der sie gem. dem in § 3 UmwStG gewährten Wahlrecht die Buchwerte fortführt, aufgestellt:

Aktiva	Ellsworth „Bumpy" Johnson GmbH	Passiva
Aktiva	100 T€	Stammkapital	25 T€
		Gewinnrücklagen	75 T€
	100 T€		100 T€

Die Frank Lucas OHG ist alleinige Gründungsgesellschafterin der Ellsworth „Bumpy" Johnson GmbH, so dass der Buchwert der Anteile dem Stammkapital i. H. v. 25 T€ entspricht.

Im **1. Schritt** sind die Gewinnrücklagen i. H. v. 75 T€ gem. § 7 UmwStG den Kapitaleinkünften i. S. d. § 20 Abs. 1 Nr. 1 EStG zuzurechnen:

Kapitaleinkünfte	75 T€

Im **2. Schritt** ist das Übernahmeergebnis zu ermitteln:

	Übergehendes Vermögen (Eigenkapital der übertragenden KapGes)	100 T€
./.	Buchwert der Anteile an der übertragenden Körperschaft	./. 25 T€
=	Übernahmegewinn (1. Stufe)	75 T€

Der Übernahmegewinn 1. Stufe entspricht den Gewinnrücklagen. Würden nun die Bezüge i. S. d. § 7 UmwStG, die ebenfalls die Gewinnrücklagen darstellen, bei der Ermittlung des Übernahmeergebnisses 2. Stufe nicht subtrahiert werden, läge eine Doppelbesteuerung der Gewinnrücklagen vor. Die Gewinnrücklagen würden zum einen gem. § 7 UmwStG als Kapitaleinkünfte versteuert werden und zum anderen nochmals im Rahmen des Übernahmeergebnisses.

	Übernahmegewinn (1. Stufe)	75 T€
./.	Bezüge i. S. d. § 7 UmwStG	./. 75 T€
=	Übernahmegewinn (2. Stufe)	0 T€

Da bei der Ermittlung des Übernahmeergebnisses 2. Stufe die Gewinnrücklagen subtrahiert werden, ergibt sich ein Übernahmeergebnis von 0 €, das keine steuerlichen Folgen auslöst. Folglich werden die Gewinnrücklagen nur einmal besteuert.

Die folgende Grafik soll das Entstehen des Übernahmeergebnisses anhand der Bilanzen der übertragenden KapGes und der übernehmenden PersGes verdeutlichen:

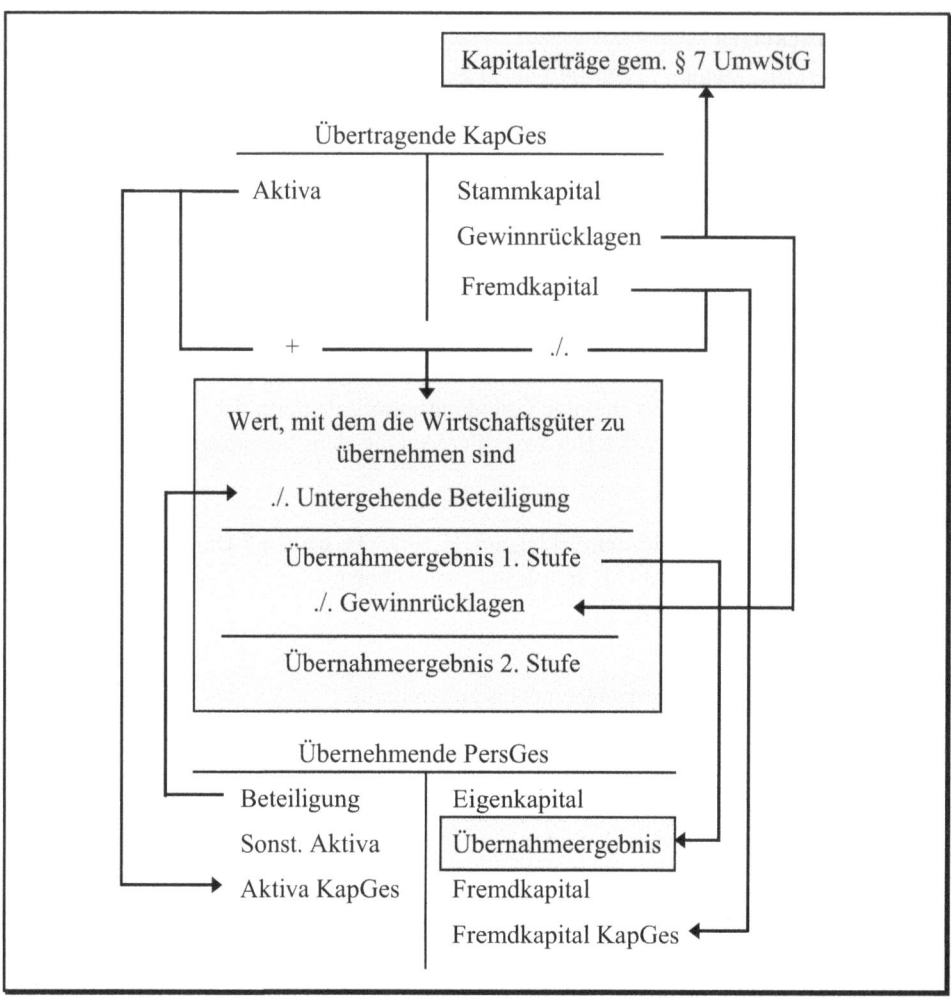

Abbildung 68: Berechnung des Übernahmeergebnisses

Das bilanzielle Übernahmeergebnis (= grundsätzlich steuerliches Übernahmeergebnis 1. Stufe) ergibt sich aus dem Verhältnis der untergehenden Beteiligung zum Eigenkapital der übertragenden Kapitalgesellschaft, dass den Saldo zwischen Aktiva und Fremdkapital darstellt. Die separate Erfassung der Gewinnrücklagen als Kapitaleinkünfte stellt einen rein steuerlichen Vorgang dar, der keinen Einfluss auf das bilanzielle Übernahmeergebnis hat. Demnach erfolgt die separate Erfassung der Gewinnrücklagen außerhalb der Bilanz.

Führt die übertragende Körperschaft die Buchwerte fort und vermeidet somit eine steuerpflichtige Aufdeckung der stillen Reserven, hängt das Übernahmeergebnis maßgeblich vom Buchwert der untergehenden Beteiligung an der übertragenden Kapitalgesellschaft und damit von den Anschaffungskosten dieser Anteile ab. Wird außerdem angenommen, dass die zu verschmelzende Kapitalgesellschaft nach ihrer Gründung sowohl stille Reserven gebildet als auch Gewinne erzielt und thesauriert hat, wird das Übernahmeergebnis entscheidend **vom Zeitpunkt des Erwerbs der Anteile** bestimmt:

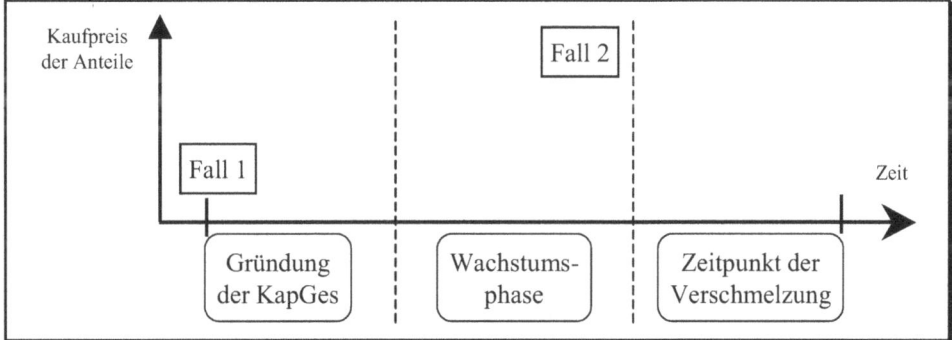

Abbildung 69:   Zeitpunkte des Erwerbs der Anteile an der KapGes

Fall 1:   Die Anschaffungskosten eines **Gründungsgesellschafters**, die die Obergrenze für den Buchwert der Anteile darstellen, beinhalten keine stillen Reserven bzw. Gewinnrücklagen, die die übertragende Kapitalgesellschaft im Zeitpunkt der Umwandlung besitzt, da die stillen Reserven und Gewinnrücklagen erst nach der Gründung der Gesellschaft gebildet worden sind. Die Anschaffungskosten entsprechen daher dem Stammkapital. Im Falle der Buchwertfortführung sind bei den Gründungsgesellschaftern die Werte, mit denen die Wirtschaftsgüter übernommen werden, folglich um die Gewinnrücklagen höher als die Anschaffungskosten. Der **Übernahmegewinn 1. Stufe** entspricht daher i. d. R. den Gewinnrücklagen der Kapitalgesellschaft. Da die Gewinnrücklagen allerdings separat versteuert werden müssen und folgerichtig bei der Ermittlung des Übernahmeergebnisses 2. Stufe herausgerechnet werden, ergibt sich ein **Übernahmeergebnis von Null**.

Fall 2:   Bei einem Erwerb der Kapitalgesellschaftsanteile nach der Gründung wird der Verkäufer der Anteile vom **Erwerber** einen Kaufpreis fordern, der dem Marktwert der Kapitalgesellschaft entspricht und daher auch stille Reserven der Kapitalgesellschaft enthält. Im Fall der Buchwertfortführung sind bei diesem Gesellschafter die Werte, mit denen die Wirtschaftsgüter übernommen werden, aufgrund der mitbezahlten stillen Reserven häufig niedriger als seine Anschaffungskosten. Daher entsteht in diesen Fällen meist ein **Übernahmeverlust**.

Ein **Übernahmegewinn** kann trotz separater Zuweisung der Gewinnrücklagen entstehen, wenn die **Beteiligung unter dem Nennwert des Stammkapitals erworben** wurde. Der Kaufpreis der Beteiligung ist hier entscheidend, da Teilwertabschreibungen auf die Beteiligung aufzuholen sind. Somit ist bei einer Beteiligung, die unter den Nennwert des Stammkapitals abgeschrieben wurde, aufgrund der Wertaufholung der Kaufpreis bzw. der gemeine Wert entscheidend, der i. d. R. über dem Nennwert des Stammkapitals liegt.

> **Merke:** Entscheidend für die Höhe des Übernahmeergebnisses ist das Verhältnis zwischen dem Wert der untergehenden Beteiligung und dem Stammkapital der übertragenden Kapitalgesellschaft:
>
> Ein **Übernahmegewinn** entsteht, wenn der **Wert der Beteiligung kleiner als** der **Nennwert des Stammkapitals** ist.
>
> Ein **Übernahmeverlust** entsteht, wenn der **Wert der Beteiligung größer** als der **Nennwert des Stammkapitals** ist.

Beispiel

Übernahmeergebnis

Die Winchester GmbH soll auf die bereits bestehende Dean & Sam OHG verschmolzen werden. Die Winchester GmbH hat folgende steuerliche Schlussbilanz, in der sie gem. dem in § 3 UmwStG gewährten Wahlrecht die Buchwerte fortführt, aufgestellt:

Aktiva	Winchester GmbH		Passiva
Aktiva	220 T€	Stammkapital	50 T€
		Gewinnrücklagen	70 T€
		Fremdkapital	100 T€
	220 T€		220 T€

In den Aktiva der Winchester GmbH sind stille Reserven i. H. v. 200 T€ enthalten. Der gemeine Wert der Aktiva beträgt daher 420 T€.

Im **1. Schritt** sind die Gewinnrücklagen der Winchester GmbH i. H. v. 70 T€ gem. § 7 UmwStG von deren Anteilseignern als Dividendenerträge zu versteuern. Das Übernahmeergebnis ergibt sich im **2. Schritt** wie folgt:

Fall 1: Die Dean & Sam OHG ist alleinige Gründungsgesellschafterin der Winchester GmbH. In diesem Fall entspricht der Buchwert ihrer Anteile dem bei Gründung der Winchester GmbH eingezahlten Stammkapital, d. h. 50 T€.

	Wert, mit dem die Wirtschaftsgüter nach § 4 Abs. 1 S. 1 UmwStG zu übernehmen sind (220 T€ ./. 100 T€)	120 T€
./.	Buchwert der Anteile an der übertragenden Körperschaft	./. 50 T€
=	Übernahmegewinn 1. Stufe	70 T€
./.	Bezüge i. S. d. § 7 UmwStG	./. 70 T€
=	Übernahmegewinn 2. Stufe	0 T€

Der **Übernahmegewinn 1. Stufe** entspricht den **Gewinnrücklagen** der übertragenden Kapitalgesellschaft. Da die Gewinnrücklagen bei der Ermittlung des **Übernahmeergebnis 2. Stufe** abgezogen werden, ergibt sich ein **Übernahmeergebnis von 0 €**.

Fall 2: Die Dean & Sam OHG erwirbt alle Anteile an der Winchester GmbH unmittelbar vor der Verschmelzung. Die Dean & Sam OHG kauft die Anteile zum Marktwert. Dieser beträgt 320 T€ (gemeiner Wert der Aktiva ./. Fremdkapital). In diesem Fall entspricht der Buchwert ihrer Anteile daher den Anschaffungskosten i. H. v. 320 T€.

	Wert, mit dem die Wirtschaftsgüter nach § 4 Abs. 1 UmwStG zu übernehmen sind (220 T€ ./. 100 T€)	120 T€
./.	Buchwert der Anteile an der übertragenden Körperschaft	./. 320 T€
=	Übernahmeverlust 1. Stufe	./. 200 T€
./.	Bezüge i. S. d. § 7 UmwStG	./. 70 T€
=	Übernahmeverlust 2. Stufe	./. 270 T€

Dadurch, dass in dem Wert des übernommenen Vermögens die Gewinnrücklagen enthalten sind und vom Wert der übernommenen Wirtschaftsgüter der Buchwert der Anteile, also folglich die Anschaffungskosten, abzuziehen sind, stellen die **stillen Reserven** den **Übernahmeverlust 1. Stufe** dar. Die Gewinnrücklagen gelten im Rahmen der Umwandlung als fiktiv ausgeschüttet und müssen gem. § 7 UmwStG als Kapitaleinkünfte versteuert werden. Aus diesem Grund sind sie bei der Ermittlung des Übernahmeergebnisses zu neutralisieren, was dazu führt, dass sich der **Übernahmeverlust 2. Stufe um die Gewinnrücklagen erhöht**. Obwohl hier ein Übernahmeverlust entsteht, müssten die Gewinnrücklagen grundsätzlich versteuert werden.

Folgende Gegenüberstellung verdeutlicht dies:

	Gründerfall	Erwerberfall
übergehendes Vermögen (entspricht ⇨)	Stammkapital + Gewinnrücklagen	Stammkapital + Gewinnrücklagen
./. Buchwert der Anteile (entspricht ⇨)	./. Stammkapital	./. (Stammkapital + Gewinnrücklagen + stille Reserven)
Übernahmeergebnis (1. Stufe) (entspricht ⇨)	**Gewinnrücklagen**	**./. stille Reserven**
in diesem Beispiel:	70 T€	./. 200 T€
./. Bezüge i. S. d. § 7 UmwStG	./. Gewinnrücklagen	./. Gewinnrücklagen
Übernahmeergebnis (2. Stufe) (entspricht ⇨)	**NULL**	**./. stille Reserven** **./. Gewinnrücklagen**
in diesem Beispiel	0 T€	./. 270 T€

Nochmals zur Verdeutlichung:

Würden die Gewinnrücklagen bei der Ermittlung des Übernahmeergebnisses nicht herausgerechnet, sähe die Übernahmeergebnisrechnung wie folgt aus:

	Gründerfall	Erwerberfall
übergehendes Vermögen	120 T€	120 T€
./. Buchwert der Anteile	./. 50 T€	./. 320 T€
Übernahmeergebnis	70 T€	./. 200 T€
entspricht	**Gewinnrücklagen**	**./. stille Reserven**

Im Gründerfall entstünde ein Übernahmegewinn in Höhe der Gewinnrücklagen, der nach § 4 Abs. 7 UmwStG zu versteuern wäre. Da die Gewinnrücklagen bereits gem. § 7 UmwStG vorab versteuert wurden, läge eine Doppelbesteuerung der Gewinnrücklagen vor. Um dies zu vermeiden, ist es unbedingt erforderlich, dass die Gewinnrücklagen bei der Ermittlung des Übernahmeergebnisses herausgerechnet werden.

5.4.2.2.1 Anschaffungs- und Einlagefiktion (§ 5 UmwStG)

Bei der bisherigen Ermittlung des Übernahmeergebnisses nach § 4 Abs. 4, 5 UmwStG wurde der Grundfall unterstellt, dass die übernehmende Gesellschaft am steuerlichen Übertragungsstichtag **sämtliche Anteile an der übertragenden Gesellschaft in ihrem Betriebsvermögen** hält.

Dieser Grundfall stellt in der Praxis jedoch eine Ausnahme dar. Aus diesem Grund ist die Anschaffungs- und Einlagefiktion des § 5 UmwStG als Ergänzung zur Ermittlung des Übernahmeergebnisses zu verstehen.

§ 5 UmwStG ist systematisch erforderlich, um auch in den Fällen, in denen die übernehmende Personengesellschaft am steuerlichen Übertragungsstichtag nicht alle Anteile an der übertragenden Kapitalgesellschaft hält, den vom Gesetzgeber unterstellten Grundfall herbeizuführen.

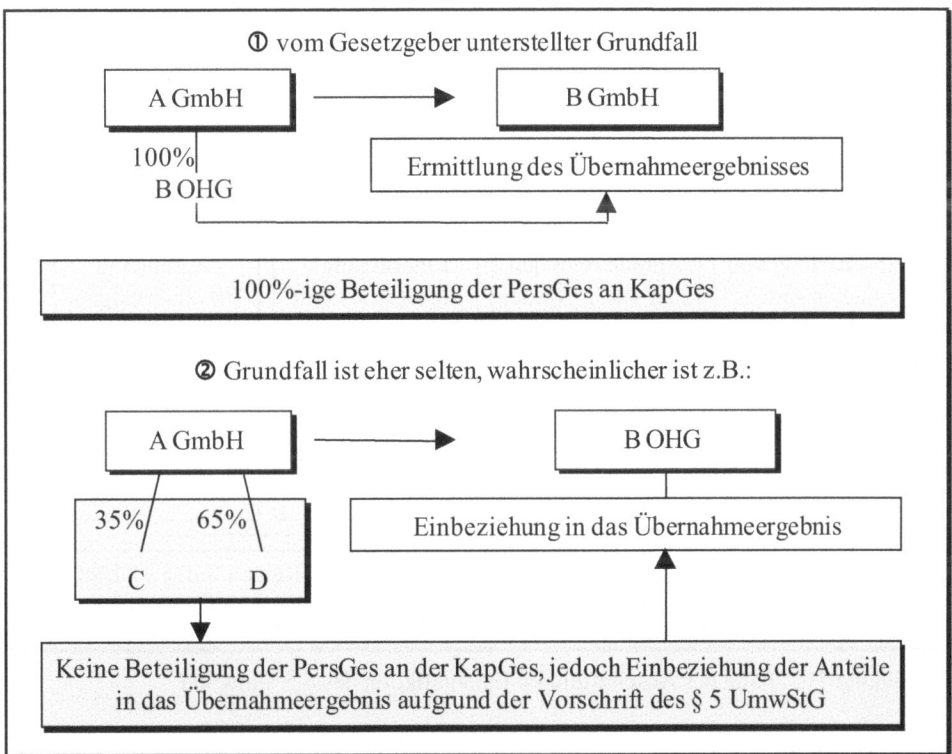

Abbildung 70:   Zweck des § 5 UmwStG

> **Merke:** Immer dann, wenn die übernehmende PersGes am steuerlichen Übertragungs-
> stichtag nicht zu 100 % an der übertragenden KapGes beteiligt ist, sind die An-
> schaffungs- bzw. Einlagefiktionen des § 5 UmwStG zu prüfen.

Sind die Voraussetzungen des § 5 UmwStG erfüllt, gelten die Anteile als zum steuerlichen
Übertragungsstichtag in das Betriebsvermögen der übernehmenden Personengesellschaft
eingelegt bzw. als von der übernehmenden Personengesellschaft angeschafft und nehmen
an der Ermittlung des Übernahmeergebnisses nach § 4 Abs. 4, 5 UmwStG teil.

Folgende Abbildung zeigt die Anwendungsfälle von § 5 UmwStG:

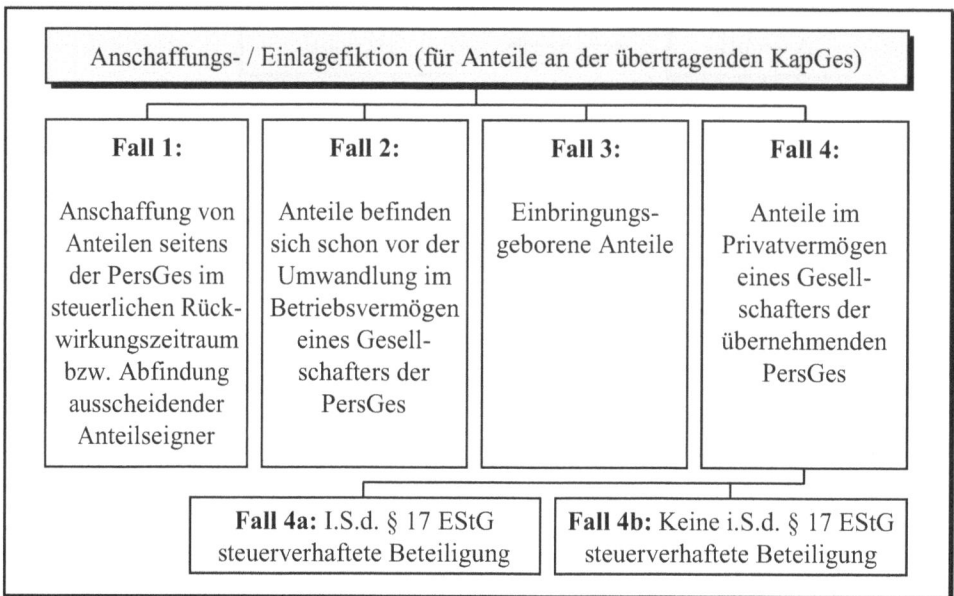

Abbildung 71:   Fälle der Anschaffungs-/ Einlagefiktion des § 5 UmwStG

Grundsätzlich muss jeder Anteilseigner die ihm zurechenbaren Gewinnrücklagen gem. § 7 UmwStG versteuern. Darüber hinaus nehmen die in den Fällen 1 - 4a genannten Anteile an der Ermittlung des Übernahmeergebnisses teil. Anteile, die nicht i. S. d. § 17 EStG steuerverhaftet sind (Fall 4b), also eine Beteiligung im Privatvermögen von unter einem Prozent darstellen, werden hingegen nur im Rahmen des § 7 UmwStG besteuert und beim Übernahmeergebnis nicht berücksichtigt. Dies ist darauf zurückzuführen, dass diese Gesellschafter eine nicht wesentliche Beteiligung halten und bei Veräußerung ihrer Anteile bis zum 31.12.2008 keinen Veräußerungsgewinn versteuern mussten bzw. keinen Veräußerungsverlust steuerlich geltend machen konnten. Ab dem 01.01.2009 werden durch § 20 Abs. 2 S. 1 Nr. 1 EStG aber sämtliche Veräußerungsgewinne von Kapitalgesellschaftsanteilen besteuert und damit auch die Anteile, die keine Beteiligung i. S. d. § 17 EStG darstellen. Es wäre daher konsequent gewesen, auch für diese Anteile ein Übernahmeergebnis zu ermitteln. Da jedoch bisher kein entsprechender Verweis vorliegt, ist ein Übernahmeergebnis nach derzeitiger Rechtslage nur für die Fälle 1 - 4a zu ermitteln. Dies entspricht nicht der Gesetzessystematik und ist als Versehen des Gesetzgebers zu werten.

Merke: Nach derzeitiger Rechtslage ist für **Minderheitsgesellschafter**, die ihre Anteile im **Privatvermögen** halten und deren Beteiligung **weniger als 1 %** beträgt, (entgegen der Gesetzessystematik) **kein Übernahmeergebnis** zu ermitteln.

Im Ergebnis nehmen sämtliche Gesellschafter an der Übernahmeergebnisermittlung teil, die im Veräußerungsfall der Anteile **nach altem Recht** einen Veräußerungsgewinn versteuern mussten.

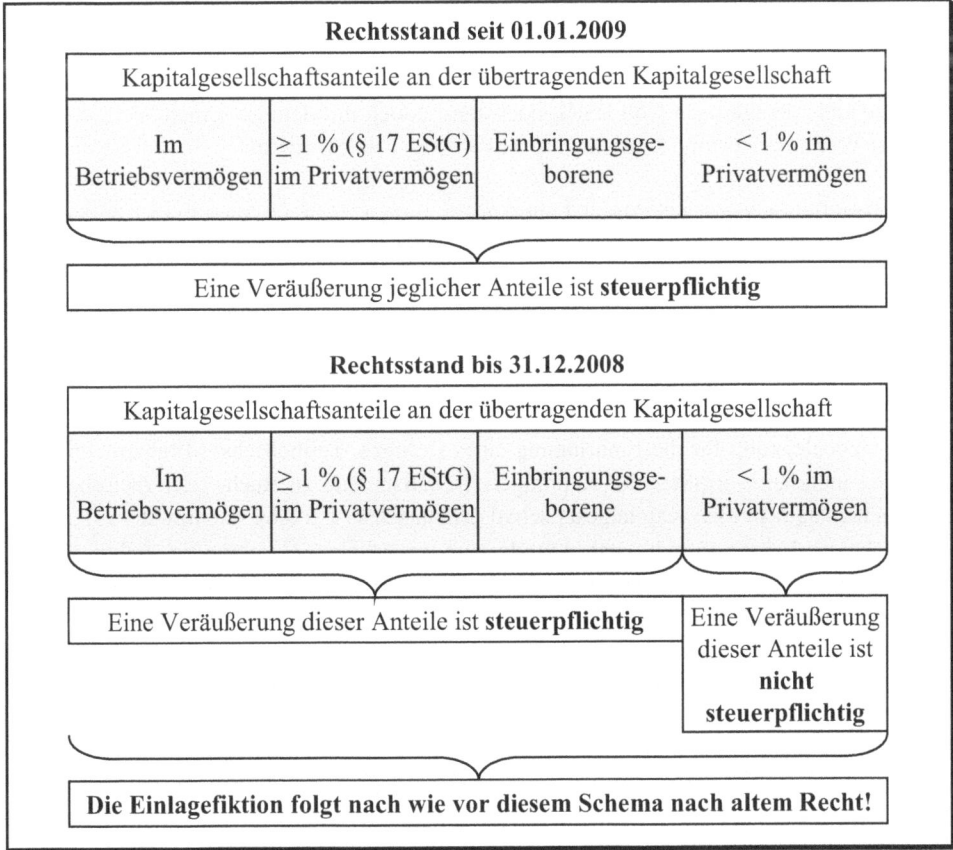

Abbildung 72:   Grund für die unterschiedliche Behandlung bei der Einlagefiktion

Fall 1 (§ 5 Abs. 1 UmwStG):   **Anschaffung von Anteilen nach dem steuerlichen Übertragungsstichtag durch die übernehmende Personengesellschaft bzw. Abfindung ausscheidender Anteilseigner.**

Nach dem steuerlichen Übertragungsstichtag angeschaffte Anteile gelten als **zum steuerlichen Übertragungsstichtag angeschafft**. Dies gilt auch für Anteile abgefundener und ausscheidender Anteilseigner. Der für die Ermittlung des Übernahmeergebnisses nach § 4 Abs. 4, 5 UmwStG maßgebliche Buchwert der Anteile ergibt sich aus den **Anschaffungskosten** (bei Kauf der Anteile) bzw. der **Abfindungssumme** (bei ausscheidenden Anteilseignern).

Fall 2 (§ 5 Abs. 3 UmwStG): **Anteile befinden sich in einem anderen inländischen oder ausländischen Betriebsvermögen eines Anteilseigners.**

Diese Anteile gelten am steuerlichen Übertragungsstichtag **zum Buchwert** in das Betriebsvermögen der übernehmenden Personengesellschaft **überführt**.

Dabei sind die Anteile mit dem Buchwert, erhöht um steuerwirksame Abschreibungen der Vorjahre und Abzüge nach § 6b EStG, höchstens jedoch mit dem gemeinen Wert, anzusetzen. Der Wertansatz erfolgt somit analog zu § 4 Abs. 1 S. 2 UmwStG.

Die Einlagefiktion gem. § 5 Abs. 3 UmwStG ist immer anzuwenden, wenn das deutsche UmwStG zur Anwendung kommt. Dabei ist es unerheblich, ob sich die Anteile in einem in- oder ausländischen Betriebsvermögen befinden bzw. ob ein deutsches Besteuerungsrecht am Übernahmegewinn besteht.

Fall 3 (§ 5 Abs. 4 UmwStG a. F.): **Einbringungsgeborene Anteile**
Einbringungsgeborene Anteile i. S. d. § 21 UmwStG a. F. sind Anteile, die ein Anteilseigner als Gegenleistung für die Einbringung eines Betriebs, Teilbetriebs, Mitunternehmeranteils oder mehrheitsvermittelnder Kapitalgesellschaftsanteile zu Buch- oder Zwischenwerten (Sacheinlage) in eine Kapitalgesellschaft erhalten hat. § 5 Abs. 4 UmwStG a. F., nach dem bisher **einbringungsgeborene Anteile** zum steuerlichen Übertragungsstichtag in das Betriebsvermögen der übernehmenden Personengesellschaft eingelegt galten, ist aufgrund des Konzeptwechsels bei den §§ 20 ff. UmwStG entfallen. Allerdings gibt es weiterhin einbringungsgeborene Anteile, die bereits vor dem Systemwechsel entstanden sind. In diesen Fällen ist § 5 Abs. 4 UmwStG a. F. weiterhin anzuwenden.

Der Wert der einbringungsgeborenen Anteile ermittelt sich nach § 5 Abs. 2 UmwStG n. F., wenn die Anteile im Privatvermögen gehalten werden bzw. § 5 Abs. 3 UmwStG n. F., wenn sich die Anteile im Betriebsvermögen befinden.

Die Nachfolge der einbringungsgeborenen Anteile stellen die sog. **einlagequalifizierten Anteile** gem. § 17 Abs. 6 EStG dar. Demnach liegen auch Anteile i. S. d. § 17 EStG vor, wenn die Beteiligung in den letzten 5 Jahren zwar kleiner als 1 % war, der Anteilseigner diese jedoch aufgrund eines Einbringungsvorgangs erworben hat. Auf Anteile i. S. d. § 17 EStG ist die Einlagefiktion des § 5 Abs. 2 UmwStG (Fall 4a) anzuwenden.

Fall 4a (§ 5 Abs. 2 UmwStG): Steuerverhaftete Beteiligung i. S. d. § 17 EStG.
Im Privatvermögen gehaltene steuerverhaftete Beteiligungen i. S. d. § 17 EStG gelten als **mit den Anschaffungskosten** zum steuerlichen Übertragungsstichtag in das Betriebsvermögen der übernehmenden Personengesellschaft **eingelegt**. Dabei ist es grundsätzlich unerheblich, ob es sich um einen im Inland unbeschränkt oder beschränkt steuerpflichtigen Anteilseigner handelt.

Nach der Verwaltungsauffassung ist diese Einlagefiktion jedoch nur anzuwenden, wenn die Veräußerung der Kapitalgesellschaftsanteile zu einer Besteuerung i. S. d. § 17 EStG oder § 17 i. V. m. § 49 Abs. 1 Nr. 2 Bst. e EStG führen würde.[34] Demnach muss ein deutsches Besteuerungsrecht an den Veräußerungsgewinnen der Kapitalgesellschaftsanteile bestehen, damit die Einlagefiktion zur Anwendung kommt. Dies ist zweifelsohne bei einem im Inland unbeschränkt steuerpflichtigen Anteilseigner der Fall. Unterliegt der Anteilseigner hingegen einer beschränkten Steuerpflicht im Inland, so ist das DBA mit dem Ansässigkeitsstaat ausschlaggebend. Gem. Art. 13 Abs. 5 OECD-MA sind Veräußerungsgewinne aus sonstigem Vermögen im Ansässigkeitsstaat zu versteuern.

Somit ist § 5 Abs. 2 UmwStG für beschränkt steuerpflichtige Gesellschafter nur anzuwenden, wenn diese in einem Nicht-DBA-Staat ansässig sind oder das DBA entgegen Art. 13 Abs. 5 OECD-MA Deutschland das Besteuerungsrecht am Veräußerungsgewinn zuweist.

Fall 4b (§ 4 Abs. 4 S. 3 UmwStG): **Keine steuerverhaftete Beteiligung i. S. d. § 17 EStG.**
Im Privatvermögen gehaltene nicht i. S. d. § 17 EStG steuerverhaftete Beteiligungen **gelten nicht als eingelegt** und nehmen daher auch nicht am Übernahmeergebnis teil (§ 4 Abs. 4 S. 3 UmwStG). Sie werden **nur gem. § 7 UmwStG besteuert**.

Wie bereits dargestellt, müssten nach der Gesetzessystematik auch diese Anteile an der Ermittlung des Übernahmeergebnisses teilnehmen, weil ab VZ 2009 die Veräußerung der Anteile gem. § 20 Abs. 2 EStG steuerpflichtig ist.

Merke: In die Ermittlung des Übernahmeergebnisses sind gem. § 5 UmwStG **sämtliche Anteile einzubeziehen**, sofern es sich dabei **nicht um eine im Privatvermögen gehaltene Beteiligung von weniger als 1 % handelt**.

Kleinstbeteiligungen (unter 1%) im Privatvermögen werden somit nicht in die Berechnung des Übernahmeergebnisses miteinbezogen.

---

[34] Vgl. BMF v. 25.3.1998, BStBl. I 1998, S. 268.

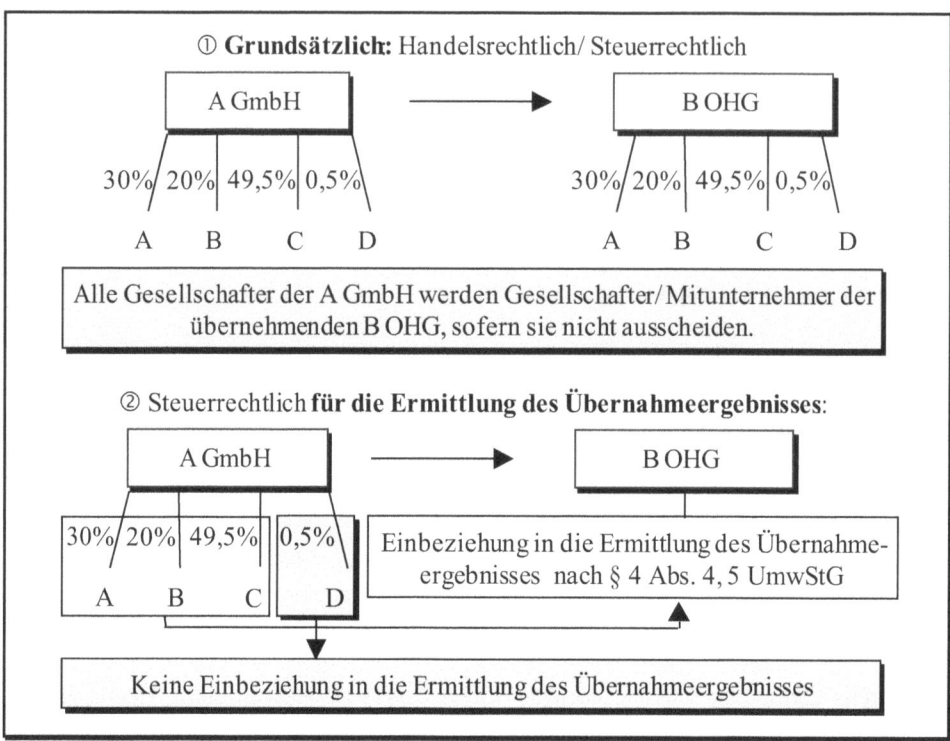

Abbildung 73:   Einbeziehung von Anteilen in die Ermittlung des Übernahmeergebnisses

Zum Verständnis: Der Gesetzgeber geht davon aus, dass zeitlich zuerst die Anteile ins Betriebsvermögen eingelegt werden bzw. als eingelegt gelten und dann die Zuweisung der Bezüge nach § 7 UmwStG erfolgt.

Somit erzielen alle Anteilseigner, die an der Übernahmeermittlung teilnehmen, im Rahmen der Besteuerung nach § 7 UmwStG gewerbliche Einkünfte, die dem Teileinkünfteverfahren, bzw. bei Kapitalgesellschaften als Anteilseigner der Regelung des § 8b KStG, unterliegen.

5.4.2.2.2   Ermittlung des Übernahmeergebnisses unter Berücksichtigung der Einlagefiktion

Die nach § 5 UmwStG als eingelegt bzw. angeschafft geltenden Anteile nehmen an der Ermittlung des Übernahmeergebnisses nach § 4 Abs. 4, 5 UmwStG teil:

	Wert, mit dem die Wirtschaftsgüter nach § 4 Abs. 1 UmwStG zu übernehmen sind
./.	Kosten des Vermögensübergangs
./.	Buchwert der Anteile an der übertragenden Körperschaft **einschließlich der nach § 5 UmwStG zum steuerlichen Übertragungsstichtag als eingelegt bzw. angeschafft geltenden Anteile**
+	Umbewertungen nach § 4 Abs. 4 S. 2 UmwStG
=	Übernahmegewinn/ -verlust (1.Stufe)
./.	Bezüge i. S. d. § 7 UmwStG
=	Übernahmegewinn/ -verlust (2.Stufe)

Das **Übernahmeergebnis ist gesellschafterbezogen zu ermitteln**.

Dies liegt daran, dass die Gesellschafter die Beteiligung **zu unterschiedlichen Anschaffungskosten** erworben haben und vor der Umwandlung in die Personengesellschaft **eingelegt** haben könnten. Die unterschiedlichen Anschaffungskosten schlagen sich in diesem Falle in Ergänzungsbilanzen nieder.

Möglich wäre auch, dass die Gesellschafter die Anteile zu **unterschiedlichen Anschaffungskosten** gekauft haben und **aufgrund der Anschaffungs- bzw. Einlagefiktion von § 5 UmwStG** Anteile an der übertragenden Kapitalgesellschaft als zum steuerlichen Übertragungsstichtag in das Betriebsvermögen der übernehmenden Personengesellschaft eingelegt bzw. überführt gelten.

Auf eine gesellschafterbezogene Ermittlung des Übernahmeergebnisses kann daher nur dann verzichtet werden, wenn die Anschaffungskosten der Anteile für alle Gesellschafter gleich hoch waren (Tz. 04.19 UmwStE). Dis ist aber in der Praxis selten und in Klausuraufgaben noch seltener der Fall.

Merke:	Das Übernahmeergebnis muss nicht für alle Gesellschafter gleich hoch sein: Während **ein Gesellschafter einen Übernahmeverlust** erzielt, kann es bei einem **anderen Gesellschafter zu einem Übernahmegewinn** kommen.
Begründung:	Die Anschaffungskosten der Anteile können unterschiedlich hoch sein.

Beispiel

Anschaffungs-/ Einlagefiktion

Die Wiesenkamp GmbH soll zum 01.01.2020 (handelsrechtlicher Umwandlungsstichtag) auf die bereits bestehende Maurerhülse OHG verschmolzen werden. Steuerlicher Übertragungsstichtag ist daher der 31.12.2019. Die Wiesenkamp GmbH hat folgende steuerliche Schlussbilanz, in der sie gem. dem in § 3 Abs. 2 UmwStG gewährten Wahlrecht die Buchwerte fortführt, aufgestellt:

Aktiva	Wiesenkamp GmbH		Passiva
Aktiva	200 T€	Stammkapital	50 T€
		Gewinnrücklagen	50 T€
		Fremdkapital	100 T€
	200 T€		200 T€

In den Aktiva der Wiesenkamp GmbH sind stille Reserven i. H. v. 200 T€ enthalten. Der gemeine Wert der Aktiva beträgt daher 400 T€. Die Anteile an der Wiesenkamp GmbH werden von den vier Gesellschaftern der Maurerhülse OHG gehalten.

Gesell-schafter	Beteiligung	Einlagefiktion	Teilnahme am Übernahme-ergebnis?
Horst	49,5 % der Anteile, seit 10 Jahren im PV mit AK = 24.750 €	Einlage mit AK (§ 5 Abs. 2 UmwStG)	✓
Marek GmbH	40 % der Anteile in einem anderen BV mit BW = 20 T€	Überführung zum BW (§ 5 Abs. 3 UmwStG)	✓
Kalle	einbringungsgeborene Anteile i. H. v. 10 % der Anteile im PV mit AK = 30 T€	Einlage mit AK (§ 27 Abs. 3 Nr. 1 UmwStG i. V. m. § 5 Abs. 4 UmwStG a. F.)	✓
Philipp	0,5 % der Anteile im PV mit AK = 250 €	**Keine Einlagefiktion**, Besteuerung nur nach § 7 UmwStG	(-)

Am steuerlichen Übertragungsstichtag ist die übernehmende Maurerhülse OHG aufgrund der Einlagefiktion folglich zu 99,5 % an der Wiesenkamp GmbH beteiligt. Der restliche Anteil i. H. v. 0,5 % bleibt bei der Ermittlung des Übernahmeergebnisses außer Ansatz (§ 4 Abs. 4 S. 3 UmwStG). Philipp hat nur die Gewinnrücklagen der Wiesenkamp GmbH gem. § 7 UmwStG zu versteuern.

Im 1. Schritt sind die Gewinnrücklagen gem. § 7 UmwStG als Kapitaleinkünfte i. S. d. § 20 Abs. 1 Nr. 1 EStG zu versteuern:

Gesellschafter	Horst	Marek GmbH	Kalle	Philipp
Bezüge i. S. d. § 7 UmwStG	24.750 € (49,5 % * 50 T€)	20.000 € (40 % * 50 T€)	5.000 € (10 % * 50 T€)	250 € (0,5 % * 50 T€)

Im **2. Schritt** ist das Übernahmeergebnis für die Anteile zu ermitteln, die an der Übernahmeergebnisermittlung teilnehmen.

Der Wert, mit dem die Wirtschaftsgüter der Wiesenkamp GmbH nach § 4 Abs. 1 UmwStG zu übernehmen sind, beträgt 100 T€ (Aktiva ./. Fremdkapital). Das Übernahmeergebnis ist aufgrund der unterschiedlichen Anschaffungskosten gesellschafterbezogen zu ermitteln und beträgt:

	Gesellschafter	Horst	Marek GmbH	Kalle
	Übergehendes Vermögen	49.500 € (49,5 % * 100 T€)	40.000 € (40 % * 100 T€)	10.000 € (10 % * 100 T€)
./.	Buchwert bzw. Anschaffungskosten	./. 24.750 €	./. 20.000 €	./. 30.000 €
=	Übernahmeergebnis 1. Stufe	24.750 €	20.000 €	./. 20.000 €
./.	Bezüge i. S. d. § 7 UmwStG	./. 24.750 €	./. 20.000 €	./. 5.000 €
=	Übernahmeergebnis 2. Stufe	**0 €**	**0 €**	**./. 25.000 €**

5.4.2.2.3   Umbewertungen nach § 4 Abs. 4 S. 2 UmwStG

Im Schema zur Ermittlung des Übernahmeergebnisses 1. Stufe wurden bisher die sog. Umbewertungen nach § 4 Abs. 4 S. 2 UmwStG vernachlässigt, die nun im Folgenden erläutert werden.

	Wert, mit dem die Wirtschaftsgüter nach § 4 Abs. 1 UmwStG zu übernehmen sind
./.	Kosten des Vermögensübergangs
./.	Buchwert der Anteile an der übertragenden Körperschaft
+	**Umbewertungen nach § 4 Abs. 4 S. 2 UmwStG**
=	Übernahmegewinn/ -verlust (1. Stufe)
./.	Kapitalerträge nach § 7 UmwStG
=	Übernahmegewinn/ -verlust (2. Stufe)

> **§ 4 Abs. 4 S. 2 UmwStG:**
> Für die Ermittlung des Übernahmegewinns oder Übernahmeverlusts sind abweichend von Satz 1 die übergehenden Wirtschaftsgüter der übertragenden Körperschaft mit dem Wert nach § 3 Abs. 1 anzusetzen, soweit an ihnen kein Recht der Bundesrepublik Deutschland zur Besteuerung des Gewinns aus einer Veräußerung bestand.

Diese Vorschrift kommt insbesondere zum Tragen, wenn eine **inländische Kapitalgesellschaft**, die eine **ausländische Betriebsstätte in einem DBA-Staat mit Freistellungsmethode** besitzt, auf eine Personengesellschaft verschmolzen wird. Aufgrund des DBA besteht an den Wirtschaftsgütern der ausländischen Betriebsstätte kein deutsches Besteuerungsrecht. Somit kann in der Übertragungsbilanz bezüglich des Betriebsstättenvermögens das Bewertungswahlrecht gem. § 3 Abs. 2 UmwStG genutzt werden.

Nach § 4 Abs. 4 S. 2 UmwStG ist dieses Betriebsstättenvermögen jedoch für Zwecke der Übernahmeergebnisermittlung mit dem gemeinen Wert anzusetzen. Dieser Vorgang erfolgt außerhalb der Bilanz und hat somit keinen Einfluss auf den bilanziellen Wertansatz der Wirtschaftsgüter. Der Übernahmegewinn erhöht sich bzw. der Übernahmeverlust verringert sich um die Differenz zwischen gemeinem Wert und Buchwert des Betriebsstättenvermögens. Dadurch werden auf Ebene der übernehmenden Gesellschaft die in den ausländischen Wirtschaftsgütern enthaltenen stillen Reserven der deutschen Besteuerung unterworfen.

Mit dieser Regelung hat der deutsche Gesetzgeber eine Besteuerungslücke geschlossen. Veräußern die in Deutschland ansässigen Anteilseigner der übertragenden Kapitalgesellschaft ihre Beteiligung vor der Verschmelzung, so wirken sich die stillen Reserven der ausländischen Betriebsstätte im Veräußerungsgewinn aus, da der Erwerber diese im Kaufpreis mitvergütet. Ein Gewinn aus der Veräußerung von Anteilen an Kapitalgesellschaften fällt unter Art. 13 Abs. 5 OECD-MA, der dem Wohnsitzstaat des Anteilseigners das Besteuerungsrecht am Veräußerungsgewinn zuspricht, in diesem Falle Deutschland. Somit erhält Deutschland ein **indirektes Besteuerungsrecht an den stillen Reserven der ausländischen Betriebsstätte.**

Beispiel

Besteuerung eines Veräußerungsgewinns

Die deutsche Kaiser Franz GmbH unterhält im Ausland eine Betriebsstätte. Mit dem Betriebsstättenstaat hat Deutschland ein DBA nach der Freistellungsmethode geschlossen. Die Aktiva der Kaiser Franz GmbH betragen 100 T€ (gemeiner Wert 350 T€), die vollständig auf die ausländische Betriebsstätte entfallen. Somit sind in der ausländischen Betriebsstätte stille Reserven i. H. v. 250 T€ enthalten.

Aktiva	Kaiser Franz GmbH		Passiva
Betriebsstätte	100 T€	Stammkapital	100 T€
(gemeiner Wert	*350 T€)*		
	100 T€		100 T€

Sämtliche Kapitalgesellschaftsanteile werden von den in Deutschland ansässigen Gründungsgesellschaftern gehalten. Die Anschaffungskosten der Gesellschafter entsprechen somit dem Stammkapital i. H. v. 100 T€.

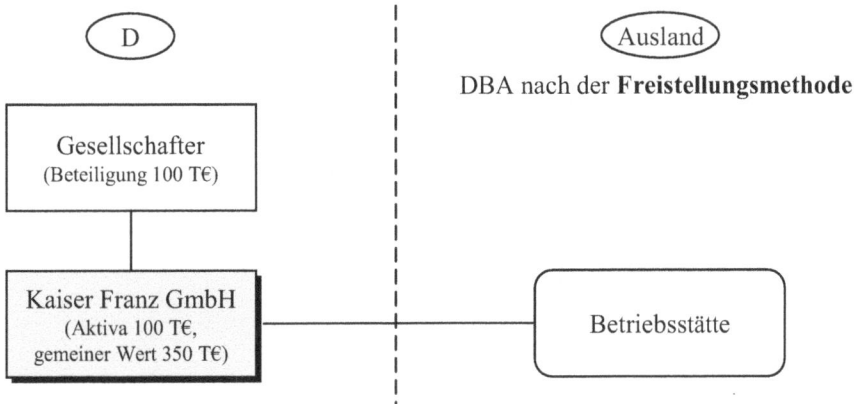

Veräußern die Gesellschafter ihre Kapitalgesellschaftsanteile zum gemeinen Wert von 350 T€, realisieren sie einen Veräußerungsgewinn i. H. v. 250 T€, der auf die stillen Reserven der Betriebsstätte zurückzuführen ist. Da die Gesellschafter in Deutschland ansässig sind, müssen sie gem. Art. 13 Abs. 5 OECD-MA den Veräußerungsgewinn in Deutschland versteuern, wodurch Deutschland ein **indirektes Besteuerungsrecht** an den stillen Reserven der ausländischen Betriebsstätte erhält.

Erfolgt vor der Veräußerung jedoch eine Verschmelzung der Kapitalgesellschaft auf eine Personengesellschaft, verliert Deutschland das indirekte Besteuerungsrecht an den stillen Reserven der ausländischen Betriebsstätte. Dies ist darauf zurückzuführen, dass nach der Verschmelzung keine Kapitalgesellschaftsanteile mehr vorliegen, an denen Deutschland gem. Art. 13 Abs. 5 OECD-MA ein Besteuerungsrecht hat. Stattdessen liegt eine Beteiligung an einer transparent besteuerten Personengesellschaft vor. Werden nun Anteile an der neu entstandenen Personengesellschaft veräußert, entspricht dies einer anteiligen Veräußerung der Wirtschaftsgüter. Da die Wirtschaftsgüter bei Vereinbarung der Freistellungsme-thode zur Gänze der ausländischen Betriebsstätte zuzurechnen sind, greift das Betriebsstät-tenprinzip, welches das Besteuerungsrecht gem. Art. 13 Abs. 2 i. V. m. Art. 7 OECD-MA ausschließlich dem Betriebsstättenstaat zuweist. Somit verliert Deutschland durch die Ver-schmelzung das indirekte Besteuerungsrecht an den stillen Reserven der Betriebsstätte.

Beispiel

Fortsetzung des Beispiels
Die deutsche Kaiser Franz GmbH wird nun auf die Lissi OHG verschmolzen. Auf-grund der Buchwertfortführung entsprechen die Aktiva der Lissi OHG nach der Ver-schmelzung denen der Kaiser Franz GmbH. Die Aktiva entfallen zur Gänze auf die Betriebsstätte.

Aktiva	Lissi OHG		Passiva
Betriebsstätte	100 T€	Gesellschafter 1	50 T€
(gemeiner Wert	*350 T€)*	Gesellschafter 2	50 T€
	100 T€		100 T€

Nach der Verschmelzung veräußern die Gesellschafter die Lissi OHG zum gemeinen Wert von 350 T€.

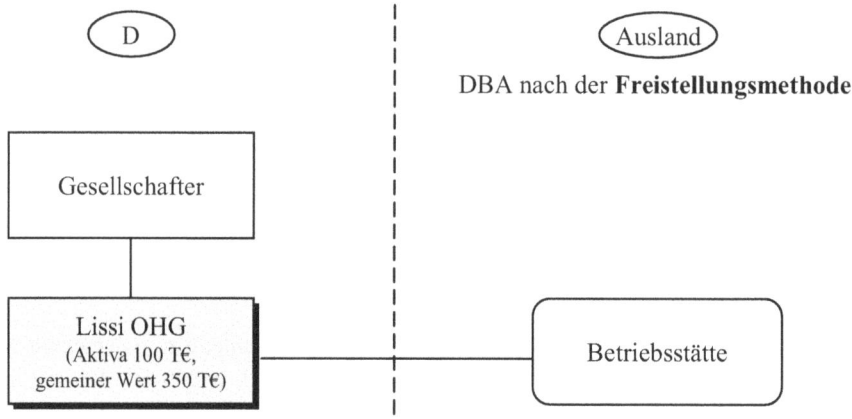

Nochmals zur Verdeutlichung:
Da nun keine Kapitalgesellschaftsanteile mehr vorliegen, findet Art. 13 Abs. 5 OECD-MA keine Anwendung mehr. Die Veräußerung der Personengesellschaftsanteile ent-spricht einer Einzelveräußerung der Wirtschaftsgüter. Da diese vollständig der auslän-dischen Betriebsstätte zuzurechnen sind, greift bzgl. der Besteuerung des Veräuße-rungsgewinns das Betriebsstättenprinzip. Dadurch ist der Veräußerungsgewinn i. H. v. 250 T€ gem. Art. 13 Abs. 2 i. V. m. Art. 7 OECD-MA im Betriebsstättenstaat zu ver-steuern. Im Ergebnis **verliert Deutschland** durch die Umwandlung das über die An-teile an der Kapitalgesellschaft bestehende **indirekte Besteuerungsrecht** an den stil-len Reserven der ausländischen Betriebsstätte.

Der Verlust dieses indirekten Besteuerungsrechts durch die Verschmelzung auf eine Personengesellschaft soll durch § 4 Abs. 4 S. 2 UmwStG verhindert werden. Demnach müssen
bei einer Verschmelzung die Wirtschaftsgüter der ausländischen Betriebsstätte im Rahmen
der Übernahmeergebnisermittlung mit dem gemeinen Wert angesetzt werden, so dass die
darin enthaltenen stillen Reserven als Übernahmegewinn in Deutschland zu versteuern sind.

Beispiel

Fortsetzung des Beispiels

Bei der Verschmelzung der Kaiser Franz GmbH auf die Lissi OHG sind die Voraussetzungen des § 4 Abs. 4 S. 2 UmwStG erfüllt. Demnach sind in der Übernahmeergebnisermittlung die Wirtschaftsgüter der ausländischen Betriebsstätte zum gemeinen
Wert anzusetzen, so dass sich folgende Umbewertung ergibt:

	Ansatz Betriebsstätte zum gemeinen Wert	350 T€
./.	Buchwert der Betriebsstätte	./.100 T€
=	Umbewertungen nach § 4 Abs. 4 S. 2 UmwStG	250 T€

Wird diese Umbewertung im Übernahmeergebnis berücksichtigt, stellt sich die Übernahmeergebnisermittlung wie folgt dar:

	Wert mit dem die Wirtschaftsgüter zu übernehmen sind (Aktiva ./. Fremdkapital)	100 T€
./.	Buchwert der Anteile an der übertragenden KapGes	./. 100 T€
+	Umbewertungen nach § 4 Abs. 4 S. 2 UmwStG	+ 250 T€
=	Übernahmeergebnis 1. Stufe	250 T€
./.	Bezüge i. S. d. § 7 UmwStG	./. 0 T€
=	**Übernahmeergebnis 2. Stufe**	**250 T€**

Das Übernahmeergebnis entspricht den stillen Reserven der ausländischen Betriebsstätte und ist gem. § 4 Abs. 7 UmwStG zu versteuern. Somit werden die stillen Reserven der ausländischen Betriebsstätte im Zuge der Verschmelzung in Deutschland
versteuert.

Diese Regelung ist grundsätzlich nur für im Inland unbeschränkt steuerpflichtige Gesellschafter von Bedeutung. Zwar müssen auch beschränkt steuerpflichtige Gesellschafter § 4
Abs. 4 S. 2 UmwStG anwenden; da ein eventuelles Übernahmeergebnis gem. Art. 13
Abs. 5 OECD-MA jedoch nicht in Deutschland zu versteuern ist, hat diese Regelung für
beschränkt steuerpflichtige Gesellschafter keine steuerlichen Auswirkungen, sofern diese in
einem DBA-Staat ansässig sind.

> **Merke:** Im Ausland belegene Wirtschaftsgüter, die vor der Verschmelzung nicht der deutschen Besteuerung unterliegen, müssen im Rahmen der Übernahmeergebnisermittlung gem. § 4 Abs. 4 S. 2 UmwStG mit dem gemeinen Wert angesetzt werden.
> Die wichtigsten Fälle sind dabei:
> > ➢ im Ausland belegene Betriebsstätten sowie
> > ➢ im Ausland belegene Grundstücke.

Beispiel

Umbewertung nach § 4 Abs. 4 S. 2 UmwStG

Die deutsche Wiesenkamp GmbH soll zum 01.01.2020 (handelsrechtlicher Umwandlungsstichtag) auf die bereits bestehende deutsche Maurerhülse OHG verschmolzen werden. Die Wiesenkamp GmbH besitzt eine holländische Betriebsstätte. Aufgrund eines DBA mit Freistellungsmethode darf das Betriebsstättenvermögen in der Übertragungsbilanz zum Buchwert angesetzt werden. Das übrige Vermögen wird ebenfalls zum Buchwert angesetzt, so dass sich folgende Übertragungsbilanz ergibt:

Aktiva		Wiesenkamp GmbH		Passiva
	Buchwert	*gem. Wert*		
Aktiva	300 T€	500 T€	Stammkapital	50 T€
Betriebsstätte	200 T€	350 T€	Gewinnrücklagen	200 T€
			Fremdkapital	250 T€
	500 T€			500 T€

Die Maurerhülse OHG ist alleinige Gründungsgesellschafterin der Wiesenkamp GmbH hält somit 100 % der Anteile. Da die Maurerhülse OHG Gründungsgesellschafterin ist, entspricht der Wert der Beteiligung dem Stammkapital i. H. v. 50 T€.

Im **1. Schritt** sind die Gewinnrücklagen i. H. v. 200 T€ gem. § 7 UmwStG als Dividendenerträge zu versteuern.

Im **2. Schritt** erfolgt die Ermittlung des Übernahmeergebnisses. Dabei ist zu beachten, dass das Betriebsstättenvermögen die Voraussetzungen des § 4 Abs. 4 S. 2 UmwStG erfüllt, so dass dieses zum gemeinen Wert angesetzt werden muss:

	Ansatz Betriebsstätte zum gemeinen Wert	350 T€
./.	Buchwert der Betriebsstätte	./. 200 T€
=	Umbewertungen nach § 4 Abs. 4 S. 2 UmwStG	150 T€

Das Übernahmeergebnis der Maurerhülse OHG wird wie folgt ermittelt:

	Wert mit dem die Wirtschaftsgüter zu übernehmen sind (Aktiva ./. Fremdkapital)	250 T€
./.	Buchwert der Anteile an der übertragenden KapGes	./. 50 T€
+	Umbewertungen nach § 4 Abs. 4 S. 2 UmwStG	+ 150 T€
=	Übernahmeergebnis 1. Stufe	350 T€
./.	Bezüge i. S. d. § 7 UmwStG	./. 200 T€
=	**Übernahmeergebnis 2. Stufe**	**150 T€**

Aufgrund der Umbewertungen nach § 4 Abs. 4 S. 2 UmwStG ergibt sich ein Übernahmegewinn 2. Stufe in Höhe der Umbewertung.

5.4.2.3 Besteuerung des Übernahmeergebnisses

Die Besteuerung des Übernahmeergebnisses wird in § 4 Abs. 6 UmwStG (Übernahmeverlust) und § 4 Abs. 7 UmwStG (Übernahmegewinn) geregelt. Dem Aufbau des Gesetzes folgend wird zuerst die Behandlung eines Übernahmeverlusts, der aus der Anwendung der § 4 Abs. 4, 5 UmwStG resultiert, dargestellt.

§ 4 Abs. 6 UmwStG:	Kurzerläuterung
[1]Ein Übernahmeverlust bleibt außer Ansatz, soweit er auf eine Körperschaft, Personenvereinigung oder Vermögensmasse als Mitunternehmerin der Personengesellschaft entfällt.	→ Nichtberücksichtigung eines Übernahmeverlustes bei Kapitalgesellschaften
[2]Satz 1 gilt nicht für Anteile an der übertragenden Gesellschaft, die die Voraussetzungen des § 8b Abs. 7 oder Abs. 8 Satz 1 Körperschaftsteuergesetzes erfüllen. [3]In den Fällen des Satzes 2 ist der Übernahmeverlust bis zur Höhe der Bezüge im Sinne des § 7 zu berücksichtigen.	→ Nur für finanzverwaltende Körperschaften anzuwenden, daher für dieses Lehrbuch irrelevant
[4]In den übrigen Fällen ist er in Höhe von 60 Prozent, höchstens in Höhe von 60 Prozent der Bezüge im Sinne des § 7 zu berücksichtigen; ein danach verbleibender Übernahmeverlust bleibt außer Ansatz.	→ 60%ige Berücksichtigung eines Übernahmeverlustes, maximal 60 % der Gewinnrücklagen, bei natürlichen Personen
[5]Satz 4 gilt nicht für Anteile an der übertragenden Gesellschaft, die die Voraussetzungen des § 3 Nr. 40 Satz 3 und 4 des Einkommensteuergesetzes erfüllen, in diesen Fällen gilt Satz 3 entsprechend."	→ Nur für finanzverwaltende Körperschaften anzuwenden, daher für dieses Lehrbuch irrelevant

[6]Ein Übernahmeverlust bleibt abweichend von den Sätzen 2 bis 5 außer Ansatz, soweit bei Veräußerung der Anteile an der übertragenden Körperschaft ein Veräußerungsverlust nach § 17 Abs. 2 Satz 6 des Einkommensteuergesetzes nicht zu berücksichtigen wäre oder soweit die Anteile an der übertragenden Körperschaft innerhalb der letzen fünf Jahre vor dem steuerlichen Übertragungsstichtag entgeltlich erworben wurden.	→ Missbrauchsvorschrift: Übernahmeverlust bleibt zur Gänze außer Ansatz

Übernahmeverluste sind daher grundsätzlich in voller Höhe nicht abzugsfähig. Da jedoch durch die separate Besteuerung der Gewinnrücklagen im Rahmen des § 7 UmwStG und die daraus resultierende Verringerung des Übernahmeergebnisses (§ 4 Abs. 5 S. 2 UmwStG) ein künstlicher Übernahmeverlust erzeugt wird, muss dies bei der Besteuerung des Übernahmeverlustes berücksichtigt werden. Aus diesem Grund enthält § 4 Abs. 6 UmwStG einige Ausnahmen zum Grundsatz der Nichtabzugsfähigkeit eines Übernahmeverlustes.

Entfällt ein Übernahmeverlust auf eine **Kapitalgesellschaft**, so bleibt dieser grundsätzlich außer Ansatz (§ 4 Abs. 6 S. 1 UmwStG). Dieses Vorgehen ist systematisch korrekt, da die Übernahmeergebnisbesteuerung eine Sonderform der Dividenden-, Liquidations- bzw. Veräußerungsbesteuerung darstellt, die gem. § 8b KStG grundsätzlich außer Ansatz bleiben.

Eine Ausnahme zu dieser Nichtabzugsfähigkeit ist in den Sätzen 2, 3 und 5 geregelt. Diese Ausnahmeregelung gilt allerdings nur für Kredit- und Finanzdienstleistungsinstitute sowie Lebens- und Krankenversicherungsunternehmen und wird daher nicht näher behandelt.

Merke: Entfällt ein Übernahmeverlust auf eine Kapitalgesellschaft, bleibt dieser grundsätzlich außer Ansatz.

Entfällt ein Übernahmeverlust auf eine **natürliche Person,** ist dieser gem. § 4 Abs. 6 S. 4 UmwStG grundsätzlich zu 60 % zu berücksichtigen, höchstens jedoch i. H. v. 60 % der Bezüge nach § 7 UmwStG. Durch dieses Vorgehen kann der durch die separate Versteuerung der Gewinnrücklagen künstlich geschaffene Übernahmeverlust geltend gemacht werden. Da die steuerpflichtigen Einkünfte i. S. d. § 7 UmwStG für alle Anteilseigner, für die ein Übernahmeergebnis ermittelt wird, unter das Teileinkünfteverfahren gem. § 3 Nr. 40 EStG fallen, so dass nur 60 % der Besteuerung unterliegen, ist der sechzigprozentige Ansatz des Übernahmeverlustes konsequent. Ein die sechzigprozentigen Bezüge i. S. d. § 7 UmwStG übersteigender Übernahmeverlust bleibt außer Ansatz. Im Ergebnis entsteht somit durch die separate Versteuerung der Gewinnrücklagen keine zusätzliche Steuerbelastung.

Behandlung eines Übernahmeverlustes

Die Rosenheim GmbH wird zum 01.01.2020 auf das Einzelunternehmen Korbinian Hofer e.K. verschmolzen (Anm.: Die diesbezüglichen Vorschriften für Personengesellschaften gelten entsprechend auch für Einzelunternehmen). Die Anteile der Rosenheim GmbH hat Korbinian Hofer für 300 T€ erworben und hält sie seitdem im Privatvermögen. Die Rosenheim GmbH führt in ihrer Übertragungsbilanz die Buchwerte fort:

Aktiva	Rosenheim GmbH		Passiva
Aktiva	100 T€	Stammkapital	25 T€
(gemeiner Wert	*300 T€)*	Gewinnrücklagen	75 T€
	100 T€		100 T€

Im **1. Schritt** sind die Gewinnrücklagen der Rosenheim GmbH gem. § 7 UmwStG Korbinian Hofers Kapitaleinkünften zuzurechnen. Hierbei ist nochmals zu betonen, dass diese Bezüge i. S. d. § 7 UmwStG aufgrund der Subsidiaritätsklausel des § 20 Abs. 8 EStG als gewerbliche Einkünfte umqualifiziert werden und somit nicht der Abgeltungsteuer, sondern dem Teileinkünfteverfahren unterworfen werden.

	Bezüge i. S. d. § 7 UmwStG	75.000 €
./.	Davon 40 % steuerfrei gem. § 3 Nr. 40 EStG	30.000 €
=	**Steuerpflichtige Einkünfte**	**45.000 €**

Da die Beteiligung die Voraussetzung des § 17 EStG erfüllt, müssen die Anteile gem. § 5 Abs. 2 UmwStG an der Ermittlung des Übernahmeergebnisses teilnehmen. Folglich ist im **2. Schritt** das Übernahmeergebnis für Korbinian Hofer zu ermitteln:

	Wert mit dem die Wirtschaftsgüter zu übernehmen sind	100.000 €
./.	Anschaffungskosten der Anteile an der übertragenden KapGes	./. 300.000 €
=	Übernahmeergebnis 1. Stufe	./. 200.000 €
./.	Bezüge i. S. d. § 7 UmwStG	./. 75.000 €
=	**Übernahmeergebnis 2. Stufe**	**./. 275.000 €**

Der Übernahmeverlust 2. Stufe erhöht sich aufgrund der separaten Versteuerung der Gewinnrücklagen der Kapitalgesellschaft gem. § 7 UmwStG um 75 T€. Somit schafft das UmwStG künstlich einen zusätzlichen Übernahmeverlust. Würde dieser Übernahmeverlust außer Ansatz bleiben, müsste Korbinian Hofer die Gewinnrücklagen trotz des Verlustes versteuern.

Da gem. § 4 Abs. 6 S. 4 UmwStG jedoch 60 % des Übernahmeverlustes 2. Stufe, maximal 60 % der Bezüge i. S. d. § 7 UmwStG, berücksichtigt werden, ergibt sich folgendes zu versteuerndes Einkommen für Korbinian Hofer:

	Steuerpflichtige Einkünfte gem. § 7 UmwStG	45.000 €
./.	60 % des Übernahmeverlustes, max. 60 % der Bezüge i. S. d. § 7 UmwStG	./. 45.000 €
=	**Zu versteuerndes Einkommen**	**0 €**

Aufgrund der teilweisen Anrechnung des Übernahmeverlustes beträgt Korbinian Hofers zu versteuerndes Einkommen 0 €. Somit wird aufgrund des § 4 Abs. 6 S. 4 UmwStG erreicht, dass zwar kein Übernahmeverlust geltend gemacht werden kann, aber wenigstens die Gewinnrücklagen nach § 7 UmwStG nicht versteuert werden müssen. Der verbleibende Übernahmeverlust i. H. v. 200.000 € bleibt unberücksichtigt und verfällt ungenutzt.

Merke: Die Berücksichtigung des Übernahmeverlustes entspricht der Erfassung der Gewinnrücklagen nach § 7 UmwStG nach dem Teileinkünfteverfahren:

Für Anteilseigner, die Anteile ≥ 1 % im Privatvermögen oder die Anteile im Betriebsvermögen halten, wird ein Übernahmeergebnis ermittelt; gleichzeitig erzielen diese Anteilseigner bei der Besteuerung der Bezüge nach § 7 UmwStG immer gewerbliche Einkünfte, die dem Teileinkünfteverfahren unterliegen.

Für Anteilseigner, die Anteile von < 1 % im Privatvermögen halten, findet die Abgeltungsteuer Anwendung; für diese Anteilseigner wird aber auch kein Übernahmeergebnis ermittelt.

Es kann sich allerdings doch eine Steuerbelastung ergeben, wenn die **Missbrauchsvorschrift** des § 4 Abs. 6 S. 6 UmwStG einschlägig ist.

---

§ 4 Abs. 6 S. 6 UmwStG

Ein Übernahmeverlust bleibt abweichend von den Sätzen 2 bis 5 außer Ansatz, soweit bei Veräußerung der Anteile an der übertragenden Körperschaft ein Veräußerungsverlust nach § 17 Abs. 2 S. 6 EStG nicht zu berücksichtigen wäre oder soweit die Anteile an der übertragenden Körperschaft innerhalb der letzten fünf Jahre vor dem steuerlichen Übertragungsstichtag entgeltlich erworben wurden.

Demnach bleibt gem. § 4 Abs. 6 S. 1 Hs. 1 UmwStG ein Übernahmeverlust außer Ansatz, soweit bei einer Veräußerung der Anteile ein Veräußerungsverlust nach § 17 Abs. 2 S. 6 EStG nicht zu berücksichtigen wäre. Durch diese Regelung sind nur Anteile, die im Privatvermögen gehalten werden, betroffen. § 17 Abs. 2 S. 6 EStG besagt, dass ein Veräußerungsverlust von durch § 17 EStG erfassten Anteilen nicht zu berücksichtigen ist, wenn:

- ein Steuerpflichtiger die Anteile innerhalb der letzten 5 Jahre unentgeltlich erworben hat. Dies gilt nicht, sofern der Rechtsvorgänger einen Veräußerungsverlust hätte geltend machen können (§ 17 Abs. 2 S. 6 Bst. a EStG).
- die Anteile zwar entgeltlich erworben wurden, aber nicht innerhalb der gesamten letzten 5 Jahre zu einer Beteiligung i. S. d. § 17 EStG gehört haben. Dies gilt allerdings dann nicht, wenn der Erwerb innerhalb der letzten 5 Jahre zu einer Begründung oder Aufstockung einer Beteiligung i. S. d. § 17 EStG geführt hat (§ 17 Abs. 2 S. 6 Bst. b EStG).

Diese Regelung hat für die betroffenen Anteilseigner zur Folge, dass sie nach § 7 UmwStG besteuert werden, jedoch ein eventueller Übernahmeverlust außer Ansatz bleibt. Somit werden im Ergebnis die Anschaffungskosten nicht berücksichtigt. Der Gesetzgeber will dadurch verhindern, dass private Streubesitzanteile kurzfristig zu einer wesentlichen Beteiligung gem. § 17 EStG zusammengeführt werden, um so die Anschaffungskosten steuerwirksam geltend machen zu können.

Darüber hinaus kann gem. § 4 Abs. 6 S. 6 Hs. 2 UmwStG ein Übernahmeverlust nicht geltend gemacht werden, wenn die Anteile innerhalb der letzten 5 Jahre entgeltlich erworben wurden. Dabei ist es unerheblich, ob die Anteile im Privat- oder Betriebsvermögen gehalten werden. Dies führt dazu, dass die betroffenen Anteilseigner die Gewinnrücklagen gem. § 7 UmwStG versteuern müssen, jedoch ein Übernahmeverlust zur Gänze unberücksichtigt bleibt. Der Gesetzgeber begründet dieses Vorgehen damit, dass Missbräuche verhindert werden sollen. Dies ist jedoch nicht nachvollziehbar, da diese Vorschrift auch dann eingreift, wenn der Vorbesitzer der Anteile durch deren Veräußerung steuerpflichtige Einnahmen erzielt hat. Im Ergebnis bewirkt diese Regelung eine einseitige Besteuerung der Gewinnrücklagen und führt letztendlich zu einer fünfjährigen Umwandlungssperre.

Beispiel	**Missbrauchsregelung zur Behandlung eines Übernahmeverlustes** Wenn im obigen Beispiel Korbinian Hofer die Anteile an der Rosenheim GmbH innerhalb der letzten 5 Jahre erworben hat, greift die Missbrauchsregelung des § 4 Abs. 6 S. 5 Hs. 2 UmwStG. Somit würde sich folgendes zu versteuerndes Einkommen für Korbinian Hofer ergeben:	

	Steuerpflichtige Einkünfte aus § 7 UmwStG	45.000 €
./.	Keine Anrechnung eines Übernahmeverlustes	0 €
=	**Zu versteuerndes Einkommen**	**45.000 €**

Da Korbinian Hofer durch die Missbrauchsregelung des § 4 Abs. 6 S. 5 Hs. 2 UmwStG keinen Übernahmeverlust geltend machen darf, muss er die Gewinnrücklagen zu 60 % versteuern, so dass sich ein zu versteuerndes Einkommen i. H. v. 45.000 € ergibt. Der Übernahmeverlust und somit die Anschaffungskosten bleiben vollständig unberücksichtigt.

Merke: Entfällt ein Übernahmeverlust auf eine natürliche Person so kann dieser nur zu 60 %, höchstens jedoch i. H. v. 60 % der Bezüge nach § 7 UmwStG, berücksichtigt werden. Greift jedoch die Missbrauchsregelung des § 4 Abs. 6 S. 5 UmwStG, bleibt ein Übernahmeverlust zur Gänze außer Ansatz.

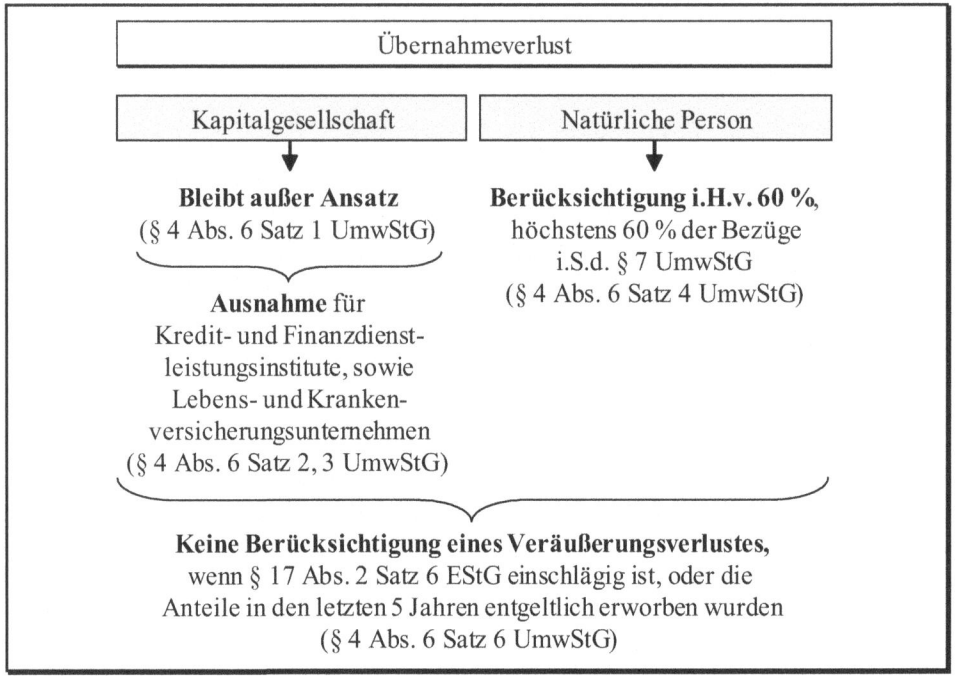

Abbildung 74:   Steuerliche Behandlung eines Übernahmeverlustes

Wird der Übernahmeverlust einem in Deutschland **beschränkt steuerpflichtigen Mitunternehmer** zugewiesen, so kann dieser nur in Deutschland steuerlich geltend gemacht werden, wenn der Mitunternehmer in einem Nicht-DBA-Staat ansässig ist. Dies liegt daran, dass im DBA-Fall das Übernahmeergebnis unter Art. 13 Abs. 5 OECD-MA fällt, so dass dem Ansässigkeitsstaat des Mitunternehmers das Besteuerungsrecht am Übernahmeergebnis zugewiesen wird.

Ein **Problem**, dass durch die **Nichtberücksichtigung des Übernahmeverlustes** entstehen kann, ist die unter Umständen 1,6-fache Besteuerung der stillen Reserven des übergehenden Vermögens. Wird unterstellt, dass die im Rahmen des Kaufpreises der Anteile vergüteten stillen Reserven, d. h. die in den Kapitalgesellschaftsanteilen enthaltenen stillen Reserven, mit den stillen Reserven im übergehenden Vermögen der Kapitalgesellschaft identisch sind, so ist es möglich, dass die im übergehenden Vermögen enthaltenen stillen Reserven 1,6-fach besteuert werden.[35]

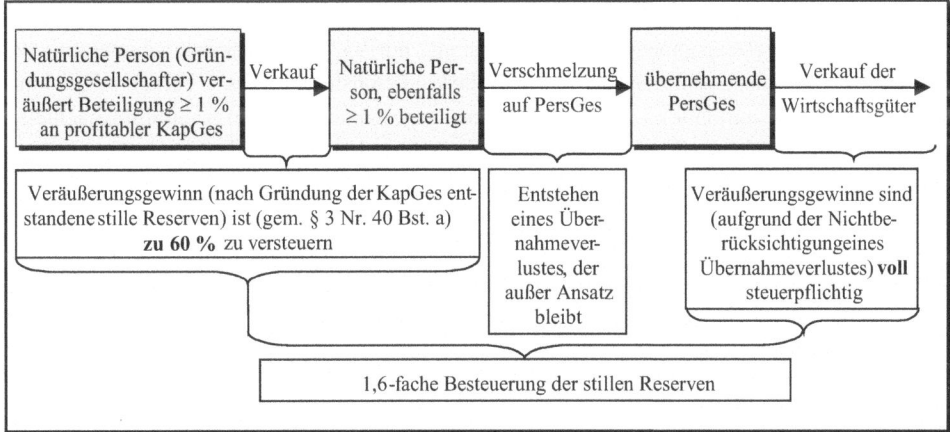

Abbildung 75:   1,6-fache Besteuerung der stillen Reserven aufgrund der Nichtberücksichtigung eines Übernahmeverlusts

Zu einer 1,6-fachen Besteuerung der stillen Reserven kommt es allerdings dann nicht, wenn die Veräußerung der Kapitalgesellschaftsanteile beim Verkäufer steuerfrei ist, z. B. bei einer Kapitalgesellschaft als Veräußerer (aufgrund der Vorschriften des § 8b Abs. 2 KStG). In diesem Fall ist die Nichtberücksichtigung eines Übernahmeverlusts logische Folge der Nichtberücksichtigung von Veräußerungsverlusten nach § 8b Abs. 2 KStG.[36]

Die Entstehung eines **Übernahmegewinns** wird, wie bereits erläutert, eine Ausnahme darstellen. Dies ist darauf zurückzuführen, dass die Gewinnrücklagen gem. § 7 UmwStG separat und nicht mehr im Rahmen des Übernahmeergebnisses versteuert werden. Ein Übernahmegewinn kann im Regelfall nur noch entstehen, wenn

- die Anteile unter dem Nennwert des Stammkapitals erworben wurden, oder
- eine Umbewertung i. S. d. § 4 Abs. 4 S. 2 UmwStG vorliegt.

Merke: Da die Gewinnrücklagen bereits über § 7 UmwStG als Kapitaleinkünfte versteuert werden, wird das Übernahmeergebnis regelmäßig Null oder negativ sein.

---

[35] Vgl. Stegner, A./ Heinz, C., Übernahmeverlust bei der Umwandlung einer Kapitalgesellschaft in ein Personenunternehmen, GmbHR 2001, S. 59; Förster, G./ van Lishaut, I., Steuerliche Folgen der Umwandlung einer Kapitalgesellschaft in ein Personenunternehmen nach dem neuen Umwandlungssteuerrecht, FR 2000, S. 1194.

[36] Vgl. Hey, J., Umwandlungssteuergesetz nach der Unternehmenssteuerreform, GmbHR 2001, S. 996.

Ist an der übernehmenden Gesellschaft eine **Kapitalgesellschaft** beteiligt, so erfolgt die Besteuerung eines Übernahmegewinns gem. § 8b KStG (§ 4 Abs. 7 S. 1 UmwStG). Dies bedeutet, dass ein Übernahmegewinn wie Dividenden, Liquidations- bzw. Veräußerungsgewinne zu behandeln ist. Diese sind grundsätzlich steuerfrei, jedoch gelten 5 % als nichtabzugsfähige Betriebsausgabe, so dass im Ergebnis nur 95 % des Übernahmegewinns von der Besteuerung ausgenommen sind. Durch diese Gleichstellung des Übernahmegewinns mit Dividenden, Liquidations- bzw. Veräußerungsgewinnen können Liquiditätsnachteile entstehen, da im Rahmen der Verschmelzung kein Mittelzufluss erfolgt, jedoch eine Steuerbelastung vorliegt.[37]

Entfällt der Übernahmegewinn auf eine **natürliche Person**, so ist gem. § 4 Abs. 7 S. 2 UmwStG das Teileinkünfteverfahren gem. § 3 Nr. 40 EStG anzuwenden. Demnach ist auch in diesem Fall ein Übernahmegewinn wie Dividenden bzw. Veräußerungsgewinne zu behandeln. Im Ergebnis sind 40 % des Übernahmegewinns steuerfrei.

> **Merke:** Ein Übernahmegewinn ist wie Dividenden bzw. Gewinne aus Veräußerungen von Kapitalgesellschaftsanteilen zu behandeln. Dies bedeutet, dass im Fall der Beteiligung einer Kapitalgesellschaft § 8b KStG anzuwenden ist und im Fall der Beteiligung einer natürlichen Person das Teileinkünfteverfahren gem. § 3 Nr. 40 EStG.

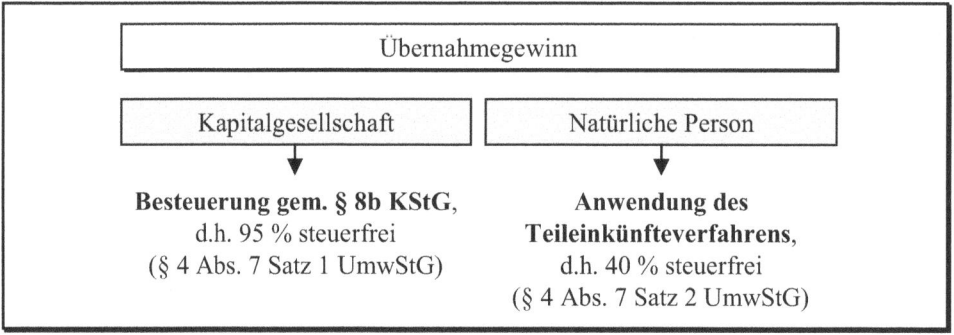

Abbildung 76:   Steuerliche Behandlung des Übernahmegewinns

Entfällt der Übernahmegewinn auf einen in Deutschland **beschränkt steuerpflichtigen Gesellschafter**, so hat Deutschland daran nur ein Besteuerungsrecht, wenn der Gesellschafter in einem Nicht-DBA-Staat ansässig ist. Besteht mit dem Ansässigkeitsstaat ein DBA, so weist Art. 13 Abs. 5 OECD-MA dem Ansässigkeitsstaat des Gesellschafters das Besteuerungsrecht an dem Übernahmegewinn zu.

---

[37]   Vgl. Schaflitzl, A./ Widmeyer G., Die Besteuerung von Umwandlungen nach dem Regierungsentwurf des SEStEG, BB Special 2006, S. 44.

Beispiel

Fortführung des Beispiels zur Anschaffungs- und Einlagefiktion

Das Übernahmeergebnis der Gesellschafter wird wie folgt behandelt:

Gesellschafter	Horst	Marek GmbH	Kalle
Übernahmeergebnis	0 €	0 €	./. 25.000 €
Einfluss auf das z.v.E.	**keinen**	**keinen**	60 % der Bezüge nach § 7 UmwStG: 60 % v. 5.000 € = **./. 3.000 €**

Horst und die Marek GmbH haben ein Übernahmeergebnis von 0 €, das keinen Einfluss auf das zu versteuernde Einkommen hat.

Kalle hat beim Erwerb der Anteile die stillen Reserven mitvergütet. Dies kann steuerlich nicht geltend gemacht werden, da der Übernahmeverlust insoweit grundsätzlich außer Ansatz bleibt. Kalle kann nur gem. § 4 Abs. 6 S. 4 UmwStG den durch § 7 i. V. m. § 4 Abs. 5 S. 2 UmwStG künstlich geschaffenen Übernahmeverlust zu 60 % geltend machen. Dadurch wird die Steuerbelastung, die durch die Besteuerung der Gewinnrücklagen gem. § 7 UmwStG entstanden ist, neutralisiert.

Ein Übernahmegewinn oder Übernahmeverlust ist gem. § 18 Abs. 2 S. 1 UmwStG **gewerbesteuerlich nicht zu erfassen**.

Hierbei ist jedoch die Missbrauchsvorschrift des § 18 Abs. 3 UmwStG zu beachten. Diese besagt, dass ein Gewinn aus der Veräußerung oder Aufgabe eines Teilbetriebs oder Betriebs der Personengesellschaft bzw. eines Anteils an der Personengesellschaft innerhalb von 5 Jahren nach dem steuerlichen Übertragungsstichtag der Gewerbesteuer unterliegt. Der darauf beruhende Teil des Gewerbesteuermessbetrages kann zudem nicht zur Ermäßigung der Einkommensteuer gem. § 35 EStG berücksichtigt werden (§ 18 Abs. 3 S. 3 UmwStG). Dadurch soll verhindert werden, dass der aus der Aufgabe einer Kapitalgesellschaft resultierende Gewinn nicht mit Gewerbesteuer belastet wird.[38]

---

[38] Vgl. Pung, A., in: Dötsch, E./ Patt, J./ Pung, A./ Möhlenbrock, R., Umwandlungssteuerrecht, 7. Aufl., Stuttgart 2012, § 18 UmwStG, Tz 33 ff.

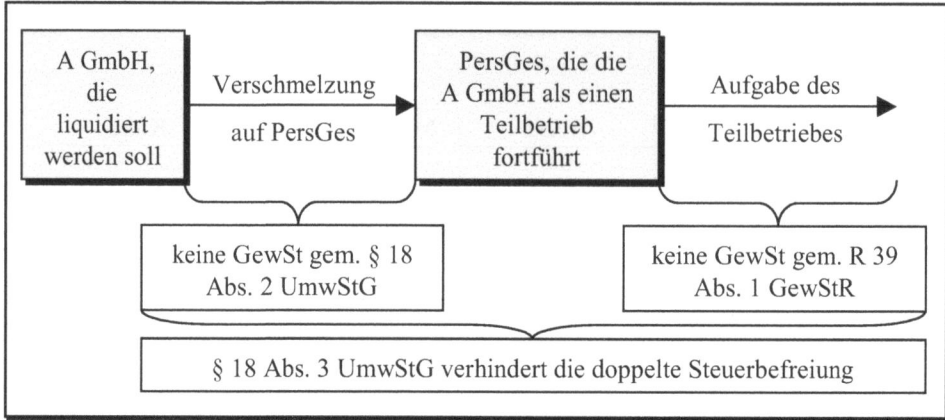

Abbildung 77: Sinn und Zweck des § 18 Abs. 3 UmwStG

Folgende Tabelle fasst die **Besteuerung** eines **Übernahmeergebnisses** zusammen:

		Kapitalgesellschaft als Mitunternehmer der PersGes	**Natürliche Person als Mitunternehmer der PersGes**
Übernahme-verlust	**ESt/ KSt**	Bleibt außer Ansatz (§ 4 Abs. 6 S. 1 UmwStG)	sechzigprozentige Berücksichtigung der Bezüge nach § 7 UmwStG (§ 4 Abs. 6 S. 4 UmwStG), aber Ausnahme für Anteile i. S. d. § 17 Abs. 2 S. 6 EStG, oder bei entgeltlichem Erwerb in den letzten 5 Jahren (§ 4 Abs. 6 S. 5 UmwStG
	GewSt	Bleibt außer Ansatz (§ 18 Abs. 2 S. 1 UmwStG)	
Übernahme-gewinn	**ESt/ KSt**	Anwendung des § 8b KStG (§ 4 Abs. 7 S. 1 UmwStG)	Anwendung des Teileinkünfteverfahrens (§ 4 Abs. 7 S. 2 UmwStG)
	GewSt	Bleibt außer Ansatz (§ 18 Abs. 2 S. 1 UmwStG); jedoch Anwendung der Missbrauchsvorschrift bei Weiterveräußerung innerhalb von 5 Jahren (§ 18 Abs. 3 UmwStG)	

Abbildung 78: Steuerliche Behandlung des Übernahmeergebnisses

Beachte:	Mit Ablauf des steuerlichen Übertragungsstichtags entsteht das Übernahme-ergebnis (Tz. 04.26 UmwStE). Das Übernahmeergebnis (2. Stufe) ist in dem-jenigen Veranlagungszeitraum zu versteuern, in dem das Wirtschaftsjahr der übernehmenden Personengesellschaft endet, in welchem der steuerliche Über-tragungsstichtag liegt.

5.4.2.4 Zusammenfassung und Zusammenhang zwischen Übertragungs- und Übernahmeergebnis

Folgende Tabelle verdeutlicht noch einmal die **Unterschiede** zwischen **Übertragungs- und Übernahmeergebnis**.

	Übertragungsergebnis bei Kapitalgesellschaft	**Übernahmeergebnis bei Personengesellschaft**	
		Kapitalgesellschaft als Anteilseigner	natürliche Person als Anteilseigner
Gewinn	Entsteht durch **freiwillige Aufstockung der Buchwer-te** in der steuerlichen Schlussbilanz; ist voll zu versteuern	**Nur in Ausnahmefällen**	
		Zu 95 % steuerfrei	Zu 40 % steuerfrei
Verlust	**Nur in Ausnahmefällen**; ist steuerlich voll zu berück-sichtigen	Ein Übernahmeverlust entsteht, **falls** die **untergehenden Anteile** an der übertragen-den KapGes mit einem **höheren Wert** als das **übergegangene Vermögen** anzusetzen waren und aufgrund der **separaten Versteu-erung der Gewinnrücklagen**	
		Bleibt außer Ansatz	Evtl. Berücksichti-gung i. H. v. 60 % der Gewinnrückla-gen

Abbildung 79: Vergleich von Übertragungs- und Übernahmegewinn

Übertragungsgewinn und Übernahmegewinn entstehen nicht unabhängig voneinander, sondern bilden ein dynamisches System. Im UmwStG nach dem SEStEG wurde dieses System jedoch aufgebrochen, da die Gewinnrücklagen gem. § 7 UmwStG separat zu ver-steuern sind, so dass diese sich nicht mehr im Übernahmeergebnis auswirken. Somit bilden nun Übertragungsgewinn, Bezüge i. S. d. § 7 UmwStG und Übernahmeergebnis ein drei gliedriges System.

Durch eine Aufdeckung von stillen Reserven bei der Überträgerin und damit einer freiwilligen Erzeugung eines Übertragungsgewinns steigen der Wert des übergehenden Vermögens sowie die Gewinnrücklagen der Kapitalgesellschaft. Dies führt zu folgenden Konsequenzen bei der übernehmenden Personengesellschaft:

- Durch die Wertverknüpfung des § 4 Abs. 1 UmwStG erhöht sich der Bilanzansatz der Übernehmerin. Damit steigt die AfA-Bemessungsgrundlage (bzw. bei einer Veräußerung sinkt der Veräußerungsgewinn).

- Durch die Erhöhung der Gewinnrücklagen der Kapitalgesellschaft erhöhen sich die Bezüge i. S. d. § 7 UmwStG, die als Kapitaleinkünfte zu versteuern sind.

- Zur Vermeidung einer Doppelbesteuerung müssen diese Bezüge i. S. d. § 7 UmwStG vom Übernahmeergebnis wieder abgezogen werden. Somit hat die Aufdeckung der stillen Reserven keinen Einfluss auf das Übernahmeergebnis.

> **Kurz gefasst:** Ein höherer Übertragungsgewinn führt stets auch zu höheren Bezügen i. S. d. § 7 UmwStG, hat aber keinen Einfluss auf das Übernahmeergebnis.

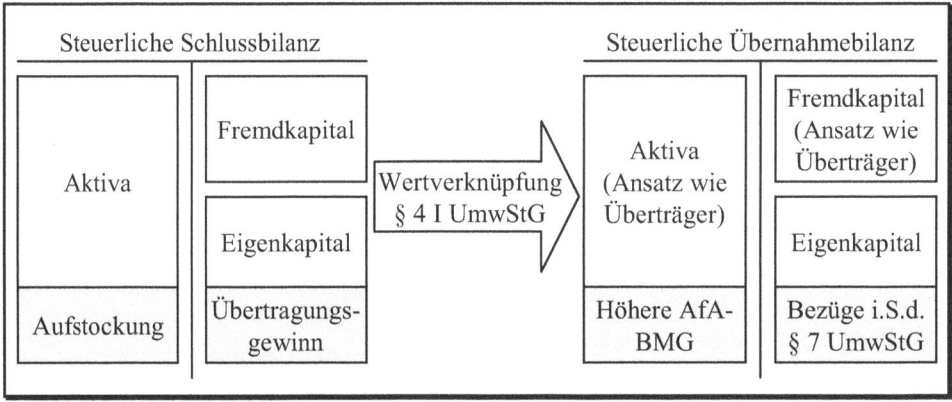

Abbildung 80:   Zusammenspiel von Übertragungsgewinn und Bezüge i. S. d. § 7 UmwStG

Dieser Zusammenhang soll an folgendem Beispiel verdeutlicht werden:

Beispiel

Übertragungsgewinn/ Übernahmegewinn

Die übertragende Hobbit GmbH soll auf die Tuk & Beutlin OHG verschmolzen werden. An beiden Gesellschaften halten Tuk und Beutlin je 50 % der Anteile in ihrem Betriebsvermögen. Ihre Anschaffungskosten der GmbH-Anteile betragen jeweils 50 T€, folglich insgesamt 100 T€.

Aktiva		Hobbit GmbH		Passiv
	Buchwert	*gem. Wert*		
Wirtschaftsgut	100 T€	200 T€	Stammkapital	100 T€
	100 T€	200 T€		100 T€

Im Folgenden sollen nun

(a) die steuerlichen Auswirkungen eines Verkaufs des Wirtschaftsguts unmittelbar vor der Umwandlung und anschließender Ausschüttung des Gewinns mit

(b) den steuerlichen Folgen der Umwandlung bei Ansatz des gemeinen Wertes in der steuerlichen Schlussbilanz verglichen werden (mit ESt-Satz = 40 %).

(a) Bei Verkauf des Wirtschaftsguts fällt ein Verkaufserlös i. H. v. 100 T€ an. Dieser ist mit 30 % (GewSt, KSt, SolZ) auf Ebene der Hobbit GmbH zu versteuern. Im Teileinkünfteverfahren müssen die Anteilseigner 60 % der ausgeschütteten Gewinne erneut versteuern.

Aktiva	Hobbit GmbH		Passiva		Besteuerungsfolgen	
Bank	200 T€	Stammkapital	100 T€		ESt (für Tuk u. Beutlin):	
		Gewinnrücklagen	70 T€	→	* 0,6 * 40 % ESt =	17 T€
		St-Rückstellungen	30 T€	→	Steuer KapGes	30 T€
	200 T€		200 T€			47 T€

Im Ergebnis liegt eine Gesamtsteuerbelastung des Veräußerungserlöses von 47 T€ vor.

(b) Setzt die Hobbit GmbH in ihrer steuerlichen Schlussbilanz die gemeinen Werte an, so stimmt die Bilanz mit der obigen überein, da der Übertragungsgewinn i. H. v. 100 T€ ebenfalls mit GewSt, KSt, SolZ i. H. v. 30 T€ belastet wird. **Der Übertragungsgewinn ist daher die Fiktion einer Veräußerung durch die freiwillige Aufdeckung stiller Reserven.** Tuk & Beutlin müssen die Gewinnrücklagen gem. § 7 UmwStG als Dividendenerträge versteuern. Ferner nehmen die Anteile von Tuk & Beutlin an der Ermittlung des Übernahmeergebnisses teil (§ 5 Abs. 2 UmwStG). Durch den aus der Aufstockung resultierenden Übertragungsgewinn erhöhen sich die Bezüge i. S. d. § 7 UmwStG, die im Übernahmeergebnis herausgerechnet werden müssen:

	Bezüge i. S. d. § 7 UmwStG (= Gewinnrücklagen)	70 T€
	Wert mit dem die WG zu übernehmen sind	170 T€
./.	Buchwert der Anteile der übertragenden Gesellschaft	./. 100 T€
=	Übernahmeergebnis 1. Stufe	70 T€
./.	Bezüge i. S. d. § 7 UmwStG	./. 70 T€
=	Übernahmeergebnis 2. Stufe	0 T€

Die Gewinnrücklagen gelten gem. § 7 UmwStG als fiktiv ausgeschüttet und sind als Dividendenerträge zu versteuern. Da Kapitaleinkünfte im Betriebsvermögen dem Teileinkünfteverfahren unterliegen, ergibt sich eine Steuerbelastung für Tuk & Beutlin i. H. v. 17 T€ (70 T€ * 0,6 * 40 % ESt). Das Übernahmeergebnis beträgt 0 € und löst somit keine weiteren steuerlichen Folgen aus. Die gesamte Steuerbelastung liegt auch in diesem Fall bei 47 T€ (30 T€ GewSt, KSt, SolZ + 17 T€ ESt).

Im Ergebnis ergibt sich daraus folgender Zusammenhang:

Übertragungsgewinn und Bezüge i. S. d. § 7 im UmwStG	
Übertragungsgewinn	**Bezüge i. S. d. § 7 UmwStG**
• Fiktion einer Veräußerung • durch die freiwillige Aufdeckung stiller Reserven	• Fiktion einer Gewinnausschüttung • Gewinnrücklagen können von der übernehmenden PersGes nicht fortgeführt werden

Das Übernahmeergebnis hat in diesem Fall aufgrund des § 7 i. V. m. § 4 Abs. 5 S. 2 UmwStG keine Bedeutung.

5.4.2.5 Bilanzielle Behandlung des Übernahmeergebnisses

Das bilanzielle Übernahmeergebnis ergibt sich aus der Differenz zwischen übergehendem Vermögen und untergehender Beteiligung. Die steuerlichen Folgen dieses Übernahmeergebnisses werden anhand der steuerrechtlichen Regelungen außerhalb der Bilanz ermittelt. Das folgende Beispiel soll den Zusammenhang zwischen dem bilanziellen Übernahmeergebnis und den steuerlichen Folgen (= steuerliches Übernahmeergebnis) der Umwandlung darstellen.

Beispiel

Bilanzielles Übernahmeergebnis und die steuerlichen Folgen

Die Röhrich GmbH soll auf die Rohrfrei OHG, die alle Anteile an der Röhrich GmbH hält, verschmolzen werden.

An der Rohrfrei OHG sind die Gesellschafter Werner und Eckhardt zu je 50 % beteiligt.

Die Voraussetzungen des § 3 Abs. 2 UmwStG sind erfüllt, so dass in der Übertragungsbilanz das übergehende Vermögen zum Buchwert angesetzt wird.

Aktiva	Röhrich GmbH		Passiva
Aktiva	300 T€	Stammkapital	100 T€
		Gewinnrücklagen	200 T€
	300 T€		300 T€

Im Folgenden sollen drei verschiedene Varianten untersucht werden.

a) Die Beteiligung an der Röhrich GmbH ist in der Bilanz der Rohrfrei OHG mit Anschaffungskosten i. H. v. 300 T€ aktiviert.

Aktiva	Rohrfrei OHG vor Verschmelzung		Passiva
Beteiligung	300 T€	Kapital Werner	200 T€
Sonst. Aktiva	100 T€	Kapital Eckhardt	200 T€
	400 T€		400 T€

Es entsteht folglich weder ein bilanzieller Übernahmegewinn noch ein Übernahmeverlust:

Aktiva		Rohrfrei OHG		Passiva
Beteiligung	300 T€		Kapital Werner	200 T€
◄── ./. Beteiligung	./. **300 T€**	0 T€	Kapital Eckhardt	200 T€
Sonst. Aktiva	100 T€			
──► + Aktiva*	+ **300 T€**	400 T€		
		400 T€		400 T€

*Aktiva der Röhrich GmbH

Außerhalb der Bilanz müssen im **1. Schritt** die Gewinnrücklagen gem. § 7 UmwStG den Kapitaleinkünften hinzugerechnet werden. Da die Gesellschafter der Rohrfrei OHG natürliche Personen sind, die jeweils mehr als 1 % der Anteile halten, kommt das Teileinkünfteverfahren zur Anwendung, so dass sich folgende steuerpflichtigen Einkünfte aus den Gewinnrücklagen pro Gesellschafter ergeben:

	Bezüge i. S. d. § 7 UmwStG (50 % v. 200 T€)	100 T€
./.	davon 40 % steuerfrei gem. § 3 Nr. 40 EStG	./. 40 T€
=	**Steuerpflichtige Einkünfte**	**60 T€**

Aufgrund der separaten Versteuerung der Gewinnrücklagen ergibt sich im **2. Schritt** ein Übernahmeverlust 2. Stufe in Höhe der Bezüge gem. § 7 UmwStG:

	Übergehendes Vermögen (50 % v. 300 T€)	150 T€
./.	Anschaffungskosten der Beteiligung (50 % v. 300 T€)	./. 150 T€
=	**Übernahmeergebnis 1. Stufe**	0 T€
./.	Bezüge gem. § 7 UmwStG	./. 100 T€
=	**Übernahmeergebnis 2. Stufe**	**./. 100 T€**

Wenn die Missbrauchsvorschrift des § 4 Abs. 6 S. 5 UmwStG nicht greift, darf der Übernahmeverlust gem. § 4 Abs. 6 S. 4 UmwStG zu 60 % angesetzt werden, so dass sich pro Gesellschafter folgendes zu versteuerndes Einkommen ergibt:

	Steuerpflichtige Einkünfte aus § 7 UmwStG	60 T€
./.	60 % des Übernahmeverlustes	./. 60 T€
=	**Zu versteuerndes Einkommen**	**0 T€**

b) Die Beteiligung an der Röhrich GmbH ist in der Bilanz der Rohrfrei OHG mit Anschaffungskosten i. H. v. 200 T€ aktiviert.

Aktiva	Rohrfrei OHG vor Verschmelzung		Passiva
Beteiligung	200 T€	Kapital Werner	150 T€
sonst. Aktiva	100 T€	Kapital Eckhardt	150 T€
	300 T€		300 T€

Da die Aktiva der Röhrich GmbH einen höheren Wert als die Beteiligung haben, muss ein bilanzieller Übernahmegewinn entstehen, der den Kapitalkonten der Gesellschafter zuzuschreiben ist:

Aktiva		Rohrfrei OHG			Passiva
Beteiligung	200 T€		Kapital Werner	150 T€	
←.../. Beteiligung	./. **200 T€** 0 T€		+ Ü-Gewinn	+ **50 T€**	200 T€
sonst. Aktiva	100 T€		Kapital Eckhardt	150 T€	
→ + Aktiva*	+ **300 T€** 400 T€		+ Ü-Gewinn	+ **50 T€**	200 T€
	400 T€				400 T€

*Aktiva der Röhrich GmbH

Außerhalb der Bilanz müssen im **1. Schritt** die Gewinnrücklagen gem. § 7 UmwStG den Kapitaleinkünften hinzugerechnet werden, so dass sich pro Gesellschafter folgende steuerpflichtigen Einkünfte ergeben:

	Bezüge i. S. d. § 7 UmwStG (50 % v. 200 T€)	100 T€
./.	Davon 40 % steuerfrei gem. § 3 Nr. 40 EStG	./. 40 T€
=	**Steuerpflichtige Einkünfte**	**60 T€**

Aufgrund der separaten Versteuerung der Gewinnrücklagen ergibt sich im **2. Schritt** ein steuerlicher Übernahmeverlust 2. Stufe:

	Übergehendes Vermögen (50 % v. 300 T€)	150 T€
./.	Anschaffungskosten der Beteiligung (50 % v. 200 T€)	./. 100 T€
=	Übernahmeergebnis 1. Stufe	50 T€
./.	Bezüge gem. § 7 UmwStG	./. 100 T€
=	**Übernahmeergebnis 2. Stufe**	**./. 50 T€**

Wenn die Missbrauchsvorschrift des § 4 Abs. 6 S. 5 UmwStG nicht greift, darf der Übernahmeverlust gem. § 4 Abs. 6 S. 4 UmwStG zu 60 % angesetzt werden, so dass sich folgendes zu versteuerndes Einkommen ergibt:

	Steuerpflichtige Einkünfte aus § 7 UmwStG	60 T€
./.	60 % des Übernahmeverlustes	./. 30 T€
=	**Zu versteuerndes Einkommen**	**30 T€**

Im Ergebnis ergibt sich pro Gesellschafter ein zu versteuerndes Einkommen von 30 T€. Dies entspricht einer Besteuerung des bilanziellen Übernahmegewinns i. H. v. 50 T€ nach dem Teileinkünfteverfahren.

c) Die Beteiligung an der Röhrich GmbH wurde in der Bilanz der Rohrfrei OHG mit Anschaffungskosten i. H. v. 400 T€ aktiviert.

Aktiva	Rohrfrei OHG vor Verschmelzung	Passiva
Beteiligung	400 T€	Kapital Werner	250 T€
sonst. Aktiva	100 T€	Kapital Eckhardt	250 T€
	500 T€		500 T€

Da die Aktiva der Röhrich GmbH einen niedrigeren Wert als die Beteiligung haben, muss ein bilanzieller Übernahmeverlust entstehen, der von den Kapitalkonten der Gesellschafter zu subtrahieren ist:

Aktiva			Rohrfrei OHG			Passiva
Beteiligung		400 T€	Kapital Werner		250 T€	
◄──./. Beteiligung	./.	**400 T€**	0 T€	./. Ü-Verlust	./.	**50 T€**	200 T€
sonst. Aktiva		100 T€	Kapital Eckhardt		250 T€	
──► + Aktiva*	+	**300 T€**	400 T€	./. Ü-Verlust	./.	**50 T€**	200 T€
			400 T€				400 T€

*Aktiva der Röhrich GmbH

Außerhalb der Bilanz müssen im **1. Schritt** die Gewinnrücklagen gem. § 7 UmwStG den Kapitaleinkünften hinzugerechnet werden, so dass sich pro Gesellschafter folgende steuerpflichtigen Einkünfte ergeben:

	Bezüge i. S. d. § 7 UmwStG (50 % v. 200 T€)	100 T€
./.	Davon 40 % steuerfrei gem. § 3 Nr. 40 EStG	./. 40 T€
=	**Steuerpflichtige Einkünfte**	**60 T€**

Im **2. Schritt** wird das steuerliche Übernahmeergebnis ermittelt, das sich aufgrund der separaten Versteuerung der Gewinnrücklagen erhöht:

	Übergehendes Vermögen (50 % v. 300 T€)	150 T€
./.	Anschaffungskosten der Beteiligung (50 % v. 400 T€)	./. 200 T€
=	Übernahmeergebnis 1. Stufe	./. 50 T€
./.	Bezüge gem. § 7 UmwStG	./. 100 T€
=	**Übernahmeergebnis 2. Stufe**	**./. 150 T€**

Wenn die Missbrauchsvorschrift des § 4 Abs. 6 S. 5 UmwStG nicht greift, darf der Übernahmeverlust gem. § 4 Abs. 6 S. 4 UmwStG zu 60 %, maximal 60 % der Bezüge gem. § 7 UmwStG angesetzt werden, so dass sich folgendes zu versteuerndes Einkommen ergibt:

	Steuerpflichtige Einkünfte aus § 7 UmwStG	60 T€
./.	60 % des Übernahmeverlustes	./. 60 T€
=	**Zu versteuerndes Einkommen**	**0 T€**

Im Ergebnis ergibt sich pro Gesellschafter ein zu versteuerndes Einkommen von 0 T€, das keine steuerlichen Folgen nach sich zieht. Der verbleibende Übernahmeverlust i. H. v. 50 T€ (= Übernahmeverlust 1. Stufe) kann steuerlich nicht geltend gemacht werden.

Zusammenfassung:

	Fall a)	**Fall b)**	**Fall c)**
Anschaffungskosten	300 T€	200 T€	400 T€
pro Gesellschafter			
Übergehendes Vermögen	150 T€	150 T€	150 T€
./. wegfallende Beteiligung	./. 150 T€	./. 100 T€	./. 200 T€
= **Bilanzielles ÜN-Ergebnis**	= 0 T€	= 50 T€	= ./. 50 T€
Steuerliche Ermittlung			
Bezüge § 7 UmwStG	100 T€	100 T€	100 T€
ÜN-Ergebnis 1. Stufe	0 T€	50 T€	./. 50 T€
ÜN-Ergebnis 2. Stufe	./. 100 T€	./. 50 T€	./. 150 T€

In der Zusammenfassung fällt auf, dass das bilanzielle Übernahmeergebnis und das steuerliche Übernahmeergebnis 1. Stufe übereinstimmen. Dabei ist jedoch zu beachten, dass in diesem Fall keine Umwandlungskosten und keine Umbewertungen nach § 4 Abs. 4 S. 2 UmwStG vorliegen. Somit entspricht das steuerliche Übernahmeergebnis 1. Stufe grundsätzlich dem bilanziellen Übernahmeergebnis, wobei eventuelle Umwandlungskosten und Umbewertungen nach § 4 Abs. 4 S. 2 UmwStG herauszurechnen sind.

Merke: Da die untergehende Beteiligung durch das übergehende Vermögen der übertragenden Kapitalgesellschaft ersetzt wird, muss ein evtl. entstehender Differenzbetrag als Ertrag oder Aufwand verbucht werden.
Die **steuerlichen Folgen** der Umwandlung werden mittels der Bezüge i. S. d. § 7 UmwStG und des steuerlichen Übernahmeergebnisses **außerhalb der Bilanz** ermittelt.

5.4.2.6 Übernahmefolgegewinn (§ 6 UmwStG)

Konfusionsgewinne entstehen durch die Vereinigung von Gläubiger- und Schuldnerstellung bei der übernehmenden Personengesellschaft durch die Verschmelzung mit der übertragenden Kapitalgesellschaft. Konfusionsgewinne setzen dabei naturgemäß voraus, dass die Forderung und die korrespondierende Verbindlichkeit **in unterschiedlicher Höhe** ausgewiesen waren. Ein Beispiel für Konfusionsgewinne sind Rückstellungen, die einer der beteiligten Rechtsträger aufgrund einer Verpflichtung gegenüber dem anderen Rechtsträger gebildet hatte und die aufgrund der Verschmelzung aufgelöst werden. Ein Konfusionsgewinn ist ein **Übernahmefolgegewinn**, der **nicht Bestandteil des Übernahmeergebnisses** (i. S. d. § 4 Abs. 4 - 6 UmwStG) ist. Um eine sofortige Versteuerung zu vermeiden, darf gem. § 6 Abs. 1 UmwStG eine den Konfusionsgewinn neutralisierende Rücklage gebildet werden. Die Rücklage ist in den drei Folgejahren zu mindestens je einem Drittel aufzulösen.

> **Merke:** Konfusionsgewinne können entstehen, falls Überträgerin und Übernehmerin vor der Verschmelzung in schuldrechtlicher Beziehung zueinander standen.

Beispiel

Konfusionsgewinne

Die Schlucke GmbH wird auf die Keek OHG verschmolzen. Die Schlucke GmbH hatte vor der Verschmelzung eine Verbindlichkeit gegenüber der Keek OHG i. H. v. 10 T€. Bei der Verschmelzung entsteht kein Konfusionsgewinn, wenn die Forderung und die Verbindlichkeit in identischer Höhe ausgewiesen wurden.

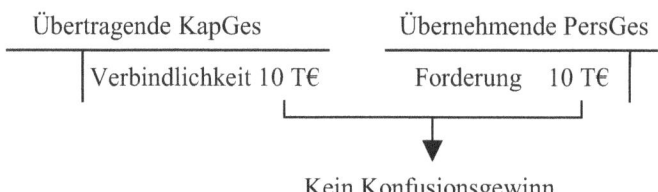

Ein Konfusionsgewinn entsteht jedoch dann, wenn die übernehmende Keek OHG die Forderung um z. B. 3 T€ einzelwertberichtigt hat. Die entsprechende Verbindlichkeit war demgegenüber bei der übertragenden Kapitalgesellschaft weiterhin mit dem Rückzahlungsbetrag (§ 253 Abs. 1 S. 2 HGB) zu bilanzieren. Im Rahmen der Verschmelzung sind die Verbindlichkeit und die korrespondierende Forderung aufzulösen.

Es kommt daher zu einem Konfusionsgewinn:

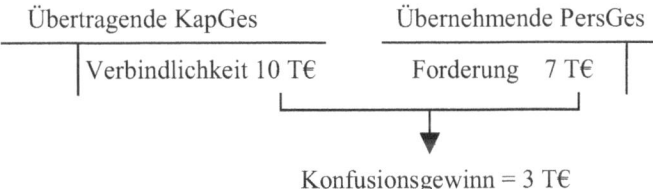

Dieser Konfusionsgewinn kann nun in eine Rücklage eingestellt werden. In den Folgejahren ist die Rücklage zu je einem Drittel (d. h. zu je 1 T€) aufzulösen. Der Gewinn
und die damit einhergehende Steuerbelastung der Gesellschafter verteilen sich somit
auf drei Jahre.

Wie das Beispiel zeigt, ist es folgerichtig, dass der Konfusionsgewinn nicht zum Übernahmeergebnis zählt und daher voll zu versteuern ist, da er lediglich eine **Korrektur der zuvor erfolgten Wertberichtigung** darstellt.

Wird die Forderung gegen die Kapitalgesellschaft von einem Gesellschafter der übernehmenden Personengesellschaft gehalten, darf dieser gem. § 6 Abs. 2 S. 1 UmwStG die in § 6
Abs. 1 UmwStG gewährte Begünstigung ebenfalls in Anspruch nehmen, wenn ihm ein
Konfusionsgewinn durch die Umwandlung entsteht. Diese Regelung kommt i.d.R. bei der
Verschmelzung einer Kapitalgesellschaft auf ein Einzelunternehmen zur Anwendung, da
ein Einzelunternehmer keine Forderungen bzw. Verbindlichkeiten der übertragenden Kapitalgesellschaft gegenüber sich selbst fortführen kann. Eine Personengesellschaft hingegen
kann Forderungen bzw. Verbindlichkeiten der Kapitalgesellschaft gegen Mitunternehmer
fortführen, so dass in diesem Falle die Anwendung des § 6 Abs. 2 S. 1 UmwStG eine Ausnahme darstellt.

Durch die **Missbrauchsvorschrift** des § 6 Abs. 3 UmwStG wird die Anwendbarkeit der
Begünstigung, die § 6 Abs. 1, 2 UmwStG gewähren, jedoch eingeschränkt. Gem. § 6 Abs. 3
S. 1 UmwStG entfällt die Möglichkeit zur Bildung einer Rücklage rückwirkend, wenn die
Übernehmerin den übergegangenen Betrieb innerhalb von 5 Jahren ohne triftigen Grund
veräußert bzw. aufgibt oder den Betrieb in eine Kapitalgesellschaft einbringt. Als triftiger
Grund ist dabei z. B. Krankheit oder Tod des Unternehmers, Absinken der Rentabilität etc.
anzusehen.[39] Greift diese Missbrauchsregelung, so sind gem. § 6 Abs. 3 S. 2 UmwStG
sämtliche Steuerbescheide rückwirkend gewinnerhöhend zu korrigieren.

---

[39] Vgl. Schmitt, J./ Hörtnagl, R./ Stratz, R., Umwandlungsgesetz, Umwandlungssteuergesetz,
7. Aufl., München 2016, § 6 UmwStG, Rz. 46.

5.4.3 Eintritt in die Rechtsposition der übertragenden Kapital-gesellschaft

Nach der Aufzählung in § 4 Abs. 2 S. 1 UmwStG tritt die übernehmende Personengesell-schaft bezüglich

- der AfA, einschließlich erhöhter AfA sowie Sonder-AfA,
- der Bewertung der Wirtschaftsgüter seitens der übertragenden Kapitalgesellschaft und
- der Inanspruchnahme von den steuerlichen Gewinn mindernden Rücklagen

in die Rechtsstellung der übertragenden Kapitalgesellschaft ein.

Der Eintritt in die Rechtsstellung der übertragenden Kapitalgesellschaft erfolgt im Wege der **Gesamtrechtsnachfolge**. Das bedeutet, dass bei der übernehmenden Personengesell-schaft steuerrechtlich kein begünstigter Anschaffungsvorgang für Zwecke des § 6b und § 7g EStG vorliegt. Die Vermögensübernahme zu Buchwerten stellt keine Anschaffung gem. Tz. 04.14 UmwStE dar; die übernehmende Personengesellschaft kann somit im Rah-men der Verschmelzung

- weder § 6 Abs. 2, Abs. 2a EStG (= Geringwertige WG, Sammelposten) anwenden
- noch eine Investitionszulage beanspruchen
- noch § 6b EStG auf einen Übernahmegewinn anwenden.

5.4.3.1 Abschreibung der übernommenen Wirtschaftsgüter und Besitzzeit-anrechnung

Gem. § 4 Abs. 2 S. 1 UmwStG tritt die übernehmende Personengesellschaft auch bezüglich der Abschreibungen in die Rechtsstellung der übertragenden Kapitalgesellschaft ein, unab-hängig davon, ob die übertragende Kapitalgesellschaft in ihrer Schlussbilanz die Wirt-schaftsgüter zu Buch-, Zwischen- oder gemeinen Werten bewertet.

Bei **Fortführung der Buchwerte** seitens der übertragenden Kapitalgesellschaft sind die AfA, die erhöhte AfA, Sonderabschreibungen, Bewertungsfreiheiten und -abschläge von der übernehmenden Personengesellschaft gleichbleibend weiterzuführen.

Bei **Aufstockung der Buchwerte** in der steuerlichen Schlussbilanz der übertragenden Kapitalgesellschaft bemisst sich die AfA bei der übernehmenden Personengesellschaft gem. § 4 Abs. 3 UmwStG wie folgt:

- Die Abschreibung von Gebäuden (§ 7 Abs. 4 S. 1 EStG, lineare Gebäude-AfA und § 7 Abs. 5 EStG, degressive Gebäude-AfA) bemisst sich nach der bisherigen Be-messungsgrundlage, vermehrt um den Unterschiedsbetrag zwischen dem Buchwert des Gebäudes und dem aufgestockten Wert in der steuerlichen Schlussbilanz der übertragenden Kapitalgesellschaft (Aufstockungsbetrag). Auf die hierdurch erhöhte Bemessungsgrundlage ist der bisherige AfA-Satz weiterhin anzuwenden (Tz. 04.10

UmwStE). Aus diesem Grund würde sich der Abschreibungszeitraum verlängern. Kann das Gebäude daher in den Fällen des § 7 Abs. 4 S. 1 EStG innerhalb der tatsächlichen Nutzungsdauer nicht vollständig abgeschrieben werden, so kann die AfA nach der Restnutzungsdauer des Gebäudes bemessen werden.

- Für alle anderen übergegangenen Wirtschaftsgüter bemisst sich die AfA nach dem Wert, mit dem die übertragende Kapitalgesellschaft das Wirtschaftsgut ansetzt (dies entspricht dem bisherigen Buchwert zzgl. dem Aufstockungsbetrag) und der (u.U. neu zu schätzenden) Restnutzungsdauer des jeweiligen Wirtschaftsguts.

Merke: Unterschiedliche Ermittlung der neuen AfA-Bemessungsgrundlage bei Aufstockung auf Zwischen- oder gemeine Werte in der steuerlichen Schlussbilanz:

	neue Bemessungsgrundlage
Gebäude	bisherige Bemessungsgrundlage + Aufstockungsbetrag
Sonst. Wirtschaftsgüter	bisheriger Buchwert + Aufstockungsbetrag

Begründung: Die differenzierte Behandlung von Gebäuden und sonstigen Wirtschaftsgütern ist zurückzuführen auf die jeweilige Methode der AfA, die sich für Gebäude und sonstige Wirtschaftsgüter unterscheidet.

Beispiel

Eintritt der übernehmenden PersGes in die AfA der übertragenden KapGes

Im Rahmen der Verschmelzung zum 31.12.2019 gehen auf die übernehmende Personengesellschaft ein Radlader und ein Betriebsgebäude über.

Der Radlader wurde zu Beginn des Jahres 2017 für 100.000 € angeschafft. Seine Nutzungsdauer wurde auf 10 Jahre veranschlagt. Die Abschreibung erfolgt linear.

Das Betriebsgebäude ist Anfang des Jahres 2010 zu Herstellungskosten von 100.000 € errichtet worden. Die Abschreibung richtet sich nach § 7 Abs. 4 EStG.

Lösung

1. Abschreibung des Radladers

Gem. § 7 Abs. 1 S. 1 EStG erfolgt die Abschreibung linear.

$$\text{Abschreibungsbetrag/Jahr} = \frac{100.000\,€}{10\ \text{Jahre}} = 10.000\ €/\text{Jahr}$$

Am Ende des Jahres 2019 beträgt der Buchwert des Radladers 70.000 € (= 100.000 ./. 3 * 10.000). Im Rahmen der Verschmelzung wird dieser in der Übertragungsbilanz mit einem gemeinen Wert von 84.000 € angesetzt. Gem. Tz. 04.10 UmwStE ist die Restnutzungsdauer nach den Verhältnissen am steuerlichen Übertragungsstichtag neu zu schätzen. Die noch verbleibende Nutzungsdauer von 7 Jahren kann in diesem Fall beibehalten werden. Die Bemessungsgrundlage ermittelt sich wie folgt:

	Bisheriger **Buchwert**	70.000 €
+	Aufstockungsbetrag (84.000 ./. 70.000)	14.000 €
=	Neue Bemessungsgrundlage	**84.000 €**

Aus der neuen Bemessungsgrundlage und der Restnutzungsdauer ergibt sich:

$$\text{Abschreibungsbetrag/Jahr} \;=\; \frac{84.000\ €}{7\ \text{Jahre}} \;=\; 12.000\ €/\text{Jahr}$$

2. Abschreibung des Betriebsgebäudes

Hier ist Vorsicht geboten: die neue Bemessungsgrundlage für die AfA ergibt sich NICHT aus dem „bisherigen **Buchwert** + Aufstockungsbetrag", sondern aus der „bisherigen **AfA-Bemessungsgrundlage** + Aufstockungsbetrag". Dies liegt darin begründet, dass sich die AfA für Gebäude nach den ursprünglichen Anschaffungs- bzw. Herstellungskosten bemisst.

Gem. § 7 Abs. 4 S. 1 Nr. 1 EStG erfolgt die Abschreibung mit jährlich 3 %.

$$\text{Abschreibungsbetrag/Jahr} \;=\; 100.000\ € \;*\; 0,03 \;=\; 3.000\ €/\text{Jahr}$$

$$\text{Abschreibungsdauer in Jahren} \;=\; \frac{100.000\ €}{3.000\ €} \;\approx\; 33\ \text{Jahre}$$

Am Ende des Jahres 2019 beträgt der Buchwert des Gebäudes 70.000 € (= 100.000 ./. 10 * 3.000). Im Rahmen der Verschmelzung wird das Gebäude in der Übertragungs- bilanz mit einem gemeinen Wert von 84.000 € angesetzt. Der AfA-Satz von 3 % ist von der übernehmenden Kapitalgesellschaft fortzuführen. Die Bemessungsgrundlage ermittelt sich wie folgt:

	Bisherige **AfA-Bemessungsgrundlage**	100.000 €
+	Aufstockungsbetrag (84.000 ./. 70.000)	14.000 €
=	Neue AfA-Bemessungsgrundlage	**114.000 €**

$$\text{Neuer Abschreibungsbetrag/Jahr} \;=\; 114.000\ € \;*\; 0,03 \;=\; 3.420\ €/\text{Jahr}$$

Dieser Abschreibungsbetrag von 3.420 € mindert am Ende jedes Jahres den Bilanz- buchwert des Gebäudes. Am Ende des Jahres der Verschmelzung mindert er folglich den übernommenen gemeinen Wert von 84.000 €. Daraus ergibt sich folgende noch verbleibende Abschreibungsdauer in Jahren:

$$\text{Abschreibungsdauer in Jahren} \;=\; \frac{84.000\ €}{3.420\ €} \;\approx\; 24,6\ \text{Jahre}$$

Die gesamte Laufzeit der AfA beträgt damit 34,6 Jahre (= 10 + 24,6).

> **Klausurhinweis:** Da in Klausuren regelmäßig von einer Buchwertfortführung der übertragenden Kapitalgesellschaft ausgegangen wird, ist i.d.R. keine neue AfA zu berechnen.

Soweit die Dauer der Zugehörigkeit eines Wirtschaftsguts zum Betriebsvermögen für die weitere Besteuerung bei der übernehmenden Personengesellschaft von Bedeutung ist (bspw. Vorbesitzzeiten im Rahmen der Rücklage für Ersatzbeschaffung, der § 6b EStG-Rücklage, Verbleibfristen nach dem Investitionszulagengesetz etc.), führt die übernehmende Personengesellschaft, da sie im Wege der Gesamtrechtsnachfolge in die Rechtsstellung der übertragenden Kapitalgesellschaft eintritt, die Besitz- oder Verbleibfristen fort (§ 4 Abs. 2 S. 3 UmwStG).

> **Merke:** Besitz- bzw. Verbleibfristen werden durch die Verschmelzung nicht unterbrochen.

5.4.3.2 Steuerliche Behandlung von Verlustvorträgen

Obwohl grundsätzlich die übernehmende Personengesellschaft in die Rechtsstellung der übertragenden Kapitalgesellschaft eintritt, gilt dies nicht für Verluste. Gem. § 4 Abs. 2 S. 2 UmwStG gehen verrechenbare Verluste, verbleibende Verlustvorträge, vom übertragenden Rechtsträger nicht ausgeglichene negative Einkünfte und ein Zinsvortrag nach § 4h Abs. 1 S. 2 EStG nicht auf die übernehmende Personengesellschaft über. Ein gewerbesteuerlicher Verlustvortrag kann gem. § 18 Abs. 1 S. 2 UmwStG ebenfalls nicht übertragen werden.

Durch die Ausgestaltung des § 4 Abs. 2 S. 2 UmwStG als Generalklausel werden **sämtliche Verluste** erfasst, die vor dem steuerlichen Übertragungsstichtag angefallen sind. Somit sind neben verrechenbaren Verlusten (z. B. §§ 15a Abs. 4, 15b Abs. 4 EStG) und verbleibenden Verlustvorträgen (z. B. §§ 2a, 10d, 15 Abs. 4 EStG) auch nicht ausgeglichene negative Einkünfte des laufenden Wirtschaftsjahres der Verschmelzung betroffen. Darüber hinaus wird auch der Übergang eines Zins- und EBITDA-Vortrages nach § 4h Abs. 1 S. 2 und S. 3 EStG, die aus der Anwendung der Zinsschranke resultieren, ausgeschlossen.

Verluste, die nach dem steuerlichen Übertragungsstichtag entstehen, sind gem. der steuerlichen Rückwirkung (§ 2 Abs. 1 S. 1 UmwStG) bereits der übernehmenden Gesellschaft zuzurechnen und bleiben somit erhalten.

Der Gesetzgeber begründet den Ausschluss der Übertragung von Verlusten damit, dass die Verluste bereits das Vermögen der übertragenden Kapitalgesellschaft gemindert haben. Ferner kommt es durch die Umwandlung zu einem Wechsel vom intransparenten Besteuerungssystem der Kapitalgesellschaften zur transparenten Besteuerung von Personengesellschaften. Daher können die Gesellschafter der übernehmenden Personengesellschaft keine körperschaftsteuerlichen Verlustvorträge fortführen.

> **Merke:** Verluste der übertragenden Kapitalgesellschaft gehen nicht auf die Gesellschafter der übernehmenden Personengesellschaft über.

Wie bereits dargestellt, kann die übertragende Kapitalgesellschaft in der Übertragungsbilanz die Wirtschaftsgüter zu einem Zwischenwert oder dem gemeinen Wert ansetzen und den daraus resultierenden Übertragungsgewinn mit Verlusten verrechnen. Durch diese Aufstockung wird zusätzliches AfA-Potenzial bei der übernehmenden Personengesellschaft geschaffen, so dass eine **mittelbare Übertragung von Verlusten** erfolgt.

> **Merke:** Verluste der übertragenden Kapitalgesellschaft können mittelbar auf die übernehmende Personengesellschaft übertragen werden, indem die Wirtschaftsgüter in der Übertragungsbilanz zum Zwischen- oder gemeinen Wert angesetzt werden. Der daraus entstehende Übertragungsgewinn kann mit vorhandenen Verlustvorträgen verrechnet werden. Auf Ebene der übernehmenden Personengesellschaft entsteht aufgrund des höheren Wertansatzes des übergehenden Vermögens zusätzliches AfA-Potential.

5.5 Nebensteuern

5.5.1 Grunderwerbsteuer

Sofern zum übergehenden Vermögen des übertragenden Rechtsträgers **inländischer Grundbesitz** gehört, fällt aufgrund des Verschmelzungsvorgangs gem. § 1 Abs. 1 Nr. 3 GrEStG Grunderwerbsteuer bei der übernehmenden Personengesellschaft an. Bemessungsgrundlage sind gem. § 8 Abs. 2 S. 1 Nr. 2 GrEStG die Grundbesitzwerte i. S. d. § 151 Abs. 1 S. 1 Nr. 1 i. V. m. § 157 Abs. 1 - 3 BewG.

Nach Auffassung der Finanzverwaltung und auch des BFH ist die Grunderwerbsteuer als zusätzliche objektbezogene Anschaffungskosten der Wirtschaftsgüter zu aktivieren, bei deren Erwerb sie angefallen ist. Damit darf die Grunderwerbsteuer nicht sofort als Betriebsausgabe abgezogen werden.[40] Nur wenn der grunderwerbsteuerliche Tatbestand der Anteilsvereinigung gem. § 1 Abs. 3 GrEStG vorliegt, ist die GrESt als Betriebsausgabe nach Tz. 04.34 UmwStE und BFH-Urteil vom 20.04.2011[41] sofort abzugsfähig.

> **Beachte:** Die steuerliche Rückwirkung gilt nicht für die GrESt. Sie entsteht daher erst mit der Eintragung der Verschmelzung in das Handelsregister.

---

[40] Vgl. Tz. 04.34, 23.01 UmwStE i. V. m. BMF-Schreiben vom 18.01.2010, BStBl I 2010, S. 70.

[41] Vgl. BFH v. 20.04.2011, I R 2/10, BStBl II 2011, S. 761.

Sofern an der Verschmelzung beteiligte Gesellschaften umfangreichen inländischen Grundbesitz haben, kann sich die eintretende GrESt-Belastung als Umwandlungshindernis erweisen. Daher sollten Verschmelzungen auf dasjenige Unternehmen vorgenommen werden, das über den höheren Grundbesitz verfügt.

Hinsichtlich der GrESt ist zu beachten, dass es bei bestimmten, durch eine Umstrukturierung veranlassten Rechtsvorgängen innerhalb eines Konzerns gem. § 6a GrEStG zu einer **Grunderwerbsteuerbefreiung** kommen kann (sog. **Konzernklausel**). Diese Steuervergünstigung greift jedoch nur für die in § 6a S. 1 GrEStG aufgeführten Rechtsvorgänge:

- § 1 Abs. 1 Nr. 3   - Eigentumsübergang ohne Rechtsgeschäft
- § 1 Abs. 2   - Übergang der Verwertungsbefugnis an einem Grundstück
- § 1 Abs. 2a   - Wechsel der Gesellschafter einer Personengesellschaft
- § 1 Abs. 3   - Anteilsvereinigung ≥ 95 %,
- § 1 Abs. 3a   - wirtschaftliche Beteiligung ≥ 95 %,

die aufgrund einer Umwandlung i. S. d. § 1 Abs. 1 Nr. 1 - 3 UmwStG (Umwandlung durch Verschmelzung, durch Spaltung oder durch Vermögensübertragung) bzw. gem. § 6a S. 2 GrEStG aufgrund einer Einbringung oder eines anderen Erwerbsvorgangs auf gesellschaftsvertraglicher Grundlage stattgefunden haben.

Weitere Voraussetzungen für die Grunderwerbsteuerbefreiung gem. § 6a S. 1 GrEStG sind gem. § 6a S. 3 GrEStG, dass an dem Umwandlungsvorgang

- ausschließlich ein herrschendes Unternehmen und ein oder mehrere von diesem herrschenden Unternehmen abhängige Gesellschaften, oder
- mehrere von einem herrschenden Unternehmen abhängige Gesellschaften

beteiligt sind.

Abhängig ist gem. § 6a S. 4 GrEStG eine Gesellschaft, an deren Kapital das herrschende Unternehmen innerhalb von fünf Jahren vor dem Rechtsvorgang und fünf Jahre nach dem Rechtsvorgang unmittelbar oder mittelbar oder teils unmittelbar, teils mittelbar zu mindestens 95% ununterbrochen beteiligt ist.

Durch die Konzernklausel sollen Umstrukturierungen erleichtert werden, da die durch Umwandlungen ausgelöste GrESt bislang häufig als ein Hemmnis für Umstrukturierungen gewirkt hat.

5.5.2   Umsatzsteuer

Da das gesamte Vermögen der übertragenden Kapitalgesellschaft auf die übernehmende Personengesellschaft übergeht, ist die Verschmelzung als solche wegen Vorliegens einer Geschäftsveräußerung gem. § 1 Abs. 1a UStG **nicht steuerbar**.

Beachte: Da die steuerliche Rückwirkung für die USt nicht gilt, erlischt die USt-Pflicht der übertragenden Kapitalgesellschaft erst mit der Eintragung der Verschmelzung in das Handelsregister. Bis zu diesem Datum sind daher USt-Voranmeldungen abzugeben.

---

6 Umwandlung einer KapGes in eine Einzelunternehmung durch Verschmelzung

Die Verschmelzung einer Kapitalgesellschaft auf ihren Alleingesellschafter unterliegt, genauso wie die Verschmelzung auf eine Personengesellschaft, den Bestimmungen zur **Verschmelzung nach dem UmwG** (§ 3 Abs. 2 Nr. 2 UmwG).

Die **steuerliche Behandlung** der Verschmelzung einer Kapitalgesellschaft auf ihren Alleingesellschafter wird ebenfalls durch die bereits dargestellten §§ 3 - 8 UmwStG geregelt. Aus diesem Grund ergibt sich bei der steuerlichen Behandlung der Verschmelzung einer Kapitalgesellschaft auf ihren Alleingesellschafter grundsätzlich kein Unterschied zur Verschmelzung einer Kapital- auf eine Personengesellschaft.

Zu beachten ist jedoch, dass Forderungen oder Verbindlichkeiten der übernehmenden natürlichen Person gegenüber der übertragenden Kapitalgesellschaft im Rahmen der Verschmelzung wegfallen, weil eine natürliche Person keine Forderung bzw. Verbindlichkeit gegen sich selbst halten kann. Entsteht im Rahmen dieser Konfusion ein Konfusionsgewinn, so kann die Regelung des § 6 UmwStG angewendet werden.

Insbesondere ist eine für den Alleingesellschafter gebildete **Pensionsrückstellung** bei der Verschmelzung **ertragswirksam aufzulösen** (Tz. 06.07 UmwStE). Dies ist erneut darauf zurückzuführen, dass ein übernehmendes Einzelunternehmen eine für den Alleingesellschafter gebildete Pensionsrückstellung im Gegensatz zu einer Personengesellschaft nicht fortführen kann. Die steuerlichen Folgen der Auflösung werden dadurch gemildert, dass eine in den folgenden drei Jahren aufzulösende Rücklage gem. § 6 UmwStG gebildet werden darf.

Merke: Die Verschmelzung einer KapGes auf ihren Alleingesellschafter erfolgt wie die Verschmelzung einer KapGes auf eine PersGes nach §§ 3 - 8 UmwStG.

Beispiel zur Verschmelzung einer Kapitalgesellschaft auf ihren Alleingesellschafter

Die inländische Walker GmbH soll auf ihren in Deutschland ansässigen Alleingesellschafter (= Anteil 100 %) Rick Grimes verschmolzen werden. Das übergehende Vermögen wird Betriebsvermögen der Rick Grimes Einzelunternehmung. Rick hat alle Anteile an der Walker GmbH vor 6 Jahren zum Kaufpreis von 770 T€ erworben und hält diese seitdem im Privatvermögen.

Aktiva			Walker GmbH	Passiva
	Buchwert	gem. Wert		
Aktiva	580 T€	800 T€	Stammkapital	100 T€
			Gewinnrücklagen	400 T€
			Fremdkapital	80 T€
	580 T€	800 T€		580 T€
(Firmenwert		50 T€)		

Da sowohl die Walker GmbH als auch Rick Grimes in Deutschland ansässig sind, werden die Voraussetzungen des § 3 Abs. 2 UmwStG erfüllt, so dass das Vermögen zum Buchwert angesetzt werden kann. Demnach entspricht die steuerliche Schlussbilanz der obigen Bilanz.

Steuerliche Konsequenzen der Umwandlung auf Ebene des Alleingesellschafters:
Im **1. Schritt** sind die Gewinnrücklagen der Walker GmbH gem. § 7 UmwStG Rick Grimes als Kapitaleinkünfte zuzuweisen. Da Rick eine natürliche Person mit einer Beteiligung von mehr als 1 % ist, unterliegen die Kapitaleinkünfte dem Teileinkünfteverfahren, so dass diese zu 40 % steuerfrei sind:

	Bezüge i. S. d. § 7 UmwStG	400 T€
./.	Davon 40 % steuerfrei gem. § 3 Nr. 40 EStG	./. 160 T€
=	**Steuerpflichtige Einkünfte**	**240 T€**

Rick kann gem. § 4 Abs. 6 S. 4 UmwStG 60 % des Übernahmeverlustes, maximal jedoch 60 % der Bezüge i. S. d. § 7 UmwStG, steuerlich geltend machen, so dass sich folgendes zu versteuerndes Einkommen ergibt:

	Steuerpflichtige Einkünfte durch § 7 UmwStG	240 T€
./.	60 % des Übernahmeverlustes, maximal 60 % der Bezüge i. S. d. § 7 UmwStG	./. 240 T€
=	**Zu versteuerndes Einkommen**	**0 T€**

Der verbleibende Übernahmeverlust i. H. v. 270 T€ bleibt außer Ansatz (§ 4 Abs. 6 S. 4 UmwStG).

Rick hat gem. § 4 Abs. 1 UmwStG die Werte aus der steuerliche Schlussbilanz der Walker GmbH zu übernehmen. Die Übernahmebilanz von Rick hat folgendes Aussehen:

Aktiva	Bilanz Rick Grimes		Passiva
Aktiva	580 T€	Eigenkapital	500 T€
		Fremdkapital	80 T€
	580 T€		580 T€

Das Eigenkapital von Rick entspricht den Anschaffungskosten abzüglich des Übernahmeverlusts 1. Stufe und damit dem übergehenden Vermögen (= 500 T€). Die von Rick bezahlten stillen Reserven, die sich im Übernahmeverlust 1. Stufe i. H. v. 270 T€ niedergeschlagen haben, gehen steuerlich verloren, da der Übernahmeverlust 1. Stufe außer Ansatz bleibt.

7 Umwandlung einer KapGes in eine PersGes durch Formwechsel

7.1 Zivil- und handelsrechtliche Regelungen

Der Formwechsel verläuft nach dem UmwG identitätswahrend und damit **ohne Vermögensübertragung**, da der formwechselnde Rechtsträger gem. § 202 Abs. 1 Nr. 1 UmwG nach der Handelsregistereintragung mit dem schon vor dem Formwechsel vorhandenen Vermögen weiterbesteht. Der Gesetzgeber fordert, dass sich beim Formwechsel an den Beteiligungsverhältnissen grundsätzlich nichts ändert und ein identischer Personenkreis vor und nach dem Formwechsel an dem formwechselnden Rechtsträger beteiligt ist. Insofern kommt es lediglich zu einer **Änderung des Rechtskleids**, jedoch nicht zu einer Änderung der Vermögens- oder Beteiligungsverhältnisse.[42] Anstatt eines Verschmelzungsvertrags ist daher nur ein **Umwandlungsbeschluss** (§ 193 Abs. 1 S. 1 UmwG) notwendig. Zudem ist gem. § 192 UmwG von den Vertretungsorganen ein **Umwandlungsbericht** anzufertigen, in dem der Formwechsel und die künftige Beteiligung an dem umwandelnden Rechtsträger rechtlich und wirtschaftlich erläutert und begründet wird.

Da handelsrechtlich ein Formwechsel lediglich eine Änderung des Rechtskleides darstellt, muss die übertragende Kapitalgesellschaft keine Übertragungsbilanz aufstellen. Vielmehr ist nur der erste Jahresabschluss nach Eintragung des Formwechsels unter Berücksichtigung der Rechtsform einer Personengesellschaft aufzustellen. Somit kommt es automatisch zu einer Fortführung der Buchwerte.

---

[42] Vgl. BT-Drucks. 12/6699 v. 01.02.1994, S. 136.

> **Merke:** Eine Verschmelzung durch Neugründung erfordert mindestens zwei übertragende Kapitalgesellschaften (§ 2 Nr. 2 UmwG). Soll hingegen <u>nur eine</u> KapGes in eine noch nicht vorhandene PersGes umgewandelt werden, so kann dies im Wege des Formwechsels vollzogen werden.
> Aus diesem Grund ist der **Formwechsel häufig Prüfungsgegenstand** in Klausuren.

7.2 Steuerrechtliche Behandlung

Steuerrechtlich kommt es bei dem Formwechsel einer Kapitalgesellschaft in eine Personengesellschaft wie im Fall der Verschmelzung zu einem Wechsel von der intransparenten zur transparenten Besteuerungsform. Das UmwStG trifft keine eigenständigen Regelungen für den Formwechsel, sondern verweist auf die Regelungen zur Verschmelzung.

	Formwechsel KapGes – PersGes
§ 9 S. 1 UmwStG	Entsprechende **Anwendung der Vorschriften zur Verschmelzung** KapGes auf PersGes (§§ 3 - 8 UmwStG), d. h. **entsprechende Berechnung von Übertragungsgewinn, Bezügen i. S. d. § 7 UmwStG, Übernahmeergebnis, Besitzzeitanrechnung etc.**
!	Der Formwechsel PersGes auf KapGes wird gem. § 25 S. 1 UmwStG als **Einbringung** i. S. d. § 20 - 23 UmwStG behandelt.

Abbildung 81:   Formwechsel unter Beteiligung von Kapital- und Personengesellschaften

Aus der Anwendung der Regelungen zur Verschmelzung folgt, dass aufgrund des Wechsels der Besteuerungsprinzipien **steuerrechtlich eine Vermögensübertragung unterstellt** wird. Daher ist auch beim Formwechsel eine Übertragungsbilanz und eine Eröffnungsbilanz aufzustellen. Bezüglich des steuerlichen Übertragungstags ergibt sich jedoch das Problem, dass keine handelsrechtliche Schlussbilanz nach § 17 Abs. 2 UmwG aufzustellen ist. Somit kann der steuerliche Übertragungstag nicht aus der handelsrechtlichen Schlussbilanz abgeleitet werden. Aus diesem Grund sind auch die Regelungen zur steuerliche Rückbeziehung gem. § 2 UmwStG beim Formwechsel nicht anwendbar.

Zur Lösung dieses Problems definiert § 9 S. 2 UmwStG, dass die Übertragungsbilanz und Eröffnungsbilanz auf den Tag aufzustellen sind, an dem der Formwechsel wirksam wird. Da diese Bilanzen gem. § 9 S. 3 UmwStG auch auf einen 8 Monate vorher liegenden Stichtag aufgestellt werden dürfen, besteht auch beim Formwechsel die Möglichkeit der Rückbeziehung.

Einziger hervorzuhebender Unterschied zu den Ausführungen zur Verschmelzung ist, dass sowohl der BFH[43] als auch die Finanzverwaltung[44] den Formwechsel mangels einer zivilrechtlichen Vermögensübertragung nicht als grunderwerbsteuerbaren Vorgang werten. Beim Formwechsel fällt daher **keine GrESt** an.

Merke: Da beim Formwechsel keine GrESt anfällt, ist der Formwechsel, sofern die übertragende Kapitalgesellschaft über inländischen Grundbesitz verfügt, der Verschmelzung aus steuerlichen Gesichtspunkten vorzuziehen.

---

8 Abschlussfall

Sachverhalt:

Die in Deutschland ansässige Mittelerde GmbH soll in die deutsche Gefährten OHG umgewandelt werden. An der Mittelerde GmbH sind die ebenfalls in Deutschland ansässigen Gesellschafter Aragorn, Gandalf, Saruman und Gimli wie folgt beteiligt:

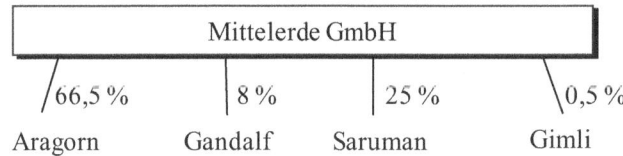

Aragorn ist Gründungsgesellschafter der Mittelerde GmbH. Er hält seine Anteile in einem anderen inländischen Betriebsvermögen (Buchwert = 66.500 €).

Gandalf erwarb seine Anteile am 01.01.2009 zu Anschaffungskosten i. H. v. 57.600 € und hält sie seitdem im Privatvermögen.

Saruman hat die Anteile vor 2 Jahren erworben und hält sie seitdem im Privatvermögen. Seine Anschaffungskosten betragen 192.500 €.

Gimli ist ebenfalls Gründungsgesellschafter der Mittelerde GmbH und hält die Anteile im Privatvermögen. Die Anschaffungskosten der Anteile betragen 500 €.

Die Beteiligten entschließen sich, die Mittelerde GmbH zum 01.01.2020 in die Gefährten OHG umzuwandeln. Es liegt ein notariell beurkundeter Umwandlungsbeschluss vom

---

43   Vgl. BFH v. 04.12.1996, II-B-116/96, BStBl. II 1997, S. 661.

44   Vgl. FinMin. Baden-Württemberg v. 18.09.1997, S 4520/2, GmbHR 1997, S. 1016.

11.04.2020 vor. Die Anmeldung zum Handelsregister erfolgt am 01.07.2020, die Eintragung am 14.08.2020.

Die Bilanz der Mittelerde GmbH (Stichtag: 31.12.2019) stellt sich wie folgt dar:

Aktiva			Mittelerde GmbH	Passiva
	Buchwert	*gem. Wert*		
Aktiva	580 T€	800 T€	Stammkapital	100 T€
Betriebsstätte	60 T€	100 T€	Gewinnrücklagen	420 T€
			Fremdkapital	120 T€
	640 T€	900 T€		640 T€
(Firmenwert)		(50 T€)		

Die Betriebsstätte liegt in Österreich, mit dem Deutschland ein DBA nach der Freistellungsmethode geschlossen hat. Nach der Verschmelzung bleibt die Betriebsstätte unverändert bestehen.

Aufgaben:

1. Welche Art der Umwandlung kommt in Betracht? Skizzieren Sie grob die Grundzüge dieser Umwandlungsform.

2. Wie wird diese Form der Umwandlung steuerrechtlich behandelt?

3. Kann die Mittelerde GmbH die Buchwerte fortführen? Welche steuerlichen Konsequenzen ergeben sich auf Ebene der Mittelerde GmbH daraus?

4. Welche steuerlichen Konsequenzen ergeben sich auf Ebene der übernehmenden Personengesellschaft bzw. für die Anteilseigner der Mittelerde GmbH? Unterstellen Sie einen durchschnittlichen persönlichen Steuersatz von 40 %. Stellen Sie die Eröffnungsbilanz der Gefährten OHG auf. Begründen Sie die Höhe der Kapitalkonten.

1. Art der Umwandlung:

Eine Verschmelzung durch Neugründung kommt nicht in Betracht, da bei dieser zwei übertragende Rechtsträger vorliegen müssen (§ 2 Nr. 2 UmwG). Die GmbH kann jedoch durch Formwechsel (§§ 190 ff. UmwG) in die Gefährten OHG umgewandelt werden. An den Beteiligungsverhältnissen an der Gesellschaft ändert sich durch diese Umwandlungsart nichts. Die Mittelerde GmbH ändert lediglich ihr Rechtskleid unter Wahrung ihrer wirtschaftlichen Identität.

2. Steuerrechtliche Behandlung:

Auf den Formwechsel einer Kapitalgesellschaft in eine Personengesellschaft sind gem. § 9 S. 1 UmwStG die §§ 3 - 8 UmwStG anzuwenden. Die Kapitalgesellschaft hat eine steuerliche Schlussbilanz und die übernehmende Personengesellschaft eine steuerliche Eröffnungsbilanz auf den steuerlichen Übertragungsstichtag aufzustellen (§ 9 S. 2 UmwStG). Gem. § 9 S. 3 UmwStG können diese auch auf einen bis zu acht Monaten vor der Anmeldung zur Eintragung in das Handelsregister liegenden Stichtag aufgestellt sein.

3. Möglichkeit der Buchwertfortführung und steuerliche Konsequenzen:

Die Mittelerde GmbH hat gem. § 9 S. 1 i. V. m. § 3 Abs. 2 UmwStG ein Wahlrecht. Sie kann die übergehenden Wirtschaftsgüter in ihrer steuerlichen Schlussbilanz mit dem Buch-, Zwischen- oder gemeinen Wert ansetzen, sofern die Voraussetzungen des § 3 Abs. 2 UmwStG erfüllt sind.

Die erste Voraussetzung, dass die Wirtschaftsgüter Betriebsvermögen der übernehmenden Gesellschaft werden müssen und die Besteuerung mit ESt oder KSt sichergestellt ist, zielt auf rein vermögensverwaltende Gesellschaften ab. Da in diesem Fall keine rein vermögensverwaltende Gesellschaft vorliegt, ist diese Bedingung erfüllt. Die übergehenden Wirtschaftsgüter werden Betriebsvermögen der übernehmenden Gesellschaft, so dass Veräußerungsgewinne daraus auch nach der Verschmelzung zu versteuern sind.

Die zweite Voraussetzung, dass das deutsche Besteuerungsrecht an den Veräußerungsgewinnen der Wirtschaftsgüter durch die Veräußerung nicht ausgeschlossen oder beschränkt werden darf, ist in diesem Fall ebenfalls erfüllt. Die Aktiva bleiben auch nach der Verschmelzung im Inland belegen, so dass das deutsche Besteuerungsrecht erhalten bleibt. Bezüglich der Wirtschaftsgüter der ausländischen Betriebsstätte ist Deutschland aufgrund des DBA nach der Freistellungsmethode bereits vor der Verschmelzung von seinem Besteuerungsrecht zurückgetreten, so dass dieses nicht ausgeschlossen oder beschränkt werden kann.

Die dritte Voraussetzung, dass eine Gegenleistung in Gesellschaftsrechten bestehen muss, ist aufgrund des Formwechsels gegeben, da es durch den Formwechsel keine Veränderungen im Eigentümerkreis gibt.

Da alle Voraussetzungen erfüllt sind, darf das gesamte Vermögen (Aktiva + Betriebsstätte) in der Übertragungsbilanz mit dem Buchwert angesetzt werden. Dadurch wird die sofortige Versteuerung der stillen Reserven verhindert. Im Ergebnis entspricht aufgrund der Buchwertfortführung die steuerliche Schlussbilanz der obigen Bilanz vom 31.12.2019:

Aktiva			Mittelerde GmbH	Passiva	
	Buchwert	*gem. Wert*			
Aktiva	580.000 €	800.000 €	Stammkapital	100.000 €	
Betriebsstätte	60.000 €	100.000 €	Gewinnrücklagen	420.000 €	
			Fremdkapital	120.000 €	
	640.000 €	900.000 €		640.000 €	
(Firmenwert		50.000 €)			

4. Steuerliche Konsequenzen auf Ebene der übernehmenden Personengesellschaft:

Gem. § 7 UmwStG werden im **1. Schritt** die Gewinnrücklagen den Einkünften aus Kapitalvermögen i. S. d. § 20 Abs. 1 Nr. 1 EStG zugerechnet. Dazu wird das steuerliche Eigenkapital i. H. v. 520.000 € abzüglich des Stammkapitals i. H. v. 100.000 € anteilig auf die Gesellschafter aufgeteilt:

	Gesellschafter	**Aragorn**	**Gandalf**	**Saruman**	**Gimli**
	Höhe d. Beteiligung	66,5 %	8,0 %	25,0 %	0,5 %
	Steuerliches EK	345.800 €	41.600 €	130.000 €	2.600 €
./.	Einlagekonto	./. 66.500 €	./. 8.000 €	./. 25.000 €	./. 500 €
=	**Bezüge gem. § 7 UmwStG**	**279.300 €**	**33.600 €**	**105.000 €**	**2.100 €**

Da die Bezüge gem. § 7 UmwStG Einkünfte aus Kapitalvermögen i. S. d. § 20 Abs. 1 Nr. 1 EStG darstellen, unterliegen diese der Kapitalertragsteuer gem. § 43 Abs. 1 Nr. 1 i. V. m. § 43a Abs. 1 Nr. 1 EStG. Aus Vereinfachungsgründen wird jedoch auf die Berechnung der KapESt verzichtet.

Als nächstes ist zu klären, welche Anteile im **2. Schritt** in das Übernahmeergebnis einzubeziehen sind. Aragorns Anteile gelten als mit dem Buchwert zum steuerlichen Übertragungsbilanz in die Gefährten OHG überführt, weil er diese in einem anderen inländischen Betriebsvermögen hält (§ 5 Abs. 3 S. 1 UmwStG). Gandalfs Anteile gelten als zum steuerlichen Übertragungsstichtag mit den Anschaffungskosten in das Betriebsvermögen der Gefährten OHG eingelegt, da diese i. S. d. § 17 EStG steuerverhaftet sind (§ 5 Abs. 2 UmwStG). Gleiches gilt für Sarumans Anteile. Gimlis Anteile gelten nach momentanem Rechtsstand nicht als in die Gefährten OHG eingelegt. Diese Anteile nehmen daher nicht am Übernahmeergebnis teil, so dass die darauf entfallenden Wirtschaftsgüter bei der Ermittlung des Übernahmeergebnisses außer Ansatz bleiben (§ 4 Abs. 4 S. 3 UmwStG). Gimli muss nur die auf seine Anteile entfallenden Gewinnrücklagen gem. § 7 UmwStG versteuern.

Da die Mittelerde GmbH über eine ausländische Betriebsstätte verfügt, an deren stillen Reserven Deutschland durch die Umwandlung das über die Kapitalgesellschaftsanteile bestehende indirekte Besteuerungsrecht verliert, ist § 4 Abs. 4 S. 2 UmwStG anzuwenden. Somit ist die Betriebsstätte in der Übernahmeergebnisermittlung mit dem gemeinen Wert anzusetzen. Die Umbewertung nach § 4 Abs. 4 S. 2 UmwStG beträgt 40.000 € (100.000 € ./. 60.000 €).

Das **Übernahmeergebnis** ist gesellschafterbezogen zu ermitteln und beträgt auf der **ersten Stufe** (§ 4 Abs. 4 UmwStG):

	Gesellschafter	Aragorn	Gandalf	Saruman
	Höhe der Beteiligung	66,5 %	8 %	25 %
	Aktiva der Mittelerde GmbH	425.600 €	51.200 €	160.000 €
./.	FK der Mittelerde GmbH	./. 79.800 €	./. 9.600 €	./. 30.000 €
=	Übergehendes Vermögen	345.800 €	41.600 €	130.000 €
+	Umbewertung § 4 Abs. 4 S. 2 UmwStG	+ 26.600 €	+ 3.200 €	+ 10.000 €
./.	Kosten des Vermögensübergangs	0 €	0 €	0 €
./.	untergehende Beteiligung	./. 66.500 €	./. 57.600 €	./. 192.500 €
=	**Übernahmeergebnis 1. Stufe**	**305.900 €**	**./. 12.800 €**	**./. 52.500 €**

Zur Berechnung des Übernahmeergebnisses 2. Stufe müssen die Bezüge gem. § 7 UmwStG vom Übernahmeergebnis abgezogen werden (§ 4 Abs. 5 S. 2 UmwStG). Demnach ermittelt sich das **Übernahmeergebnis 2. Stufe** wie folgt:

	Gesellschafter	Aragorn	Gandalf	Saruman
	Höhe der Beteiligung	66,5 %	8 %	25 %
	Übernahmeergebnis 1. Stufe	305.900 €	./. 12.800 €	./. 52.500 €
./.	Bezüge gem. § 7 UmwStG	./. 279.300 €	./. 33.600 €	./. 105.000 €
=	**Übernahmeergebnis 2. Stufe**	**26.600 €**	**./. 46.400 €**	**./. 157.500 €**

Grundsätzlich müsste Aragorn als Gründungsgesellschafter ein Übernahmeergebnis von Null haben. Aufgrund der Hinzurechnung des § 4 Abs. 4 S. 2 UmwStG ergibt sich jedoch für Aragorn ein Übernahmegewinn.

Die Steuerschuld der Gesellschafter errechnet sich nun aus den Bezügen gem. § 7 UmwStG und dem steuerlichen Übernahmeergebnis. Dabei wird weder der Übernahmegewinn noch der Übernahmeverlust gewerbesteuerlich erfasst (§ 18 Abs. 2 UmwStG).

Da **Aragorn** seine Anteile in seinem Betriebsvermögen hält, unterliegen sowohl der Übernahmegewinn als auch die Bezüge gem. § 7 UmwStG dem Teileinkünfteverfahren. Die Steuerschuld von Aragorn beträgt:

	Übernahmegewinn 2. Stufe	26.600 €
+	Bezüge gem. § 7 UmwStG i. V. m. § 20 Abs. 1 Nr. 1 EStG	+ 279.300 €
=	Summe	305.900 €
./.	Zu 40 % steuerbefreit (Anwendung des Teileinkünfteverfahrens gem. § 3 Nr. 40 EStG auf Kapitaleinkünfte i. S. d. § 20 EStG und den Übernahmegewinn gem. § 4 Abs. 7 UmwStG)	./. 122.360 €
=	**zu versteuerndes Einkommen**	**183.540 €**
*	40 % (Einkommensteuer) =	73.416 €

Der Übernahmeverlust von **Gandalf** und **Saruman** bleibt grundsätzlich gem. § 4 Abs. 6 S. 1 UmwStG außer Ansatz. Jedoch kann dieser i. H. v. 60 %, maximal aber i. H. v. 60 % der Bezüge gem. § 7 UmwStG angesetzt werden (§ 4 Abs. 6 S. 4 UmwStG). Aufgrund der Missbrauchsvorschrift des § 4 Abs. 6 S. 6 UmwStG ist dies allerdings nur möglich, falls die Anteile nicht innerhalb der letzten 5 Jahren entgeltlich erworben wurden.

Für **Gandalf** (Erwerb der Anteile vor 11 Jahren) bedeutet dies, dass er den Übernahmeverlust gem. § 4 Abs. 6 S. 4 UmwStG innerhalb der festgelegten Grenzen steuerlich geltend machen kann. **Saruman** (Erwerb der Anteile vor 2 Jahren) kann den Übernahmeverlust dagegen steuerlich nicht nutzen.

Die Beteiligungen sowohl von Gandalf als auch von Saruman werden im Privatvermögen gehalten und nehmen gem. § 5 UmwStG an der Ermittlung des Übernahmeergebnisses teil. Die Beteiligungen gelten daher als in das Betriebsvermögen eingelegt, so dass aufgrund der Subsidiaritätsklausel des § 20 Abs. 8 EStG die Bezüge gem. § 7 UmwStG ebenso wie das Übernahmeergebnis dem Teileinkünfteverfahren zu unterwerfen sind.

Die Steuerschuld von **Gandalf** beträgt:

	Übernahmeergebnis 2. Stufe	./. 46.400 €
	Bezüge gem. § 7 UmwStG i. V. m. § 20 Abs. 1 Nr. 1 EStG	33.600 €
./.	Zu 40 % steuerbefreit (Anwendung des Teileinkünfteverfahrens gem. § 3 Nr. 40 EStG auf Kapitaleinkünfte i. S. d. § 20 EStG und den Übernahmegewinn gem. § 4 Abs. 7 UmwStG)	./. 13.440 €
./.	Anrechnung des Übernahmeverlustes gem. § 4 Abs. 6 S. 4 UmwStG	./. 20.160 €
=	**zu versteuerndes Einkommen**	**0 €**
*	40 % (Einkommensteuer) =	0 €

Die Steuerschuld von Gandalf beträgt insgesamt: 0 €

Die Steuerschuld von **Saruman** beträgt:

	Übernahmeergebnis 2. Stufe	./. 157.500 €
	Bezüge gem. § 7 UmwStG i. V. m. § 20 Abs. 1 Nr. 1 EStG	105.000 €
./.	Zu 40 % steuerbefreit (Anwendung des Teileinkünfteverfahren gem. § 3 Nr. 40 EStG auf Kapitaleinkünfte i. S. d. § 20 EStG)	./. 42.000 €
./.	Anrechnung des Übernahmeverlustes gem. § 4 Abs. 6 S. 4 UmwStG	0 €
=	**zu versteuerndes Einkommen**	**63.000 €**
*	40 % (Einkommensteuer) =	25.200 €

Die Steuerschuld von Saruman beträgt insgesamt: 25.200 €

Da **Gimli** weniger als 1 % der Anteile in seinem Privatvermögen hält, unterliegen in seinem Fall die Bezüge gem. § 7 UmwStG der Abgeltungsteuer. Die Steuerschuld von **Gimli** beträgt:

	Bezüge gem. § 7 UmwStG i. V. m. § 20 Abs. 1 Nr. 1 EStG	2.100 €
=	**zu versteuerndes Einkommen**	**2.100 €**
*	25 % (Abgeltungsteuer) =	525 €

In der **Eröffnungsbilanz** der Gefährten OHG werden die Aktiva und das Fremdkapital entsprechend den Werten der Schlussbilanz der Mittelerde GmbH fortgeführt. Die Kapitalkonten der Gesellschafter ergeben sich entsprechend deren Anteil am Eigenkapital der Mittelerde GmbH i. H. v. 520.000 €, bestehend aus den Gewinnrücklagen und dem Stammkapital. Da sich an den Beteiligungsverhältnissen durch den Formwechsel nichts ändert, werden diese 520.000 € entsprechend den Beteiligungsverhältnissen verteilt. Das Kapitalkonto z. B. von Aragorn beträgt daher: 520.000 € * 66,5 % = 345.800 €. Die Eröffnungsbilanz der Gefährten OHG hat folgendes Aussehen:

Aktiva	Gefährten OHG		Passiva
Aktiva	580.000 €	Kapital Aragorn	345.800 €
BS	60.000 €	Kapital Saruman	130.000 €
		Kapital Gandalf	41.600 €
		Kapital Gimli	2.600 €
		FK	120.000 €
	640.000 €		640.000 €

Da die Gefährten OHG die Wirtschaftsgüter zu Buchwerten übernimmt, bleiben die stillen Reserven weiterhin steuerverhaftet. Die Kapitalkonten können dabei auch folgendermaßen erklärt werden: Aragorns Kapitalkonto besteht aus den Anschaffungskosten der Anteile

zzgl. dem Übernahmeegewinn 1. Stufe abzgl. der Umbewertung nach § 4 Abs. 4 S. 2 UmwStG (66.500 € + 305.900 € ./. 26.600 € = 345.800 €). Analog dazu bestehen die Kapitalkonten von Gandalf bzw. Saruman ebenfalls aus den Anschaffungskosten bzw. dem Buchwert abzüglich des Übernahmeverlusts 1. Stufe abzüglich der Umbewertung nach § 4
Abs. 4 S. 2 UmwStG. Das Übernahmeergebnis 1. Stufe je Gesellschafter schlägt sich damit
in den Kapitalkonten der Gesellschafter nieder, wobei die außerhalb der Bilanz erfolgten
Umbewertungen gem. § 4 Abs. 4 S. 2 UmwStG herauszurechnen sind.

Auf den ersten Blick erscheint nun das Aufstellen einer Ergänzungsbilanz für Saruman, der
einen Übernahmeverlust erlitten hat, notwendig, da er bei Erwerb seiner Beteiligung stille
Reserven bezahlt hat. Genau diese darf jedoch nach dem UmwStG n. F. nicht mehr aufgestellt werden. Die mitvergüteten stillen Reserven gehen somit steuerlich verloren. Verkauft
er später seinen Mitunternehmeranteil, so muss er die mitvergüteten stillen Reserven u.U.
erneut versteuern. In einer Totalbetrachtung kann es daher zu einer 1,6-fachen Besteuerung
kommen.

Für den Gesellschafter Gimli gelten die obigen Ausführungen nicht. Seine Anteile nehmen
nicht an der Ermittlung des Übernahmeergebnisses teil. Sein Kapitalkonto lässt sich daher
wie folgt ableiten:

	Anschaffungskosten	500 €
+	Bezüge gem. § 7 UmwStG	+ 2.100 €
=	Kapital Gimli	2.600 €

Kapitel III: Verschmelzung von Kapitalgesellschaften

1 Allgemeines

Bei der Verschmelzung von Kapitalgesellschaften wird das gesamte Vermögen einer oder mehrerer Kapitalgesellschaften im Wege der Gesamtrechtsnachfolge auf eine andere Kapitalgesellschaft übertragen. Im Gegenzug werden die Anteilseigner der übertragenden Kapitalgesellschaft(en) durch Anteilstausch an der übernehmenden Kapitalgesellschaft beteiligt (§ 2 UmwG). Die übertragende(n) Kapitalgesellschaft(en) gehen unter Auflösung ohne Abwicklung unter.

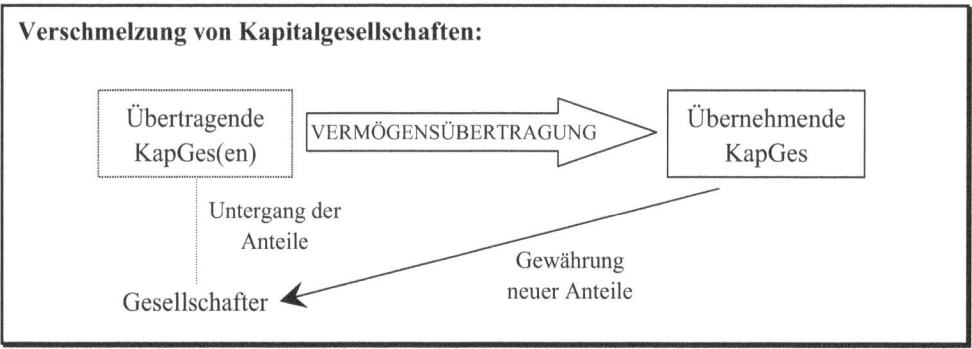

Abbildung 82:   Verschmelzung von Kapitalgesellschaften

Bisher waren Verschmelzungen i. S. d. UmwG gem. §§ 1, 3 UmwG auf rein nationale Sachverhalte beschränkt und grenzüberschreitende Verschmelzungen damit gar nicht oder nur durch Umwegkonstruktionen (z. B. Gründung einer SE) durchführbar. Durch das zweite Gesetz zur Änderung des Umwandlungsgesetzes vom 19.04.2007, das die europäische Verschmelzungsrichtlinie in nationales Recht umsetzt, werden grenzüberschreitende Verschmelzungen in der Europäischen Union und im Europäischen Wirtschaftsraum ermöglicht. § 122a UmwG definiert eine grenzüberschreitende Verschmelzung als eine Verschmelzung, bei der mindestens eine der beteiligten Gesellschaften dem Recht eines anderen Mitgliedstaats der EU bzw. EWR unterliegt. An einer grenzüberschreitenden Verschmelzung müssen also Gesellschaften aus mindestens zwei EU/EWR-Staaten teilnehmen. Auf die beteiligten inländischen Kapitalgesellschaften findet dabei deutsches Verschmelzungsrecht und auf die beteiligten nicht deutschen Gesellschaften das entsprechende ausländische Verschmelzungsrecht ihres Sitz- oder Gründungsstaates Anwendung.

Handelsrechtlich gibt es nur geringfügige Unterschiede zwischen der im vorhergehenden Kapitel beschriebenen Verschmelzung einer Kapitalgesellschaft auf eine Personengesellschaft und der Verschmelzung einer Kapitalgesellschaft auf eine Kapitalgesellschaft. Auch

© Springer Fachmedien Wiesbaden GmbH, ein Teil von Springer Nature 2020
G. Brähler und A. Krenzin, *Umwandlungssteuerrecht*,
https://doi.org/10.1007/978-3-658-27980-6_3

im Steuerrecht gibt es grundlegende Gemeinsamkeiten zwischen der Verschmelzung einer Kapitalgesellschaft auf eine Personengesellschaft und dem Grundfall der Verschmelzung von Kapitalgesellschaften. Der Grundfall umfasst den „up-stream merger", also die Verschmelzung einer 100%igen Tochtergesellschaft auf ihre Muttergesellschaft. Gemeinsamkeiten und Unterschiede der Verschmelzung einer Kapitalgesellschaft auf eine Personengesellschaft und dem Grundfall der Verschmelzung von Kapitalgesellschaften sind in der folgenden Übersicht dargestellt:

	Verschmelzung KapGes auf PersGes	**Verschmelzung KapGes auf KapGes**
Übertragungs-gewinn	**steuerpflichtig**, da Übertragungsgewinn = Buchgewinn, der durch die Aufdeckung stiller Reserven entsteht ⇨ Fiktive Veräußerung der übertragenen Wirtschaftsgüter	
Übernahme-gewinn	**Zu 40 % steuerfrei**, da der Übernahmegewinn (indirekt über § 7 UmwStG) durch die fiktive Ausschüttung der Gewinnrücklagen an natürliche Personen entsteht. ⇨ Fiktive Totalausschüttung der Gewinnrücklagen	**Zu 95 % steuerfrei**, da der Übernahmegewinn durch die fiktive Ausschüttung der Gewinnrücklagen an juristische Personen entsteht.

Abbildung 83:   Steuerliche Behandlung der Verschmelzung von Kapitalgesellschaften auf eine Personengesellschaft bzw. auf eine Kapitalgesellschaft

Sowohl bei der Verschmelzung einer Kapitalgesellschaft auf eine Personengesellschaft als auch bei der Verschmelzung einer Kapitalgesellschaft auf eine Kapitalgesellschaft entsteht ein **Übertragungsgewinn**, wenn die Buchwerte der übertragenen Wirtschaftsgüter in der steuerlichen Schlussbilanz der übertragenden Gesellschaft nicht fortgeführt und die Wirtschaftsgüter stattdessen zu einem höheren Zwischenwert oder zum gemeinen Wert angesetzt werden. Der Übertragungsgewinn entspricht dabei der Differenz zwischen dem Wert, mit dem die Wirtschaftsgüter der übertragenden Gesellschaft übergehen, und dem Buchwert dieser Wirtschaftsgüter, also genau den im Zuge der Verschmelzung offen gelegten stillen Reserven der übertragenden Gesellschaft. Da im Falle der Einzelveräußerung der übertragenen Wirtschaftsgüter ebenfalls die in den Wirtschaftsgütern enthaltenen stillen Reserven ganz oder teilweise aufgedeckt worden wären, gleicht die Besteuerung des Übertragungsgewinns der Besteuerung des Gewinns aus der fiktiven Veräußerung der übertragenen Wirtschaftsgüter. Der Übertragungsgewinn ist daher bei der Verschmelzung von Kapitalgesellschaften ebenso wie der Übertragungsgewinn bei der Verschmelzung einer Kapitalgesellschaft auf eine Personengesellschaft als laufender Gewinn der übertragenden Gesellschaft voll steuerpflichtig.

Eine weitere Begründung, weshalb der Übertragungsgewinn der ungemilderten Besteuerung unterliegen muss, besteht darin, dass die übernehmende Gesellschaft die Bewertung der übergehenden Wirtschaftsgüter durch die übertragende Gesellschaft in ihre Bilanz zu übernehmen hat (§ 4 Abs. 1, § 12 Abs. 1 UmwStG). Mit Vollzug der Verschmelzung tritt die übernehmende Gesellschaft folglich in die steuerliche Rechtsstellung der Überträgerin ein. Dies gilt insbesondere auch für die Bemessungsgrundlage der Abschreibungen. Somit kann die Übernehmerin im Falle der Aufstockung der Wirtschaftsgüter durch die übertragende Gesellschaft die Wirtschaftsgüter aufgrund ihres höheren Wertansatzes in der Bilanz von einer höheren AfA-Bemessungsgrundlage abschreiben. Zudem erzielt der übernehmende Rechtsträger im Fall der Veräußerung der Wirtschaftsgüter auch niedrigere Veräußerungsgewinne. Eine vollständige oder teilweise Steuerbefreiung des Übertragungsgewinns würde deshalb zu einer systemwidrigen übermäßigen Begünstigung führen.

Bei der Ermittlung des **Übernahmegewinns** weichen zwar die Berechnungsschemata bei der Verschmelzung einer Kapitalgesellschaft auf eine Personen- bzw. auf eine Kapitalgesellschaft voneinander ab, dennoch läuft es in beiden Fällen bei Fortführung der Buchwerte auf die Besteuerung einer fiktiven Ausschüttung der Gewinnrücklagen der übertragenden Gesellschaft hinaus. Grundsätzlich ergibt sich der Übernahmegewinn in beiden Fällen aus der Differenz des Wertes, mit dem die übernommenen Wirtschaftsgüter bei der übernehmenden Gesellschaft anzusetzen sind, und dem Buchwert der Anteile an der übertragenden Gesellschaft, welche sich im Besitz der übernehmenden Gesellschaft befinden. Der Wert, mit dem die übernommenen Wirtschaftsgüter bei der übernehmenden Gesellschaft anzusetzen sind, entspricht dem in der steuerlichen Schlussbilanz der übertragenden Gesellschaft ausgewiesenen Eigenkapital, welches sich naturgemäß aus Gründungskapital und Gewinnrücklagen zusammensetzt. Der Buchwert der Anteile an der übertragenden Gesellschaft, die sich im Besitz der übernehmenden Gesellschaft befinden, ist mit diesem Gründungskapital der übertragenden Kapitalgesellschaft deckungsgleich. Die Differenz zwischen dem Eigenkapital der übertragenden Gesellschaft und dem Buchwert der Anteile an der übertragenden Gesellschaft, die sich im Besitz der übernehmenden Gesellschaft befinden, stimmt folglich im vom Gesetzgeber unterstellten Gründungsfall genau mit den Gewinnrücklagen der übertragenden Gesellschaft überein, die in dem Zeitraum erwirtschaftet wurden, in dem die übernehmende Gesellschaft an der übertragenden Gesellschaft beteiligt war. Durch die Besteuerung des Übernahmegewinns sollen folglich die Gewinnrücklagen der übertragenden Gesellschaft besteuert werden. Damit entspricht die Besteuerung des Übernahmegewinns der Besteuerung der fiktiven Ausschüttung der Gewinnrücklagen.

Im Unterschied zu der Ermittlung des Übernahmegewinns bei der Verschmelzung einer Kapitalgesellschaft auf eine andere Kapitalgesellschaft, welche genau nach dem oben dargestellten Schema vollzogen wird, werden die Gewinnrücklagen der übertragenden Gesellschaft bei der Verschmelzung einer Kapitalgesellschaft auf eine Personengesellschaft aus dem Übernahmeergebnis herausgerechnet (§ 4 Abs. 5 S. 2 i. V. m. § 7 UmwStG) und den Anteilseignern gem. § 7 UmwStG separat zugewiesen. Die Anteilseigner haben die ihnen anteilig zugewiesenen Gewinnrücklagen als (fiktive) Einnahmen aus Kapitalvermögen zu versteuern. Das Übernahmeergebnis mindert sich dementsprechend um die Gewinnrücklagen und beträgt bei Buchwertfortführung im Gründungsfall immer 0 €. Letztlich werden also auch im Rahmen der Verschmelzung einer Kapitalgesellschaft auf eine Personengesellschaft bei Buchwertfortführung aufgrund des Übernahmeergebnisses i. H. v. 0 € nur die Gewinnrücklagen der übertragenden Gesellschaft einer Besteuerung unterworfen. Das gleiche Ergebnis ergibt sich auch im Rahmen der Berechnung des Übernahmegewinns bei der Verschmelzung von Kapitalgesellschaften. Der Vergleich der Berechnungsschemata zur Berechnung des Übernahmegewinns bei der Verschmelzung einer Kapitalgesellschaft auf eine Personengesellschaft bzw. auf eine Kapitalgesellschaft ergibt also, dass die Berechnungsschemata in beiden Fällen zwar unterschiedlich sind, jedoch zum gleichen Ergebnis führen: die Gewinnrücklagen der übertragenden Kapitalgesellschaft werden einer Besteuerung unterworfen.

Wie im Handelsrecht ist auch steuerrechtlich die grenzüberschreitende Verschmelzung von Kapitalgesellschaften möglich.

Merke: Der Grundfall der Verschmelzung einer Kapitalgesellschaft auf eine andere Kapitalgesellschaft umfasst den sog. „up-stream merger", d. h. die Verschmelzung einer hundertprozentigen Tochtergesellschaft auf ihre Muttergesellschaft.

Ein bei der Verschmelzung einer Kapitalgesellschaft auf eine Personengesellschaft bzw. auf eine Kapitalgesellschaft entstehender **Übertragungsgewinn** ist **voll steuerpflichtig**. Die Besteuerung des Übertragungsgewinns entspricht der Besteuerung einer fiktiven Veräußerung der übertragenen Wirtschaftsgüter.

Im Rahmen der Ermittlung des **Übernahmegewinns** werden bei der Verschmelzung einer Kapitalgesellschaft auf eine Personengesellschaft bzw. Kapitalgesellschaft die Gewinnrücklagen der übertragenden Gesellschaft auf Ebene der Anteilseigner bzw. übernehmenden Gesellschaft der Besteuerung mit KSt und GewSt unterworfen. Die Besteuerung entspricht dabei der Besteuerung einer **(fiktiven) Totalausschüttung der Gewinnrücklagen der übertragenden Gesellschaft** an ihre Anteilseigner.

Die Gründe für die Verschmelzung einer Kapitalgesellschaft auf eine andere Kapitalgesellschaft sind vielfältiger Natur. Die Hauptmotive liegen v.a. im betriebswirtschaftlichen, aber auch im steuerrechtlichen und allgemein rechtlichen Bereich.

Betriebswirtschaftliche Gründe:
- Reorganisation von Teilbereichen zur effizienteren Nutzung und Kombination der Produktionsfaktoren,
- gemeinsame Patentnutzung,
- Kosteneinsparungen durch Größen- und Synergieeffekte,
- bessere Möglichkeiten zur Umsetzung von Rationalisierungsmaßnahmen,
- konzerninterne Verschmelzungen zur Reduzierung von Verwaltungs- und Kommunikationskosten,
- Steigerung der Markt- und Machtposition.

Steuerrechtliche/ allgemein rechtliche Gründe:

- Verhinderung der Liquidation eines insolventen Unternehmens,
- Nutzung von Verlustvorträgen,
- Durchführung einer vereinfachten Kapitalherabsetzung.

2 Handelsrechtliche Regelungen

Im Folgenden werden die handelsrechtlichen Regelungen der Verschmelzung einer Kapitalgesellschaft auf eine andere Kapitalgesellschaft dargestellt. Dabei werden das Rechtsinstitut der Verschmelzung, die Durchführung und die Rechtsfolgen im Rahmen des UmwG kurz erläutert.

2.1 Verschmelzung von Kapitalgesellschaften im UmwG

2.1.1   Systematik

Die Verschmelzung von Kapitalgesellschaften ist im zweiten Buch des UmwG geregelt, welches die §§ 2 - 1221 UmwG umfasst. Im ersten Teil (§§ 2 - 38 UmwG) werden allgemeine Vorschriften formuliert. Der zweite Teil (§§ 39 - 1221 UmwG) beinhaltet besondere Vorschriften zur Verschmelzung unter Beteiligung von Kapitalgesellschaften unterschiedlicher Rechtsformen (§§ 46 - 78 UmwG). Die neuen Regelungen zur grenzüberschreitenden Verschmelzung sind im zehnten Abschnitt des zweiten Teils (§§ 122a - l) des UmwG geregelt. Gem. § 122a Abs. 2 UmwG sind die Vorschriften zur Verschmelzung von Kapitalgesellschaften nach nationalem Recht auch auf grenzüberschreitende Verschmelzungen anzuwenden, sofern die §§ 122a - l UmwG nicht etwas anderes regeln.

Merke: Die Vorschriften des ersten Teils (§§ 2 - 38 UmwG) sind grundsätzlich auf alle Verschmelzungsvorgänge anzuwenden.

Die Regelungen des zweiten Teils (§§ 39 - 122 UmwG) normieren rechtsformspezifische Ausnahmen, Abweichungen oder Erleichterungen vom ersten Teil.

Der zehnte Abschnitt des zweiten Teils die UmwG (§§ 122a - l) normiert Regelungen zur grenzüberschreitenden Verschmelzung von Kapitalgesellschaften.

2.1.2   Verschmelzungsfähige Kapitalgesellschaften

§ 1 Abs. 1 UmwG regelt, dass an Umwandlungen i. S. d. UmwG nur Rechtsträger beteiligt sein können, die ihren Sitz im Inland haben. Damit konnten nach bisherigem Recht nur inländische Kapitalgesellschaften verschmolzen werden (§ 1 Abs. 1 Nr. 1 UmwG). Dies sind gem. der Aufzählung des § 3 Abs. 1 Nr. 3 UmwG die GmbH, die AG und die KGaA. Auch eine SE mit Sitz in Deutschland ist verschmelzungsfähig. Ergänzt werden diese auf rein nationale Sachverhalte beschränkten Regelungen durch § 122b UmwG. Die Vorschrift erweitert die verschmelzungsfähigen Kapitalgesellschaften um solche, die nach dem Recht eines Mitgliedstaates der EU bzw. des EWR gegründet wurden und die ihren satzungsmäßigen Sitz, ihre Hauptverwaltung oder ihre Hauptniederlassung in einem Mitgliedstaat der EU bzw. des EWR haben. Darunter fallen sowohl alle enumerativ in der Publizitätsrichtlinie (68/151/EWG) aufgeführten Rechtsformen als auch Gesellschaften, die Rechtspersönlichkeit besitzen, über Gesellschaftskapital verfügen, das allein für die Verbindlichkeiten der Gesellschaft haftet, und die nach innerstaatlichem Recht der Publizitätsrichtlinie ähnliche Bestimmungen zum Schutze der Gesellschafter und Dritter einhalten müssen.[45]

Gem. § 3 Abs. 1 Nr. 2 UmwG können an der Verschmelzung Kapitalgesellschaften sowohl als übertragender als auch als übernehmender Rechtsträger beteiligt sein. Verschmelzungen können gem. § 3 Abs. 4 UmwG sowohl unter gleichzeitiger Beteiligung von mehreren Kapitalgesellschaften derselben Rechtsform (z. B. Verschmelzung von GmbHs) als auch von mehreren Kapitalgesellschaften unterschiedlicher Rechtsformen (z. B. Verschmelzung einer GmbH auf eine AG) durchgeführt werden. Gem. § 122a Abs. 2 UmwG gelten die Regelungen des § 3 Abs. 1 Nr. 2 und Abs. 4 UmwG auch für grenzüberschreitende Verschmelzungen.

> **Merke:** Verschmelzungsfähig sind alle nach dem Recht eines EU- bzw. EWR-Staates gegründeten Kapitalgesellschaften, die ihren satzungsgemäßen Sitz, ihre Hauptverwaltung oder ihre Hauptniederlassung in einem EU- bzw. EWR-Staat haben.

2.1.3   Verschmelzung durch Aufnahme und Neugründung

Wie bereits am Anfang des Kapitels erwähnt, geht bei der Verschmelzung das gesamte Vermögen eines oder mehrerer Rechtsträger im Wege der Gesamtrechtsnachfolge auf einen anderen Rechtsträger über. Der bzw. die übertragenden Rechtsträger erlöschen. Die Anteilseigner der übertragenden Rechtsträger werden durch Anteile am übernehmenden Rechtsträger abgefunden. Das UmwG unterscheidet gem. § 2 UmwG zwei Möglichkeiten der Verschmelzung von Kapitalgesellschaften, die den Möglichkeiten zur Verschmelzung von Kapital- auf Personengesellschaften entsprechen:

- **Verschmelzung durch Aufnahme gem. §§ 4 - 35 UmwG:**
  Übertragung des Vermögens einer oder mehrerer Kapitalgesellschaften auf eine bereits bestehende Kapitalgesellschaft.
- **Verschmelzung durch Neugründung gem. §§ 36 - 38 UmwG:**
  Übertragung des Vermögens zweier oder mehrerer Kapitalgesellschaften auf eine von ihnen neu gegründete Kapitalgesellschaft.

---

[45]   Vgl. BT-Drucks. 16/2919, S. 14.

Einzelheiten zur Verschmelzung durch Aufnahme bzw. durch Neugründung sind aufgrund der identischen gesetzlichen Regelung (§ 2 UmwG) dem Kapitel zur Verschmelzung von Kapitalgesellschaften auf Personengesellschaften zu entnehmen.

Wesentliche Merkmale einer Verschmelzung nach dem UmwG:
- ✓ Verschmelzung durch Aufnahme oder Neugründung,
- ✓ Vermögensübertragung als Ganzes,
- ✓ Gesamtrechtsnachfolge der übernehmenden Kapitalgesellschaft,
- ✓ Gewährung von neuen Anteilsrechten an die Gesellschafter der übertragenden Kapitalgesellschaft(en) sowie
- ✓ Untergang der übertragenden Kapitalgesellschaft(en) ohne Abwicklung.

2.2 Ablauf der Verschmelzung im Überblick

Der Ablauf der Verschmelzung von Kapitalgesellschaften ist im Allgemeinen in den §§ 4 – 38 UmwG geregelt. Dabei sind die Vorschriften des zweiten Teils (§§ 39 - 122l UmwG) je nach Rechtsform der beteiligten Rechtsträger ergänzend anzuwenden. Wie bei der Verschmelzung von Kapital- auf Personengesellschaften lässt sich das Verschmelzungsverfahren dem zeitlichen Ablauf entsprechend in drei Entwicklungsphasen einteilen:

- Vorbereitungsphase,
- Beschlussverfahren und
- Vollzug.

2.2.1 Vorbereitungsphase

2.2.1.1 Vertragliche Grundlagen der Verschmelzung

2.2.1.1.1 Nationale Verschmelzungen: Verschmelzungsvertrag

Die Verschmelzung wird gem. § 4 Abs. 1 UmwG eingeleitet mit einem **Verschmelzungsvertrag** zwischen den Vertretungsorganen der beteiligten Kapitalgesellschaften. Vertretungsorgane sind bei der GmbH die Geschäftsführer (§ 35 Abs. 1 GmbHG) und bei der AG der Vorstand (§ 78 Abs. 1 AktG). Der Verschmelzungsvertrag ist nach § 6 UmwG notariell zu beurkunden.

Der Inhalt dieses Vertrags entspricht mit Ausnahme von § 40 UmwG dem des Verschmelzungsvertrags bei der Verschmelzung von Kapital- auf Personengesellschaften.

2.2.1.1.2   Grenzüberschreitende Verschmelzung: Verschmelzungsplan

Anstelle des Verschmelzungsvertrages bei rein nationalen Verschmelzungen tritt bei grenz-überschreitenden Verschmelzungen gem. § 122c Abs. 1 UmwG der Verschmelzungsplan. Dieser ist von den Vertretungsorganen der an der Verschmelzung beteiligten Gesellschaften gemeinsam aufzustellen und muss notariell beurkundet werden (§ 122c Abs. 4 UmwG).

Der Verschmelzungsplan oder sein Entwurf ist gem. § 122d S. 1 UmwG spätestens einen Monat vor der Gesellschafterversammlung, die ihm zustimmen soll, zum Handelsregister einzureichen. Das zuständige Registergericht hat unverzüglich die Einreichung des Ver-schmelzungsplans sowie Angaben zur Rechtsform, Firma, Sitz und Register der an der Verschmelzung beteiligten Gesellschaften bekannt zu machen (§ 122d S. 2 Nr. 1 - 3 UmwG).

§ 122c Abs. 2 UmwG regelt den gesetzlichen Mindestinhalt des Verschmelzungsplans. Dieser wird zwingend durch die Verschmelzungsrichtlinie[46] vorgegeben und ist damit in allen EU-Staaten gleich.

Abbildung 84:   Inhalt des Verschmelzungsplans gem. § 122c UmwG

---

[46]   Vgl. Verschmelzungsrichtlinie 2005/56/EG v. 26.10.2005.

Inhaltlich entspricht der Verschmelzungsplan (§ 122c Nr. 1 - 8 UmwG) weitgehend dem Verschmelzungsvertrag nach § 5 UmwG. Zusätzlich zu den Angaben, die auch in einem Verschmelzungsvertrag einer rein nationalen Verschmelzung enthalten sind, müssen bei grenzüberschreitenden Verschmelzungen Angaben über Einzelheiten des Verfahrens zur Festlegung der Mitbestimmungsrechte der Arbeitnehmer, über die Bewertung des übergehenden Vermögens und über die zur Festlegung der Bedingungen der Verschmelzung verwendeten Bilanzstichtage der beteiligten Gesellschaften gemacht werden (§ 122c Nr. 10 - 12 UmwG). Darüber hinaus sind dem Verschmelzungsplan auch die Satzungen der beteiligten Gesellschaften beizufügen (§ 122c Nr. 9 UmwG).

2.2.1.2 Umtauschverhältnis und bare Zuzahlungen

Das Umtauschverhältnis ist für die Anteilseigner der übertragenden Kapitalgesellschaft von besonderer Bedeutung. Es gibt an, in welchem Verhältnis die Anteile an der übertragenden Kapitalgesellschaft gegen neue Anteile an der übernehmenden Kapitalgesellschaft umzutauschen sind. Dabei schreibt das UmwG nicht vor, wie dieses Umtauschverhältnis zu ermitteln ist, sondern enthält lediglich in § 12 Abs. 2 S. 1 UmwG die Vorschrift zur Prüfung der Angemessenheit. Ein Umtauschverhältnis gilt dann als angemessen, wenn die neuen Anteile an der übernehmenden Kapitalgesellschaft nach der Verschmelzung wertmäßig den Anteilen an der übertragenden Kapitalgesellschaft entsprechen.

Maßgebend für das Umtauschverhältnis sind die Unternehmenswerte der beteiligten Kapitalgesellschaften. Es muss also eine Unternehmensbewertung durchgeführt werden. Diese kann nach dem Ertragswertverfahren oder dem Discounted Cash-flow Verfahren erfolgen. Bei der übernehmenden Kapitalgesellschaft ist der Unternehmenswert zu ermitteln, der sich nach der Verschmelzung ergibt. Das Umtauschverhältnis errechnet sich aus dem Verhältnis der Unternehmenswerte der beteiligten Kapitalgesellschaften.

Beispiel

Bestimmung des Umtauschverhältnisses

Unternehmenswert der Überträgerin $= 100$
Unternehmenswert der Übernehmerin (vor Verschmelzung) $= 200$

$$\text{Umtauschverhältnis} = \frac{\text{Unternehmenswert der Überträgerin}}{\text{Unternehmenswert der Übernehmerin}} = \frac{100}{200} = \frac{1}{2}$$

Wie das ermittelte Umtauschverhältnis von 1:2 zeigt, ist ein Anteil an der übernehmenden Kapitalgesellschaft vor der Verschmelzung doppelt so viel wert wie ein Anteil an der übertragenden Kapitalgesellschaft. Um die Anteilseigner der übertragenden Kapitalgesellschaft angemessen abzufinden, ist ihnen für zwei untergehende Anteile ein Anteil an der übernehmenden Kapitalgesellschaft zu gewähren. Damit entspricht ihr wirtschaftliches Verhältnis vor der Verschmelzung dem nach der Verschmelzung.

Ergeben sich Umtauschverhältnisse, die keinen exakten Tausch der Aktien ermöglichen, schaffen **bare Zuzahlungen** einen Ausgleich für die Aufgabe der Aktien.

Wertunterschiede zwischen den Anteilen an der übertragenden Kapitalgesellschaft und den neuen Anteilen an der übernehmenden Kapitalgesellschaft sollen mit diesem **Spitzenausgleich** ausgeglichen werden.

Soll ein abzufindender Anteilseigner bspw. laut Umtauschverhältnis seine 357 Anteile gegen 232,7 neue Anteile eintauschen, werden 232 Aktien und eine bare Zuzahlung als Ausgleich für den fehlenden 0,7-Anteil gewährt.

Bare Zuzahlungen sind von der übernehmenden Kapitalgesellschaft an die Anteilseigner der übertragenden Kapitalgesellschaft zu gewähren. Die Höhe der baren Zuzahlungen ergibt sich aus der Differenz zwischen dem Unternehmenswert der übertragenden Kapitalgesellschaft und dem Wert der gewährten Anteile an der übernehmenden Kapitalgesellschaft. Gem. § 5 Abs. 1 Nr. 3 UmwG ist die Höhe der baren Zuzahlungen im Verschmelzungsvertrag anzugeben.

<u>Wichtig:</u>
Die baren Zuzahlungen dürfen 10 % des Gesamtnennbetrags der von der übernehmenden Kapitalgesellschaft an die abzufindenden Gesellschafter gewährten Anteile nicht übersteigen (§§ 54 Abs. 4, 68 Abs. 3 UmwG).

Dabei ist es unerheblich, ob für die Anteilsgewährung Anteile aus einer Kapitalerhöhung, eigene Anteile oder Anteile der übertragenden an der übernehmenden Kapitalgesellschaft verwendet werden. Die 10 %-Beschränkung dient dem Schutz der abzufindenden Anteilsinhaber vor einem Auskauf ihrer Anteilsrechte sowie dem Erhalt der Kapitalgrundlagen und der Liquidität der übernehmenden Kapitalgesellschaft.[47]

Beispiel	**Bestimmung der baren Zuzahlung und 10 %-Beschränkung**	
	Unternehmenswert der übertragenden KapGes	= 350 T€
	Wert der gewährten Anteile an der übernehmenden KapGes	= 320 T€
	Gesamtnennbetrag der gewährten Anteile	= 150 T€

---

[47] Vgl. Schmitt, J./ Hörtnagl, R./ Stratz, R., Umwandlungsgesetz, Umwandlungssteuergesetz, 7. Aufl., München 2016, § 54 UmwG, Rz. 20 ff., § 68 UmwG, Rz. 17.

Unternehmenswert der übertragenden KapGes	350 T€
./. Wert der gewährten Anteile an der übernehmenden KapGes	320 T€
= Bare Zuzahlung durch die übernehmende KapGes	30 T€

Um ein angemessenes Umtauschverhältnis zu erzielen, hat die übernehmende Kapitalgesellschaft bare Zuzahlungen in Höhe von 30 T€ zu leisten. Allerdings dürfen die baren Zuzahlungen nach §§ 54 Abs. 4, 68 Abs. 3 UmwG 10 % des Gesamtnennbetrags aller an die Gesellschafter der übertragenden Kapitalgesellschaft ausgegebenen Anteile nicht übersteigen.

Bare Zuzahlung $\leq$ 10 % des Gesamtnennbetrags der gewährten Anteile

$\quad$ 30 T€ $\quad \leq \quad$ 0,1 * 150 T€

$\quad$ 30 T€ $\quad \leq \quad$ 15 T€

Die Höhe der baren Zuzahlungen, die von der übernehmenden Kapitalgesellschaft zu leisten sind, ist folglich auf 15 T€ begrenzt.

Merke:

$$\textbf{Umtauschverhältnis} = \frac{\text{Unternehmenswert des Übertragers}}{\text{Unternehmenswert des Übernehmers}}$$

	Unternehmenswert der übertragenden Kapitalgesellschaft
./.	Wert der gewährten Anteile an der übernehmenden Gesellschaft
=	**Bare Zuzahlungen durch die übernehmende Gesellschaft**

Liegt ein „up-stream merger" (Verschmelzung durch Aufnahme einer 100 %igen Tochterkapitalgesellschaft) vor, sind keine Gesellschafter der übertragenden Kapitalgesellschaft abzufinden. Die übernehmende Kapitalgesellschaft ist alleiniger Gesellschafter. Insofern sind gem. § 5 Abs. 2 UmwG keine Angaben über den Umtausch der Anteile zu machen.

2.2.1.3 Verschmelzungsbericht

Gem. § 8 UmwG haben die an der Verschmelzung beteiligten Kapitalgesellschaften einen Verschmelzungsbericht zu erstellen. § 8 UmwG soll als ein formalisiertes Informationsrecht die Informationsbedürfnisse der Anteilseigner der an der Verschmelzung beteiligten Gesellschaften befriedigen. Gem. § 8 Abs. 1 UmwG haben die Vertretungsorgane der Gesellschaften die Verschmelzung, den Verschmelzungsvertrag, insbesondere das Umtauschverhältnis der Anteile sowie die Höhe der Barabfindung ausführlich rechtlich und wirtschaftlich in schriftlicher Form zu erläutern und zu begründen. Auf Schwierigkeiten bei der Unternehmensbewertung und auf für die Verschmelzung wesentliche Angelegenheiten verbundener Unternehmen i. S. d. § 15 AktG (Verschmelzung verbundener Unternehmen) ist ebenfalls einzugehen (§ 8 Abs. 1 S. 2, 3 UmwG).

Der Verschmelzungsbericht ist gem. § 8 Abs. 3 UmwG entbehrlich, wenn alle Anteilseigner aller beteiligten Kapitalgesellschaften in notarieller Form darauf verzichten oder alle Anteile sich in der Hand des übernehmenden Rechtsträgers befinden.

Ein Verschmelzungsbericht ist gem. § 122e UmwG auch im Fall einer grenzüberschreitenden Verschmelzung zu erstellen. Der Inhalt des Verschmelzungsberichts richtet sich dabei ebenfalls nach § 8 UmwG, auf den § 122e UmwG verweist. Zusätzlich zu den von § 8 UmwG geforderten Informationen hat der Verschmelzungsbericht einer grenzüberschreitenden Verschmelzung auch Informationen zu den Auswirkungen der Verschmelzung auf Gläubiger und Arbeitnehmer der an der Verschmelzung beteiligten Gesellschaften zu enthalten (§ 122e S. 1 UmwG). Auf einen Verschmelzungsbericht darf gem. § 122e S. 3 UmwG im Falle einer grenzüberschreitenden Verschmelzung nicht verzichtet werden.

2.2.1.4 Verschmelzungsprüfung und Prüfungsbericht

Das UmwG schreibt an einigen Stellen, z. B. §§ 44, 48, 60, 100 UmwG, die Prüfung des Verschmelzungsvertrages vor. Nach § 9 UmwG ist die Prüfung des Verschmelzungsvertrages grundsätzlich durch sachverständige Prüfer durchzuführen. Die Verschmelzungsprüfer werden gem. § 10 Abs. 1 S. 1 UmwG entweder vom Vertretungsorgan oder auf dessen Antrag vom Gericht bestellt. Die Prüfer dürfen, sofern die Vertretungsorgane dies gemeinsam bei Gericht beantragen, mehrere oder alle an der Verschmelzung beteiligten Rechtsträger prüfen (§ 10 Abs. 1 S. 2 UmwG). Der nach § 12 Abs. 1 S. 1 UmwG erforderliche Prüfungsbericht enthält eine Erklärung über die Angemessenheit des angegebenen Umtauschverhältnisses und der baren Zuzahlungen. Besonders ist auf die Bewertungsmethoden einzugehen (§ 12 Abs. 2 S. 2 UmwG). Prüfung und Prüfungsbericht können unter denselben Voraussetzungen, unter denen ein Verschmelzungsbericht entbehrlich ist, entfallen (§ 9 Abs. 2, 3, § 12 Abs. 3 UmwG). Für grenzüberschreitende Verschmelzungen gelten gem. § 122f UmwG die gleichen Regelungen (§§ 9 - 12 UmwG).

2.2.1.5 Kapitalerhöhung

Im Rahmen der Verschmelzung werden die Anteilseigner mit Anteilen an der übernehmenden Kapitalgesellschaft abgefunden. Da die eigenen Anteile einer bereits bestehenden Kapitalgesellschaft im Regelfall nicht ausreichen bzw. eine neu gegründete Kapitalgesellschaft über keine eigenen Anteile verfügt, müssen die Anteile erst mittels einer Kapitalerhöhung geschaffen werden. Die verschmelzungsbedingte Kapitalerhöhung ist für eine GmbH in den §§ 53 - 55 UmwG und für eine AG in den §§ 66 - 69 UmwG geregelt. Gem. §§ 55, 69 UmwG findet sie in einem Verfahren entsprechend den Regeln des GmbHG bzw. AktG statt, jedoch in vereinfachter Form. Ziel der Kapitalerhöhung ist es, Anteile zu schaffen, die wertmäßig den untergehenden Anteilen an der übertragenden Kapitalgesellschaft entsprechen. Der Umfang der Kapitalerhöhung bemisst sich daher nach dem Umtauschverhältnis, also dem Verhältnis der Unternehmenswerte der beteiligten Kapitalgesellschaften.

Beispiel

Verschmelzung der A GmbH auf die bereits bestehende B GmbH

Unternehmenswert der A GmbH vor Verschmelzung = 100
Unternehmenswert der B GmbH vor Verschmelzung = 200
Stammkapital der B GmbH vor Verschmelzung   = 160

Lösung

1. Die abzufindenden Gesellschafter der übertragenden A GmbH tauschen ihre Anteile gegen neue Anteile an der übernehmenden B GmbH. Für ein angemessenes Umtauschverhältnis muss gelten:

Wert der Anteile vor Verschmelzung = Wert der Anteile nach Verschmelzung

2. Der Wert der Anteile an einer Kapitalgesellschaft bemisst sich nach dem Unternehmenswert dieser Kapitalgesellschaft. Demnach gilt:

Wert der Anteile an der übertragenden Kapitalgesellschaft (Unternehmenswert)	=	Wert der übernehmenden Kapitalgesellschaft nach der Verschmelzung (Unternehmenswert)	*	Beteiligungsquote der abzufindenden Gesellschafter an der übernehmenden Kapitalgesellschaft

 Unter der vereinfachenden Prämisse, dass die Summe aus Unternehmenswert der Überträgerin vor Verschmelzung und Unternehmenswert der Übernehmerin vor Verschmelzung dem Unternehmenswert der Übernehmerin nach Verschmelzung entspricht, ergibt sich folgende **Formel zur Berechnung der notwendigen Kapitalerhöhung**:

Kapitalerhöhung   = X
Unternehmenswert der Überträgerin   = UW Überträgerin
Unternehmenswert der Übernehmerin vor Verschmelzung = UW Übernehmerin

Nennkapital der Übernehmerin vor Verschmelzung = NK Übernehmerin

UW Überträgerin = (UW Überträgerin + UW Übernehmerin) * Beteiligungsquote

$\Rightarrow$ UW Überträgerin =

(UW Überträgerin + UW Übernehmerin) $*\ \dfrac{X}{\text{NK Übernehmerin} + X}$

Vereinfachung der Formel:

$\Rightarrow$ UW Überträgerin * (NK Übernehmerin + X)
= (UW Überträgerin + UW Übernehmerin) * X

$\Rightarrow$ UW Überträgerin * NK Übernehmerin + UW Überträgerin * X
= UW Überträgerin * X + UW Übernehmerin * X

$\Rightarrow$ UW Überträgerin * NK Übernehmerin = UW Übernehmerin * X

$\Rightarrow X = \dfrac{\text{UW Überträgerin}}{\text{UW Übernehmerin}} *$ NK Übernehmerin

Anwendung der Formel auf das obige Beispiel:

$X = \dfrac{\text{Unternehmenswert der A GmbH vor Verschmelzung}}{\text{Unternehmenswert der B GmbH vor Verschmelzung}} * \dfrac{\text{Stammkapital der B GmbH}}{\text{vor Verschmelzung}}$

$\Rightarrow X = \dfrac{100}{200} * 160 = \dfrac{1}{2} * 160 = 80$

Das Stammkapital der B GmbH nach Verschmelzung beträgt 240 (= 160 + 80).

Die Kapitalerhöhung von 80 entspricht einer Beteiligung der Gesellschafter der A GmbH am neuen Stammkapital der B GmbH in Höhe von $^1/_3$.

Der Wert der Anteile der abzufindenden Gesellschafter vor der Verschmelzung entspricht damit dem Wert ihrer Anteile nach der Verschmelzung:

$$\text{UW Überträger} = \text{UW Überträger} + \text{UW Übernehmer} * \frac{X}{\text{NK Übernehmer} + X}$$

$$\Rightarrow \quad 100 = (100 + 200) * \frac{80}{160 + 80}$$

$$\Rightarrow \quad 100 = 300 * \frac{1}{3}$$

$$\Rightarrow \quad 100 = 100$$

Vereinfachte Berechnungsformel für die Kapitalerhöhung:

$$\text{Kapitalerhöhung} = \text{Nennkapital d. Übernehmerin} * \frac{\text{Unternehmenswert d. Überträgerin}}{\text{Unternehmenswert d. Übernehmerin}}$$

Nennkapital und Unternehmenswerte jeweils vor der Verschmelzung verwenden!

---

§ 54 Abs. 1 S. 1 bzw. § 68 Abs. 1 S. 1 UmwG sprechen jedoch **Kapitalerhöhungsverbote** aus, soweit

- die übernehmende Kapitalgesellschaft an der übertragenden beteiligt ist oder
- eine übertragende Kapitalgesellschaft eigene Anteile innehat.
- die übertragende Kapitalgesellschaft an der übernehmenden Kapitalgesellschaft beteiligt ist und die Einlagen (GmbH) bzw. den Ausgabebetrag (AG) noch nicht voll geleistet hat.

Begründung: Liegen die Voraussetzungen des § 54 Abs. 1 S. 1 bzw. § 68 Abs. 1 S. 1 UmwG vor, sind insoweit keine Gesellschafter für den Übergang des Vermögens abzufinden. Wäre in diesem Fall die Kapitalerhöhung gestattet, würde die übernehmende Kapitalgesellschaft damit eigene Anteile schaffen. Dies soll jedoch verhindert werden, weshalb § 54 Abs. 1 S. 1 (§ 68 Abs. 1 S. 1) UmwG diesbezüglich Kapitalerhöhungsverbote ausspricht.[48]

---

[48] Vgl. BT-Drucks. 12/6699, S. 101.

Beispiel

Verschmelzung der A GmbH auf bereits bestehende B GmbH
Die B GmbH ist zu 80% an der A GmbH beteiligt.
Die Angaben entsprechen im Übrigen dem vorhergehenden Beispiel zur Kapitalerhöhung.

Lösung

Erhöhung des Stammkapitals $= \dfrac{100}{200} * 160 = \dfrac{1}{2} * 160 = 0,5 * 160$

Das Stammkapital der B GmbH wäre daher um 50 % zu erhöhen.
Da die B GmbH jedoch mit 80 % an der A GmbH beteiligt ist, besteht insoweit ein Kapitalerhöhungsverbot.
Kapitalerhöhung = 0,2 * (0,5 * 160) = 16
Das Stammkapital der B GmbH nach Verschmelzung beträgt 176 (= 160 + 16).

§ 54 Abs. 1 S. 2 bzw. § 68 Abs. 1 S. 2 UmwG gestalten die **Kapitalerhöhung als Wahlrecht**, soweit

- die übernehmende Kapitalgesellschaft eigene Anteile innehat oder
- eine übertragende Kapitalgesellschaft Anteile der übernehmenden Kapitalgesellschaft innehat, auf welche die Einlagen bereits in voller Höhe erfolgt sind.

Begründung: Sind die Voraussetzungen des § 54 Abs. 1 S. 2 bzw. § 68 Abs. 1 S. 2 UmwG gegeben, so kann die übernehmende Kapitalgesellschaft diese Anteile für den Umtausch der Anteile der Gesellschafter der übertragenden Kapitalgesellschaft verwenden. Eine Kapitalerhöhung ist insoweit nicht notwendig.

Die übernehmende Gesellschaft darf darüber hinaus gem. § 54 Abs. 1 S. 3, § 54 Abs. 2, § 68 Abs. 3 UmwG von der Gewährung von Anteilen, d. h. von einer Kapitalerhöhung absehen, wenn alle Anteilsinhaber des übertragenden Rechtsträgers notariell darauf verzichten. Von Bedeutung ist diese Vorschrift für den Fall der Verschmelzung von Schwestergesellschaften in Konzernen, wenn die Muttergesellschaft sämtliche Anteile der zu verschmelzenden Schwestergesellschaften hält. Zweck der Regelung ist erneut die Vereinfachung der Verschmelzung von Konzerngesellschaften.

2.2.2 Beschlussverfahren

Hinsichtlich des Beschlussverfahrens für rein nationale Verschmelzungen gelten die Ausführungen zum Beschlussverfahren bei Verschmelzungen von Kapital- auf Personengesellschaften entsprechend. Bei grenzüberschreitenden Verschmelzungen gelten aufgrund des Verweises des § 122a Abs. 2 UmwG die nationalen Regelungen.

2.2.3   Schutz der Minderheitsgesellschafter und Gläubiger

Da Verschmelzungen einen schwerwiegenden Eingriff in die Rechte der Minderheitsgesellschafter und Gläubiger darstellen, ist ihr Schutz vor allem auch vor dem Hintergrund der
nun möglichen grenzüberschreitenden Verschmelzungen, bei denen der vom deutschen
Recht gewährte Schutz verloren gehen kann, von besonderer Bedeutung. So sind die Minderheitsgesellschafter, obwohl sie der Verschmelzung möglicherweise nicht zugestimmt
haben, dazu gezwungen, ihre Anteile an der übernommenen Gesellschaft gegen Anteile an
der übernehmenden Gesellschaft einzutauschen. Darüber hinaus erhalten die Gläubiger der
an der Verschmelzung beteiligten Gesellschaften durch die Verschmelzung einen möglicherweise weniger solventen neuen Schuldner.

Aus diesen Gründen gibt es im Umwandlungsgesetz mit den §§ 29 - 34, 122i UmwG spezielle Vorschriften, die es den Minderheitsgesellschaftern der übertragenden Gesellschaft
ermöglichen, gegen Barabfindung aus der übernommenen Gesellschaft auszuscheiden. Sind
die Minderheitsgesellschafter mit der Höhe der Barabfindung nicht einverstanden, können
sie die Verschmelzung gem. § 32 UmwG nicht anfechten, da die Verschmelzung nicht
wegen eines Streits über die Höhe der Abfindung blockiert werden soll. Vielmehr wird die
Höhe der Abfindung gem. § 34 UmwG im Rahmen eines Spruchverfahrens überprüft. Erst
nach Abschluss dieses Verfahrens kann vor ordentlichen Gerichten Klage erhoben werden.
Bei grenzüberschreitenden Herausverschmelzungen ermöglicht § 122i UmwG den Minderheitsgesellschaftern das Ausscheiden aus der Gesellschaft gegen Barabfindung, sofern sie
nicht ohnehin schon aufgrund der §§ 29 ff. UmwG aus der Gesellschaft ausscheiden können. Ist ein Minderheitsgesellschafter der übertragenden Gesellschaft zwar mit der Verschmelzung einverstanden, aber mit dem Umtauschverhältnis der Anteile unzufrieden, so
kann der Minderheitsgesellschafter dieses ebenfalls nur im Rahmen des Spruchverfahrens
überprüfen lassen (§§ 14, 15 UmwG). Bei einer grenzüberschreitenden Verschmelzung
sieht § 122h UmwG eine mit § 122i Abs. 2 UmwG weitgehend identische Regelung vor.

Auch zum Schutz der Gläubiger existieren im UmwG spezielle Regelungen. Diese können
gem. § 22 UmwG von den an der Verschmelzung beteiligten Gesellschaften nach Vollzug
der Verschmelzung Sicherheiten für ihre Forderungen verlangen, sofern diese noch ungesi-
chert sind und die Gläubiger darlegen können, dass durch die Verschmelzung die Erfüllung
ihrer Forderungen gefährdet ist. Da die Gläubiger bei Herausverschmelzungen den Schutz
des deutschen Rechts verlieren, sind sie bei Herausverschmelzung besonders schutzwürdig.
Diesem Bedürfnis trägt das UmwG in den §§ 122j, k UmwG Rechnung, indem die Gläubiger bereits vor der Verschmelzung Sicherheiten verlangen können. Zudem müssen die
Gesellschaften gem. § 122k Abs. 1 S. 3 UmwG versichern, dass allen Gläubigern, die darauf Anspruch haben, angemessene Sicherheiten geleistet wurden. Andernfalls kann die
Verschmelzung nicht in das Handelsregister eingetragen werden (§ 122k Abs. 2 i. V. m.
§ 122l UmwG).

2.2.4   Vollzug

Die Vollzugsphase der Verschmelzung von Kapitalgesellschaften gestaltet sich aufgrund der identischen Regelungen entsprechend der Vollzugsphase der Verschmelzung von Kapital- auf Personengesellschaften. Bzgl. der Reihenfolge der Eintragungen bei der Verschmelzung von Kapitalgesellschaften hat der Gesetzgeber jedoch Folgendes festgelegt:

Bei der übertragenden Kapitalgesellschaft wird die Verschmelzung mit dem Vermerk eingetragen, dass diese erst mit Eintragung der Verschmelzung ins Register der übernehmenden Kapitalgesellschaft wirksam wird (§ 19 Abs. 1 S. 2 UmwG).

Soweit bei der übernehmenden Kapitalgesellschaft eine Kapitalerhöhung durchzuführen ist, muss diese gem. §§ 53, 66 UmwG ins Handelsregister am Sitz der übernehmenden Kapitalgesellschaft eingetragen werden.

Nach der Eintragung der Kapitalerhöhung ist die Verschmelzung (bzw. die neu gegründete Kapitalgesellschaft) ins Handelsregister am Sitz der übernehmenden Kapitalgesellschaft einzutragen (§§ 19 Abs. 1, 36 Abs. 1 i. V. m. den §§ 53, 66 UmwG).

Die Verschmelzung ist nach § 19 Abs. 3 UmwG von den zuständigen Gerichten am Sitz der beteiligten Kapitalgesellschaften durch den Bundesanzeiger und durch mindestens ein anderes Blatt bekannt zu machen.

Bei grenzüberschreitenden Verschmelzungen gelten aufgrund der Generalverweisung des § 122a Abs. 2 UmwG weitgehend die nationalen Regelungen. Als Besonderheit sehen die Art. 10 und Art. 11 Verschmelzungsrichtlinie jedoch eine zweistufige Prüfung vor. Zunächst wird im Sitzstaat der übertragenden Gesellschaft geprüft, ob der Verschmelzungsplan ordnungsgemäß aufgestellt und bekannt gemacht wurde (§ 122k Abs. 1, 2 UmwG). Ist dies der Fall, stellt das zuständige Gericht gem. § 122k Abs. 2 UmwG eine Verschmelzungsbescheinigung aus. Diese ist dann in einem zweiten Schritt von der übernehmenden Gesellschaft ihrem zuständigen Registergericht vorzulegen, das abschließend prüft, ob die Eintragungsvoraussetzungen der Verschmelzung gegeben sind (§ 122l Abs. 1, 2 UmwG).

2.3   Rechtsfolgen einer Verschmelzung

Die Rechtsfolgen einer Verschmelzung von Kapitalgesellschaften entsprechen denen der Verschmelzung von Kapital- auf Personengesellschaften. Sie sind daher dem vorhergehenden Kapitel zu entnehmen.

3 Bilanzielle Behandlung in der Handelsbilanz

Die handelsbilanzielle Behandlung der Verschmelzung von Kapitalgesellschaften unterscheidet sich nicht wesentlich von der Behandlung der Verschmelzung von Kapital- auf Personengesellschaften. Die Bilanzierung bei der übertragenden Kapitalgesellschaft richtet sich ebenfalls nach § 17 Abs. 2 UmwG. Für die übernehmende Kapitalgesellschaft räumt § 24 UmwG ein Wahlrecht ein.

3.1 Bilanzierung bei der übertragenden Kapitalgesellschaft

Aufgrund der identischen gesetzlichen Vorschrift des § 17 Abs. 2 UmwG kann hinsichtlich der Bilanzierung bei der übertragenden Kapitalgesellschaft im Fall der Verschmelzung von Kapitalgesellschaften auf die Erläuterungen im vorhergehenden Kapitel verwiesen werden.

3.2 Bilanzierung bei der übernehmenden Kapitalgesellschaft

§ 24 UmwG räumt der übernehmenden Kapitalgesellschaft ein Bewertungswahlrecht ein. Sie hat die Wahl zwischen der Fortführung der Buchwerte der übertragenden Kapitalgesellschaft oder der Bewertung der übernommenen Vermögensgegenstände und Schulden zu Anschaffungskosten i. S. d. § 253 Abs. 1, § 255 Abs. 1 HGB.

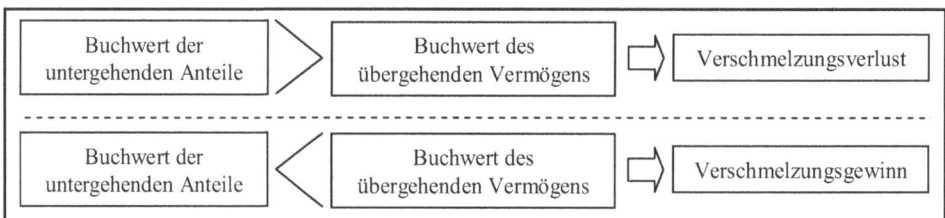

Abbildung 85:   Handelsrechtlicher Verschmelzungsgewinn oder -verlust bei Buchwertfortführung

Der **Verschmelzungsverlust** ist in der Gewinn- und Verlustrechnung der übernehmenden Kapitalgesellschaft als Aufwand auszuweisen. Der **Verschmelzungsgewinn** ist im Fall der Gewährung von Anteilen als Agio zu behandeln und gem. § 272 Abs. 2 Nr. 1 HGB in die Kapitalrücklage einzustellen. Soweit die übernehmende Kapitalgesellschaft Anteile an der übertragenden Kapitalgesellschaft hält, ist der Verschmelzungsgewinn in der Gewinn- und Verlustrechnung erfolgswirksam zu erfassen.[49]

---

[49]   Vgl. Sagasser, B./ Bula, T./ Brünger, T., Umwandlungen, 4. Aufl., München 2011, § 10, Rz. 246, 261.

Ein **Ansatz der Anschaffungskosten** und damit die Aufstockung der Buchwerte verhindert einen Verschmelzungsverlust. Die Aufstockung des übernommenen Vermögens ist auf die darin enthaltenen stillen Reserven, welche gleichmäßig auf die einzelnen Wirtschaftsgüter zu verteilen sind, beschränkt.

Merke: Die mit dem Bewertungswahlrecht nach § 24 UmwG eingeräumte Möglichkeit des Anschaffungskostenansatzes verfolgt den Zweck, die Entstehung eines Verschmelzungsverlusts zu vermeiden.

---

4 Steuerrechtliche Regelungen

4.1 Systematik

Die steuerlichen Folgen der Verschmelzung von Kapitalgesellschaften sind hinsichtlich der Körperschaft- und Einkommensteuer in den §§ 11 - 13 UmwStG und hinsichtlich der Gewerbesteuer in § 19 UmwStG geregelt.

---

§ 11 UmwStG:	Wertansätze in der steuerlichen Schlussbilanz der übertragenden Körperschaft
§ 12 UmwStG:	Auswirkungen auf den Gewinn der übernehmenden Körperschaft
§ 13 UmwStG:	Besteuerung der Anteilseigner der übertragenden Kapitalgesellschaft
§ 19 UmwStG:	GewSt bei Vermögensübergang auf eine andere Kapitalgesellschaft

---

Die §§ 11 - 13 und 19 UmwStG sind gem. § 1 Abs. 1 S. 1 Nr. 1 UmwStG auf Verschmelzungen i. S. d. § 2 UmwG von Körperschaften oder auf vergleichbare ausländische Vorgänge sowie in den Fällen des Art. 17 der SE-Verordnung[50] und des Art. 19 der SCE-Verordnung[51] anwendbar. Damit wurde der Anwendungsbereich des UmwStG im Vergleich zum UmwStG 1995 auch auf grenzüberschreitende Verschmelzungen und Verschmelzungen im Ausland mit Bezug zu Deutschland ausgedehnt.

Entsprechend sind daher vier Grundfälle der Verschmelzung zu unterscheiden:

---

[50] Verordnung (EG) 2157/2001 des Rates vom 08.10.2001 über das Statut der Europäischen Gesellschaft (SE).

[51] Verordnung (EG) Nr. 1435/2003 des Rates vom 22.07.2003 über das Statut der Europäischen Genossenschaft (SCE).

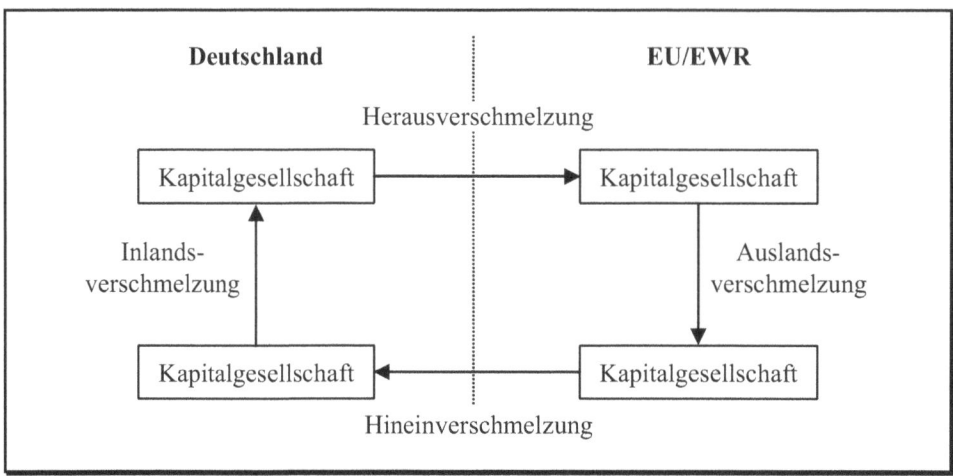

Abbildung 86:   Grundfälle der Verschmelzung

Bei einer **Hineinverschmelzung** verschmilzt eine ausländische EU/EWR-Körperschaft auf eine inländische Körperschaft. Im Falle der **Herausverschmelzung** ist es umgekehrt. In beiden Fällen sind die Vorschriften des UmwStG einschließlich der grenzüberschreitenden Regelungen anzuwenden.

Inlandsverschmelzungen sind von Deutschland aus gesehen stets innerstaatliche Verschmelzungen von deutschen Kapitalgesellschaften, die mit oder ohne Auslandsbezug auftreten können. Auslandsbezüge können hierbei sowohl durch ausländisches Betriebsvermögen als auch durch ausländische Anteilseigner bestehen. Ist kein Auslandsbezug gegeben, richtet sich der Sachverhalt nach rein nationalen Bestimmungen des UmwStG. Hat hingegen eines der im Inland ansässigen verschmelzenden Unternehmen ausländisches Betriebsvermögen oder Anteilseigner, sind die grenzüberschreitenden Regelungen des UmwStG zu beachten.

Im Fall von **Auslandsverschmelzungen** sind innerstaatliche und grenzüberschreitende Verschmelzungsvorgänge zu unterscheiden. Innerstaatliche Auslandsverschmelzungen sind dabei aus deutscher Sicht Verschmelzungen von Kapitalgesellschaften, die in einem anderen EU/EWR-Staat ansässig sind. Bei grenzüberschreitenden Auslandsverschmelzungen befinden sich die beteiligten Kapitalgesellschaften hingegen in verschiedenen EU/EWR-Staaten, jedoch nicht in Deutschland. Damit das deutsche UmwStG in solchen Konstellationen überhaupt zur Anwendung kommt, ist ein **Inlandsbezug erforderlich**, der sich aus in Deutschland belegenem Betriebsvermögen oder aus deutschen Anteilseignern ergeben kann. Es ist hier also zusätzlich zwischen Auslandsverschmelzungen mit und ohne Inlandsbezug zu unterscheiden. Besteht ein Inlandsbezug, sind hier ebenfalls die grenzüberschreitenden Regelungen zu beachten. Besteht kein Inlandsbezug, handelt es sich um einen rein nationalen Sachverhalt auf ausländischer Ebene, der für das UmwStG irrelevant ist.

Die verschiedenen Verschmelzungsfälle, auf die das UmwStG Anwendung findet, lassen sich nach innerstaatlichen und grenzüberschreitenden Verschmelzungen gegliedert auch folgendermaßen darstellen:

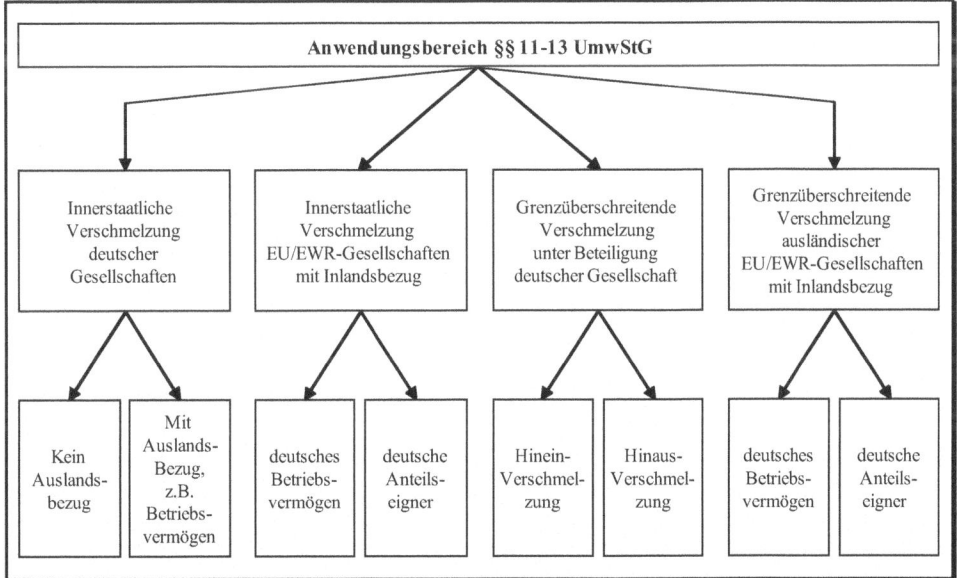

Abbildung 87:   Anwendungsbereich der §§ 11 - 13 UmwStG

Gem. § 1 Abs. 2 UmwStG müssen die an der Verschmelzung beteiligten Rechtsträger nach dem Recht eines EU/EWR-Staates gegründet worden sein oder werden, ihren statuarischen Sitz in einem EU/EWR-Staat haben oder nehmen und ihren Ort der Geschäftsleitung im Zeitpunkt der Verschmelzung in einem EU/EWR-Staat haben oder nehmen. Dabei ist es allerdings nicht erforderlich, dass Sitz und Gründungsstaat identisch sind. Auch ist es nicht erforderlich, dass sich der Sitz und der Ort der Geschäftsleitung in demselben EU/EWR-Staat befinden (Tz. 01.49 UmwStE).

Mit der Anwendbarkeit des deutschen Umwandlungssteuerrechts auf Umwandlungen, die deutschen Umwandlungen i.S.d UmwG vergleichbar sind, normiert § 1 Abs. 1 UmwStG ebenfalls eine Vergleichbarkeitsprüfung zwischen ausländischen und deutschen Umwandlungen. Kernkriterium der Prüfung ist, ob der grenzüberschreitende Vorgang dem Wesen nach einer der Umwandlungsarten des UmwG entspricht. Die Regelungen hinsichtlich barer Zuzahlungen sind ebenfalls in die Vergleichbarkeitsprüfung einzubeziehen.[52]

Die Vergleichskriterien für grenzüberschreitende Vorgänge gelten dabei gleichermaßen für nicht im Umwandlungsgesetz geregelte Umwandlungsvorgänge i. S. d. § 1 Abs. 2 UmwG, also für Umwandlungen, die in anderen Bundes- oder Landesgesetzen geregelt sind. Auch

---

52   BT-Drucks. 16/2710, S. 35.

auf diese Vorgänge ist gem. § 1 Abs. 1 S. 1 Nr. 3 UmwStG der zweite bis fünfte Teil des UmwStG anwendbar.

Hinsichtlich der steuerlichen Auswirkungen wird im UmwStG im Gegensatz zum UmwG nicht zwischen der Verschmelzung durch Aufnahme und der Verschmelzung durch Neugründung unterschieden.

4.2 Steuerliche Rückwirkung

Die bereits im Rahmen der Verschmelzung von Kapitalgesellschaften auf Personengesellschaften erläuterte Fiktion der steuerlichen Rückwirkung nach § 2 Abs. 1 UmwStG gilt ebenfalls für die Verschmelzung von Kapitalgesellschaften.

Steuerliche Rückwirkungsfiktion des § 2 Abs. 1 UmwStG:

„Das Einkommen und das Vermögen der übertragenden sowie der übernehmenden Kapitalgesellschaft sind so zu ermitteln, als ob das Vermögen der Kapitalgesellschaft mit Ablauf des Stichtags der (handelsrechtlichen) Schlussbilanz, die dem Vermögensübergang zugrunde liegt (steuerlicher Übertragungsstichtag), ganz oder teilweise auf die übernehmende Kapitalgesellschaft übergegangen wäre."

Die Verschmelzung einer Kapitalgesellschaft auf eine andere Kapitalgesellschaft wird damit für die steuerliche Behandlung auf den Stichtag der handelsrechtlichen Schlussbilanz zurückbezogen.

Aufgrund der Erweiterung des Geltungsbereiches des UmwStG auch auf Verschmelzungen in EU/EWR-Staaten, die eine Verbindung nach Deutschland aufweisen, können unterschiedliche deutsche und ausländische Regelungen zur Rückwirkung aufeinander treffen, was zur Entstehung von weißen Einkünften, d. h. Einkünfte, die weder in Deutschland noch im Ausland einer Besteuerung unterliegen, führen kann. Weiße Einkünfte entstehen beispielsweise bei der Herausverschmelzung einer deutschen Kapitalgesellschaft auf eine ausländische, wenn der ausländische Rückwirkungszeitraum kürzer ist als der deutsche. Deshalb wird durch § 2 Abs. 3 UmwStG die steuerliche Rückwirkung bei grenzüberschreitenden Verschmelzungen eingeschränkt.

Einschränkung der steuerlichen Rückwirkung § 2 Abs. 3 UmwStG:

„Absatz 1 und 2 sind nicht anzuwenden, soweit Einkünfte auf Grund abweichender Regelungen zur Rückbeziehung eines in § 1 Abs. 1 UmwStG bezeichneten Vorgangs in einem anderen Staat der Besteuerung entzogen werden."

Durch die Regelung wird somit die deutsche steuerliche Rückwirkungsfiktion bei grenzüberschreitenden Verschmelzungen auf die Länge der ausländischen Rückwirkung begrenzt.

Beispiel

Entstehung weißer Einkünfte bei Verschmelzungen von Kapitalgesellschaften[53]
Die deutsche Donald Flack GmbH wird auf die im EU Ausland angesiedelte Lindsay
Murdoc AG verschmolzen. Steuerlicher Übertragungsstichtag in Deutschland ist der
31.12.2019. Der Antrag auf Eintragung der Verschmelzung wird am 31.08.2020 gestellt. Die Rückwirkungsfiktion im Ausland beträgt fünf Monate. Eine Betriebsstätte
bleibt in Deutschland nicht zurück. Die Donald Flack GmbH erzielt im Zeitraum vom
01.01.2020 bis 31.08.2020 ausschließlich Lizenzeinnahmen.

Die deutsche steuerliche Rückwirkungsfiktion i. S. d. § 2 UmwStG beträgt acht Monate (Steuerlicher Übertragungsstichtag 31.12.2019). Die Versteuerung der von der
Donald Flack GmbH in diesem Zeitraum erzielten Einkünfte erfolgt aus deutscher
Sicht bei der übernehmenden Lindsay Murdoc AG im Ausland. Da dort aber der steuerliche Rückwirkungszeitraum nur fünf Monate beträgt (steuerlicher Übertragungsstichtag 31.03.2020), werden die Einkünfte der Donald Flack GmbH vom ausländischen Fiskus rückwirkend nur für fünf Monate der Lindsay Murdoc AG zugerechnet.
Im Zeitraum von drei Monaten (01.01.2020 bis 31.03.2020) würden die Einkünfte der
Donald Flack GmbH daher weder vom deutschen noch vom ausländischen Staat einer
Besteuerung unterworfen werden: Der deutsche Staat geht davon aus, dass bereits
nach dem 31.12.2019 das Besteuerungsrecht auf den ausländischen Staat übergeht, der
ausländische Staat geht hingegen davon aus, dass sein Besteuerungsrecht erst mit
Ablauf des 31.03.2020 beginnt. Da die Einkünfte vom 01.01.2020 bis zum 31.03.2020
somit keiner Besteuerung unterworfen würden, spricht man von weißen Einkünften.

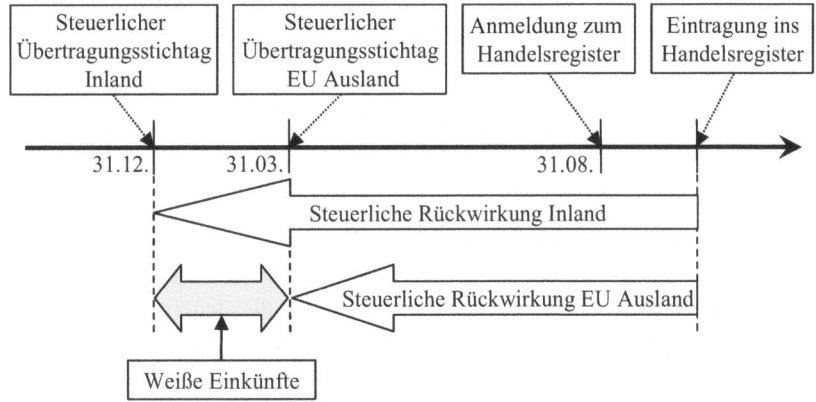

Abbildung 88:   Die Entstehung weißer Einkünfte bei Verschmelzungen

---

[53] Weiße Einkünfte entstehen hauptsächlich in dem hier dargestellten Sonderfall der
Herausverschmelzung, bei dem im Inland keine Betriebsstätte zurückbleibt. Im Regelfall der
Herausverschmelzung bleibt allerdings eine Betriebsstätte zurück. Insofern handelt es sich bei
dem hier dargestellten Beispiel um eine Ausnahme.

> Da der Gesetzgeber diese Situation vermeiden will, verhindert § 2 Abs. 3 UmwStG
> die Entstehung weißer Einkünfte, indem die deutsche steuerliche Rückwirkung auf die
> Länge der ausländischen begrenzt wird. Für den deutschen Fiskus existiert die Donald
> Flack AG also bis zum ausländischen steuerlichen Übertragungsstichtag (31.03.2020)
> weiterhin als eine in Deutschland steuerpflichtige Gesellschaft. Damit werden die
> Einkünfte der Donald Flack GmbH im Zeitraum vom 01.01.2020 bis 31.03.2020 in
> Deutschland der Besteuerung unterworfen. Auf diese Weise ergeben sich keine wei-
> ßen Einkünfte mehr.

Für den Fall, dass eine ausländische steuerliche Rückwirkungsfiktion nicht existiert, wird
auf den Zeitpunkt abgestellt, an dem nach ausländischem Gesellschaftsrecht die Übertragung wirksam wird.

Die unterschiedliche Länge der steuerlichen Rückwirkungsfiktionen kann nicht nur zur
Entstehung von weißen Einkünften führen, sondern auch eine Doppelbesteuerung der Einkünfte der an einer Herausverschmelzung beteiligten Gesellschaften verursachen. In diesem
Fall ist der ausländische Rückwirkungszeitraum länger als der deutsche. Da es im UmwStG
keine Regelung gibt, die diese Doppelbesteuerung verhindert, kann die Doppelbesteuerung
nur über ein Verständigungsverfahren bzw. EU-Schiedsgerichtsverfahren vermieden werden.[54]

Im Falle der Hineinverschmelzung nach Deutschland kann es dagegen durch unterschiedliche Rückwirkungsfristen nicht zu Besteuerungslücken oder einer Doppelbesteuerung
kommen, da § 2 Abs. 1 UmwStG dies verhindert. Laut Gesetzesbegründung bemisst sich
der nach § 2 Abs. 1 UmwStG maßgebliche handelsrechtliche Übertragungsstichtag im Falle
einer Hineinverschmelzung nach dem für die übertragende Körperschaft maßgeblichen
ausländischen Gesellschaftsrecht.[55] Somit passt sich die deutsche steuerliche Rückwirkungsfrist an die Länge der ausländischen handelsrechtlichen Rückwirkung an.

Merke: Im Fall der **Herausverschmelzung** schränkt § 2 Abs. 3 UmwStG die steuerliche
Rückwirkungsfiktion ein und passt diese einer kürzeren ausländischen Frist an.
Im Fall der **Hineinverschmelzung** richtet sich die steuerliche Rückwirkungsfiktion nach der vom ausländischen Gesellschaftsrecht vorgegebenen längeren oder
kürzeren Rückwirkungsfrist (§ 2 Abs. 1 UmwStG).

4.3 Verschmelzungsvarianten

Bei einer Verschmelzung lassen sich folgende Varianten unterscheiden:

---

[54] Vgl. Dötsch, E./ Pung, A., SEStEG: Die Änderungen des UmwStG, DB 2006, S. 2706.
[55] Vgl. BT- Drucks. 16/2710, S. 36.

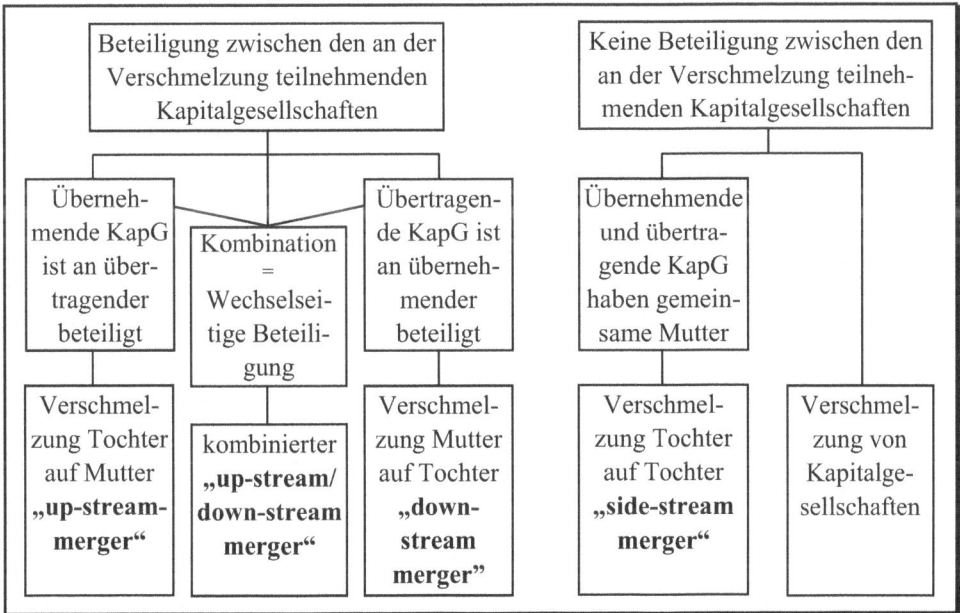

Abbildung 89:   Verschmelzungsvarianten

Verschmelzungen im Rahmen bestehender Beteiligungsverhältnisse sind vielfach dadurch gekennzeichnet, dass eine Gegenleistung für den Vermögensübergang (teilweise) nicht gewährt wird bzw. nicht gewährt werden kann. Fraglich ist, ob auf Verschmelzungen dieser Art die Vorschriften des dritten Teils des UmwStG (§§ 11 - 13) anwendbar sind, da diese eine Verschmelzung i. S. d. § 2 UmwG oder einen vergleichbaren ausländischen Vorgang voraussetzen. Nach dem Wortlaut des UmwG fallen unter den Begriff der Verschmelzung lediglich solche Umwandlungen, bei denen die übernehmende Kapitalgesellschaft den Anteilseignern der übertragenden Kapitalgesellschaft als Gegenleistung für die Vermögensübertragung Anteile gewährt. Diese Frage der Anwendbarkeit der §§ 11 - 13 UmwStG soll nachfolgend für die betreffenden Verschmelzungsvarianten geklärt werden.

4.3.1   Verschmelzung von Kapitalgesellschaften ohne gegenseitige Beteiligung

Bei der Verschmelzung von Kapitalgesellschaften, bei der die übernehmende und die übertragende Kapitalgesellschaft nicht gegenseitig beteiligt sind und somit keine der beteiligten Kapitalgesellschaften Tochter oder Mutter der anderen ist, handelt es sich um eine Verschmelzung i. S. d. UmwG. Die Anteilseigner erhalten als Ausgleich für die Vermögensübertragung Anteile an der übernehmenden Kapitalgesellschaft. Die Anteilsgewährungspflicht kann entweder durch die Schaffung von Anteilen mittels Kapitalerhöhung oder durch die Ausgabe eigener Anteile erfüllt werden. Bestehen Teile des Vermögens der übertragenden Kapitalgesellschaft aus eigenen Anteilen, so besteht insoweit ein Kapitalerhöhungsverbot (§ 54 Abs. 1 S. 1 Nr. 2 UmwG). Da eine Gegenleistung für den Vermögens-übergang in jedem Fall gewährt wird und damit eine Verschmelzung i. S. d. § 2 UmwG vorliegt, kommen die Regelungen der §§ 11 - 13 UmwStG hier zur Anwendung.

4.3.2 „Up-stream merger"

Ist die übernehmende Kapitalgesellschaft (Muttergesellschaft) an der übertragenden Kapitalgesellschaft (Tochtergesellschaft) beteiligt, d. h. wird die Tochter- auf die Muttergesellschaft verschmolzen, liegt unabhängig von der Beteiligungshöhe ein „up-stream merger" vor.

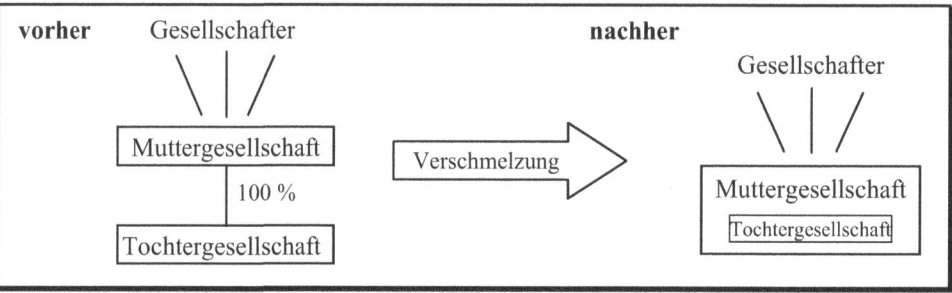

Abbildung 90: „Up-stream merger"

Die Beteiligung der übernehmenden Kapitalgesellschaft an der übertragenden Kapitalgesellschaft geht bei einem „up-stream merger" mit Übergang des Vermögens unter. Eine Kapitalerhöhung ist gem. § 54 Abs. 1 S. 1 Nr. 1 UmwG nicht zulässig, soweit die übernehmende Kapitalgesellschaft an der übertragenden Kapitalgesellschaft beteiligt ist. Zudem erübrigt sich die Gewährung von Anteilen als Gegenleistung für den Vermögensübergang, da insoweit auch keine Anteilseigner der übertragenden Kapitalgesellschaft abzufinden sind.

> **Beispiel**
>
> **„Up-stream merger" bei 80 %iger Beteiligung der Muttergesellschaft**
> Die Wilma GmbH ist zu 80 % und Gesellschafter Fred Feuerstein zu 20 % an der Barnie GmbH beteiligt. Die Barnie GmbH wird auf die Wilma GmbH verschmolzen. Da das gesamte Vermögen der Barnie GmbH auf die Wilma GmbH übergeht, ist folglich nur Fred Feuerstein für den Vermögensübergang mit Anteilen an der Wilma GmbH abzufinden. Zur Schaffung dieser Anteile muss die Wilma GmbH ihr Stammkapital erhöhen.

Die Konsequenz der fehlenden Gegenleistung wäre, dass es sich bei einem „up-stream merger" nicht um eine Verschmelzung i. S. d. UmwG handelt. Jedoch ergibt sich aus dem Wortlaut der §§ 5 Abs. 2, 8 Abs. 3 S. 1, 9 Abs. 2 sowie 62 Abs. 1 S. 1 UmwG, dass der Gesetzgeber den „up-stream merger" als Verschmelzung gem. § 1 UmwG betrachtet. Demzufolge können auch die §§ 11 - 13 UmwStG in Anspruch genommen werden (Tz. 11.01, 12.05 UmwStE). Dies bestätigt auch die speziell die Aufwärtsverschmelzung betreffende Vorschrift zur Besteuerung des Übernahmegewinns in § 12 Abs. 2 S. 2 UmwStG.

4.3.3   „Down-stream merger"

In diesem Fall wird die Muttergesellschaft auf die Tochtergesellschaft verschmolzen.

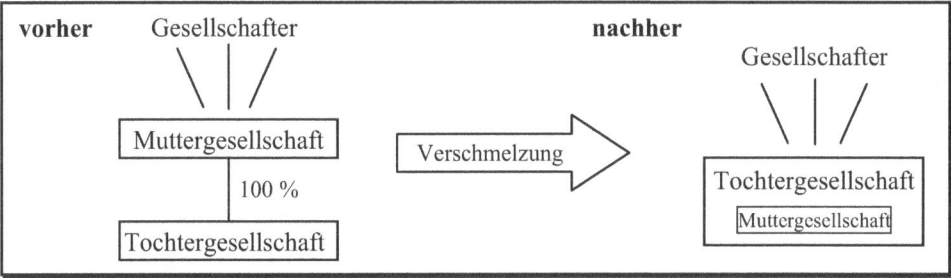

Abbildung 91:   „Down-stream merger"

Die von der übertragenden Kapitalgesellschaft (Muttergesellschaft) gehaltenen Anteile an der übernehmenden Kapitalgesellschaft (Tochtergesellschaft) werden nach dem Vermögensübergang eigene Anteile der übernehmenden Kapitalgesellschaft. Die Gesellschafter der übertragenden Kapitalgesellschaft können mit diesen Anteilen abgefunden werden. Die Finanzverwaltung geht dabei in Tz. 11.18 UmwStE von einem **Direkterwerb** der Anteile der übertragenden an der übernehmenden Kapitalgesellschaft durch die abzufindenden Gesellschafter der Muttergesellschaft aus.

Gem. § 54 Abs. 1 S. 2 Nr. 2 UmwG hat die übernehmende Kapitalgesellschaft in Fällen eines „down-stream merger" grundsätzlich ein Kapitalerhöhungswahlrecht. Anstatt den abzufindenden Gesellschaftern die übergegangenen Anteile der übertragenden an der übernehmenden Kapitalgesellschaft zu gewähren, kann die übernehmende Kapitalgesellschaft diese eigenen Anteile einziehen und zur Abfindung neue Anteile mittels Kapitalerhöhung schaffen. Die in den übergehenden Anteilen enthaltenen stillen Reserven müssen auch dann nicht aufgedeckt werden. Beträgt die Beteiligung der übertragenden an der übernehmenden KapGes weniger als 100 %, reichen die Anteile nicht aus, um die Anteilseigner der Überträgerin abzufinden. In diesem Fall ist zwingend eine Kapitalerhöhung vorzunehmen.

Im Ergebnis vollzieht sich der Vermögensübergang beim „down-stream merger" grundsätzlich gegen Gewährung von Gesellschaftsrechten an die abzufindenden Gesellschafter (als eigene Anteile qualifizierte Anteile der übertragenden an der übernehmenden Kapitalgesellschaft bzw. neu geschaffene Anteile). Gem. Tz. 11.01 UmwStE sind die Vorschriften §§ 11 - 13 UmwStG auch im Falle der Abwärtsverschmelzung anzuwenden. Diese Ansicht teilt auch der Gesetzgeber, verdeutlicht durch die Schaffung einer die Abwärtsverschmelzung betreffenden Sonderregelung (§ 11 Abs. 2 S. 2 UmwStG).

4.3.4   „Up-stream merger" und „down-stream merger" im Vergleich

Ein Vergleich anhand des folgenden Beispiels soll aufzeigen, dass „up-stream merger" und „down-stream merger" zu den gleichen Ergebnissen führen.

Beispiel

Vergleich von „up-stream merger" und „down-stream merger"
Die M GmbH ist zu 100 % an der T GmbH beteiligt. Die Anschaffungskosten der Beteiligung betrugen 50 T€. Die übernehmende GmbH führt das Vermögen zu Buchwerten fort. In den Bilanzen beider Unternehmen sind keine stillen Reserven enthalten.

Aktiva		M GmbH	Passiva
Beteiligung	50 T€	Stammkapital	100 T€
Sonst. Aktiva	500 T€	Fremdkapital	450 T€
	550 T€		550 T€

Aktiva		T GmbH	Passiva
Aktiva	350 T€	Stammkapital	50 T€
		Fremdkapital	300 T€
	350 T€		350 T€

Lösung

1. „up-stream merger": T GmbH wird auf M GmbH verschmolzen
Da die aufnehmende M GmbH alle Anteile an der T GmbH hält, ist eine Erhöhung des Stammkapitals der M GmbH gem. § 54 Abs. 1 UmwG verboten. Zudem ist die M GmbH der alleinige Gesellschafter der T GmbH, weshalb keine weiteren Gesellschafter abgefunden werden müssen.

	Buchwert der übernommenen Vermögensgegenstände	350 T€
./.	Buchwert der übernommenen Schulden	300 T€
=	Buchwert des übernommenen Vermögens	50 T€

Der Buchwert des übernommenen Vermögens entspricht dem Eigenkapital (hier: Stammkapital) der T GmbH.

Mit der Übernahme des Vermögens geht die Beteiligung der M GmbH an der T GmbH unter.

	Buchwert des übernommenen Vermögens	50 T€
./.	Buchwert der untergehenden Beteiligung	50 T€
=	Verschmelzungsgewinn / -verlust	0 T€

Bilanz der M GmbH nach Verschmelzung:

Aktiva			M GmbH		Passiva
Beteiligung	50 T€		Stammkapital		100 T€
./. Beteiligung	./. 50 T€	0 T€			
Sonst. Aktiva	500 T€		FK M GmbH	450 T€	
+ Aktiva T GmbH	+ 350 T€	850 T€	+ FK T GmbH	+ 300 T€	750 T€
		850 T€			850 T€

2. „down-stream merger": M GmbH wird auf T GmbH verschmolzen
Die Anteile der M GmbH an der T GmbH werden zur Abfindung der Gesellschafter der übertragenden M GmbH verwendet. Eine Kapitalerhöhung gem. § 54 Abs. 1 S. 2 Nr. 2 UmwG ist nur notwendig, wenn diese Anteile nicht ausreichen, um die Gesellschafter der M GmbH abzufinden.

$$\text{Kapitalerhöhung} \ = \ \frac{100}{50} \ * \ 50 \ = \ 2 \ * \ 50 \ = \ 100$$

Die aufnehmende T GmbH müsste folglich ihr Stammkapital um 100 T€ erhöhen. Da jedoch die Anteile der M GmbH an der T GmbH zur Abfindung herangezogen werden können, reduziert sich die notwendige Kapitalerhöhung auf einen Betrag in Höhe von 50 T€. Das Stammkapital der T GmbH beträgt nach der Verschmelzung somit 100 T€.

	Buchwert der übernommenen Vermögensgegenstände	550 T€
./.	Buchwert der übernommenen Schulden	450 T€
=	Buchwert des übernommenen Vermögens	100 T€

Der Buchwert des übernommenen Vermögens entspricht dem Eigenkapital (Stammkapital) der M GmbH.

	Buchwert des übernommenen Vermögens	100 T€
./.	Buchwert der gewährten Gegenleistung	100 T€
=	Verschmelzungsgewinn / -verlust	0 T€

Bilanz der T GmbH nach Verschmelzung:

Aktiva			T GmbH		Passiva
Aktiva	350 T€		Stammkapital		100 T€
+ Aktiva M GmbH	+ **500 T€**	850 T€	FK T GmbH	300 T€	
			+ FK M GmbH	+ **450 T€**	750 T€
		850 T€			850 T€

Merke: „up-stream merger" und „down-stream merger" führen zum gleichen Ergebnis! Dies ist sachgerecht, da es keinen Unterschied machen darf, ob die Tochter auf die Mutter („up-stream merger") oder die Mutter auf die Tochter („down-stream merger") verschmolzen wird. Wäre eine dieser Verschmelzungsvarianten vorteilhafter, würde die andere nie als Möglichkeit zur Verschmelzung in Betracht kommen.

Abgesehen davon gibt es in der Praxis natürlich Gründe, statt eines „up-stream merger" einen „down-stream merger" zu wählen: Verfügt die Tochtergesellschaft bspw. über umfassendes Grundvermögen, kann eine Verschmelzung auf die Mutter unter Umständen in entsprechender Höhe Grunderwerbsteuer auslösen. In diesem Fall ist ein „down-stream merger" vorteilhafter, da aufgrund des fehlenden Übergangs des Grundvermögens keine Grunderwerbsteuer anfällt.

4.3.5   Kombinierter „up-stream/ down-stream merger"

Bei einem kombinierten „up-stream/ down-stream merger" sind die übertragende und die übernehmende Kapitalgesellschaft wechselseitig aneinander beteiligt, d. h. jede Kapitalgesellschaft ist zugleich Mutter als auch Tochter der anderen Kapitalgesellschaft.

Die Vorschriften der §§ 11 - 13 UmwStG sind, isoliert betrachtet, sowohl im Fall eines „up-stream merger" als auch im Fall eines „down-stream merger" anwendbar. Daher ist davon auszugehen, dass diese auch auf die Kombination aus „up-stream merger" und „down-stream merger" Anwendung finden.

4.3.6   „Side-stream merger"

Als „side-stream merger" wird die Verschmelzung von Schwestergesellschaften bezeichnet. Diese Verschmelzungsvariante liegt vor, wenn beide, d. h. die übertragende und die übernehmende Kapitalgesellschaft, Töchter einer gemeinsamen Muttergesellschaft sind.

Werden Schwestergesellschaften verschmolzen, sind bei der gemeinsamen Muttergesellschaft die Bilanzansätze der Beteiligungen bei den Schwestergesellschaften zu summieren und als Bilanzansatz der Beteiligung an der übernehmenden Schwestergesellschaft auszuweisen. Für den „side-stream merger" verlangte der Gesetzgeber bislang abgesehen von den in § 54 Abs. 1, 2 und § 68 Abs. 3 UmwG normierten Ausnahmen zwingend die Vornahme einer Kapitalerhöhung, die aber nicht den gesamten übertragenen Vermögenswert umfassen musste. Der übertragene Mehrwert war als Agio in die Kapitalrücklagen einzustellen. Gem. § 54 Abs. 1 S. 3 UmwG hat die übernehmende Kapitalgesellschaft in Fällen eines side-stream mergers jedoch auch ein Kapitalerhöhungswahlrecht und darf somit von der Gewährung von Geschäftsanteilen absehen, wenn alle Anteilsinhaber der übertragenden Kapitalgesellschaft eine notariell beurkundete Verzichtserklärung unterzeichnen.[56]

4.4 Auswirkungen bei der übertragenden Kapital-gesellschaft

4.4.1 Bewertungswahlrecht gem. § 11 Abs. 2 UmwStG

Gem. § 11 Abs. 1 S. 1 UmwStG hat die übertragende Kapitalgesellschaft die übergehenden Wirtschaftsgüter in der steuerlichen Schlussbilanz grundsätzlich mit dem gemeinen Wert anzusetzen. Um steuerneutrale Verschmelzungen zu ermöglichen, sieht § 11 Abs. 2 UmwStG jedoch auf Antrag folgendes Bewertungswahlrecht für die übergehenden Wirtschaftsgüter vor:

Bewertungswahlrecht	Voraussetzungen
mindestens • Buchwert • Zwischenwert höchstens • Gemeiner Wert	Das Bewertungswahlrecht gilt, *soweit* (1) sichergestellt ist, dass die übergehenden Wirtschaftsgüter später bei der übernehmenden Körperschaft der Besteuerung mit Körperschaftsteuer unterliegen **und** (2) das Recht der Bundesrepublik Deutschland hinsichtlich der Besteuerung des Gewinns aus der Veräußerung der übertragenen Wirtschaftsgüter bei der übernehmenden Körperschaft nicht ausgeschlossen oder beschränkt wird **und** (3) eine Gegenleistung nicht gewährt wird oder in Gesellschaftsrechten besteht.

Abbildung 92:   Das Bewertungswahlrecht gem. § 11 Abs. 2 S. 1 UmwStG

Da eine Auflösung stiller Reserven grundsätzlich zur Besteuerung führt und daher unerwünscht ist, bildet der Buchwertansatz bei inländischen Verschmelzungen den Regelfall. Durch die **Buchwertfortführung** werden keine stillen Reserven aufgedeckt. Diese gehen somit unversteuert auf die übernehmende Kapitalgesellschaft über.

Kommt es hingegen zum Ansatz des gemeinen Wertes oder eines Zwischenwertes, ist die resultierende **Buchwertaufstockung** entsprechend der vorhandenen stillen Reserven prozentual auf die Wirtschaftsgüter zu verteilen. Das Bewertungswahlrecht ist dabei stets um

---

[56] Vgl. Dötsch, E./ Pung, A./ Möhlenbrock, R., Kommentar zum UmwStG, 87. Erg.-Lief. 2016, Vor §§ 11-13 UmwStG, Tz. 36 ff.

einen einheitlichen Prozentsatz nach Tz. 11.10 i. V. m. Tz. 03.25 UmwStE auf alle übergehenden Wirtschaftsgüter, die die Voraussetzungen gem. § 11 Abs. 2 UmwStG erfüllen,
anzuwenden. Somit sind auch die stillen Reserven eines originären Firmenwertes anteilig
aufzustocken. Eine selektive Aufstockung ist nicht möglich.

Anteilige Buchwertaufstockung

Im Rahmen einer Verschmelzung möchte die übertragende Star-Lord GmbH ihre
Buchwerte um die Hälfte ihrer stillen Reserven aufstocken. Der Buchwert des übergehenden Vermögens beträgt 300 T€, der gemeine Wert 800 T€.

	Buchwert	Gemeiner Wert
Firmenwert (FW)		80 T€
Immat. Wirtschaftsgüter (iWG)		20 T€
Anlagevermögen (AV)	200 T€	400 T€
Umlaufvermögen (UV)	100 T€	300 T€
	300 T€	800 T€

Das übergehende Vermögen der Star-Lord GmbH enthält stille Reserven i. H. v.
500 T€ (= gemeiner Wert abzüglich Buchwert). Da die Hälfte der stillen Reserven
aufgelöst werden soll, ist das Vermögen um 250 T€ auf insgesamt 550 T€ aufzustocken. Hierbei sind die Werte der einzelnen Positionen entsprechend der jeweils vorhandenen stillen Reserven anteilig, d. h. um 50 %, zu erhöhen. Zu beachten ist, dass
der Firmenwert (FW) und die immateriellen Wirtschaftsgüter (iWG) zwar bisher nicht
in der Bilanz erfasst wurden, jedoch zum übergehenden Vermögen zählen. Daher sind
ebenfalls 50 % der in ihnen enthaltenen stillen Reserven aufzustocken, d. h. um 40 T€
bzw. um 10 T€. Da das Anlagevermögen (AV) und das Umlaufvermögen (UV) jeweils 200 T€ stille Reserven beinhalten, sind diese Positionen jeweils um 100 T€ zu
erhöhen.

Die Werte, mit denen die Wirtschaftsgüter schließlich in der steuerlichen Schlussbilanz anzusetzen sind, ergeben sich aus der Summe der Buchwerte der jeweiligen
Wirtschaftsgüter und den entsprechenden Aufstockungsbeträgen:

	FW	iWG	AV	UV	**Summe**
Buchwerte			200 T€	100 T€	**300 T€**
+ Aufstockungsbeträge	40 T€	10 T€	100 T€	100 T€	**250 T€**
= **anzusetzender Wert**	**40 T€**	**10 T€**	**300 T€**	**200 T€**	**550 T€**

> **Merke:** Gem. § 11 Abs. 1 S. 1 UmwStG gehören zu den übergehenden Wirtschaftsgütern auch die nicht entgeltlich erworbenen sowie die selbst geschaffenen **immateriellen Wirtschaftsgüter**. Werden die übergehenden Wirtschaftsgüter zu einem Zwischenwert angesetzt, sind auch die selbst geschaffenen immateriellen Wirtschaftsgüter und ein originärer Firmenwert zu bilanzieren und die in ihnen enthaltenen stillen Reserven anteilig mit einem einheitlichen Prozentsatz nach Tz. 11.10 i. V. m. 03.25 UmwStE aufzulösen.

§ 11 Abs. 2 S. 1 UmwStG normiert steuerrechtlich ein Bewertungswahlrecht, welchem kein korrespondierendes handelsrechtliches Bewertungswahlrecht gegenübersteht. Demzufolge kann es zu erheblichen Bewertungsdifferenzen zwischen handelsrechtlicher und steuerrechtlicher Schlussbilanz kommen.

Handelsrechtliche Schlussbilanz	Steuerrechtliche Schlussbilanz	
• zwingender Buchwertansatz (§ 17 Abs. 2 Satz 2 UmwG) • Zuschreibungen nur im Rahmen der Vorschriften über den Jahresabschluss zulässig	• Bewertungswahlrecht (§ 11 Abs. 2 Satz 1 UmwStG) - Buchwert - Zwischenwert - Gemeiner Wert	

Abbildung 93:   Gegenüberstellung von handels- und steuerrechtlichen Bewertungsvorschriften für die Schlussbilanz der übertragenden Kapitalgesellschaft

4.4.1.1   Sicherstellung der späteren Besteuerung i. S. d. § 11 Abs. 2 S. 1 Nr. 1 UmwStG

§ 11 Abs. 2 UmwStG ermöglicht einen Aufschub der Besteuerung der im übergegangenen Vermögen enthaltenen stillen Reserven, wenn sichergestellt ist, dass der Gewinn aus der späteren Auflösung bei der übernehmenden Kapitalgesellschaft der Körperschaftsteuer unterliegt. Ist die übertragende Körperschaft unbeschränkt körperschaftsteuerpflichtig, so ist die Besteuerung der stillen Reserven grundsätzlich sichergestellt, wenn sie auf eine ebenfalls unbeschränkt steuerpflichtige Körperschaft i. S. d. § 1 Abs. 1 Nr. 1 KStG verschmilzt. Das Bewertungswahlrecht bleibt insofern bestehen. Im Falle einer persönlich von der Körperschaftsteuer befreiten übernehmenden Körperschaft (vgl. § 5 KStG) ist die Besteuerung der stillen Reserven jedoch nicht sichergestellt, weshalb in diesem Fall das übergehende Vermögen mit dem gemeinen Wert anzusetzen ist. Gleiches gilt gem. Tz. 11.07, 03.17 UmwStE für den Teil des Vermögens, der in den nicht steuerpflichtigen Bereich einer juristischen Person des öffentlichen Rechts übergeht.

Sicherstellung der Besteuerung der in den übergehenden Wirtschaftsgütern enthaltenen stillen Reserven

Die Jack Malone AG ist eine hundertprozentige Tochtergesellschaft der steuerbefreiten gemeinnützigen Samantha Spade gGmbH. Im Betriebsvermögen der Jack Malone AG befinden sich stille Reserven i. H. v. 600 T€. In den stillen Reserven der Jack Malone AG ist dabei ein Firmenwert i. H. v. 100 T€ enthalten. Im Rahmen einer Umstrukturierung des Beteilungsportfolios der Samantha Spade gGmbH wird die Jack Malone AG auf ihre Muttergesellschaft verschmolzen.

Aktiva			Jack Malone AG	Passiva
	Buchwert	Gemeiner Wert		
Aktiva A	500 T€	800 T€	Stammkapital	50 T€
Aktiva B	150 T€	300 T€	Gewinnrücklagen	350 T€
Aktiva C	100 T€	150 T€	Verbindlichkeiten	350 T€
	750 T€			750 T€

Die Verschmelzung der Jack Malone AG auf die steuerbefreite gemeinnützige Samantha Spade gGmbH hat zur Folge, dass die Jack Malone AG das Bewertungswahlrecht des § 11 Abs. 2 S. 1 UmwStG nicht in Anspruch nehmen kann. Dies ergibt sich daraus, dass aufgrund der Steuerbefreiung der Samantha Spade gGmbH nicht gem. § 11 Abs. 2 S. 1 Nr. 1 UmwStG sichergestellt ist, dass die in der Jack Malone AG enthaltenen stillen Reserven im Falle ihrer Auflösung noch einer Besteuerung mit Körperschaftsteuer unterliegen.

Somit muss die Jack Malone AG gem. § 11 Abs. 1 UmwStG alle zu übertragenden Wirtschaftsgüter in ihrer steuerlichen Schlussbilanz mit dem gemeinen Wert ansetzen. Sämtliche Wirtschaftsgüter sind um die in ihnen enthaltenen stillen Reserven aufzustocken und der bisher nicht bilanzierte originäre Firmenwert ist in der Bilanz anzusetzen:

Aktiva		Jack Malone AG	Passiva
Firmenwert		100 T€	Stammkapital	50 T€
Aktiva A	500 T€		Gewinnrücklagen	350 T€
+ st. Reserven	+ 300 T€		Übertragungsgewinn	600 T€
	800 T€	800 T€	Passiva	350 T€
Aktiva B	150 T€			
+ st. Reserven	+ 150 T€			
	300 T€	300 T€		
Aktiva C	100 T€			
+ st. Reserven	+ 50 T€			
	150 T€	150 T€		
		1.350 T€		1.350 T€

4.4.1.2 Ausschluss oder Beschränkung des deutschen Besteuerungsrechts i. S. d. § 11 Abs. 2 S. 1 Nr. 2 UmwStG

Das Bewertungswahlrecht gem. § 11 Abs. 2 UmwStG wird nur insofern gewährt, als dass das Besteuerungsrecht Deutschlands hinsichtlich des Gewinns aus einer (späteren) Veräußerung der übertragenen Wirtschaftsgüter durch die Verschmelzung nicht ausgeschlossen oder beschränkt wird, d. h. die übergehenden stillen Reserven auf Ebene der übernehmenden Kapitalgesellschaft weiterhin in Deutschland steuerverstrickt sind. Hierbei ist jedes übergehende Wirtschaftsgut einzeln zu betrachten. Waren Wirtschaftsgüter daher vor der Verschmelzung dem deutschen Besteuerungsrecht unterworfen und unterliegen diese Wirtschaftsgüter nach der Verschmelzung nicht mehr dem deutschen Besteuerungsrecht, kann für diese Wirtschaftsgüter das Bewertungswahlrecht gem. § 11 Abs. 2 UmwStG nicht in Anspruch genommen werden, so dass sie mit dem gemeinen Wert anzusetzen sind.

Im Gegensatz zum Gesetzeswortlaut des § 11 Abs. 2 S. 2 UmwStG stellt die Finanzverwaltung in Tz. 11.19 UmwStG bei einem down-stream merger statt auf die übernehmende Körperschaft auf den die Anteile an der Tochtergesellschaft übernehmenden Anteilseigner der Muttergesellschaft ab. Ein Ansatz von Buch- oder Zwischenwerten wäre demnach nur möglich, sofern zu den Anteilseignern der Muttergesellschaft keine ausländischen Anteilseigner mit nicht im Inland steuerverhafteten Anteilen gehören. Diese Auffassung ist jedoch weder durch die Gesetzesbegründung noch durch die Rechtsprechung gedeckt und muss daher abgelehnt werden.[57] Vielmehr handelt es sich aufgrund des Direkterwerbs der Anteile am übernehmenden Rechtsträger bei diesen nicht um übergehende Wirtschaftsgütern i. S. d. § 11 Abs. 1 und Abs. 2 S. 1 UmwStG, da die Anteile direkt an die Anteilseigner der Muttergesellschaft ausgekehrt werden. Darüber hinaus wären bei einem im EU/EWR-Ausland ansässigen Anteilseigner Verstöße gegen die Fusionsrichtlinie, die Niederlassungsfreiheit bzw. bei Anteilseignern mit Portfolioinvestments gegen die Kapitalverkehrsfreiheit und sogar gegen die abkommensrechtlichen Diskriminierungsverbote zu vermuten.[58]

Ein Ausschluss oder eine Beschränkung des deutschen Besteuerungsrechtes ist nur möglich, soweit ein **Auslandsbezug** besteht, d. h. eine **grenzüberschreitende Verschmelzung** stattfindet bzw. die übertragende Kapitalgesellschaft **ausländisches Vermögen** besitzt.

Der Verlust des Besteuerungsrechts muss dabei keinesfalls sämtliche übergehenden Wirtschaftsgüter betreffen, vielmehr sind die Wirtschaftsgüter einzeln zu betrachten. So werden

---

[57] Vgl. Schaflitzl, A./ Götz, C., Verschmelzung zwischen Kapitalgesellschaften, Spaltung von Kapitalgesellschaften und damit verbundene gewerbesteuerliche Regelungen, DB 2012, S. 29; Kroener, I./ Momen, L., Neuerungen des UmwSt-Erlasses 2011 – Ein Überblick, DB Beilage 1, 2012, S. 76.

[58] Vgl. Schaden, M./ Ropohl, F., Verschmelzung und Auf-/ Abspaltung von Kapital- auf Kapitalgesellschaften, BB Beilage Nr. 1 2011, S. 13; Kessler, W./ Philipp, M., Steuerrechtliche Behandlung der Anteile an der übernehmenden Körperschaft im Rahmen des downstream-merger, DB 2011, S. 1662.

z. B. bei einer grenzüberschreitenden Herausverschmelzung einige Wirtschaftsgüter aufgrund des Betriebsstättenerlasses[59] nicht mehr der durch die Verschmelzung entstehenden deutschen Betriebsstätte, sondern dem ausländischen Stammhaus zugeordnet.

Beispiel

Ausschluss des deutschen Besteuerungsrechts bei grenzüberschreitender Verschmelzung

Die deutsche Abigail Scuito GmbH produziert Lenkräder und Sitze für die deutsche Automobilindustrie. Des Weiteren besitzt sie eine Beteiligung am Tierfuttermittelhersteller Wauz AG, in der stille Reserven i. H. v. 250 T€ enthalten sind. Im März 2020 beschließen die Gesellschafter der Abigail Scuito GmbH, diese rückwirkend zum 31.12.2019 auf die italienische Anthony DiNozzo SpA zu verschmelzen (grenzüberschreitende Herausverschmelzung). Die deutschen Aktivitäten der Abigail Scuito GmbH werden nach der Verschmelzung von der Anthony DiNozzo SpA als Betriebsstätte weitergeführt. Zu prüfen ist, ob die Abigail Scuito GmbH das Bewertungswahlrecht des § 11 Abs. 2 S. 1 UmwStG in Anspruch nehmen kann.

Aktiva			Abigail Scuito GmbH	Passiva
	Buchwert	Gemeiner Wert		
Aktiva	800 T€	800 T€	Stammkapital	100 T€
Wauz AG	600 T€	850 T€	Gewinnrücklagen	700 T€
			Verbindlichkeiten	600 T€
	1.400 T€			1.400 T€

Lösung

Durch die Verschmelzung wird die Abigail Scuito GmbH zur deutschen Betriebsstätte der Anthony DiNozzo SpA. Art. 13 Abs. 1, 3 DBA-Italien sieht vor, dass die Einkünfte aus der Veräußerung einer Betriebsstätte im Betriebsstättenstaat zu versteuern sind. Soweit die Wirtschaftgüter der Abigial Scuito GmbH nach der Verschmelzung der deutschen Betriebsstätte der Anthony DiNozzo SpA zuzuorden sind, gehen der BRD keine Besteuerungsrechte verloren, und ein steuerneutraler Übergang der Wirtschaftsgüter von der Abigail Scuito GmbH auf die Anthony DiNozzo SpA ist möglich.

Gem. Rz. 2.4 des Betriebsstättenerlasses ist bei der Zuordnung von Wirtschaftsgütern allerdings die Zentralfunktion des Stammhauses zu beachten. Demnach sind Beteiligungen, wenn sie nicht einer in der Betriebsstätte ausgeübten Tätigkeit dienen, dem Stammhaus zuzuorden.

---

[59] Vgl. Betriebsstättenerlass, BMF vom 24.12.1999, BStBl. I 1999, S. 1076.

Im vorliegenden Fall besitzt die Abigail Scuito GmbH eine Beteiligung an dem Tierfuttermittelhersteller Wauz AG. Da sich die Geschäftsgegenstände der Abigail Scuito GmbH (Automobilzulieferer) und der Wauz AG (Tierfutterherstellung) nicht ähneln, ist die Beteiligung an der Wauz AG dem durch die Verschmelzung entstehenden Stammhaus, der Anthony DiNozzo SpA, zuzuorden.

Aufgrund dieser Zuordnung zu dem nicht deutschen Stammhaus verliert die BRD das Besteuerungsrecht an den in der Beteiligung an der Wauz AG enthaltenen stillen Reserven. Insofern ist die Voraussetzung des § 11 Abs. 2 S. 1 Nr. 2 UmwStG nicht gegeben, und die Beteiligung an der Wauz AG ist in der steuerlichen Schlussbilanz der Abigail Scuito GmbH gem. § 11 Abs. 1 UmwStG mit dem gemeinen Wert anzusetzen:

Aktiva		Abigail Scuito GmbH	Passiva
Aktiva		800 T€	Stammkapital	100 T€
Wauz AG	600 T€		Gewinnrücklagen	700 T€
+ st. Reserven	+ 250 T€		Übertragungsgewinn	250 T€
	850 T€	850 T€	Passiva	600 T€
		1.650 T€		1.650 T€

Während bei Herausverschmelzungen die Vermutung naheliegt, dass es zu einem Ausschluss oder einer Beschränkung des deutschen Besteuerungsrechtes kommen kann, ist diese Problematik bei Inlandsverschmelzungen weniger offensichtlich. Daher ist bei Inlandsverschmelzungen stets darauf zu achten, ob die beteiligten Kapitalgesellschaften ausländisches Betriebsvermögen besitzen.

Ausschluss des deutschen Besteuerungsrechts bei Inlandsverschmelzung
Die in Deutschland unbeschränkt steuerpflichtige Vivian Johnson GmbH unterhält in Österreich ein Auslieferungslager, dessen Wert sich ausschließlich aus beweglichem Vermögen zusammensetzt (Grundstücke sollen in diesem Beispiel vernachlässigt werden). Im März 2020 beschließen die Anteilseigner der Vivian Johnson GmbH rückwirkend zum 31.12.2019 eine Verschmelzung der Vivian Johnson GmbH mit der Danny Taylor SE mit Sitz in Erfurt. Die Danny Taylor SE besitzt eine Fabrik in Österreich. Im Zuge der Verschmelzung werden auch die österreichischen Aktivitäten der beiden Firmen zusammengelegt. In den im österreichischen Auslieferungslager der Vivian Johnson GmbH gelagerten Produkten sind stille Reserven i. H. v. 250 T€ enthalten:

Aktiva			Vivian Johnson GmbH	Passiva
	Buchwert	Gemeiner Wert		
Aktiva	500 T€	500 T€	Stammkapital	50 T€
Auslieferungs-			Gewinnrücklagen	550 T€
lager	500 T€	750 T€	Passiva	400 T€
	1.000 T€	1.250 T€		1.000 T€

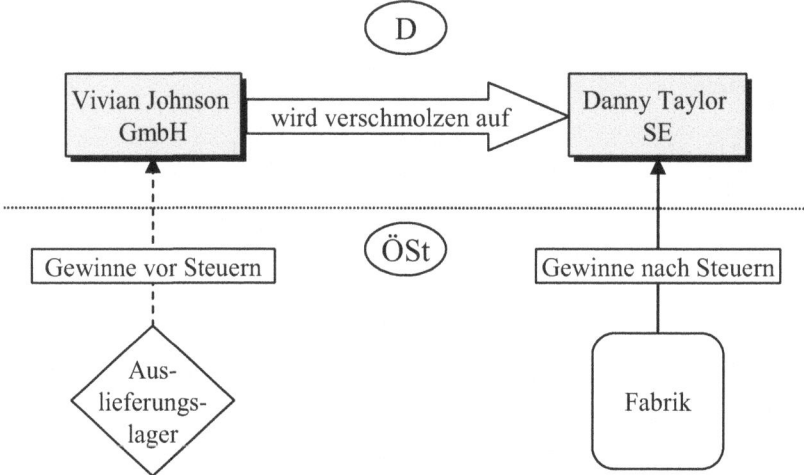

Abbildung 94: Ausschluss des Besteuerungsrechts - Situation vor der Verschmelzung

Lösung

Im Zuge der Verschmelzung der Vivian Johnson GmbH ist zu überprüfen, ob die in der Vivian Johnson GmbH enthaltenen stillen Reserven auch nach der Verschmelzung auf die Danny Taylor SE noch in Deutschland zu versteuern sind. Dabei ist besonders auf das in Österreich belegene Vermögen der Vivian Johnson GmbH zu achten.

Welches Land an dem in Österreich belegenen Vermögen der Vivian Johnson GmbH ein Besteuerungsrecht hat, hängt dabei davon ab, ob das in Österreich belegene Vermögen als Betriebsstätte i. S. d. DBA-Österreich zu qualifizieren ist oder nicht. Gem. Art. 13 Abs. 3 DBA-Österreich dürfen die Gewinne aus der Veräußerung einer österreichischen Betriebsstätte eines deutschen Unternehmens in Österreich besteuert werden. Liegt allerdings keine Betriebsstätte vor, besitzt Deutschland das Besteuerungsrecht.

Bei dem in Österreich belegenen Vermögen der Vivian Johnson GmbH handelt es sich um ein Auslieferungslager. Gem. Art. 5 Abs. 4 Bst. a DBA-Österreich ist eine Einrichtung, die ausschließlich zur Lagerung, Ausstellung oder Auslieferung von Gütern oder Waren benutzt wird, nicht als eine Betriebsstätte zu qualifizieren. Das Auslieferungslager der Vivian Johnson GmbH ist eine solche Einrichtung.

Deshalb sind die Gewinne, die die Vivian Johnson GmbH aus der Veräußerung des österreichischen Auslieferungslagers erzielen würde, nicht in Österreich, sondern gem. Art. 13 Abs. 5 i. V. m. Abs. 1 DBA-Österreich in Deutschland steuerpflichtig.

Durch die Verschmelzung wird das Auslieferungslager der Vivian Johnson GmbH zu einem Teil der in Österreich belegenden Produktionsstätte der Danny Taylor SE.

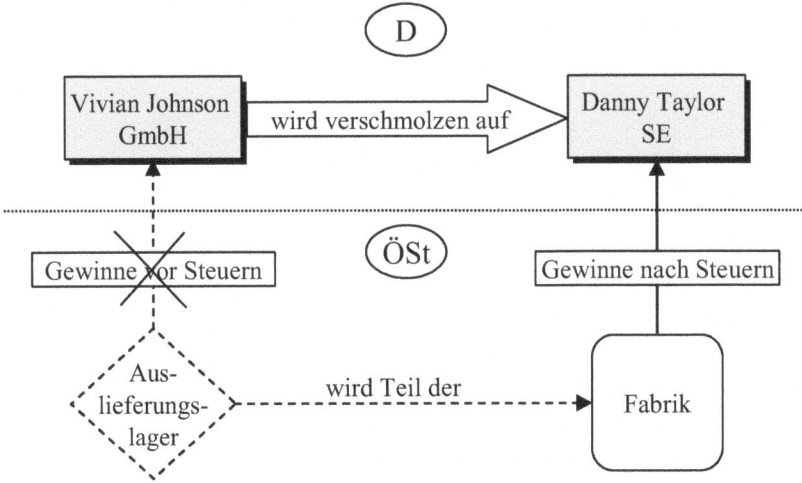

Abbildung 95:   Ausschluss des Besteuerungsrechts. Situation nach der Verschmelzung

Eine Fabrikationsstätte ist gem. Art. 5 Abs. 2 Bst. d DBA-Österreich als Betriebsstätte zu qualifizieren. Deshalb muss die Danny Taylor SE die Einnahmen aus einer evtl. Veräußerung ihrer österreichischen Fabrikationsstätte gem. Art. 13 Abs. 1, 3 DBA-Österreich auch in Österreich und nicht in Deutschland versteuern. Da durch die Verschmelzung das Auslieferungslager der Vivian Johnson GmbH Teil der österreichischen Betriebsstätte der Danny Taylor SE wird und die BRD kein Besteuerungsrecht an der österreichischen Betriebsstätte der Danny Taylor SE besitzt, sind die Einnahmen aus dem Auslieferungslager mit Vollzug der Verschmelzung nun auch in Österreich und nicht mehr in Deutschland zu versteuern.

Folglich wird durch die Verschmelzung der Vivian Johnson GmbH auf die Danny Taylor SE das Besteuerungsrecht der BRD an dem österreichischen Auslieferungslager der Vivian Johnson GmbH ausgeschlossen.

Damit ist die Voraussetzung des § 11 Abs. 2 S. 1 Nr. 2 UmwStG für eine Inanspruchnahme des Bewertungswahlrechtes des § 11 Abs. 2 S. 1 UmwStG nicht erfüllt. Im Ergebnis ist das österreichische Auslieferungslager der Vivian Johnson GmbH in der steuerlichen Schlussbilanz der Vivian Johnson GmbH daher gem. § 11 Abs. 1 UmwStG zum gemeinen Wert anzusetzen.

Für das restliche Vermögen der Vivian Johnson GmbH kann allerdings das Bewertungswahlrecht des § 11 Abs. 2 S. 1 UmwStG in Anspruch genommen werden.

Aktiva		Vivian Johnson GmbH	Passiva
Aktiva		500 T€	Stammkapital	50 T€
Auslieferungslager	500 T€		Gewinnrücklagen	550 T€
+ st. Reserven	+ 250 T€		Übertragungsgewinn	250 T€
	750 T€	750 T€	Passiva	400 T€
		1.250 T€		1.250 T€

Zu einem **Ausschluss des deutschen Besteuerungsrechts** kommt es des Weiteren immer dann, wenn Deutschland vor der Verschmelzung das uneingeschränkte Besteuerungsrecht (ohne Anrechnung ausländischer Steuer) hatte und dieses aufgrund eines DBA mit Freistellungsmethode zur Gänze verliert. Ebenso kommt es zu einem Ausschluss des deutschen Besteuerungsrechts, wenn vor der Umwandlung eine Besteuerung ausländischer Veräußerungserlöse unter Anrechnung ausländischer Steuern stattfinden würde und nach der Umwandlung aufgrund eines DBA mit Freistellungsmethode eine Besteuerung der ausländischen Veräußerungserlöse nicht mehr möglich ist. Beim Ausschluss des deutschen Besteuerungsrechts gilt es daher zwischen dem **Wechsel von unbeschränktem Besteuerungsrecht zur Freistellungsmethode** und dem **Wechsel von der Anrechnungs- zur Freistellungsmethode** zu unterscheiden.

Eine **Beschränkung des deutschen Besteuerungsrechts** erfolgt hingegen in den Fällen, in denen die BRD zwar weiterhin ein Besteuerungsrecht besitzt, aber nach Vollzug der Verschmelzung ausländische Steuern z. B. aufgrund eines DBA oder einer vergleichbaren anderen Regelung (§ 20 Abs. 2 AStG) anrechnen muss.[60]

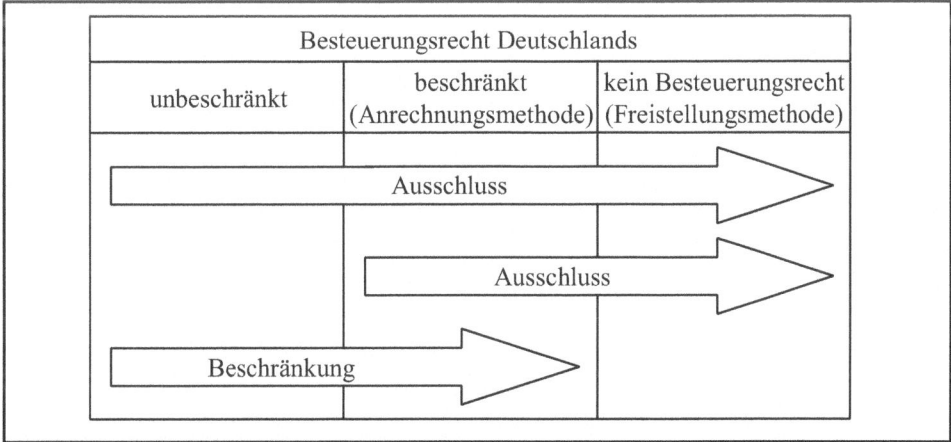

Abbildung 96:   Ausschluss und Beschränkung des deutschen Besteuerungsrechts

Insofern bereits vor der Verschmelzung **kein deutsches Besteuerungsrecht** für die übergehenden Wirtschaftsgüter bestand, kann ein solches auch nicht im Zuge der Verschmelzung ausgeschlossen oder beschränkt werden.

Beispiel

Kein Besteuerungsrecht der BRD
Die in Deutschland unbeschränkt steuerpflichtige Martin Fitzgerald AG wird auf die in Österreich ansässige Elena Delgado AG verschmolzen. Vor der Verschmelzung verfügt die Martin Fitzgerald AG über eine Betriebsstätte in Österreich, die aufgrund der Verschmelzung der österreichischen Elena Delgado AG zugeordnet wird. Fraglich ist daher, ob eine Buchwertfortführung möglich ist oder die in der Betriebsstätte enthaltenen stillen Reserven aufzudecken sind.

---

[60] Vgl. BT-Drucks. 16/2710, S. 38.

Lösung

Gem. Art. 13 Abs. 1, 3 DBA-Österreich besitzt die BRD kein Besteuerungsrecht am Veräußerungsgewinn der österreichischen Betriebsstätte der Martin Fitzgerald AG, da das DBA-Österreich das Besteuerungsrecht Österreich zuweist. Die BRD hat die Einkünfte aus der Veräußerung der österreichischen Betriebsstätte der Martin Fitzgerald AG steuerfrei zu stellen. Damit kann in diesem Fall die BRD kein Besteuerungsrecht verlieren, da die BRD kein Besteuerungsrecht an der Betriebsstätte der Martin Fitzgerald AG besessen hat. Somit kann das Bewertungswahlrecht das § 11 Abs. 2 S. 1 UmwStG von der Martin Fitzgerald AG uneingeschränkt in Anspruch genommen werden.

> **Merke:** Wirtschaftsgüter, die **vor** der Verschmelzung dem deutschen Besteuerungszugriff bereits entzogen waren, dürfen grundsätzlich zum Buchwert, Zwischenwert oder zum gemeinen Wert übertragen werden.

Die folgenden Graphiken geben einen zusammenfassenden Überblick über die Auswirkungen von § 11 Abs. 2 S. 1 Nr. 2 UmwStG in einigen noch nicht behandelten Zweifelsfällen:

	Sicherstellung der Besteuerung stiller Reserven	Anwendung des Bewertungswahlrechts
• Verschmelzung auf eine unbeschränkt körperschaftsteuerpflichtige KapGes, die nicht nach § 5 KStG von der Körperschaftsteuer befreit ist	✓ (grundsätzlich)	✓
• Übertragende KapGes verfügt über ausl. Betriebsstättenvermögen bei dessen Veräußerung die erhobene ausl. Steuer sowohl vor als auch nach der Verschmelzung auf die deutsche Steuer angerechnet wird	✓	✓
• Ausl. Wirtschaftsgüter der übertragenden KapGes, die nicht Teil einer Betriebsstätte sind und es durch die Verschmelzung auch nicht werden, unterliegen grundsätzlich dem dt. Besteuerungsrecht	✓	✓
• Verschmelzung auf eine unbeschränkt körperschaftsteuerpflichtige KapGes, die nach § 5 KStG von der Körperschaftsteuer befreit ist	(-)	(-)

Abbildung 97:   Die Anwendung des Bewertungswahlrechts gem. § 11 Abs. 2 UmwStG bei inländischen Verschmelzungen

Insbesondere bei Herausverschmelzungen gilt es § 11 Abs. 2 UmwStG zu prüfen, da im Zuge der Verschmelzung der deutsche Rechtsträger erlischt. Aus diesem Grunde werden an dieser Stelle einige Fälle und Auswirkungen der Herausverschmelzung separat aufgezeigt:

	Sicherstellung der Besteuerung stiller Reserven	Anwendung des Bewertungs-wahlrechts
• Deutsche KapGes wird auf ausl. KapGes verschmolzen, wobei die deutsche KapGes zu einer Betriebsstätte der ausl. KapGes wird	✓ (grundsätzlich)	✓
• Übertragende KapGes verfügt über ausl. Betriebsstättenvermögen, welches (aufgrund eines DBA) dem Besteuerungsrecht des Belegenheitsstaates unterliegt	Kein Erfordernis der Sicherstellung der übergehenden stillen Reserven	✓
• Übertragende KapGes verfügt über ausl. Betriebsstättenvermögen bei dessen Veräußerung die erhobene ausl. Steuer auf die deutsche Steuer angerechnet wird	(-)	(-)
• Übertragende KapGes verfügt über ausl. Wirtschaftsgüter, die nicht Teil einer Betriebsstätte sind und es durch die Verschmelzung auch nicht werden	(-)	(-)

Abbildung 98: Die Anwendung des Bewertungswahlrechts nach § 11 Abs. 2 UmwStG bei Herausverschmelzungen

Auf grenzüberschreitende Hineinverschmelzungen ist § 11 Abs. 2 UmwStG nicht anwendbar, da in diesem Fall die an der Verschmelzung beteiligte deutsche Gesellschaft die Rolle der aufnehmenden Gesellschaft innehat und nicht Überträgerin der Wirtschaftsgüter ist. Somit besteht auch keine Gefahr des Verlusts deutscher Besteuerungsrechte.

Merke: Wird das Recht der BRD hinsichtlich der Besteuerung des **Gewinns aus der Veräußerung** der übertragenen Wirtschaftsgüter bei der übernehmenden Körperschaft ausgeschlossen oder beschränkt, kann insoweit das Bewertungswahlrecht des § 11 Abs. 2 S. 1 UmwStG von der übertragenden Gesellschaft nicht in Anspruch genommen werden. Die entsprechenden Wirtschaftsgüter sind gem. § 11 Abs. 1 UmwStG mit dem gemeinen Wert in der steuerlichen Schlussbilanz der übertragenden Gesellschaft anzusetzen.

4.4.1.3 Gegenleistung i. S. d. § 11 Abs. 2 S. 1 Nr. 3 UmwStG

> Nach § 11 Abs. 2 S. 1 Nr. 3 UmwStG besteht das Bewertungswahlrecht nur insoweit, als „eine Gegenleistung nicht gewährt wird oder in Gesellschaftsrechten besteht".

Eine Gegenleistung wird nicht gewährt, wenn
- eine Kapitalerhöhung nicht durchgeführt werden darf (§ 54 Abs. 1 S. 1 Nr. 1 UmwG).
  Beispiel: „up-stream merger"
    Soweit die übernehmende an der übertragenden Kapitalgesellschaft beteiligt ist, entfällt die Gewährung einer Gegenleistung für den Übergang des Vermögens.
- die Durchführung einer Kapitalerhöhung freiwillig ist und deshalb nicht erfolgt (§ 54 Abs. 1 S. 2 Nr. 2 UmwG).
  Beispiel: „down-stream merger"
    Die übernehmende Kapitalgesellschaft erhöht ihr Stammkapital nicht, da die Anteile, welche im Besitz der übertragenden Kapitalgesellschaft sind, zur Abfindung der Gesellschafter ausreichen.
- keine **baren Zuzahlungen** i. S. d. § 15 UmwG an die Anteilseigner der übertragenden Kapitalgesellschaft gewährt werden.
  Zu baren Zuzahlungen kann es gem. § 15 Abs. 1 UmwG kommen, wenn das Umtauschverhältnis der Anteile zu niedrig bemessen ist oder wenn die Anteilsrechte an der übernehmenden Kapitalgesellschaft keinen ausreichenden Gegenwert für die weggefallenen Anteile an der übertragenden Kapitalgesellschaft darstellen **(Spitzenausgleich)**. Anders als bei den bereits im Verschmelzungsvertrag festgelegten baren Zuzahlungen werden bare Zuzahlungen i. S. d. § 15 UmwG per gerichtlicher Entscheidung ermittelt. Zudem sind sie in ihrer Höhe nicht beschränkt.
- widersprechende Gesellschafter nicht gem. § 29 UmwG **bar abgefunden** werden.

Eine Gegenleistung, die gewährt wird, aber *nicht* in Gesellschaftsrechten besteht, liegt gem. Tz. 11.10 i. V. m. 03.22 UmwStE vor, wenn
- die übernehmende Kapitalgesellschaft **bare Zuzahlungen** i. S. d. § 15 UmwG an die Anteilseigner der übertragenden Kapitalgesellschaft gewährt *oder*
- widersprechende Gesellschafter gem. § 29 UmwG **bar abgefunden** werden.

> **Merke:** Das Bewertungswahlrecht kann ausgeübt werden, wenn
> a) eine Gegenleistung nicht gewährt wird, d. h. weder Anteile an die abzufindenden Gesellschafter ausgegeben noch bare Zuzahlungen oder Barabfindungen gewährt werden *oder*
> b) Gesellschaftsrechte an die Gesellschafter der übertragenden Kapitalgesellschaft ausgegeben werden.
> ⇒ **GEGENLEISTUNGEN IN BAR SIND GRUNDSÄTZLICH SCHÄDLICH!**

4.4.2   Konsequenzen bei fehlenden Voraussetzungen des § 11 Abs. 2 S. 1 Nr. 1 - 3 UmwStG

Sind die in § 11 Abs. 1 S. 1 Nr. 1 - 3 UmwStG genannten Voraussetzungen nicht erfüllt, führt dies zu unterschiedlichen Rechtsfolgen.

Unterliegen übergehende Wirtschaftsgüter bei der übernehmenden Kapitalgesellschaft nicht mehr der Körperschaftsteuer oder ist das Besteuerungsrecht der Bundesrepublik Deutschland an ihnen in Folge der Verschmelzung ausgeschlossen oder beschränkt, sind eben **diese übergehenden Wirtschaftsgüter** gem. § 11 Abs. 2 S. 1 Nr. 1 und Nr. 2 UmwStG mit dem gemeinen Wert anzusetzen. Für die restlichen übergehenden Wirtschaftsgüter bleibt das Bewertungswahlrecht bestehen.

Werden stattdessen Gegenleistungen gewährt, die nicht in Gesellschaftsrechten bestehen, betrifft dies **sämtliche übergehenden Wirtschaftsgüter**. Zum einen wird der Buchwertansatz zunächst auf den Betrag der Anteilsgewährung an der übernehmenden Gesellschaft begrenzt, zum anderen erfolgt eine prozentuale Buchwertaufstockung in Höhe gewährter barer Zuzahlungen.

Beispiel

Verschmelzung der Clever&Smart AG auf die TomTiger AG
Der Buchwert des übergehenden Vermögens beträgt 300 T€, der gemeine Wert 600 T€. Als Gegenleistung für den Vermögensübergang gewährt die TomTiger AG den Gesellschaftern der Clever&Smart AG Anteile in Höhe von 550 T€ sowie eine bare Zuzahlung von 50 T€.

Da die bare Zuzahlung weniger als 10 % der gewährten Anteile in Höhe von 550 T€ beträgt, ist die handelsrechtliche Vorgabe gem. § 54 Abs. 4 UmwG erfüllt.

	Buchwert	Gemeiner Wert
Firmenwert (FW)		80 T€
Immat. Wirtschaftsgüter (iWG)		40 T€
Anlagevermögen (AV)	200 T€	360 T€
Umlaufvermögen (UV)	100 T€	120 T€
	300 T€	600 T€

Die bare Zuzahlung i. H. v. 50 T€ stellt eine nicht in Gesellschaftsrechten bestehende Gegenleistung dar. Die Voraussetzung i. S. d. § 11 Abs. 2 S. 1 Nr. 3 UmwStG ist insofern nicht erfüllt.

Hinsichtlich der Gegenleistung, die in Gesellschaftsrechten von 550 T€ besteht, liegt die Voraussetzung aber vor.

Die Folge ist, dass die übergehenden Wirtschaftsgüter in der steuerlichen Schlussbilanz der Clever&Smart AG weder zum Buchwert noch zum Wert der Gegenleistung angesetzt werden können. Hier kommt das Wort „soweit" aus § 11 Abs. 2 S. 1 UmwStG zur Anwendung:

1. Buchwertansatz

Ein Ansatz zu Buchwerten ist nur möglich, soweit die gewährte Gegenleistung in Gesellschaftsrechten besteht:

$$\text{Ansatz des übergehenden Vermögens zu BW} = \frac{\text{Wert der gewährten Gesellschaftsrechte}}{\text{Übergehendes Vermögen zum gW}} * \text{übergehendes Vermögen zu BW}$$

$$\text{Ansatz des übergehenden Vermögens zu BW} = \frac{550 \text{ T€}}{600 \text{ T€}} * 300 \text{ T€} = 275 \text{ T€}$$

Um den Buchwertansatz der einzelnen Wirtschaftsgüter zu ermitteln, wird in die Formel an Stelle des Buchwerts des übergehenden Vermögens der Buchwert des übergehenden Wirtschaftsguts eingesetzt.

$$\text{Ansatz des übergehenden Wirtschaftsguts zu BW} = \frac{550\ \text{T€}}{600\ \text{T€}} * \text{Übergehendes Wirtschaftsgut zum BW}$$

Für den Buchwertansatz der Wirtschaftsgüter ergeben sich folgende Werte:

	FW	iWG	AV	UV	**Summe**
BW			183 T€	92 T€	**275 T€**

2. Aufstockungsbetrag

Soweit es sich bei der gewährten Gegenleistung um eine bare Zuzahlung handelt, sind die übergehenden Wirtschaftsgüter in Höhe dieses Werts, d. h. um 50 T€, aufzustocken.

Formel für die Aufstockungsbeträge der einzelnen Wirtschaftsgüter:

$$\text{Aufstockungsbetrag des einzelnen Wirtschaftsguts} = \frac{\text{Gemeiner Wert des Wirtschaftsguts}}{\sum \text{der gW aller Wirtschaftsgüter}} * \text{Wert der baren Zuzahlung}$$

Für die Aufstockungsbeträge der Wirtschaftsgüter ergeben sich gem. Tz. 11.10 i. V. m. 03.25 UmwStE, folgende Werte:

	FW	iWG	AV	UV	**Summe**
Aufstockungsbeträge	7 T€	3 T€	30 T€	10 T€	**50 T€**

Die Werte, mit denen die Wirtschaftsgüter schließlich in der steuerlichen Schlussbilanz anzusetzen sind, ergeben sich aus der Summe der Buchwerte der jeweiligen Wirtschaftsgüter und den entsprechenden Aufstockungsbeträgen:

	FW	iWG	AV	UV	**Summe**
Buchwerte			183 T€	92 T€	**275 T€**
+ Aufstockungsbeträge	7 T€	3 T€	30 T€	10 T€	**50 T€**
= **anzusetzender Wert**	**7 T€**	**3 T€**	**213 T€**	**102 T€**	**325 T€**

4.4.3   Sonderfall: Anrechnung einer fiktiven ausländischen Steuer

> **§ 11 Abs. 3 UmwStG (gekürzt):** „§ 3 Abs. 3 gilt entsprechend."

§ 11 Abs. 3 UmwStG regelt den Sonderfall einer Herausverschmelzung, bei der die BRD für eine in einem anderen EU-Mitgliedstaat belegenen Betriebsstätte einer deutschen Gesellschaft nicht auf ihr Besteuerungsrecht verzichtet hat. Das jeweilige DBA sieht für diesen Fall anstelle der sonst üblichen Freistellungsmethode die Anrechnungsmethode vor. Da Deutschland nach dem Vollzug der Herausverschmelzung kein Besteuerungsrecht mehr an der Betriebsstätte hat, ist das Vermögen der Betriebsstätte in der steuerlichen Übertragungsbilanz mit dem gemeinen Wert anzusetzen. Auf den daraus entstehenden Gewinn ist gem. Art. 10 Abs. 2 Fusionsrichtlinie eine fiktive ausländische Steuer anzurechnen. Da dieser Sonderfall auch im Rahmen der Verschmelzung einer Kapitalgesellschaft auf eine Personengesellschaft auftreten kann, hat der Gesetzgeber eine entsprechende Vorschrift im zweiten Teil des UmwStG (§ 3 Abs. 3 UmwStG) eingefügt, die gem. § 11 Abs. 3 UmwStG ebenfalls für die Verschmelzung von Kapitalgesellschaften anwendbar ist.[61] Entsprechend kann an dieser Stelle auf die Erläuterungen zu § 3 Abs. 3 UmwStG im vorhergehenden Kapitel verwiesen werden.

4.4.4   Übertragungsgewinn

Wird in der Schlussbilanz durch Ausübung des Bewertungswahlrechts oder zwangsweise durch Nichterfüllung einer der Voraussetzungen nach § 11 Abs. 2 S. 1 UmwStG ein Wert angesetzt, der über dem Buchwert liegt, entsteht durch die Auflösung von stillen Reserven ein Übertragungsgewinn. Dieser unterliegt bei der übertragenden Kapitalgesellschaft in vollem Umfang der Körperschaftsteuer und gem. § 19 Abs. 1 UmwStG der Gewerbesteuer. Die Steuerpflicht ergibt sich aus der Tatsache, dass es sich beim Übertragungsgewinn um einen Buchgewinn handelt. Der Buchgewinn entsteht aus der Auflösung stiller Reserven. Damit ist der Übertragungsgewinn die verschmelzungsbedingte Form des Buchgewinns und als solcher stets der Besteuerung zu unterwerfen.

Merke: Ein **Übertragungsgewinn** entsteht, wenn die Buchwerte nach § 11 UmwStG aufgestockt werden. Durch die Aufstockung der Buchwerte erhöht sich – für die übernehmende Kapitalgesellschaft – die AfA-Bemessungsgrundlage bzw. der AfA-Betrag und damit die gewinnmindernde Wirkung der AfA. Werden darüber hinaus Wirtschaftsgüter mit aufgestocktem Buchwert veräußert, erzielen sie einen niedrigeren Veräußerungsgewinn als im Fall ohne Aufstockung. Die Aufstockung der Buchwerte führt somit bei der übernehmenden Kapitalgesellschaft zu einem Steuerminderungspotenzial. Dieses Potenzial darf aus steuersystematischen Gründen nicht steuerneutral gebildet werden. Daher ist auch der durch die freiwillige bzw. zwangsweise Auflösung stiller Reserven entstandene Übertragungsgewinn der Besteuerung zu unterwerfen.

Zwischen Wertansatz, Aufdeckung von stillen Reserven und Entstehung eines Übertragungsgewinns besteht folgender Zusammenhang:

---

[61] Vgl. Dötsch, E./ Pung, A./ Möhlenbrock, R., Kommentar zum UmwStG, 87. Erg.-Lief. 2016, § 11 UmwStG, Tz. 122 ff.

Wertansatz	Rechtsfolge I	Rechtsfolge II
Buchwert	Keine Aufdeckung der stillen Reserven	Kein Übertragungsgewinn
Zwischenwert	Teilweise Aufdeckung der stillen Reserven	Übertragungsgewinn in Höhe der aufgedeckten stillen Reserven
Gemeiner Wert	Aufdeckung aller im Vermögen enthaltenen stillen Reserven	

Abbildung 99:   Entstehung eines Übertragungsgewinns

Der Übertragungsgewinn nach Abzug der Gewerbesteuer und der Körperschaftsteuer ermittelt sich wie folgt:

Ermittlung des Übertragungsgewinns:
        übergehende Wirtschaftsgüter zu Zwischenwerten oder gemeinem Wert
./.   übergehende Wirtschaftsgüter zu Buchwerten
=   Buchgewinn
./.   Umwandlungskosten
=   Übertragungsgewinn/-verlust vor GewSt und KSt
./.   GewSt auf den Übertragungsgewinn
=   Übertragungsgewinn nach GewSt und vor KSt
./.   KSt auf den Übertragungsgewinn nach GewSt
=   versteuerter Übertragungsgewinn

Beispiel

Ermittlung des Übertragungsgewinns bei Verschmelzungen
Die Charlie Eppes GmbH wird auf die steuerbefreite Amita Ramanujan gGmbH verschmolzen. In den Aktiva der Charlie Eppes GmbH sind stille Reserven i. H. v. 350 T€ enthalten. Der originäre Firmenwert der Charlie Eppes GmbH beträgt 50 T€. Der Gewerbesteuerhebesatz beträgt 400 %:

Aktiva	Charlie Eppes GmbH		Passiva
Aktiva	350 T€	Stammkapital	50 T€
	_____	Fremdkapital	300 T€
	350 T€		350 T€

Lösung

Da die Charlie Eppes GmbH auf eine steuerbefreite gemeinnützige GmbH verschmolzen wird, sind gem. § 11 Abs. 1 i. V. m. § 11 Abs. 2 S. 1 Nr. 1 UmwStG alle in den Wirtschaftsgütern enthaltenen stillen Reserven aufzulösen und alle selbst geschaffenen immateriellen Wirtschaftsgüter in der Bilanz anzusetzen. Damit werden die Aktiva in der steuerlichen Schlussbilanz der Charlie Eppes GmbH um 350 T€ aufgestockt und zusätzlich ein Firmenwert i. H. v. 50 T€ ausgewiesen:

Aktiva		Charlie Eppes GmbH		Passiva
Firmenwert	+ 50 T€	50 T€	Stammkapital	50 T€
Aktiva	350 T€		Übertragungsgewinn	400 T€
+ st. Reserven	+ 350 T€		Fremdkapital	300 T€
	700 T€	700 T€		
		750 T€		750 T€

Durch die Auflösung der stillen Reserven in der steuerlichen Schlussbilanz entsteht ein Übertragungsgewinn. Dieser errechnet sich wie folgt:

	übergehende Wirtschaftsgüter zum gemeinen Wert	750 T€
./.	übergehende Wirtschaftsgüter zu Buchwerten	350 T€
=	Übertragungsgewinn laut Bilanz (Buchgewinn)	400 T€

Um den Übertragungsgewinn nach Steuern zu ermitteln, wird nun außerhalb der Bilanz in einem letzten Schritt der Übertragungsgewinn laut Bilanz um die angefallenen Umwandlungskosten und die Steuern (Körpersteuer, Gewerbesteuer) gemindert.

	Übertragungsgewinn laut Bilanz (Buchgewinn)	400 T€
./.	Umwandlungskosten	0 T€
=	Übertragungsgewinn vor GewSt und KSt	400 T€
./.	GewSt i. H. v. 14 %	56 T€
./.	KSt i. H. v. 15 %	60 T€
=	Versteuerter Übertragungsgewinn	284 T€

Hinweis:
In der Praxis werden i. d. R. die Buchwerte angesetzt, um einen Übertragungsgewinn zu vermeiden und somit eine steuerneutrale Verschmelzung herbeizuführen.
Die freiwillige Aufstockung auf Zwischenwerte oder den gemeinen Wert kommt lediglich dann in Betracht, wenn ein Verlustvortrag vorhanden ist. Dieser kann gem. § 12 Abs. 3 Hs. 2 i. V. m. § 4 Abs. 2 S. 2 UmwStG nicht auf die übernehmende Kapitalgesellschaft direkt übertragen werden. Der verbleibende Verlustvortrag kann daher mit dem entstandenen Übertragungsgewinn verrechnet und somit indirekt genutzt werden.

Ein Rückblick auf die Verschmelzung einer Kapitalgesellschaft auf eine Personengesellschaft zeigt, dass der Gesetzgeber den Übertragungsgewinn der übertragenden Kapitalgesellschaft – unabhängig davon, wer der übernehmende Rechtsträger ist – gleich behandelt.

Merke:

	Übertragungsgewinn
Verschmelzung KapGes auf PersGes	**steuerpflichtig**
Verschmelzung KapGes auf KapGes	**steuerpflichtig**

Begründung: Der Übertragungsgewinn ist ein Buchgewinn, da er durch die freiwillige bzw. gesetzlich normierte Auflösung der stillen Reserven und den Ansatz der Zwischenwerte oder der gemeinen Werte entstanden ist. Folge der Aufstockung ist, dass der übernehmende Rechtsträger hinsichtlich der übergehenden Wirtschaftsgüter über ein höheres AfA-Potenzial verfügt bzw. im Veräußerungsfall einen niedrigeren Veräußerungsgewinn erzielt. Aus diesen Gründen unterliegt der Übertragungsgewinn unabhängig von der Rechtsform der übernehmenden Gesellschaft stets der Besteuerung.

4.4.5   Wertaufholungsgebot bei down-stream merger

§ 11 Abs. 2 S. 2, 3 UmwStG:
"Anteile an der übernehmenden Körperschaft sind mindestens mit dem Buchwert, erhöht um Abschreibungen sowie um Abzüge nach § 6b EStG und ähnliche Abzüge, die in früheren Jahren steuerwirksam vorgenommen worden sind, höchstens mit dem gemeinen Wert anzusetzen. Auf einen sich daraus ergebenden Gewinn findet § 8b Abs. 2 S. 4 und 5 KStG Anwendung."

§ 11 Abs. 2 S. 2, 3 UmwStG ergänzen die bisher in § 12 Abs. 2 S. 1 UmwStG a. F. erfassten Regelungen zum sog. Beteiligungskorrekturgewinn und weiten diese auch auf den Fall des down-stream mergers aus. Die Anteile an der Tochtergesellschaft sind jedoch nur dann mit einem Wert unter dem gemeinen Wert in der steuerlichen Schlussbilanz der Muttergesellschaft anzusetzen, wenn die Voraussetzungen des § 11 Abs. 2 S. 1 Nr. 2 und 3 UmwStG erfüllt sind. Dabei ist gem. Tz. 11.19 UmwStE auf die übernehmenden Anteilseigner der Muttergesellschaft an der Tochtergesellschaft abzustellen.

Gem. § 11 Abs. 2 S. 2 UmwStG sind im Falle des down-stream mergers die von der übertragenden Gesellschaft gehaltenen Anteile an der übernehmenden Kapitalgesellschaft mindestens mit dem Buchwert, der um frühere steuerwirksame (Teilwert-)Abschreibungen und um steuerwirksame Übertragungen nach § 6b EStG erhöht wird, anzusetzen. Die verpflichtende Wertaufstockung der Anteile an der übernehmenden Gesellschaft ist jedoch auf den gemeinen Wert der Anteile beschränkt. Nach Tz. 11.17 UmwStE sind dabei steuerwirksame Teilwertabschreibungen vor nicht voll steuerwirksamen Teilwertabschreibungen hinzuzurechnen.

Der sich aus der Aufstockung ergebende Gewinn wird dem Übertragungsgewinn zugerechnet. Gem. § 11 Abs. 2 S. 3 UmwStG ist für diesen Teil des Übertragungsgewinns § 8b Abs. 2 S. 4 und 5 KStG anzuwenden. § 8b Abs. 2 S. 4 und 5 KStG schließen die Anwendung des § 8b Abs. 2 S. 1 - 3 KStG auf diesen Teil des Übertragungsgewinn aus. Dies hat zur Konsequenz, dass dieser Teil des Übertragungsgewinns somit nicht gem. § 8b Abs. 2 S. 1-3 KStG (zu 95 %) steuerfrei ist, sondern zur Gänze versteuert werden muss.

Beispiel

Wertaufholungsgebot bei down-stream merger
Die Ziva David AG wird auf die Timothy McGee AG verschmolzen, an der sie mit 20 % beteiligt ist. Im Jahre 2000 nahm die Ziva David AG eine steuerwirksame Abschreibung i. H. v. 250 T€ auf ihre Beteiligung an der Timothy McGee AG vor. Der gemeine Wert der Timothy McGee AG beträgt 400 T€.

Aktiva		Ziva David AG	Passiva
Aktiva	300 T€	Stammkapital	100 T€
Beteiligung		Gewinnrücklagen	150 T€
McGee AG	250 T€	Verbindlichkeiten	300 T€
	550 T€		550 T€

Lösung

Gem. § 11 Abs. 2 S. 2, 3 UmwStG muss die Ziva David AG im Zuge ihrer Verschmelzung auf die Timothy McGee AG die auf ihre Beteiligung an der Timothy McGee AG vorgenommene AfA i. H. v. 250 T€ rückgängig machen.

Die Beteiligung müsste somit mit 500 T€ in der steuerlichen Schlussbilanz angesetzt werden.

Allerdings regelt § 11 Abs. 2 S. 2 UmwStG, dass Abschreibungen auf Beteiligungen nur bis zum gemeinen Wert der Beteiligung rückgängig gemacht werden müssen. Eine darüber hinausgehende AfA ist unbeachtlich.

Laut Sachverhalt beträgt der gemeine Wert der Timothy McGee AG 400 T€.

Der gemeine Wert ist somit geringer als der Wert, der sich ergeben würde, wenn die gesamte Abschreibung der Ziva David AG auf ihre Beteiligung an der Timothy McGee AG rückgängig gemacht werden würde (500 T€).

Daher ist die Timothy McGee AG in der steuerlichen Schlussbilanz der Ziva David GmbH gem. § 11 Abs. 2 S. 2 UmwStG mit ihrem gemeinen Wert anzusetzen.

Somit muss im Zuge der Verschmelzung nur ein Teil (150 T€) der Abschreibung auf die Timothy McGee AG steuerwirksam rückgängig gemacht werden.

Aktiva		Ziva David GmbH	Passiva
Aktiva		300 T€	Stammkapital	100 T€
Beteiligung	250 T€		Gewinnrücklagen	150 T€
+ Abschreibung	+ 150 T€		Übertragungsgewinn	150 T€
	400 T€	400 T€	Passiva	300 T€
		700 T€		700 T€

Merke: Im Rahmen einer Verschmelzung hat die übertragende Gesellschaft, sofern sie an der übernehmenden Gesellschaft beteiligt ist, sämtliche auf diese Beteiligung vorgenommenen **steuerwirksamen** Abschreibungen und Übertragungen nach § 6b EStG in ihrer steuerlichen Schlussbilanz steuerwirksam rückgängig zu machen.
Der dabei entstehende Gewinn ist Teil des Übertragungsgewinns.

Achtung: Seit dem Veranlagungszeitraum 2001 besteht gem. § 8b Abs. 3 KStG ein Verbot der steuerlichen Berücksichtigung von Gewinnminderungen, die auf einer Abschreibung eines Anteils an einer Kapitalgesellschaft basieren.
Somit betrifft § 11 Abs. 2 S. 2 und 3 UmwStG nur Abschreibungen auf Beteiligungen vor dem Veranlagungszeitraum 2001.

4.5 Auswirkungen bei der übernehmenden Kapitalgesellschaft

Die Rechtsfolgen einer Verschmelzung sind für die übernehmende Kapitalgesellschaft in § 12 UmwStG mit Verweis auf § 4 Abs. 1 S. 2 und 3 UmwStG geregelt. Wie im Handelsrecht ist die Aufstellung einer steuerlichen Übernahmebilanz gesetzlich nicht vorgeschrieben. Weder § 12 UmwStG noch § 4 Abs. 1 S. 2 und 3 UmwStG enthalten diesbezüglich eine ausdrückliche Regelung. Somit ist bei einer Verschmelzung durch Aufnahme der Vermögensübergang als laufender Geschäftsvorfall in der ersten Jahresbilanz nach der Verschmelzung zu erfassen. Bei einer Verschmelzung durch Neugründung sind die übergehenden Wirtschaftsgüter in die steuerliche Eröffnungsbilanz der neu gegründeten Kapitalgesellschaft aufzunehmen.

4.5.1 Wertverknüpfung

Gem. § 12 Abs. 1 S. 1 UmwStG hat die übernehmende Kapitalgesellschaft die auf sie übergegangenen Wirtschaftsgüter mit dem in der steuerlichen Schlussbilanz der übertragenden Kapitalgesellschaft ausgewiesenen Wert i. S. d. § 11 UmwStG zu übernehmen (Wertverknüpfung). Durch die Wertverknüpfung wird sichergestellt, dass die bei der übertragenden Kapitalgesellschaft nicht aufgedeckten stillen Reserven nach Vermögensübergang bei der übernehmenden Kapitalgesellschaft später steuerlich erfasst werden.

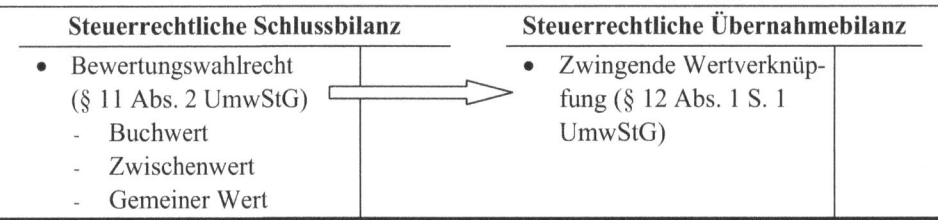

Steuerrechtliche Schlussbilanz	Steuerrechtliche Übernahmebilanz
• Bewertungswahlrecht (§ 11 Abs. 2 UmwStG) - Buchwert - Zwischenwert - Gemeiner Wert	• Zwingende Wertverknüpfung (§ 12 Abs. 1 S. 1 UmwStG)

Abbildung 100: Wertverknüpfung gem. § 12 Abs. 1 S. 1 UmwStG

Merke: Die übertragende Kapitalgesellschaft hat für die Aufstellung ihrer steuerlichen Schlussbilanz mit § 11 Abs. 2 UmwStG ein Bewertungswahlrecht.
Die übernehmende Kapitalgesellschaft ist an die Werte der steuerlichen Schlussbilanz der übertragenden Kapitalgesellschaft gebunden.

Die Wertverknüpfung bleibt nicht ohne Konsequenzen für die übernehmende Kapitalgesellschaft. Die Ausübung des Bewertungswahlrechts durch die übertragende Kapitalgesellschaft determiniert zum einen die Wertansätze in der steuerlichen Übernahmebilanz der übernehmenden Kapitalgesellschaft und somit deren Übernahmeergebnis und AfA-Volumen. Wurden bspw. die Buchwerte in der steuerlichen Schlussbilanz bis auf den gemeinen Wert aufgestockt, ist der Übernahmegewinn im Vergleich zu dem Übernahmegewinn ohne Aufstockung um die aufgelösten stillen Reserven höher. Gleichzeitig erhöht sich durch die Aufstockung die AfA-Bemessungsgrundlage und der zukünftige AfA-Aufwand der übernehmenden Kapitalgesellschaft. Zum anderen wird durch die Wertverknüpfung die Höhe der noch im übergehenden Vermögen enthaltenen stillen Reserven festgelegt, die fortan auf Ebene der übernehmenden Kapitalgesellschaft der Besteuerung unterliegen.

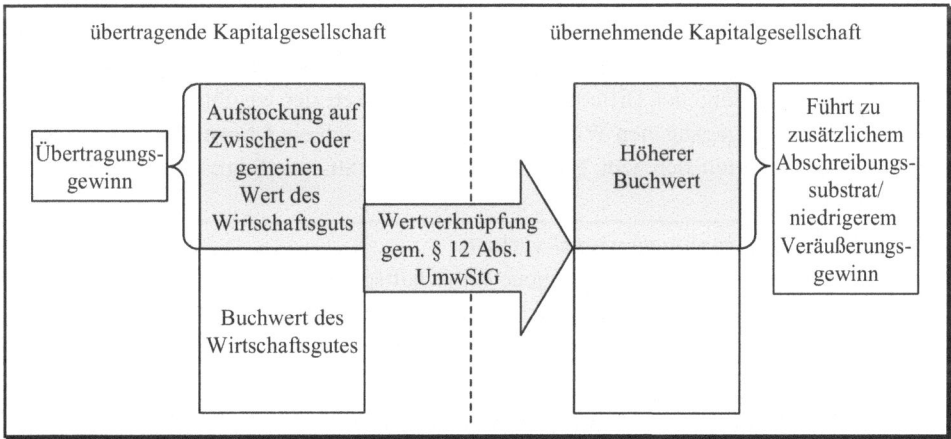

Abbildung 101: Auswirkung der Aufstockung der Buchwerte

Ausnahme: Geht das Vermögen von einer steuerbefreiten auf eine steuerpflichtige Kapitalgesellschaft über, sind die übergegangenen Wirtschaftsgüter, unabhängig vom Wertansatz in der steuerlichen Schlussbilanz der Überträgerin, mit dem gemeinen Wert anzusetzen. Dies soll gewährleisten, dass die während der steuerfreien Zeit entstandenen stillen Reserven nicht der Besteuerung unterliegen.

4.5.2   Übernahmeergebnis der übernehmenden Kapitalgesellschaft

4.5.2.1   Entstehung des Übernahmeergebnisses

Die übernehmende Kapitalgesellschaft hat die übergehenden Wirtschaftsgüter mit den in der steuerlichen Schlussbilanz der übertragenden Kapitalgesellschaft ausgewiesenen Werten zu übernehmen (§ 12 Abs. 1 S. 1 UmwStG). Hält die übernehmende Kapitalgesellschaft Anteile an der übertragenden Kapitalgesellschaft, fallen diese mit Zugang der Wirtschaftsgüter weg. Die übernehmende Kapitalgesellschaft tauscht damit ihre Beteiligung gegen die übergehenden Wirtschaftsgüter.

Aktiva		B GmbH	Passiva
Aktiva	450 T€	Stammkapital	500 T€
← Beteiligung	./. **250 T€**	Fremdkapital	200 T€
→ Wirtschaftsgüter	+ **250 T€**		
	700 T€		700 T€

Dieser Vorgang löst auf Ebene der übernehmenden Kapitalgesellschaft steuerliche Folgen aus, wenn die wegfallende Beteiligung den übergehenden Wirtschaftsgütern wertmäßig nicht entspricht: In Höhe der Differenz zwischen dem Wert der wegfallenden Beteiligung und dem Wert der zugegangenen Wirtschaftsgüter ergibt sich ein **Übernahmegewinn oder -verlust**. Dieser ermittelt sich gem. § 12 Abs. 2 S. 1 UmwStG wie folgt:

Ermittlung des Übernahmegewinns/-verlusts:

Wert, mit dem übergegangene Wirtschaftsgüter zu übernehmen sind
(= Saldo aus übergehenden Vermögensgegenständen und Schulden)
./. Buchwert der wegfallenden Beteiligung an der übertragenden KapGes
./. Kosten für den Vermögensübergang
= Übernahmegewinn/-verlust

Im Rahmen der Ermittlung des Übernahmegewinns/-verlusts ist zwischen dem **Gründungsfall** und dem **Erwerberfall** zu unterscheiden:

Im **Gründungsfall** erwirbt die übernehmende Kapitalgesellschaft die Anteile an der übertragenden KapGes im Zuge der Gründung. Die Anschaffungskosten der Anteile entsprechen dem Stammkapital zzgl. evtl. geleisteter Kapitalrücklagen. Der Buchwert der Beteiligung ist maximal zu diesen Anschaffungskosten anzusetzen. Unter der Annahme, dass die übertragende Kapitalgesellschaft die Buchwerte fortführt, ist der Wert, mit dem die übergehenden Wirtschaftsgüter zu übernehmen sind, um die nach Gründung gebildeten Gewinnrücklagen höher als der Buchwert der wegfallenden Beteiligung. Der entstehende **Übernahmegewinn** entspricht folglich den übergehenden Gewinnrücklagen der Überträgerin.

Beispiel

Gründungsfall: Übernahmegewinn = Gewinnrücklage
Die M GmbH hat die T GmbH mit einem Stammkapital von 25 T€ gegründet. Daher hat die Beteiligung der M GmbH an der T GmbH einen Wert von ebenfalls 25 T€. Zum Zeitpunkt der Verschmelzung der T GmbH auf die M GmbH hat die T GmbH außerdem Wirtschaftsgüter im Wert von 100 T€ und Gewinnrücklagen i. H. v. 75 T€.

Der Übernahmegewinn berechnet sich nun wie folgt: Vom Wert der von der T GmbH übernommenen Wirtschaftsgüter (vorliegend 100 T€) wird der Wert der Beteiligung der M GmbH an der T GmbH (hier 25 T€) abgezogen. Da der Wert dieser Beteiligung dem Wert des Stammkapitals der T GmbH gleicht (ebenfalls 25 T€), muss der Übernahmegewinn den Gewinnrücklagen der T GmbH entsprechen, d. h. 75 T€.

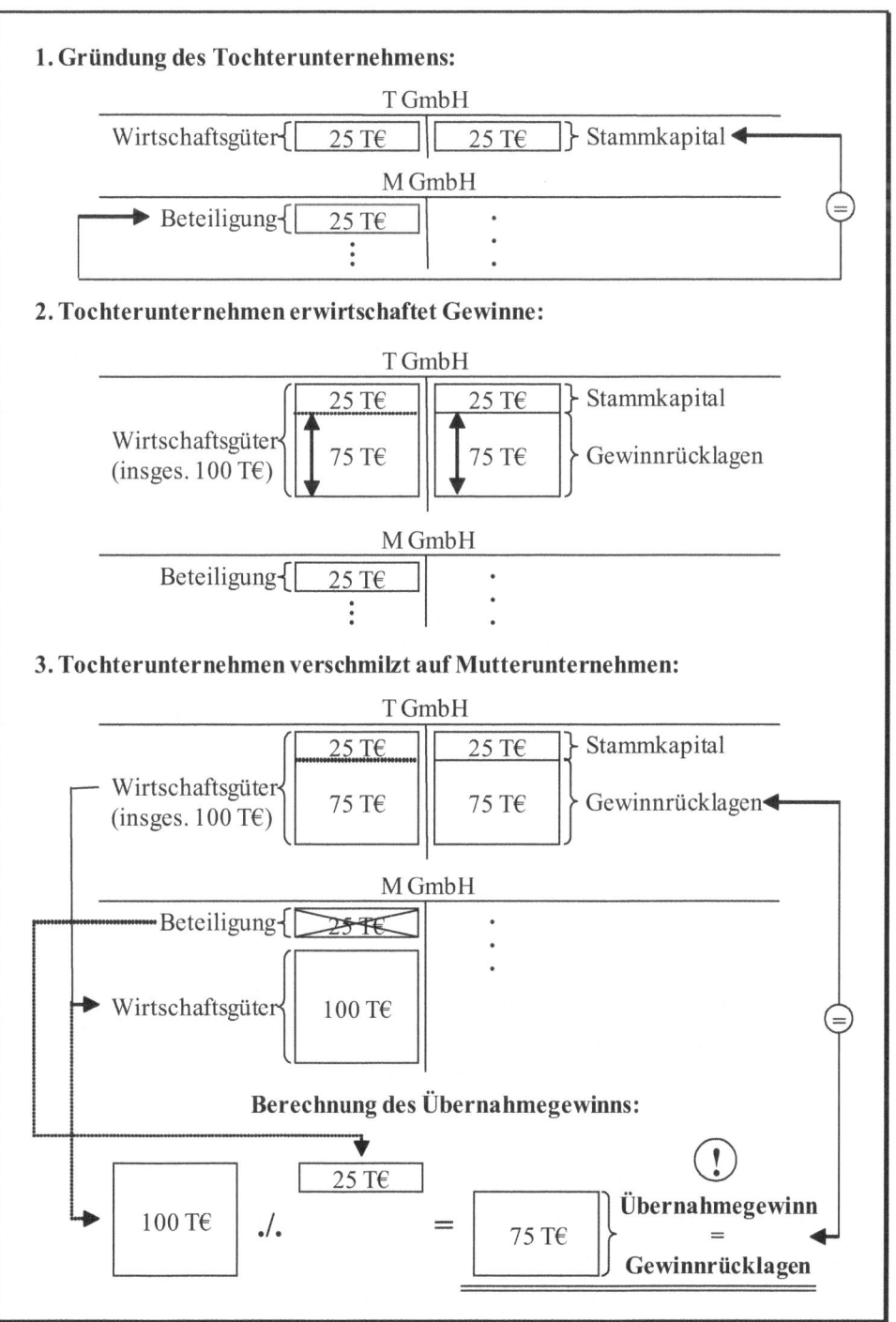

Abbildung 102: Übernahmegewinn entspricht Gewinnrücklagen

Ebenso wie im Falle der Verschmelzung einer Kapitalgesellschaft auf eine Personengesellschaft entspricht der Übernahmegewinn auch im Zuge der Verschmelzung von Kapitalgesellschaften den Gewinnrücklagen der übertragenden Kapitalgesellschaft. Lediglich die Berechnungsschemata unterscheiden sich voneinander. So zeichnet sich die Berechnung des Übernahmegewinns bei der Verschmelzung von Kapitalgesellschaften dadurch aus, dass **keine** fiktive Ausschüttung der Gewinnrücklagen gem. § 7 UmwStG und keine gesonderte Zuordnung zu den Gesellschaftern stattfindet. Im Ergebnis jedoch entspricht nach beiden Verschmelzungsarten der Übernahmegewinn den Gewinnrücklagen der übertragenden Kapitalgesellschaft.

Verschmelzung KapGes auf PersGes	**Verschmelzung KapGes auf KapGes**
A GmbH	A GmbH
Aktiva 100 T€ | Stammkapital 25 T€ / GewinnRL 75 T€	Aktiva 100 T€ | Stammkapital 25 T€ / GewinnRL 75 T€
B OHG	B GmbH
Beteil. 25 T€ | Stammkapital 25 T€	Beteil. 25 T€ | Stammkapital 25 T€
1. Gewinnrücklagen gelten gem. § 7 UmwStG als ausgeschüttet → 75 T€ Kapitalerträge	1. **Keine** § 7 UmwStG entsprechende fiktive Ausschüttung der Gewinnrücklagen
2. Ermittlung des Übernahmegewinns: 100 T€ Aktiva ./. 25 T€ Beteiligung = 75 T€ Übernahmeergebnis 1. Stufe ./. 75 T€ Kapitalerträge § 7 UmwStG = 0 T€ Übernahmeergebnis 2. Stufe ; 0 T€ Übernahmeergebnis 2. Stufe + 75 T€ Kapitalerträge § 7 UmwStG = 75 T€ Übernahmegewinn	2. Ermittlung des Übernahmegewinns: 100 T€ Aktiva ./. 25 T€ Beteiligung = 75 T€ Übernahmegewinn
Übernahmegewinn = Gewinnrücklagen	**Übernahmegewinn = Gewinnrücklagen**

Abbildung 103: Vergleich des Übernahmegewinns von Kap/Pers zu Kap/Kap

Fällt auf Ebene der übertragenden Kapitalgesellschaft ein Übertragungsgewinn an, führt dieser zu einer Erhöhung des Übernahmegewinns der übernehmenden Kapitalgesellschaft. Aufgrund der Wertverknüpfung gem. § 12 Abs. 1 UmwStG übernimmt die übernehmende Gesellschaft den aufgrund einer Buchwertaufstockung entstandenen und in die Gewinnrücklagen der übertragenden Gesellschaft eingestellten versteuerten Übertragungsgewinn. Der versteuerte Übertragungsgewinn entspricht dabei dem Teil der Gewinnrücklagen der übertragenden Gesellschaft, der zusätzlich zu den bereits vor Aufstockung der Buchwerte in der Steuerbilanz der übertragenden Gesellschaft enthaltenen Gewinnrücklagen auf die übernehmende Gesellschaft übergeht. Somit umfasst der Übernahmegewinn auch in diesem Fall die Gewinnrücklagen der übertragenden Kapitalgesellschaft, nur dass es sich hierbei um die Gewinnrücklagen einschließlich eines versteuerten Übertragungsgewinnes handelt. Im Ermittlungsschema des Übernahmeergebnisses wird der Übertragungsgewinn dadurch berücksichtigt, dass die übernehmende Kapitalgesellschaft die übergehenden Wirtschaftsgüter zu den aufgestockten Buchwerten ansetzt.

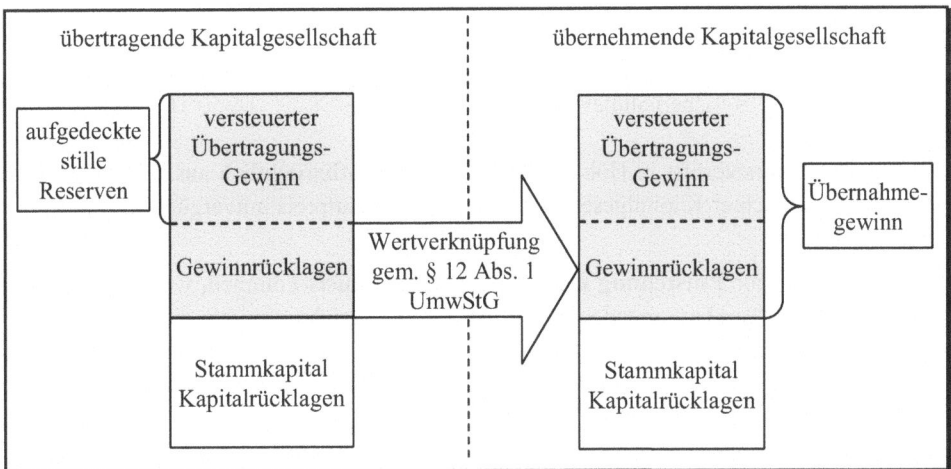

Abbildung 104: Auswirkungen bei Aufstockung der Buchwerte

Im **Erwerberfall** erwirbt die übernehmende Kapitalgesellschaft die Anteile an der übertragenden Kapitalgesellschaft, welche bereits seit Jahren besteht. Der Kaufpreis und der Buchwert der Beteiligung entsprechen daher dem Marktwert des Unternehmens. Damit werden die bisher gebildeten stillen Reserven und Gewinnrücklagen abgegolten. Im Falle der Buchwertfortführung durch die übertragende Kapitalgesellschaft ist der Wert, mit dem die übergehenden Wirtschaftsgüter zu übernehmen sind, um die stillen Reserven geringer als der Buchwert der Beteiligung. Es entsteht ein **Übernahmeverlust** in Höhe der stillen Reserven der übertragenden Kapitalgesellschaft.

Beispiel

Erwerberfall: Übernahmeverlust = abgegoltene stille Reserven

Die Mutter-Kapitalgesellschaft erwirbt am 31.12.2019 sämtliche Anteile einer Kapitalgesellschaft. Mit dem Kaufpreis werden auch stille Reserven der Tochter-Kapitalgesellschaft in Höhe von 50 abgegolten. Die Beteiligung wird zu Anschaffungskosten bilanziert.

Tochter-KapGes				Mutter-KapGes			
Aktiva	250	NK	100	Beteiligung	300	NK	250
	___	GewinnRL	150	Sonst. Aktiva	450	Fremdkapital	500
	250		250		750		750

Findet nun im Jahr 2020 rückwirkend zum 31.12.2019 eine Verschmelzung der Tochter- auf die Mutter-Kapitalgesellschaft statt, so erzielt die Mutter-Kapitalgesellschaft folgendes Übernahmeergebnis:

	Wert des übergehenden Vermögens	250 T€
./.	Buchwert der untergehenden Beteiligung	300 T€
=	Übernahmeverlust	./. 50 T€

Der Übernahmeverlust in Höhe von 50 T€ besteht offensichtlich aus den stillen Reserven der Tochter-Kapitalgesellschaft, welche im Kaufpreis mitvergütet wurden.

Daneben kann es zur **Entstehung eines Übernahmeverlusts** kommen, wenn die übergehenden Schulden der übertragenden Kapitalgesellschaft größer sind als die übergehenden Vermögensgegenstände.

Obwohl der Gesetzgeber gem. § 12 Abs. 2 S. 2 UmwStG sowie die Finanzverwaltung nach Tz. 12.05 UmwStE offensichtlich eine Ermittlung des Übernahmeergebnisses auch bei einer Beteiligung der Mutter- an der Tochtergesellschaft von unter 100 % vorsieht, ist nach dem Gesetzeswortlaut des § 12 Abs. 2 S. 1 UmwStG die Ermittlung des Übernahmeergebnisses auf den Fall einer hundertprozentigen Beteiligung der Mutter- an der Tochtergesellschaft zugeschnitten. Daher gelten Anteile an der übertragenden Kapitalgesellschaft, die die übernehmende Kapitalgesellschaft erst nach dem steuerlichen Übertragungsstichtag erworben hat, als an diesem Stichtag angeschafft (§ 12 Abs. 2 S. 3 i. V. m. § 5 Abs. 1 UmwStG). Sie sind deshalb in die Berechnung des Übernahmegewinns oder -verlusts mit einzubeziehen.

Die Finanzverwaltung geht sogar noch über den Gesetzeswortlaut des § 12 Abs. 2 S. 1 UmwStG hinaus und ist nach Tz. 12.05 UmwStG der Auffassung, dass ein Übernahmeergebnis nun auch bei einer Abwärts- und Seitwärtsverschmelzung zu ermitteln sei. Die Ermittlung des Übernahmeergebnisses hätte damit unabhängig von einer eventuellen Beteiligung an der übertragenden Körperschaft zu erfolgen, und § 12 Abs. 2 S. 1 UmwStG wäre damit in allen Fällen der Aufwärts-, Abwärts-, und Seitwärtsverschmelzung anzuwenden.

Da jedoch die Ermittlung eines Übernahmeergebnisses einen Buchwert der (weggefallenen) Anteile an der übertragenden Körperschaft voraussetzt, ist § 12 Abs. 2 S. 1 UmwStG aus der Gesetzessystematik heraus nur für Aufwärtsverschmelzungen relevant.[62]

4.5.2.2 Besteuerung des Übernahmeergebnisses

Der **Übernahmegewinn oder -verlust** entsteht gem. Tz. 12.05 i. V. m. 02.04 UmwStE mit Ablauf des steuerlichen Übertragungsstichtags. Er bleibt gem. § 12 Abs. 2 S. 1 UmwStG bei der Ermittlung des Gewinns der übernehmenden Kapitalgesellschaft grundsätzlich außer Ansatz. Im Falle der Verschmelzung der Tochter- auf die Muttergesellschaft (up-stream merger) ist jedoch gem. § 12 Abs. 2 S. 2 UmwStG auf den Anteil des Übernahmegewinns, der der Beteiligung der übernehmenden Kapitalgesellschaft an der übertragenden Kapitalgesellschaft entspricht, abzüglich der anteilig darauf entfallenden Kosten für den Vermögensübergang, § 8b KStG anzuwenden.

---

§ 12 Abs. 2 S. 2 UmwStG:
„§ 8b des Körperschaftsteuergesetzes ist anzuwenden, soweit der Gewinn im Sinne des Satz 1 abzüglich der anteilig darauf entfallenden Kosten für den Vermögensübergang, dem Anteil der übernehmenden Körperschaft an der übertragenden Körperschaft entspricht.“

---

§ 8b Abs. 1 S. 1 KStG:
„Bezüge im Sinne des § 20 Abs. 1 Nr. 1, 2, 9 und 10 Bst. a EStG bleiben bei der Ermittlung des Einkommens außer Ansatz.“

---

§ 8b Abs. 5 S. 1 KStG:
„Von den Bezügen im Sinne des Absatz 1, die bei der Ermittlung des Einkommens außer Ansatz bleiben, gelten 5 Prozent als Ausgaben, die nicht als Betriebsausgaben abgezogen werden dürfen.“

Daher gelten **fünf Prozent des anteiligen Übernahmegewinns** als **nicht abzugsfähige Betriebsausgaben**, die außerhalb der Bilanz dem laufenden Gewinn wieder hinzuaddiert werden.

---

[62] Vgl. *Schaflitzl, A / Götz, C.*, Verschmelzungen zwischen Kapitalgesellschaften, Spaltungen von Kapitalgesellschaften und damit verbundene gewerbesteuerliche Regelungen, DB Beilage 1, S. 30.

Besteuerung des Übernahmegewinns:

	Übernahmegewinn
*	Beteiligungsverhältnis der übernehmenden an der übertragenden KapGes
*	5 %
=	Bemessungsgrundlage i. H. d. nichtabzugsfähigen Betriebsausgaben

Der Gesetzgeber will mit dieser Regelung verhindern, dass Gewinnrücklagen der übertragenden Gesellschaft durch den Verschmelzungsvorgang ohne steuerliche Belastung auf die übernehmende Gesellschaft übergehen. Ansonsten könnte die Verschmelzung dazu ausgenutzt werden, Gewinne der Tochtergesellschaft steuerfrei auf die Muttergesellschaft zu übertragen und somit der Besteuerung einer Gewinnausschüttung zu entgehen. Da nach dem Körperschaftsteuergesetz 95 % einer Gewinnausschüttung keiner Besteuerung unterliegen, hat sich der Gesetzgeber dazu entschieden, den anteiligen Übernahmegewinn ebenfalls nur zu 95 % freizustellen, indem er auf § 8b KStG verweist. Somit werden die **Besteuerung des Übernahmegewinns** und die **Besteuerung der Dividendenbezüge** konsequenterweise **gleichgestellt.**

Da der Übernahmegewinn auf Ebene der übernehmenden Kapitalgesellschaft entsteht, ist der Übernahmegewinn bei einer Verschmelzung von Kapitalgesellschaften grundsätzlich zu 95 % steuerfrei. Im Gegensatz hierzu hängt das Ausmaß der Steuerbefreiung des Übernahmegewinns bei einer Verschmelzung einer Kapitalgesellschaft auf eine Personengesellschaft von der Person des Anteilseigners ab. Handelt es sich bei den Anteilseignern ebenfalls um Kapitalgesellschaften, gilt auch hier eine 95 %ige Steuerbefreiung. Sind die Anteilseigner hingegen natürliche Personen, ist der Übernahmegewinn nur zu 40 % steuerfrei.

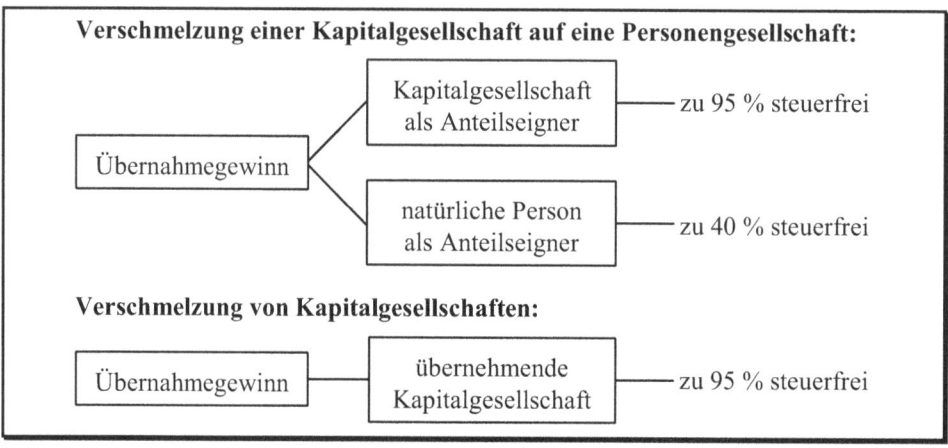

Abbildung 105: Vergleich der Besteuerung des Übernahmegewinns von Kap/Pers zu Kap/Kap

Der Übernahmegewinn bei der Verschmelzung von Kapitalgesellschaften wird bei der Berechnung deshalb im Verhältnis der Anteile erfasst, da bei einer Gewinnausschüttung der zugewiesene Gewinnanteil sich ebenfalls am Beteiligungsverhältnis orientieren würde.

Zur Verdeutlichung soll noch einmal im Rahmen eines komplexeren Beispiels die Berechnung des steuerpflichtigen Übernahmegewinns dargestellt werden:

Beispiel

„up-stream merger"
Die unbeschränkt körperschaftsteuerpflichtige Daltons GmbH soll auf ihre Mutter, die ebenfalls unbeschränkt körperschaftsteuerpflichtige LuckyLuke AG, verschmolzen werden. Die LuckyLuke AG ist zu 100 % an der Daltons GmbH beteiligt. Es wird angenommen, dass die Voraussetzungen des § 11 Abs. 2 S. 1 Nr. 1-3 UmwStG erfüllt sind und keine Kosten für den Vermögensübergang anfallen.

Aktiva		LuckyLuke AG	Passiva
Beteiligung	100 T€	Stammkapital	200 T€
Sonst. Aktiva	550 T€	Gewinnrücklagen	270 T€
		Fremdkapital	180 T€
	650 T€		650 T€

Aktiva		Daltons GmbH	Passiva
Aktiva	370 T€	Stammkapital	100 T€
		Gewinnrücklagen	150 T€
		Fremdkapital	120 T€
	370 T€		370 T€

Lösung

1. Ebene der übertragenden Kapitalgesellschaft
Die Daltons GmbH hat gem. § 11 Abs. 2 S. 1 UmwStG ein Wahlrecht. Sie kann in ihrer steuerlichen Schlussbilanz die Buchwerte fortführen oder die in den übergehenden Wirtschaftsgütern verhafteten stillen Reserven aufdecken und die Zwischenwerte oder den gemeinen Wert ansetzen. Unter der Annahme, dass die Daltons GmbH die Buchwerte ansetzt, ergibt sich kein Übertragungsgewinn. Die steuerliche Jahresbilanz dient aufgrund des Buchwertansatzes als steuerliche Schlussbilanz.

2. Ebene der übernehmenden Kapitalgesellschaft
Bei der LuckyLuke AG ist der Vermögensübergang als laufender Geschäftsvorfall zu erfassen. Die übergehenden Wirtschaftsgüter (Aktiva und Passiva) sind gem. § 12 Abs. 1 UmwStG mit den in der Bilanz der Daltons GmbH angesetzten Werten zu übernehmen. Sie werden zu den bereits vorhandenen Bilanzpositionen der LuckyLuke AG hinzugerechnet.

Mit Einbuchung des Vermögens geht die Beteiligung der LuckyLuke AG an der Daltons GmbH unter. Es ergibt sich folgendes Übernahmeergebnis:

Wert des übergehenden Vermögens (= Saldo aus übergehenden Vermögensgegenständen und Schulden = 370 T€ ./. 120 T€)	250 T€
./. Buchwert der untergehenden Beteiligung	100 T€
= Übernahmegewinn	150 T€

Die Berechnung zeigt, dass es sich beim Übernahmegewinn nur um die Gewinnrücklagen der Daltons GmbH handeln kann. Gem. § 12 Abs. 2 S. 2 UmwStG ist das Übernahmeergebnis entsprechend der Beteiligung, hier 100 %, der Vorschrift des § 8b KStG zu unterwerfen:

Übernahmegewinn 150 T€ * Beteiligung 100 % * 5 %	7,5 T€
= nicht abzugsfähige Betriebsausgaben	7,5 T€

Daher sind 7.500 € des Übernahmegewinns zu versteuern.
Die Bilanz der LuckyLuke AG nach der Verschmelzung hat folgendes Aussehen:

Aktiva		LuckyLuke AG			Passiva
Beteiligu g	100 T€		Stammkapital		200 T€
./. Beteiligung	./. **100 T€**	0 T€	Gewinnrücklagen		270 T€
			Übernahmegewinn		**150 T€**
Sonst. Aktiva	550 T€		Fremdkapital	180 T€	
+ Aktiva D GmbH	+ **370 T€**	920 T€	+ FK D GmbH	+ **120 T€**	300 T€
		920 T€			920 T€

D GmbH = Daltons GmbH

4.5.3 Übernahmeergebnis in Fällen, in denen kein (100 %iger) „up-stream merger" vorliegt

Unabhängig von der Beteiligungshöhe ist das Ermittlungsschema, welches sich aus § 12 Abs. 2 S. 1 UmwStG ergibt, zwingend anzuwenden. Nach dem Gesetzeswortlaut ist dabei stets der gesamte Wert der übergegangenen Wirtschaftsgüter anzusetzen, unabhängig von der Höhe der Beteiligung der übernehmenden an der übertragenden Gesellschaft. Erst das resultierende Übernahmeergebnis wird gem. § 12 Abs. 2 S. 2 UmwStG anteilig § 8b KStG unterworfen. Dies bedeutet, dass das Beteiligungsverhältnis nicht bei der Berechnung des Übernahmeergebnisses berücksichtigt wird, sondern beim Übernahmeergebnis selbst.

Beteiligung 50 %

Eine Mutter-Kapitalgesellschaft hält eine Beteiligung an einer Tochter-Kapitalgesellschaft in Höhe von 50 %. Der Nennwert dieser Beteiligung sei 100 T€, das gesamte Nennkapital 200 T€. Die Tochtergesellschaft wird nun auf die Muttergesellschaft verschmolzen, wobei Wirtschaftsgüter im Gesamtwert von 500 T€ übergehen. Die Gewinnrücklagen der Tochtergesellschaft zu diesem Zeitpunkt betragen daher 300 T€.

	Tochter-KapGes				Mutter-KapGes		
Aktiva	500	NK	200		Beteiligung	100	NK	100
		GewinnRL	300					

Der Übernahmegewinn ermittelt sich wie folgt:

	Wert des übergehenden Vermögens	500 T€
./.	Buchwert der untergehenden Beteiligung	100 T€
=	Übernahmegewinn	400 T€

Da die Muttergesellschaft zu 50 % an der Tochtergesellschaft beteiligt ist, werden 50 % des Übernahmeergebnisses der Regelung des § 8b KStG unterworfen, in diesem Fall also 50 % von 400 T€ = 200 T€. Daher werden 5 % von 200 T€ = 10 T€ als nichtabzugsfähige Betriebsausgaben behandelt.

Hält die übernehmende Kapitalgesellschaft **keine Beteiligung** an der übertragenden Kapitalgesellschaft, ist dennoch ein Übernahmeergebnis zu ermitteln, wobei ein Buchwert der untergehenden Beteiligung i. H. v. „0" anzusetzen ist. Dies hat jedoch keine steuerlichen Auswirkungen, da das Übernahmeergebnis in diesem Fall nicht § 8b KStG unterworfen wird.

Merke:
- ✓ Ein Übernahmeergebnis ist grundsätzlich unabhängig von der Beteiligungsquote der übernehmenden an der übertragenden Kapitalgesellschaft zu ermitteln.
- ✓ Soweit die übernehmende Kapitalgesellschaft an der übertragenden Kapitalgesellschaft beteiligt ist, wird der Übernahmegewinn gem. § 12 Abs. 2 S. 2 UmwStG i.V.m. § 8b KStG nur zu 95 % steuerfrei gestellt.

4.5.4 Wertaufholungsgebot bei up-stream merger

Wie im Falle eines down-stream mergers gibt es auch bei einem up-stream merger ein Gebot zur Wertaufholung, welches sich allerdings nicht nach § 11 Abs. 2 S. 2 UmwStG richtet, sondern nach § 12 Abs. 1 S. 2 i. V. m. § 4 Abs. 1 S. 2 UmwStG. Beide Vorschriften verfolgen jedoch grundsätzlich den gleichen Zweck.

Wurde der Buchwert der Beteiligung, die die übernehmende Kapitalgesellschaft an der übertragenden Kapitalgesellschaft hält, in der Vergangenheit um **steuerwirksame** Abschreibungen, übertragene § 6b-Rücklagen oder ähnliche Abzüge gemindert, ist gem. § 12 Abs. 1 S. 2 i. V. m. § 4 Abs. 1 S. 2 UmwStG im Rahmen einer Verschmelzung der Tochter- auf die Muttergesellschaft (up-stream merger) eine steuerpflichtige Zuschreibung um eben diese Beträge durchzuführen, d. h. der Buchwert der Anteile ist wieder zu erhöhen. Der gemeine Wert der Anteile darf dabei jedoch nicht überschritten werden. Nach Tz. 12.03 i. V. m. 04.07 UmwStE sind dabei zunächst steuerwirksame vor nicht voll steuerwirksamen Teilwertabschreibungen steuerpflichtig hinzuzurechnen.

Hintergrund dieser Regelung ist, dass steuerwirksame Abschreibungen sowie § 6b-Rücklagen und ähnliche Abzüge das steuerliche Ergebnis der übernehmenden Kapitalgesellschaft in der Vergangenheit gemindert haben. Diese Vergünstigungen sollen nun wieder rückgängig gemacht und der laufende Gewinn erhöht werden.

Würde diese Vorschrift nicht bestehen, hätte dies zur Konsequenz, dass die Beteiligung mit einem geringeren Wert in der Bilanz stehen und bei der Berechnung des Übernahmeergebnisses zu einem höheren Übernahmegewinn führen würde. Dieser unterliegt jedoch im Gegensatz zum laufenden Gewinn der steuerlichen Begünstigung des § 8b KStG.

Die durchgeführte Wertaufholung führt also zu einer Erhöhung des laufenden Gewinns um den Aufstockungsbetrag und damit zu einer höheren Steuerlast. Der aufgestockte Buchwert dient als Berechnungsgrundlage für die Ermittlung des Übernahmeergebnisses. Somit erhöht sich durch die Wertaufholung zwar der laufende Gewinn, der Übernahmegewinn vermindert sich jedoch im gleichen Maße, so dass der entsprechende Betrag nicht doppelt steuerverstrickt ist. Die Buchwertaufstockung gem. § 12 Abs. 1 S. 2 i. V. m. § 4 Abs. 1 S. 2 UmwStG ist also stets vor der Berechnung des Übernahmeergebnisses durchzuführen, da ansonsten hierfür ein zu niedriger Buchwert angesetzt wird.

Beispiel	**Buchwertaufholung bei up-stream merger** Die Y GmbH verschmilzt auf die X GmbH, welche bereits Anteile an der Y GmbH mit einem Buchwert von 100 T€ und einem gemeinen Wert von 130 T€ hält. Die ursprünglichen Anschaffungskosten der Anteile betrugen jedoch 150 T€. Der geringere Buchwert ist auf den Abzug einer steuerwirksamen § 6b-Rücklage i. H. v. 50 T€ zurückzuführen. Der Wert der übergehenden Wirtschaftsgüter beträgt 800 T€.

Lösung

Der Abzug der § 6b-Rücklage ist rückgängig zu machen. Daher wären die Anteile um 50 T€ auf 150 T€ aufzustocken. Da der gemeine Wert jedoch nur 130 T€ beträgt, ist gem. § 12 Abs. 1 S. 2 i. V. m. § 4 Abs. 1 S. 2 UmwStG auf diesen Betrag, d. h. um 30 T€, aufzustocken. Diese 30 T€ erhöhen den laufenden Gewinn der X GmbH.

Anschließend ist der Übernahmegewinn als Differenz der übergehenden Wirtschaftsgüter und der untergehenden, aufgestockten Beteiligung zu ermitteln. Dieser beträgt: 800 T€ ./. 130 T€ = 670 T€. Würde der Übernahmegewinn fälschlicherweise vor der Buchwertaufholung berechnet werden, würde er 800 T€ ./. 100 T€ = 700 T€ betragen. Der Aufstockungsbetrag i. H. v. 30 T€ wäre damit doppelt erfasst.

Merke: Das Wertaufholungsgebot gem. § 12 Abs. 1 S. 2 i. V. m. § 4 Abs. 1 S. 2 UmwStG ist stets vor der Berechnung des Übernahmeergebnisses zu prüfen. Das Wertaufholungsgebot bezieht sich jedoch nur auf Maßnahmen, die in der Vergangenheit zu einer Steuerminderung führten.

Achtung: Seit dem Veranlagungszeitraum 2001 besteht gem. § 8b Abs. 3 KStG ein Verbot der steuerlichen Berücksichtigung von Gewinnminderungen, die auf einer Abschreibung eines Anteils an einer Kapitalgesellschaft basieren. Somit betrifft die Regelung gem. § 12 Abs. 1 S. 2 i. V. m. § 4 Abs. 1 S. 2 UmwStG nur Abschreibungen auf Beteiligungen vor dem Veranlagungszeitraum 2001.

Prinzipiell betrifft das Wertaufholungsgebot stets die Anteile, die die Muttergesellschaft an der Tochtergesellschaft hält. Da es sich jedoch bei der Muttergesellschaft je nach Verschmelzungsrichtung um die übertragende oder übernehmende Gesellschaft handelt, wird das Wertaufholungsgebot für down-stream merger und up-stream merger in unterschiedlichen Vorschriften des UmwStG erfasst.

Wertaufholungsgebot	Bei down-stream merger	Bei up-stream merger
Regelung	§ 11 Abs. 2 S. 2 UmwStG	§ 12 Abs. 1 S. 2 i.V.m. § 4 Abs. 1 S. 2 UmwStG
Anteilseignerin	Übertragende Gesellschaft	Übernehmende Gesellschaft
Betreffende Anteile	Anteile an der übernehmenden Gesellschaft	Anteile an der übertragenden Gesellschaft

Abbildung 106: Wertaufholungsgebot bei down-stream und up-stream merger im Vergleich

4.5.5 Eintritt in die Rechtsposition der übertragenden Kapitalgesellschaft

Nach § 12 Abs. 3 Hs. 1 UmwStG tritt die übernehmende Kapitalgesellschaft entsprechend dem Grundsatz der Gesamtrechtsnachfolge in die Rechtsposition der übertragenden Kapitalgesellschaft ein. Dies gilt nicht nur, wenn die Buchwerte der übernommenen Wirtschaftsgüter fortgeführt werden, sondern auch, wenn die übertragende Kapitalgesellschaft in der steuerlichen Schlussbilanz die Zwischenwerte oder den gemeinen Wert ansetzt.

Der Eintritt in die Rechtsstellung bezieht sich gem. § 12 Abs. 3 Hs. 2 i. V. m. § 4 Abs. 2 und 3 UmwStG auf folgende Bereiche:

- Absetzung für Abnutzung,
- Erhöhte Absetzung (z.B. gem. § 7d EStG),
- Sonderabschreibung (z.B. gem. § 7g EStG),
- Inanspruchnahme einer Bewertungsfreiheit oder eines Bewertungsabschlags,
- den steuerlichen Gewinn mindernde Rücklagen,
- Vorbesitzzeiten der übertragenden Kapitalgesellschaft, soweit diese für die Besteuerung von Bedeutung sind (§ 12 Abs. 3 Hs. 2 i. V. m. § 4 Abs. 2 S. 3 UmwStG),
- Behaltefristen.

Bei Fortführung der Buchwerte sind AfA, erhöhte AfA, Sonderabschreibungen, Bewertungsfreiheiten und -abschläge unverändert fortzuführen.

Wurden die Wertansätze in der steuerlichen Schlussbilanz der übertragenden Kapitalgesellschaft auf den Zwischenwerte oder den gemeinen Wert aufgestockt, so bemisst sich die AfA bei der übernehmenden Kapitalgesellschaft wie folgt:

Merke:	neue Bemessungsgrundlage
Gebäude	bisherige Bemessungsgrundlage + Aufstockungsbetrag
Sonst. Wirtschaftsgüter	bisheriger Buchwert + Aufstockungsbetrag

Hinsichtlich der Einzelheiten zur Neuermittlung der AfA-Bemessungsgrundlage im Fall der Aufstockung der Buchwerte wird auf die Erläuterungen im vorhergehenden Kapitel verwiesen.

4.5.6 Behandlung von Verlustvorträgen

Bei der Verschmelzung von Kapitalgesellschaften ist zwischen der Inanspruchnahme eines eigenen Verlustvortrags der übernehmenden Kapitalgesellschaft und der Nutzung eines

Verlustvortrags der übertragenden Kapitalgesellschaft zu differenzieren. Die Nutzung eines eigenen Verlustvortrags durch die übernehmende Kapitalgesellschaft ist abhängig von § 8c i. V. m. § 8d KStG. Für die Nutzung eines verbleibenden vortragsfähigen Verlusts der übertragenden Kapitalgesellschaft ist § 12 Abs. 3 Hs. 2 i. V. m. § 4 Abs. 2 S. 2 UmwStG sowie § 11 Abs. 2 S. 1 UmwStG relevant.

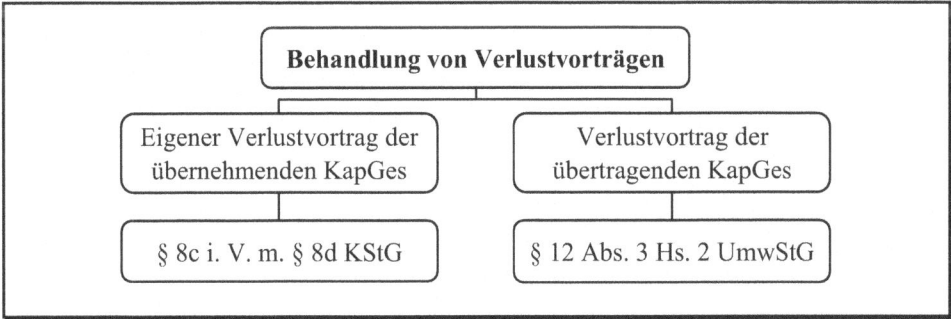

Abbildung 107: Behandlung von Verlustvorträgen

4.5.6.1 Fortführung eines Verlustvortrags der Übernehmerin

Für die weitere Inanspruchnahme eines steuerlichen Verlustvortrags der übernehmenden Kapitalgesellschaft ist das **KStG**, insbesondere § 8c i. V. m. § 8d KStG maßgebend. Dies ist dadurch begründet, dass sich die Regelung des § 8c KStG auf einen schädlichen Anteilseignerwechsel bezieht, der auch durch die Gewährung neuer Anteile bei einer Verschmelzung verursacht werden kann.

Der Zweck von § 8c KStG ist die Unterbindung des Handels von vermögenslos gewordenen Kapitalgesellschaften, die i. d. R. nur noch aus einem vorhandenen Verlustmantel bestehen. Im Rahmen des sog. **Mantelkaufs** verliert eine Kapitalgesellschaft ihr Recht auf einen Verlustabzug i. S. d. § 10d Abs. 2 EStG, sofern gem. § 8c KStG ein **schädlicher Beteiligungserwerb** oder ein **vergleichbarer Sachverhalt** vorliegt. Ein schädlicher Beteiligungserwerb ist gem. § 8c KStG gegeben, wenn

- innerhalb eines Zeitraumes von fünf Jahren
- mittelbar oder unmittelbar
- mehr als 25 % (Satz 1) bzw. mehr als 50 % (Satz 2)
- des gezeichneten Kapitals, der Mitgliedschaftsrechte, Beteiligungsrechte oder der Stimmrechte an einer Körperschaft
- entweder an einen Erwerber, an mehrere Erwerber, die als nahe stehende Personen zu qualifizieren sind, oder an eine Gruppe von Erwerbern mit gleichgerichteten Interessen (Satz 3)
- übertragen werden.

Die Regelung stellt dabei auf die **Erwerberebene** ab. Schädlich ist es demnach nicht, wenn insgesamt beispielsweise über 25 % aller Anteile der betreffenden Kapitalgesellschaft übertragen werden, sondern wenn die 25 %-Grenze bei einem einzelnen Erwerber bzw. einer zusammengehörigen Gruppe von Erwerbern, also bei einem sog. Erwerberkreis, überschritten wird.

Der Untergang des Verlustabzugs erfolgt in **zwei Stufen**. Bei einer Anteils- bzw. Stimmrechtsübertragung von 25 % bis 50 % erfolgt ein **quotaler Untergang**, d. h. bei einer Übertragung von z. B. 30 % sind 30 % des Verlustvortrages nicht mehr nutzbar. Werden mehr als 50 % der Anteile übertragen, erfolgt ein **vollständiger Untergang** des Verlustabzuges.

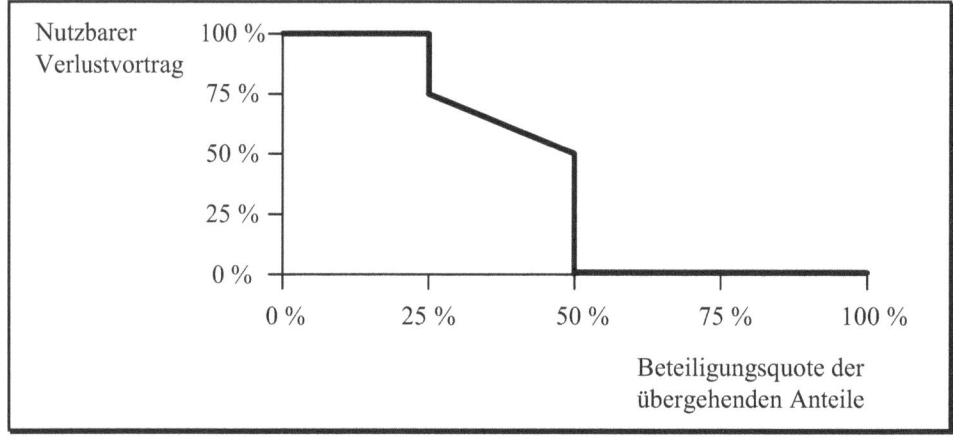

Abbildung 108: Zweistufiger Untergang von Verlustvorträgen

Eine **Verschmelzung auf eine Verlustgesellschaft**, bei der die Gesellschafter der übertragenden Gesellschaft zu mehr als 25 % bzw. 50 % beteiligt werden, ist ein **vergleichbarer Sachverhalt** gem. § 8c KStG. Dies ist vor dem Hintergrund zu sehen, dass es für einen schädlichen Beteiligungserwerb unerheblich ist, ob bereits bestehende Anteile oder neu geschaffene Anteile übergehen. Ebenso unerheblich ist, ob die Erwerber die Anteile kaufen oder gegen eigene Anteile tauschen, da es lediglich auf die Übertragung der Anteile ankommt. Im Fall der Verschmelzung werden regelmäßig **neue Anteile** an der übernehmenden Kapitalgesellschaft durch eine Kapitalerhöhung geschaffen, um die Gesellschafter der übertragenden Gesellschaft für ihre untergehenden Anteile zu entschädigen. Werden dadurch die abzufindenden Gesellschafter **zu mehr als 25 % bzw. 50 %** an der übernehmenden Kapitalgesellschaft beteiligt, liegt also ein **schädlicher Anteilseignerwechsel i. S. d. § 8c Abs. 1 S. 4 KStG** vor. Dies ist auch der Fall, wenn innerhalb eines Zeitraums von fünf Jahren neben der verschmelzungsbedingten Anteilsgewährung weitere Anteile übertragen werden und insgesamt eine Erwerbsquote von mehr als 25 % bzw. 50 % der Anteile seitens eines Erwerbers oder einer zusammengehörigen Gruppe von Erwerbern erreicht wird. Dass die abzufindenden Gesellschafter der übertragenden Kapitalgesellschaft zu mehr als 25 % bzw. 50 % an der übernehmenden Verlustgesellschaft beteiligt werden, wird regelmäßig der Fall sein, da die Anteile an der Verlustgesellschaft üblicherweise keinen hohen Wert aufweisen. Folglich bedarf es einer hohen Beteiligungsquote, um die Gesellschafter der übertragenden Kapitalgesellschaft für ihre werthaltigen Anteile an der „gesunden" übertragenden Kapitalgesellschaft abzufinden. Die Verschmelzung auf eine Verlustgesellschaft führt daher in der Regel zum Untergang der dort befindlichen Verlustvorträge gem. § 8c KStG, zumal die abzufindenden Gesellschafter als eine Gruppe von Erwerbern mit gleichgerichteten Interessen zu werten sind.

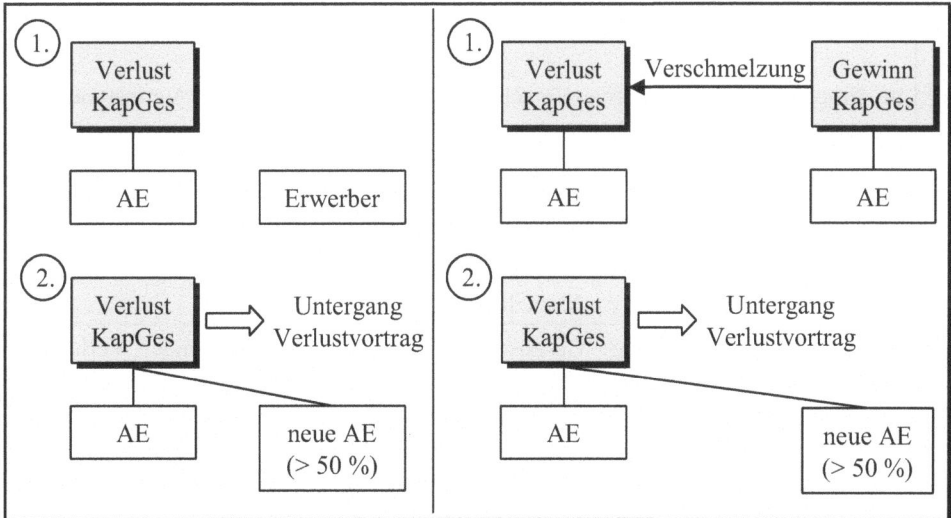

Abbildung 109: Untergang des Verlustvortrages durch Erwerb und Verschmelzung

Beispiel

Erwerb einer Verlustgesellschaft
Die B GmbH ist eine Verlustgesellschaft, die einen Verlustvortrag i. H. v. 100 T€ aufweist. Die A GmbH möchte sich diesen Verlustvortrag zunutze machen und kauft sämtliche Anteile an der B GmbH in der Hoffnung, die erworbenen Verlustvorträge mit den eigenen Gewinnen verrechnen zu können.

Lösung

Die A GmbH erwirbt als alleiniger Erwerber über 50 % der Anteile an der B GmbH. Gem. § 8c S. 2 KStG gehen daher sämtliche Verlustvorträge der B GmbH unter. Die A GmbH kann diese folglich nicht zur Verrechnung mit den eigenen Gewinnen nutzen.

Beispiel

Verschmelzung auf eine Verlustgesellschaft
Da die Nutzung des Verlustvortrages durch Erwerb der Verlustgesellschaft B GmbH nicht möglich ist, plant die A GmbH eine Verschmelzung auf die Verlustgesellschaft B GmbH, um auf diese Weise die Verluste der B GmbH für sich nutzen zu können.

Lösung	Im Zuge des Verschmelzungsvorgangs gehen die Anteile an der übertragenden A GmbH unter. Im Gegenzug erhalten die Gesellschafter der A GmbH neue Anteile an der übernehmenden B GmbH. Da es sich hierbei um eine Verlustgesellschaft handelt, deren Anteile keinen hohen Wert haben, kann davon ausgegangen werden, dass die Gesellschafter der A GmbH mit einer hohen Beteiligungsquote an der B GmbH abgefunden werden. Wenn diese Beteiligungsquote 50 % übersteigt, so gehen auch im Zuge der Verschmelzung sämtliche Verlustvorträge der B GmbH unter, da in diesem Fall die Gesellschafter der A GmbH als Gruppe mit gleichgerichteten Interessen gem. § 8c S. 3 KStG über 50 % der Anteile an der B GmbH erwerben.
	Im Ergebnis kann durch eine Verschmelzung der Untergang des Verlustvortrages somit nicht umgangen werden.

Schädlicher Beteiligungserwerb gem. § 8c KStG		
Gesetzestext	Hauptanwendungsfall: Mantelkauf	Verschmelzung
Übertragung von mehr als 25 % bzw. 50 % der Anteile an der Verlustgesellschaft an einen Erwerber oder eine zusammengehörige Gruppe von Erwerbern	Eine Gesellschaft oder eine Gruppe zusammengehöriger Gesellschaften erwirbt mehr als 25 % bzw. 50 % der Anteile an einer Verlustgesellschaft.	Die übernehmende Verlustgesellschaft gewährt den abzufindenden **Anteilseignern** der übertragenden Kapitalgesellschaft Anteile von insgesamt mehr als 25 % bzw. 50 %.
Fazit:	**Bei Verschmelzungen handelt es sich um einen wirtschaftlich dem Hauptanwendungsfall des § 8c KStG entsprechenden Fall:**	
➡	**Schädlicher Beteiligungserwerb auch bei Verschmelzungen möglich**	

Abbildung 110: Anwendung von § 8c KStG im Rahmen von Verschmelzungen

Die Regelungen der Verlustabzugsbeschränkung gem. § 8c KStG wurden erstmalig vor dem Hintergrund der anhaltenden Finanz- und Wirtschaftskrise im Jahr 2009 entschärft.

Bei Umstrukturierungen zwischen verbundenen Unternehmen liegt aufgrund der sog. **Konzernklausel** gem. § 8c Abs. 1 S. 5 KStG kein schädlicher Beteiligungserwerb vor, wenn an dem übertragenden und an dem übernehmenden Rechtsträger dieselbe Person zu jeweils 100 % mittelbar oder unmittelbar beteiligt ist. Die Konzernklausel führt unter diesen Voraussetzungen somit zu einem Erhalt der Verluste bzw. der Verlustvorträge und kommt ab dem 01.01.2010 auf schädliche Beteiligungserwerbe zur Anwendung.

Beispiel

T1 überträgt alle Anteile an der E1 GmbH auf die T2 GmbH.

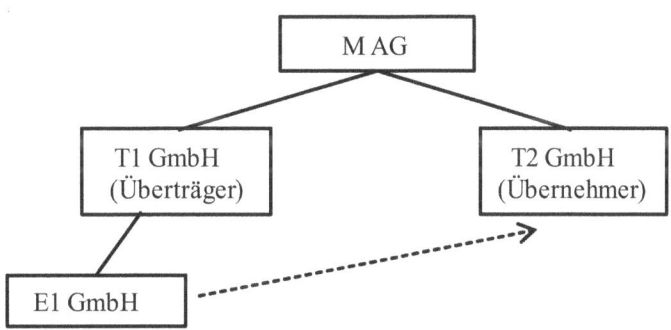

Gem. § 8c Abs. 1 S. 1 bis 4 i. V. m. Abs. 1 S. 5 KStG besteht kein schädlicher Beteiligungserwerb, da die M AG sowohl an T1 als auch an T2 zu jeweils 100 % unmittelbar
beteiligt ist.

Sollte jedoch an der T2 GmbH eine weitere Körperschaft, mit der die M AG weder
unmittelbar noch mittelbar verbunden ist, beteiligt sein, so würde § 8c Abs. 1 S. 5
KStG nicht greifen und die ungenutzten Verluste der E1 GmbH verloren gehen, da
keine unmittelbare oder mittelbare 100 %ige Beteiligung der M AG an der T2 GmbH
mehr vorliegt.

Darüber hinaus wird in den Sätzen § 8c Abs. 1 S. 6 - 8 KStG eine Verschonungsklausel für
Verluste bei vorliegenden stillen Reserven normiert. Demnach kann ein nach S. 1 und 2
nicht abziehbarer nicht genutzter Verlust bei einem schädlichen Beteiligungserwerb nach
S. 1 oder 2 doch bis zu einer Höhe der in diesem Zeitpunkt vorhandenen im Inland steuerpflichtigen stillen Reserven abgezogen werden (sog. **Stille Reserven Regel**). Der für die
Höhe der stillen Reserven maßgebliche Zeitpunkt des schädlichen Beteiligungserwerbs
kann nicht durch die Nutzung der steuerlichen Rückwirkung im UmwStG verändert werden.

Die Ermittlung der stillen Reserven erfolgt gem. § 8c Abs. 1 S. 1 KStG und § 8c Abs. 1
S. 2 KStG analog zum quotalen Verfall des Verlustvortrags bzw. zum vollständigen Verfall
des Verlustvortrags. Somit können Verluste bei einem schädlichen Anteilserwerb von mehr
als 25 % und bis zu 50 % in Höhe der entsprechenden anteiligen stillen Reserven bzw. bei
einem schädlichen Anteilserwerb von mehr als 50 % in Höhe der gesamten stillen Reserven
abgezogen werden.

Die stille Reserven-Regel kommt ab dem 01.01.2010 auf schädliche Beteiligungserwerbe
zur Anwendung.

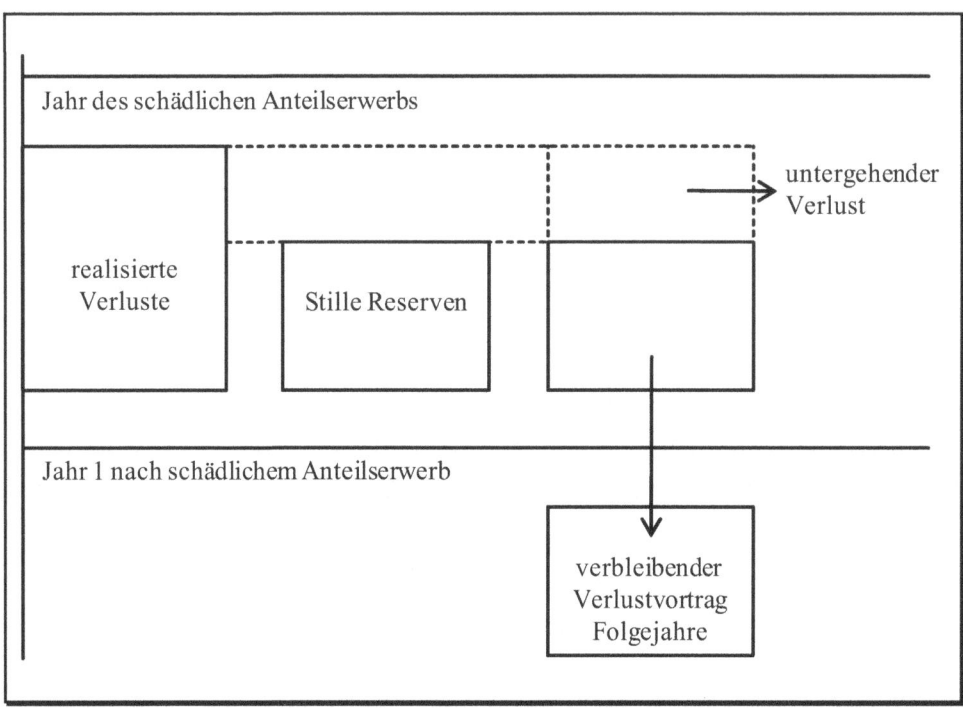

Abbildung 111:   Stille Reserven Regel des § 8c Abs. 1 S. 6-8 KStG

Beispiel

T1 GmbH überträgt 100 % der Anteile an der E1 GmbH an die T2 GmbH. Der gemeine Wert (Kaufpreis) der Anteile an der E1 GmbH beträgt 250 T€. Das steuerliche Eigenkapital der E1 GmbH beläuft sich auf 150 T€. Darüber hinaus liegen bei der E1 GmbH ungenutzte Verluste i. H. v. 60 T€ vor.

Zum Zeitpunkt des schädlichen Beteiligungserwerbs gem. § 8c Abs. 1 S. 1 und S. 2 KStG liegen 100 T€ stille Reserven vor. Da es sich um einen schädlichen Anteilserwerb von mehr als 50 % handelt, können die Verluste maximal bis zur Höhe der gesamten stillen Reserven abgezogen werden. Da in diesem Fall die stillen Reserven die Verluste übersteigen, können die kompletten ungenutzten Verluste i. H. v. 60 T€ genutzt werden.

Sollte die T2 GmbH nur 30 % der Anteile an der E1 GmbH erwerben, so wären auch nur Verluste i. H. v. 30 % der stillen Reserven abzuziehen. In diesem Fall würden 18 T€ des sonst ungenutzten Verlustes erhalten bleiben.

Darüber hinaus wurde durch das Bürgerentlastungsgesetzes vom 16.07.2009 mit rückwirkender Gültigkeit ab dem 01.01.2008 eine **Sanierungsklausel** eingeführt. Ziel der Sanierungsklausel des § 8c Abs. 1a KStG war es, die Zahlungsunfähigkeit bzw. die Überschuldung zu verhindern und zugleich die wesentlichen Betriebsstrukturen zu erhalten.

Dabei war Voraussetzung, dass

- die Körperschaft eine Betriebsvereinbarung mit Arbeitsplatzregelung befolgt, oder

- die Summe der maßgebenden jährlichen Lohnsummen der Körperschaft innerhalb von 5 Jahren nach dem Beteiligungserwerb mind. 400 % der Ausgangslohnsumme nicht unterschreitet, oder

- die Körperschaft durch Einlagen von wesentlichem Betriebsvermögen innerhalb von 12 Monaten nach dem Beteiligungserwerb neues Betriebsvermögen von mind. 25 % der Steuerbilanz-Aktiva zugeführt wird.

Fand die Sanierungsklausel Anwendung, konnten bei Anteilserwerben nach dem 31.12.2007 nicht genutzte Verluste abgezogen werden. Die Sanierungsklausel kam jedoch nicht zur Anwendung, wenn die Körperschaft ihren Geschäftsbetrieb im Zeitpunkt des Beteiligungserwerbs im Wesentlichen eingestellt hatte oder nach einem Beteiligungserwerb ein Branchenwechsel innerhalb eines Zeitraums von fünf Jahren erfolgte.

Durch das Wachstumsbeschleunigungsgesetz vom 22.12.2009 wurde die zunächst durch das Bürgerentlastungsgesetz vorgesehene zeitliche Beschränkung der Sanierungsklausel auf zwei Jahre (2008 und 2009) bei Anteilsübertragung gem. § 34 Abs. 7c KStG aufgehoben. Aufgrund des Verdachts des Verstoßes der Sanierungsklausel gegen den Gemeinsamen Markt hat die Europäische Kommission mit Beschluss vom 24.02.2010 ein förmliches Prüfverfahren nach Art. 108 AEUV eröffnet und mit Beschluss vom 26.01.2011 die Sanierungsklausel als gem. Artikel 107 Abs. 1 AEUV staatliche oder aus staatlichen Mitteln gewährte Beihilfe eingestuft.[63] Im Ergebnis kommt die Sanierungsklausel damit nicht mehr zur Anwendung.

Mit dem Gesetz zur Weiterentwicklung der steuerlichen Verlustverrechnung bei Körperschaften vom 20.12.2016, BGBl. I 2016, S. 2998 hat der Gesetzgeber einen neuen Versuch zur Rettung von Verlustvorträgen unternommen mit einem neuen **§ 8d KStG** die Möglichkeit eines **fortführungsgebundenen Verlustvortrags** geschaffen. Diese Vorschrift gilt ab dem 01.01.2016.

Nach § 8d Abs. 1 KStG ist § 8c ist nach einem schädlichen Beteiligungserwerb **auf Antrag nicht anzuwenden**, wenn die Körperschaft seit ihrer Gründung oder zumindest seit dem Beginn des dritten Veranlagungszeitraums, der dem Veranlagungszeitraum nach § 8d Abs. 1 S. 5 KStG vorausgeht, **ausschließlich denselben Geschäftsbetrieb unterhält** und in diesem Zeitraum bis zum Schluss des Veranlagungszeitraums des schädlichen Beteiligungserwerbs kein Ereignis im Sinne von § 8d Abs. 2 KStG stattgefunden hat.

---

[63] Vgl. Beschluss d. Kommission v. 26.01.2011 Über die staatlichen Beihilfen Deutschlands C 7 / 2010 (ex CP 250/2009 und NN 5/2010); Europäische Kommission v. 24.02.2010 Staatliche Beihilfe C 7 / 2010 (ex NN 5/2010).

> **Merke:** § 8d KStG führt auf Antrag zur Nichtanwendung des § 8c KStG trotz Vorliegens eines schädlichen Beteiligungserwerbs.

Ein Geschäftsbetrieb umfasst dabei die von einer einheitlichen Gewinnerzielungsabsicht getragenen, nachhaltigen, sich gegenseitig ergänzenden und fördernden Betätigungen der Körperschaft und bestimmt sich nach qualitativen Merkmalen in einer Gesamtbetrachtung.

Gem. § 8d Abs. 1 S. 5 KStG ist der Antrag in der Steuererklärung für die Veranlagung des Veranlagungszeitraums zu stellen, in den der schädliche Beteiligungserwerb fällt.

Rechtsfolge des Antrags ist gem. § 8d Abs. 1 S. 6 KStG, dass der Verlustvortrag, der zum Schluss des Veranlagungszeitraums verbleibt, in den der schädliche Beteiligungserwerb fällt, zum fortführungsgebundenen Verlust wird (**fortführungsgebundener Verlustvortrag**). Dieser fortführungsgebundene Verlustvortrag ist gesondert auszuweisen und festzustellen und ist vor dem nach § 10d Abs. 4 EStG festgestellten Verlustvortrag abzuziehen.

Der fortführungsgebundene Verlustvortrag geht allerdings insbesondere dann unter, wenn der Geschäftsbetrieb

- eingestellt wird,
- ruhig gestellt wird oder
- einer andersartigen Zweckbestimmung

zugeführt wird.

Beispiel

Die Neo GmbH hat im Jahr 2017 einen Verlust i. H. v. 1 Mio. € erzielt, der zum 31.12.2017 gesondert festgestellt wurde. Bereits am 01.01.2018 hat der 100%ige Anteilseigner Morpheus sämtliche Anteile an die Erwerberin Trinity veräußert. Die Neo GmbH hat im Jahr 2017 einen weiteren Verlust i. H. v. 200.000 € und im Jahr 2018 von 50.000 € erwirtschaftet.

Trotz des grundsätzlich i. S. d. § 8c KStG schädlichen Anteilseignerwechsels kommt es auf Antrag gem. § 8d Abs. 1 S. 1 KStG nicht zur Anwendung von § 8c KStG. Gem. § 8d Abs. 1 S. 6 KStG wird der Verlustvortrag, der zum Schluss des Veranlagungszeitraums verbleibt, in den der schädliche Beteiligungserwerb fällt (hier also der 31.12.2018), zum fortführungsgebundenen Verlust.

Somit werden auf Ebene der Neo GmbH festgestellt:

Verlustvortrag zum 31.12.2018	1.200.000 €
Davon fortführungsgebundener Verlustvortrag zum 31.12.2018	1.200.000 €

Im Jahr 2019 gilt es dagegen zu unterscheiden:

Verlustvortrag zum 31.12.2019	1.250.000 €
Davon fortführungsgebundener Verlustvortrag zum 31.12.2019	1.200.000 €

4.5.6.2 Nutzung eines Verlustvortrags der Überträgerin

Ebenso wie bei der Verschmelzung von Kaital- auf Personengesellschaften können auch im Rahmen von Verschmelzungen von Kapitalgesellschaften Verlustvorträge nicht von einem Rechtsträger auf einen anderen übertragen werden. Die Vorschrift des § 12 Abs. 3 S. 1 Hs. 2 UmwStG verweist dementsprechend auf § 4 Abs. 2 S. 2 UmwStG, wonach verrechenbare Verluste, verbleibende Verlustvorträge sowie nicht ausgeglichene negative Einkünfte der Überträgerin nicht auf die Übernehmerin übergehen. Eine direkte Verlustübertragung von der Überträgerin auf die Übernehmerin ist somit ausgeschlossen.

---

§ 4 Abs. 2 S. 2 UmwStG: „Verrechenbare Verluste, verbleibende Verlustvorträge oder vom übertragenden Rechtsträger nicht ausgeglichene negative Einkünfte gehen nicht über.“

Merke: Eine **direkte Nutzung** des Verlustvortrags der Überträgerin ist **nicht möglich.**

Gleichwohl besteht die Möglichkeit, Verluste der Überträgerin mit einem Übertragungsgewinn zu verrechnen. Bei vorhandenen Verlusten ist es daher regelmäßig sinnvoll, den gemeinen Wert oder einen Zwischenwert zu wählen, um stille Reserven aufzudecken. Hierdurch entsteht nicht nur ein verrechenbarer Übertragungsgewinn, es werden zugleich die Buchwerte der bei der Verschmelzung übergehenden Vermögensgegenstände aufgestockt. Da die Übernehmerin diese Buchwerte gem. § 12 Abs. 1 S. 1 UmwStG zu übernehmen hat, profitiert sie von der Buchwertaufstockung über eine Erhöhung der AfA-Bemessungsgrundlage. Auf diese Weise bleiben die Verluste der Überträgerin nicht ungenutzt, sondern führen zu einer höheren Abschreibungsbasis der übergegangenen Vermögensgegenstände auf Ebene der Übernehmerin.

Jedoch gilt es bei der Buchwertaufstockung folgendes zu beachten:
- Eine Buchwertaufstockung setzt voraus, dass entsprechende stille Reserven vorhanden sind. Bestehen keine stillen Reserven, ist eine Aufstockung und somit auch eine indirekte Verlustverrechnung nicht möglich.
- Körperschaft- und gewerbesteuerliche Verlustvorträge sind regelmäßig nicht identisch, so dass durch eine Aufstockung gegebenenfalls ein Gewinn entsteht, der einer Besteuerung mit Gewerbesteuer unterliegt, da insoweit kein nutzbarer Verlust mehr vorliegt.
- Gem. § 8 Abs. 1 S. 1 KStG ist die Vorschrift des § 10d Abs. 2 S. 1 EStG zu beachten. Überschreitet demnach der auszugleichende Verlust die Summe von 1 Mio. €, können nur 60 % der Einkünfte, die den Betrag von 1 Mio. € übersteigen, zum Ausgleich herangezogen werden. 40 % der Einkünfte, die 1 Mio. € übersteigen, unterliegen somit zwingend der Besteuerung (sog. Mindestbesteuerung). Soll daher bei einer Verschmelzung ein Verlust von über 1 Mio. € ausgeglichen werden, muss der Übertragungsgewinn wesentlich höher als der auszugleichende Verlust ausfallen.

- Der Verlustvortrag der übertragenden Gesellschaft muss noch bestehen. Er darf nicht aufgrund einer schädlichen Anteilsübertragung i. S. d. § 8c KStG untergegangen sein, weil im Rahmen der Verschmelzung z. B. von der übernehmenden Gesellschaft Anteile an der übertragenden Gesellschaft erworben wurden.

Merke: Verluste lassen sich **nicht direkt** von der Überträgerin auf die Übernehmerin übertragen. Die Überträgerin kann jedoch stille Reserven auflösen (d.h. Buchwerte aufstocken), einen resultierenden Übertragungsgewinn mit dem Verlust verrechnen und somit den Verlust **indirekt** auf die Übernehmerin übertragen, da diese den erhöhten Buchwert als zusätzliches AfA-Potential nutzen kann.

4.5.7   Übernahmefolgegewinn

Durch **Konfusion von Forderungen und Verbindlichkeiten**, welche zwischen der übertragenden und der übernehmenden Kapitalgesellschaft bestehen, bzw. durch Wegfall einer Rückstellung kann sich der laufende Gewinn der übernehmenden Kapitalgesellschaft erhöhen (§ 12 Abs. 4 S. 2 i. V. m. § 6 Abs. 1 S. 1 UmwStG). Dieser bereits aus der Verschmelzung von Kapital- auf Personengesellschaften bekannte **Übernahmefolgegewinn** entsteht gem. Tz. 06.01 UmwStE mit Ablauf des steuerlichen Übertragungsstichtags und ist in vollem Umfang steuerpflichtig.

Da § 12 Abs. 4 S. 2 UmwStG hinsichtlich des Übernahmefolgegewinns bei der Verschmelzung von Kapitalgesellschaften auf § 6 UmwStG verweist, gelten die Ausführungen zur Verschmelzung von Kapital- auf Personengesellschaften im vorhergehenden Kapitel entsprechend.

Gem. § 12 Abs. 4 S. 2 i. V. m. § 6 Abs. 1 UmwStG kann die übernehmende Kapitalgesellschaft in Höhe des Übernahmefolgegewinns eine den steuerlichen Gewinn mindernde Rücklage bilden. Sie ist in den folgenden drei Wirtschaftsjahren zu mindestens je einem Drittel gewinnerhöhend aufzulösen. Die Bildung der Rücklage kann nur insoweit in Anspruch genommen werden, als die übernehmende an der übertragenden Kapitalgesellschaft beteiligt war (§ 12 Abs. 4 Hs. 2 UmwStG).

Achtung: Diese Möglichkeit der Rücklagenbildung besteht jedoch nicht für einen aus der Auflösung von Rückstellungen entstandenen Übernahmefolgegewinn, da § 12 Abs. 4 UmwStG die Anwendung des § 6 UmwStG auf die Konfusionswirkung von Forderungen und Verbindlichkeiten beschränkt. Der Grund dafür ist, dass es sich nur im letzteren Fall um echte Konfusionsgewinne handelt.

Beispiel

Entstehung eines Übernahmefolgegewinns

Die Hopps AG soll rückwirkend zum 31.12.2019 auf die Nick GmbH verschmolzen werden. Die Hopps AG hat gegen die Nick GmbH eine Forderung aus Lieferung und Leistung in Höhe von 120 T€. Bei der Nick GmbH ist entsprechend eine Verbindlichkeit aus Lieferung u. Leistung i. H. v. 120 T€ passiviert. Allerdings hat die Hopps AG im Jahr 2019 auf ihre Forderung gegen die Nick GmbH eine Wertberichtigung i. H. v. 20 T€ vorgenommen, welche in dieser Höhe auch den Gewinn der Hopps AG gemindert hat. Nach der Wertberichtigung beträgt die Forderung nur noch 100 T€.

Lösung

Im Rahmen der Verschmelzung sind auf Ebene der Nick GmbH folgende Ausbuchungen vorzunehmen:

- bzgl. der übergehenden Forderung LuL:

  Aufwand   an   Forderung LuL   100 T€

- bzgl. der eigenen Verbindlichkeit LuL:

  Verbindlichkeiten LuL   an   Ertrag   120 T€

Aufwand	GuV		Ertrag
Aufwand	100 T€	Ertrag	120 T€
Saldo = Übernahmefolgegewinn	**20 T€**		
	120 T€		120 T€

- bzgl. der Einbuchung der Rücklage

  Aufwand   an   Rücklagen für Konfusionsgewinne 20 T€

Mit dem steuerpflichtigen Übernahmefolgegewinn i. H. v. 20 T€ wird die einstige Gewinnminderung, d. h. die Wertberichtigung i. H. v. 20 T€, rückgängig gemacht.

Wird der Betrieb, der in Folge der Verschmelzung von der übertragenden auf die übernehmende Kapitalgesellschaft übergegangen ist, innerhalb von fünf Jahren nach dem steuerlichen Übertragungsstichtag in eine andere Kapitalgesellschaft eingebracht oder ohne triftigen Grund veräußert oder aufgegeben, entfallen die sich aus § 6 UmwStG ergebenden Vergünstigungen rückwirkend. Gem. § 6 Abs. 3 S. 2 UmwStG sind entsprechende Steuerbescheide so zu ändern, als ob die Rücklage nicht gebildet worden wäre.

4.6 Auswirkungen auf den steuerlichen Eigenkapitalausweis

Die Verschmelzung von Kapitalgesellschaften zieht Konsequenzen aus der jeweiligen Eigenkapitalsphäre der beteiligten Unternehmen nach sich. Dabei ist zwischen den einzelnen Bestandteilen des steuerlichen Eigenkapitalausweises zu differenzieren.

Bestandteile des steuerlichen Eigenkapitalausweises:
- Gezeichnetes Kapital (Nenn-, Grund-, oder Stammkapital),
- steuerliches Einlagekonto,
- neutrales Vermögen
- evtl. Sonderausweis gem. § 28 Abs. 1 S. 3 KStG.

Das **gezeichnete Kapital** (Nennkapital) ist das Kapital, auf welches die Haftung der Gesellschafter für Verbindlichkeiten gegenüber den Gläubigern der Kapitalgesellschaft beschränkt ist. Bei Aktiengesellschaften wird es als Grundkapital bezeichnet und entspricht dem Nennbetrag aller ausgegebenen Aktien. Bei Gesellschaften mit beschränkter Haftung heißt das gezeichnete Kapital Stammkapital, welches die Stammeinlagen der Gesellschafter umfasst. Werden im Fall einer Kapitalherabsetzung Teile des Nennkapitals an die Anteilseigner zurückgezahlt, handelt es sich um eine steuerfreie Rückgewähr ihrer einst getätigten Einlagen (§ 20 Abs. 1 Nr. 2 EStG).

Das **steuerliche Einlagekonto** beinhaltet die Einlagen der Gesellschafter, welche nicht in das Nennkapital geleistet wurden. Ausschüttungen aus dem steuerlichen Einlagekonto sind gem. § 20 Abs. 1 Nr. 1 S. 3 EStG steuerfrei. Um die steuerfreie Rückzahlung der Einlagen zu gewährleisten, wird das steuerliche Einlagekonto gem. § 27 Abs. 1 S. 2 KStG fortgeschrieben und gem. § 27 Abs. 2 S. 1 KStG gesondert festgestellt.

Das **neutrale Vermögen** besteht aus den Gewinnrücklagen. Ausschüttungen aus diesem Bereich führen zu unterschiedlichen Folgen auf Ebene der Anteilseigner. Ist der empfangende Anteilseigner eine natürliche Person, unterliegt der ausgeschüttete Betrag dort der Abgeltungsteuer bzw. unter Anwendung des Teileinkünfteverfahrens der persönlichen Einkommensteuer (§ 20 Abs. 1 Nr. 1 EStG). Ist der Empfänger eine Kapitalgesellschaft, so ist die Dividende nach § 8b Abs. 1 S. 1 i. V. m. Abs. 5 S. 1 KStG zu 95 % steuerfrei. Auf die 10%-Grenze des § 8b Abs. 4 KStG ist dabei zu achten.

Eine Kapitalerhöhung kann neben den Einlagen aus dem steuerlichen Einlagekonto auch durch Gewinnrücklagen finanziert werden. Werden Gewinnrücklagen in Nennkapital umgewandelt, so sind die Beträge gem. § 28 Abs. 1 S. 3 KStG als **Sonderausweis** getrennt auszuweisen und gesondert festzustellen. Wird das Nennkapital später herabgesetzt und an die Anteilseigner zurückbezahlt, ist dieses in Höhe des Sonderausweises als Gewinnausschüttung zu behandeln, welche beim Anteilseigner zu Einkünften i. S. d. § 20 Abs. 1 Nr. 2 EStG führt (§ 28 Abs. 2 S. 2 KStG).

Die Behandlung dieser einzelnen Bestandteile des Eigenkapitals im Rahmen von Verschmelzungen ist nicht im UmwStG, sondern im KStG normiert:
- **§ 29 KStG** beinhaltet unter dem Titel „Kapitalveränderungen bei Umwandlungen" Vorschriften zur Anpassung des steuerlichen Einlagekontos gem. § 27 KStG sowie eines evtl. Sonderausweises gem. § 28 Abs. 1 S. 3 KStG in Umwandlungsfällen.

Dies schließt auch die Auswirkungen auf die jeweilige Nennkapitalsphäre der beteiligten Kapitalgesellschaften mit ein.

- Die Behandlung des **neutralen Vermögens** der übertragenden Kapitalgesellschaft wird im Gesetz nicht explizit geregelt. In Anlehnung an die allgemeinen Vorschriften des Vermögensübergangs kann aber davon ausgegangen werden, dass das neutrale Vermögen mit den übrigen Vermögensgegenständen und Schulden auf die übernehmende Kapitalgesellschaft übergeht und dort den jeweiligen Beständen zuzurechnen ist.

4.6.1   Behandlung bei Umwandlungen gem. § 29 KStG

§ 29 KStG regelt seit dem UntStFG die Auswirkungen auf das steuerliche Einlagekonto sowie den evtl. vorhandenen Sonderausweis sowohl bei der übertragenden als auch bei der übernehmenden Kapitalgesellschaft in Umwandlungsfällen.

---

§ 29 Abs. 1 KStG: „In Umwandlungsfällen im Sinne des § 1 des Umwandlungsgesetzes gilt das Nennkapital der übertragenden Kapitalgesellschaft als in vollem Umfang nach § 28 Abs. 2 Satz 1 herabgesetzt."

---

§ 29 Abs. 1 KStG schreibt somit für jede gesetzlich zugelassene Art der Umwandlung eine fiktive Herabsetzung des Nennkapitals der übertragenden Kapitalgesellschaft vor. Da es sich bei einer Verschmelzung gem. § 1 Abs. 1 Nr. 1 UmwG um einen Umwandlungsfall i. S. d. § 1 UmwG handelt, ist die Fiktion der Kapitalherabsetzung auch auf Verschmelzungen von Kapitalgesellschaften anzuwenden. Der Zweck der Vorschrift ist insoweit verständlich, als dass die übertragende Kapitalgesellschaft bei Verschmelzungen ohne Abwicklung untergeht und somit nach dem Verschmelzungsvorgang auch nicht mehr über Nennkapital verfügen kann.

Folge der fiktiven Kapitalherabsetzung nach § 28 Abs. 2 S. 1 KStG ist zunächst die Minderung eines evtl. Sonderausweises. Übersteigt der Betrag des herabgesetzten Nennkapitals den Sonderausweis, so ist der Unterschiedsbetrag dem steuerlichen Einlagekonto gutzuschreiben.

Für den Fall der Verschmelzung ordnet § 29 Abs. 2 KStG den Übergang des nach § 29 Abs. 1 KStG ermittelten Bestands des steuerlichen Einlagekontos auf die übernehmende Kapitalgesellschaft an.

---

§ 29 Abs. 2 S. 1 KStG: „Geht das Vermögen einer Kapitalgesellschaft durch Verschmelzung nach § 2 des Umwandlungsgesetzes auf eine unbeschränkt steuerpflichtige Körperschaft über, so ist der Bestand des steuerlichen Einlagekontos dem steuerlichen Einlagekonto der übernehmenden Körperschaft hinzuzurechnen."

Damit soll die steuerfreie Rückgewähr der von den Anteilseignern der untergehenden Kapitalgesellschaft geleisteten Einlagen auch nach Übergang auf die übernehmende Kapitalgesellschaft gewährleistet werden.

§ 29 Abs. 2 S. 1 KStG ist jedoch nur auf Verschmelzungen gem. § 2 UmwG anwendbar. Dies erfordert die Übertragung des gesamten Vermögens im Wege der Gesamtrechtsnachfolge auf eine andere bereits bestehende oder neu gegründete Kapitalgesellschaft. Des Weiteren muss die übernehmende Kapitalgesellschaft den Anteilseignern der übertragenden Kapitalgesellschaft Anteile gewähren, da die übertragende KapGes erlischt. Verschmelzungen der Tochter- auf die Muttergesellschaft sind von dieser Gewährungspflicht nach § 20 Abs. 1 Nr. 3 UmwG ausgenommen und fallen daher auch unter § 2 UmwG.

Nachdem der Bestand des steuerlichen Einlagekontos auf die übernehmende Kapitalgesellschaft übergegangen ist und dort das steuerliche Einlagekonto erhöht hat, ist gem. § 29 Abs. 4 KStG das Nennkapital der übernehmenden Kapitalgesellschaft anzupassen.

---

§ 29 Abs. 4 KStG: „Nach Anwendung der Absätze 2 [...] ist für die Anpassung des Nennkapitals der umwandlungsbeteiligten Kapitalgesellschaften § 28 Abs. 1 und 3 anzuwenden."

Das Nennkapital muss dann angepasst werden, wenn Anteilseigner der übertragenden Kapitalgesellschaft mit neuen Anteilen an der übernehmenden Kapitalgesellschaft abgefunden werden müssen. Für die Anpassung des Nennkapitals bei Verschmelzungen verweist § 29 Abs. 4 KStG auf die allgemeinen Regeln einer Kapitalerhöhung aus Gesellschaftsmitteln gem. § 28 Abs. 1 und 3 KStG.

Der Aufbau des § 29 KStG lässt erkennen, dass sich die Anpassung des steuerlichen Einlagekontos bei Verschmelzungen in drei Schritten vollzieht:

Vollziehung des § 29 KStG bei Verschmelzungen in drei Schritten:

1. Schritt: Das Nennkapital der übertragenden Kapitalgesellschaft gilt zunächst in vollem Umfang nach § 28 Abs. 2 S. 1 KStG herabgesetzt (§ 29 Abs. 1 KStG). Dabei ist vorrangig ein bestehender Sonderausweis zu verringern. Ein darüber hinaus gehender Betrag der Kapitalherabsetzung ist dem steuerlichen Einlagekonto gutzuschreiben.

2. Schritt: Der gem. § 29 Abs. 1 KStG ermittelte Bestand des steuerlichen Einlagekontos ist dem steuerlichen Einlagekonto der übernehmenden Kapitalgesellschaft hinzuzurechnen (§ 29 Abs. 2 S. 1 KStG).

3. Schritt: Ist verschmelzungsbedingt bei der übernehmenden Kapitalgesellschaft eine Kapitalerhöhung vorzunehmen, so richtet sich die Anpassung des Nennkapitals gem. § 29 Abs. 4 KStG nach den allgemeinen Regeln der Kapitalerhöhung i. S. d. § 28 Abs. 1 und 3 KStG.

Da § 29 KStG hinsichtlich der fiktiven Kapitalherabsetzung und der abschließenden Anpassung des Nennkapitals auf § 28 KStG verweist, wird zunächst dieser im nächsten Kapitel näher betrachtet.

4.6.1.1 Exkurs: Kapitalerhöhung und -herabsetzung gem. § 28 KStG

§ 28 KStG regelt in Absatz 1 die Kapitalerhöhung aus Gesellschaftsmitteln und in Absatz 2 die steuerliche Behandlung einer Kapitalherabsetzung. Die Vorschriften gelten für alle unbeschränkt steuerpflichtigen Körperschaften, die ein Nennkapital auszuweisen haben.

4.6.1.1.1 Kapitalerhöhung aus Gesellschaftsmitteln

Wird das Nennkapital durch Umwandlung von Rücklagen erhöht, ordnet § 28 Abs. 1 S. 1 KStG an, dass zunächst der positive Bestand des steuerlichen Einlagekontos als umgewandelt gilt. Gem. § 28 Abs. 1 S. 2 KStG ist dabei auf den Bestand des steuerlichen Einlagekontos abzustellen, der sich ohne die Kapitalerhöhung zum Schluss des Wirtschaftsjahres (der Kapitalerhöhung) ergeben würde.

Reicht der Bestand des steuerlichen Einlagekontos zur Finanzierung der Kapitalerhöhung nicht aus, so ist der Restbetrag durch die sonstigen Rücklagen zu finanzieren und als Sonderausweis getrennt auszuweisen und gesondert festzustellen (§ 28 Abs. 1 S. 1, 3 KStG).

	Betrag der Kapitalerhöhung, welcher durch Umwandlung von Rücklagen finanziert werden soll
./.	Bestand des steuerlichen Einlagekontos gem. § 28 Abs. 1 S. 2 KStG (jedoch maximal Betrag der Kapitalerhöhung!)
=	Evtl. Restbetrag, welcher durch sonstige Rücklagen zu finanzieren ist
=	Sonderausweis gem. § 28 Abs. 1 S. 3 KStG

Sonstige Rücklagen sind alle in der Steuerbilanz ausgewiesenen Rücklagen, die nicht auf dem steuerlichen Einlagekonto zu erfassen sind. Dies umfasst das **neutrale Vermögen**.

Merke: Verwendungsreihenfolge zur Finanzierung einer Kapitalerhöhung nach § 28 Abs. 1 KStG:
1. Steuerliches Einlagekonto
2. sonstige Rücklagen.

Begründung: Die Kapitalerhöhung wird vorrangig aus dem steuerlichen Einlagekonto finanziert, da bei einer späteren Kapitalherabsetzung und -rückzahlung nicht unterschieden werden muss, ob das Nennkapital direkt aus Einlagen der Anteilseigner oder aus dem steuerlichen Einlagekonto finanziert wurde. In beiden Fällen ist die Rückzahlung an den Anteilseigner steuerfrei.

Zu beachten ist auch, dass die Rücklagen **in umgekehrter Reihenfolge** einer Gewinnausschüttung zur Finanzierung einer Kapitalerhöhung verwendet werden. Durch die vorrangige
Verwendung des steuerlichen Einlagekontos wird vermieden, dass das Nennkapital durch
die Umwandlung von ausschüttbaren Rücklagen finanziert wird und für Ausschüttungen
dann das steuerliche Einlagekonto gemindert werden muss. Die Verwendungsreihenfolge
für Gewinnausschüttungen ist in nachstehender Graphik veranschaulicht:

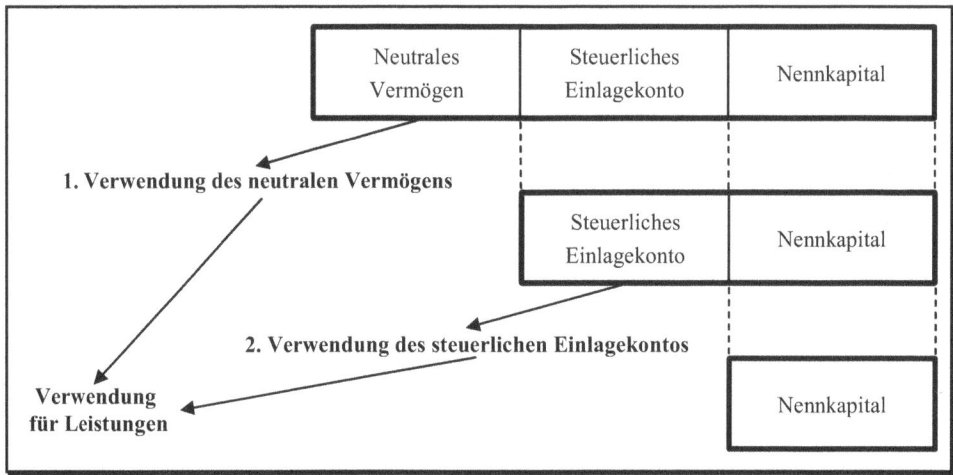

Abbildung 112: Verwendungsreihenfolge für die Finanzierung einer Gewinnausschüttung

Der **Sinn und Zweck des Sonderausweises** ergibt sich dadurch, dass das Nennkapital
sowohl durch die Umwandlung von Kapitalrücklagen (steuerliches Einlagekonto) als auch
durch die Umwandlung von Gewinnrücklagen (sonstige Rücklagen) finanziert werden
kann. Grundsätzlich unterliegt die Ausschüttung von Kapital- bzw. Gewinnrücklagen wie
folgt der Besteuerung:

- Auszahlungen aus dem steuerlichen Einlagekonto gelten als steuerfreie Rückzahlung
  der Einlagen an die Anteilseigner (§ 20 Abs. 1 Nr. 1 S. 3 EStG).
- Ausschüttungen aus Gewinnrücklagen für Beteiligungen, die zum Betriebsvermögen
  einer natürlichen Person gehören, werden dem Teileinkünfteverfahren (§ 3 Nr. 40
  EStG) bzw. bei Ausschüttung für Beteiligungen, die zum Privatvermögen einer natürlichen Person gehören, grundsätzlich der Abgeltungsteuer (§ 32d EStG) unterworfen.

Für eine Kapitalerhöhung wird vorrangig der Bestand des steuerlichen Einlagekontos und,
nach dessen Verbrauch, der Bestand der Gewinnrücklagen verwendet. Dadurch kann das
Nennkapital neben den Kapitalrücklagen auch Gewinnrücklagen enthalten.

Wird das Nennkapital später herabgesetzt und an die Anteilseigner ausgeschüttet, handelt
es sich um eine steuerfreie Rückgewähr ihrer einst getätigten Einlagen (§ 20 Abs. 1 Nr. 1
S. 3 EStG). Ohne die Regelung des Sonderausweises könnte die Besteuerung beim Anteils-

eigner dadurch umgangen werden, dass die Gewinnrücklagen zunächst in Nennkapital umgewandelt und bei späterer Kapitalherabsetzung steuerfrei an die Anteilseigner ausgezahlt werden. Mit dem Sonderausweis wird letztendlich festgehalten, in welcher Höhe Gewinnrücklagen im Nennkapital enthalten sind, welche im Fall der Herabsetzung und Rückzahlung von Nennkapital beim Anteilseigner zu Einkünften i. S. d. § 20 Abs. 1 Nr. 2 EStG führen.

> **Merke:** Der Sonderausweis dient der Sicherstellung der Besteuerung der ausgeschütteten Gewinnrücklagen auch für den Fall einer späteren Kapitalherabsetzung und -rückzahlung an die Anteilseigner.

Beispiel

Kapitalerhöhung durch Umwandlung von Rücklagen in Nennkapital
Für die Hinkelstein AG wird in einer Gesellschafterversammlung eine Kapitalerhöhung durch Umwandlung von Rücklagen in Nennkapital in Höhe von 200 T€ für das Jahr 2019 beschlossen. Das bisherige Nennkapital beträgt 150 T€.

Die Hinkelstein AG verfügt zum 31.12.2019 über folgende Bestände an steuerlichem Eigenkapital:

	Steuerliches Einlagekonto	Sonstige Rücklagen
Bestände 31.12.19	120 T€	140 T€

Lösung

	Betrag der Kapitalerhöhung	200 T€
./.	Bestand des steuerlichen Einlagekontos gem. § 28 Abs. 1 S. 2 KStG zum 31.12.2019	120 T€
=	Evtl. Restbetrag	80 T€
=	Sonderausweis gem. § 28 Abs. 1 S. 3 KStG	80 T€

Da der Bestand des steuerlichen Einlagekontos zur Finanzierung der Kapitalerhöhung nicht ausreicht, ist der Restbetrag durch Umwandlung sonstiger Rücklagen (Gewinnrücklagen) in Nennkapital aufzubringen. Die in Nennkapital umgewandelten sonstigen Rücklagen sind gem. § 28 Abs. 1 S. 3 KStG als Sonderausweis getrennt auszuweisen und gesondert festzustellen.

Nach der Kapitalerhöhung ergeben sich folgende Eigenkapitalbestände:

	Nenn-kapital	Steuerl. Einlage-konto	Sonstige Rücklagen	Sonderausweis § 28 Abs. 1 S. 3 KStG
Bestände 31.12.2019 vor Kapitalerhöhung	150 T€	120 T€	140 T€	
Kapitalerhöhung durch Umwandlung von Rücklagen: 1. Minderung steuerl. Einlagekonto 2. Bildung Sonderaus-weis	+ 200 T€	./. 120 T€	./. 80 T€	+ 80 T€
Bestände 31.12.2019 nach Kapitalerhöhung	350 T€	0 T€	60 T€	80 T€

> **Merke:** Die Umwandlung von Rücklagen in Nennkapital führt
> - zur Erhöhung des Nennkapitals,
> - zur Erhöhung des gesondert festzustellenden Sonderausweises,
> - zur Minderung des Bestands des steuerlichen Einlagekontos,
> - zur Minderung der sonstigen Rücklagen lt. Steuerbilanz, was eine Minderung des neutralen Vermögens bedeutet.

4.6.1.1.2   Kapitalherabsetzung

Bei Herabsetzung des Nennkapitals ist vorrangig der auf den Schluss des vorangegangenen Wirtschaftsjahres festgestellte Sonderausweis zu mindern. Übersteigt der Betrag der Nennkapitalherabsetzung den Bestand des Sonderausweises, so ist der Differenzbetrag dem steuerlichen Einlagekonto gutzuschreiben, soweit die Einlage in das Nennkapital geleistet wurde (§ 28 Abs. 2 S. 1 KStG).

	Betrag der Kapitalherabsetzung
./.	Sonderausweis, falls vorhanden (jedoch maximal Betrag der Kapitalherabsetzung!)
=	Evtl. Restbetrag
=	Gutschrift auf steuerlichem Einlagekonto gem. § 28 Abs. 2 S. 1 KStG

> **Merke:** Im Vergleich zur Kapitalerhöhung läuft die Kapitalherabsetzung konsequenterweise in der **umgekehrten Reihenfolge** ab:
>
> **Kapitalerhöhung:**   1. Vorrangige Minderung des steuerlichen Einlagekontos
>
>   2. Bildung eines Sonderausweises
>
> **Kapitalherabsetzung:**   1. Minderung des Sonderausweises

Mit der vorrangigen Minderung des Sonderausweises werden frühere Kapitalerhöhungen durch Umwandlung von Rücklagen in Nennkapital rückgängig gemacht. Die sonstigen Rücklagen, die einst das Nennkapital erhöht haben, fallen **aus der Nennkapital- in die Rücklagensphäre** zurück. Wird das herabgesetzte Nennkapital an die Anteilseigner zurückgezahlt, handelt es sich, soweit ein Sonderausweis zu mindern ist, um Einkünfte aus Kapitalvermögen i. S. d. § 20 Abs. 1 Nr. 2 EStG, die der Teileinkünftebesteuerung oder der Abgeltungsteuer unterliegen (§ 28 Abs. 2 S. 2 Hs. 1 KStG). Im Zusammenhang mit der Bildung des Sonderausweises wird damit sichergestellt, dass die Gewinnrücklagen durch Umwandlung in Nennkapital und anschließender Kapitalherabsetzung und Rückzahlung **nicht** der Besteuerung auf Ebene des Anteilseigners entzogen werden können.

Bei dem nach Minderung des Sonderausweises verbleibenden Restbetrag handelt es sich ausschließlich um Nennkapital, welches aus den geleisteten Einlagen der Anteilseigner besteht. Mit der Gutschrift dieses Betrags auf dem steuerlichen Einlagekonto werden die Einlagen aus dem Nennkapital in das Konto der nicht in das Nennkapital geleisteten Einlagen überführt. Werden die gutgeschriebenen Einlagen im Zuge der Kapitalherabsetzung an die Anteilseigner zurückgezahlt, so liegt wie im Fall einer Ausschüttung aus dem steuerlichen Einlagekonto eine steuerfreie Rückgewähr der Gesellschaftereinlagen i. S. d. § 20 Abs. 1 Nr. 1 S. 3 EStG vor.

Die Minderung des Sonderausweises und die Gutschrift auf dem steuerlichen Einlagekonto erfolgen am Ende des Wirtschaftsjahres, in dem die Kapitalherabsetzung wirksam wird.

Beispiel

Kapitalherabsetzung

An der Hinkelstein AG ist die Obelix GmbH zu 50 % beteiligt. Die restlichen 50 % der Anteile hält Asterix in seinem Privatvermögen. In einer Gesellschafterversammlung wird für das Jahr 2020 eine Kapitalherabsetzung mit anschließender Rückzahlung an die Anteilseigner in Höhe von 120 T€ beschlossen.

Die Hinkelstein AG verfügt zum 31.12.2019 über folgende Bestände an steuerlichem Eigenkapital:

	Nenn-kapital	Steuerl. Einlage-konto	Sonstige Rücklagen	Sonderausweis § 28 Abs. 1 S. 3 KStG
Bestände 31.12.19	350 T€	0 T€	60 T€	80 T€

1. Kapitalherabsetzung

Betrag der Kapitalherabsetzung	120 T€
./. Minderung des Sonderausweises	80 T€
= Evtl. Restbetrag	40 T€
= Gutschrift auf steuerlichem Einlagekonto gem. § 28 Abs. 2 S. 1 KStG	40 T€

Nach der Kapitalherabsetzung ergeben sich folgende Eigenkapitalbestände:

	Nenn-kapital	Steuerl. Einlage-konto	Sonstige Rücklagen	Sonderausweis § 28 Abs. 1 S. 3 KStG
Bestände 31.12.19 vor Kapitalherabsetzung	350 T€	0 T€	60 T€	80 T€
Kapitalherabsetzung:	./. 120 T€			
1. Minderung Sonderausweis			+ 80 T€	./. 80 T€
2. Gutschrift steuerl. Einlagekonto		+ 40 T€		
Bestände 31.12.2020 nach Kapitalherabsetzung	230 T€	40 T€	140 T€	0 T€
Rückzahlung an die Anteilseigner		./. 40 T€	./. 80 T€	
Bestände 31.12.2020	230 T€	0 T€	60 T€	0 T€

2. Rückzahlung des herabgesetzten Nennkapitals an die Anteilseigner

An die Obelix AG und Asterix werden jeweils 20 T€ aus dem steuerlichen Einlagekonto und jeweils 40 T€ aus den sonstigen Rücklagen zurückgezahlt. Bei dem aus dem steuerlichen Einlagekonto stammenden Betrag handelt es sich um steuerfreie Bezüge nach § 20 Abs. 1 Nr. 1 S. 3 EStG.

In Höhe des geminderten Sonderausweises führt die Rückzahlung zu steuerpflichtigen Einkünften aus Kapitalvermögen i. S. d. § 20 Abs. 1 Nr. 2 EStG.

Obelix AG:

Nach § 8b Abs. 1 i. V. m. Abs. 5 KStG sind Einkünfte aus Kapitalvermögen i. S. d. § 20 Abs. 1 Nr. 2 EStG zu 95 % steuerfrei.

Asterix:

Als natürliche Person mit Anteilen im Privatvermögen muss Asterix die Einkünfte aus Kapitalvermögen i. S. d. § 20 Abs. 1 Nr. 2 EStG gem. § 32d Abs. 1 S. 1 EStG der Abgeltungssteuer unterwerfen. Da Asterix jedoch mehr als 25 % der Anteile hält, kann er gem. § 32d Abs. 2 Nr. 3 Bst. a EStG auch das Teileinkünfteverfahren wählen.

4.6.1.1.3 Minderung des Sonderausweises durch das steuerliche Einlagekonto

Ist bei der Kapitalerhöhung durch Umwandlung von Rücklagen in Nennkapital ein Sonderausweis entstanden, so ist dieser gem. § 28 Abs. 3 KStG zum Schluss eines jeden Wirtschaftsjahres um einen evtl. positiven Bestand des steuerlichen Einlagekontos zu mindern. Das steuerliche Einlagekonto ist entsprechend zu reduzieren. Im Ergebnis werden die in Nennkapital umgewandelten sonstigen Rücklagen durch später getätigte Einlagen der Gesellschafter ersetzt. Dieser Vorgang wird als **Umfinanzierung des Nennkapitals** bezeichnet, da der Sonderausweis durch die späteren Einlagen wieder rückgängig gemacht wird. Die sonstigen Rücklagen, genauer das **neutrale Vermögen**, erhöhen sich durch den Vorgang entsprechend.

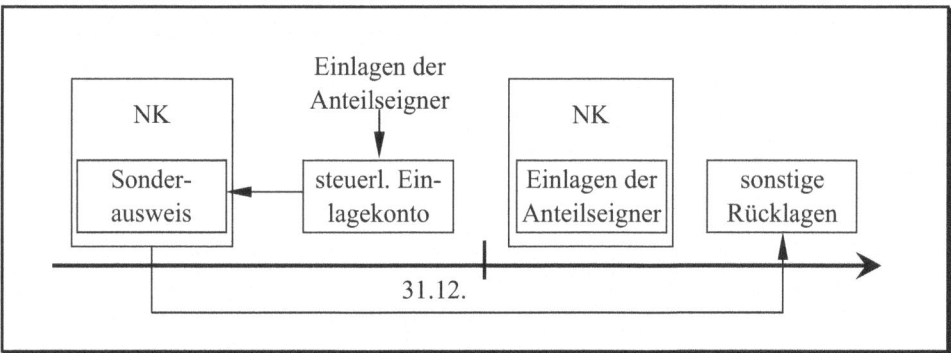

Abbildung 113: Minderung des Sonderausweises durch das steuerliche Einlagekonto

Die Regelung des § 28 Abs. 3 KStG vereinfacht die Umsetzung des KSt-Rechts in der Praxis. Zum einen kann das Nebeneinander von Sonderausweis und steuerlichem Einlagekonto vermieden und zum anderen der komplizierte Sonderausweis beseitigt werden.

> **Merke:** Ein Blick auf den gesamten § 28 KStG lässt erkennen, dass der Gesetzgeber mit dieser Vorschrift beabsichtigt, Nennkapital vorrangig aus Einlagen der Gesellschafter und nachrangig aus sonstigen Rücklagen zu finanzieren.
>
> Im Ergebnis ist es **unmöglich**, einen **Sonderausweis** zu haben und **gleichzeitig einen positiven Bestand des steuerlichen Einlagekontos**.

Beispiel

Minderung des Sonderausweises durch das steuerliche Einlagekonto
Fortführung des Beispiels zur Kapitalerhöhung durch Umwandlung von Rücklagen in Nennkapital aus dem Kapitel „Kapitalerhöhung aus Gesellschaftsmitteln".
Die Hinkelstein AG weist zum 31.12.2019 folgende Eigenkapitalbestände aus:

	Nenn-kapital	Steuerl. Einlage-konto	Sonstige Rücklagen	Sonderausweis § 28 Abs. 1 S. 3 KStG
Bestände 31.12.19	350 T€	0 T€	60 T€	80 T€

Der Gesellschafter Asterix leistet im Jahr 2020 Einlagen in Höhe von 100 T€. Das steuerliche Einlagekonto ist folglich um 100 T€ zu erhöhen.

Lösung

	Nenn-kapital	Steuerl. Einlage-konto	Sonstige Rücklagen	Sonderausweis § 28 Abs. 1 S. 3 KStG
Bestände 31.12.2019	350 T€	0 T€	60 T€	80 T€
Einlage des Asterix: Zugang steuerl. Einlagekonto		+ 100 T€		
Minderung Sonderausweis durch steuerl. Einlagekonto gem. § 28 Abs. 3 KStG (max. bis Sonderausweis = 0)		./. 80 T€	+ 80 T€	./. 80 T€
Bestände 31.12.2020	350 T€	20 T€	140 T€	0 T€

4.6.1.2 Fiktion der Herabsetzung des Nennkapitals der übertragenden Kapitalgesellschaft gem. § 29 Abs. 1 KStG

> 1. Schritt: Das Nennkapital der übertragenden Kapitalgesellschaft gilt zunächst als in vollem Umfang nach § 28 Abs. 2 S. 1 KStG herabgesetzt (§ 29 Abs. 1 KStG). Dabei ist vorrangig ein bestehender Sonderausweis zu verringern. Ein darüber hinaus gehender Betrag der Kapitalherabsetzung ist dem steuerlichen Einlagekonto gutzuschreiben.

	Betrag des Nennkapitals am steuerlichen Übertragungsstichtag
./.	Sonderausweis, falls vorhanden (jedoch maximal Betrag der Kapitalherabsetzung!)
=	Evtl. Restbetrag
=	Gutschrift auf steuerlichem Einlagekonto gem. § 28 Abs. 2 S. 1 KStG

Beispiel

Fiktion der Herabsetzung des Nennkapitals nach § 29 Abs. 1 KStG

Die Schulze&Schultze AG wird rückwirkend zum 31.12.2019 auf die Tim&Struppi GmbH verschmolzen. Es handelt es sich um eine Verschmelzung i. S. d. § 2 UmwG. Die Schulze&Schultze AG verfügt über folgende Bestände steuerlichen Eigenkapitals:

	Nennkapital	Steuerl. Einlagekonto
Bestände 31.12.19	150 T€	50 T€

Lösung

	Betrag der Kapitalherabsetzung	150 T€
./.	Minderung des Sonderausweises	0 T€
=	Evtl. Restbetrag	150 T€
=	Gutschrift auf steuerlichem Einlagekonto gem. § 28 Abs. 2 S. 1 KStG	150 T€

Da die Schulze&Schultze AG keinen Sonderausweis festzustellen hat, kann dieser auch nicht im Wege der Kapitalherabsetzung vorrangig gemindert werden. Das gesamte Nennkapital besteht aus von den Gesellschaftern geleisteten Einlagen und ist daher dem steuerlichen Einlagekonto gutzuschreiben.

	Nennkapital	Steuerliches Einlagekonto
Bestände 31.12.2019	150 T€	50 T€
Herabsetzung des Nennkapitals nach § 29 Abs. 1 KStG i. V. m. § 28 Abs. 2 S. 1 KStG:		
Gutschrift auf steuerl. Einlagekonto	./. 150 T€	+ 150 T€
Bestände 31.12.2019	0 T€	200 T€

> **Merke:** Die übernehmende Kapitalgesellschaft verfügt nach der Anwendung des § 29 Abs. 1 KStG lediglich über einen Bestand des steuerlichen Einlagekontos.

4.6.1.3 Übergang des Bestands des steuerlichen Einlagekontos

> **2. Schritt:** Der gem. § 29 Abs. 1 KStG ermittelte Bestand des steuerlichen Einlagekontos ist dem steuerlichen Einlagekonto der übernehmenden Kapitalgesellschaft hinzuzurechnen (§ 29 Abs. 2 S. 1 KStG).

Die Hinzurechnung hat auf den Schluss des Wirtschaftsjahres der übernehmenden Kapitalgesellschaft zu erfolgen, in dem der steuerliche Übertragungsstichtag liegt. Demnach ist auf diesen Stichtag der nach § 29 Abs. 1 KStG ermittelte Bestand des steuerlichen Einlagekontos der Überträgerin dem Bestand der übernehmenden Kapitalgesellschaft hinzuzurechnen, der sich am Schluss des vorangegangenen Wirtschaftsjahres ergeben hat.

Beispiel

Addition der Bestände des steuerlichen Einlagekontos nach § 29 Abs. 2 S. 1 KStG

Fortführung des Beispiels zur Fiktion der Herabsetzung des Nennkapitals nach § 29 Abs. 1 KStG aus dem Kapitel „Fiktion der Herabsetzung des Nennkapitals der übertragenden Kapitalgesellschaft gem. § 29 Abs. 1 KStG".

Steuerlicher Übertragungsstichtag ist der 31.12.2019.
Die Schulze&Schultze AG weist nach Anwendung von § 29 Abs. 1 KStG ein steuerliches Einlagekonto von 200 T€ aus.

Die Tim&Struppi GmbH verfügt über folgende Bestände steuerlichen Eigenkapitals:

	Nennkapital	Steuerl. Einlagekonto
Bestände 31.12.19	100 T€	60 T€

Lösung

Tim&Struppi GmbH	Nennkapital	Steuerl. Einlagekonto
Bestände 31.12.2019	100 T€	60 T€
Hinzurechnung nach § 29 II S. 1 KStG: Bestand steuerliches Einlagekonto der Schulze&Schultze AG		+ 200 T€
Bestände 31.12.2019	100 T€	260 T€

Bestehen vor der Verschmelzung zwischen den beteiligten Kapitalgesellschaften Beteiligungsverhältnisse, so wird die Hinzurechnung nach § 29 Abs. 2 S. 1 KStG durch S. 2 und 3 dieser Vorschrift eingeschränkt:

> **§ 29 Abs. 2 S. 2 KStG:**
> „Eine Hinzurechnung des Bestands des steuerlichen Einlagekontos nach S. 1 unterbleibt im Verhältnis des Anteils des Übernehmers an dem übertragenden Rechtsträger."

Dies bedeutet, dass eine Hinzurechnung nicht erfolgt, soweit die übernehmende Kapitalgesellschaft an der übertragenden Kapitalgesellschaft beteiligt ist.

	Bestand des steuerl. Einlagekontos der übertragenden Kapitalgesellschaft zum steuerl. Übertragungsstichtag nach § 29 Abs. 1 KStG
./.	Kürzung des Hinzurechnungsbetrags im Verhältnis der Beteiligung der übernehmenden an der übertragenden Kapitalgesellschaft nach § 29 Abs. 2 S. 2 KStG
=	Hinzuzurechnender Bestand des steuerl. Einlagekontos der übertragenden Kapitalgesellschaft nach § 29 Abs. 2 KStG

Begründung:	Mit dieser Vorgehensweise werden die einst ins Nennkapital bzw. ins steuerliche Einlagekonto der Tochtergesellschaft geleisteten Einlagen der Muttergesellschaft rückgängig gemacht.
Hintergrund:	Bei der übernehmenden Muttergesellschaft sind nur diejenigen Einlagen der Tochtergesellschaft zu erfassen und fortzuführen, die von außenstehenden Dritten geleistet wurden. Die von der übernehmenden Muttergesellschaft selbst geleisteten Einlagen sind keine Einlagen eines Dritten mehr und somit auch nicht weiter zu erfassen.

Beispiel

Kürzung der Hinzurechnung im Fall des „up-stream merger"
Die Tom&Jerry GmbH soll rückwirkend zum 31.12.2019 auf die Spike AG verschmolzen werden. Die Spike AG ist zu 80 % an der Tom&Jerry GmbH beteiligt. Weitere 20 % hält der Gesellschafter Tom.

Die Spike AG und Tom&Jerry GmbH verfügen über folgende Bestände steuerlichen Eigenkapitals:

	Nennkapital	Steuerl. Einlagekonto
Bestände Spike AG 31.12.19	150 T€	40 T€
Bestände Tom&Jerry GmbH 31.12.19	100 T€	80 T€

Tom & Jerry GmbH:

	Nennkapital	Steuerl. Einlagekonto
Bestände 31.12.2019	100 T€	80 T€
Herabsetzung des Nennkapitals nach § 29 Abs. 1 KStG i. V. m. § 28 Abs. 2 S. 1 KStG:	./. 100 T€	
Gutschrift auf steuerl. Einlagekonto		+ 100 T€
Bestände 31.12.2019	0 T€	180 T€

Spike AG:

Nach § 29 Abs. 2 S. 2 KStG unterbleibt die Hinzurechnung des Bestands des steuerlichen Einlagekontos der Tom&Jerry GmbH im Umfang der Beteiligung. Demnach werden lediglich 20 % des Bestandes des steuerlichen Einlagekontos der Tom&Jerry GmbH dem der Spike AG hinzugerechnet.

	Bestand des steuerl. Einlagekontos der Tom&Jerry GmbH zum steuerl. Übertragungsstichtag 31.12.2019	180 T€
./.	Kürzung des Hinzurechnungsbetrags im Verhältnis der Beteiligung nach § 29 Abs. 2 S. 2 KStG (0,8 * 180 T€)	144 T€
=	Hinzuzurechnender Bestand des steuerl. Einlagekontos der Tom&Jerry GmbH nach § 29 Abs. 2 KStG	36 T€

Für die aufnehmende Spike AG ergeben sich folgende Eigenkapitalbestände:

Spike AG	Nennkapital	Steuerl. Einlagekonto
Bestände 31.12.2019	150 T€	40 T€
Hinzurechnung nach § 29 Abs. 2 KStG: Hinzuzurechnender Bestand steuerliches Einlagekonto Tom&Jerry GmbH		+ 36 T€
Bestände 31.12.2019	150 T€	76 T€

Entsprechendes gilt für den Fall der Verschmelzung der Mutter- auf die Tochtergesellschaft („down-stream merger"):

---

§ 29 Abs. 2 S. 3 KStG:

„Der Bestand des Einlagekontos des Übernehmers mindert sich anteilig im Verhältnis des Anteils des übertragenden Rechtsträgers am Übernehmer."

Im Gegensatz zu § 29 Abs. 2 S. 2 KStG ist hier der Bestand des steuerlichen Einlagekontos der **übernehmenden Kapitalgesellschaft** vor der Hinzurechnung nach S. 1 zu kürzen, jedoch nur, soweit die übertragende an der übernehmenden Kapitalgesellschaft beteiligt ist.

Bestand des steuerlichen Einlagekontos der übernehmenden Kapitalgesellschaft zum steuerl. Übertragungsstichtag

./. Kürzung des steuerl. Einlagekontos im Verhältnis der Beteiligung der übertragenden an der übernehmenden Kapitalgesellschaft gem. § 29 Abs. 2 S. 3 KStG

= Bestand des steuerl. Einlagekontos der übernehmenden Kapitalgesellschaft zum steuerlichen Übertragungsstichtag nach § 29 Abs. 2 KStG

Begründung:

- Das steuerliche Einlagekonto der übertragenden Muttergesellschaft umfasst nur die Einlagen der außenstehenden Gesellschafter. Daher kommt eine Kürzung des hinzuzurechnenden Einlagekontos wie beim „up-stream merger" nicht in Betracht.
- Das steuerliche Einlagekonto der aufnehmenden Tochtergesellschaft umfasst u.a. Einlagen der übertragenden Muttergesellschaft. Bei Verschmelzung der Muttergesellschaft auf die Tochtergesellschaft besteht kein Grund mehr, den Teil des steuerlichen Einlagekontos, welcher die Einlagen der Muttergesellschaft beinhaltet, bei der Tochtergesellschaft zu erfassen.

Beispiel

Kürzung im Fall des „down-stream merger"

Die Spike AG wird rückwirkend zum 31.12.2019 auf die Tom&Jerry GmbH verschmolzen.

Die Spike AG ist zu 80 % und Tom zu 20 % an der Tom&Jerry GmbH beteiligt.

Die Gesellschaften verfügen über folgende Bestände steuerlichen Eigenkapitals:

	Nennkapital	Steuerl. Einlagekonto
Bestände Spike AG 31.12.2019	150 T€	40 T€
Bestände Tom&Jerry GmbH 31.12.2019	100 T€	80 T€

Lösung

Spike AG:

	Nennkapital	Steuerl. Einlagekonto
Bestände 31.12.2019	150 T€	40 T€
Herabsetzung des Nennkapitals nach § 29 Abs. 1 KStG i. V. m. § 28 Abs. 2 S. 1 KStG: Gutschrift auf steuerl. Einlagekonto	./. 150 T€	+ 150 T€
Bestände 31.12.2019	0 T€	190 T€

Tom&Jerry GmbH:

Nach § 29 Abs. 2 S. 3 KStG ist der Bestand des steuerlichen Einlagekontos der Tom&Jerry GmbH vor der Hinzurechnung im Umfang der Beteiligung, d. h. um 80 %, zu kürzen. Damit umfasst das steuerliche Einlagekonto der Tochtergesellschaft lediglich 20 % des ursprünglichen Bestandes.

	Bestand des steuerl. Einlagekontos der Tom&Jerry GmbH zum steuerl. Übertragungsstichtag 31.12.2019	80 T€
./.	Kürzung des steuerl. Einlagekontos im Verhältnis der Beteiligung nach § 29 Abs. 2 S. 3 KStG (0,8 * 80 T€)	64 T€
=	Bestand des steuerl. Einlagekontos der übernehmenden Kapitalgesellschaft zum steuerl. Übertragungsstichtag nach § 29 Abs. 2 KStG	16 T€

Für die aufnehmende Tom&Jerry GmbH ergeben sich als Eigenkapitalbestände:

Tom&Jerry GmbH	Nennkapital	Steuerl. Einlagekonto
Bestände 31.12.2019	100 T€	80 T€
Hinzurechnung nach § 29 Abs. 2 KStG:		
1. Minderung entsprechend dem Beteiligungsverhältnis gem. § 29 Abs. 2 S. 3 KStG (0,8 * 80 T€)		./. 64 T€
2. Hinzurechnung des steuerlichen Einlagekontos der Spike AG		+ 190 T€
Bestände 31.12.2019 nach § 29 II KStG	100 T€	206 T€

Merke:

	Bestand steuerl. Einlagekonto der Tochtergesellschaft
„up-stream merger"	**Kürzung im Verhältnis der Beteiligung**
„down-stream merger"	**Kürzung im Verhältnis der Beteiligung**

Begründung: Vermeidung der doppelten Erfassung der steuerlichen Einlagekonten von Mutter- und Tochterkapitalgesellschaft, die beim „up-stream merger" bzw. „down-stream merger" sonst zustande kommen würde.

Auf den ersten Blick wird das steuerliche Einlagekonto der Tochtergesellschaft beim „up-stream merger" und „down-stream merger" gleichbehandelt. Es reduziert sich im Verhältnis der Beteiligung der Mutter- an der Tochtergesellschaft. Bei näherer Betrachtung des jeweiligen Bestandes des steuerlichen Einlagekontos der Tochtergesellschaft ist allerdings ein Unterschied in der Behandlung zu erkennen, der auf eine Regelungslücke des § 29 Abs. 1

KStG zurückzuführen ist. Wie die beiden vorhergehenden Beispiele zur Kürzung der Hinzurechnung aufzeigen, wird beim „up-stream merger" ein im Vergleich zum „down-stream merger" höherer Bestand des steuerlichen Einlagekontos der Tochtergesellschaft im Verhältnis der Beteiligung reduziert. Aufgrund der Regelung in § 29 Abs. 1 KStG ist das steuerliche Einlagekonto der Tochtergesellschaft beim „up-stream merger" um das Nennkapital höher. Der Gesetzgeber hat es zunächst versäumt, für Fälle des „down-stream merger" eine entsprechende Vorschrift zu erlassen. In einem BMF-Schreiben wird dieses Versäumnis allerdings beseitigt. **Demnach ist § 29 Abs. 1 KStG im Falle eines „down-stream merger" auch auf das Nennkapital der übernehmenden Tochtergesellschaft anzuwenden.** Bei der anschließenden Kürzung des steuerlichen Einlagekontos der Tochtergesellschaft im Verhältnis der Beteiligung wird – wie beim „up-stream merger" – auf den Bestand abgestellt, der sich nach Anwendung von § 29 Abs. 1 KStG ergibt.[64] Mit dieser Vorgehensweise kann das Prinzip der gleichmäßigen Behandlung der beiden Verschmelzungsvarianten aufrechterhalten werden.

Merke: Der für die Kürzung im Verhältnis der Beteiligung nach § 29 Abs. 2 KStG maßgebliche **Bestand des steuerlichen Einlagekontos** ist der sich **nach Anwendung von § 29 Abs. 1 KStG** ergebende Bestand. Dies gilt sowohl im Falle eines „up-stream merger" als auch im Falle eines „down-stream merger".

Das folgende Beispiel dient der Korrektur des vorangehenden Beispiels und soll die Anwendung des § 29 KStG in Fällen eines „down-stream merger" nach der im BMF-Schreiben dargestellten Vorgehensweise aufzeigen:

Beispiel

Korrigierte Fassung: Kürzung im Fall des „down-stream merger"
Die Spike AG wird rückwirkend zum 31.12.2019 auf die Tom&Jerry GmbH verschmolzen.
Die Spike AG ist zu 80 % und Tom zu 20 % an der Tom&Jerry GmbH beteiligt.
Die Gesellschaften verfügen über folgende Bestände steuerlichen Eigenkapitals:

	Nennkapital	Steuerl. Einlagekonto
Bestände Spike AG 31.12.19	150 T€	40 T€
Bestände Tom & Jerry GmbH 31.12.19	100 T€	80 T€

---

[64] Vgl. BMF v. 16.12.2003, IV A 2 - S 1978 - 16/03, BStBl. I 2003, S. 786, Tz. 39.

Lösung

Spike AG:

	Nennkapital	Steuerl. Einlagekonto
Bestände 31.12.2019	150 T€	40 T€
Herabsetzung des Nennkapitals nach § 29 Abs. 1 KStG i. V. m. § 28 Abs. 2 S. 1 KStG:	./. 150 T€	
Gutschrift auf steuerl. Einlagekonto		+ 150 T€
Bestände 31.12.2019	0 T€	190 T€

Tom & Jerry GmbH:

1. Fiktive Herabsetzung des Nennkapitals nach § 29 Abs. 1 KStG:

	Nennkapital	Steuerl. Einlagekonto
Bestände 31.12.2019	100 T€	80 T€
Herabsetzung des Nennkapitals nach § 29 Abs. 1 KStG i. V. m. § 28 Abs. 2 S. 1 KStG:	./. 100 T€	
Gutschrift auf steuerl. Einlagekonto		+ 100 T€
Bestände 31.12.2019	0 T€	180 T€

2. Kürzung des Bestands des steuerlichen Einlagekontos nach Anwendung von § 29 Abs. 1 KStG:

Der sich nach Anwendung von § 29 Abs. 1 KStG ergebende Bestand des steuerlichen Einlagekontos der Tom&Jerry GmbH ist vor der Hinzurechnung im Umfang der Beteiligung, d. h. um 80 %, zu kürzen (§ 29 Abs. 2 S. 3 KStG).

Damit umfasst das steuerliche Einlagekonto der Tochtergesellschaft lediglich 20 % des ursprünglichen Bestandes.

Bestand des steuerl. Einlagekontos der Tom&Jerry GmbH zum steuerl. Übertragungsstichtag 31.12.2019	180 T€
./. Kürzung des steuerl. Einlagekontos im Verhältnis der Beteiligung nach § 29 Abs. 2 S. 3 KStG (0,8 * 180 T€)	144 T€
= Bestand des steuerl. Einlagekontos der übernehmenden Kapitalgesellschaft zum steuerl. Übertragungsstichtag nach § 29 Abs. 2 KStG	36 T€

Wie im Beispiel zur Kürzung der Hinzurechnung im Fall des „up-stream merger" ist auch hier, beim „down-stream merger", das steuerliche Einlagekonto der Tochtergesellschaft in Höhe von 180 T€ um 144 T€ zu kürzen. „Up-stream merger" und „down-stream merger" erfahren somit diesbezüglich die gleiche Behandlung.

Für die aufnehmende Tom&Jerry GmbH ergeben sich als Eigenkapitalbestände:

Tom & Jerry GmbH	Nennkapital	Steuerl. Einlagekonto
Bestände 31.12.2019	0 T€	180 T€
Hinzurechnung nach § 29 Abs. 2 KStG: 1. Minderung entsprechend dem Beteiligungsverhältnis gem. § 29 Abs. 2 S. 3 KStG (0,8 * 180 T€)		./. 144 T€
2. Hinzurechnung des steuerlichen Einlagekontos der Spike AG		+ 190 T€
Bestände 31.12.2019 nach § 29 II KStG	0 T€	226 T€

Bilanziell erfolgt die anteilsmäßige Reduktion des steuerlichen Einlagekontos der Tochterkapitalgesellschaft durch Ausbuchung der Beteiligung in der Bilanz der Mutterkapitalgesellschaft.

4.6.1.4 Anpassung an das Nennkapital

3. Schritt: Ist verschmelzungsbedingt bei der übernehmenden Kapitalgesellschaft eine Kapitalerhöhung vorzunehmen, so richtet sich die Anpassung des Nennkapitals gem. § 29 Abs. 4 KStG nach den allgemeinen Regeln der Kapitalerhöhung i. S. d. § 28 Abs. 1 und 3 KStG.

Der **Umfang der Anpassung des Nennkapitals** ergibt sich aus der Gegenüberstellung des Nennkapitals der übernehmenden Kapitalgesellschaft vor der Verschmelzung mit dem nach der Verschmelzung:

> Nennkapital der übernehmenden Kapitalgesellschaft nach der Verschmelzung
>
> ./. Nennkapital der übernehmenden Kapitalgesellschaft vor der Verschmelzung
>
> = Gem. § 29 Abs. 4 KStG anzupassender Teil des Nennkapitals

Da das Nennkapital in Fällen eines „down-stream merger" fiktiv auf null herabzusetzen ist, umfasst der Anpassungsbetrag das Nennkapital der übernehmenden Kapitalgesellschaft nach der Verschmelzung.

Wird die übernehmende Kapitalgesellschaft durch die Verschmelzung erst neu gegründet, ist ein Vergleich des Nennkapitals vor und nach der Verschmelzung nicht möglich. Der Anpassungsbetrag ist in diesem Fall gleich dem Nennkapital, welches in der Satzung der neu gegründeten Kapitalgesellschaft vorgesehen ist.

Da § 29 Abs. 4 KStG auf § 28 Abs. 1 KStG verweist, wird das Nennkapital durch die Umwandlung von Rücklagen angepasst. Da dieser letzte Schritt erst nach der Anwendung von § 28 Abs. 2 KStG vorzunehmen ist, steht für die Anpassung des Nennkapitals bei der übernehmenden Kapitalgesellschaft neben dem eigenen Bestand des steuerlichen Einlagekontos auch der nach § 29 Abs. 2 KStG übergegangene Bestand der übertragenden Kapitalgesellschaft zur Verfügung. Diese Vorschrift verfolgt wie auch § 28 Abs. 1 KStG das Ziel, das Nennkapital vorrangig aus Einlagen und erst nachrangig aus sonstigen Rücklagen zu finanzieren.

Gem. § 28 Abs. 1 KStG läuft die Anpassung des Nennkapitals im Rahmen der Verschmelzung folgendermaßen ab:

> Gem. § 29 Abs. 4 KStG anzupassender Teil des Nennkapitals
>
> Bestand des steuerl. Einlagekontos der übernehmenden Kapitalgesellschaft zum
> ./. steuerlichen Übertragungsstichtag gem. § 29 Abs. 2 KStG
> (jedoch maximal Betrag der Nennkapitalanpassung!)
>
> = Evtl. Restbetrag, welcher durch sonstige Rücklagen zu finanzieren ist
>
> = Sonderausweis gem. § 28 Abs. 1 S. 3 KStG

Anpassung des Nennkapitals im Fall des „down-stream merger"

Fortführung des Beispiels zur Addition der Bestände des steuerlichen Einlagekontos nach § 29 Abs. 2 S. 1 KStG aus dem Kapitel „Übergang des Bestands des steuerlichen Einlagekontos".

Die Tim&Struppi GmbH hat zur Abfindung der Gesellschafter der Schulze&Schultze AG ihr Stammkapital um 120 T€ auf 220 T€ zu erhöhen.

Die Tim&Struppi GmbH verfügt nach Anwendung von § 29 Abs. 2 KStG über folgende Eigenkapitalbestände:

	Nennkapital	Steuerl. Einlagekonto
Bestände 31.12.19	100 T€	260 T€

	Nennkapital der Tim&Struppi GmbH nach der Verschmelzung	220 T€
./.	Nennkapital der Tim&Struppi GmbH vor der Verschmelzung	100 T€
=	Gem. § 29 Abs. 4 KStG anzupassender Teil des Nennkapitals	120 T€
./.	Bestand des steuerl. Einlagekontos der Tim&Struppi GmbH gem. § 29 Abs. 2 KStG	./.120 T€
=	Evtl. Restbetrag, der durch sonstige Rücklagen zu finanzieren ist	0 T€

Da der Bestand des steuerlichen Einlagekontos für die Finanzierung des Nennkapitals ausreicht, sind keine sonstigen Rücklagen dafür zu verwenden. Insofern ist auch kein Sonderausweis gem. § 28 Abs. 1 S. 3 KStG zu bilden.

Tim&Struppi GmbH	T€	Nenn-kapital	Steuerl. Einlagekonto	Σ
Bestände nach Anwendung von § 29 Abs. 2 KStG		100 T€	260 T€	360 T€
Anpassung des Nennkapitals nach § 29 Abs. 4 KStG:				
Gem. § 29 Abs. 4 KStG anzupassender Teil des NK	120 T€			
Minderung steuerl. Einlagekonto	./. 120 T€	+ 120 T€	./. 120 T€	
Restbetrag	0 T€			
Bestände 31.12.2019		220 T€	140 T€	360 T€

> **Achtung:** Muss die Nennkapitalanpassung auch durch die Umwandlung von sonstigen Rücklagen finanziert werden, ist nach § 28 Abs. 1 S. 3 KStG ein Sonderausweis zu bilden. Für diesen Fall verweist § 29 Abs. 4 auf § 28 Abs. 3 KStG. Demnach ist der Sonderausweis am Ende eines jeden Wirtschaftsjahres mit dem steuerlichen Einlagekonto zu verrechnen, falls dieses (durch Einlagen der Gesellschafter) einen positiven Bestand aufweist.

4.6.1.5 Verschmelzung ohne Kapitalerhöhung

Ist die übernehmende Kapitalgesellschaft zu 100 % an der übertragenden Kapitalgesellschaft beteiligt, so ist nach § 54 Abs. 1 S. 1 Nr. 1 UmwG eine Erhöhung des Nennkapitals verboten. Allerdings ist eine Kapitalerhöhung auch nicht notwendig, da keine Anteilseigner mit neuen Anteilen abzufinden sind.

Beispiel

§ 29 KStG im Fall des „up-stream merger"
Die Daltons GmbH wird rückwirkend zum 31.12.2019 auf die LuckyLuke AG verschmolzen. Die LuckyLuke AG ist Alleingesellschafterin der Daltons GmbH.
Die Bilanzen der beiden Kapitalgesellschaften haben folgendes Bild:

Aktiva	LuckyLuke AG		Passiva
Beteiligung	80 T€	Nennkapital	50 T€
		Kapitalrücklage	10 T€
	_____	Gewinnrücklagen	20 T€
	80 T€		80 T€

Aktiva	Daltons GmbH		Passiva
Aktiva	100 T€	Stammkapital	50 T€
		Kapitalrücklage	30 T€
	_____	Gewinnrücklagen	20 T€
	100 T€		100 T€

Die Eigenkapitalbestände beider Kapitalgesellschaften sind:

	Nennkapital	Steuerl. Einlagekonto	Sonst. Rücklagen
Bestände LuckyLuke AG 31.12.19	50 T€	10 T€	20 T€
Bestände Daltons GmbH 31.12.19	50 T€	30 T€	20 T€

1. Kapitalveränderungen nach § 29 KStG:

1. Schritt: *Herabsetzung des Stammkapitals der übertragenden Daltons GmbH nach § 29 Abs. 1 KStG:*

Daltons GmbH	Nenn-kapital	Steuerl. Einlagekonto	Sonst. Rücklagen
Bestände 31.12.2019	50 T€	30 T€	20 T€
Herabsetzung des Stammkapitals nach § 29 Abs. 1 KStG:	./. 50 T€		
Gutschrift auf steuerlichem Einlagekonto		+ 50 T€	
Bestände 31.12.2019	0 T€	80 T€	20 T€

2. Schritt: *Übergang des steuerlichen Einlagekontos der Daltons GmbH nach § 29 Abs. 2 KStG:*

Der Bestand des steuerlichen Einlagekontos der Daltons GmbH ist dem steuerlichen Einlagekonto der LuckyLuke AG hinzuzurechnen (§ 29 Abs. 2 S. 1 KStG). Nach § 29 Abs. 2 S. 2 KStG unterbleibt diese Hinzurechnung, soweit die übernehmende an der übertragenden Kapitalgesellschaft beteiligt ist. Da die LuckyLuke AG alleiniger Gesellschafter der Daltons GmbH ist, unterbleibt die Hinzurechnung in vollem Umfang.

3. Schritt: *Anpassung des Nennkapitals der LuckyLuke AG nach § 29 Abs. 4 KStG:*

Da es sich um einen „up-stream merger" handelt, ist eine Anpassung des Nennkapitals nicht vorzunehmen. Der dritte Schritt entfällt somit.

2. Bilanz der LuckyLuke AG:

Aktiva			LuckyLuke AG	Passiva
Beteiligung	80 T€		Nennkapital	50 T€
./. Beteiligung	./. **80 T€**	0 T€	Kapitalrücklage	10 T€
			Gewinnrücklagen	20 T€
+ Aktiva D GmbH	+ **100 T€**	100 T€	Übernahmegewinn*⁾ →	**20 T€**
		100 T€		100 T€

D GmbH = Daltons GmbH

*⁾ Berechnung des Übernahmegewinns nach § 12 Abs. 2 UmwStG:

Wert des übergehenden Vermögens	100 T€
./. Buchwert der untergehenden Beteiligung	80 T€
= Übernahmegewinn	20 T€

Der Übernahmegewinn umfasst die übergehenden Gewinnrücklagen der Daltons GmbH.

4.6.1.6 Verschmelzung mit Kapitalerhöhung

Eine Kapitalerhöhung ist dann notwendig, wenn Anteilseigner der übertragenden Kapitalgesellschaft mit neuen Anteilen abzufinden sind. Dies ist bei der Verschmelzung von Kapitalgesellschaften ohne gegenseitige Beteiligung und u.U. beim „down-stream merger" der Fall.

Beispiel

§ 29 KStG bei der Verschmelzung von Kapitalgesellschaften ohne gegenseitige Beteiligung

Die Schulze&Schultze AG wird rückwirkend zum 31.12.2019 auf die Tim&Struppi GmbH verschmolzen. Zwischen den Gesellschaften besteht kein Beteiligungsverhältnis. Die Tim&Struppi GmbH hat zur Abfindung der Gesellschafter der Schulze&Schultze AG ihr Stammkapital um 60 T€ auf 210 T€ zu erhöhen.

Die Bilanzen der beiden Kapitalgesellschaften haben folgendes Bild:

Aktiva	Tim&Struppi GmbH		Passiva
Aktiva	280 T€	Stammkapital	150 T€
	_____	Kapitalrücklage	130 T€
	280 T€		280 T€

Aktiva	Schulze&Schultze AG		Passiva
Aktiva	90 T€	Nennkapital	50 T€
	_____	Kapitalrücklage	40 T€
	90 T€		90 T€

Die Eigenkapitalbestände beider Kapitalgesellschaften sind:

	Nennkapital	Steuerliches Einlagekonto
Bestände Tim&Struppi GmbH 31.12.19	150 T€	130 T€
Bestände Schulze&Schultze AG 31.12.19	50 T€	40 T€

1. Kapitalveränderungen nach § 29 KStG:

1. Schritt: *Herabsetzung Nennkapital der Überträgerin (§ 29 Abs. 1 KStG):*

Schulze&Schultze AG	Nennkapital	Steuerliches Einlagekonto
Bestände 31.12.2019	50 T€	40 T€
Herabsetzung Nennkapital (§ 29 I KStG):	./. 50 T€	
Gutschrift auf steuerl. Einlagekonto		+ 50 T€
Bestände 31.12.2019	0 T€	90 T€

2. Schritt: *Übergang steuerliches Einlagekonto der Überträgerin (§ 29 Abs. 2 KStG):*

Der Bestand des stl. Einlagekontos der Schulze&Schultze AG ist dem stl. Einlagekonto der Tim&Struppi GmbH in vollem Umfang hinzuzurechnen (§ 29 Abs. 2 KStG).

Tim&Struppi GmbH	Nennkapital	Steuerliches Einlagekonto
Bestände 31.12.2019	150 T€	130 T€
Hinzurechnung nach § 29 II S. 1 KStG:		
Hinzurechnung des steuerl. Einlagekontos der Schulze&Schultze AG		+ 90 T€
Bestände 31.12.2019	150 T€	220 T€

3. Schritt: *Anpassung des Nennkapitals Tim&Struppi GmbH nach § 29 Abs. 4 KStG:*

Tim&Struppi GmbH	T€	Nenn-kapital	Steuerliches Einlagekonto	Σ
Bestände nach Anwendung von § 29 Abs. 2 KStG		150 T€	220 T€	370 T€
Anpassung Nennkapital:				
Nennkapital n. Verschmelzung	210 T€			
./. Nennkapital v. Verschmelzung	./. 150 T€			
= Gem. § 29 Abs. 4 KStG anzupassender Teil des NK	60 T€			
Minderung steuerl. Einlagekonto	./. 60 T€	+ 60 T€	./. 60 T€	
Restbetrag	0 T€			
Bestände 31.12.2019		210 T€	160 T€	370 T€

2. Bilanz der Tim&Struppi GmbH:

Aktiva		Tim&Struppi GmbH		Passiva
Aktiva	280 T€	Nennkapital	150 T€	
+ Aktiva S&S AG + **90 T€** 370 T€		+ Kapitalerhöhung + **60 T€** 210 T€		
		KapitalRL	130 T€	
		+ KapitalRL S&S AG +	90 T€	*)
		./. Kapitalerhöhung ./.	60 T€ 160 T€	
	370 T€			370 T€

S&S AG = Schulze&Schultze AG

*) Die zunächst der Tim&Struppi GmbH zugehende Kapitalrücklage von 90 T€ stellt den Übernahmegewinn der Tim&Struppi GmbH vor Kapitalerhöhung dar. Der Übernahmegewinn nach Kapitalerhöhung ermittelt sich wie folgt:

	Wert des übergehenden Vermögens	90 T€
./.	Buchwert der untergehenden Beteiligung	0 T€
=	Übernahmegewinn	90 T€
./.	Nennwert der mittels Kapitalerhöhung geschaffenen Anteile	60 T€
=	Übernahmegewinn nach Kapitalerhöhung	30 T€

In diesem Beispiel umfasst der Übernahmegewinn nicht die Gewinnrücklagen der übertragenden Schulze&Schultze AG, da diese keine besitzt.

Der Übernahmegewinn enthält vielmehr die übergehenden Kapitalrücklagen der Schulze&Schultze AG, die nach Kapitalerhöhung verbleiben.

Daher ist der Übernahmegewinn in der Bilanz der Tim&Struppi GmbH als Kapitalrücklage auszuweisen.

4.6.2 Zusammenfassendes Beispiel

Sachverhalt: Auswirkungen auf den steuerlichen Eigenkapitalausweis bei der Verschmelzung von Kapitalgesellschaften ohne gegenseitige Beteiligung

Die Smart AG (S AG) wird rückwirkend zum 31.12.2019 auf die Clever AG (C AG) verschmolzen. Zwischen den Gesellschaften besteht kein Beteiligungsverhältnis.

Die Clever AG hat zur Abfindung der Gesellschafter der Smart AG ihr Stammkapital um 150 T€ auf 450 T€ zu erhöhen.

Die Bilanzen der beiden Kapitalgesellschaften haben folgendes Bild:

Aktiva		Smart AG	Passiva
Aktiva	650 T€	Nennkapital	80 T€
		Kapitalrücklage	30 T€
		Gewinnrücklagen	540 T€
	650 T€		650 T€

Aktiva		Clever AG	Passiva
Aktiva	900 T€	Nennkapital	300 T€
		Gewinnrücklagen	600 T€
	900 T€		900 T€

Die Eigenkapitalbestände beider Kapitalgesellschaften sind:

	Ausweis in StB		Gesonderte Feststellungen
	Nenn-kapital	RL lt. StB*)	Steuerliches Einlagekonto
Bestände Smart AG 31.12.2019	80 T€	570 T€	30 T€
Bestände Clever AG 31.12.2019	300 T€	600 T€	

*) RL lt. StB = Kapitalrücklage + Gewinnrücklage

Lösung:

1. Kapitalveränderungen nach § 29 KStG:

1. Schritt: *Herabsetzung des Stammkapitals der übertragenden Smart AG nach § 29 Abs. 1 KStG:*

Smart AG	Ausweis in StB		Gesonderte Feststellungen
	Nenn-kapital	RL lt. StB	Steuerliches Einlagekonto
Bestände 31.12.2019	80 T€	570 T€	30 T€
Herabsetzung des Nennkapitals nach § 29 Abs. 1 KStG:	./. 80 T€		
Gutschrift auf stl. Einlagekonto		+ 80 T€	+ 80 T€
Bestände 31.12.2019	0 T€	650 T€	110 T€

2. und 3. Schritt: *Übergang des steuerlichen Einlagekontos der Smart AG nach § 29 Abs. 2 KStG sowie Anpassung des Nennkapitals der Clever AG nach § 29 Abs. 4 KStG*

Mit Übergang des Vermögens geht auch das neutrale Vermögen der Smart AG (in der Bilanz als Gewinnrücklagen ausgewiesen) auf die Clever AG über.

Clever AG	T€	Ausweis in StB		Gesondert festgestelltes EK	
		Nenn-kapital	RL lt. StB	Steuerl. Einlage-konto	Sonderausweis § 28 Abs. 1 S. 3 KStG
Bestände 31.12.2019		300 T€	600 T€		
Übergang des neutralen Vermögens = Hinzurechnung:					
Gewinnrücklagen Smart AG			+ 540 T€		
Hinzurechnung nach § 29 Abs. 2 S. 1 KStG:					
Bestand steuerl. Einlagekonto Smart AG			+ 110 T€	+ 110 T€	
Bestände nach Anwendung von § 29 II KStG		300 T€	1.250 T€	110 T€	
Anpassung des Nennkapitals nach § 29 IV KStG:					
Nennkapital nach Verschmelzung	450 T€				
./. Nennkapital vor Verschmelzung	./. 300 T€				
Gem. § 29 Abs. 4 = KStG anzupassender Teil des Nennkapitals	150 T€				
Minderung steuerl. Einlagekonto	./. 110 T€	+ 110 T€	./. 110 T€	./. 110 T€	
Restbetrag	40 T€				
Bildung Sonderausweis	./. 40 T€	+ 40 T€	./. 40 T€		+ 40 T€
	0 T€				
Bestände 31.12.2019		450 T€	1.100 T€	0 T€	40 T€

Da der Bestand des steuerlichen Einlagekontos für die Finanzierung der Nennkapitalerhöhung nicht ausreicht, ist der Restbetrag über die Umwandlung von sonstigen Rücklagen in Nennkapital zu finanzieren.

In Höhe der umgewandelten sonstigen Rücklagen, hier in Höhe von 40 T€, ist ein Sonderausweis gesondert festzustellen.

2. Bilanz der Clever AG:

Aktiva		Clever AG			Passiva
Aktiva	900 T€	Nennkapital		300 T€	
+ Aktiva S AG	+ **650 T€** 1.550 T€	+ Kapitalerhöhung	+	**150 T€**	450 T€
		+ KapitalRL S AG	+	**110 T€**	
		./. Kapitalerhöhung	./.	**110 T€**	0 T€
		GewinnRL		600 T€	
		+ GewinnRL S AG	+	**540 T€**	
		./. Kapitalerhöhung	./.	**40 T€**	1.100 T€
	1.550 T€				1.550 T€

S AG = Smart AG

3. Übernahmegewinn der Clever AG:

	Wert des übergehenden Vermögens	650 T€
./.	Buchwert der untergehenden Beteiligung	0 T€
=	Übernahmegewinn	650 T€
./.	Nennwert der mittels Kapitalerhöhung geschaffenen Anteile	150 T€
=	Übernahmegewinn nach Kapitalerhöhung	500 T€

Vor der Kapitalerhöhung umfasst der Übernahmegewinn die gesamten übergehenden Kapital- und Gewinnrücklagen der Smart AG. Die im Übernahmegewinn enthaltene Kapitalrücklage wird in vollem Umfang und die Gewinnrücklagen in Höhe von 40 T€ zur Finanzierung der Kapitalerhöhung verwendet. Nach der Kapitalerhöhung umfasst der Übernahmegewinn somit lediglich die verbleibenden Gewinnrücklagen der übertragenden Smart AG.

4.7 Steuerliche Folgen für die Gesellschafter der übertragenden Kapitalgesellschaft

Die steuerlichen Folgen einer Verschmelzung für die Gesellschafter der übertragenden Kapitalgesellschaft sind in § 13 UmwStG geregelt. Dabei ist § 13 UmwStG nur insoweit anzuwenden, als die Gesellschafter für ihre untergehenden Anteile an der übertragenden Kapitalgesellschaft Anteile an der übernehmenden Kapitalgesellschaft erhalten. § 13 UmwStG ist grundsätzlich sowohl auf rein inländische Verschmelzungen als auch auf grenzüberschreitende Verschmelzungen und rein ausländische Verschmelzungen mit Inlandsbezug anwendbar. Dabei ist § 13 UmwStG nur auf Anteile im Betriebsvermögen, Anteile i. S. d. § 17 UmwStG und einbringungsgeborene Anteile i. S. d. § 21 Abs. 1 UmwStG 1995 anzuwenden. In allen übrigen Fällen findet bei Verschmelzung einer Körperschaft die Vorschrift des § 20 Abs. 4a S. 1 und 2 EStG Anwendung. Nicht anwendbar ist § 13 UmwStG darüber hinaus bei einer Aufwärtsverschmelzung, sofern die übernehmende Körperschaft an der übertragenden Körperschaft beteiligt ist. Hier greift die Regelung des § 12 Abs. 2 UmwStG (Tz. 13.01 UmwStE).

Grundsätzlich gehen die Anteile der Gesellschafter an der übertragenden Kapitalgesellschaft unter und die Gesellschafter erhalten im Gegenzug Anteile an der übernehmenden Kapitalgesellschaft. Die Anteile müssen gem. § 13 Abs. 1 UmwStG zum gleichen Wert wie ihre untergegangenen Anteile angesetzt werden. Hierbei eröffnet § 13 Abs. 2 UmwStG ein Bewertungswahlrecht, wonach die Gesellschafter entscheiden können, ob sie die untergegangenen und in Konsequenz die neuen Anteile zum Buchwert oder zum gemeinen Wert ansetzen möchten. Dieses Wahlrecht besteht allerdings nur, sofern die Voraussetzungen nach S. 1 Nr. 1 und Nr. 2 erfüllt sind. Diese sind bei Inlandsverschmelzung stets gegeben. Der Ansatz zu Zwischenwerten ist nicht zulässig.[65] Für die Anwendung des § 13 UmwStG ist eine Ausgabe von neuen Anteilen an dem übernehmenden Rechtsträger gem. Tz. 13.09 UmwStE nicht notwendig. Damit ist auch eine Seitwärtsverschmelzung steuerneutral möglich, auch wenn keine Anteile gewährt werden.

Bewertungswahlrecht	Voraussetzungen
entweder • Buchwert oder • Gemeiner Wert	Das Bewertungswahlrecht gilt, *wenn* **(1)** das Recht der Bundesrepublik Deutschland hinsichtlich der Besteuerung des Gewinns aus der Veräußerung der Anteile bei der übernehmenden Körperschaft nicht ausgeschlossen oder beschränkt wird **oder** **(2)** die Mitgliedstaaten der Europäischen Union die Richtlinie (90/434/EWG) anzuwenden haben.

Abbildung 114: Das Bewertungswahlrecht gem. § 13 Abs. 2 S. 1 UmwStG

Das Wahlrecht gem. § 13 Abs. 2 UmwStG ist unabhängig von der Ansatzwahl der übertragenden Gesellschaft gem. § 11 Abs. 2 UmwStG auszuüben. Hält der Gesellschafter die Anteile nicht im Betriebsvermögen, treten an die Stelle des Buchwertes die Anschaffungskosten. Es besteht somit die Wahl zwischen dem Ansatz zu Anschaffungskosten und dem gemeinen Wert.

Da der Ansatz zum gemeinen Wert bedeutet, dass stille Reserven wie bei einem Veräußerungsvorgang aufgelöst werden, ist anzuraten, den Buchwertansatz bzw. den Ansatz zu Anschaffungskosten zu wählen, um eine Besteuerung zum Zeitpunkt der Verschmelzung zu vermeiden und die stillen Reserven von den untergehenden auf die neuen Anteile steuerneutral zu übertragen:

---

[65] Vgl. Sistermann, C., Umwandlung Kapital- auf Kapitalgesellschaften (§§ 11ff. UmwStG), DStR 2012, Beihefter zu Heft 2, S. 11.

Buchwertansatz

Im Falle des Buchwertansatzes gehen die stillen Reserven, welche in den untergehenden Anteilen an der übertragenden Kapitalgesellschaft enthalten sind, auf die neuen Anteile an der übernehmenden Kapitalgesellschaft über. Sie sind somit nicht aufzudecken und nicht zu versteuern.

⟹ **Steuerneutraler Anteilstausch auf Gesellschafterebene**

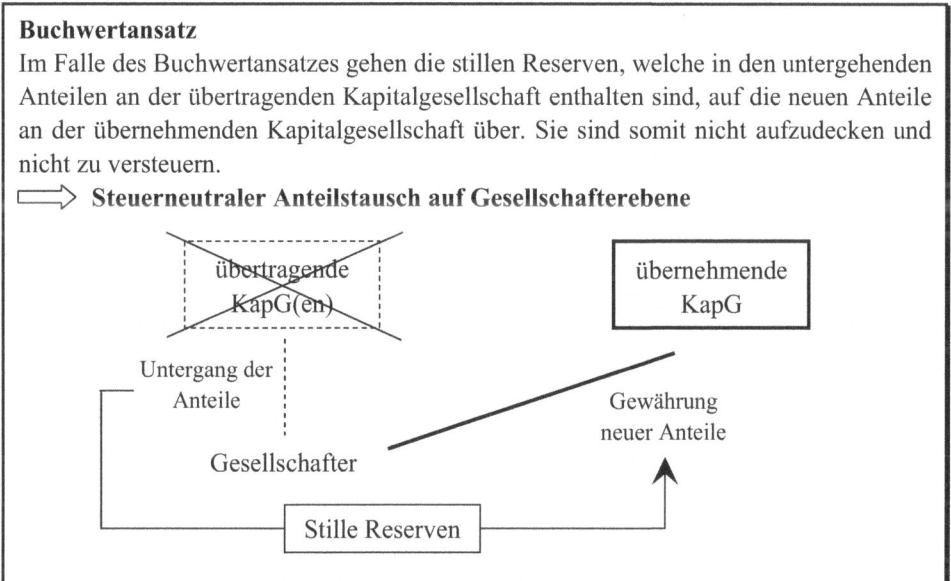

Abbildung 115: Buchwertansatz

Der Gesetzgeber stellt mit § 13 Abs. 2 S. 2 UmwStG die spätere Besteuerung der auf die neuen Anteile übergegangenen stillen Reserven dadurch sicher, dass die neuen Anteile in die steuerliche Rechtsstellung der untergehenden Anteile treten („Fußstapfentheorie").

Wird hingegen der gemeine Wert angesetzt, werden sämtliche stillen Reserven aufgelöst und es besteht kein Anlass für diese Rechtsnachfolge, da der Vorgang eher einer Veräußerung der untergehenden und anschließenden Anschaffung neuer Anteile entspricht. Daher gelten gem. § 13 Abs. 1 UmwStG die untergehenden Anteile als zum gemeinen Wert veräußert und die neuen Anteile als zum gemeinen Wert angeschafft. Die neuen Anteile treten somit bei Ansatz des gemeinen Wertes nicht in die steuerliche Rechtsstellung der untergehenden Anteile.

Die Anteile sind dann zum gemeinen Wert anzusetzen, wenn das Recht der Bundesrepublik Deutschland hinsichtlich der Besteuerung des Gewinns aus der Veräußerung der Anteile bei der übernehmenden Körperschaft ausgeschlossen oder beschränkt wird und Artikel 8 der Fusionsrichtlinie 90/434/EWG keine Anwendung findet.

Merke: • Das Bewertungswahlrecht gem. § 13 Abs. 2 UmwStG ist nach Abs. 1 einheitlich für die untergehenden und die neuen Anteile auszuüben.

• Im Gegensatz zur übertragenden Gesellschaft können die Gesellschafter der übertragenden Gesellschaft nur zwischen dem Buchwertansatz oder dem Ansatz zum gemeinen Wert wählen, jedoch keinen Zwischenwertansatz.

• Bei Ansatz des Buchwertes treten die neuen Anteile steuerlich an die Stelle der untergehenden Anteile.

• Bei Ansatz des gemeinen Wertes gelten die untergehenden Anteile als veräußert und die neuen als zum gemeinen Wert angeschafft.

4.7.1 Ausschluss oder Beschränkung des deutschen Besteuerungsrechts i. S. d. § 13 Abs. 2 S. 1 Nr. 1 UmwStG

Die erste vom Gesetzgeber normierte Voraussetzung für einen steuerneutralen Anteilstausch sieht vor, dass das Recht Deutschlands hinsichtlich der Besteuerung eines Gewinns aus der Veräußerung der Anteile nicht durch die Verschmelzung ausgeschlossen oder beschränkt werden darf.

Nicht ausgeschlossen wird das Recht Deutschlands an der Besteuerung eines Gewinns aus der Veräußerung der Anteile, wenn Deutschland ein solches Recht zu keinem Zeitpunkt vor der Verschmelzung besessen hat. Ein solches Recht besitzt Deutschland nicht, wenn Anteile deutscher Unternehmen zum Privatvermögen eines nicht in Deutschland ansässigen Anteilseigners gehören und das entsprechende DBA dem Wohnsitzstaat das Besteuerungsrecht zuweist. Auch für Anteile von deutschen Unternehmen, die in ausländischen Betriebsstätten gehalten werden und für die das entsprechende DBA die Freistellungsmethode vorsieht oder die von einer ausländischen Kapitalgesellschaft gehalten werden und für die das anzuwendende DBA die Besteuerung im Sitzstaat der Kapitalgesellschaft vorsieht, hat Deutschland kein Besteuerungsrecht.

Ebenfalls zu keinem Ausschluss oder Beschränkung des deutschen Besteuerungsrechts kommt es bei Verschmelzungen von deutschen Kapitalgesellschaften, an denen nur in Deutschland ansässige Anteilseigner beteiligt sind. Gleiches gilt, wenn die Anteile nach der Verschmelzung zum Betriebsvermögen einer deutschen Betriebsstätte einer ausländischen Gesellschaft gehören und das DBA zwischen den beteiligten Staaten das Besteuerungsrecht dem Betriebsstättenstaat zuweist. Für Anteile im Privatvermögen eines in Deutschland ansässigen Anteilseigners kommt es, sofern Deutschland das Besteuerungsrecht an diesen Anteilen besitzt, zu keiner Einschränkung des Besteuerungsrechts, wenn die Anteile auch nach der Verschmelzung in Deutschland steuerverhaftet sind, d. h. das entsprechende DBA Deutschland das Besteuerungsrecht zuweist. Gleiches gilt für den im folgenden Beispiel dargestellten Fall der Herausverschmelzung, bei dem Anteile an einer deutschen Kapitalgesellschaft zu Anteilen an einer ausländischen Kapitalgesellschaft werden:

Beispiel

Kein Ausschluss des deutschen Besteuerungsrechts

Die deutsche Dr. Jordan Cavanaugh AG mit dem in Deutschland ansässigen Anteilseigner Woody Hoyt verschmilzt auf die österreichische Dr. Mahesh Vijay AG. Woody Hoyt ist dabei Anteilseigner i. S. d. § 17 EStG.

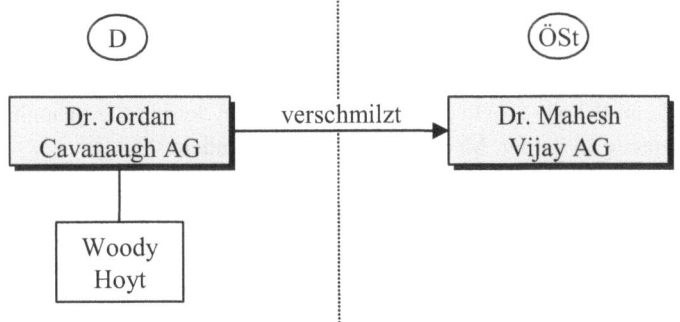

Abbildung 116: Kein Ausschluss des Besteuerungsrechts; Situation vor Verschmelzung

Lösung

Vor dem Vollzug der Verschmelzung ist Woody Hoyt mit seinen Anteilen an der Dr. Jordan Cavanaugh AG in Deutschland steuerpflichtig, da er Anteilseigner i. S. d. § 17 EStG ist. Im Rahmen der Verschmelzung tauscht Woody Hoyt seine Anteile an der übertragenden Dr. Jordan Cavanaugh AG gegen die der Dr. Mahesh Vijay AG. Fraglich ist, ob dieser Anteilstausch steuerneutral erfolgen kann.

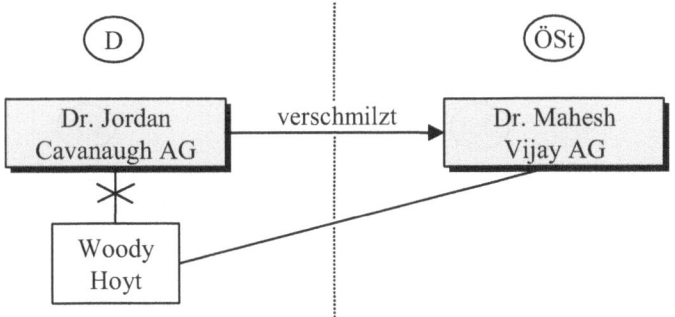

Abbildung 117: Kein Ausschluss des Besteuerungsrechts; Situation nach Verschmelzung

Ein steuerneutraler Anteilstausch ist nur möglich, wenn das Besteuerungsrecht Deutschlands an einem Gewinn aus der Veräußerung der Anteile nicht ausgeschlossen wird (§ 13 Abs. 2 S. 1 Nr. 1 UmwStG). Zu einem Ausschluss des Besteuerungsrechts käme es nicht, wenn das DBA-Österreich das Besteuerungsrecht an den Anteilen an der Dr. Mahesh Vijay AG dem Wohnsitzstaat des Anteilseigners, also Deutschland, zuweisen würde. Gem. Art. 13 Abs. 5 DBA-Österreich ist dies der Fall. Demnach besitzt Deutschland als Ansässigkeitsstaat von Woody Hoyt auch nach der Verschmelzung das Besteuerungsrecht an den Gewinnen aus dem Verkauf der Anteile. Damit kann Woody Hoyt seine Anteile an der Dr. Jordan Cavanaugh AG steuerneutral in Anteile an der Dr. Mahesh Vijay AG umwandeln.

Zu einem **Ausschluss des deutschen Besteuerungsrechts** kommt es, wenn hinsichtlich der Anteile an der übertragenden Gesellschaft ein Besteuerungsrecht bestand, dieses aber hinsichtlich der Anteile an der übernehmenden Gesellschaft durch ein DBA mit Freistellungsmethode einem anderen Staat zugewiesen wird.

Zu einer **Beschränkung des deutschen Besteuerungsrechts** kommt es, wenn bedingt durch die Verschmelzung in Zukunft ausländische Steuern angerecht werden müssen. Dabei kommt es nicht darauf an, ob Deutschland tatsächlich ausländische Steuern anrechnet, vielmehr reicht die theoretische Möglichkeit, ausländische Steuern anrechnen zu müssen, für die Beschränkung des deutschen Besteuerungsrechts aus.

Beschränkung des deutschen Besteuerungsrechts
Die österreichische Lily Lebowski GmbH verschmilzt auf die tschechische Dr. Nigel Townsed s.r.o. An der Lily Lebowski GmbH ist der in Deutschland wohnende Anteilseigner Dr. Trey Sanders i. S. d. § 17 EStG beteiligt.

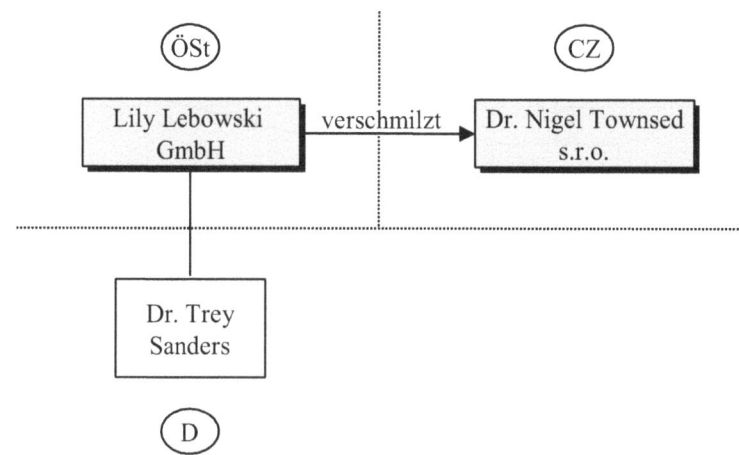

Abbildung 118: Beschränkung des Besteuerungsrechts; Situation vor Verschmelzung

Bei der Verschmelzung der Lily Lebowski GmbH auf die Dr. Nigel Townsed s.r.o. handelt es sich um eine ausländische Verschmelzung, auf die weder § 11 UmwStG noch § 12 UmwStG angewendet werden können. Allerdings ist an der Liliy Lebowski GmbH der in Deutschland ansässige Anteilseigner Dr. Trey Sander beteiligt, so dass zu prüfen ist, ob dieser in Deutschland gem. § 13 Abs. 2 S. 1 Nr. 1 UmwStG seine Anteile an der österreichischen Lily Lebowski GmbH steuerneutral in Anteile an der tschechischen Dr. Nigel Townsed s.r.o. umwandeln kann. Dies setzt voraus, dass Gewinne aus der Veräußerung seiner Anteile sowohl vor als auch nach der Verschmelzung in Deutschland steuerverhaftet sind.

Wie im vorherigen Beispiel dargestellt, weist Art. 13 Abs. 5 DBA-Österreich Deutschland das Besteuerungsrecht an Gewinnen aus der Veräußerung von Anteilen an österreichischen Kapitalgesellschaften zu, sofern der Anteilseigner in Deutschland ansässig ist. Durch die Verschmelzung der österreichischen Lily Lebowski GmbH mit der tschechischen Dr. Nigel Townsed s.r.o. werden aus den Anteilen an einer österreichischen Kapitalgesellschaft allerdings Anteile an einer tschechischen Kapitalgesellschaft, für die dementsprechend nicht mehr das DBA-Österreich, sondern das DBA-Tschechien gilt.

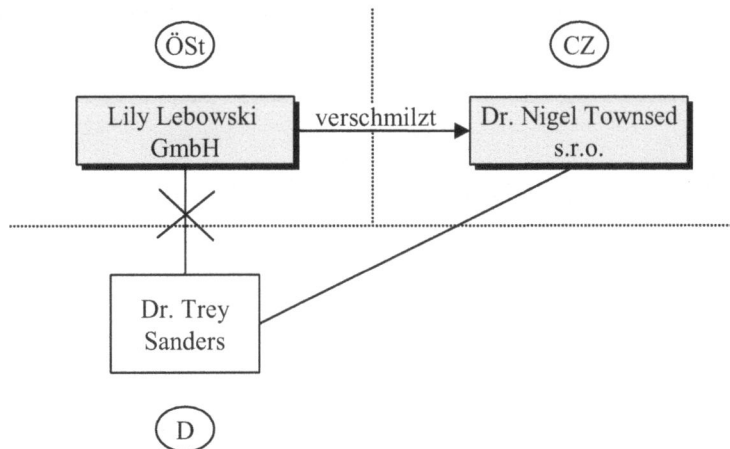

Abbildung 119: Beschränkung des Besteuerungsrechts; Situation nach Verschmelzung

Um eine steuerneutrale Umwandlung der Anteile i. S. d. § 13 Abs. 2 UmwStG zu ermöglichen, müsste das DBA-Tschechien das Besteuerungsrecht an Gewinnen aus der Veräußerung von Anteilen an Kapitalgesellschaften ebenfalls Deutschland zuweisen.

Art. 13 Abs. 3 DBA-Tschechien regelt allerdings, dass Tschechien als Ansässigkeitsstaat der KapGes ebenfalls ein Besteuerungsrecht an einem Gewinn aus der Veräußerung von Anteilen an einer tschechischen Kapitalgesellschaft hat. Dementsprechend
muss Deutschland gem. Art. 23 Abs. 1 Bst. b DBA-Tschechien die von Tschechien
auf den Gewinn aus der Veräußerung von Kapitalgesellschaftsanteilen erhobene Steuer auf die in Deutschland auf den Veräußerungsgewinn erhobene Steuer anrechnen.
Somit kommt es durch die Verschmelzung zu einer Einschränkung des deutschen
Besteuerungsrechts an den Gewinnen aus der Veräußerung von Anteilen an Kapitalgesellschaften, da Deutschland vor der Verschmelzung keine ausländische Steuer
anrechnen musste, jedoch nach Vollzug der Verschmelzung dazu verpflichtet ist.

Damit sind die Voraussetzungen des § 13 Abs. 2 S. 1 Nr. 1 UmwStG nicht gegeben,
und der Umtausch der Anteile kann, falls sich nicht aus § 13 Abs. 2 S. 1 Nr. 2 UmwStG etwas anderes ergibt, nicht zum Buchwert erfolgen, sondern hat gem. § 13
Abs. 1 UmwStG unter Auflösung aller in den Anteilen enthaltenen stillen Reserven
zum gemeinen Wert zu erfolgen.

Merke: Der steuerneutrale Umtausch der Anteile ist gem. § 13 Abs. 2 S. 1 Nr. 1 UmwStG möglich, wenn das Besteuerungsrecht Deutschlands an dem Gewinn aus
der Veräußerung der Anteile durch den Umtausch nicht ausgeschlossen oder beschränkt wird.

4.7.2 Anwendung der Fusionsrichtlinie 90/434/EWG i. S. d. § 12 Abs. 2 S. 1 Nr. 2 UmwStG

Der steuerneutrale Anteilstausch ist gem. § 13 Abs. 2 S. 1 Nr. 2 S. 1 Hs. 1 UmwStG auch
dann möglich, wenn die Mitgliedstaaten der EU Art. 8 der Fusionsrichtlinie (FRL) anzuwenden haben. Diese verbietet Deutschland im Rahmen der Verschmelzung die zwangsweise Aufdeckung der in den Anteilen enthaltenen stillen Reserven auch dann, wenn ein
deutsches Besteuerungsrecht ausgeschlossen oder beschränkt wird. Ein solches Besteue-
rungsverbot durch die Fusionsrichtlinie ist möglich, da es sich bei dieser um gegenüber
deutschem Recht höherrangiges supranationales Recht handelt, zu dessen Einhaltung die
Mitgliedschaft in der EU verpflichtet.

Fortführung Beispiel Beschränkung des deutschen Besteuerungsrecht:
Wie im obigen Beispiel dargestellt, kommt es im Falle der Verschmelzung der österreichischen Liliy Lebowski GmbH mit der tschechischen Dr. Nigel Townsed s.r.o. aufgrund des DBA-Tschechien zu einer Beschränkung des deutschen Besteuerungsrechtes an den Gewinnen aus der Veräußerung der Anteile, die von dem in Deutschland ansässigen Dr. Trey Sanders gehalten werden. Deshalb ist die Voraussetzung des § 13 Abs. 2 S. 1 Nr. 1 UmwStG nicht erfüllt, so dass die Anteile gem. § 13 Abs. 1 UmwStG zum gemeinen Wert anzusetzen sind. Allerdings greift hier die in § 13 Abs. 2 S. 1 Nr. 2 S. 1 Hs. 1 UmwStG in das deutsche Recht umgesetzte Fusionsrichtlinie. Gem. Art. 8 Abs. 1 FRL darf der Tausch von Anteilen im Rahmen einer Verschmelzung innerhalb der EU keine Besteuerung auslösen und kann unabhängig davon, ob ein Besteuerungsrecht eines Nationalstaates eingeschränkt wird, steuerneutral erfolgen.

Damit muss Deutschland trotz des Nichterfüllens der Voraussetzungen des § 13 Abs. 2 S. 1 Nr. 1 UmwStG gem. § 13 Abs. 2 S. 1 Nr. 2 S. 1 Hs. 1 UmwStG i. V. m. Art. 8 Abs. 1 FLR den steuerneutralen Umtausch der Anteile von Dr. Trey Sanders an der österreichischen Lily Lebowski GmbH in Anteile an der tschechischen Dr. Nigel Townsed s.r.o. zulassen, obwohl durch die Verschmelzung das Besteuerungsrecht Deutschlands an dem Veräußerungsgewinn der Anteile beschränkt wird.

Als Entschädigung für den in Art. 8 Abs. 1 FRL normierten zwangsweisen Verzicht auf die Besteuerung der in den Anteilen enthaltenen stillen Reserven ermöglich Art. 8 Abs. 6 FRL dem betroffenen Staat, den Gewinn aus einer späteren Veräußerung der erworbenen Anteile in gleicher Weise zu besteuern wie den Gewinn aus der Veräußerung der vor dem Umtausch vorhandenen Anteile.[66] Daher bestimmt die Vorschrift des § 13 Abs. 2 S. 1 Nr. 2 S. 1 Hs. 2 UmwStG, dass im Falle der Anwendung der Fusionsrichtlinie der Gewinn aus einer späteren Veräußerung der Anteile ungeachtet der Bestimmungen von DBA in der gleichen Art und Weise zu besteuern ist, wie die Veräußerung der Anteile an der übertragenden Körperschaft zu besteuern wäre. Problematisch an dieser vom Gesetzgeber in Anspruch genommen Ausnahme ist, dass die in § 13 Abs. 2 S. 1 Nr. 2 S. 1 Hs. 2 UmwStG normierte Vorgehensweise aufgrund des Wortlauts der Regelung auch auf Wertsteigerungen in den Anteilen, die nach der Verschmelzung erfolgt sind, angewandt wird.[67] Außerdem kommt es zu einer Doppelbesteuerung, da Deutschland die im Ausland erhobene Steuer nicht anrechnet.

---

[66] Vgl. Dötsch, E./ Pung, A./ Möhlenbrock, R., Kommentar zum UmwStG, 87. Erg.-Lief. 2016, § 13 UmwStG, Rz. 49 ff.

[67] Vgl. BT-Drucks. 16/2710, S. 41.

Beispiel

Fortführung Beispiel Beschränkung des deutschen Besteuerungsrecht:
Nach einigen Jahren verkauft Dr. Trey Sanders seine Anteile an der Dr. Nigel Townsed s.r.o. Gem. Art. 13 Abs. 3 i. V. m. Art. 23 Abs. 1 Bst. b DBA-Tschechien müsste Deutschland normalerweise die auf den Veräußerungsgewinn entfallenden tschechischen Steuern auf die deutsche Steuer, die auf den Veräußerungsgewinn erhoben wird, anrechnen.

Allerdings stammen Dr. Trey Sanders Anteile an der Dr. Nigel Townsed s.r.o. aus der Verschmelzung mit der österreichischen Lily Lebowski GmbH. Durch die Verschmelzung wurde das Besteuerungsrecht Deutschlands an den Veräußerungsgewinn eingeschränkt. Dennoch konnte der Umtausch der Anteile aufgrund § 13 Abs. 2 S. 1 Nr. 2 S. 1 Hs. 1 UmwStG steuerneutral erfolgen.

Deshalb wird nun auch auf den bei der Veräußerung der Anteile an der Dr. Nigel Townsed s.r.o. entstandenen Veräußerungsgewinn § 13 Abs. 2 S. 1 Nr. 2 S. 1 Hs. 2 UmwStG angewandt mit der Folge, dass es entgegen Art. 13 Abs. 3 i. V. m. Art. 23 Abs. 1 Bst. b DBA-Tschechien in Deutschland zu keiner Anrechnung der von tschechischen Fiskus auf den Veräußerungsgewinn erhobenen Steuern kommt. Der Veräußerungsgewinn unterliegt sowohl der vollen tschechischen als auch der vollen deutschen Steuerbelastung.

Merke: Der steuerneutrale Umtausch der Anteile ist gem. § 13 Abs. 2 S. 1 Nr. 2 S. 1 Hs. 1 UmwStG auch dann möglich, wenn das deutsche Besteuerungsrecht am Veräußerungsgewinn der Anteile beschränkt oder ausgeschlossen wird, jedoch Art. 8 Abs. 1 FRL die Möglichkeit des steuerneutralen Umtauschs vorschreibt. Kommt es gem. § 13 Abs. 2 S. 1 Nr. 2 S. 1 Hs. 1 UmwStG zu einem steuerneutralen Umtausch der Anteile, so sind diese im Falle ihres späteren Verkaufs gem. § 13 Abs. 2 S. 1 Nr. 2 S. 1 Hs. 2 UmwStG ungeachtet anderslautender Bestimmungen in DBA so zu versteuern, wie die Veräußerung der ursprünglichen Anteile besteuert worden wäre. Diese Vorgehensweise führt zu einer Doppelbesteuerung.

4.7.3 Steuerliche Qualifikation untergehender und neu gewährter Anteile bei Buchwertfortführung

Da die neu gewährten Anteile an der übernehmenden Kapitalgesellschaft im Falle der Buchwertfortführung gem. § 13 Abs. 2 S. 2 UmwStG steuerlich an die Stelle der untergehenden Anteile an der übertragenden Kapitalgesellschaft treten („Fußstapfentheorie"), ist hinsichtlich der steuerlichen Folgen für die Gesellschafter nach der steuerlichen Qualifikation ihrer Anteile zu differenzieren:

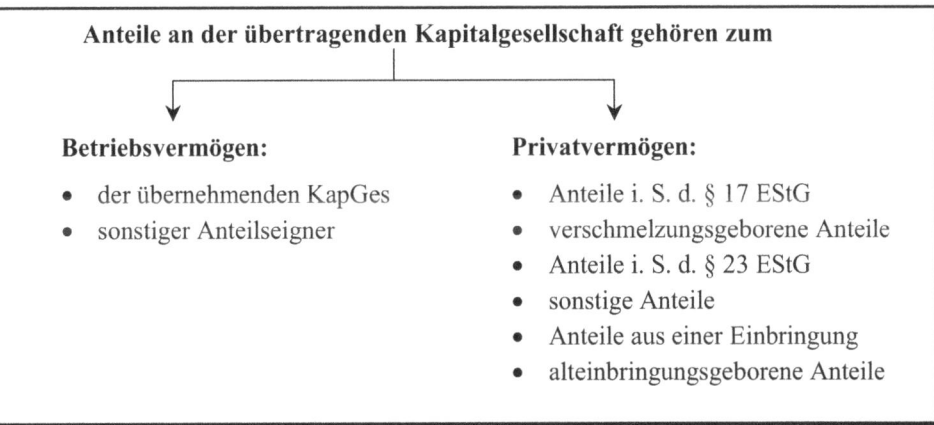

Abbildung 120: Art der Anteile der Gesellschafter der übertragenden Kapitalgesellschaft

Gehören die Anteile an der übertragenden Kapitalgesellschaft ganz oder teilweise zum Betriebsvermögen der übernehmenden Kapitalgesellschaft, so gehen diese im Wege der Verschmelzung unter. An deren Stelle tritt in der Bilanz keine neue Beteiligung, sondern das Vermögen der übertragenden Kapitalgesellschaft. Übersteigt das übernommene Vermögen die untergehende Beteiligung, entsteht auf Ebene der übernehmenden Kapitalgesellschaft ein Übernahmegewinn.

Werden die Anteile im Betriebsvermögen sonstiger Anteilseigner oder im Privatvermögen gehalten, hat dies bei Ansatz des Buchwertes bzw. der Anschaffungskosten durch Eintritt der neuen Anteile in die Rechtsstellung der untergehenden Anteile gem. § 13 Abs. 2 S. 2 UmwStG im Wesentlichen folgende Auswirkungen:

Befinden sich die Anteile im Betriebsvermögen, gehen Wertaufholungspflichten nach § 6 Abs. 1 Nr. 1 S. 4 EStG auf die neuen Anteile über. Insofern sind auch § 8b Abs. 2 S. 4 und S. 5 KStG bzw. § 3 Nr. 40 S. 1 Bst. a S. 2 und S. 3 EStG zu beachten.

Handelt es sich bei den Anteilen an der Überträgerin um Anteile im Privatvermögen i. S. d. § 17 EStG, so sind die neuen Anteile, die von der übernehmenden Kapitalgesellschaft gewährt werden, ebenfalls Anteile i. S. d. § 17 EStG. Dies gilt insbesondere auch dann, wenn die neuen Anteile die Beteiligungsgrenze von 1 % unterschreiten und demnach nicht unter die Definition des § 17 EStG fallen würden. Solche Anteile werden als sog. **verschmelzungsgeborene Anteile** bezeichnet.

Beispiel

Entstehung verschmelzungsgeborener Anteile

Die Beteiligung an der übertragenden Kapitalgesellschaft umfasst 5 % des Nennkapitals. Im Wege der Verschmelzung im Jahre 10 wird der Anteilseigner mit 0,5 % am Nennkapital der übernehmenden Kapitalgesellschaft beteiligt. Obwohl die neue Beteiligungsquote unter der Beteiligungsgrenze des § 17 EStG liegt, handelt es sich bei den neuen Anteilen ebenfalls um Anteile i. S. d. § 17 EStG, sog. verschmelzungsgeborene Anteile.

Im Privatvermögen gehaltene Anteile, die der Abgeltungsteuer unterliegen, sind grundsätzlich nicht in die Veranlagung einzubeziehen. Um eine durchgängige Quellenbesteuerung sicherzustellen, muss somit jeder Sachverhalt bereits im Abzugsverfahren geklärt werden. § 20 Abs. 4a EStG soll das Steuerabzugsverfahren auch bei Umwandlungen praktikabel gestalten. Danach treten die übernommenen Anteile abweichend von § 20 Abs. 2 S. 1 EStG und den §§ 13 und 21 UmwStG steuerlich an die Stelle der bisherigen Anteile. Entgegen des üblichen Wahlrechts des Anteilseigners zwischen einem Ansatz der neu erhaltenen Anteile zum gemeinen Wert und einer Fortführung der Anschaffungskosten ist damit eine Verpflichtung zur Fortführung der Anschaffungskosten verbunden. Die steuerliche Neutralität des Anteilstausches und die damit verbundene dauerhafte Verstrickung der steuerlichen Reserven ist daran gebunden, dass der Anteilstausch auf gesellschaftsrechtlichen Maßnahmen beruht und hinsichtlich der Veräußerungsgewinnbesteuerung der erhaltenen Anteile das deutsche Besteuerungsrecht nicht ausgeschlossen oder beschränkt wird. Erst bei der Veräußerung der neu erhaltenen Anteile sind diese einer Besteuerung unterworfen.

Merke: Nach § 20 Abs. 4a EStG sind die Anschaffungskosten von Anteilen des Privatvermögens, die nach dem 01.01.2009 angeschafft wurden, auf die im Rahmen einer Verschmelzung als Gegenleistung erhaltenen Anteilen zwingend zu übertragen, soweit die hingegebenen Anteile weder dem § 17 EStG noch dem § 21 Abs. 1 UmwStG a. F. unterliegen.

4.7.4   Barabfindungen und bare Zuzahlungen

Werden ausscheidende Gesellschafter bar abgefunden oder neben der Gewährung von Anteilen bare Zuzahlungen geleistet, ergeben sich die steuerlichen Folgen nicht aus § 13 UmwStG, sondern richten sich nach allgemeinen steuerlichen Grundsätzen der jeweiligen Rechtsform des Anteilseigners gem. § 8b KStG oder § 3 Nr. 40 EStG (Tz. 13.02, 11.10, 03.21 UmwStE).

Scheidet ein Gesellschafter im Zuge der Verschmelzung gegen **Barabfindung** aus, führt dies nach allgemeinen steuerlichen Grundsätzen zu einem Veräußerungserlös. Damit wird die Barabfindung hinsichtlich ihrer steuerlichen Behandlung der Veräußerung von Anteilen gleichgestellt. Übersteigt die Barabfindung den Buchwert bzw. die Anschaffungskosten der untergehenden Beteiligung, ist sie in Höhe dieser Differenz steuerpflichtig.

Leistet die übernehmende Kapitalgesellschaft neben der Gewährung von Anteilen **bare Zuzahlungen**, führen diese nach Tz. 13.02 UmwStE beim begünstigten Anteilseigner zu sonstigen Bezügen i. S. d. § 20 Abs. 1 Nr. 1 EStG. Da die baren Zuzahlungen jedoch anstelle von Anteilen gewährt werden, sind sie steuerlich eher wie Veräußerungserlöse als wie Bezüge i. S. d. § 20 EStG zu behandeln.[68] Die baren Zuzahlungen sind somit steuerpflichtig, soweit diese den der baren Zuzahlung entsprechenden Anteil am Buchwert (bzw. an den Anschaffungskosten) der untergehenden Anteile übersteigen. Veräußerungserlöse wie sonstige Bezüge i. S. d. § 20 Abs. 1 Nr. 1 EStG unterliegen nach § 3 Nr. 40 EStG der Besteuerung nach dem Teileinkünfteverfahren oder gem. § 32d Abs. 1 S. 1 EStG der Abgeltungsteuer bzw. sind nach § 8b KStG zu 95 % steuerfrei.

4.8 Nebensteuern

4.8.1 Gewerbesteuer

Die gewerbesteuerliche Behandlung der Verschmelzung einer Kapitalgesellschaft auf eine andere Kapitalgesellschaft ist in § 19 UmwStG geregelt.

Nach § 19 Abs. 1 UmwStG gelten die §§ 11 - 13 UmwStG auch für die Ermittlung des Gewerbeertrags sowohl der übertragenden als auch der übernehmenden Kapitalgesellschaft sowie evtl. des Gesellschafters der übertragenden Kapitalgesellschaft.

Gem. § 19 Abs. 2 UmwStG ist § 12 Abs. 3 UmwStG für die vortragsfähigen Fehlbeträge der übertragenden Kapitalgesellschaft i. S. d. § 10a GewStG (gewerbesteuerliche Verlustvorträge) entsprechend anzuwenden.

Ebene der übertragenden Kapitalgesellschaft
Ein evtl. Übertragungsgewinn ist gem. § 19 Abs. 1 i. V. m. § 11 UmwStG gewerbesteuerpflichtig. Hierzu gehören auch Gewinne, die sich aus der Rückgängigmachung von Abschreibung und Abzügen von § 6b-Rücklagen gem. § 11 Abs. 2 S. 2 UmwStG ergeben.

---

[68] Vgl. Dötsch, E./ Pung, A./ Möhlenbrock, R., Kommentar zum UmwStG, 87. Erg.-Lief. 2016, § 13 UmwStG, Rz. 18 ff. m. w. N.

Ebene der übernehmenden Kapitalgesellschaft
• Der Übernahmegewinn / -verlust unterliegt grundsätzlich gem. § 19 Abs. 1 i. V. m. § 12 Abs. 2 S. 1 UmwStG nicht der Gewerbesteuer. Zu einem gewerbesteuerpflichtigen Übernahmegewinn kommt es im Falle des § 12 Abs. 2 S. 2 UmwStG (up-stream merger) einzig in Höhe der nichtabzugsfähigen Betriebsausgaben i. S. d. § 8b Abs. 5 KStG.
• Gewinne, die sich aus der Rückgängigmachung von Abschreibung und Abzügen von § 6b-Rücklagen gem. § 11 Abs. 2 S. 2 UmwStG ergeben, unterliegen der Gewerbesteuer gem. § 19 Abs. 1 i. V. m. § 12 Abs. 1 S. 2 i. V. m. § 4 Abs. 1 S. 2 UmwStG.
• Der Übernahmefolgegewinn ist gewerbesteuerpflichtig (§ 19 Abs. 1 i. V. m. § 12 Abs. 4 UmwStG). Die gewinnmindernde Bildung der Rücklage nach § 12 Abs. 4 i. V. m. § 6 Abs. 1 UmwStG gilt über § 19 Abs. 1 UmwStG auch für die GewSt.
• Der gewerbesteuerliche Verlustvortrag der übertragenden KapGes geht gem. § 19 Abs. 2 i.V.m § 12 Abs. 3 Hs. 2 i.V.m § 4 Abs. 2 S. 2 UmwStG unter.
Ebene der Gesellschafter der übertragenden Kapitalgesellschaft
Ein gewerbesteuerlicher Gewinn kommt nur in Betracht, wenn die Anteile im Betriebsvermögen gehalten werden und keine Buchwertfortführung gem. § 13 Abs. 2 UmwStG gewählt wird bzw. gewählt werden kann.

Abbildung 121: Gewerbesteuerliche Folgen der Verschmelzung von Kapitalgesellschaften

4.8.2 Grunderwerbsteuer

Befindet sich im Vermögen der übertragenden Kapitalgesellschaft auch Grundvermögen, welches auf die übernehmende Kapitalgesellschaft übergeht, so fällt gem. § 1 Abs. 1 Nr. 3 GrEStG insoweit Grunderwerbsteuer an. Hierzu kann grundsätzlich auf die Ausführungen zur Verschmelzung von Kapital- auf Personengesellschaften im vorhergehenden Kapitel verwiesen werden.

> **Merke:** Die Grunderwerbsteuer spielt v. a. bei der Verschmelzung von Mutter- und Tochtergesellschaften eine wichtige Rolle: verfügt die Tochtergesellschaft über umfangreichen Grundbesitz, ist eine Verschmelzung der Mutter- auf die Tochtergesellschaft vorteilhafter. Beim „down-stream merger" muss der Grundbesitz der Tochtergesellschaft – im Gegensatz zum „up-stream merger" – nicht übertragen werden; somit fällt keine Grunderwerbsteuer an. Bei Spaltungsvorgängen innerhalb eines Konzerns kann es außerdem zu einer Grunderwerbsteuerbefreiung nach § 6a GrEStG kommen. Da die Grunderwerbsteuer gem. § 11 Abs. 1 GrEStG 3,5 % bzw. in einigen Bundesländern bis zu 6,5% der Grundbesitzwerte beträgt, sollte sie stets in die Überlegungen hinsichtlich der Verschmelzungsvarianten einbezogen werden.

4.8.3   Umsatzsteuer

Die Verschmelzung einer Kapitalgesellschaft auf eine andere Kapitalgesellschaft wird umsatzsteuerrechtlich als Geschäftsveräußerung im Ganzen i. S. d. § 1 Abs. 1a UStG qualifiziert. Eine Geschäftsveräußerung im Ganzen liegt vor, da das gesamte Vermögen der untergehenden Kapitalgesellschaft auf die aufnehmende Kapitalgesellschaft übertragen wird (R 5 UStR). Demzufolge ist die Verschmelzung von Kapitalgesellschaften nach § 1 Abs. 1a UStG als **nicht steuerbarer** Vorgang zu behandeln.

5 Verschmelzung von Kapitalgesellschaften über die Grenze

Während in den vorangegangenen Erläuterungen die steuerlichen Folgen grenzüberschreitender Verschmelzungen bereits detailliert behandelt wurden, werden in diesem Abschnitt zusammenfassend die grenzüberschreitenden Konstellationen in Hinblick auf ihre grundsätzlichen Konsequenzen für die übertragende Kapitalgesellschaft, die übernehmende Kapitalgesellschaft und die Anteilseigner der übertragenden Kapitalgesellschaft betrachtet.

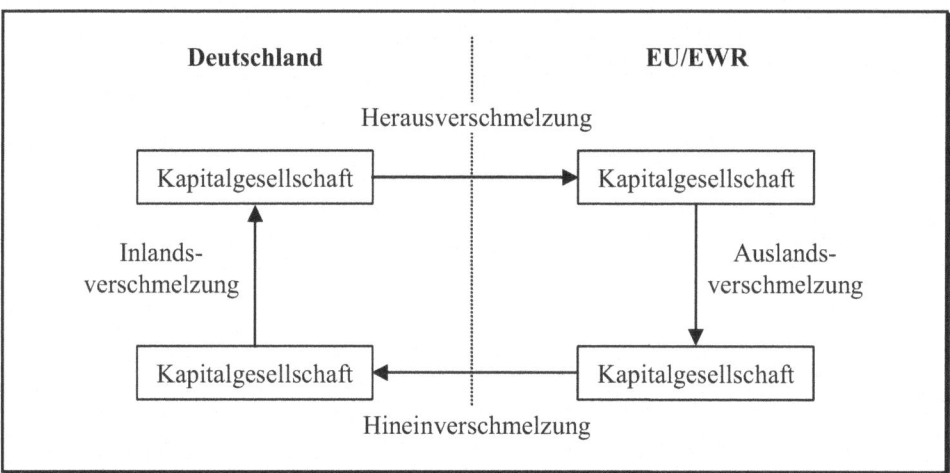

Abbildung 122: Grundfälle der Verschmelzung

Die Systematik der Verschmelzung von Kapitalgesellschaften bleibt dabei gegenüber der Inlandsverschmelzung ohne Auslandsbezug grundsätzlich gleich. Bei bestimmten Konstellationen grenzüberschreitender Verschmelzungen kommt es jedoch zur Beschränkung oder zum Ausschluss des deutschen Besteuerungsrechts, was zur Folge hat, dass eine Buchwertfortführung nicht möglich ist und es durch die Auflösung stiller Reserven zur Besteuerung auf Ebene der übertragenden sowie der übernehmenden Kapitalgesellschaften als auch der Anteilseigner der übertragenden Kapitalgesellschaft kommen kann.

5.1   Voraussetzung für die Anwendbarkeit des UmwStG

Voraussetzung für eine grenzüberschreitende Verschmelzung ist, dass die betreffende Verschmelzung mit einem im deutschen UmwG geregelten Vorgang vergleichbar ist. In diesem Zusammenhang werden die Rechtsfolgen der Verschmelzung (sachliche Vergleichbarkeitsprüfung) und die beteiligten Rechtsträger (persönliche Vergleichbarkeitsprüfung) betrachtet. Prüfungsobjekt ist dabei nicht die betroffene Rechtsordnung mit ihren abstrakten gesellschaftlichen Vorschriften, sondern der jeweilige konkrete Umwandlungssachverhalt.

Die **sachliche Vergleichbarkeitsprüfung** umfasst dabei im Wesentlichen, ob es sich um einen Vorgang mit Gesamtrechtsnachfolge handelt, der übertragende Rechtsträger ohne Abwicklung aufgelöst wird und Anteile oder Mitgliedschaftsrechte als Gegenleistung gewährt werden.

Im Rahmen der **persönlichen Vergleichbarkeitsprüfung** ist zunächst festzustellen, ob die beteiligten Rechtsträger aus der EU bzw. dem EWR die Voraussetzungen gem. § 1 Abs. 2 UmwStG erfüllen. Des Weiteren ist festzustellen, ob die beteiligten Rechtsträger aus deutscher Sicht Kapitalgesellschaften entsprechen. Hierzu wird ein Rechtstypenvergleich durchgeführt, der die wesentlichen Kriterien einer Kapitalgesellschaft (z.B. beschränkte Haftung der Gesellschafter) überprüft. Zur Orientierung kann hier jedoch auch beispielsweise der Betriebsstätten-Erlass herangezogen werden, der vielen der bisher bestehenden ausländischen Rechtsformen vergleichbare deutsche Rechtsformen zuordnet.

Auf Drittstaatengesellschaften, d. h. Körperschaften außerhalb der EU bzw. des EWR, findet das UmwStG grundsätzlich keine Anwendung. Diese werden in § 12 Abs. 2 S. 1 KStG behandelt. § 13 UmwStG bildet jedoch eine Ausnahme und ist gem. § 12 Abs. 2 S. 2 KStG auch auf Verschmelzungen von Drittstaatengesellschaften anzuwenden.[69]

5.2   Konsequenzen grenzüberschreitender Verschmelzungen von Kapitalgesellschaften

Grundsätzlich ist es im Interesse der Beteiligten, dass eine Buchwertfortführung gewählt wird, da es ansonsten zur Aufdeckung stiller Reserven kommt, die einer Besteuerungspflicht unterliegen. Werden die Wirtschaftsgüter der übertragenden Kapitalgesellschaft zu einem höheren Wert als dem Buchwert übertragen, hat sie einen Übertragungsgewinn zu versteuern. Die übernehmende Kapitalgesellschaft wiederum muss ausgehend von diesen höheren Werten einen höheren Übernahmegewinn versteuern. Die Anteilseigner haben ihrerseits das Interesse, die Buchwerte ihrer Anteile fortzuführen, um ebenfalls keine stillen Reserven versteuern zu müssen. Gem. § 11 Abs. 2 S. 1 Nr. 2 UmwStG wird der übertra-

---

[69]   Vgl. Rödder, T./Schumacher, A., Das SEStEG – Überblick über die endgültige Fassung und die Änderungen gegenüber dem Regierungsentwurf, DStR 2007, S. 374.

genden Kapitalgesellschaft jedoch eine Buchwertfortführung für die übertragenden Wirtschaftsgüter untersagt, wenn das deutsche Besteuerungsrecht am Gewinn, der aus der Veräußerung der übertragenden Wirtschaftsgüter auf Ebene der übernehmenden Kapitalgesellschaft resultieren würde, ausgeschlossen oder beschränkt wird. Gleiches gilt für die Anteile der Anteilseigner an der übertragenden Gesellschaft gem. § 13 Abs. 2 S. 1 Nr. 1 UmwStG: Wird das Besteuerungsrecht Deutschlands hinsichtlich des Gewinns aus der Veräußerung der Anteile, die die Gesellschafter der übertragenden Kapitalgesellschaft an der übernehmenden Kapitalgesellschaft erhalten haben, ausgeschlossen oder beschränkt, ist eine Buchwertfortführung für die Anteile an der übertragenden und damit auch für die Anteile an der übernehmenden Kapitalgesellschaft nicht möglich. Hierzu muss allerdings zunächst ein Besteuerungsrecht Deutschlands bereits bestanden haben. Hinsichtlich der Objekte bzw. Subjekte, für die Deutschland kein Besteuerungsrecht hatte, kann Deutschland auch kein Besteuerungsrecht verlieren, so dass in diesen Fällen aus deutscher Sicht eine Buchwertfortführung grundsätzlich möglich ist.

> **Merke:** Voraussetzung dafür, dass das Besteuerungsrecht Deutschlands ausgeschlossen oder beschränkt werden kann, ist, dass bereits ein Besteuerungsrecht Deutschlands bestanden hat.

Ob und inwieweit Deutschland ein Besteuerungsrecht verliert, wird üblicherweise in einem DBA geregelt. Ohne ein DBA hätten sowohl Deutschland als Ansässigkeitsstaat (des Unternehmens) als auch der ausländische Staat als Quellenstaat (der ausländischen Einkünfte) ein Besteuerungsrecht auf die Einkünfte, die aus dem im Ausland belegenen Betriebsvermögen resultieren.

Wenn ein DBA besteht, kann es zum Beispiel zum Ausschluss des Besteuerungsrechts Deutschlands kommen, wenn zuvor ein Besteuerungsrecht Deutschlands bestanden hat und Deutschland nach der Verschmelzung durch das DBA die Pflicht zur Freistellung der entsprechenden Einkünfte hätte. Eine Beschränkung des deutschen Besteuerungsrechts würde hingegen vorliegen, wenn Deutschland nach der Verschmelzung eine Pflicht zur Anrechnung der ausländischen Steuer hätte. Deutschland darf in diesem Fall zwar weiterhin Steuer erheben, muss jedoch die Steuer, die im Ausland bei Veräußerung der Wirtschaftsgüter bzw. der Anteile erhoben wird, steuermindernd anrechnen. Da die Anwendung des UmwStG in den meisten Bereichen auf den Raum der EU/ des EWR beschränkt ist und dort die meisten DBA dem OECD-Musterabkommen folgen, lassen sich einige grundsätzliche Aussagen darüber treffen, in welcher Konstellation Buchwertfortführungen bei einer grenzüberschreitenden Verschmelzung von Kapitalgesellschaften möglich oder steuerpflichtige Buchwertaufstockungen vorzunehmen sind.

5.2.1 Inlandsverschmelzung mit Auslandsbezug

5.2.1.1 Konsequenzen für die übertragende Kapitalgesellschaft

Für die übertragende Kapitalgesellschaft besteht ein Auslandsbezug, wenn im Ausland Betriebsvermögen belegen ist, welches in Deutschland steuerverstrickt ist. Dies ist gegeben, wenn das Betriebsvermögen in einem ausländischen Staat belegen ist, mit dem Deutschland kein DBA geschlossen hat oder ein DBA geschlossen hat, nach welchem Deutschland ein Besteuerungsrecht zusteht, jedoch die ausländische Steuer angerechnet werden muss.

Bei einer Verschmelzung von zwei inländischen Kapitalgesellschaften ergibt sich jedoch keine Änderung hinsichtlich der steuerlichen Beziehungen zum Ausland: Bestand vor der Verschmelzung kein DBA, so wird auch nach der Verschmelzung kein DBA mit dem ausländischen Staat existieren. Bestand ein DBA, so wird dasselbe DBA vor wie nach der Verschmelzung Anwendung finden, so dass es bei einer inländischen Verschmelzung nicht zur Beschränkung oder zum Ausschluss des deutschen Besteuerungsrechts kommen kann und die übertragende Kapitalgesellschaft daher grundsätzlich ihre Wirtschaftsgüter gem. § 11 Abs. 2 S. 1 UmwStG zum Buchwert übertragen darf. Insofern fällt kein Übertragungsgewinn an.

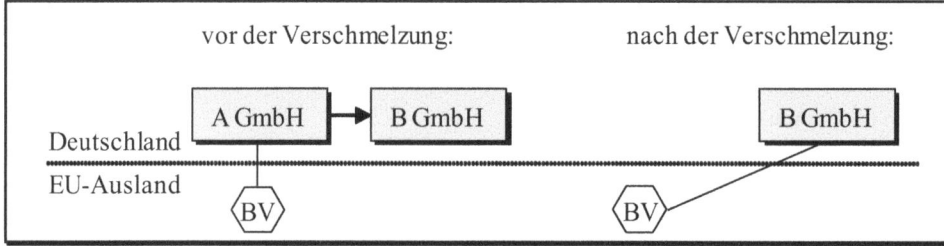

Abbildung 123: Inlandsverschmelzung mit Betriebsvermögen im EU-Ausland

5.2.1.2 Konsequenzen für die übernehmende Kapitalgesellschaft

Da die übertragende Kapitalgesellschaft die Wirtschaftsgüter zum Buchwert übertragen kann, erhöht sich der Übernahmegewinn der übernehmenden Kapitalgesellschaft nicht. Für die übernehmende Kapitalgesellschaft ergibt sich insofern keine Änderung gegenüber der Inlandsverschmelzung ohne Auslandsbezug.

5.2.1.3 Konsequenzen für die Anteilseigner der übertragenden KapGes

Die Anteilseigner der übertragenden Kapitalgesellschaft erhalten für ihre untergehende Beteiligung neue Anteile an der übernehmenden Kapitalgesellschaft. Eine Buchwertfortführung wird dann verwehrt, wenn das deutsche Besteuerungsrecht an den Gewinnen aus der

Veräußerung der neuen Anteile gegenüber den alten Anteilen beschränkt oder ausgeschlossen wird. Da es sich jedoch bei der übertragenden wie auch bei der übernehmenden Kapitalgesellschaft um inländische und damit unbeschränkt steuerpflichtige Unternehmen handelt, ergibt sich auch bei den Anteilseignern keine Änderung bezüglich der Anwendung der einschlägigen DBA. Daher können die Anteilseigner unabhängig davon, ob sie im In- oder Ausland ansässig sind, gem. § 13 Abs. 2 S. 1 UmwStG den Buchwertansatz wählen.

5.2.2   Auslandsverschmelzung mit Inlandsbezug

5.2.2.1   Konsequenzen für die übertragende Kapitalgesellschaft

Für die im EU/EWR-Ausland ansässige übertragende Gesellschaft besteht ein Inlandsbezug, wenn in Deutschland Betriebsvermögen belegen ist, welches in Deutschland der beschränkten Steuerpflicht unterliegt. Da nach allen in der EU/EWR einschlägigen DBA Deutschland ein Besteuerungsrecht für in Deutschland belegene Betriebsstätten hat, kann es bei Betriebsstätten nicht zu einem Ausschluss oder einer Beschränkung des deutschen Besteuerungsrechts kommen: Bei einer innerstaatlichen Auslandsverschmelzung, bei der zwei Kapitalgesellschaften desselben EU/EWR-Staates verschmelzen, ist vor wie nach der Verschmelzung dasselbe DBA anzuwenden. Werden zwei Kapitalgesellschaften aus verschiedenen ausländischen EU/EWR-Staaten grenzüberschreitend verschmolzen (grenzüberschreitende Auslandsverschmelzung), so wird Deutschland auch nach der Verschmelzung stets das Besteuerungsrecht wie vor der Verschmelzung inne haben, da nach sämtlichen einschlägigen EU/EWR-DBA Deutschland das Besteuerungsrecht an der in Deutschland belegenen Betriebsstätte zugewiesen wird. Die übertragende Kapitalgesellschaft kann daher bzgl. der in Deutschland belegenen Betriebsstätte die Buchwerte fortführen und muss keinen Übertragungsgewinn versteuern.

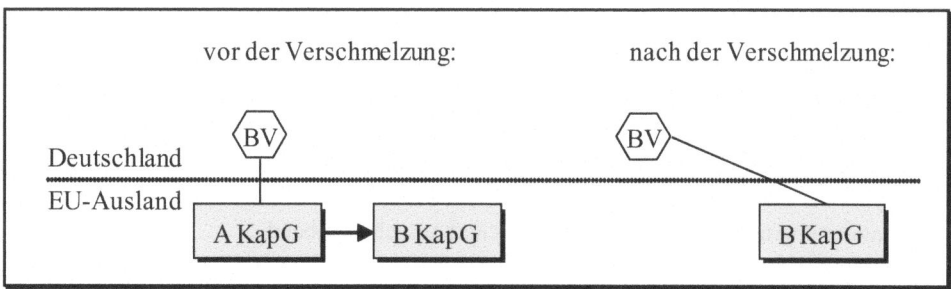

Abbildung 124: Innerstaatliche Auslandsverschmelzung mit dt. Betriebsvermögen

5.2.2.2   Konsequenzen für die übernehmende Kapitalgesellschaft

Die Besteuerung der im EU/EWR-Ausland ansässigen Kapitalgesellschaft richtet sich nach den Vorschriften des jeweiligen Ansässigkeitsstaates. Seitens des deutschen Rechts erfolgt keine Besteuerung, da § 12 UmwStG auf die ausländische übernehmende Kapitalgesellschaft keine Anwendung findet.

5.2.2.3 Konsequenzen für die Anteilseigner der übertragenden KapGes

Steuerliche Konsequenzen gem. § 13 UmwStG können sich für die Anteilseigner der übertragenden Kapitalgesellschaft nur dann ergeben, wenn sie in Deutschland zumindest der beschränkten Steuerpflicht unterliegen, da ansonsten kein Anknüpfungspunkt für ein deutsches Besteuerungsrecht gegeben wäre. Unterliegt der Anteilseigner in Deutschland der unbeschränkten Steuerpflicht, hat Deutschland das Besteuerungsrecht für etwaige Veräußerungsgewinne dieser Anteile. Dieses Besteuerungsrecht kann sich bei einer innerstaatlichen ausländischen Verschmelzung von zwei Kapitalgesellschaften desselben EU/EWR-Staates nicht ändern, da vor wie nach der Verschmelzung dasselbe DBA anzuwenden ist. Deutschlands Besteuerungsrecht bleibt daher erhalten und die genannten Anteilseigner der übertragenden Kapitalgesellschaft können gem. § 13 Abs. 2 S. 1 UmwStG den Buchwertansatz wählen.

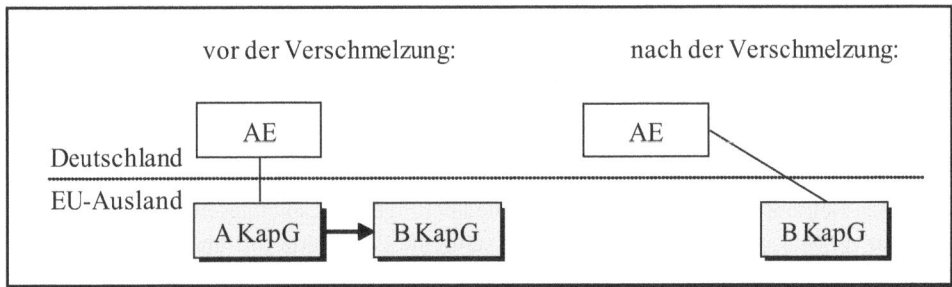

Abbildung 125: Innerstaatliche Auslandsverschmelzung mit dt. Anteilseigner

Eine grenzüberschreitende Auslandsverschmelzung von EU/EWR-Kapitalgesellschaften kann jedoch zu einer Beschränkung des deutschen Besteuerungsrechts führen, da das anzuwendende DBA wechselt. Während vor der Verschmelzung das DBA zwischen Deutschland und dem Ansässigkeitsstaat der übertragenden Kapitalgesellschaft Anwendung gefunden hat, ist nach der Verschmelzung das DBA zwischen Deutschland und dem Ansässigkeitsstaat der übernehmenden Kapitalgesellschaft ausschlaggebend.

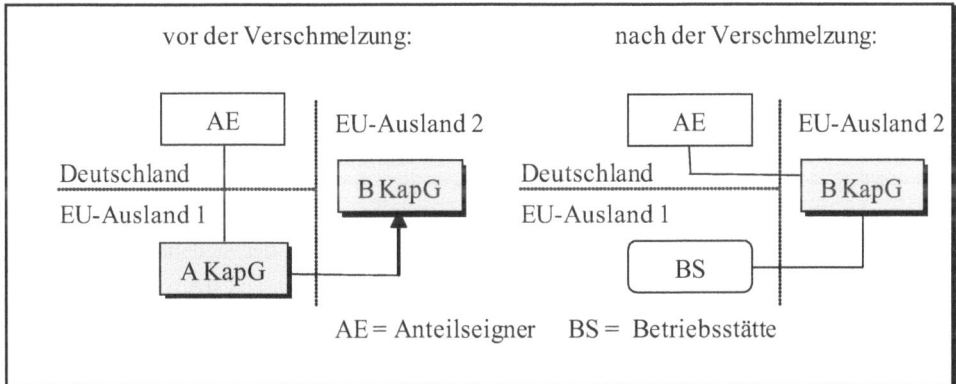

Abbildung 126: Grenzüberschreitende Auslandsverschmelzung mit Inlandsbezug

Hierdurch kann das deutsche Besteuerungsrecht am Gewinn aus der Veräußerung der Anteile an der **übernehmenden** Kapitalgesellschaft im Vergleich zum Besteuerungsrecht am Gewinn aus einer Veräußerung der Anteile an der **übertragenden** Kapitalgesellschaft eingeschränkt werden, indem das nach der Verschmelzung ausschlaggebende DBA nicht nur Deutschland eine Besteuerung gewährt, sondern auch dem Quellenstaat (Ansässigkeitsstaat der übernehmenden Kapitalgesellschaft). Dies trifft auf das vom OECD-MA abweichende tschechische DBA (vgl. Art. 13 Abs. 3 DBA-Tschechoslowakei) zu. Verschmilzt daher beispielsweise eine französische Kapitalgesellschaft, an der ein in Deutschland ansässiger Anteilseigner beteiligt ist, auf eine tschechische Kapitalgesellschaft, so wechselt das Besteuerungsrecht Deutschlands von einer Besteuerung ohne Anrechnungspflicht zu einer Besteuerung mit der Verpflichtung zur Anrechnung der vom tschechischen Staat erhobenen Steuer auf einen Gewinn aus der Veräußerung von Anteilen. Dies führt zur Beschränkung des deutschen Besteuerungsrechts, so dass gem. § 13 Abs. 1 i. V. m. Abs. 2 UmwStG die Anteile an der übertragenden Kapitalgesellschaft grundsätzlich als zum gemeinen Wert veräußert gelten, so dass die gesamten stillen Reserven aufzudecken sind.

Gem. § 13 Abs. 2 S. 1 Nr. 2 S. 1 Hs. 1 UmwStG kann der Anteilseigner jedoch auf Antrag trotz einer Beschränkung des deutschen Besteuerungsrechts die Anteile zum Buchwert ansetzen und die Aufdeckung der stillen Reserven vermeiden, wenn die Mitgliedstaaten der Europäischen Union bei der Verschmelzung Artikel 8 der Richtlinie 90/434/EWG (Fusionsrichtlinie) anzuwenden haben. Beantragt der Anteilseigner in diesem Fall den Buchwertansatz, besteuert Deutschland etwaige Veräußerungsgewinne aus den neuen Anteilen an der übernehmenden Kapitalgesellschaft, wie wenn keine Beschränkung des deutschen Besteuerungsrechts stattgefunden hätte, d. h. **ohne** Anrechnung der im Ausland erhobenen Steuer. Da Deutschland in diesem Fall hinsichtlich der Besteuerung faktisch keine Einbußen erleidet, wird dem Anteilseigner der Buchwertansatz gewährt. Durch § 13 Abs. 2 S. 1 Nr. 2 UmwStG bleibt dem Anteilseigner daher das Bewertungswahlrecht zwischen Buchwertansatz und Ansatz seiner Anteile zum gemeinen Wert erhalten.

Zwar kann der Anteilseigner im Zeitpunkt der Verschmelzung durch diese Regelung der sofortigen Versteuerung der in den untergehenden Anteilen enthaltenen stillen Reserven entgehen, muss jedoch im späteren Zeitverlauf eine Doppelbesteuerung hinnehmen. Diese entsteht folgendermaßen. Werden die neuen Anteile an der übernehmenden Kapitalgesellschaft veräußert, besteuert der ausländische Staat den Veräußerungsgewinn. Deutschland besteuert diesen ebenfalls, würde jedoch üblicherweise die ausländische Steuer anrechnen. Gem. § 13 Abs. 2 S. 1 Nr. 2 S. 1 Hs. 2 UmwStG rechnet Deutschland die ausländische Steuer in diesem Fall allerdings nicht an, was dazu führt, dass der ausländische **und** der deutsche Staat in vollem Umfang besteuern (Doppelbesteuerung). Der deutsche Anteilseigner muss also abwägen, ob er in diesem Fall einen Buchwertansatz beantragen will.[70]

5.2.3   Herausverschmelzung

5.2.3.1   Konsequenzen für die übertragende Kapitalgesellschaft

Verbleibt bei der Verschmelzung einer inländischen Kapitalgesellschaft auf eine EU/EWR-Kapitalgesellschaft im Inland belegenes Betriebsvermögen, beispielsweise in Form einer Betriebsstätte, so bleibt das deutsche Besteuerungsrecht für dieses Betriebsvermögen bestehen. Die übernehmende Kapitalgesellschaft ist insofern in Deutschland beschränkt steuerpflichtig.

Werden Wirtschaftsgüter aufgrund der Verschmelzung hingegen real zur im Ausland ansässigen Kapitalgesellschaft transportiert, um dort Teil des Betriebsvermögens zu werden, geht das deutsche Besteuerungsrecht an diesen Wirtschaftsgütern verloren, und es ist insofern eine Buchwertaufstockung vorzunehmen, die zu einem Übertragungsgewinn auf Ebene der übertragenden Kapitalgesellschaft führt. Problematisch ist die Zuordnung von sog. ungebundenem Vermögen, d. h. Wirtschaftsgütern, die für die Funktion eines Betriebes keine Bedeutung haben und daher keiner Betriebsstätte zwangsweise zuzuordnen sind. Insbesondere bei Firmenwert, Beteiligungen, Patenten, etc. könnte seitens der Finanzverwaltung eine Zuordnung zum ausländischen Stammhaus erfolgen (Zentralfunktion des Stammhauses), so dass insoweit stille Reserven gem. § 11 Abs. 2 S. 1 Nr. 1 i. V. m. Abs. 1 UmwStG aufzulösen wären und auch hier ein Übertragungsgewinn anfällt.

---

[70]   Vgl. Hagemann, J./ Jakob, B./ Ropohl, F./ Viebrock, B., SEStEG - Das neue Konzept der Verstrickung und Entstrickung sowie die Neufassung des Umwandlungssteuergesetzes, NWB Sonderheft 1/2007, S. 30.

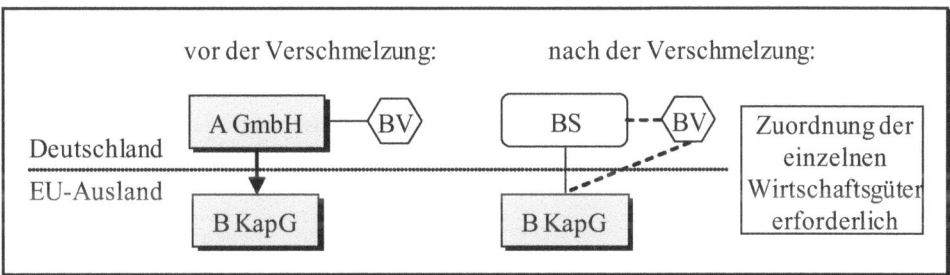

Abbildung 127: Herausverschmelzung mit Zuordnung des deutschen Betriebsvermögens

Hatte andererseits die übertragende Kapitalgesellschaft im Ausland eine Betriebsstätte und hatte Deutschland vor der Verschmelzung ein Recht zur Besteuerung an dieser (kein DBA oder Anrechnungsmethode), verliert Deutschland das Recht zur Besteuerung der in der Betriebsstätte vorhandenen stillen Reserven, da die Betriebsstätte nach der Verschmelzung der im Ausland ansässigen übernehmenden Kapitalgesellschaft zugeordnet wird und für Deutschland kein Anknüpfungspunkt zur Besteuerung mehr besteht. Folglich muss in diesem Fall die Betriebsstätte in der Schlussbilanz der übertragenden Kapitalgesellschaft mit dem gemeinen Wert angesetzt werden.

5.2.3.2   Konsequenzen für die übernehmende Kapitalgesellschaft

Die Besteuerung der im EU/EWR-Ausland ansässigen Kapitalgesellschaft richtet sich ausschließlich nach den Vorschriften des jeweiligen Ansässigkeitsstaates.

5.2.3.3   Konsequenzen für die Anteilseigner der übertragenden KapGes

Anteile an einer deutschen Kapitalgesellschaft, die ein deutscher Anteilseigner inne hat, unterliegen einzig der deutschen Besteuerung. Nach der Herausverschmelzung hält der deutsche Anteilseigner jedoch Anteile an einer Kapitalgesellschaft, die im EU/EWR-Ausland belegen ist. Die Folgen sind mit denen der grenzüberschreitenden Auslandsverschmelzung mit Inlandsbezug zu vergleichen. Behält Deutschland nach dem nun einschlägigen DBA das Besteuerungsrecht hinsichtlich des Gewinns aus der Veräußerung der Anteile vollumfänglich, kann der Buchwertansatz gewählt werden. Bestimmt das DBA jedoch, dass auch der ausländische Staat, in dem die EU/EWR-Kapitalgesellschaft ansässig ist, Steuern erheben darf und Deutschland diese anrechnen muss, wird das deutsche Besteuerungsrecht insofern beschränkt und es ist der gemeine Wert anzusetzen, wenn nicht gem. § 13 Abs. 2 S. 1 Nr. 2 UmwStG anderweitig optiert werden kann.

Handelt es sich jedoch nicht um einen deutschen, sondern um einen ausländischen Anteilseigner, der in Deutschland gem. § 49 Abs. 1 Nr. 2 Bst. a, e EStG (Einkünfte aus Gewerbebetrieb, insbesondere gem. § 17 Abs. 1 EStG) beschränkt steuerpflichtig ist, wird Deutschland regelmäßig das Besteuerungsrecht verlieren, da mit Untergang des deutschen Unternehmens weder Unternehmen noch Anteilseigner als Anknüpfungspunkt für eine Besteuerung in Deutschland in Frage kommen. Daher ist in diesem Fall der gemeine Wert anzusetzen, und die aufgedeckten stillen Reserven sind zu versteuern. War der ausländische Anteilseigner hingegen bereits vor der Verschmelzung in Deutschland nicht steuerpflichtig, kann konsequenterweise kein deutsches Besteuerungsrecht untergehen und der Buchwertansatz kann gewählt werden.

5.2.4 Hineinverschmelzung

5.2.4.1 Konsequenzen für die übertragende Kapitalgesellschaft

Die Konsequenzen für die übertragende Kapitalgesellschaft richten sich bei der Hineinverschmelzung ausschließlich nach ausländischem Recht, es sei denn, die übertragende Kapitalgesellschaft verfügt über eine Betriebsstätte in Deutschland. Da Deutschland nach der Verschmelzung allerdings stets das unbeschränkte Besteuerungsrecht an dieser Betriebsstätte besitzt, wird das deutsche Besteuerungsrecht i. d. R. ausgedehnt, jedoch keinesfalls beschränkt oder ausgeschlossen. Dahingehend wird aus deutscher Sicht stets eine Buchwertfortführung gewährt.

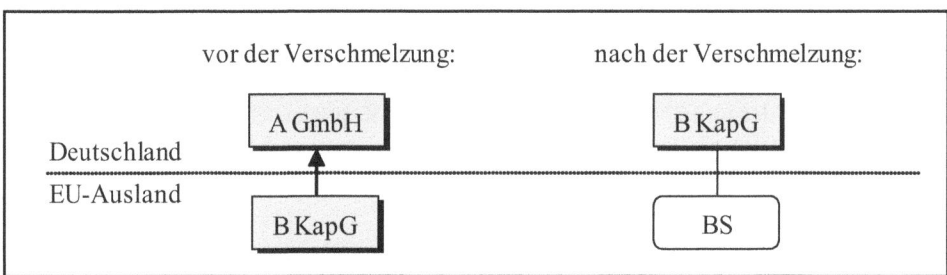

Abbildung 128: Hineinverschmelzung

5.2.4.2 Konsequenzen für die übernehmende Kapitalgesellschaft

Begründet eine Hineinverschmelzung ein erstmaliges Besteuerungsrecht Deutschlands an den im Ausland belegenen Wirtschaftsgütern der im Ausland ansässigen übertragenden Kapitalgesellschaft, sind diese als Einlage bei der übernehmenden Kapitalgesellschaft gem. § 6 Abs. 1 Nr. 5a i. V. m. § 4 Abs. 1 S. 7 EStG mit dem gemeinen Wert anzusetzen.

Vor der Verschmelzung bestand für die im Ausland belegenen Wirtschaftsgüter kein Besteuerungsrecht Deutschlands, da diese der ausländischen Kapitalgesellschaft zuzuordnen waren, für die nur der ausländische Staat die Steuerhoheit besaß. Nach der Hineinverschmelzung sind diese Wirtschaftsgüter jedoch der deutschen Kapitalgesellschaft zuzuordnen, welche unter die deutsche Steuerhoheit fällt. Wenn zwischen Deutschland und dem Staat, in dem das Betriebsvermögen belegen ist, ein DBA mit Freistellungsmethode besteht, wonach nur dem ausländischen Staat das Besteuerungsrecht an dem besagten Betriebsvermögen zugewiesen wird, besteht auch nach der Verschmelzung kein deutsches Besteuerungsrecht. Besteht zwischen den beiden Staaten jedoch kein DBA oder ein DBA mit Anrechnungspflicht, wird ein deutsches Besteuerungsrecht durch die Hineinverschmelzung erstmals begründet. Im Falle, dass kein DBA zwischen Deutschland und dem ausländischen Staat besteht, kann der deutsche Staat die im Ausland belegenen Wirtschaftsgüter im Rahmen der Besteuerung der im Inland ansässigen, übernehmenden Kapitalgesellschaft unbeschränkt besteuern. Ist hingegen ein DBA mit Anrechnungspflicht einschlägig, besteuert Deutschland diese unter Anrechnung der im Ausland erhobenen Steuern. In beiden Fällen wird das deutsche Besteuerungsrecht erstmals begründet, so dass die übergehenden Wirtschaftsgüter bei der übernehmenden Kapitalgesellschaft mit dem gemeinen Wert anzusetzen sind. Zu einer Aufdeckung stiller Reserven kommt es hierbei nicht.

5.2.4.3 Konsequenzen für die Anteilseigner der übertragenden KapGes

Auch im Falle der Anteilseigner gilt, dass Deutschland an Besteuerungsrechten gewinnt, wenn z. B. ein im Ausland ansässiger Anteilseigner durch die Hineinverschmelzung in Deutschland der beschränkten Steuerpflicht unterworfen wird, und es daher in keinem Fall zu einem Verlust des deutschen Besteuerungsrechts kommen kann. Insofern erfolgt die Hineinverschmelzung für in- und ausländische Anteilseigner stets steuerneutral.

5.2.5 Zusammenfassung

In den meisten grenzüberschreitenden Konstellationen können die Buchwerte auf Ebene der übertragenden Kapitalgesellschaft wie auch auf Ebene ihrer Anteilseigner grundsätzlich fortgeführt werden, da das deutsche Besteuerungsrecht an den stillen Reserven weder ausgeschlossen noch beschränkt wird. Bei der Inlandsverschmelzung kommt es zu keinem Wechsel der DBA, bei der Hineinverschmelzung wird das Besteuerungsrecht Deutschlands regelmäßig ausgeweitet. Da es bei der Auslandsverschmelzung zum Wechsel der anzuwendenden DBA kommen kann, sind diese Vorgänge hinsichtlich des deutschen Besteuerungsrechts an den Veräußerungsgewinnen genauer zu prüfen. Gleiches gilt für die Herausverschmelzung, bei der es regelmäßig zum Ausschluss des deutschen Besteuerungsrechtes kommen kann.

In vielen Fällen erfolgt jedoch die Sicherstellung der stillen Reserven bereits durch die Grundprinzipien des internationalen Steuerrechts, so dass Deutschland das Besteuerungsrecht nicht verliert und eine Aufdeckung der stillen Reserven gem. § 11 bzw. § 13 UmwStG nicht erforderlich ist. Hierbei sind insbesondere das Betriebsstättenprinzip und das Wohnsitzstaatprinzip zu nennen:

- **Betriebsstättenprinzip:** Auf Ebene des Ansässigkeitsstaates der übertragenden Kapitalgesellschaft bleibt das Besteuerungsrecht durch die DBA auch bei grenzüber schreitenden Verschmelzungen erhalten, wenn in diesem Staat eine Betriebsstätte verbleibt.

- **Wohnsitzstaatprinzip:** Auf Ebene des Ansässigkeitsstaates des Anteilseigners der übertragenden Kapitalgesellschaft bleibt das Besteuerungsrecht erhalten, da der Wohnsitzstaat grundsätzlich das Besteuerungsrecht an den Veräußerungsgewinnen von Anteilen an Kapitalgesellschaften behält.

Die steuerlichen Interessen des deutschen Staates bleiben somit bereits auf Ebene der DBA regelmäßig gewahrt. Die Vorschriften § 11 Abs. 2 S. 1 Nr. 2 und § 13 Abs. 2 S. 1 Nr. 1 UmwStG wurden für die Tatbestände geschaffen, bei denen dies nicht der Fall ist.

Durch die Regelung, dass bei Untergang des deutschen Besteuerungsrechts hinsichtlich der Gewinne aus der Veräußerung von Wirtschaftsgütern bzw. Anteilen, der gemeine Wert anzusetzen ist, stellt der deutsche Staat sicher, dass stille Reserven nicht steuerneutral ins Ausland übertragen werden, sondern letztmalig einer deutschen Besteuerung unterworfen werden. Umgekehrt sind bei der Hineinverschmelzung Wirtschaftsgüter, die erstmals dem deutschen Besteuerungsrecht unterworfen werden, ebenfalls mit dem gemeinen Wert anzusetzen, wobei es jedoch **nicht** zu einer deutschen Besteuerung der hierdurch aufgedeckten stillen Reserven kommt. Dies ist insofern als konsequent zu erachten, als dass der deutsche Staat einerseits stille Reserven, die seinem Einflussgebiet unterlagen, letztmalig besteuert, jedoch stille Reserven, **die im Ausland geschaffen wurden**, andererseits keiner deutschen Besteuerung unterwirft.

6 Abschlussfall

Bearbeitungshinweise:
- Auf die bilanzielle Darstellung der handelsrechtlichen Behandlung der Verschmelzung soll verzichtet werden.
- Bestehende Wahlrechte sind so auszuüben, dass sich eine möglichst niedrige Steuerbelastung auf Ebene der beteiligten Kapitalgesellschaften und ihrer Anteilseigner ergibt.
- Auf umsatzsteuerliche, grunderwerbsteuerliche sowie gewerbesteuerliche Folgen der Verschmelzung ist nicht einzugehen.

Sachverhalt:

Die Daltons AG soll rückwirkend zum 31.12.2019 (steuerlicher Übertragungsstichtag) auf die bereits bestehende LuckyLuke AG verschmolzen werden. Dem Vorhaben liegt ein notariell beurkundeter Verschmelzungsvertrag vom 12.04.2020 zugrunde, welcher zwischen den beiden Gesellschaften geschlossen wurde. Die Anmeldung zum Handelsregister erfolgt am 01.05.2020 und die Eintragung am 20.08.2020.

Die Bilanzen der beiden Gesellschaften zum 31.12.2019 stellen sich wie folgt dar:

Aktiva			Daltons AG	Passiva
	Buchwert	*Gemeiner Wert*		
Aktiva	810 T€	*1.030 T€*	Nennkapital	110 T€
			Kapitalrücklage	40 T€
			Gewinnrücklagen	380 T€
			Fremdkapital	280 T€
	810 T€	*1.030 T€*		810 T€

An der Daltons AG ist die JollyJumper GmbH zu 60 % beteiligt (Buchwert der Beteiligung: 90 T€). Die weiteren 40 % der Anteile hält MaDalton seit Jahren in ihrem Privatvermögen (Anschaffungskosten: 60 T€).

Aktiva			LuckyLuke AG	Passiva
	Buchwert	*Gemeiner Wert*		
Aktiva	1.120 T€	*1.340 T€*	Nennkapital	200 T€
			Kapitalrücklage	100 T€
			Gewinnrücklagen	480 T€
			Fremdkapital	340 T€
	1.120 T€	*1.340 T€*		1.120 T€

Die Eigenkapitalbestände beider Kapitalgesellschaften sind:

	Ausweis in Steuerbilanz		Gesondert festgestelltes EK
	Nennkapital	RL lt. StB*⁾	steuerliches Einlagekonto
Bestände Daltons AG 31.12.2019	110 T€	420 T€	40 T€
Bestände LuckyLuke AG 31.12.2019	200 T€	580 T€	100 T€

*⁾ RL lt. StB = Kapitalrücklage + Gewinnrücklagen

Beide Kapitalgesellschaften sind unbeschränkt körperschaftsteuerpflichtig. Das Wirtschaftsjahr stimmt jeweils mit dem Kalenderjahr überein.

Für die Ermittlung der Unternehmenswerte wurde ein Wirtschaftsprüfer beauftragt. Er ermittelte unter Einbeziehung der stillen Reserven folgende Unternehmenswerte vor Verschmelzung:

Unternehmenswert Daltons AG: 750 T€

Unternehmenswert LuckyLuke AG: 1.000 T€

Aufgaben:

1. Nach welchen Vorschriften ist die Verschmelzung handelsrechtlich zu behandeln?
2. In welcher Höhe hat die LuckyLuke AG eine Kapitalerhöhung vorzunehmen?

3. Wie wird die Verschmelzung steuerrechtlich behandelt?

4. Welche steuerlichen Konsequenzen ergeben sich auf Ebene der Daltons AG, wenn eine Buchwertfortführung angenommen wird?

5. Welche steuerlichen Konsequenzen ergeben sich auf Ebene der LuckyLuke AG? Welchen Bestand weist der steuerliche Eigenkapitalausweis der LuckyLuke AG nach der Verschmelzung auf?

6. Welche steuerlichen Konsequenzen ergeben sich für die Gesellschafter der Daltons AG?

Lösung:

1. Handelsrechtliche Vorschriften für die Verschmelzung

Bei der Verschmelzung der Daltons AG auf die LuckyLuke AG handelt es sich um eine Verschmelzung durch Aufnahme i. S. d. § 2 Nr. 1 UmwG. Die Daltons AG überträgt ihr gesamtes Vermögen auf die LuckyLuke AG und erlischt ohne Abwicklung. Die JollyJumper GmbH sowie MaDalton erhalten für die Übertragung des Vermögens Anteile an der LuckyLuke AG. Für die Verschmelzung gelten die Regeln der §§ 4 - 35 UmwG. Als rechtsformspezifische Normen für die AG sind ergänzend die §§ 60 - 72 UmwG anzuwenden.

Die Daltons AG muss der Anmeldung zum Handelsregister eine handelsrechtliche Schlussbilanz beilegen, die auf einen höchstens acht Monate vor der Anmeldung liegenden Stichtag aufgestellt worden ist (§ 17 Abs. 2 UmwG). Da die Anmeldung am 01.05.2020 erfolgt ist, kann die handelsrechtliche Schlussbilanz zum 31.12.2019 als Übertragungsbilanz verwendet werden.

Die LuckyLuke AG kann in ihrer handelsrechtlichen Übernahmebilanz die Buchwerte fortführen. Es ist aber auch möglich, die übernommenen Vermögensgegenstände und Schulden zu Anschaffungskosten zu bewerten (§ 24 UmwG).

2. Kapitalerhöhung

Die LuckyLuke AG hat zur Abfindung der Gesellschafter der Daltons AG neue Anteile im Wege einer Kapitalerhöhung zu schaffen. Die Kapitalerhöhung bemisst sich nach dem Verhältnis der tatsächlichen Unternehmenswerte der beiden beteiligten Gesellschaften (= Umtauschverhältnis).

$$\text{Umtauschverhältnis} = \frac{\text{Unternehmenswert Daltons AG}}{\text{Unternehmenswert LuckyLuke AG}} = \frac{750\ T€}{1.000\ T€} = 0{,}75$$

Das Nennkapital der LuckyLuke AG ist daher um 75 % vom bisherigen Betrag zu erhöhen.

$$\text{Kapitalerhöhung} = 0{,}75 \ * \ \text{Nennkapital} = 0{,}75 \ * \ 200\ T€ = 150\ T€$$

Nennkapital der LuckyLuke AG nach Verschmelzung: **350 T€** (= 200 T€ + 150 T€).

3. Steuerrechtliche Behandlung der Verschmelzung

a) Gesetzliche Vorschriften

Da es sich um eine Verschmelzung i. S. d. § 2 UmwG handelt, sind nach § 1 Abs. 1 Nr. 1 UmwStG die Vorschriften der §§ 11 - 13 UmwStG für eine steuerneutrale Verschmelzung anwendbar.

b) Steuerliche Rückwirkung

Die Verschmelzung kann rückwirkend auf den 31.12.2019 vorgenommen werden, da auf diesen Stichtag die handelsrechtliche Schlussbilanz erstellt wird (§ 2 Abs. 1 S. 1 UmwStG). Steuerlicher Übertragungsstichtag ist damit der 31.12.2019. Die Steuerpflicht der Daltons AG endet und die der LuckyLuke AG bzgl. des übergehenden Vermögens beginnt im Veranlagungszeitraum 2019.

4. Steuerliche Konsequenzen auf Ebene der Daltons AG

Die Daltons AG hat gem. § 11 Abs. 2 UmwStG ein Wahlrecht. Sie kann die übergehenden Wirtschaftsgüter in ihrer steuerlichen Schlussbilanz mit dem Buch-, Zwischenwert oder gemeinen Wert ansetzen. Da sichergestellt ist, dass die in den übergehenden Wirtschaftsgütern enthaltenen stillen Reserven bei der LuckyLuke AG der Besteuerung unterliegen, Deutschland aufgrund einer Inlandsverschmelzung kein Besteuerungsrecht verliert und eine in Gesellschaftsrechten bestehende Gegenleistung gewährt wird, kann die Daltons AG die Buchwerte ansetzen. Ein Übertragungsgewinn ergibt sich folglich nicht. Die Verschmelzung auf die LuckyLuke AG geht steuerneutral vonstatten. Die obige Bilanz dient aufgrund des Buchwertansatzes als steuerliche Schlussbilanz.

5. Steuerliche Konsequenzen auf Ebene der LuckyLuke AG

a) Vermögensübergang und Übernahmegewinn

Bei der LuckyLuke AG ist der Vermögensübergang als laufender Geschäftsvorfall zu erfassen. Die übergehenden Wirtschaftsgüter (Aktiva wie Passiva) sind gem. § 12 Abs. 1 S. 1 UmwStG mit den in der Schlussbilanz der Daltons AG angesetzten Werten zu übernehmen. Sie werden zu den bereits vorhandenen Bilanzpositionen der LuckyLuke AG hinzuaddiert.

Mit Einbuchung des Vermögens geht in diesem Fall keine Beteiligung an der übertragenden Daltons AG unter, da die LuckyLuke AG vor der Verschmelzung nicht an der Daltons AG beteiligt war. Dennoch stellt sich folgendes Übernahmeergebnis ein:

Wert des übergehenden Vermögens (= Saldo aus übergehenden Vermögensgegenständen und Schulden) (= 810 T€ ./. 280 T€)		530 T€
./.	Buchwert der untergehenden Beteiligung	0 T€
=	Übernahmegewinn	530 T€
./.	Nennwert der mittels Kapitalerhöhung geschaffenen Anteile (= für die Kapitalerhöhung verwendeter Übernahmegewinn)	150 T€
=	Verbleibender Übernahmegewinn nach Kapitalerhöhung	380 T€

Der Übernahmegewinn abzüglich des Betrages, der für die Kapitalerhöhung verwendet wurde, entspricht den Gewinnrücklagen der Daltons AG, die den Gewinnrücklagen der LuckyLuke AG hinzuzuaddieren sind.

Gem. § 12 Abs. 2 S. 2 UmwStG ist der Übernahmegewinn in Höhe der Beteiligung der Übernehmerin an der Überträgerin § 8b KStG zu unterwerfen. Da jedoch keine Beteiligung vorliegt, erhöht der Übernahmegewinn das steuerliche Ergebnis der LuckyLuke AG nicht.

b) Eintritt in die Rechtsstellung der Daltons AG

Die LuckyLuke AG tritt gem. § 12 Abs. 3 UmwStG bzgl. der AfA, der erhöhten Absetzungen, der Sonderabschreibungen, der Inanspruchnahme einer Bewertungsfreiheit oder eines Bewertungsabschlags, der den steuerlichen Gewinn mindernden Rücklagen, der Vorbesitzzeiten und der Behaltefristen in die Rechtsstellung der Daltons AG ein.

c) Auswirkungen auf den steuerlichen Eigenkapitalausweis

1. Schritt: *Herabsetzung des Nennkapitals der übertragenden Daltons AG nach § 29 Abs. 1 KStG:*

Daltons AG	**Ausweis in Steuerbilanz**		**Gesonderte Feststellung**
	Nennkapital	RL lt. StB	steuerliches Einlagekonto
Bestände 31.12.2019	110 T€	420 T€	40 T€
Herabsetzung des NK nach § 29 Abs. 1 KStG: Gutschrift auf stl. Einlagekonto	./. 110 T€	+ 110 T€	+ 110 T€
Bestände 31.12.2019	0 T€	530 T€	150 T€

2. und 3. Schritt: *Übergang des steuerlichen Einlagekontos der Daltons AG nach § 29 Abs. 2 KStG sowie Anpassung des Nennkapitals der LuckyLuke AG nach § 29 Abs. 4 KStG:*

Mit Übergang des Vermögens geht auch das neutrale Vermögen der Daltons AG (in der Bilanz als Gewinnrücklage ausgewiesen) auf die LuckyLuke AG über.

LuckyLuke AG		Ausweis in StB		Gesonderte Feststellung
	T€	Nennkapital	RL lt. StB	steuerliches Einlagekonto
Bestände 31.12.2019		200 T€	580 T€	100 T€
Übergang des neutralen Vermögens = Hinzurechnung: Gewinnrücklage Daltons AG			+ 380 T€	
Hinzurechnung nach § 29 Abs. 2 S. 1 KStG: Bestand steuerl. Einlagekonto Daltons AG			+ 150 T€	+ 150 T€
Bestände nach Anwendung von § 29 Abs. 2 KStG		200 T€	1.110 T€	250 T€
Anpassung des NK nach § 29 Abs. 4 KStG: Nennkapital nach Verschmelzung	350 T€			
./. Nennkapital vor Verschmelzung	./. 200 T€			
= Gem. § 29 Abs. 4 KStG anzupassender Teil des NK	150 T€			
Minderung steuerl. Einlagekonto	./. 150 T€	+150 T€	./. 150 T€	./. 150 T€
	0 T€			
Bestände 31.12.2019		350 T€	960 T€	100 T€

d) Bilanz der LuckyLuke AG nach Verschmelzung

Aktiva		LuckyLuke AG		Passiva
Aktiva	1.120 T€	Nennkapital	200 T€	
+ Aktiva D AG +	**810 T€** 1.930 T€	+ Kapitalerhöhung	+ **150 T€**	350 T€
		KapitalRL	100 T€	
		+ KapitalRL D AG	+ **150 T€**	
		./. Kapitalerhöhung	./. **150 T€**	100 T€
		GewinnRL	480 T€	
		+ GewinnRL D AG*⁾ +	**380 T€**	860 T€
		Fremdkapital	340 T€	
		+ FK D AG	+ **280 T€**	620 T€
	1.930 T€			1.930 T€

D AG = Daltons AG

Die übergegangenen Gewinnrücklagen der Daltons-AG entsprechen dem Übernahmegewinn, der sich nach Verwendung des Übernahmegewinns für die Kapitalerhöhung ergibt.

6. Steuerliche Konsequenzen für die Gesellschafter der Daltons AG

Die Gesellschafter der Daltons AG erhalten für ihre untergehenden Anteile neue Anteile an der LuckyLuke AG. Im Vergleich zu vorher ergeben sich durch die Verschmelzung folgende Beteiligungsverhältnisse:

	Anteil am Nennkapital der Daltons AG		Anteil am Nennkapital der LuckyLuke AG	
	in %	in €	in %	in €
JollyJumper GmbH	60 %	66 T€	25,7 %	90 T€
MaDalton	40 %	44 T€	17,1 %	60 T€
Andere Gesellschafter der LuckyLuke AG			57,2 %	200 T€
Σ	100 %	110 T€	100,0 %	350 T€

Die steuerlichen Konsequenzen des Anteilstausches sind in § 13 UmwStG geregelt. Danach gehen die in den untergehenden Anteilen enthaltenen stillen Reserven auf die neu gewährten Anteile über. Sie sind somit nicht zu versteuern. Damit erfolgt die Verschmelzung auch auf Ebene der Gesellschafter steuerneutral.

a) JollyJumper GmbH

Die Gesellschaft hält ihre Anteile an der Daltons AG in ihrem Betriebsvermögen. Nach § 13 Abs. 2 S. 2 UmwStG treten die neuen Anteile an der LuckyLuke AG an die Stelle der untergehenden Anteile, sofern das deutsche Besteuerungsrecht nicht eingeschränkt wird. Aufgrund des Umstands, dass es sich bei der vorliegenden Verschmelzung um eine reine Inlandsverschmelzung zweier deutscher Aktiengesellschaften handelt, sind auch die neuen Anteile in Deutschland steuerverstrickt. Da der Buchwert der Beteiligung in der Bilanz der JollyJumper GmbH 90 T€ beträgt, werden die neuen Anteile an der LuckyLuke AG in Höhe von 25,7 % ebenfalls mit 90 T€ ausgewiesen.

b) MaDalton

Bei der Beteiligung von MaDalton handelt es sich um Anteile im Privatvermögen i. S. d. § 17 EStG. Gem. § 13 Abs. 2 S. 3 i. V. m. Abs. 2 S. 2 UmwStG treten die neuen Anteile an die Stelle der untergehenden Anteile. Die Anschaffungskosten der neuen Anteile in Höhe von 17,1 % betragen folglich 60 T€. Die erworbenen Anteile an der LuckyLuke AG gelten ebenfalls als Anteile i. S. d. § 17 EStG.

Kapitel IV: Spaltung von Kapitalgesellschaften

1 Allgemeines

Mit der Spaltung von Kapitalgesellschaften hat der Gesetzgeber ein Regelwerk geschaffen, welches – im Gegensatz zur konzentrierenden Verschmelzung des vorherigen Kapitels – die Dekonzentration von Kapitalgesellschaften ermöglicht.

Unter dem Begriff der Spaltung von Kapitalgesellschaften ist die Übertragung von Vermögensteilen einer Kapitalgesellschaft auf eine oder mehrere andere Kapitalgesellschaften gegen Gewährung von Anteilen an der oder den übernehmenden Kapitalgesellschaft(en) zu verstehen. Da jeweils nur Teile des Vermögens und nicht das gesamte Vermögen auf eine andere Kapitalgesellschaft übertragen werden, tritt die aufnehmende Kapitalgesellschaft lediglich hinsichtlich des auf sie übergegangenen Vermögensteils in die Rechtsstellung der übertragenden Kapitalgesellschaft ein. Dies wird als partielle Gesamtrechtsnachfolge oder auch Sonderrechtsnachfolge bezeichnet.

> **Merke:** Bei einer Spaltung im Wege der **partiellen Gesamtrechtsnachfolge** werden bestimmte Teile des Vermögens der zu spaltenden Kapitalgesellschaft als Gesamtheit auf die übernehmende(n) Kapitalgesellschaft(en) übertragen (§ 131 Abs. 1 UmwG). Die Gesamtrechtsnachfolge ist auf die Vermögensteile beschränkt, die laut Spaltungsvertrag auf die Rechtsnachfolger übergehen.

2 Spaltungsmotive

Die häufigsten Beweggründe für eine Spaltung einer Kapitalgesellschaft auf eine oder mehrere Kapitalgesellschaften sind betriebswirtschaftlicher sowie steuerrechtlicher und allgemein rechtlicher Art.

Betriebswirtschaftliche Gründe:
- Schaffung kleinerer Einheiten für mehr Flexibilität am Markt,
- Isolierung von Haftungsrisiken, v.a. im Bereich der Produkthaftung,
- Vorbereitung von Unternehmenszusammenschlüssen oder Veräußerungen.

Steuerrechtliche/ allgemein rechtliche Gründe:
- Trennung von Gesellschafterstämmen, u.U. Familienstämmen, zur Konfliktreduzierung,
- Vorbereitung von Erbauseinandersetzungen,
- Rückabwicklung von fehlgelaufenen Verschmelzungen.

© Springer Fachmedien Wiesbaden GmbH, ein Teil von Springer Nature 2020
G. Brähler und A. Krenzin, *Umwandlungssteuerrecht*,
https://doi.org/10.1007/978-3-658-27980-6_4

3 Handelsrechtliche Regelungen

Die handelsrechtlichen Regelungen der Spaltung sind denen der Verschmelzung sehr ähnlich. Im Folgenden werden daher v. a. die handelsrechtlichen Besonderheiten der Spaltung hervorgehoben. Bei Gemeinsamkeiten mit der Verschmelzung wird auf die vorhergehenden Kapitel verwiesen.

3.1 Spaltung von Kapitalgesellschaften im UmwG

3.1.1 Systematik

Die Spaltung von Kapitalgesellschaften ist im dritten Buch des UmwG (§§ 123 - 173) geregelt. Wie bereits im zweiten Buch zur Verschmelzung enthält der erste Teil (§§ 123 - 137 UmwG) des dritten Buchs allgemeine Vorschriften. Im zweiten Teil (§§ 138 - 173 UmwG) werden besondere Vorschriften zur Spaltung unter Beteiligung von Gesellschaften unterschiedlicher Rechtsformen (u. a. GmbH, AG, KGaA) normiert.

> **Merke:** Gem. **§ 125 S. 1 UmwG** sind die Vorschriften des UmwG zur Verschmelzung (zweites Buch, §§ 2 - 122) – bis auf wenige Ausnahmen – auch auf die Spaltung von Kapitalgesellschaften anzuwenden, soweit sich aus den §§ 126-173 UmwG keine Abweichungen ergeben. §§ 122a-122l UmwG finden hingegen **keine Anwendung** auf die Spaltung von Kapitalgesellschaften.

3.1.2 Arten der Spaltung

Das UmwG unterscheidet in § 123 UmwG drei Arten der Spaltung:

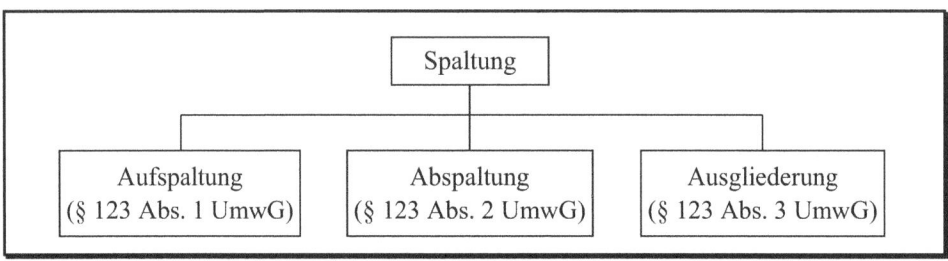

Abbildung 129: Spaltungsarten nach § 123 UmwG

Die Spaltung kann bei allen drei Spaltungsarten auf eine oder mehrere bereits bestehende Gesellschaften (Spaltung zur Aufnahme) oder auf eine oder mehrere für diesen Zweck neu gegründete Gesellschaften (Spaltung zur Neugründung) erfolgen.

3.1.2.1 Aufspaltung

Bei der **Aufspaltung** wird das gesamte Vermögen einer Kapitalgesellschaft in Teilen auf mindestens zwei andere Kapitalgesellschaften im Wege der partiellen Gesamtrechtsnachfolge übertragen. Dabei wird die übertragende Kapitalgesellschaft ohne Abwicklung aufgelöst. Die Anteilseigner der untergehenden Kapitalgesellschaft werden mit Anteilen an den übernehmenden Kapitalgesellschaften abgefunden (§ 123 Abs. 1 UmwG).

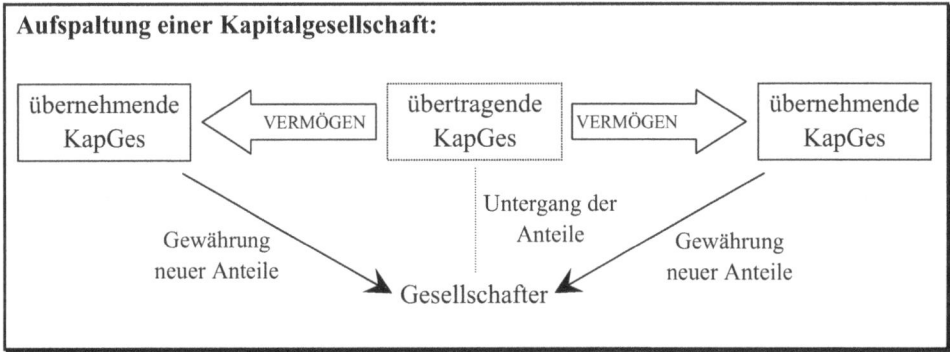

Abbildung 130: Aufspaltung einer Kapitalgesellschaft

3.1.2.2 Abspaltung

Die **Abspaltung** unterscheidet sich von der Aufspaltung dadurch, dass zum einen nicht das gesamte Vermögen, sondern nur Teile davon übertragen werden, und zum anderen die übertragende Kapitalgesellschaft nicht erlischt, da ein Teil ihres Vermögens bei ihr verbleibt. Die Anteile an der übertragenden Kapitalgesellschaft gehen folglich nicht unter, sondern werden in ihrem Wert gemindert. Zum Ausgleich erhalten die Anteilseigner der übertragenden Kapitalgesellschaft Anteile an der bzw. den übernehmenden Kapitalgesellschaft(en) (§ 123 Abs. 2 UmwG).

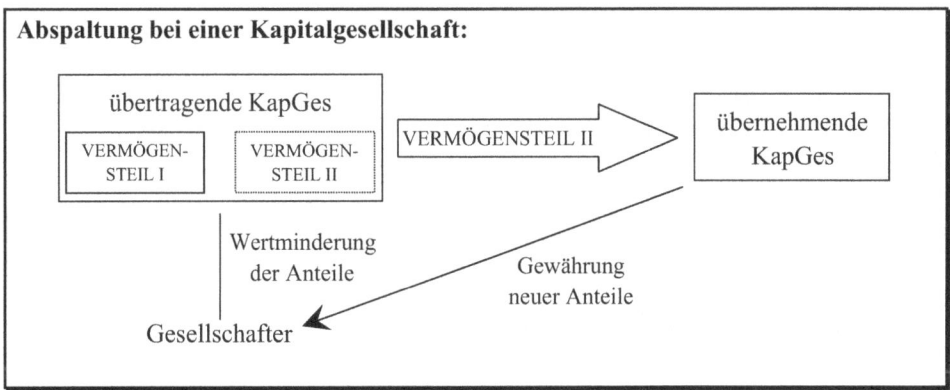

Abbildung 131: Abspaltung bei einer Kapitalgesellschaft

3.1.2.3 Ausgliederung

Die **Ausgliederung** ähnelt der Abspaltung. Teile des Vermögens werden im Wege der partiellen Gesamtrechtsnachfolge auf eine oder mehrere Kapitalgesellschaften übertragen. Einziger Unterschied zur Abspaltung ist, dass die Anteile an der übernehmenden Kapitalgesellschaft **nicht den Anteilseignern, sondern der übertragenden Kapitalgesellschaft selbst** gewährt werden (§ 123 Abs. 3 UmwG). Damit ist die ausgliedernde Kapitalgesellschaft an der bzw. den übernehmenden Kapitalgesellschaft(en) beteiligt, und es entsteht ein **Mutter-Tochter-Verhältnis**.

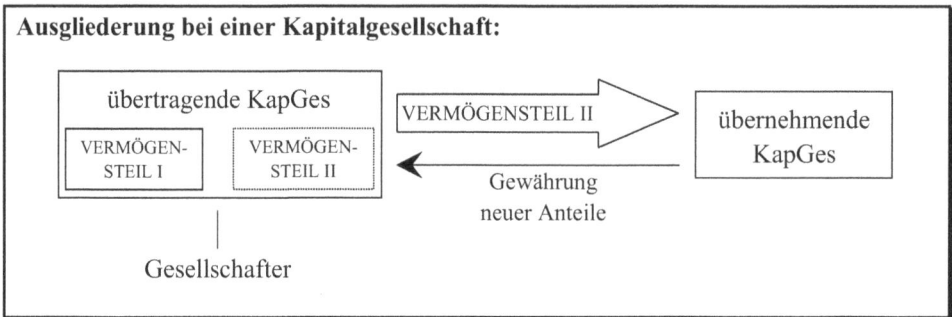

Abbildung 132: Ausgliederung bei einer Kapitalgesellschaft

Bei der Ausgliederung kann es sich aber auch um einen der Aufspaltung ähnlichen Vorgang handeln. Dies ist der Fall, wenn sämtliche Vermögensteile auf andere Kapitalgesellschaften übertragen werden. Die übertragende Kapitalgesellschaft besitzt dann lediglich die Anteile an den übernehmenden Kapitalgesellschaften und wird somit zur reinen **Holding-Gesellschaft**.

3.1.3 Entsprechende Anwendung der Verschmelzungsvorschriften

Wie bereits hervorgehoben, verweist § 125 UmwG für die Spaltung von Kapitalgesellschaften auf die Verschmelzungsvorschriften der §§ 2 - 122 UmwG. Diese Verweisung beruht darauf, dass Spaltungsvorgänge häufig das **Spiegelbild von Verschmelzungsvorgängen** sind. So ist die Aufspaltung zur Neugründung das exakte Spiegelbild der Verschmelzung durch Neugründung. Wird bei der Aufspaltung das Vermögen einer Kapitalgesellschaft auf mindestens zwei andere, neu gegründete Kapitalgesellschaften übertragen, so wird bei der Verschmelzung durch Neugründung das Vermögen von mindestens zwei Kapitalgesellschaften auf eine neu gegründete Kapitalgesellschaft übertragen. Weiter ist die Abspaltung zur Neugründung das Gegenstück zur Verschmelzung von Schwestergesellschaften. Durch die Abspaltung eines Vermögensteils auf eine neu gegründete Kapitalgesellschaft erhalten die Gesellschafter sämtliche Anteile der übernehmenden Kapitalgesellschaft, wodurch Schwestergesellschaften entstehen. Die Ausgliederung zur Neugründung ist schließlich, da sie ein Mutter-Tochter-Verhältnis entstehen lässt, die Umkehrung eines „up-stream mergers".

Bei den übrigen Spaltungsmöglichkeiten lässt sich die Verweisung auf die Verschmelzungsvorschriften dadurch rechtfertigen, dass Spaltungen und Verschmelzungen grundsätzlich gemeinsame Merkmale aufweisen. In beiden Fällen wird Vermögen im Wege der Gesamtrechtsnachfolge gegen Gewährung von Anteilen an den übernehmenden Kapitalgesellschaften übertragen. Insofern ist die Verweisung auf die Verschmelzungsvorschriften unumgänglich, da gleichartige Vorgänge i. d. R. auch gleich zu behandeln sind.

3.1.4   Spaltungsfähige Kapitalgesellschaften

Spaltungsfähig sind gem. § 1 Abs. 1 Nr. 2 UmwG ausschließlich Kapitalgesellschaften, die ihren **Sitz im Inland** haben. Demnach ist die Anwendung des UmwG auf Spaltungen beschränkt, bei denen sowohl die übertragende als auch die übernehmende(n) Kapitalgesellschaft(en) diese Voraussetzung erfüllen. Bei grenzüberschreitenden Spaltungen ist das UmwG somit nicht anwendbar.

An der Spaltung können nach § 124 Abs. 1 i. V. m. § 3 Abs. 1 Nr. 2 UmwG **Kapitalgesellschaften** in der Rechtsform der GmbH, AG und der KGaA als übertragende oder übernehmende Rechtsträger beteiligt sein. Die Spaltung von AGs und KGaAs ist – außer zur Ausgliederung zur Neugründung – allerdings nur zulässig, wenn sie bereits zwei Jahre im Handelsregister eingetragen sind (§ 141 UmwG).

Gem. § 124 Abs. 2 i. V. m. § 3 Abs. 4 UmwG kann die Spaltung sowohl zwischen Kapitalgesellschaften derselben Rechtsform als auch zwischen Kapitalgesellschaften unterschiedlicher Rechtsform vollzogen werden.

3.1.5   Spaltung zur Aufnahme und Neugründung

Entsprechend der Verschmelzung ist auch die Spaltung zur Aufnahme oder zur Neugründung möglich (§ 123 UmwG):

- **Spaltung zur Aufnahme gem. §§ 126 - 134 UmwG:**
  Übertragung von Vermögensteilen einer Kapitalgesellschaft auf eine oder mehrere bereits bestehende Kapitalgesellschaft(en).
- **Spaltung zur Neugründung gem. §§ 135 - 137 UmwG:**
  Übertragung von Vermögensteilen einer Kapitalgesellschaft auf eine oder mehrere neu zu gründende Kapitalgesellschaft(en).

Gem. § 123 Abs. 4 UmwG ist eine **Kombination von Aufnahme und Neugründung** möglich. Dies ist sachgerecht, da bei der Spaltung nicht nur eine, sondern auch mehrere Kapitalgesellschaften als Übernehmerinnen in Betracht kommen können.

Aufspaltung einer GmbH zur Aufnahme und Neugründung
Das Vermögen der Deadpool GmbH lässt sich in zwei Produktionsbereiche aufteilen. Im Wege der Aufspaltung überträgt die Deadpool GmbH den Produktionsbereich 1 auf die bereits bestehende Vanessa GmbH und Produktionsbereich 2 auf die zu diesem Zweck gegründete Ajax GmbH.

3.1.6   Spaltungsrichtungen

Wie bei der Verschmelzung sind bei der Spaltung durch Aufnahme grundsätzlich sämtliche Spaltungsrichtungen möglich, d. h. es kann side-stream, up-stream oder down-stream Spaltungen geben. Bei einer up-stream Abspaltung wird ein Teil einer Tochtergesellschaft auf ihre Muttergesellschaft abgespalten. In diesem Fall ist die aufnehmende Muttergesellschaft allerdings nicht dazu verpflichtet, eigene Anteile als Gegenleistung an die übertragende Tochtergesellschaft zu gewähren, da sich die übertragende Tochtergesellschaft im Besitz der aufnehmenden Muttergesellschaft befindet. Auch ist eine up-stream Aufspaltung denkbar, bei der die übertragende Gesellschaft auf ihre Anteilseigner aufgeteilt wird. Bei einer down-stream Spaltung wird ein Teil einer Muttergesellschaft (down-stream Abspaltung) oder die ganze Muttergesellschaft (down-stream Aufspaltung) auf eine bzw. mehrere Tochtergesellschaften aufgeteilt. Die als Gegenleistung gewährten Anteile werden dabei im Unterschied zur Ausgliederung nicht an die übertragende Gesellschaft, sondern direkt an die Gesellschafter der übertragenden Gesellschaft gewährt. Bei der side-stream Spaltung wird ein Teil der übertragenden Gesellschaft auf eine nicht an ihr beteiligte Gesellschaft verschmolzen.

3.1.7   Grenzüberschreitende Spaltungen

Das UmwG enthält im Unterschied zur Verschmelzung von Kapitalgesellschaften keine Regelungen für grenzüberschreitende Spaltungen. Das Fehlen umwandlungsrechtlicher Vorschriften bedeutet allerdings nicht, dass grenzüberschreitende Spaltungen nicht möglich oder zulässig sind. Vielmehr wäre ein Verbot von grenzüberschreitenden Spaltungen unzulässig, da ein solches Verbot gegen die im EG-Vertrag normierten europäischen Grundfreiheiten verstoßen würde. Dies ergibt sich aus dem EuGH-Urteil im Fall SEVIC Systems AG, nach dem ein Verstoß gegen die Niederlassungsfreiheit (Art. 49, 54 AEUV) vorliegt, wenn die Eintragung einer grenzüberschreitenden Verschmelzung verweigert wird, obwohl vergleichbare rein inländische Verschmelzungen möglich sind.[71] Der Tenor dieses Urteils lässt sich entsprechend auf Spaltungen übertragen, so dass grenzüberschreitende Hinein- und Herausspaltungen innerhalb des Geltungsbereiches des EG-Vertrages umwandlungsrechtlich zugelassen werden müssen, sofern an dem Umwandlungsvorgang lediglich EU-

---

[71]   Vgl. EuGH-Urteil vom 13.12.2005, C-411/03, Eur-Lex Doc 62003J0411. Zum Zeitpunkt des Urteils waren grenzüberschreitende Verschmelzungen, wie sie seit 2007 in den §§ 122a ff. UmwG geregelt sind, noch nicht möglich.

Gesellschaften beteiligt sind. Im Gegensatz zum Handelsrecht sind im Umwandlungssteuerrecht grenzüberschreitende Spaltungen aufgrund der mit dem SEStEG erfolgten Umsetzung der Fusionsrichtlinie unproblematisch möglich.

> **Merke:** Sowohl handelsrechtlich als auch steuerrechtlich sind grenzüberschreitende Hinein- und Herausspaltungen zulässig, sofern an dem Umwandlungsvorgang lediglich EU-Gesellschaften beteiligt sind.

3.2 Ablauf einer Spaltung im Überblick

Der Ablauf der Spaltung ist in den §§ 125 - 137 UmwG geregelt, wobei § 125 UmwG auf die entsprechende Anwendung der Verschmelzungsvorschriften verweist. Die allgemeinen Regelungen werden ergänzt durch die rechtsformspezifischen Vorschriften des Zweiten Teils. So gelten für die Spaltung unter Beteiligung von GmbHs die §§ 138 - 140 UmwG und für die Spaltung unter Beteiligung von AGs oder KGaAs die §§ 141 - 146 UmwG. Wie das Verschmelzungsverfahren lässt sich auch das Spaltungsverfahren gemäß dem zeitlichen Ablauf in drei Entwicklungsphasen einteilen:

- Vorbereitungsphase,
- Beschlussverfahren,
- Vollzug.

Zur schematischen Darstellung des Spaltungsverfahrens wird auf die Abbildung zum zeitlichen Ablauf der Verschmelzung von Kapital- auf Personengesellschaften in Kapitel II verwiesen.

3.2.1   Vorbereitungsphase

3.2.1.1   Spaltungsvertrag

Grundlage der Spaltung ist ein **Spaltungsvertrag** zwischen den Vertretungsorganen der zu spaltenden (übertragenden) Kapitalgesellschaft und der übernehmenden Kapitalgesellschaften (§ 125 i. V. m. § 4 Abs. 1 UmwG). Der Spaltungsvertrag ist gem. § 125 i. V. m. § 6 UmwG notariell zu beurkunden. Der Inhalt dieses Vertrags ist in § 126 UmwG aufgelistet und entspricht in weiten Teilen dem des Verschmelzungsvertrags. Daher wird die nachfolgende Betrachtung auf die abweichenden Inhaltsangaben beschränkt und im Übrigen auf die Ausführungen zum Verschmelzungsvertrag verwiesen.

Nach § 126 Abs. 1 UmwG beinhaltet der Spaltungsvertrag folgende Besonderheiten:

- Angabe des Umtauschverhältnisses der Anteile und ggf. Angabe der Höhe der baren Zuzahlungen bei Auf- und Abspaltung (§ 126 Abs. 1 Nr. 3 UmwG),
- Einzelheiten zur Übertragung der Anteile der übernehmenden Kapitalgesellschaft bei Auf- und Abspaltung (§ 126 Abs. 1 Nr. 4 UmwG),

- Angaben zur Aufteilung und Zuordnung des Vermögens (§ 126 Abs. 1 Nr. 9 UmwG),
- Angaben zur Aufteilung der Anteile sowie zum Maßstab der Aufteilung bei Auf- und Abspaltung (§ 126 Abs. 1 Nr. 10 UmwG).

Sofern die **Spaltung zur Neugründung** erfolgt, muss anstelle eines Spaltungsvertrags ein Spaltungsplan aufgestellt werden (§ 136 UmwG). Die Vorschriften über die Spaltung zur Aufnahme sind gem. § 135 Abs. 1 UmwG entsprechend anzuwenden.

3.2.1.1.1 Umtauschverhältnis und bare Zuzahlungen sowie Einzelheiten zur Anteilsübertragung

Angaben zum **Umtauschverhältnis** und ggf. zur Höhe der **baren Zuzahlungen** sowie Einzelheiten zur **Anteilsgewährung** sind nur bei der Auf- bzw. Abspaltung vorgeschrieben (§ 126 Abs. 1 Nr. 3, 4 UmwG). Der Ausschluss der Ausgliederung lässt sich damit begründen, dass es zu keinem Anteilstausch auf Ebene der Anteilseigner kommt. Vielmehr handelt es sich bei der Ausgliederung um einen Aktivtausch, da die übertragende Kapitalgesellschaft Anteile der übernehmenden Kapitalgesellschaft als Gegenleistung erhält.

Das Umtauschverhältnis ermittelt sich bei Auf- und Abspaltungen zur Aufnahme wie folgt:

$$\text{Umtauschverhältnis} = \frac{\text{Tatsächl. Wert des übertragenen Teilvermögens}}{\text{Unternehmenswert der übernehmenden KapGes}}$$

Bei einer **Aufspaltung zur Aufnahme** ist das Umtauschverhältnis angemessen, wenn die Summe der Anteile an den übernehmenden Kapitalgesellschaften wertmäßig den untergehenden Anteilen an der übertragenden Kapitalgesellschaft entspricht.

Bei einer **Abspaltung zur Aufnahme** muss der Wert der Anteile an der übernehmenden Kapitalgesellschaft dem tatsächlichen Wert des übertragenen Vermögensteils entsprechen, da sich die Anteile der abzufindenden Anteilseigner in dieser Höhe wertmäßig reduziert haben.

Auch wenn bei der **Ausgliederung zur Aufnahme** kein Umtauschverhältnis zu ermitteln ist, so ist dennoch vertraglich festzuhalten, dass die gewährten Anteile dem übertragenen Vermögen wertmäßig entsprechen.

Bei einer **Spaltung zur Neugründung** gehen grundsätzlich sämtliche Anteile am Nennkapital der neu gegründeten Kapitalgesellschaft auf die abzufindenden Anteilseigner der übertragenden Kapitalgesellschaft bzw. auf die übertragende Kapitalgesellschaft selbst über. Entscheidend ist hier, dass das Nennkapital der neu gegründeten Kapitalgesellschaft durch das übergehende Vermögen gedeckt ist, da sonst gegen das Verbot der Unterpari-Emission verstoßen wird.[72] Die Aufteilung der neuen Anteile auf die einzelnen Anteilseigner ist gem. § 126 Abs. 1 Nr. 10 UmwG vertraglich zu regeln.

3.2.1.1.2   Aufteilung und Zuordnung des Vermögens

Abweichend vom Verschmelzungsvertrag müssen im Spaltungsvertrag gem. § 126 Abs. 1 Nr. 9 UmwG die Gegenstände des Aktiv- und Passivvermögens sowie die Betriebe oder Betriebsteile, die übertragen werden sollen, genau bezeichnet und aufgeteilt werden. Soll das zu übertragende Vermögen auf mehrere Kapitalgesellschaften übergehen, ist anzugeben, welche Gegenstände, Betriebe oder Betriebsteile der jeweils übernehmenden Kapitalgesellschaft zugeordnet werden.

Merke: Umwandlungssteuerrechtlich ist eine steuerneutrale Spaltung nur möglich, wenn jeweils ein Teilbetrieb, ein Mitunternehmeranteil oder eine 100 %ige Beteiligung an einer Kapitalgesellschaft übertragen wird und – im Falle der Abspaltung – im Vermögen der übertragenden Kapitalgesellschaft verbleibt (§ 15 Abs. 1 S. 2 UmwStG). Um die Steuerneutralität der Spaltung nicht zu gefährden, sollte diese Vorschrift bereits bei der handelsrechtlichen Aufteilung des Vermögens berücksichtigt werden.

Sind bei einer Aufspaltung zur Aufnahme nicht alle Gegenstände des Aktivvermögens im Spaltungsvertrag aufgeführt (d. h. wenn Gegenstände vergessen wurden), und lässt sich die Zuordnung dieser Gegenstände auch nicht durch Auslegung des Vertrags ermitteln, so ergibt sich die Zuordnung aus § 131 Abs. 3 UmwG. Die Regelung ist notwendig, da die aufgespaltene Kapitalgesellschaft mit Eintragung ins Handelsregister erlischt und somit nicht mehr über die **„vergessenen Gegenstände"** verfügen kann. § 131 Abs. 3 Hs. 1 UmwG ordnet zunächst an, dass der vergessene Gegenstand auf alle übernehmenden Kapitalgesellschaften zur gemeinsamen Nutzung übergeht. Der Umfang der Mitberechtigung, welcher den einzelnen Übernehmerinnen zusteht, ermittelt sich aus dem Verhältnis, nach dem der Überschuss der Aktiva über die Passiva vertragsmäßig zu verteilen ist. Ist eine solche Aufteilung nicht möglich, so ist der Gegenwert des Gegenstandes (z. B. erzielt durch Veräußerung) in diesem Verhältnis zu verteilen (§ 131 Abs. 3 Hs. 2 UmwG).

3.2.1.1.3   Aufteilung der Anteile

Nach § 126 Abs. 1 Nr. 10 UmwG sind bei Auf- und Abspaltungen Angaben zur Aufteilung der Anteile der übernehmenden Kapitalgesellschaften auf die Anteilseigner der übertragen-

---

[72] Vgl. Schmitt, J./ Hörtnagl, R./ Stratz, R., Umwandlungsgesetz, Umwandlungssteuergesetz, 7. Aufl., München 2016, § 126 UmwG, Rz. 28 ff., 35.

den Kapitalgesellschaft sowie zum Maßstab der Aufteilung zu machen. Diese Angaben sind erforderlich, da für die Aufteilung der Anteile zwei Möglichkeiten bestehen:[73]

- **Verhältniswahrende Spaltung**
  Die Anteile an den übernehmenden Kapitalgesellschaften werden im Verhältnis der bisherigen Beteiligungen an der übertragenden Kapitalgesellschaft aufgeteilt.

Beispiel

Aufspaltung einer GmbH
An der Ernie&Bert GmbH sind die Gesellschafter Ernie und Bert jeweils zu 50 % beteiligt.

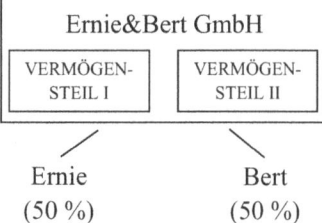

Das Vermögen der Ernie&Bert GmbH wird im Wege der Aufspaltung auf zwei neu gegründete Gesellschaften, die Ernie GmbH und die Bert GmbH, jeweils zur Hälfte übertragen. Ernie und Bert erhalten jeweils 50 % der Anteile an den übernehmenden GmbHs.

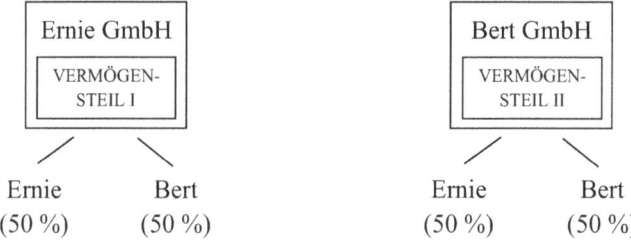

- **Nicht verhältniswahrende Spaltung**
  Die Aufteilung der Anteile an den übernehmenden Kapitalgesellschaften ist beliebig gestaltbar und entspricht nicht dem Verhältnis der bisherigen Beteiligungen (§ 128 UmwG).

---

[73] Vgl. Geck, R., Die Spaltung von Unternehmen nach dem neuen Umwandlungsrecht, DStR 1995, S. 420.

Beispiel

Aufspaltung einer GmbH

Ausgangspunkt ist das obige Beispiel. Ernie erhält jetzt sämtliche Anteile an der Ernie GmbH und Bert sämtliche Anteile an der Bert GmbH.

Ernie GmbH	Bert GmbH
VERMÖGEN-STEIL I	VERMÖGEN-STEIL II

```
        |                        |
      Ernie                     Bert
     (100 %)                   (100 %)
```

Der Gesetzgeber hat die nicht verhältniswahrende Spaltung zugelassen, um die Trennung von Gesellschaftergruppen oder Familienstämmen im Wege der partiellen Gesamtrechtsnachfolge zu ermöglichen.[74]

Wird im Spaltungsvertrag eine nicht verhältniswahrende Spaltung festgelegt, so wird der Vertrag nur wirksam, wenn ihm alle Anteilseigner der übertragenden Kapitalgesellschaften zustimmen (§ 128 UmwG).

Bei der Ausgliederung sind die Angaben nach § 126 Abs. 1 Nr. 10 UmwG nicht Bestandteil des Spaltungsvertrags, da die Anteile an den übernehmenden Kapitalgesellschaften der übertragenden Kapitalgesellschaft gewährt werden.

3.2.1.2 Spaltungsbericht

Wie bei der Verschmelzung ist auch bei der Spaltung von den Vertretungsorganen aller beteiligten Kapitalgesellschaften ein ausführlicher Bericht (Spaltungsbericht) zu erstellen (§ 127 S. 1 UmwG). Darin sind Sachverhalte wie Sinn und Zweck der Spaltung, Einzelheiten des Spaltungsvertrags, Umtauschverhältnis und Aufteilung der Anteile und ggf. Höhe der Barabfindung rechtlich und wirtschaftlich zu erläutern und zu begründen.

3.2.1.3 Spaltungsprüfung und Prüfungsbericht

Nach § 125 UmwG gelten bei Auf- und Abspaltungen die Vorschriften zur Verschmelzungsprüfung mit Ausnahme von § 9 Abs. 2 UmwG. Insofern wird auf die Ausführungen in den Kapiteln II und III verwiesen.

---

[74] Vgl. BT-Drucks. 12/6699 v. 01.02.1994, S. 120.

3.2.1.4 Kapitalveränderungen

Spaltungsbedingt durchzuführende Kapitalerhöhungen auf **Ebene der übernehmenden Kapitalgesellschaften** unterscheiden sich nicht wesentlich von denen bei Verschmelzungen, so dass auf die Ausführungen zur Kapitalerhöhung in Kapitel III verwiesen werden kann.

Zu Kapitalveränderungen auf **Ebene der übertragenden Kapitalgesellschaft** kann es kommen, wenn das nach einer Abspaltung verbleibende Nettovermögen nicht mehr zur Deckung des bisherigen Nennkapitals ausreicht. Dies ist der Fall, wenn das übertragene Aktivvermögen höher als das übertragene Passivvermögen ist. In diesem Fall ist eine Kapitalherabsetzung vorzunehmen, welche gem. §§ 139 S. 1, 145 S. 1 UmwG in vereinfachter Form erfolgen kann. Die vereinfachte Kapitalherabsetzung ist in den §§ 58a bis 58f GmbHG geregelt. Nach § 58a Abs. 1 und 2 GmbHG ermittelt sich die Höhe der vereinfachten Kapitalherabsetzung wie folgt:

> Übertragenes Nettovermögen zu Buchwerten
> (= übertragene Aktiva ./. übertragene Passiva)
> ./. Gewinnvortrag
> ./. Gewinnrücklagen
> ./. Kapitalrücklage
> _____
> = Betrag der Kapitalherabsetzung

Offene Eigenkapitalposten wie Gewinnvortrag, Gewinn- und Kapitalrücklagen sind abzuziehen, da diese gem. § 58a Abs. 2 GmbHG vorrangig vor einer Kapitalherabsetzung aufzulösen sind, um damit den Nettovermögensabfluss auszugleichen. Eine Kapitalherabsetzung ist folglich erst zulässig, wenn diese Eigenkapitalposten aufgelöst sind.

Beispiel

Abspaltung zur Aufnahme[75]

Das Vermögen der Paden GmbH besteht aus einer Gold- und einer Silbermine. Die Silbermine soll auf die bereits bestehende Emmet AG abgespalten werden. Dabei wird das Fremdkapital der Silbermine ebenfalls mit übertragen.

Aktiva	Paden GmbH		Passiva
Goldmine	600 T€	Stammkapital	250 T€
Silbermine	350 T€	Kapitalrücklage	50 T€
		FK Goldmine	400 T€
		FK Silbermine	250 T€
	950 T€		950 T€

---

[75] Vgl. Hörtnagl, R., in: Schmitt, J./ Hörtnagl, R./ Stratz, R.-C., Umwandlungsgesetz, Umwandlungssteuergesetz, 7. Aufl., München 2016, § 139 UmwG, Rz. 25 ff.

1. Verbleibendes Nettovermögen zu Buchwerten nach Abspaltung

Verbleibende Aktiva (Goldmine)	600 T€
./. Verbleibende Passiva	400 T€
= verbleibendes Nettovermögen zu Buchwerten	200 T€

Das nach vollzogener Abspaltung verbleibende Nettovermögen der Paden GmbH in Höhe von 200 T€ reicht nicht mehr aus, um das Stammkapital in Höhe von 250 T€ zu decken. Eine Kapitalherabsetzung ist notwendig.

2. Ermittlung des Umfangs der Kapitalherabsetzung

Übertragenes Nettovermögen zu Buchwerten (= übertragene Aktiva ./. übertragene Passiva = 350 T€ ./. 250 T€)	100 T€
./. Gewinnvortrag	0 T€
./. Gewinnrücklagen	0 T€
./. Kapitalrücklage	50 T€
= Betrag der Kapitalherabsetzung	50 T€

Durch den Abzug der Kapitalrücklage wird eben diese aufgelöst und die Verminderung des Nettovermögens zur Hälfte ausgeglichen.

3. Bilanz der Paden GmbH nach Abspaltung

Aktiva		Paden GmbH		Passiva
Goldmine	600 T€	Stammkapital	250 T€	
		./. Kapitalherabsetzung ./.	**50 T€**	200 T€
Silbermine	350 T€	Kapitalrücklage	50 T€	
./. Silbermine	**./. 350 T€**	0 T€ ./. Kapitalrücklage ./.	**50 T€**	0 T€
		FK Goldmine		400 T€
		FK Silbermine	250 T€	
		./. FK Silbermine ./.	**250 T€**	0 T€
	600 T€			600 T€

3.2.2 Beschlussverfahren

Nach § 125 UmwG sind grundsätzlich die Regelungen über das Beschlussverfahren bei Verschmelzungen entsprechend anzuwenden, weshalb auf die Ausführungen zur Verschmelzung von Kapitalgesellschaften in Kapitel III verwiesen werden kann. Eine Besonderheit im Beschlussverfahren bei der Spaltung ergibt sich lediglich aus der in § 128 UmwG erlaubten nicht verhältniswahrenden Aufteilung der Anteile der an der Spaltung beteiligten Gesellschaften. In diesem Fall wird der Spaltungs- und Übernahmevertrag gem.

§ 128 S. 1 UmwG nur wirksam, wenn ihm alle Anteilsinhaber des übertragenden Rechtsträgers zustimmen.

3.2.3 Vollzug

Für die Anmeldung der Spaltung zur Eintragung ins Handelsregister gelten die Vorschriften über die Anmeldung der Verschmelzung entsprechend (§ 125 UmwG). Gem. § 129 UmwG ist das Vertretungsorgan jeder der übernehmenden Kapitalgesellschaften zur Anmeldung der Spaltung berechtigt.

Das Eintragungsverfahren ist in § 130 UmwG geregelt. Zur Eintragung im Fall der Spaltung zur Neugründung sind zusätzlich die §§ 135, 137 UmwG zu beachten. Die Reihenfolge der Eintragungen ergibt sich gem. § 130 Abs. 1 UmwG folgendermaßen:

Soweit bei der übertragenden Kapitalgesellschaft eine Kapitalherabsetzung vorzunehmen ist, muss diese gem. §§ 139 S. 2, 145 S. 2 UmwG ins Handelsregister am Sitz der übertragenden Kapitalgesellschaft eingetragen werden. Entsprechendes gilt gem. § 125 i. V. m. §§ 53, 66 UmwG auch im Fall von Kapitalerhöhungen bei den übernehmenden Kapitalgesellschaften.

Bei den übernehmenden Kapitalgesellschaften wird die Spaltung mit dem Vermerk eingetragen, dass diese erst mit Eintragung ins Register der übertragenden Kapitalgesellschaft wirksam wird (§ 130 Abs. 1 S. 2 UmwG).

Danach darf die Spaltung ins Handelsregister am Sitz der übertragenden Kapitalgesellschaft eingetragen werden (§ 130 Abs. 1 S. 1 UmwG).

Die Spaltung ist nach § 125 i. V. m. § 19 Abs. 3 UmwG von den zuständigen Gerichten am Sitz der beteiligten Kapitalgesellschaften durch den Bundesanzeiger und durch mindestens ein anderes Blatt bekannt zu machen.

3.3 Rechtsfolgen einer Spaltung

Die Eintragung der Spaltung am Sitz der übertragenden Kapitalgesellschaft hat gem. § 131 Abs. 1 UmwG folgende Wirkungen:

- Die im Spaltungsvertrag bezeichneten Vermögensteile und Verbindlichkeiten gehen gemäß der vertraglich festgelegten Aufteilung jeweils als Gesamtheit auf die übernehmenden Kapitalgesellschaften über (§ 131 Abs. 1 Nr. 1 UmwG).

- Im Fall einer Aufspaltung erlischt die übertragende Kapitalgesellschaft ohne Liquidation (§ 131 Abs. 1 Nr. 2 UmwG).
- Bei einer Auf- oder Abspaltung werden die Anteilseigner der übertragenden Kapitalgesellschaft entsprechend der vertraglichen Aufteilung Anteilseigner der übernehmenden Kapitalgesellschaften (§ 131 Abs. 1 Nr. 3 UmwG).
 Handelt es sich um eine Ausgliederung, wird die übertragende Kapitalgesellschaft Anteilseigner der übernehmenden Kapitalgesellschaft.
- Der Mangel der notariellen Beurkundung des Spaltungsvertrags und ggf. erforderlicher Zustimmungs- oder Verzichtserklärungen einzelner Anteilsinhaber wird geheilt (§ 131 Abs. 1 Nr. 4 UmwG).

4 Bilanzielle Behandlung in der Handelsbilanz

Der Gesetzgeber hat es unterlassen, für die Bilanzierung in Spaltungsfällen eigene Vorschriften zu erlassen. Vielmehr sind die handelsbilanziellen Vorschriften zur Verschmelzung gem. § 125 UmwG entsprechend anzuwenden. Bei der Spaltung gilt demnach § 17 Abs. 2 UmwG für die Bilanzierung bei der übertragenden Kapitalgesellschaft und § 24 UmwG für die Bilanzierung bei der oder den übernehmenden Kapitalgesellschaft(en).

4.1 Bilanzierung bei der übertragenden Kapitalgesellschaft

Nach § 17 Abs. 2 S. 1 UmwG muss die übertragende Kapitalgesellschaft der Anmeldung ihrer Spaltung zum Handelsregister eine Schlussbilanz beifügen, die auf einen höchstens acht Monate vor der Anmeldung liegenden Stichtag aufgestellt worden ist. Die Schlussbilanz ist Grundlage für die Übertragung der aktiven und passiven Vermögensgegenstände auf die übernehmenden Kapitalgesellschaften.

Für die Erstellung der Schluss- bzw. Übertragungsbilanz gelten die Vorschriften über die Jahresbilanz entsprechend (§ 125 i. V. m. § 17 Abs. 2 S. 2 UmwG). Insofern wird auf die Ausführungen zur handelsbilanziellen Behandlung der Verschmelzung in Kapitel II, Punkt 4.1 verwiesen.

4.2 Bilanzierung bei der oder den übernehmenden Kapitalgesellschaft(en)

Die handelsbilanzielle Behandlung einer Spaltung bei der oder den übernehmenden Kapitalgesellschaft(en) unterscheidet sich nicht von der Behandlung im Fall der Verschmelzung. Handelt es sich um eine Spaltung zur Aufnahme, ist der Vermögensübergang als laufender Geschäftsvorfall in der ersten Jahresbilanz nach der Spaltung zu erfassen. Wird die übernehmende Kapitalgesellschaft durch die Spaltung erst neu gegründet, sind die übergegangenen Wirtschaftsgüter in der nach § 242 Abs. 1 HGB zu erstellenden Eröffnungsbilanz auszuweisen. Hinsichtlich des Wertansatzes der übergegangenen Wirtschaftsgüter besteht gem. § 125 i. V. m. § 24 UmwG ein Wahlrecht: die übernehmende Kapitalgesellschaft kann die Buchwerte der übertragenden Kapitalgesellschaft fortführen oder ihre eigenen Anschaffungskosten ansetzen. Die Einzelheiten sind den Kapiteln II und III, jeweils Punkt 4.2, zu entnehmen.

5 Steuerrechtliche Regelungen

5.1 Systematik

Im Gegensatz zum UmwG werden im UmwStG lediglich Auf- und Abspaltungen als Spaltungsvorgänge betrachtet. Das UmwStG enthält nur für diese beiden Fälle gesonderte Regelungen zur steuerlichen Behandlung. Bei der **Auf- oder Abspaltung** von Kapitalgesellschaften auf andere Kapitalgesellschaften ist § 15 UmwStG anzuwenden, der in Abs. 1 S. 1 auf die sinngemäße Anwendung der Regelungen zur Verschmelzung von Kapitalgesellschaften (§§ 11 - 13 UmwStG) verweist. Dies lässt sich wie bereits im Handelsrecht dadurch rechtfertigen, dass Spaltungsvorgänge häufig das Spiegelbild von Verschmelzungsvorgängen sind bzw. Spaltungen und Verschmelzungen grundsätzlich gemeinsame Merkmale aufweisen. Die gewerbesteuerlichen Folgen einer Auf- oder Abspaltung ergeben sich wie bei der Verschmelzung einer Kapitalgesellschaft auf eine Kapitalgesellschaft aus § 19 UmwStG.

Bei der **Ausgliederung** von Vermögensteilen einer Kapitalgesellschaft auf eine andere Kapitalgesellschaft erhält die übertragende Kapitalgesellschaft zum Ausgleich Anteile an der übernehmenden Kapitalgesellschaft. Dieser Vorgang entspricht der **Einbringung** von Vermögensteilen in eine Kapitalgesellschaft, denn hier gewährt die begünstigte Kapitalgesellschaft dem Einbringenden als Gegenleistung ebenfalls Anteile. Aufgrund dieser Gleichartigkeit von Ausgliederung und Einbringung wird die Ausgliederung steuerlich als Einbringung qualifiziert und ist daher in den §§ 20 - 23 UmwStG geregelt. Hinsichtlich der steuerlichen Folgen der Ausgliederung wird insofern auf Kapitel V zur Einbringung verwiesen.

Merke:	
Ab- bzw. Aufspaltung	**Ausgliederung**
⇩	⇩
§ 15 UmwStG	steuerlich qualifiziert
	als Einbringung
⇩	⇩
Entsprechende Anwendung	§§ 20 - 23 UmwStG
der Verschmelzungsvorschriften	
in den §§ 11 - 13 UmwStG	

Vorbehaltlich der in § 15 Abs. 1 S. 2, 3 und Abs. 2 UmwStG normierten zusätzlichen Voraussetzungen zur Anwendung der §§ 11 Abs. 2, 13 Abs. 2 UmwStG ergeben sich die steuerlichen Folgen einer Auf- bzw. Abspaltung von Kapitalgesellschaften aufgrund des Verweises des § 15 Abs. 1 S. 1 UmwStG auf die Verschmelzungsvorschriften der §§ 11 - 13 UmwStG:

> **§ 11 UmwStG:** Auswirkungen bei der übertragenden Kapitalgesellschaft
> **§ 12 UmwStG:** Auswirkungen bei der übernehmenden Kapitalgesellschaft
> **§ 13 UmwStG:** Steuerliche Folgen für die Gesellschafter der übertragenden Kapitalgesellschaft

Grundvoraussetzung der Anwendung von § 15 UmwStG ist eine Auf- bzw. Abspaltung i. S. d. § 123 Abs. 1, 2 UmwG bzw. vergleichbare ausländische Vorgänge in den Gebieten der EU und des EWR (§ 1 Abs. 4 UmwStG). Damit erfasst das deutsche Umwandlungssteuerrecht bereits die Möglichkeit der grenzüberschreitenden Spaltung, obwohl diese zivilrechtlich aufgrund mangelnder umwandlungsgesetzlicher Regelungen nur unter Berufung auf die im AEU-Vertrag normierten Grundfreiheiten und die Grundsätze des EuGH-Urteils SEVIC Systems AG möglich ist.

Die nachfolgende Darstellung der sinngemäßen Anwendung der §§ 11 - 13 UmwStG auf die Spaltung beschränkt sich vorwiegend auf die spaltungsbedingten Besonderheiten.

5.2 Steuerliche Rückwirkung

Die bereits im Rahmen der Verschmelzung von Kapitalgesellschaften erläuterte Fiktion der steuerlichen Rückwirkung nach § 2 Abs. 1 UmwStG gilt gleichermaßen für die Auf- bzw. Abspaltung. Demnach sind das Einkommen und Vermögen der zu spaltenden Kapitalgesellschaft sowie der übernehmenden Kapitalgesellschaften so zu ermitteln, als ob das Vermögen bereits mit Ablauf des Stichtags der handelsrechtlichen Schlussbilanz, die dem Vermögensübergang zugrunde liegt (steuerlicher Übertragungsstichtag), ganz oder teilweise übergegangen wäre. Die Spaltung wirkt damit für die steuerliche Behandlung auf den Stichtag der handelsrechtlichen Schlussbilanz zurück.

5.3 Voraussetzungen für eine steuerneutrale Spaltung

Da § 15 Abs. 1 UmwStG auf § 11 UmwStG verweist, besteht auch im Falle der Spaltung grundsätzlich das Bewertungswahlrecht, die übergehenden Wirtschaftsgüter zum Buchwert, Zwischenwert oder gemeinen Wert anzusetzen. Neben den Voraussetzungen, die gem. § 11 Abs. 2 UmwStG für eine Buchwertfortführung zu erfüllen sind, werden in § 15 Abs. 1 und Abs. 2 UmwStG weitere Voraussetzungen an eine steuerneutrale Spaltung geknüpft:

- Erfüllung der Teilbetriebsvoraussetzung in § 15 Abs. 1 S. 2, 3 UmwStG,
- keine Verletzung der Missbrauchsklauseln in § 15 Abs. 2 UmwStG.

Sind die Voraussetzungen nicht erfüllt, erfolgt der Ansatz zum gemeinen Wert. Hintergrund der Vorschrift ist, dass der Gesetzgeber trotz eines Rechtsträgerwechsels auf eine Aufdeckung der stillen Reserven nur verzichtet, wenn das unternehmerische Engagement fortgesetzt wird und die spätere Besteuerung der stillen Reserven sichergestellt ist. Die Voraussetzungen in § 15 Abs. 1 S. 2, 3 und Abs. 2 UmwStG dienen der Sicherung dieser beiden Bedingungen für eine steuerneutrale Spaltung.

5.3.1 Teilbetriebsvoraussetzung in § 15 Abs. 1 S. 2 UmwStG

Gem. § 15 Abs. 1 S. 2 UmwStG muss für eine erfolgsneutrale Spaltung folgende Voraussetzung erfüllt sein:

> **§ 15 Abs. 1 S. 2 UmwStG:** „§ 11 Abs. 2 und § 13 Abs. 2 (Bewertungswahlrechte) sind nur anzuwenden, wenn auf die Übernehmerinnen ein Teilbetrieb übertragen wird (…)."

Die Bewertungswahlrechte gem. § 11 Abs. 2 UmwStG und § 13 Abs. 2 UmwStG, die eine steuerneutrale Verschmelzung ermöglichen, sind somit nur dann entsprechend anwendbar, wenn es sich bei dem übertragenden Vermögensteil um einen **Teilbetrieb** handelt. Dabei muss auf jede aufnehmende Gesellschaft mindestens ein Teilbetrieb übertragen werden. Zur Erfüllung der Teilbetriebsvoraussetzung reicht es nicht aus, wenn ein Teilbetrieb auf mehrere übernehmende Gesellschaften aufgeteilt wird.[76] Unproblematisch für die Erfüllung der Teilbetriebsvoraussetzung ist dagegen die Übertragung von mehreren Teilbetrieben auf eine übernehmende Gesellschaft.

Für den Fall einer Abspaltung bzw. Teilübertragung fordert § 15 Abs. 1 S. 2 UmwStG außerdem, dass auch bei der übertragenden Kapitalgesellschaft ein Teilbetrieb oder mehrere Teilbetriebe verbleiben (sog. doppeltes Teilbetriebserfordernis):

---

[76] Vgl. Dötsch, E./ Pung, A./ Möhlenbrock, R., Kommentar zum UmwStG, 87. Erg.-Lief. 2016, § 15 UmwStG, Tz. 86 ff.

> **§ 15 Abs. 1 S. 2 UmwStG:** „(…) und im Falle der Abspaltung oder Teilübertragung bei der übertragenden Körperschaft ein Teilbetrieb verbleibt."

Die **Teilbetriebsvoraussetzung** ist ein steuerrechtliches Konstrukt, das handelsrechtlich nicht besteht. Das UmwG setzt nicht voraus, dass es sich bei den übergehenden Vermögensteilen um Teilbetriebe handeln muss, so dass auch einzelne Wirtschaftsgüter übertragen werden können. Der Grund für die differenzierte Behandlung liegt in den stillen Reserven, welche im übergehenden Vermögen enthalten sind. Da jedes Steuersubjekt grundsätzlich sein eigenes Einkommen zu versteuern hat, sind auch die stillen Reserven bei dem Steuersubjekt steuerlich zu erfassen, welches sie erzielt hat. Dies ist spätestens der Fall, wenn die stillen Reserven das Betriebsvermögen der steuerpflichtigen Kapitalgesellschaft verlassen. Werden einzelne Wirtschaftsgüter des Betriebsvermögens veräußert, sind die darin enthaltenen stillen Reserven aufzudecken und der Besteuerung zu unterwerfen. Durch die Teilbetriebsvoraussetzung im UmwStG wird vermieden, dass die Gewinnrealisierung bei der Veräußerung einzelner Wirtschaftsgüter durch die Übertragung im Wege der Spaltung umgangen werden kann.[77] Werden einzelne Wirtschaftsgüter dennoch ohne die Erfüllung des Teilbetriebserfordernisses übertragen, erfolgt die Spaltung unter Auflösung sämtlicher stiller Reserven zum gemeinen Wert (§ 15 Abs. 1 S. 1 i. V. m. § 11 Abs. 1, § 13 Abs. 1 UmwStG).

Hauptsächlich dient die Teilbetriebsvoraussetzung der Fortführung des unternehmerischen Engagements in sachlicher Hinsicht. Grund ist, dass der Fiskus nur dann auf die Besteuerung der in den übergehenden Wirtschaftsgütern enthaltenen stillen Reserven verzichtet, wenn das unternehmerische Engagement fortgeführt wird. Dies wäre bei der Übertragung einzelner Wirtschaftsgüter nicht gegeben.

Die Teilbetriebsvoraussetzung ist auch erfüllt, wenn Mitunternehmeranteile oder 100 %ige Anteile an KapGesen übertragen werden bzw. das verbleibende Vermögen konstituieren:

> **§ 15 Abs. 1 S. 3 UmwStG:** „Als Teilbetrieb gilt auch ein Mitunternehmeranteil oder die Beteiligung an einer Kapitalgesellschaft, die das gesamte Nennkapital der Gesellschaft umfasst."

§ 15 Abs. 1 S. 3 UmwStG unterscheidet dabei nicht zwischen einer 100 %igen Beteiligung an einer inländischen oder ausländischen Kapitalgesellschaft.[78] Gem. Tz. 15.04 UmwStE gilt auch ein Teil eines Mitunternehmeranteils als Teilbetrieb, der erfolgsneutral abgespalten werden kann. Der bei der übertragenden Körperschaft zurückbleibende Teil des Mitunternehmeranteils stellt ebenfalls einen Teilbetrieb dar (Tz. 15.04 UmwStE).

---

[77] Vgl. BT-Drucks. 12/6885 v. 24.02.1994, S. 22.

[78] Vgl. Dötsch, E./ Pung, A./ Möhlenbrock, R., Kommentar zum UmwStG, 87. Erg.-Lief. 2016, § 15 UmwStG, Tz. 161 ff.

Diese Teilbetriebe werden zur Unterscheidung von den „echten" Teilbetrieben als **fiktive Teilbetriebe** bezeichnet.

> **Merke:** Eine steuerneutrale Spaltung ist nur möglich, wenn auf die übernehmende Gesellschaft ein echter oder fiktiver Teilbetrieb übertragen wird und im Falle der Abspaltung bei der übertragenden Gesellschaft ein echter oder fiktiver Teilbetrieb zurückbleibt.

5.3.1.1 Begriff des Teilbetriebs

Nach Tz. 15.02 UmwStE i. V. m. Art. 2 Bst. j der Fusionsrichtlinie ist die Gesamtheit der in einem Unternehmensteil einer Gesellschaft vorhandenen aktiven und passiven Wirtschaftsgüter, die in organisatorischer Hinsicht einen selbstständigen Betrieb, d. h. eine aus eigenen Mitteln funktionsfähige Einheit darstellen, ein Teilbetrieb i. S. d. § 15 UmwStG. Zu einem Teilbetrieb gehören alle funktional wesentlichen Betriebsgrundlagen sowie diesem Teilbetrieb nach wirtschaftlichen Zusammenhängen zuordenbaren Wirtschaftsgüter.

5.3.1.2 Zuordnung der Wirtschaftsgüter zu den Teilbetrieben

Gem. Tz. 15.03 i. V. m. 02.14 UmwStE müssen die Teilbetriebsvoraussetzungen spätestens zum steuerlichen Übertragungsstichtag vorliegen. Die Zuordnung der Wirtschaftsgüter zu den Teilbetrieben muss daher bereits in der steuerlichen Schlussbilanz erfolgen. Ein sog. Teilbetrieb im Aufbau stellt nach Tz. 15.03 keinen Teilbetrieb nach § 15 UmwStG dar.

Um einen Teilbetrieb bilden zu können, ist es notwendig, dass die einzelnen Wirtschaftsgüter diesem zugeordnet werden. Konstitutiv für einen Teilbetrieb sind dabei die Wirtschaftsgüter, die die **funktional wesentlichen Betriebsgrundlagen** für den Teilbetrieb bilden sowie die nach wirtschaftlichen Zusammenhängen dem Teilbetrieb zuordenbaren Wirtschaftsgüter (Tz 15.07 f. UmwStE). Ergänzend hierzu ist auch eine Begründung des wirtschaftlichen Eigentums ausreichend. Eine bloße Nutzenüberlassung reicht jedoch nicht aus.

Ohne die funktional wesentlichen Betriebsgrundlagen und die nach wirtschaftlichen Zusammenhängen zuordenbaren Wirtschaftsgüter existiert kein Teilbetrieb, und eine steuerneutrale Spaltung wäre nicht möglich.

> **Wesentliche Betriebsgrundlage:** Ein Wirtschaftsgut stellt eine wesentliche Betriebs-grundlage dar, wenn es funktional gesehen für den Teilbetrieb erforderlich ist und organisatorisch gesehen zum Teilbetrieb dazugehört. Funktional erforderlich ist ein Wirtschaftsgut, wenn es für die Erreichung des Betriebszwecks erforderlich ist und ihm ein besonderes wirtschaftliches Gewicht für die Betriebsführung zukommt.[79] Ein Wirtschaftsgut ist nicht schon allein deshalb eine wesentliche Betriebsgrundlage, weil in ihm erhebliche stille Reserven ruhen.[80]
>
> **Achtung:** Diese Definition der wesentlichen Betriebsgrundlage, welche auf der **funktionalen Betrachtungsweise** basiert, **gilt nur innerhalb des UmwStG**. Nach Auffassung des BFH ist der Begriff der wesentlichen Betriebsgrundlage im Rahmen des § 16 EStG nicht nur funktional, sondern auch quantitativ zu verstehen. Im Zusammenhang mit § 16 EStG gehören zu den wesentlichen Betriebsgrundlagen auch solche Wirtschaftsgüter, die funktional gesehen für den Betrieb, Teilbetrieb oder Mitunternehmer-Anteil nicht erforderlich sind, in denen aber erhebliche stille Reserven gebunden sind (H 16 Abs. 8 „Begriff der wesentlichen Betriebsgrundlage" EStR).

Handelt es sich bei einer 100 %igen Beteiligung an einer Kapitalgesellschaft um eine wesentliche Betriebsgrundlage eines Teilbetriebs, stellt diese Beteiligung keinen eigenständigen Teilbetrieb i. S. v. § 15 Abs. 1 UmwStG dar (Tz. 15.06 UmwStE).

Wird eine funktional wesentliche Betriebsgrundlage von mehreren Teilbetrieben genutzt und kann sie somit nicht eindeutig zugeordnet werden, liegen nach Auffassung der Finanzverwaltung keine Teilbetriebe vor. Eine derartige Situation wird gem. Tz. 15.08 UmwStE als **Spaltungshindernis** bezeichnet. Diese Ansicht ist zu kritisieren, da eine gemeinsame Nutzung von Produktionsanlagen oder auch Verwaltungsgebäuden aus Gründen der Wirtschaftlichkeit häufig unumgänglich ist. Die Finanzverwaltung hat dieses Problem bislang nur für gemeinsam genutzte Grundstücke gelöst. Diese müssen bis zum Spaltungsbeschluss zivilrechtlich real aufgeteilt werden. Ist eine reale Teilung (räumliche Abgeschlossenheit) des Grundstücks nicht zumutbar, wird aus Billigkeitsgründen eine ideelle Teilung im Verhältnis der tatsächlichen Nutzung (Bruchteilseigentum) unmittelbar nach der Spaltung als ausreichend angesehen (Tz. 15.08 UmwStE).

---

[79] Vgl. BFH Urteil v. 17.04.1997, VIII R2/95, BStBl. II 1998, S. 388.

[80] Vgl. BFH-Urteil v. 02.10.1997, IV R 84/96, BStBl. II 1998, S. 104.

Aufspaltung einer GmbH unter Schaffung von Bruchteilseigentum
Die Tyler Durden GmbH besitzt zwei bebaute Grundstücke. Auf Grundstück 1 befinden sich die Gebäude der zwei voneinander unabhängigen Produktionsbereiche (Teilbetriebe) der Tyler Durden GmbH. Die Produktionsbereiche nutzen das Grundstück mit ihren Gebäuden zu jeweils 50 %. Auf Grundstück 2 hat das Verwaltungsgebäude seinen Sitz. Beide Grundstücke stellen für die zwei Produktionsbereiche wesentliche Betriebsgrundlagen dar. Die Tyler Durden GmbH soll auf zwei neugegründete GmbHs aufgespalten werden, wobei jede der neuen GmbHs einen Produktionsbereich enthalten soll.

Bei Grundstück 1 ist die reale Teilung möglich, da die Gebäude der Produktionsanlagen nicht von beiden Produktionsbereichen gemeinsam genutzt werden. Die übernehmenden GmbHs erhalten jeweils die 50 % des Grundstücks, die von den auf sie übergehenden Produktionsbereichen genutzt werden.
Aufgrund der gemeinsamen Nutzung des Verwaltungsgebäudes ist eine räumliche Teilung von Grundstück 2 nicht möglich. Das Grundstück und das Gebäude müssen im Verhältnis der tatsächlichen Nutzung aufgeteilt werden. Die Produktionsbereiche erhalten ein Bruchteilseigentum am Verwaltungsgebäude und an Grundstück 2.

Das sog. neutrale Vermögen stellt das Vermögen dar, welches aus Wirtschaftsgütern besteht, die entweder keinem Teilbetrieb zugeordnet werden können oder aber mindestens einem Teilbetrieb angehören, bei dem sie keine wesentliche Betriebsgrundlage darstellen. Dem neutralen Vermögen zugehöriges Betriebsvermögen der übertragenden Körperschaft, das weder zu den funktional wesentlichen Betriebsgrundlagen noch zu den nach wirtschaftlichen Zusammenhängen zuordenbaren Wirtschaftsgütern eines Teilbetriebs gehört und möglicherweise von mehreren Teilbetrieben benutzt wird (z. B. eine gemeinsam genutzte Kantine), kann bis zum Zeitpunkt des Spaltungsbeschlusses einem beliebigen Teilbetrieb zugeordnet werden (Tz. 15.09 UmwStE).

5.3.1.3 Fehlen der Teilbetriebsvoraussetzung

Liegt die Teilbetriebsvoraussetzung bis zum steuerlichen Übertragungsstichtag nicht vor oder sind am steuerlichen Übertragungsstichtag im Betriebsvermögen Wirtschaftsgüter enthalten, die keinem Teilbetrieb zugeordnet werden können (spaltungshindernde Wirtschaftsgüter), so sind § 11 Abs. 2 und § 13 Abs. 2 UmwStG nicht anwendbar (§ 15 Abs. 1 S. 2 UmwStG). In Folge dessen ist eine steuerneutrale Spaltung nicht möglich. Die Anteile gelten nach Tz. 15.12 UmwStE als zum gemeinen Wert veräußert. Die Spaltung erfolgt dann gem. § 15 Abs. 1 S. 1 i. V. m. §§ 11 - 13 UmwStG unter Aufdeckung aller in den übertragenen Wirtschaftsgütern bzw. Anteilen enthaltenen stillen Reserven. Liegen Anteile im Privatvermögen vor und ist der Anteilseigner nicht i. S. d. § 17 EStG beteiligt, so kommt § 20 Abs. 4a EStG zur Anwendung (Tz. 15.12 UmwStE).

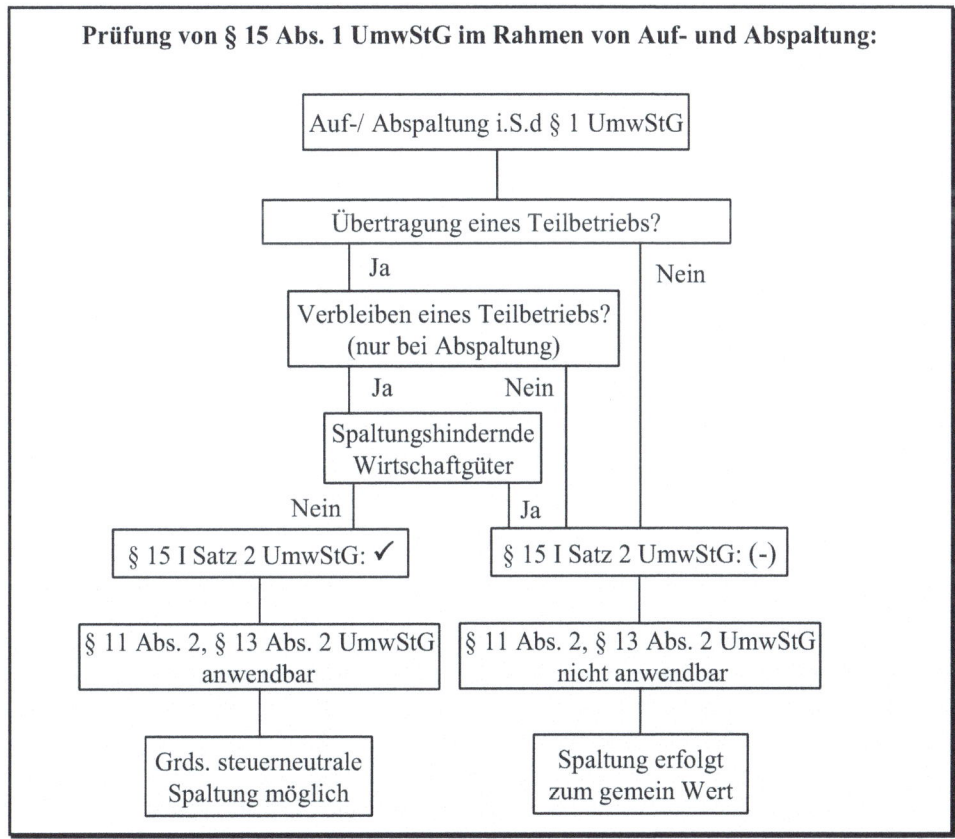

Abbildung 133: Prüfung von § 15 Abs. 1 UmwStG

5.3.2   Missbrauchsklauseln in § 15 Abs. 2 UmwStG

Neben den in § 15 Abs. 1 S. 2 UmwStG normierten positiven Voraussetzungen für eine steuerneutrale Spaltung enthält § 15 Abs. 2 zur Verhinderung von Missbräuchen eine Reihe von negativen Voraussetzungen:

- Erwerb und Aufstockung von Mitunternehmeranteilen und 100 %igen Beteiligungen an Kapitalgesellschaften innerhalb von drei Jahren (§ 15 Abs. 2 S. 1 UmwStG),
- Veräußerung bzw. Vorbereitung der Veräußerung (§ 15 Abs. 2 S. 2 - 4 UmwStG),
- Trennung von Gesellschafterstämmen (§ 15 Abs. 2 S. 5 UmwStG).

Ist eine dieser Missbrauchsklauseln erfüllt, so ist § 11 Abs. 2 UmwStG nicht anwendbar. Die übertragende Kapitalgesellschaft hat dann kein Wahlrecht, die übergehenden Wirtschaftsgüter zu Buch-, Zwischenwerten oder den gemeinen Werten anzusetzen. Vielmehr sind die übergehenden Wirtschaftsgüter nach § 11 Abs. 1 UmwStG zwingend mit dem gemeinen Wert anzusetzen. Die in den übergehenden Wirtschaftsgütern enthaltenen stillen Reserven sind damit aufzulösen und zu versteuern. Die Missbrauchsklauseln des § 15

Abs. 2 UmwStG haben keine Auswirkung auf die Möglichkeit der Anteilseigner der übertragenden Gesellschaft, ihre Anteile an der übertragenden Gesellschaft gem. § 13 Abs. 2 UmwStG steuerneutral in Anteile an der übernehmenden Gesellschaft umzutauschen.

5.3.2.1 Erwerb und Aufstockung von Mitunternehmeranteilen und 100 %igen Beteiligungen an Kapitalgesellschaften

§ 15 Abs. 2 S. 1 UmwStG enthält für Mitunternehmeranteile und 100 %ige Beteiligungen an Kapitalgesellschaften bzgl. der Anwendung von § 11 Abs. 2 UmwStG eine zusätzliche negative Voraussetzung:

> **§ 15 Abs. 2 S. 1 UmwStG:** „§ 11 Abs. 2 ist auf Mitunternehmeranteile und Beteiligungen im Sinne des Absatzes 1 nicht anzuwenden, wenn sie innerhalb eines Zeitraums von drei Jahren vor dem steuerlichen Übertragungsstichtag durch Übertragung von Wirtschaftsgütern, die kein Teilbetrieb sind, erworben oder aufgestockt worden sind."

§ 15 Abs. 2 S. 1 UmwStG ist dann erfüllt, wenn ein Mitunternehmeranteil oder eine 100 %ige Beteiligung an einer Kapitalgesellschaft innerhalb des Drei-Jahres-Zeitraums dadurch erworben oder aufgestockt wird, dass Wirtschaftsgüter, die nicht selbst einen Teilbetrieb konstituieren, auf die betreffende Personen- bzw. Kapitalgesellschaft übertragen werden. Dies gilt im Fall der Abspaltung nach Tz. 15.15 i. V. m. 15.17 UmwStE sowohl für das abgespaltene Vermögen als auch für den zurückbleibenden Teil des Vermögens.

Unter dem Erwerb bzw. der Aufstockung von Anteilen durch Übertragung von Wirtschaftsgütern sind sämtliche Einlage- und Einbringungsvorgänge der zu spaltenden Kapitalgesellschaft in eine andere Personen- oder Kapitalgesellschaft zu verstehen, bei der die übertragende Körperschaft Gesellschaftsrechte als Gegenleistung erhält. Verdeckte Einlagen in das Vermögen einer anderen Kapitalgesellschaft fallen dagegen nicht unter § 15 Abs. 2 S. 1 UmwStG, weil dadurch weder eine vorhandene Beteiligung aufgestockt noch eine neue erworben wird (Tz. 15.19 UmwStE). Nicht unter die Missbrauchsklausel fällt die Aufstockung einer Beteiligung oder eines Mitunternehmeranteils durch Übertragung eines echten oder fiktiven Teilbetriebs bzw. durch entgeltlichen oder unentgeltlichen Erwerb bzw. Hinzurechnung. Wurden die übertragenen Wirtschaftsgüter mit ihrem gemeinen Wert angesetzt, sind die stillen Reserven bereits versteuert worden (Tz. 15.16 ff. UmwStE).

Die Vorschrift des § 15 Abs. 2 S. 1 UmwStG dient dem **Zweck**, Möglichkeiten zur Umgehung der Teilbetriebsvoraussetzung nach § 15 Abs. 1 S. 1 UmwStG und damit die **steuerneutrale Übertragung von Einzelwirtschaftsgütern** zu verhindern.[81] Ohne die Regelung des § 15 Abs. 2 S. 1 UmwStG könnte die Teilbetriebsvoraussetzung folgendermaßen um-

---

[81] Vgl. BT-Drucks. 12/6885 v. 24.02.1994, S. 23.

gangen werden: Eine Beteiligung an einer Kapitalgesellschaft, die keine 100 %ige Beteiligung darstellt, wird im Rahmen eines Anteilstausches gem. § 21 UmwStG steuerneutral in eine neu gegründete Kapitalgesellschaft eingebracht. Als Gegenleistung wird der einbringenden Kapitalgesellschaft eine 100 %ige Beteiligung an der Übernehmerin gewährt, so dass die Teilbetriebsvoraussetzungen erfüllt sind. Derartige Gestaltungen zur steuerfreien Übertragung einzelner Wirtschaftsgüter sollen durch § 15 Abs. 2 S. 1 UmwStG vermieden werden.

Beispiel

Erwerb einer 100 %igen Beteiligung an einer Kapitalgesellschaft (Tz 15.16 UmwStE)

Die Ernie GmbH hält 60 % der Anteile der Bert GmbH. Diese Anteile bringt sie im Jahr 2019 in die neu gegründete Sesamstraßen GmbH gegen Gewährung sämtlicher Anteile an dieser neuen Gesellschaft ein. Im Jahr 2020 soll die Ernie GmbH auf zwei neu zu gründende Kapitalgesellschaften aufgespalten werden.

Lösung

Es handelt sich um einen für die steuerneutrale Aufspaltung schädlichen Vorgang i. S. d. § 15 Abs. 2 S. 1 UmwStG, da die 100 %-Beteiligung an der Sesamstraßen GmbH durch die Einbringung der 60 %-Beteiligung an der Bert GmbH erworben wurde. Die eingebrachte Beteiligung war kein Teilbetrieb i. S. d. § 15 Abs. 1 S. 3 UmwStG.

Achtung: Die Rechtsfolgen des § 15 Abs. 2 S. 1 UmwStG treten lediglich dann ein, wenn die **übertragende Kapitalgesellschaft** den fiktiven Teilbetrieb (Mitunternehmeranteil oder 100 %ige Beteiligung an einer Kapitalgesellschaft) durch Übertragung von Wirtschaftsgütern erworben oder aufgestockt hat. Die Übertragung durch eine dritte Person oder einen Anteilseigner der übertragenden Kapitalgesellschaft ist nach Tz. 15.19 UmwStE unschädlich.

Beispiel

Erwerb einer 100 %igen Beteiligung an einer Kapitalgesellschaft durch die Einlage eines Anteilseigners

Die Ernie GmbH hält 60 % der Anteile der Bert GmbH. Die verbleibenden 40 % werden von der Gesellschafterin der Ernie GmbH, Tiffy, gehalten. Im Jahr 2019 legt Tiffy ihre Anteile an der Bert GmbH verdeckt in die Ernie GmbH ein. Damit ist die Ernie GmbH zu 100 % an der Bert GmbH beteiligt. Im Jahr 2020 soll die Ernie GmbH aufgespalten werden.

Lösung

Die 100 %-Beteiligung an der Bert GmbH stellt einen Teilbetrieb i. S. d. § 15 Abs. 1 S. 3 UmwStG dar. Es handelt sich **nicht** um einen schädlichen Vorgang i. S. d. § 15 Abs. 2 S. 1 UmwStG, da die 100 %-Beteiligung an der Bert GmbH nicht durch die Übertragung eines Wirtschaftsguts durch die Ernie GmbH, sondern durch eine verdeckte Einlage eines ihrer Anteilseigner erworben wurde.

Liegt einer der Missbrauchstatbestände des § 15 Abs. 2 S. 1 UmwStG (schädlicher Erwerb bzw. schädliche Aufstockung) vor, ist § 11 Abs. 2 UmwStG auf die betreffenden Mitunternehmeranteile bzw. 100 %ige Beteiligungen an Kapitalgesellschaften nicht anwendbar. Die Bewertung dieser Anteile in der steuerlichen Schluss- bzw. Übertragungsbilanz der zu spaltenden Kapitalgesellschaft richtet sich somit nach § 11 Abs. 1 UmwStG und hat daher mit dem gemeinen Wert zu erfolgen. Nach dem Wortlaut des § 11 Abs. 1 UmwStG betrifft dies jedoch nur die i. S. d. § 15 Abs. 2 S. 1 UmwStG betroffenen **übergehenden** Mitunternehmer-Anteile bzw. 100 %ige Beteiligungen an Kapitalgesellschaften. Bei allen anderen übergehenden Teilbetrieben besteht weiterhin das Bewertungswahlrecht gem. § 11 Abs. 2 UmwStG. Die im Fall der Abspaltung in den verbleibenden Teilbetrieben enthaltenen stillen Reserven müssen ebenfalls nicht aufgedeckt werden (Tz. 15.21 UmwStE).

5.3.2.2 Veräußerung bzw. Vorbereitung der Veräußerung

Eine weitere negative Zusatzvoraussetzung für die Anwendung von § 11 Abs. 2 UmwStG ist in § 15 Abs. 2 S. 2 - 4 UmwStG enthalten. Demnach ist § 11 Abs. 2 UmwStG nicht anwendbar, wenn durch die Spaltung eine **Veräußerung an außenstehende Personen** vollzogen wird oder die **Voraussetzungen für eine Veräußerung** geschaffen werden (§ 15 Abs. 2 S. 2 und 3 UmwStG). Der Tatbestand der Veräußerung bezieht sich auf die Anteile an den spaltungsbeteiligten Kapitalgesellschaften. Dies ergibt sich aus dem Zweck der Vorschrift. Die Finanzverwaltung sieht nach Tz. 15.24 UmwStE in jeder Übertragung gegen Entgelt eine schädliche Veräußerung i. S. d. § 15 Abs. 2 S. 3 und 4 UmwStG.

Bei der Veräußerung eines (echten oder fiktiven) Teilbetriebs sind grundsätzlich die darin enthaltenen stillen Reserven aufzudecken und zu versteuern. Diese Besteuerung soll nicht durch Aufspaltung der Gesellschaft in Teilbetriebe bzw. Abspaltung des Teilbetriebs mit anschließender steuerlich begünstigter Veräußerung der Anteile umgangen werden können.[82] So ist die Veräußerung von Anteilen an einer Kapitalgesellschaft durch eine Kapitalgesellschaft nach § 8b Abs. 2 i. V. m. Abs. 3 S. 1 KStG zu 95 % und die Veräußerung durch eine natürliche Person nach § 3 Nr. 40 EStG zu 40 % steuerfrei bzw. der Abgeltungsteuer i. H. v. 25 % zu unterwerfen. Die Veräußerung derartiger Anteile ist dann nicht steuerpflichtig, wenn der veräußernde Anteilseigner seinen Wohn- oder Geschäftssitz im Ausland hat und der Veräußerungsgewinn laut DBA nicht dem deutschen Besteuerungsrecht unterliegt.

---

[82] Vgl. BT-Drucks. 12/6885 v. 24.02.1994, S. 23.

Beispiel

Abspaltung mit anschließender Veräußerung von Anteilen

Die DD GmbH mit Sitz im Inland verfügt über zwei Teilbetriebe: eine Gold- und eine Silbermine. Im Vermögen beider Teilbetriebe sind erhebliche stille Reserven enthalten. Die Teilbetriebe sind wertgleich. Alleingesellschafter der DD GmbH ist die inländische Donald Duck Holding. Die DD GmbH möchte die Silbermine an die KK AG, die ebenfalls ihren Sitz im Inland hat, veräußern.

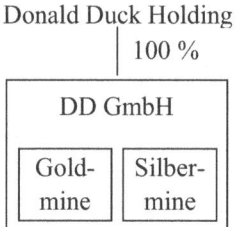

Die Veräußerung der Silbermine an die KK AG hätte zur Folge, dass sämtliche in der Silbermine enthaltenen stillen Reserven aufgedeckt werden müssten. Der sich daraus ergebende Veräußerungsgewinn der DD GmbH würde nach § 8 Abs. 1 S. 1 KStG i. V. m. § 16 Abs. 1 Nr. 1 EStG uneingeschränkt der Körperschaft- und der Gewerbesteuer unterliegen.

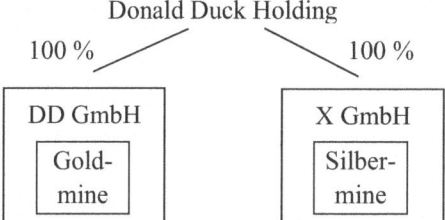

Um diese Steuerbelastung zu vermeiden, erfolgt die Übertragung der Silbermine auf die KK AG im Wege der Abspaltung der Silbermine auf die neu gegründete X GmbH. Die Donald Duck Holding wird mit Anteilen an der X GmbH abgefunden.

Die Donald Duck Holding veräußert ihre Beteiligung an der X GmbH an die KK AG. Der Veräußerungsgewinn der Donald Duck Holding ist nach § 8b Abs. 2 i. V. m. Abs. 3 S. 1 KStG zu 95 % steuerfrei. Auf diese Weise könnte die Steuerbelastung der Veräußerung der Silbermine durch die Abspaltung der Silbermine und die anschließende steuerlich begünstigte Veräußerung der Anteile an der X GmbH vermieden werden.

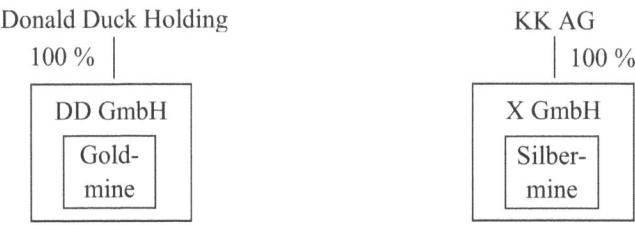

Einer derartigen Vorgehensweise soll anhand der Missbrauchsvorschriften des § 15 Abs. 2 S. 2 - 4 UmwStG vorgebeugt werden.

Merke: § 15 Abs. 2 S. 2-4 UmwStG verhindert, dass die Besteuerung der stillen Reserven von Teilbetrieben dadurch umgangen wird, dass die Teilbetriebe steuerneutral durch Auf- bzw. Abspaltung übertragen werden und die im Gegenzug dafür enthaltenen Anteile steuerbegünstigt gem. § 8b Abs. 2 i. V. m. Abs. 3 S. 1 KStG oder gem. § 3 Nr. 40 EStG veräußert werden.

5.3.2.2.1 Veräußerung an außenstehende Personen (§ 15 Abs. 2 S. 2 UmwStG)

§ 15 Abs. 2 S. 2 UmwStG: „§ 11 Abs. 2 ist ebenfalls nicht anzuwenden, wenn durch die Spaltung die Veräußerung an außenstehende Personen vollzogen wird."

Eine auf Ebene der übertragenden Gesellschaft steuerneutrale Spaltung ist gem. § 15 Abs. 2 S. 2 UmwStG nicht möglich, wenn durch die Spaltung die Veräußerung an außenstehende Person vollzogen wird. Der Anwendungsbereich von § 15 Abs. 2 S. 2 UmwStG ist allerdings begrenzt. Die Vorschrift dient daher eher als Einleitungssatz zu § 15 Abs. 2 S. 3 und 4 UmwStG. Die Begriffe „außenstehende Personen" und „Veräußerung an diese durch die Spaltung" haben daher auch Bedeutung für die Auslegung des § 15 Abs. 2 S. 3 und 4 UmwStG und werden deshalb im Folgenden definiert.

Unter das Tatbestandsmerkmal der außenstehenden Personen fallen grundsätzlich alle Personen, die an dem übertragenden Rechtsträger zum Zeitpunkt der Spaltung nicht beteiligt sind. Gem. Tz. 15.26 UmwStE sind Umstrukturierungen innerhalb verbundener Unternehmen i. S. d. § 271 Abs. 2 HGB und juristischer Personen des öffentlichen Rechts einschließlich ihrer Betriebe gewerblicher Art für das Merkmal der Veräußerung an außenstehende Personen unschädlich, sofern auch im Anschluss an diesen Vorgang keine unmittelbare oder mittelbare Veräußerung an eine außenstehende Person stattfindet. Insoweit stellen verbundene Unternehmen i. S. d. § 271 Abs. 2 HGB keine außenstehenden Personen i. S. d. § 15 Abs. 2 S. 2 UmwStG dar.

Der Fall der Veräußerung von Anteilen durch die Spaltung ist sehr selten. Eine Veräußerung i. S. d. § 15 Abs. 2 S. 2 - 4 UmwStG ist eine entgeltliche Übertragung des wirtschaftlichen Eigentums am Vermögen der übertragenden Gesellschaft durch den Verkauf der durch die Spaltung geschaffenen Anteile der Gesellschafter der übertragenden Gesellschaft an der übernehmenden Gesellschaft im Rahmen oder nach der Spaltung der übernehmenden Gesellschaft durch die Anteilseigner der übertragenden Gesellschaft (Tz. 15.24 UmwStE). Eine Veräußerung für Zwecke des § 15 Abs. 2 S. 4 UmwStG ist im Falle der Abspaltung auch die entgeltliche Übertragung von Anteilen an der übertragenden Gesellschaft.[83]

Eine Spaltung selbst ist allerdings keine entgeltliche Veräußerung, da die Anteilseigner der übertragenden Gesellschaft als Ausgleich für die von der übertragenden Gesellschaft hingegebenen Teilbetriebe kein Entgelt, sondern Anteile an der übernehmenden Gesellschaft erhalten. Dritte erhalten im Rahmen einer Spaltung im Regelfall keine Anteile an den an der Spaltung beteiligten Gesellschaften. Durch die Spaltung wird also die Übertragung des Vermögens auf der Basis eines Spaltungsvertrags bzw. -plans vollzogen. Insofern ist eine Veräußerung an außenstehende Anteilseigner durch die Verschmelzung grundsätzlich nicht möglich. Eine Veräußerung an außenstehende Dritte hat demnach entweder vor oder nach der Spaltung zu erfolgen.

Selbst wenn eine Spaltung auf eine oder mehrere Gesellschaften erfolgt, deren Anteilseigner nicht an der übertragenden Gesellschaft beteiligt sind, jedoch auch an dem übertragenen Vermögen beteiligt werden, kommt es zu keiner Veräußerung im Rahmen der Spaltung, sofern Leistung (hingegebene Teilbetriebe) und die erhaltene Gegenleistung (Anteile) in einem angemessenen Verhältnis zueinander stehen. Zu einer i. S. d. UmwStG schädlichen Veräußerung kann es demnach nur bei einem unangemessen niedrigen Verhältnis von Leistung und Gegenleistung kommen, durch das außenstehende Personen überproportional an den übertragenen Wirtschaftsgütern beteiligt werden und dafür ein Entgelt an die Anteilseigner der übertragenden Gesellschaft zahlen.

---

[83] Vgl. Dötsch, E./ Pung, A./ Möhlenbrock, R., Kommentar zum UmwStG, 87. Erg.-Lief. 2016, § 15 UmwStG, Tz. 206 ff.

> **Merke:** § 15 Abs. 2 S. 2 UmwStG fungiert als Einleitung zu § 15 Abs. 2 S. 3, 4 UmwStG und findet nur selten Anwendung.
>
> Außenstehende Personen sind alle Personen, die im Zeitpunkt der Spaltung nicht an der Überträgerin beteiligt und auch keine verbundenen Unternehmen i. S. d § 271 Abs. 2 HGB sind.
>
> Unter einer Veräußerung i. S. d § 15 Abs. 2 S. 2-4 UmwStG ist die entgeltliche Übertragung von wirtschaftlichem Eigentum an Wirtschaftsgütern durch die Anteilseigner der übertragenden Gesellschaft zu verstehen. Durch eine Spaltung kommt es im Regelfall nicht zu einer Veräußerung.

5.3.2.2.2   Vorbereitung der Veräußerung (§ 15 Abs. 2 S. 3 und 4 UmwStG)

Nach § 15 Abs. 2 S. 3 UmwStG ist die Anwendung des Bewertungswahlrechts i.S.v. § 11 Abs. 2 UmwStG auch dann ausgeschlossen, wenn die Veräußerung durch die Spaltung lediglich vorbereitet wird:

> **§ 15 Abs. 2 S. 3 UmwStG:** „Das Gleiche gilt, wenn durch die Spaltung die Voraussetzungen für eine Veräußerung geschaffen werden."

Von einer Vorbereitung der Veräußerung ist gem. § 15 Abs. 2 S. 4 UmwStG auszugehen, „(...) wenn innerhalb von fünf Jahren nach dem steuerlichen Übertragungsstichtag Anteile an einer an der Spaltung beteiligten Körperschaft, die mehr als 20 vom Hundert der vor Wirksamwerden der Spaltung an der Körperschaft bestehenden Anteile ausmachen, veräußert werden" (unwiderlegliche gesetzliche Vermutung), Tz. 15.27 UmwStE. Damit ist nicht die Vorbereitung der Veräußerung für die Anwendung von § 11 Abs. 2 UmwStG schädlich, sondern die Veräußerung selbst.

Beispiel

Vorbereitung der Veräußerung durch Abspaltung
Abwandlung des Beispiels zur Abspaltung mit anschließender Veräußerung von Anteilen ohne Beachtung der 20 %-Grenze.

Die Silbermine wird – wie bereits dargestellt – auf die X GmbH abgespalten. Die Anteile an der X GmbH werden nicht sofort nach der Abspaltung, aber innerhalb von fünf Jahren nach dem steuerlichen Übertragungsstichtag veräußert. Damit wurde durch die Abspaltung die Veräußerung der Silbermine i. S. d. § 15 Abs. 2 S. 3 i. V. m. S. 4 UmwStG vorbereitet.

Da § 15 Abs. 2 S. 2 UmwStG einleitend für S. 3 und 4 wirkt, ist die (Vorbereitung der) Veräußerung nur dann schädlich, wenn sie an **außenstehende Personen** erfolgt.

Nach Tz. 15.29 UmwStE bezieht sich die **Quote von 20 %** auf die Anteile an der übertragenden Kapitalgesellschaft vor der Spaltung. Damit ist gemeint, dass eine Veräußerung von

Anteilen als schädlich gilt, wenn der Wert der veräußerten Anteile – rückbezogen auf den steuerlichen Spaltungsstichtag – höher ist als der einstige Wert einer 20 %igen Beteiligung an der übertragenden Kapitalgesellschaft vor der Spaltung. Für die Bestimmung der 20 %-Quote ist das Wertverhältnis am steuerlichen Übertragungsstichtag maßgeblich, wie es i. d. R. im Umtauschverhältnis der Anteile im Spaltungsvertrag bzw. -plan zum Ausdruck kommt.

Beispiel

Aufspaltung mit anschließender Veräußerung von Anteilen
Die DD GmbH verfügt über zwei Teilbetriebe: Eine Gold- und eine Silbermine. Der Verkehrswert der DD GmbH beträgt zum steuerlichen Übertragungsstichtag 300 T€. Die Teilbetriebe sind wertgleich. Anteilseigner der DD GmbH ist zu 40 % Donald Duck, zu 10 % Daisy Duck und zu 50 % Dagobert Duck. Die DD GmbH soll rückwirkend zum 31.12.2019 aufgespalten werden. Nach der Aufspaltung ergeben sich folgende Beteiligungsverhältnisse:

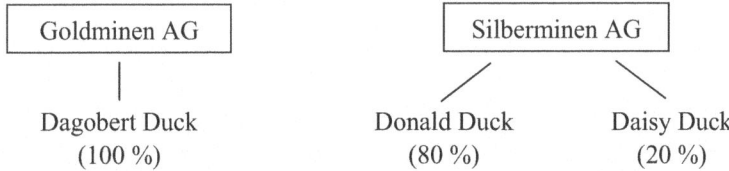

Goldminen AG	Silberminen AG

Dagobert Duck (100 %)   Donald Duck (80 %)   Daisy Duck (20 %)

Donald Duck möchte ein Jahr nach der Aufspaltung seine Anteile an der Silberminen AG an Gustav Gans veräußern. Alternativ soll überprüft werden, ob es schädlich ist, wenn Daisy Duck ihre Anteile an der Silberminen AG veräußert.

Lösung

1. Alternative: Veräußerung durch Donald Duck
Die Veräußerung der Anteile an Gustav Gans ist dann schädlich, wenn die Quote von 20 % überschritten wird. Dies ist der Fall, wenn der Wert der veräußerten Anteile höher ist als der einstige Wert einer 20 %igen Beteiligung an der übertragenden Kapitalgesellschaft vor der Spaltung.

Veräußert Donald Duck seinen 80 %igen Anteil an der Silberminen AG, entspricht dies der Veräußerung eines Anteils an der DD GmbH in Höhe von 40 %. Die 20 %-Quote des § 15 Abs. 2 S. 4 UmwStG ist damit überschritten und die Veräußerung schädlich:

$$\frac{\text{Wert der Silberminen AG}}{\text{Wert der DD GmbH}} * \text{Anteil an Silberminen AG} = \text{Anteil an DD GmbH}$$

$$\frac{150\ T€}{300\ T€} * 0{,}8 = 0{,}4 > 0{,}2$$

2. Alternative: Veräußerung durch Daisy Duck

Veräußert dagegen Daisy Duck ihren 20 %igen Anteil an der Silberminen AG, entspricht dies der Veräußerung eines Anteils an der DD GmbH in Höhe von 10 %. Die 20 %-Quote des § 15 Abs. 2 S. 4 UmwStG ist nicht überschritten:

$$\frac{150 \text{ T€}}{300 \text{ T€}} * 0,2 = 0,1 < 0,2$$

Mit der Möglichkeit, bis zu 20 % der Anteile ohne steuerliche Konsequenzen zu veräußern, soll vermieden werden, dass bei der Auf- oder Abspaltung von Publikumsgesellschaften (weit gestreuter Anteilsbesitz) die Veräußerung eines einzigen Anteils innerhalb des Fünf-Jahres-Zeitraums zur Versagung des Bewertungswahlrechts nach § 11 Abs. 2 UmwStG führt.[84]

Sämtliche Anteilsveräußerungen innerhalb des Fünf-Jahres-Zeitraums, auch wenn sie bei unterschiedlichen an der Spaltung beteiligten Gesellschaften erfolgten, sind gem. Tz. 15.30 f. UmwStE nach der Auffassung der Finanzverwaltung zusammenzurechnen. Wird jedoch ein und derselbe Anteil mehrmals veräußert, wird nur die erstmalige Veräußerung berücksichtigt. Ist die 20 %-Quote durch einen oder mehrere Gesellschafter ausgeschöpft, ist jede weitere Veräußerung schädlich (Tz. 15.31 UmwStE). Dies führt zu einer faktischen Veräußerungssperre.

Werden nach dem Fünf-Jahres-Zeitraum Anteile an der übernehmenden Kapitalgesellschaft veräußert, ist § 15 Abs. 2 S. 3 UmwStG nicht mehr zu berücksichtigen. Demnach ist die Veräußerung von Anteilen über die 20 %-Quote hinaus nach Ablauf der fünf Jahre für die steuerneutrale Gestaltung der Spaltung unschädlich (Tz. 15.31 UmwStE).

Tatbestandsmerkmale einer schädlichen Anteilsveräußerung i. S. d. § 15 Abs. 2 S. 3 und 4 UmwStG:

- ✓ Veräußerung von Anteilen an der/den übernehmenden Kapitalgesellschaft(en),
- ✓ innerhalb von fünf Jahren nach dem steuerlichen Übertragungsstichtag,
- ✓ Überschreitung der 20 %-Quote (veräußerte Anteile entsprechen mehr als 20 % der Anteile an der übertragenden Kapitalgesellschaft vor der Spaltung),
- ✓ Veräußerung an außenstehende Personen,
- ✓ gegen Entgelt,
- ✓ durch einen oder mehrere Gesellschafter der übernehmenden Kapitalgesellschaft.

---

[84] Vgl. BT-Drucks. 12/6885 v. 24.02.1994, S. 23.

5.3.2.2.3   Rechtsfolgen einer schädlichen Anteilsveräußerung

Sind die Voraussetzungen des § 15 Abs. 2 S. 3 und 4 UmwStG erfüllt, so ist die bis zum Veräußerungszeitpunkt erfolgte steuerneutrale Behandlung der Auf- oder Abspaltung nach § 11 Abs. 2 UmwStG rückgängig zu machen. Die **übergegangenen** Wirtschaftsgüter sind nachträglich nach § 11 Abs. 1 UmwStG mit dem gemeinen Wert anzusetzen (Tz. 15.33 UmwStE). Durch die Buchwertverknüpfung nach § 12 Abs. 1 S. 1 UmwStG sind auch die Wertansätze in der Übernahmebilanz der übernehmenden Kapitalgesellschaft zu korrigieren. Nach Tz. 15.34 UmwStE sind Steuerbescheide aufgrund des rückwirkenden Ereignisses gem. § 175 Abs. 1 S. 1 Nr. 2 AO entsprechend zu ändern, es sein denn, sie wurden von vornherein unter dem Vorbehalt der Nachprüfung gem. § 164 AO erlassen.

Die Bewertung der im Fall der Abspaltung zurückbleibenden Wirtschaftsgüter bleibt von den Rechtsfolgen des § 15 Abs. 2 S. 3 und 4 UmwStG unberührt (Tz. 15.21 UmwStE).

5.3.2.3   Trennung von Gesellschafterstämmen

Der letzte für die Anwendung des § 11 Abs. 2 UmwStG schädliche Missbrauchsfall des § 15 Abs. 2 UmwStG umfasst Regelungen zur Trennung von Gesellschafterstämmen (§ 15 Abs. 2 S. 5 UmwStG):

> **§ 15 Abs. 2 S. 5 UmwStG:** „Bei der Trennung von Gesellschafterstämmen setzt die Anwendung des § 11 Abs. 2 außerdem voraus, dass die Beteiligungen an der übertragenden Kapitalgesellschaft mindestens fünf Jahre vor dem steuerlichen Übertragungsstichtag bestanden haben."

Der **Begriff des Gesellschafterstamms** ist gesetzlich nicht definiert. In der Literatur wird ein Gesellschafterstamm als eine Gruppe von Personen betrachtet, die sich entweder selbst als einander zugehörig begreifen oder von anderen Personen als einander zugehörig angesehen werden. Es ist aber auch möglich, dass eine einzelne natürliche oder juristische Person einen Gesellschafterstamm darstellt.[85]

Nach Tz. 15.37 UmwStE liegt eine **Trennung von Gesellschafterstämmen** vor, wenn bei der Aufspaltung an den übernehmenden Kapitalgesellschaften und bei der Abspaltung an der übernehmenden und der übertragenden Kapitalgesellschaft nicht mehr alle Gesellschafter der übertragenden Kapitalgesellschaft beteiligt sind. Nicht-verhältniswahrende Spaltungen, bei denen die Gesellschafter an der einen Kapitalgesellschaft eine geringfügige und an der anderen Kapitalgesellschaft eine umfassende Beteiligung erhalten, fallen nicht unter diese Definition (Tz. 15.37 UmwStE).

---

[85]   Vgl. Dötsch, E./ Pung, A./ Möhlenbrock, R., Kommentar zum UmwStG, 87. Erg.-Lief. 2016, § 15 UmwStG, Tz. 331 ff.

Die Trennung von Gesellschafterstämmen ist nach § 15 Abs. 2 S. 5 UmwStG unschädlich, wenn die Beteiligungen an der übertragenden Kapitalgesellschaft mindestens fünf Jahre bestanden haben. Änderungen in der Höhe der Beteiligung bleiben ohne Folgen, entscheidend ist lediglich der Bestand einer Beteiligung innerhalb dieser fünf Jahre (Tz. 15.36 UmwStE).

Wird die Spaltung einer Kapitalgesellschaft, die weniger als fünf Jahre besteht, vorgenommen, ist die Trennung der Gesellschafterstämme gem. Tz. 15.38 UmwStE schädlich.

Mit § 15 Abs. 2 S. 5 UmwStG wird der **Zweck** verfolgt, die **Umgehung des § 15 Abs. 2 S. 2 - 4 UmwStG** durch eine entsprechende **Anteilsveräußerung** *vor* der Spaltung zu vermeiden. Ohne die Mindestbehaltefrist von fünf Jahren könnte die steuerpflichtige Veräußerung eines Teilbetriebs durch Anteilsveräußerung und anschließende Spaltung umgangen werden.[86]

Beispiel	**Veräußerung von Anteilen mit anschließender Abspaltung** Die DD GmbH verfügt über zwei Teilbetriebe: Eine Gold- und eine Silbermine. In beiden Teilbetrieben sind erhebliche stille Reserven enthalten. Die Teilbetriebe sind wertgleich. Alleingesellschafter der DD GmbH ist die Donald Duck Holding. Die DD GmbH möchte die Silbermine an die KK AG veräußern.

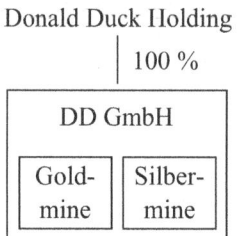

Bei Veräußerung der Silbermine an die KK AG würden sämtliche in der Silbermine enthaltenen stillen Reserven aufgedeckt werden. Der sich daraus ergebende Veräußerungsgewinn der DD GmbH würde nach § 8 Abs. 1 S. 1 KStG i. V. m. § 16 Abs. 1 Nr. 1 EStG uneingeschränkt der Körperschaft- und nach §§ 2, 7 GewStG der Gewerbesteuer unterliegen.

---

[86] Vgl. Sagasser, B./ Bula, T./ Brünger, T., Umwandlungen, 4. Aufl., München 2011, § 20, Rz. 63 f.

Um diese Steuerbelastung zu vermeiden, könnte die Übertragung der Silbermine auf die KK AG im Wege der Abspaltung der Silbermine auf die neugegründete X GmbH mit anschließender Veräußerung der Anteile an der X GmbH erfolgen. Dies verhindern § 15 Abs. 2 S. 3 und 4 UmwStG, die die Spaltung als Vorbereitung der Veräußerung ansehen, wenn innerhalb von fünf Jahren nach der Spaltung Anteile an der übernehmenden Kapitalgesellschaft veräußert werden und dabei die 20 % Quote überschritten wird.

§ 15 Abs. 2 S. 3 und 4 UmwStG könnte dadurch umgangen werden, dass die KK AG zunächst Anteile an der DD GmbH erwirbt und anschließend eine Abspaltung der Silbermine auf die neugegründete X GmbH erfolgt, deren alleiniger Gesellschafter die KK AG wird.

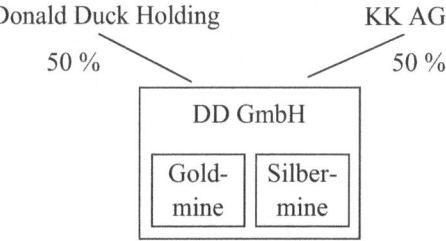

Abspaltung:

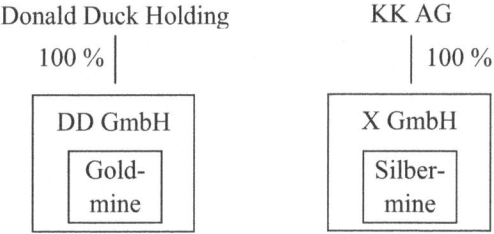

Einer derartigen Vorgehensweise soll anhand der Missbrauchsvorschrift des § 15 Abs. 2 S. 5 UmwStG vorgebeugt werden. § 11 Abs. 2 UmwStG ist nur dann anwendbar, wenn die Beteiligung der KK AG an der DD GmbH bereits fünf Jahre vor der Spaltung bestanden hat.

Allerdings besteht auch bei § 15 Abs. 2 S. 5 UmwStG eine Möglichkeit der Umgehung. Wird die KK AG im Rahmen der Spaltung mit einem geringen Anteil an der DD GmbH und die Donald Duck Holding entsprechend an der X GmbH beteiligt, so liegt nach Ansicht der Finanzverwaltung keine Trennung von Gesellschafterstämmen vor. § 15 Abs. 2 S. 5 UmwStG ist nicht erfüllt und das Bewertungswahlrecht des § 11 Abs. 2 UmwStG anwendbar.

Sind die Voraussetzungen des § 15 Abs. 2 S. 5 UmwStG erfüllt, so sind sämtliche übergehenden Wirtschaftsgüter nach § 11 Abs. 1 UmwStG mit dem gemeinen Wert anzusetzen.

Die Ausführungen zum Hintergrund von § 15 Abs. 2 S. 2-4 UmwStG gelten auch für § 15 Abs. 2 S. 5 UmwStG. Allerdings wird hier die Identität der Gesellschafter dadurch gewährleistet, dass die Trennung von Gesellschafterstämmen nur bei Erfüllung der Mindestbehaltefrist der Beteiligungen möglich ist.

5.3.2.4 Übersicht zur Prüfung von § 15 Abs. 2 UmwStG

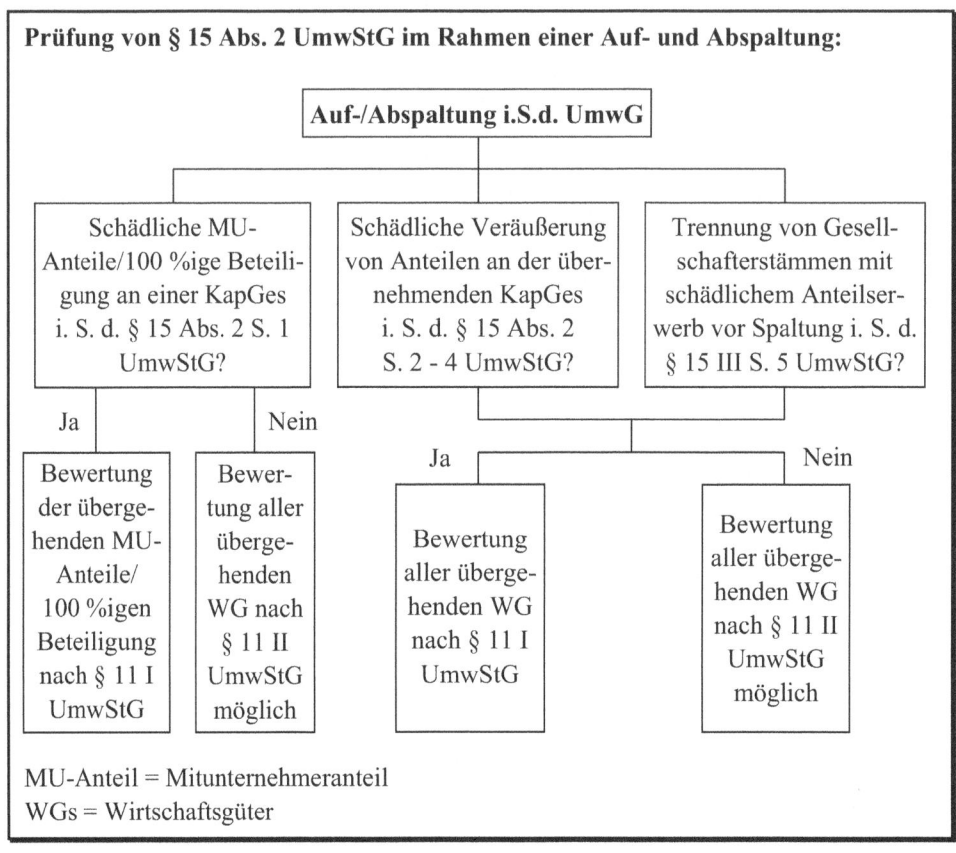

Abbildung 134: Prüfung von § 15 Abs. 2 UmwStG

5.4 Auswirkungen bei der zu spaltenden Kapitalgesellschaft

5.4.1 Bewertungswahlrecht gem. § 11 Abs. 2 UmwStG

Nach § 15 Abs. 1 i. V. m. § 11 Abs. 1 UmwStG hat die zu spaltende Kapitalgesellschaft auf den steuerlichen Übertragungsstichtag eine steuerliche Schluss- bzw. Übertragungsbilanz aufzustellen. Sind die Voraussetzungen des § 15 Abs. 1 und 2 UmwStG erfüllt, ist das

Bewertungswahlrecht nach § 11 Abs. 2 UmwStG auf das übergehende Vermögen anwendbar, wenn die Voraussetzungen des § 11 Abs. 2 UmwStG ebenfalls vorliegen.

Bewertungswahlrecht	Voraussetzungen
mindestens • Buchwert • Zwischenwert höchstens • Gemeiner Wert	Das Bewertungswahlrecht gilt, *soweit* **(1)** sichergestellt ist, dass die übergehenden Wirtschaftsgüter später bei der übernehmenden Körperschaft der Besteuerung mit Körperschaftsteuer unterliegen **und** **(2)** das Recht der Bundesrepublik Deutschland hinsichtlich der Besteuerung des Gewinns aus der Veräußerung der übertragenen Wirtschaftsgüter bei der übernehmenden Körperschaft nicht ausgeschlossen oder beschränkt wird **und** **(3)** eine Gegenleistung nicht gewährt wird oder in Gesellschaftsrechten besteht.

Abbildung 135: Das Bewertungswahlrecht gem. § 11 Abs. 2 UmwStG

Die **Ausübung des Bewertungswahlrechts** ist auf die **übergegangenen Wirtschaftsgüter** beschränkt. Für die im Fall einer Abspaltung zurückbleibenden Wirtschaftsgüter sind zwingend die Buchwerte fortzuführen. Dies ergibt sich einerseits aus dem Wortlaut des § 11 Abs. 2 UmwStG und andererseits aus dem Realisationsprinzip, welches eine Gewinnrealisierung durch Aufdeckung der stillen Reserven untersagt, wenn – wie bei den zurückbleibenden Wirtschaftsgütern – kein Übertragungstatbestand vorliegt.

Werden im Rahmen der Auf- oder Abspaltung mehrere Teilbetriebe übertragen, besteht für jeden **einzelnen Teilbetrieb** ein **gesondertes Bewertungswahlrecht**. Dies gilt unabhängig davon, ob die Teilbetriebe auf einen oder mehrere übernehmende Rechtsträger übertragen werden. Die Bewertung der Wirtschaftsgüter eines Teilbetriebes hat gem. § 11 Abs. 2 S. 1 UmwStG einheitlich für alle Wirtschaftsgüter des Teilbetriebes zu erfolgen. Werden also mehrere Teilbetriebe auf einen Rechtsträger übertragen und einer der Teilbetriebe erfüllt die Voraussetzungen zur Buchwertfortführung des § 11 Abs. 2 S. 1 Nr. 1 oder 2 UmwStG nicht, so ist die Buchwertfortführung nur für diesen Teilbetrieb nicht möglich und die mit diesem Teilbetrieb übergehenden Wirtschaftsgüter sind zum gemeinen Wert zu bewerten.

Erfüllt ein Teilbetrieb die Voraussetzung des § 11 Abs. 2 S. 1 Nr. 3 UmwStG nicht, d. h. wird eine Gegenleistung gewährt, die nicht in Gesellschaftsrechten besteht, ist der Teilbetrieb entgegen dem Wortlaut des § 11 Abs. 1, 2 UmwStG nicht mit dem gemeinen Wert anzusetzen. Stattdessen sind lediglich die im übergehenden Vermögen enthaltenen stillen Reserven anteilig aufzudecken, soweit der Wert der Gegenleistung den auf diesen Teilbetrieb entfallenden Buchwert übersteigt. Bei allen anderen übergehenden Teilbetrieben können unabhängig von dem Teilbetrieb, der die Voraussetzung des § 11 Abs. 2 UmwStG nicht erfüllt, die Buchwerte fortgeführt werden. Dagegen ist das Bewertungswahlrecht gem. § 11 Abs. 2 UmwStG für keinen Teilbetrieb anwendbar, wenn die Teilbetriebsvoraussetzung des § 15 Abs. 1 S. 2 UmwStG nicht erfüllt wird (Tz. 15.12 UmwStE). Gleiches gilt, wenn die Voraussetzungen des § 15 Abs. 2 S. 2 - 5 UmwStG nicht für alle Teilbetriebe vorliegen.

Werden übergehende Teilbetriebe in der Schluss- bzw. Übertragungsbilanz (freiwillig oder zwangsweise) mit einem über dem Buchwert liegenden Wert angesetzt, entsteht durch die Auflösung der stillen Reserven ein **Übertragungsgewinn**. Dieser unterliegt ungemildert der Körperschaftsteuer und gem. § 15 i. V. m. § 19 Abs. 1 UmwStG der Gewerbesteuer.

Merke:
- Die Ausübung des **Bewertungswahlrechts** nach § 11 Abs. 2 UmwStG ist auf die übergehenden Teilbetriebe beschränkt.
- Für jeden Teilbetrieb besteht ein **gesondertes Bewertungswahlrecht**.
- Die Bewertung der Wirtschaftsgüter eines Teilbetriebs ist einheitlich vorzunehmen.
- Erfüllt ein Teilbetrieb die Voraussetzungen des § 11 Abs. 2 UmwStG nicht, gelten die Rechtsfolgen des § 11 Abs. 1 UmwStG nur für diesen Teilbetrieb.
- Bei Wertansätzen über dem Buchwert entsteht ein steuerpflichtiger Übertragungsgewinn.

5.4.2 Wertaufholungsgebot gem. § 11 Abs. 2 S. 2, 3 UmwStG

Für den Fall, dass die übertragende Gesellschaft an der übernehmenden Gesellschaft beteiligt ist, hat diese gem. § 15 Abs. 1 S. 1 i. V. m. § 11 Abs. 2 S. 2 UmwStG in früheren Jahren steuerwirksam auf ihre Beteiligung an der übernehmenden Gesellschaft getätigte Abschreibungen oder Übertragungen gem. § 6b EStG im Zuge der Spaltung – maximal bis zum gemeinen Wert der Beteiligung – anteilig rückgängig zu machen. Der dabei entstehende Gewinn unterliegt gem. § 11 Abs. 2 S. 3 UmwStG i. V. m. § 8b Abs. 2 S. 4, 5 KStG als laufender Gewinn der Gesellschaft zur Gänze der Körperschaft- bzw. Gewerbesteuer.

5.4.3 Aufteilung des Vermögens durch Spaltung

Gem. § 126 Abs. 1 Nr. 9 UmwG müssen die Gegenstände des Aktiv- und Passivvermögens sowie die Betriebe oder Betriebsteile, die übertragen werden sollen, im Spaltungsvertrag genau bezeichnet und aufgeteilt werden. Die Aufteilung des Vermögens ist handelsrechtlich frei gestaltbar. Steuerrechtlich müssen für eine steuerneutrale Spaltung Teilbetriebe übertragen werden und bei der Abspaltung auch verbleiben. Die nachfolgenden Beispiele sollen einen Überblick über mögliche Aufteilungsvarianten des Buchvermögens der übertragenden Kapitalgesellschaft geben.

Abspaltung zur Neugründung

Das Vermögen der MaDalton GmbH besteht aus zwei Teilbetrieben, einer Gold- und einer Silbermine. Die Silbermine soll zu Buchwerten auf die neu gegründete Daltons-AG abgespalten werden. Die Bilanz der MaDalton GmbH hat vor der Abspaltung folgendes Bild:

Aktiva	MaDalton GmbH		Passiva
Goldmine	450 T€	Stammkapital	200 T€
Silbermine	200 T€	Gewinnrücklagen	150 T€
		Fremdkapital	300 T€
	650 T€		650 T€

In den Teilbetrieben sind stille Reserven enthalten. Ein Wirtschaftsprüfer hat für die Teilbetriebe folgende gemeinen Werte ermittelt:

Gemeiner Wert der Goldmine   =   700 T€
Gemeiner Wert der Silbermine   =   300 T€

Der Unternehmenswert der MaDalton GmbH ergibt sich aus der Summe der gemeinen Werte und beträgt damit 1.000 T€.

Die Aufteilung der Gewinnrücklagen und Verbindlichkeiten soll im Verhältnis der gemeinen Werte der Teilbetriebe zum Unternehmenswert vorgenommen werden.

1. Aufteilung der Gewinnrücklagen und Verbindlichkeiten

Die für die Aufteilung maßgeblichen Wertverhältnisse ermitteln sich wie folgt:

$$\frac{\text{Gemeiner Wert der Goldmine}}{\text{Unternehmenswert}} = \frac{700 \text{ T€}}{1.000 \text{ T€}} = \mathbf{0,7}$$

$$\frac{\text{Gemeiner Wert der Silbermine}}{\text{Unternehmenswert}} = \frac{300 \text{ T€}}{1.000 \text{ T€}} = \mathbf{0,3}$$

Demnach verbleiben 70 % der Bilanzposten bei der MaDalton GmbH und 30 % gehen auf die Daltons-AG über.

	Gewinnrücklagen	Verbindlichkeiten
MaDalton GmbH	150 T€ * 0,7 = **105 T€**	300 T€ * 0,7 = **210 T€**
Daltons AG	150 T€ * 0,3 = **45 T€**	300 T€ * 0,3 = **90 T€**
Σ	150 T€	300 T€

2. Verbleibendes Nettovermögen zu Buchwerten nach Abspaltung

Fraglich ist, ob das verbleibende Nettovermögen zur Deckung des Stammkapitals in Höhe von 200 T€ ausreicht.

Verbleibende Aktiva (Goldmine)	450 T€
./. Verbleibende Passiva (105 T€ + 210 T€)	315 T€
= verbleibendes Nettovermögen zu Buchwerten	135 T€

Das nach vollzogener Abspaltung verbleibende Nettovermögen der MaDalton GmbH in Höhe von 135 T€ reicht nicht mehr aus, um das Stammkapital in Höhe von 200 T€ zu decken. Kann die Nettovermögensminderung nicht durch vorhandene Rücklagen ausgeglichen werden, ist eine Kapitalherabsetzung notwendig.

3. Ermittlung des Umfangs der Kapitalherabsetzung

Übertragenes Nettovermögen zu Buchwerten (= übertragene Aktiva ./. übertragene Passiva) (= 200 T€ ./. [45 T€ + 90 T€])	65 T€
./. Gewinnrücklagen	65 T€
= Betrag der Kapitalherabsetzung	0 T€

Durch die Auflösung der Gewinnrücklagen (Abzug der Gewinnrücklagen) wird die Verminderung des Nettovermögens gem. § 58a Abs. 1, 2 GmbHG ausgeglichen. Da in ausreichendem Umfang Gewinnrücklagen für den Ausgleich vorhanden sind, muss keine Kapitalherabsetzung vorgenommen werden.

4. Bilanz der MaDalton GmbH nach Abspaltung

Aktiva		MaDalton GmbH			Passiva
Goldmine		450 T€	Stammkapital		200 T€
Silbermine	200 T€		Gewinnrücklagen	150 T€	
./. Silbermine	./. **200 T€**	0 T€	./. GewRL Daltons AG ./.	**45 T€**	
			./. GewRL (s.o.) ./.	**65 T€**	40 T€
			Fremdkapital	300 T€	
			./. FK Daltons AG ./.	**90 T€**	210 T€
		450 T€			450 T€

Beispiel

Aufspaltung zur Neugründung

Die Tom&Jerry AG, an der Tom zu 60 % und Jerry zu 40 % beteiligt sind, soll aufgespalten werden. Die Tom&Jerry AG besteht aus zwei Teilbetrieben, einer Katzenfutter- und einer Hundefutterproduktion. Die Katzenfutterproduktion (KFP) soll auf die neu zu gründende Cats AG und die Hundefutterproduktion (HFP) auf die ebenfalls neu zu gründende Spike AG übertragen werden. Gesellschafter Tom soll sämtliche Anteile an der Cats AG und Gesellschafter Jerry sämtliche Anteile an der Spike AG erhalten.

Die Bilanz der Tom&Jerry AG hat vor der Aufspaltung folgendes Aussehen:

Aktiva	Tom&Jerry AG		Passiva
KFP	650 T€	Stammkapital	520 T€
HFP	330 T€	Fremdkapital	460 T€
	980 T€		980 T€

Im Aktivvermögen der Tom&Jerry AG sind stille Reserven in Höhe von 580 T€ enthalten. Davon entfallen 450 T€ auf die Katzenfutterproduktion und 130 T€ auf die Hundefutterproduktion.

Das Vermögen soll entsprechend den Beteiligungsverhältnissen auf die neuen Gesellschaften übergehen. Falls notwendig, soll ein Wertausgleich über die Zuordnung von Verbindlichkeiten geschaffen werden.

Lösung

1. Aufteilung des Vermögens

Da das Vermögen entsprechend der Beteiligungsverhältnisse aufgeteilt werden soll, müssen 60 % des Vermögens auf die Cats AG und 40 % auf die Spike AG übertragen werden. Maßgeblich ist der tatsächliche Unternehmenswert der Tom&Jerry AG, der sich wie folgt ermittelt:

	Aktivvermögen	980 T€
./.	Fremdkapital	460 T€
=	Buchwert des Vermögens	520 T€
+	Stille Reserven	580 T€
=	Unternehmenswert der Tom&Jerry AG	1.100 T€

Demnach entfallen 660 T€ (60 %) des Unternehmenswerts auf die Cats AG und 440 T€ (40 %) auf die Spike AG. Diese Werte stellen jeweils die Unternehmenswerte der Cats AG und der Spike AG dar.

Werden nun die Verbindlichkeiten der Tom&Jerry AG entsprechend dem Beteiligungsverhältnis bzw. den Verhältnissen der gemeinen Werte der Teilbetriebe zum Unternehmenswert aufgeteilt, können diese Unternehmenswerte nicht gewahrt werden:

	Buchwert der Katzenfutterproduktion	650 T€
./.	Anteiliges Fremdkapital entspr. Beteiligung (460 T€ * 0,6)	276 T€
+	Stille Reserven	450 T€
=	Unternehmenswert der Cats AG	824 T€ > 660 T€

Daher gilt: Die gewünschten Unternehmenswerte der aufnehmenden AGs können nur über die Zuordnung von Verbindlichkeiten erreicht werden (sog. Wertausgleich):

Cats AG:		Buchwert der Katzenfutterproduktion	650 T€
	+	Stille Reserven	450 T€
	=	Vermögen vor Abzug der Verbindlichkeiten	1.100 T€
	./.	Unternehmenswert der Cats AG	660 T€
	=	Höhe der zuzuordnenden Verbindlichkeiten	**440 T€**
Spike AG:		Buchwert der Hundefutterproduktion	330 T€
	+	Stille Reserven	130 T€
	=	Vermögen vor Abzug der Verbindlichkeiten	460 T€
	./.	Unternehmenswert der Spike AG	440 T€
	=	Höhe der zuzuordnenden Verbindlichkeiten	**20 T€**

Die Summe der zuzuordnenden Verbindlichkeiten (440 T€ + 20 T€) entspricht der Höhe der Verbindlichkeiten der Tom&Jerry AG.

> **Merke:** Ein nicht angemessenes Umtauschverhältnis der Anteile wird i. d. R. durch einen Wertausgleich in Form von baren Zuzahlungen beseitigt. Dadurch werden allerdings steuerpflichtige Gewinne realisiert, weshalb der Ausgleich der Wertunterschiede durch die **Zuordnung von Verbindlichkeiten** dem Ausgleich durch Barzuzahlungen vorzuziehen ist.

5.4.4   Fortführung des Verlustvortrages

Da bei Spaltungen die Vorschriften über Verschmelzungen Anwendung finden, können Verluste gem. § 15 Abs. 1 S. 1 i. V. m. § 12 Abs. 3 Hs. 2 i. V. m. § 4 Abs. 2 S. 2 UmwStG rechtlich nicht von der zu spaltenden Kapitalgesellschaft auf die übernehmende Kapitalgesellschaft übergehen. Da bei einer Aufspaltung die aufspaltende, d. h. die übertragende Kapitalgesellschaft, als Rechtsträger untergeht und nur die übernehmenden Rechtsträger verbleiben, geht der Verlustvortrag im Zuge der Aufspaltung gänzlich verloren. Bei der Abspaltung hingegen bleibt der übertragende Rechtsträger erhalten, so dass nur der Teil des Verlustvortrages untergeht, der der übernehmenden Kapitalgesellschaft zuzuordnen wäre. § 15 Abs. 3 UmwStG bestimmt daher, dass sich der Verlustvortrag der übertragenden Kapitalgesellschaft im gleichen Verhältnis mindert, wie Vermögen auf die übernehmende Kapitalgesellschaft übergeht. Umgekehrt bedeutet dies, dass der Verlustvortrag in dem Maße erhalten bleibt, wie Wirtschaftsgüter bei der übertragenden Kapitalgesellschaft verbleiben. Zur Berechnung des Verhältnisses sind die gemeinen Werte der Teilbetriebe heranzuziehen.

Beispiel

Behandlung des Verlustvortrages bei Abspaltung
Die MaDalton GmbH besteht aus zwei Teilbetrieben, einer Gold- und einer Silbermine, wobei die Goldmine einen gemeinen Wert von 600 T€ und die Silbermine einen gemeinen Wert von 400 T€ aufweist. Die Silbermine wird auf die neu gegründete Daltons AG abgespalten. Zum Zeitpunkt der Abspaltung beträgt der Verlustvortrag der MaDalton GmbH 100 T€.

Lösung

Der gemeine Wert der MaDalton GmbH setzt sich aus den gemeinen Werten ihrer Teilbetriebe zusammen und beträgt daher 600 T€ + 400 T€ = 1.000 T€. Da der gemeine Wert des Teilbetriebes Silbermine 400 T€ beträgt, gehen 40 % (400 T€ / 1.000 T€) des gemeinen Wertes der MaDalton GmbH auf die übernehmende Daltons AG über. Im gleichen Verhältnis mindert sich der Verlustvortrag der MaDaltons GmbH:

Verlustvortrag der MaDalton GmbH	100 T€
./. 40 % des Verlustvortrages der MaDalton GmbH	40 T€
= Verbleibender Verlustvortrag der MaDalton GmbH	60 T€

Der Verlustvortrag der MaDalton GmbH wird um 40 T€ auf 60 T€ gemindert. Der Betrag i. H. v. 40 T€ wird dabei **nicht** auf Ebene der übernehmenden Daltons AG fortgeführt, sondern geht unter und kann nicht mehr genutzt werden.

Merke: Nur im Falle der Abspaltung kann ein Teil des Verlustvortrags fortgeführt werden, da die Kapitalgesellschaft, die den Verlust erlitten hat, erhalten bleibt. Im Zuge der Aufspaltung hingegen geht der Verlust gänzlich unter, da der aufzuspaltende Rechtsträger erlischt.

5.4.5   Aufteilung des steuerlichen Eigenkapitalausweises

Im Fall der **Aufspaltung** sind sämtliche Bestandteile des steuerlichen Eigenkapitalausweises auf die übernehmenden Kapitalgesellschaften aufzuteilen und zu übertragen. Im Fall der

Abspaltung ist der Bestand des steuerlichen Eigenkapitalausweises der übertragenden Kapitalgesellschaft lediglich um den Umfang des übergehenden Teils zu reduzieren.

Zur jeweiligen Vorgehensweise wird auf die Erläuterungen unter Punkt 5.7 „Auswirkungen auf den steuerlichen Eigenkapitalausweis" verwiesen.

5.5 Auswirkungen bei der übernehmenden Kapitalgesellschaft

5.5.1 Wertverknüpfung

Die übernehmende Kapitalgesellschaft hat die auf sie übergehenden Wirtschaftsgüter grundsätzlich mit dem Wert zu übernehmen, mit dem sie in der steuerlichen Schlussbilanz der übertragenden Kapitalgesellschaft angesetzt waren (§ 15 Abs. 1 i. V. m. § 12 Abs. 1, § 4 Abs. 1 UmwStG). Ist die zu spaltende Kapitalgesellschaft allerdings von der Besteuerung befreit und die übernehmende Kapitalgesellschaft steuerpflichtig, sind die übergehenden Wirtschaftsgüter mit dem gemeinen Wert anzusetzen.[87]

Wie bei der Verschmelzung ist auch bei der Spaltung die Erstellung einer steuerlichen Übernahmebilanz gesetzlich nicht vorgeschrieben. Daher erfolgt die Übernahme der Wirtschaftsgüter bei der Spaltung zur Aufnahme als laufender Geschäftsvorfall in der ersten Jahresbilanz nach der Spaltung. Bei der Spaltung zur Neugründung sind die Wirtschaftsgüter in der steuerlichen Eröffnungsbilanz, welche auf den steuerlichen Übertragungsstichtag aufzustellen ist, zu erfassen.[88]

5.5.2 Übernahmeergebnis der übernehmenden Kapitalgesellschaft

5.5.2.1 Entstehung des Übernahmeergebnisses

Sofern die übernehmende Kapitalgesellschaft sämtliche Anteile an der übertragenden Kapitalgesellschaft hält, handelt es sich um einen **partiellen „up-stream merger"**. Mit Zugang der Wirtschaftsgüter bei der Muttergesellschaft fallen die Anteile an der Tochtergesellschaft nicht wie bei der Verschmelzung vollständig, sondern lediglich *anteilig* weg. Der **anteilige Wegfall** der Beteiligung lässt sich dadurch begründen, dass die Beteiligung durch den Abgang der Wirtschaftsgüter bei der übertragenden Tochtergesellschaft an Wert verliert.[89] In Höhe des Unterschiedsbetrags zwischen dem Wert der übergegangenen Wirt-

---

[87] Vgl. BT-Drucks. 16/2710, S. 41.

[88] Vgl. Schmitt, J./ Hörtnagl, R./ Stratz, R.., Umwandlungsgesetz, Umwandlungssteuergesetz, 7. Aufl., München 2016, § 15 UmwStG, Rz. 115 f.

[89] Vgl. Thiel, J., Die Spaltung (Teilverschmelzung) im Umwandlungsgesetz und im Umwandlungssteuergesetz (Teil II), DStR 1995, S. 279.

schaftsgüter und dem anteilig wegfallenden Beteiligungsbuchwert ergibt sich nach § 12 Abs. 2 S. 1 UmwStG ein Übernahmegewinn oder -verlust.

Ermittlung des Übernahmegewinns/ -verlusts:

    Wert, mit dem die übergegangenen Wirtschaftsgüter zu übernehmen sind
    (= Saldo aus übergehenden Vermögensgegenständen und Schulden)
./. Buchwert der *anteilig* wegfallenden Beteiligung an der übertragenden KapGes
./. Kosten für den Vermögensübergang

=   Übernahmegewinn/-verlust

Die Höhe des anteilig wegfallenden Buchwerts ergibt sich aus der Kürzung des Beteiligungsbuchwerts im Verhältnis der gemeinen Werte der übertragenen Wirtschaftsgüter zu dem vor der Spaltung bestehenden Unternehmenswert der Tochtergesellschaft.

5.5.2.2 Besteuerung des Übernahmeergebnisses

Der Übernahmegewinn wird wie bei der Verschmelzung steuerlich in dem Verhältnis erfasst, in dem die übernehmende Mutter- an der Tochtergesellschaft beteiligt ist.

Dieser verbleibende Teil ist wiederum gem. § 12 Abs. 2 S. 2 UmwStG i. V. m. § 8b KStG zu 95 % steuerfrei.

Besteuerung des Übernahmegewinns:

    Übernahmegewinn
*   Beteiligungsverhältnis der übernehmenden an der übertragenden KapGes
*   5 %

=   Bemessungsgrundlage i. H. d. nichtabzugsfähigen Betriebsausgaben

---

Einzelheiten zum Übernahmeergebnis und zur Buchwertaufholung sind den Ausführungen zur Verschmelzung in Kapitel III, Punkt 5.5.2 zu entnehmen.

Abspaltung eines Teilbetriebs zur Aufnahme durch die 100 %ige Muttergesellschaft

Die Daltons AG besteht aus zwei Teilbetrieben, einer Pistolen- und einer Besenproduktion. Die Besenproduktion soll zu Buchwerten auf die MaDalton GmbH, welche zu 100 % an der Daltons AG beteiligt ist, abgespalten werden. Die Pistolenproduktion verbleibt bei der Daltons AG.

Die Bilanzen der Daltons AG und der MaDalton GmbH haben vor der Abspaltung folgendes Aussehen:

Aktiva	MaDalton GmbH		Passiva
Beteiligung	220 T€	Stammkapital	150 T€
Sonst. Aktiva	180 T€	Fremdkapital	250 T€
	400 T€		400 T€

Aktiva	Daltons AG		Passiva
Pistolensparte	330 T€	Nennkapital	220 T€
Besensparte	270 T€	Fremdkapital	380 T€
	600 T€		600 T€

In beiden Teilbetrieben sind erhebliche stille Reserven enthalten. Ein Wirtschaftsprüfer ermittelte für die Teilbetriebe folgende gemeine Werte:

Gemeiner Wert der Pistolenproduktion = 600 T€
Gemeiner Wert der Besenproduktion   = 400 T€

Der Unternehmenswert der Daltons AG ergibt sich aus der Summe der gemeinen Werte und beträgt damit 1.000 T€.

Die Verbindlichkeiten der Daltons AG in Höhe von 380 T€ entfallen zu 230 T€ auf die Pistolenproduktion und zu 150 T€ auf die Besenproduktion.

Die Voraussetzungen des § 11 Abs. 2 UmwStG sind erfüllt.

Lösung

1. Übertragende Kapitalgesellschaft

a) Schlussbilanz und Wertansatz

Gem. § 15 Abs. 1 S. 1 i. V. m. § 11 Abs. 1 S. 1 UmwStG hat die Daltons AG auf den steuerlichen Übertragungsstichtag eine steuerliche Übertragungsbilanz aufzustellen. Da laut Angabe sowohl die Teilbetriebsvoraussetzung des § 15 Abs. 1 UmwStG als auch die Voraussetzungen des § 11 Abs. 2 UmwStG vorliegen und keine Anzeichen für einen missbräuchlichen Vorgang i. S. d § 15 Abs. 2 UmwStG zu erkennen sind, können die übergehenden Wirtschaftsgüter zum Buchwert übertragen werden. Ein Übertragungsgewinn entsteht daher nicht.

b) Aufteilung des Vermögens

Da die Besenproduktion auf die MaDalton GmbH übertragen wird, verfügt die Daltons AG nach der Spaltung lediglich über den Teilbetrieb der Pistolenproduktion.

Von den Verbindlichkeiten geht der Teil auf die MaDalton GmbH über, der von der übergehenden Besenproduktion verursacht wurde, somit 150 T€.

c) Kapitalherabsetzung

Fraglich ist, ob das verbleibende Nettovermögen zur Deckung des Stammkapitals in Höhe von 200 T€ ausreicht.

	Verbleibende Aktiva (Pistolenproduktion)	330 T€
./.	Verbleibende Passiva (380 T€ ./. 150 T€)	230 T€
=	verbleibendes Nettovermögen zu Buchwerten	100 T€

Das nach vollzogener Abspaltung verbleibende Nettovermögen der Daltons AG i. H. v. 100 T€ reicht nicht aus, um das Grundkapital i. H. v. 220 T€ zu decken.

Da keine Rücklagen vorhanden sind, um die Nettovermögensminderung auszugleichen, ist eine Kapitalherabsetzung in Höhe des übertragenen Nettovermögens notwendig. Folglich muss das Nennkapital der Daltons AG um 120 T€ (= 270 T€ ./. 150 T€) herabgesetzt werden.

d) Bilanz der Daltons AG nach der Abspaltung

Aktiva		Daltons AG			Passiva
Pistolensparte		330 T€	Nennkapital		100 T€
Besensparte	270 T€		Fremdkapital		380 T€
./. Besensparte	./. **270 T€**	0 T€	./. FK Besensparte	./. **150 T€**	230 T€
		330 T€			330 T€

2. Übernehmende Kapitalgesellschaft

a) Vermögensübergang

Bei der MaDalton GmbH ist der Übergang der Besenproduktion als laufender Geschäftsvorfall zu erfassen. Die Besenproduktion sowie die Verbindlichkeiten sind gem. § 12 Abs. 1 UmwStG mit den in der Bilanz der Daltons AG angesetzten Werten zu übernehmen.

b) Übernahmeergebnis

Infolge des Abgangs der Besenproduktion bei der Daltons AG und des Zugangs bei der MaDalton GmbH kommt es zu einer Wertminderung der Beteiligung der MaDalton GmbH an der Daltons AG, da die Beteiligung im Zuge des Vermögensübergangs anteilig wegfällt. Die Höhe des anteilig wegfallenden Buchwerts (X) ergibt sich aus der Kürzung des Beteiligungsbuchwerts im Verhältnis des gemeinen Werts der übertragenden Besenproduktion zu dem vor der Abspaltung bestehenden Unternehmenswert der Daltons AG:

$$X \ = \ \text{Buchwert der Beteiligung} \ * \ \frac{\text{Gemeiner Wert der Besenproduktion}}{\text{Unternehmenswert}}$$

$$X \ = \ 220 \text{ T€} \ * \ \frac{400 \text{ T€}}{1.000 \text{ T€}} \ = \ 88 \text{ T€}$$

In Höhe der Differenz zwischen dem Wert des übergegangenen Vermögens und der anteilig wegfallenden Beteiligung ergibt sich folgendes Übernahmeergebnis:

	Wert des übergehenden Vermögens	
	(= Saldo aus übergehendem Teilbetrieb und Verbindlichkeiten)	120 T€
	(= 270 T€ ./. 150 T€)	
./.	Buchwert der anteilig untergehenden Beteiligung	88 T€
=	Übernahmegewinn	32 T€

c) Besteuerung des Übernahmeergebnisses

Da die MaDalton GmbH zu 100 % an der Daltons AG beteiligt ist, sind 100 % des Übernahmegewinns § 8b KStG zu unterwerfen (vgl. § 15 Abs. 1 i. V. m. § 12 Abs. 2 S. 2 UmwStG). Somit sind 5 % von 32.000 € = 1.600 € steuerpflichtig.

	Übernahmegewinn laut Steuerbilanz	32.000 €
./.	Freistellung gem. § 8b Abs. 1 KStG	32.000 €
+	5 % nichtabzugsfähige Betriebsausgaben gem. § 8b Abs. 5 KStG	1.600 €
=	zu versteuernder Teil des Übernahmegewinns	1.600 €

Der zu versteuernde Teil des Übernahmeergebnisses unterliegt sowohl der Körperschaftssteuer als auch der Gewerbesteuer. Bei einem Gewerbesteuersatz i. H. v. 14 % und einem Körperschaftssteuersatz i. H. v. 15 % sind auf den im Beispiel entstandenen Übernahmegewinn Steuern i. H. v. 464 € zu entrichten

d) Bilanz der MaDalton GmbH nach der Abspaltung

Aktiva		MaDalton GmbH		Passiva
Beteiligung	220 T€	Nennkapital		150,00 T€
./. wegfallender Teil	./. **88 T€** 132 T€	Übernahmegewinn		**31,54 T€**
Sonst. Aktiva	180 T€	Fremdkapital	250 T€	
+ Besensparte	+ **270 T€** 450 T€	+ FK Besensparte	+ **150 T€**	400,00 T€
		Steuerrückstellung		**0,46 T€**
	582 T€			582 T€

Ein Übernahmeergebnis stellt sich auch dann ein, wenn es sich nicht um einen 100 %igen „partiellen up-stream merger" handelt. Dies betrifft die Fälle, bei denen die übernehmende an der übertragenden Kapitalgesellschaft zu weniger als 100 % beteiligt ist, die übertragende an der übernehmenden Kapitalgesellschaft beteiligt ist oder kein gegenseitiges Beteiligungsverhältnis zwischen übertragender und übernehmender Kapitalgesellschaft besteht. Das Übernahmeergebnis ist dann in abgewandelter Form zu ermitteln, wobei ein Buchwert der Beteiligung in Höhe von „0" anzusetzen ist, wenn keine Beteiligung an der übertragenden Kapitalgesellschaft wegfällt. Wird zudem eine Kapitalerhöhung zur Schaffung von neuen Anteilen vorgenommen, finanziert sich diese durch das Übernahmeergebnis, welches entsprechend zu mindern ist.

Ermittlung von Übernahmegewinn/-verlust in Fällen abseits eines 100 %igen „up-stream mergers":

       Wert mit dem die übergegangenen Wirtschaftsgüter zu übernehmen sind
       (= Saldo aus übergehenden Vermögensgegenständen und Schulden)
./. Buchwert der anteilig wegfallenden Beteiligung an der übertragenden KapG
./. Kosten für den Vermögensübergang
= Übernahmegewinn/-verlust
./. Nennwert der mittels Kapitalerhöhung geschaffenen Anteile
= Übernahmegewinn/-verlust nach Kapitalerhöhung

Zum Zwecke der Besteuerung ist das Übernahmeergebnis **nach** Kapitalerhöhung heranzuziehen. Die Minderung des Übernahmeergebnisses aufgrund einer Kapitalerhöhung reduziert demnach die steuerliche Bemessungsgrundlage gem. § 15 Abs. 1 i. V. m. § 12 Abs. 2 S. 2 UmwStG i. V. m. § 8b KStG.

> **Merke:** Die Besteuerung des Übernahmegewinns bezieht sich stets auf den Übernahmegewinn **nach** einer Verwendung des Übernahmeergebnisses zum Zwecke einer Kapitalerhöhung.

Ist die übertragende an der übernehmenden Kapitalgesellschaft beteiligt, liegt – analog zum „partiellen up-stream merger" – ein **„partieller down-stream merger"** vor.

Weitere Einzelheiten zum Übernahmeergebnis und seiner Besteuerung sind aufgrund der identischen Regelungen den Ausführungen zur Verschmelzung in Kapitel III zu entnehmen.

5.5.3 Wertaufholungsgebot gem. § 12 Abs. 1 S. 2 UmwStG

Wie auch bei der Verschmelzung ist bei der hier *anteilig* wegfallenden Beteiligung eine Buchwertaufholung durchzuführen, insofern die Beteiligung in der Vergangenheit um steuerwirksame Abschreibungen, übertragene § 6b-Rücklagen oder ähnliche Abzüge gemindert wurde (vgl. § 15 Abs. 1 i. V. m. 12 Abs. 1 S. 2 i. V. m. § 4 Abs. 1 S. 2 UmwStG). Da diese Maßnahmen in der Vergangenheit zu einer Steuerminderung geführt haben, erhöht die Buchwertaufstockung den laufenden Gewinn.

Beispiel

Buchwertaufholung bei Spaltung
Die Jyn Erso GmbH ist alleinige Gesellschafterin der Andor GmbH. Die Anschaffungskosten der Anteile betrugen 150 T€, der Buchwert beläuft sich allerdings nur auf 100 T€. Grund hierfür ist die Übertragung einer § 6b-Rücklage i. H. v. 50 T€.
Die Andor GmbH besteht aus zwei Teilbetrieben, die je 50 % der gemeinen Werte der Andor GmbH ausmachen. Einer der Teilbetriebe wird auf die Jyn Erso GmbH abgespalten.

Lösung

Im Zuge der Abspaltung gehen 50 % der Anteile an der Andor GmbH unter. In diesem Umfang ist der Abzug der § 6b-Rücklage rückgängig zu machen, d. h. um 50 % von 50 T€ = 25 T€. Diese 25 T€ unterliegen unbegünstigt der Steuerpflicht und dienen als Aufstockungsbetrag. Der Buchwert der **anteilig** wegfallenden Beteiligung beträgt demnach 75 T€ (= 100 T€ * 0,5 + 25 T€).

Da der Buchwert der anteilig wegfallenden Beteiligung im Ermittlungsschema des Übernahmeergebnisses zu berücksichtigen ist, hat die Buchwertaufholung **vor** Berechnung des Übernahmeergebnisses zu erfolgen.

5.5.4 Eintritt in die Rechtsposition der übertragenden Kapitalgesellschaft

Die übernehmende Kapitalgesellschaft tritt gem. § 15 Abs. 1 S. 1 i. V. m. § 12 Abs. 3 UmwStG bzgl. der übergehenden Wirtschaftsgüter in die Rechtsposition der übertragenden Kapitalgesellschaft ein. Bleibt die übertragende Kapitalgesellschaft wie im Fall der Abspaltung weiter bestehen, sind Ausnahmen von diesem Grundsatz möglich.

Der Eintritt in die Rechtsstellung bezieht sich gem. § 12 Abs. 3 Hs. 2 i. V. m. § 4 Abs. 2 und 3 UmwStG grundsätzlich auf folgende Bereiche:

- Absetzung für Abnutzung,
- Erhöhte Absetzung (z. B. gem. § 7d EStG),
- Sonderabschreibung (z. B. gem. § 7g EStG),
- Inanspruchnahme einer Bewertungsfreiheit oder eines Bewertungsabschlags,
- den steuerlichen Gewinn mindernde Rücklagen,
- Vorbesitzzeiten der übertragenden Kapitalgesellschaft, soweit diese für die Besteuerung von Bedeutung sind (§ 12 Abs. 3 Hs. 2 i. V. m. § 4 Abs. 2 S. 3 UmwStG).

Wurden die Buchwerte der übergegangenen Wirtschaftsgüter durch die übertragende Kapitalgesellschaft nicht aufgestockt, ist die AfA unverändert fortzuführen.

Hat die übertragende Kapitalgesellschaft allerdings von ihrem Bewertungswahlrecht Gebrauch gemacht und die Buchwerte auf einen Zwischenwert oder den gemeinen Wert aufgestockt, ist die AfA-Bemessungsgrundlage neu zu ermitteln. Dabei sind bei Gebäuden und sonstigen Wirtschaftsgütern unterschiedliche Ermittlungsmethoden zu beachten:

Merke:	
	neue Bemessungsgrundlage
Gebäude	bisherige Bemessungsgrundlage + Aufstockungsbetrag
Sonst. Wirtschaftsgüter	bisheriger Buchwert + Aufstockungsbetrag

Hinsichtlich der Einzelheiten zur Neuermittlung der AfA-Bemessungsgrundlage im Fall der Aufstockung der Buchwerte wird auf die in Kapitel II enthaltenen Erläuterungen zu § 4 Abs. 3 und 4 UmwStG verwiesen.

5.5.5 Behandlung von Verlustvorträgen

Wie bei der Verschmelzung ist auch bei der Spaltung zwischen der Inanspruchnahme eines eigenen Verlustvortrags der übernehmenden Kapitalgesellschaft und der Nutzung eines

Verlustvortrags der spaltenden Kapitalgesellschaft zu differenzieren. Die Behandlung von eigenen Verlustvorträgen der übernehmenden Kapitalgesellschaft wird in § 8c i. V. m. § 8d KStG geregelt, die Nutzung des (anteiligen) Verlustvortrages in § 15 Abs. 1 S. 1 i. V. m. § 12 Abs. 3 Hs. 2 i. V. m. § 4 Abs. 2 S. 2 UmwStG.

5.5.5.1 Fortführung eines Verlustvortrages der übernehmenden Kapitalgesellschaft

Bei Spaltungen wie bei Verschmelzungen werden den Anteilseignern der spaltenden bzw. übertragenden Kapitalgesellschaft Anteile an der übernehmenden Kapitalgesellschaft gewährt. Somit kann es auch bei Spaltungen zu einem **schädlichen Beteiligungserwerb** gem. § 8c KStG (Gewährung von über 25 % bzw. 50 % der Anteile an der übernehmenden Kapitalgesellschaft an einen Erwerberkreis) kommen, was zu einem (anteiligen) Untergang des Verlustvortrages der übernehmenden Kapitalgesellschaft führen kann. Zur genauen Funktion des § 8c KStG mit der Möglichkeit des fortführungsgebundenen Verlustvortrags nach § 8d KStG sei an dieser Stelle auf die Ausführungen im vorhergehenden Kapitel verwiesen.

5.5.5.2 Nutzung des Verlustvortrages der spaltenden Kapitalgesellschaft

Da für die Fortführung von Verlustvorträgen Rechtsträgeridentität auch im Falle einer Spaltung erforderlich ist, können Verluste **nicht direkt** von der aufzuspaltenden Kapitalgesellschaft auf die übernehmende Kapitalgesellschaft übergehen (vgl. § 15 Abs. 1 S. 1 i. V. m. § 12 Abs. 3 Hs. 2 i. V. m. § 4 Abs. 2 S. 2 UmwStG).

Damit besteht bei der Spaltung wie bei der Verschmelzung einzig die Möglichkeit, die Verluste **indirekt** zu übertragen, indem die übertragenen Wirtschaftsgüter zu einem höheren Buchwert angesetzt werden und ein dadurch entstehender Übertragungsgewinn mit den Verlustvorträgen auf Ebene der übertragenden Kapitalgesellschaft verrechnet wird. Die übernehmende Kapitalgesellschaft übernimmt die Wirtschaftsgüter dadurch zu erhöhten Buchwerten und profitiert damit von einem höheren Abschreibungspotential, das zu einem höheren Aufwand in den Folgejahren führt. Wie auch bei der Verschmelzung ist jedoch insbesondere die Regelung zur Mindestbesteuerung gem. § 8 Abs. 1 S. 1 KStG i. V. m. § 10d Abs. 2 S. 1 EStG zu beachten.

Abweichend von den Verschmelzungsvorgängen ergibt sich im Zuge von Abspaltungen bei der indirekten Nutzung von Verlustvorträgen eine Problematik, die daraus resultiert, dass der übertragende Rechtsträger erhalten bleibt. Bei der Abspaltung wird der Verlustvortrag auf die verbleibende und die übernehmende Kapitalgesellschaft bei Zugrundelegung des gemeinen Wertes aufgeteilt (Tz. 15.41 UmwStE), wobei der Teil des Verlustvortrages erhalten bleibt, der der verbleibenden Kapitalgesellschaft zugerechnet wird. Der restliche Verlustvortrag geht unter und kann nicht von der übernehmenden Kapitalgesellschaft genutzt werden.

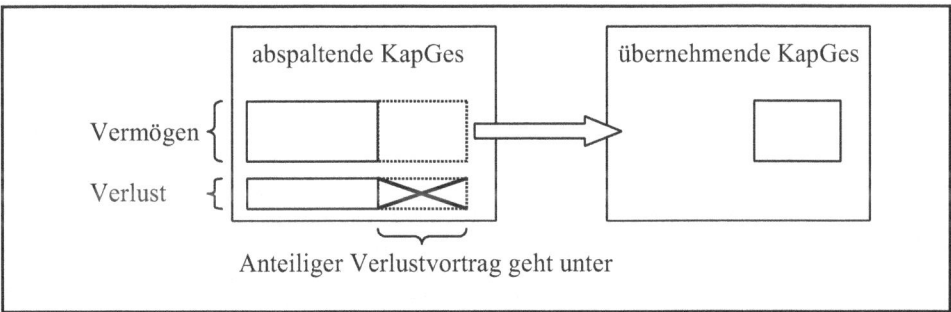

Abbildung 136: Verlustvortragsaufteilung bei Abspaltung

Nimmt nun die abspaltende Kapitalgesellschaft eine Buchwertaufstockung vor, um einen Übertragungsgewinn zu verursachen und somit den anteiligen Verlustvortrag indirekt auf die übernehmende Kapitalgesellschaft zu übertragen, wird der entstehende Übertragungsgewinn nicht nur mit dem Teil des Verlustvortrages, der unterzugehen droht, verrechnet, sondern auch mit dem Teil, der auf Ebene der abspaltenden Kapitalgesellschaft noch fortgeführt werden darf. Um den Teil des Verlustvortrages, der im Zuge der Abspaltung unterzugehen droht, vollends zu nutzen, müsste der Übertragungsgewinn daher ausreichend hoch sein, um mit dem gesamten Verlustvortrag verrechnet werden zu können.

Problematisch ist dabei jedoch, dass der Teil des Verlustvortrages, der auf Ebene der abspaltenden Kapitalgesellschaft verbleiben sollte, nicht mehr zur Verrechnung mit eigenen, zukünftigen Gewinnen zur Verfügung steht. Stattdessen wird dieser Teil des Verlustvortrages im Zuge der Buchwertaufstockung verrechnet, welche nur die übergehenden Wirtschaftsgüter betrifft und daher einzig auf Ebene der übernehmenden Kapitalgesellschaft Nutzen stiftet, indem die Buchwertaufstockung die Abschreibungsbasis dort erhöht.

Die Buchwertaufstockung führt damit stets dazu, dass über den entstehenden Übertragungsgewinn eine Nutzenverschiebung zugunsten der übernehmenden und zulasten der abspaltenden Kapitalgesellschaft stattfindet.[90]

---

[90] Vgl. Dötsch, E./ Pung, A./ Möhlenbrock, R., Kommentar zum UmwStG, 87. Erg.-Lief. 2016, § 15 UmwStG, Tz. 436 ff.

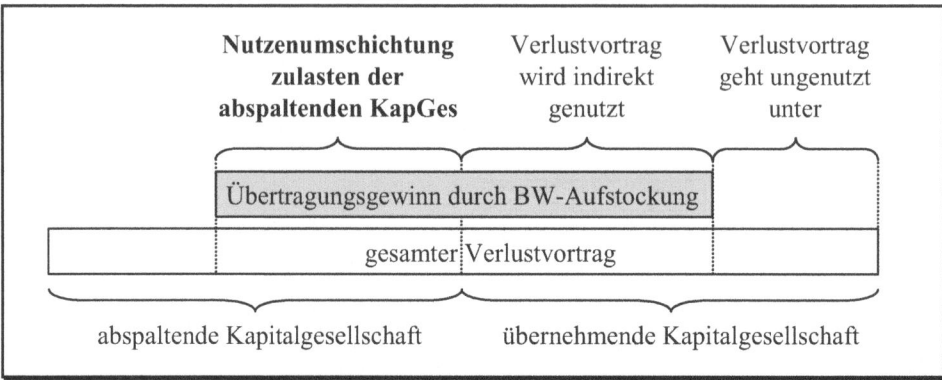

Abbildung 137: Auswirkungen einer Buchwertaufstockung auf den Verlustvortrag bei Abspaltung

Beispiel

Indirekte Übertragung des Verlustvortrages bei Abspaltung
Die MaDalton GmbH besteht aus zwei Teilbetrieben, einer Gold- und einer Silbermine, die 60 % bzw. 40 % des gemeinen Wertes der MaDalton GmbH aufweisen. Die Silbermine wird auf die neu gegründete Rantanplan AG abgespalten. Zum Zeitpunkt der Abspaltung beträgt der Verlustvortrag der MaDalton GmbH 100 T€. Damit in Folge der Abspaltung nicht 40 % des Verlustvortrages (40 T€) ungenutzt untergehen, entschließen sich die Gesellschafter der MaDalton GmbH, eine Buchwertaufstockung i. H. v. 40 T€ vorzunehmen.

Lösung

Die Buchwertaufstockung i. H. v. 40 T€ führt zu einem Übertragungsgewinn aus der Auflösung stiller Reserven in gleicher Höhe. Dieser wird jedoch nicht ausschließlich mit dem Teil des Verlustes verrechnet, der der übernehmenden Rantanplan AG zugerechnet wird. Vielmehr wird der Übertragungsgewinn mit dem gesamten Verlustvortag der MaDalton GmbH vor der Spaltung verrechnet. Erst im Anschluss daran wird der verbleibende Verlustvortrag i. H. v. 60 T€ auf die Rantanplan AG bzw. die MaDalton GmbH gem. § 15 Abs. 3 UmwStG verteilt. Dadurch reduziert sich der auf die MaDalton GmbH entfallende Verlustvortrag im Vergleich zur Aufteilung ohne die Verrechnung eines Übertragungsgewinns von 60 T€ auf 36 T€ und der auf die Rantanplan AG entfallende Verlustvortrag von 40 T€ auf 24 T€. Auf Ebene der übernehmenden Rantanplan AG gehen die verbleibenden 24 T€ Verlustvortrag ungenutzt unter. Die bei der abspaltenden MaDalton GmbH verbleibenden 36 T€ Verlustvortrag kann die MaDalton GmbH mit zukünftigen Gewinnen verrechnen.

Die Buchwertaufstockung der übertragenen Wirtschaftsgüter i. H. v. 40 T€ führt bei der Rantanplan AG zu einer entsprechenden Erhöhung des Abschreibungspotentials. 24 T€ dieser 40 T€ hat jedoch die MaDalton GmbH „gezahlt", da sie vor der Buchwertaufstockung einen verbleibenden Verlustvortrag i. H. v. 60 T€ geltend machen konnte und nach der Buchwertaufstockung einen von 36 T€. Somit fand durch die Buchwertaufstockung eine Nutzenverschiebung zugunsten der Rantanplan AG statt.

Um einen (teilweisen) Untergang des Verlustvortrages gänzlich zu verhindern, ist es nötig, eine Buchwertaufstockung i. H. v. 100 T€, also in Höhe des gesamten Verlustvortrages, vorzunehmen. Somit wird der gesamte Verlustvortrag verrechnet. Da die Buchwertaufstockung jedoch nur zugunsten der übernehmenden Rantanplan AG wirkt, erleidet die MaDalton GmbH Nutzeneinbußen: Sie kann einen Verlustvortrag i. H. v. 60 T€ nicht mehr geltend machen. Die MaDalton GmbH und die Rantanplan AG sollten sich daher vertraglich darauf einigen, dass die Rantanplan AG die MaDalton GmbH für die Nutzenverschiebung zuungunsten der MaDalton GmbH entschädigt. Hier käme eine Zahlung in Höhe der Steuermehrbelastung der MaDalton GmbH oder eine entsprechende Zuordnung von Verbindlichkeiten in der Übertragungsbilanz in Betracht.

5.5.6   Übernahmefolgegewinn

Ein Übernahmefolgegewinn entsteht, wenn zwischen der übertragenden und der übernehmenden Kapitalgesellschaft wertmäßig unterschiedliche Forderungen und Verbindlichkeiten bestehen, die im Zuge der Spaltung wegfallen (§ 15 Abs. 1 S. 1 i. V. m. § 12 Abs. 4 i. V. m. § 6 Abs. 1 S. 1 Alt. 1 UmwStG).

Soweit die übernehmende Kapitalgesellschaft an der übertragenden beteiligt war, kann sie in Höhe des Übernahmefolgegewinns eine gewinnmindernde Rücklage bilden, die in den folgenden drei Jahren zu mindestens je einem Drittel gewinnerhöhend aufzulösen ist (§ 15 Abs. 1 S. 1 i. V. m. § 12 Abs. 4 i. V. m. § 6 Abs. 1 S. 2 UmwStG).

Ein Übernahmefolgegewinn bzw. ein Gewinn aus der aufgelösten Rücklage unterliegen in vollem Umfang der Körperschaftsteuer und der Gewerbesteuer.

5.6   Auswirkungen auf den steuerlichen Eigenkapitalausweis

Wie die Verschmelzung bleibt auch die Spaltung nicht ohne Konsequenzen für die jeweilige Eigenkapitalsphäre der beteiligten Kapitalgesellschaften. Da die Spaltung als Teilverschmelzung betrachtet werden kann, treten die gleichen Rechtsfolgen auf wie bei der Verschmelzung. Die Grundsätze zur Behandlung der einzelnen Bestandteile des steuerlichen Eigenkapitalausweises finden daher in Spaltungsfällen entsprechend Anwendung.

§ 29 KStG regelt neben der Anpassung des steuerlichen Einlagekontos, eines evtl. Sonderausweises sowie der Nennkapitalien der an der Spaltung beteiligten Kapitalgesellschaften auch die **Aufteilung des steuerlichen Einlagekontos** der zu spaltenden Kapitalgesellschaft. Der **Anwendungsbereich des § 29 KStG** erfasst nach sachgerechter Ansicht der Finanzverwaltung lediglich Fälle der Auf- bzw. Abspaltung i. S. d. § 123 Abs. 1 und 2 UmwG. Ausgliederungsvorgänge i. S. d. § 123 Abs. 3 UmwG fallen nicht unter die Regelungen des § 29 KStG, da es in der Steuerbilanz der Überträgerin zu einem Aktivtausch – übergehende Vermögensteile gegen Beteiligung am übernehmenden Rechtsträger – kommt und die Eigenkapitalsphäre von diesem Vorgang unberührt bleibt.

Bei der Aufteilung der einzelnen Bestandteile des steuerlichen Eigenkapitalausweises zwischen Aufspaltung und Abspaltung zu differenzieren:

	Aufspaltung	**Abspaltung**
Behandlung der Bestandteile des steuerlichen Eigenkapitalausweises bei der übertragenden KapGes	Aufteilung sämtlicher Bestände auf die übernehmenden KapGes, da die zu spaltende KapGes erlischt	Reduzierung sämtlicher Bestände um den nach Aufteilungsrechnung auf die übernehmenden KapGesen übergehenden Teil
Proberechnung	$\sum$ der auf die übernehmenden KapGes übergehenden Teilbestände = jeweiliger Betrag der Bestände der zu spaltenden KapGes vor Aufspaltung	Verminderte Bestände der zu spaltenden KapGes + $\sum$ der auf die übernehmenden KapGes übergehenden Teilbestände = jeweiliger Betrag der Bestände der zu spaltenden KapGes vor Abspaltung

Abbildung 138: Unterschiede zwischen Aufspaltung und Abspaltung bei der Aufteilung der Eigenkapitalausweisbestände

Die **Aufteilung des neutralen Vermögens** der zu spaltenden Kapitalgesellschaft ist mangels gesetzlicher Regelung frei gestaltbar. In den nachfolgenden Beispielen wird das neutrale Vermögen aus Vereinfachungsgründen jeweils entsprechend dem Maßstab zur Aufteilung des steuerlichen Einlagekontos aufgeteilt.

5.6.1 Kapitalveränderungen bei Spaltungen gem. § 29 KStG

Da Auf- bzw. Abspaltungen unter den Anwendungsbereich des § 29 KStG fallen, vollzieht sich die Anpassung des steuerlichen Einlagekontos sowie eines evtl. vorhandenen Sonderausweises wie bei der Verschmelzung von Kapitalgesellschaften in drei Schritten:

1. Schritt: Das Nennkapital der zu spaltenden Kapitalgesellschaft gilt als in vollem Umfang nach § 28 Abs. 2 S. 1 KStG herabgesetzt (§ 29 Abs. 1 KStG).

2. Schritt: Der gem. § 29 Abs. 1 KStG ermittelte Bestand des steuerlichen Einlagekontos geht entsprechend der Aufteilungsrechnung auf die übernehmende(n) Kapitalgesellschaft(en) über (§ 29 Abs. 3 S. 1 und 2 KStG).

3. Schritt: Gem. § 29 Abs. 4 KStG richtet sich die Anpassung des Nennkapitals der an der Spaltung beteiligten Kapitalgesellschaften nach den allgemeinen Regeln der Kapitalerhöhung i.S.v. § 28 Abs. 1 und 3 KStG.

5.6.1.1 Fiktion der Herabsetzung des Nennkapitals der zu spaltenden Kapitalgesellschaft gem. § 29 Abs. 1 KStG

> **1. Schritt:** Das Nennkapital der zu spaltenden Kapitalgesellschaft gilt als in vollem Umfang nach § 28 Abs. 2 S. 1 KStG herabgesetzt (§ 29 Abs. 1 KStG).

Das herabgesetzte Nennkapital mindert zunächst einen evtl. bestehenden Sonderausweis. Übersteigt der Betrag der Kapitalherabsetzung den Sonderausweis, ist der Unterschiedsbetrag dem steuerlichen Einlagekonto der zu spaltenden Kapitalgesellschaft gutzuschreiben (§ 28 Abs. 2 S. 1 KStG).

Der **Zweck der Vorschrift** ist verständlich, wenn die zu spaltende Kapitalgesellschaft nach Vollzug der Spaltung ohne Abwicklung untergeht und somit nicht mehr über Nennkapital verfügen kann. Dies trifft zwar auf die Aufspaltung, nicht aber auf die Abspaltung zu. Der Grund für die vollumfängliche und nicht teilweise Herabsetzung des Nennkapitals auch in Abspaltungsfällen liegt primär in der Vereinfachung der Regelung des § 29 Abs. 1 KStG. Zudem wird durch Anwendung der drei Schritte des § 29 KStG das gleiche Ergebnis erzielt, wie wenn § 29 Abs. 1 KStG die teilweise Herabsetzung des Nennkapitals vorschreiben würde.[91]

---

[91] Vgl. Antweiler, P., in: Ernst&Young (Hrsg.), KStG-Kommentar, Band 2: §§ 8b-36 KStG, 33. Erg.-Lfg., März 2003, § 29 KStG, Rz. 30.

Beispiel

Fiktion der Herabsetzung des Nennkapitals nach § 29 Abs. 1 KStG

Das Beispiel ist Ausgangslage für die nachfolgenden Beispiele im Rahmen von § 29 KStG.

Die Tom&Jerry AG, an der Tom zu 75 % und Jerry zu 25 % beteiligt sind, soll rückwirkend zum 31.12.2019 aufgespalten werden. Die Tom&Jerry AG besteht aus zwei Teilbetrieben, einer Katzenfutter- und einer Hundefutterproduktion. Die Katzenfutterproduktion (KFP) soll laut Spaltungsplan auf die neu zu gründende Cats AG und die Hundefutterproduktion (HFP) auf die ebenfalls neu zu gründende Spike AG übertragen werden. Gesellschafter Tom soll sämtliche Anteile an der Cats AG und Gesellschafter Jerry sämtliche Anteile an der Spike AG erhalten. Es handelt sich um eine Aufspaltung i. S. d. § 123 Abs. 1 UmwG.

Die Tom&Jerry AG verfügt über folgende Bestände steuerlichen Eigenkapitals:

	Nennkapital	Steuerl. Einlagekonto
Bestände 31.12.19	100 T€	60 T€

Lösung

Tom&Jerry AG	Nennkapital	Steuerliches Einlagekonto
Bestände 31.12.2019	100 T€	60 T€
Herabsetzung des Nennkapitals nach § 29 Abs. 1 KStG i. V. m. § 28 Abs. 2 S. 1 KStG:	./. 100 T€	
Gutschrift auf steuerl. Einlagekonto		+ 100 T€
Bestände 31.12.2019	0 T€	160 T€

Die vorrangige Minderung des Sonderausweises im Wege der Kapitalherabsetzung entfällt, da bei der Tom&Jerry AG kein Sonderausweis festzustellen ist. Das gesamte Nennkapital besteht aus von den Gesellschaftern geleisteten Einlagen und ist daher dem steuerlichen Einlagekonto gutzuschreiben. Zum 31.12.2019, dem steuerlichen Übertragungsstichtag, verfügt die Tom&Jerry AG damit über ein steuerliches Einlagekonto in Höhe von 160 T€.

5.6.1.2 Aufteilung und Übergang des Bestands des steuerlichen Einlagekontos

2. Schritt: Der gem. § 29 Abs. 1 KStG ermittelte Bestand des steuerlichen Einlagekontos geht entsprechend der Aufteilungsrechnung auf die übernehmende(n) Kapitalgesellschaft(en) über (§ 29 Abs. 3 S. 1 und 2 KStG).

§ 29 Abs. 3 KStG regelt für die Fälle der Aufspaltung bzw. Abspaltung die Aufteilung und Übertragung des steuerlichen Einlagekontos der zu spaltenden Kapitalgesellschaft. Nach **§ 29 Abs. 3 S. 1 KStG** ist der nach § 29 Abs. 1 KStG ermittelte Bestand des steuerlichen Einlagekontos grundsätzlich im Verhältnis der übergehenden Vermögensteile zu dem bei der übertragenden Kapitalgesellschaft vor der Spaltung bestehenden Vermögen aufzuteilen und zuzuordnen. Dieses **Aufteilungsverhältnis** kommt in der Regel in den Angaben zum Umtauschverhältnis der Anteile im Spaltungsvertrag bzw. -plan (§ 126 Abs. 1 Nr. 3, § 136 UmwG) zum Ausdruck.

Entspricht das Umtauschverhältnis allerdings nicht dem Verhältnis der übergehenden Vermögensteile zu dem vor der Spaltung bestehenden Vermögen, ist nach **§ 29 Abs. 3 S. 2 KStG** das Verhältnis der gemeinen Werte der übergehenden Vermögensteile zu dem bei der übertragenden Kapitalgesellschaft vor der Spaltung bestehenden Vermögen für die Aufteilung zu ermitteln.

Merke:		
	§ 29 Abs. 3 Satz 1 KStG:	**Grundsatz:** Verhältnis für die Aufteilung des steuerlichen Einlagekontos ist aus Angaben zum Umtauschverhältnis ableitbar. Anwendung bei ausreichenden Bewertungsangaben, d.h bei nicht verhältniswahrenden Spaltungen
	§ 29 Abs. 3 Satz 2 KStG:	**Ausnahme:** Aufteilung des steuerlichen Einlagekontos nach dem Verhältnis der gemeinen Werte. Anwendung bei fehlenden/mangelhaften Bewertungsangaben, d.h. bei verhältniswahrenden Spaltungen

Die für die Aufteilung und Hinzurechnung maßgebenden Bestände sowie die zeitliche Erfassung der jeweiligen Änderungen der steuerlichen Einlagekonten sind in nachstehender Abbildung dargestellt:

	Zu spaltende KapGes	Übernehmende KapGes
Maßgebender Bestand...	...für die Aufteilung: Bestand des steuerl. Einlagekontos zum steuerl. Übertragungsstichtag nach Anwendung von § 29 Abs. 1 KStG	...für die Hinzurechnung: Bestand des steuerl. Einlagekontos zum Schluss des vorangegangenen Wirtschaftsjahres (= WJ)
Zeitpunkt der Erfassung in der gesonderten Feststellung nach § 27 Abs. 2 KStG	Nur bei der Abspaltung: Abgang der übergehenden Teilbestände auf den Schluss des WJ, in dem steuerl. Übertragungsstichtag liegt	Zugang zum Schluss des ersten nach der Spaltung endenden WJ (= Ende des WJ, in dem steuerlicher Übertragungsstichtag liegt)

Abbildung 139: Maßgebende Bestände und zeitliche Erfassung der jeweiligen Änderungen der steuerlichen Einlagekonten

Fällt der steuerliche Übertragungsstichtag auf das Ende des Wirtschaftsjahres, erfolgt die Zurechnung des Teilbestandes bei der übernehmenden Kapitalgesellschaft an eben diesem Stichtag. Dies ist allerdings nicht möglich, wenn die übernehmende Kapitalgesellschaft durch die Spaltung erst neu gegründet wird, da die erste gesonderte Feststellung nach § 27 Abs. 2 KStG erst auf den Schluss des ersten Wirtschaftsjahres erfolgen kann.

Beispiel

Aufteilung und Übergang des steuerlichen Einlagekontos nach § 29 Abs. 3 KStG
Fortführung des Beispiels zur Fiktion der Herabsetzung des Nennkapitals nach § 29 Abs. 1 KStG.

Nach der Anwendung von § 29 Abs. 1 KStG weist die Tom&Jerry AG zum 31.12.2019 ein steuerliches Einlagekonto von 160 T€ aus. Die durch die Aufspaltung neu gegründeten, übernehmenden Kapitalgesellschaften Cats AG bzw. Spike AG verfügen bis dahin über einen Bestand des steuerlichen Einlagekontos in Höhe von „0".

Der Spaltungsplan enthält folgende Bewertungsangaben:

Unternehmenswert der Tom&Jerry AG	=	1.000 T€
Wert des Teilbetriebs KFP	=	750 T€
Wert des Teilbetriebs HFP	=	250 T€

1. Aufteilung des steuerlichen Einlagekontos der Tom&Jerry AG

Der Bestand des stl. Einlagekontos der Tom&Jerry AG zum 31.12.2019 ist auf die Cats AG und die Spike AG aufzuteilen. Für die Aufteilung ist gem. § 29 Abs. 3 S. 1 KStG grds. das Verhältnis des jeweils übergehenden Vermögensteils zu dem vor der Spaltung bei der Tom&Jerry AG bestehenden Vermögen maßgebend. Dieses Verhältnis kommt i. d. R. in den Angaben zum Umtauschverhältnis der Anteile im Spaltungsplan zum Ausdruck. Da der Spaltungsplan die notwendigen Bewertungsangaben beinhaltet, ist § 29 Abs. 3 S. 1 KStG anwendbar. Das stl. Einlagekonto der Tom&Jerry AG teilt sich daher wie folgt auf die übernehmenden KapGesen auf:

$$\frac{\text{Wert des jeweils übergehenden Teilbetriebs}}{\text{Wert d. Vermögens d. Tom\&Jerry AG v. Aufspaltung}} * \begin{array}{l}\text{Stl. Einlagekonto der} \\ \text{Tom\&Jerry AG}\end{array}$$

Cats AG: $\dfrac{750 \text{ T€}}{1.000 \text{ T€}} * 160 \text{ T€} = 0{,}75 * 160 \text{ T€} = 120 \text{ T€}$

Spike AG: $\dfrac{250 \text{ T€}}{1.000 \text{ T€}} * 160 \text{ T€} = 0{,}25 * 160 \text{ T€} = 40 \text{ T€}$

Der Bestand des stl. Einlagekontos der Tom&Jerry AG ist damit „0". Dies ist sachgerecht, da die zu spaltende KapGes nach der Aufspaltung erlischt.

2. Übergang der Anteile am steuerlichen Einlagekonto der Tom&Jerry AG

Cats AG	Nennkapital	Steuerliches Einlagekonto
Anfangsbestände	0 T€	0 T€
Hinzurechnung des Anteils nach § 29 III KStG: Anteil am steuerl. Einlagekonto Tom&Jerry AG		+ 120 T€
Bestände 31.12.2019	0 T€	120 T€

Spike AG	Nennkapital	Steuerliches Einlagekonto
Anfangsbestände	0 T€	0 T€
Hinzurechnung des Anteils nach § 29 III KStG: Anteil am steuerl. Einlagekonto Tom&Jerry AG		+ 40 T€
Bestände 31.12.2019	0 T€	40 T€

Die jeweiligen Bestände des stl. Einlagekontos der übernehmenden KapGesen stellen die Ausgangsbasis für die gem. § 27 Abs. 2 S. 1 KStG erstmals auf den 31.12.2018 vorzunehmende gesonderte Feststellung des Bestands des stl. Einlagekontos dar.

Besteht zwischen der zu spaltenden Kapitalgesellschaft und der übernehmenden Kapitalgesellschaft ein Beteiligungsverhältnis, gelten die aus der Verschmelzung bereits bekannten Regelungen des § 29 Abs. 2 S. 2 und 3 KStG entsprechend:

> **§ 29 Abs. 3 S. 3 KStG:** „Für die Entwicklung des steuerlichen Einlagekontos des Übernehmers gilt Abs. 2 Satz 2 und 3 entsprechend."

Demnach unterbleibt im Fall eines **„partiellen up-stream merger"** die Hinzurechnung des Anteils am steuerlichen Einlagekonto der zu spaltenden Kapitalgesellschaft im Verhältnis der Beteiligung der übernehmenden an der zu spaltenden Kapitalgesellschaft (§ 29 Abs. 3 S. 3 i. V. m. Abs. 2 S. 2 KStG).

Dagegen ist bei einem **„partiellen down-stream merger"** der Bestand des steuerlichen Einlagekontos der übernehmenden Kapitalgesellschaft vor der Hinzurechnung nach § 29 Abs. 3 S. 1 oder 2 KStG im Verhältnis der Beteiligung der zu spaltenden an der übernehmenden Kapitalgesellschaft zu kürzen (§ 29 Abs. 3 S. 3 i. V. m. Abs. 2 S. 3 KStG). Um Unterschiede in der Behandlung des steuerlichen Einlagekontos bei „up-stream mergern" bzw. „down-stream mergern" zu vermeiden, ist § 29 Abs. 1 KStG im Falle eines „down-stream merger" auch auf das Nennkapital der übernehmenden Tochtergesellschaft anzuwenden.[92]

Merke:		
	Bestand steuerl. Einlagekonto der Tochtergesellschaft *nach* Anwendung von § 29 Abs. 1 KStG auf Ebene der Tochtergesellschaft	
„partieller up-stream merger"	**Kürzung im Verhältnis der Beteiligung**	
„partieller down-stream merger"	**Kürzung im Verhältnis der Beteiligung**	

Einzelheiten, Begründungen und Beispiele zur Kürzung im Verhältnis der Beteiligung finden sich aufgrund der identischen Regelungen in Kapitel III, Punkt 5.6.1.3 „Übergang des Bestands des steuerlichen Einlagekontos".

---

[92] Vgl. BMF v. 16.12.2003, IV A 2 - S 1978 - 16/03, BStBl. 2003 I S. 786, Rz. 39.

5.6.1.3 Anpassung der Nennkapitalien der beteiligten Kapitalgesellschaften

> **3. Schritt:** Gem. § 29 Abs. 4 KStG richtet sich die Anpassung des Nennkapitals der an der Spaltung beteiligten Kapitalgesellschaften nach den allgemeinen Regeln der Kapitalerhöhung i.S.v. § 28 Abs. 1 und 3 KStG.

Ist spaltungsbedingt bei der übernehmenden Kapitalgesellschaft eine Kapitalerhöhung vorzunehmen, wird die Anpassung des Nennkapitals wie die unter Kapitel III Punkt 5.6.1.4 bereits erläuterte Nennkapitalanpassung bei einer verschmelzungsbedingten Kapitalerhöhung behandelt. Der **erforderliche Anpassungsbetrag** ergibt sich aus der Differenz zwischen dem Nennkapital vor der Spaltung und dem Nennkapital nach der Spaltung. Wird die übernehmende Kapitalgesellschaft allerdings im Zuge der Spaltung neu gegründet und weist folglich noch kein Nennkapital aus, ist der Anpassungsbetrag gleich dem in der Satzung vorgesehenen Nennkapital.

Die erforderliche Nennkapitalanpassung wird durch Umwandlung von Rücklagen in Nennkapital gem. § 28 Abs. 1 KStG vollzogen. Dabei gilt zunächst der positive Bestand des steuerlichen Einlagekontos zum Schluss des Wirtschaftsjahres der Kapitalerhöhung als umgewandelt. Wird dieser aufgebraucht, ist der Restbetrag durch die sonstigen Rücklagen aufzubringen und als Sonderausweis getrennt auszuweisen sowie gesondert festzustellen (§ 28 Abs. 1 S. 1 bis 3 KStG).

Im Wege der Abspaltung kommt es allerdings auch zu einer **Anpassung des Nennkapitals der zu spaltenden Kapitalgesellschaft**, da das gesamte Nennkapital gem. § 29 Abs. 1 KStG herabgesetzt wurde. Für die Anpassung des Nennkapitals steht nun nicht mehr der gesamte, sondern der um die übertragenden Anteile reduzierte Bestand des steuerlichen Einlagekontos zur Verfügung. Insofern kann eine Umwandlung von sonstigen Rücklagen zur Finanzierung des ursprünglichen Nennkapitalbetrags notwendig sein. Handelsrechtlich erfolgt die Anpassung des Nennkapitals an die veränderten Bedingungen auf ähnliche Weise. Aufgelöste Gewinn- und Kapitalrücklagen dienen dem Ausgleich des Nettovermögensabflusses und verhindern damit zunächst eine Kapitalherabsetzung. Reichen die Kapital- und Gewinnrücklagen nicht aus, um den Nettovermögensabfluss auszugleichen, ist eine Kapitalherabsetzung vorzunehmen. In diesem Fall verringert sich steuerrechtlich der Anpassungsbetrag um den herabgesetzten Betrag. Durch diesen Vorgang kann u.U. die Bildung eines Sonderausweises vermieden werden.

Anpassung des Nennkapitals nach § 29 Abs. 4 KStG

Fortführung des Beispiels zur Aufteilung und Übergang des steuerlichen Einlagekontos nach § 29 Abs. 3 KStG:

Die neu gegründete Cats AG soll laut Satzung über ein Nennkapital von 75 T€ verfügen. Aus der Satzung der ebenfalls neu gegründeten Spike AG geht ein Nennkapital von 50 T€ hervor.

Die Bestände der Cats AG und der Spike AG lauten wie folgt:

	Nennkapital	Steuerl. Einlagekonto
Bestände 31.12.2019 Cats AG	0 T€	120 T€
Bestände 31.12.2019 Spike AG	0 T€	40 T€

Cats AG	T€	Nenn-kapital	Steuerl. Ein-lagekonto
Bestände 31.12.2019		0 T€	120 T€
Anpassung des Nennkapitals nach § 29 Abs. 4 KStG:			
Anpassungsbetrag = NK lt. Satzung	75 T€		
Minderung steuerl. Einlagekonto	./. 75 T€	+ 75 T€	./. 75 T€
Restbetrag	0 T€		
Bestände 31.12.19 nach NK-Anpassung		75 T€	45 T€

Bei der Cats AG reicht der Bestand des steuerlichen Einlagekontos zur Finanzierung des in der Satzung vorgesehenen Nennkapitals aus. Ein Sonderausweis ist aufgrund fehlender Umwandlung von sonstigen Rücklagen nicht zu bilden.

Spike AG	T€	Nenn-kapital	Steuerl. Ein-lagekonto	Sonder-ausweis
Bestände 31.12.2019		0 T€	40 T€	0 T€
Anpassung des Nennkapitals nach § 29 Abs. 4 KStG:				
NK lt. Satzung	50 T€			
Minderung steuerl. Einlagekto.	./. 40 T€	+ 40 T€	./. 40 T€	
Restbetrag	10 T€			
Bildung Sonderausweis	./. 10 T€	+ 10 T€		+ 10 T€
Restbetrag	0 T€			
Bestände 31.12.2019 nach NK-Anpassung		50 T€	0 T€	+ 10 T€

Bei der Spike AG ist der Bestand des steuerlichen Einlagekontos geringer als das anzupassende Nennkapital. Zur Finanzierung des Nennkapitals sind folglich auch sonstige Rücklagen, auch wenn diese nicht vorhanden sind, heranzuziehen. In diesen Fällen ist ein Sonderausweis zu bilden. Erhöht sich zu einem späteren Zeitpunkt das steuerliche Einlagekonto, ist der Sonderausweis gem. § 28 Abs. 3 KStG entsprechend zu mindern. Das Nennkapital wird nachträglich mit den später erfolgten Einlagen finanziert.

Merke:	
	Anpassung des Nennkapitals gem. § 29 Abs. 4 KStG
Aufspaltung	**NUR bei den übernehmenden KapGes**
Abspaltung	**bei der übertragenden UND der übernehmenden KapGes**

5.7 Steuerliche Folgen für die Gesellschafter der übertragenden Kapitalgesellschaft

Die steuerlichen Folgen einer Auf- bzw. Abspaltung ergeben sich durch den Verweis des § 15 Abs. 1 S. 1 UmwStG auf § 13 UmwStG. Daher gelten die Ausführungen zu den steuerlichen Folgen für die Gesellschafter der übertragenden Kapitalgesellschaft im vorhergehenden Kapitel entsprechend.

Wie bei der Verschmelzung besteht für die Gesellschafter der übertragenden Kapitalgesellschaft das Wahlrecht, die neuen Anteile an der übernehmenden Kapitalgesellschaft, welche die Gesellschafter im Zuge der Spaltung erhalten, zum gemeinen Wert anzusetzen oder zu den Buchwerten fortzuführen, welche ihre alten Anteile an der übertragenden Kapitalgesellschaft vor der Spaltung hatten. Eine Buchwertfortführung ist wie im Falle der Verschmelzung nur möglich, wenn die Voraussetzungen gem. § 13 Abs. 2 UmwStG erfüllt sind.

Bewertungswahlrecht	Voraussetzungen
entweder • Buchwert oder • Gemeiner Wert	Das Bewertungswahlrecht gilt, *wenn* (1) das Recht der Bundesrepublik Deutschland hinsichtlich der Besteuerung des Gewinns aus der Veräußerung der Anteile bei der übernehmenden Körperschaft nicht ausgeschlossen oder beschränkt wird **oder** (2) die Mitgliedstaaten der Europäischen Union die Richtlinie (90/434/EWG) anzuwenden haben.

Abbildung 140: Das Bewertungswahlrecht gem. § 13 Abs. 2 S. 1 UmwStG

Die Anwendung des Wahlrechts zur Fortführung der Buchwerte der Anteile gem. § 13 Abs. 2 S. 1 UmwStG setzt allerdings voraus, dass die Teilbetriebsvoraussetzung i. S. d. § 15 Abs. 1 UmwStG erfüllt ist. Dagegen hemmen vorliegende Missbrauchstatbestände i. S. d. § 15 Abs. 2 UmwStG die Anwendung nicht.

Merke: Für eine Buchwertfortführung ist zunächst zu prüfen, ob die Teilbetriebsvoraussetzung i. S. d. § 15 Abs. 1 UmwStG erfüllt ist. Andernfalls ist § 13 Abs. 2 UmwStG nicht anwendbar, und eine Prüfung der dort genannten Voraussetzungen erübrigt sich.

Wird der gemeine Wert gewählt bzw. ist eine Buchwertfortführung ausgeschlossen, sind die in den betroffenen Anteilen enthaltenen stillen Reserven aufzudecken. Dabei entsteht ein steuerpflichtiger Veräußerungsgewinn in Höhe der Differenz aus dem gemeinen Wert der umgetauschten Anteile und ihren Buchwerten bzw. ihren Anschaffungskosten.

Wird der Buchwertansatz gewählt, können stille Reserven von den Anteilen an der übertragenden auf die neuen Anteile an der übernehmenden Kapitalgesellschaft steuerneutral übergehen. In diesem Fall erhalten die neuen Anteile an der übernehmenden Kapitalgesellschaft die gleiche steuerliche Qualifikation wie die Anteile an der übertragenden Kapitalgesellschaft, um eine ordnungsgemäße Versteuerung der stillen Reserven zu einem späteren Zeitpunkt, zu dem die neuen Anteile veräußert werden, sicherzustellen.

Grundprinzip des § 13 Abs. 2 UmwStG:
Die Steuerverhaftung der in den untergehenden Anteilen enthaltenen stillen Reserven wird dadurch sichergestellt, dass diese stillen Reserven auf die neuen Anteile an der übernehmenden Kapitalgesellschaft übertragen werden und die Qualifikation der Anteile i. d. R. beibehalten wird.

Im Gegensatz zur Verschmelzung, bei der sämtliche Anteile der Gesellschafter an der über-tragenden Kapitalgesellschaft untergehen und Anteile an lediglich einer übernehmenden Kapitalgesellschaft gewährt werden, kommt es bei Auf- bzw. Abspaltungen zu anderen Konstellationen:

- Im Fall der **Aufspaltung** können die abzufindenden Gesellschafter für ihre unterge-henden Anteile an der zu spaltenden Kapitalgesellschaft Anteile an mindestens zwei übernehmenden Kapitalgesellschaften erhalten.

- Bei der **Abspaltung** werden die Gesellschafter i. d. R. ebenfalls mit Anteilen an der übernehmenden Kapitalgesellschaft abgefunden. Ihre Anteile an der zu spaltenden Kapitalgesellschaft gehen jedoch nicht unter, sondern werden in ihrem Wert gemin-dert. Im Falle einer nicht verhältniswahrenden Spaltung ist es sogar möglich, dass einzelne Anteilseigner keine neuen Anteile an der Übernehmerin erhalten, sondern mit zusätzlichen Anteilen an der zu spaltenden Kapitalgesellschaft abgefunden wer-den.

Diese Konstellationen verlangen bei Anwendung des § 13 Abs. 1 UmwStG eine Aufteilung des gemeinen Werts der Anteile an der übertragenden Gesellschaft bzw. bei Anwendung des § 13 Abs. 2 UmwStG eine **Aufteilung der Buchwerte bzw. Anschaffungskosten** der Anteile an der übertragenden Kapitalgesellschaft auf den evtl. Rest der verbleibenden An-teile sowie auf die an ihre Stelle tretenden Anteile an der übernehmenden Kapitalgesell-schaft. Weder § 15 noch § 13 UmwStG beinhalten einen Maßstab zur Aufteilung. Nach Ansicht der Finanzverwaltung erfolgt die Aufteilung unter Zugrundelegung des Umtausch-verhältnisses der Anteile laut Spaltungsvertrag bzw. -plan. Ist dies nicht möglich, ist das Verhältnis der gemeinen Werte der übergehenden Vermögensteile zu dem vor der Spaltung bestehenden Vermögen maßgebend. Die Aufteilung ist folglich nach demselben Schema vorzunehmen, nach dem bereits das steuerliche Einlagekonto aufgeteilt wurde.

Beispiel

Aufteilung der Buchwerte bzw. Anschaffungskosten der Anteile an der zu spal-tenden Kapitalgesellschaft

Die DD GmbH, welche aus den Teilbetrieben einer Gold- und einer Silbermine be-steht, soll rückwirkend zum 30.06.2019 aufgespalten werden. Dabei soll die Goldmi-ne auf die neu zu gründende Goldminen AG und die Silbermine auf die neu zu grün-dende Silberminen AG übertragen werden.

An der DD GmbH sind Daisy Duck und die Duck Holding zu gleichen Teilen betei-ligt. Daisy Duck hält ihre Anteile, deren Anschaffungskosten 250 T€ betrugen, im Privatvermögen. Die Duck Holding hat ihre Anteile zu 300 T€ bilanziert.

Daisy Duck und die Duck Holding sollen jeweils 50 % der Anteile an der übernehmenden Goldminen AG erhalten. Die Anteile an der Silberminen AG erhält ausschließlich die Duck Holding. Die Angaben zum Umtauschverhältnis der Anteile im Spaltungsplan enthalten keine Bewertungsangaben.

Anhand der gemeinen Werte der einem Teilbetrieb zugehörigen Wirtschaftsgüter ermittelten Wirtschaftsprüfer folgende Werte für die Teilbetriebe:

$$\text{Gemeiner Wert der Silbermine} \quad = \quad 500 \ T€$$
$$\text{Gemeiner Wert der Goldmine} \quad = \quad 1.000 \ T€$$

Die Voraussetzungen des § 13 Abs. 2 UmwStG für einen steuerneutralen Anteilstausch sind gegeben.

1. Aufteilung der Anschaffungskosten der Daisy Duck

Da die Gesellschafterin Daisy Duck für ihre untergehenden Anteile an der DD GmbH lediglich Anteile an einer der übernehmenden Kapitalgesellschaften erhält, müssen die Anschaffungskosten ihrer Alt-Anteile nicht auf die neuen Anteile aufgeteilt werden. Nach § 15 Abs. 1 S. 2 i. V. m. § 13 Abs. 2 UmwStG treten die neuen Anteile an der Goldminen AG mit einem Wert i. H. v. 250 T€ an die Stelle der untergehenden Anteile an der DD GmbH.

2. Aufteilung des Buchwerts der Beteiligung der Duck Holding

Die Duck Holding ist nach der Aufspaltung sowohl an der Goldminen AG als auch an der Silberminen AG beteiligt. Der Buchwert der untergehenden Beteiligung an der DD GmbH ist folglich auf die Beteiligungen an den übernehmenden Kapitalgesellschaften aufzuteilen. Da der Spaltungsplan keine Bewertungsangaben enthält, erfolgt die Aufteilung im Verhältnis der gemeinen Werte der übergehenden Vermögensteile zu dem vor der Spaltung bestehenden Vermögen der DD GmbH:

$$\frac{\text{Gemeiner Wert des jeweils übergehenden Teilbetriebs}}{\text{Wert des Vermögens der DD GmbH vor Aufspaltung}} * \frac{\text{BW der Beteiligung}}{\text{an der DD GmbH}}$$

$$\text{Goldminen AG-Beteiligung:} \qquad \frac{1.000 \ T€}{1.000 \ T€ + 500 \ T€} * 300 \ T€ = 200 \ T€$$

$$\text{Silberminen AG-Beteiligung:} \qquad \frac{500 \ T€}{1.000 \ T€ + 500 \ T€} * 300 \ T€ = 100 \ T€$$

Demnach wird die Beteiligung an der Goldminen AG in der Bilanz der Duck Holding zum Buchwert von 200 T€ und die Beteiligung an der Silberminen AG zum Buchwert von 100 T€ ausgewiesen.

Wie bereits im Rahmen der Ausführungen zum Übernahmegewinn erläutert, ist der Buchwert der Beteiligung im Fall eines partiellen „up-stream merger" ebenfalls im Verhältnis der gemeinen Werte der übergehenden Vermögensteile zu dem vor der Spaltung bestehenden Vermögen der Tochtergesellschaft in einen wegfallenden und einen verbleibenden Teil aufzuteilen (Tz. 15.43 UmwStE).

Die Konstellationen der Auf- und Abspaltung verlangen ebenfalls eine **Aufteilung der gemeinen Werte** der Anteile an der übertragenden Kapitalgesellschaft, wenn der gemeine Wert als Wertansatz gewählt wurde oder eine Buchwertfortführung nach § 13 Abs. 2 UmwStG ausgeschlossen ist. Grundsätzlich erfolgt die Aufteilung hierbei wie die Aufteilung der Buchwerte bzw. Anschaffungskosten. Im Unterschied zur Verschmelzung bedeutet der Ansatz des gemeinen Wertes nicht unbedingt die Auflösung sämtlicher in den Altanteilen der übertragenden Kapitalgesellschaft enthaltenen stillen Reserven. Dies ist wiederum durch die Aufteilung des Vermögens in den Fällen der Auf- und der Abspaltung begründet.

Bei einer Verschmelzung gehen die Anteile der übertragenden Kapitalgesellschaft stets unter, so dass bei Ansatz des gemeinen Wertes sämtliche stillen Reserven aufzudecken sind. Im Falle der **Abspaltung** hingegen bleiben die Altanteile erhalten, so dass nur die stillen Reserven aufzudecken sind, die den neuen Anteilen zuzuordnen sind. Für eine Aufdeckung der in den Altanteilen verbleibenden stillen Reserven besteht kein Anlass, da sie den gleichen steuerlichen Regeln unterworfen bleiben wie vor der Spaltung.

Verschmilzt eine Kapitalgesellschaft auf eine andere, erhalten die Anteilseigner der übertragenden Kapitalgesellschaft neue Anteile an genau einer übernehmenden Kapitalgesellschaft. Liegt dagegen eine **Aufspaltung** vor, so sind die Anteilseigner i. d. R. nach Vollzug der Spaltung an mindestens zwei übernehmenden Kapitalgesellschaften beteiligt. Daher ist es möglich, dass das deutsche Besteuerungsrecht hinsichtlich des Gewinns aus der Veräußerung der neuen Anteile an einer übernehmenden Kapitalgesellschaft beschränkt oder ausgeschlossen ist, während dies eine andere übernehmende Kapitalgesellschaft betreffend nicht der Fall ist (kein Ausschluss bzw. keine Beschränkung des deutschen Besteuerungsrechts). Folglich müssen die stillen Reserven, die den Anteilen zuzuordnen sind, bei denen kein deutsches Besteuerungsrecht ausgeschlossen oder beschränkt wird, nicht aufgedeckt werden.

Merke: Kommt es hinsichtlich der Beteiligung an der übertragenden Kapitalgesellschaft gem. § 15 Abs. 1 S. 1 i. V. m. § 13 Abs. 1 UmwStG zum Ansatz des gemeinen Wertes, ist darauf zu achten, dass hiervon nicht zwangsläufig sämtliche stille Reserven betroffen sind.

Werden im Wege der Spaltung die Gesellschafterstämme vollständig getrennt, ist eine Aufteilung der Buchwerte bzw. der Anschaffungskosten bzw. gemeinen Werte nicht not-

wendig. Dies ist bspw. der Fall, wenn ein Gesellschafter bei der Aufspaltung für seine untergehenden Anteile nur Anteile an *einer* der übernehmenden Kapitalgesellschaften erhält.[93]

Eine weitere, spaltungsspezifische Besonderheit neben der Aufteilung der Buchwerte bzw.
der Anschaffungskosten ist die Entstehung von sog. **spaltungsgeborenen Anteilen**. Analog
zu den verschmelzungsgeborenen Anteilen liegen spaltungsgeborene Anteile vor, wenn für
Anteile an der übertragenden Kapitalgesellschaft i. S. d. § 17 EStG Anteile an der übernehmenden Kapitalgesellschaft gewährt werden, welche die Beteiligungsgrenze des § 17
EStG unterschreiten. Die neuen spaltungsgeborenen Anteile gelten weiterhin als Anteile
i. S. d. § 17 EStG (§ 15 Abs. 1 S. 1 i. V. m. § 13 Abs. 2 S. 2 UmwStG). Die Rechtsfolgen
einer Auf- bzw. Abspaltung für die übrigen Anteile entsprechen denen der Verschmelzung.
Gleiches gilt für die Folgen von im Rahmen der Spaltung geleisteten Barabfindungen an
ausscheidende Gesellschafter oder bare Zuzahlungen an verbleibende Gesellschafter.

Merke: Wie bei der Verschmelzung treten die neuen Anteile an der übernehmenden Kapitalgesellschaft gem. § 15 Abs. 1 S. 1 i. V. m. § 13 Abs. 2 S. 2 UmwStG steuerlich an die Stelle der untergehenden bzw. bei Abspaltung im Wert geminderten
Anteile an der übertragenden Kapitalgesellschaft („Fußstapfentheorie").

5.8 Nebensteuern

5.8.1 Gewerbesteuer

Wie bereits bei der Verschmelzung von Kapitalgesellschaften regelt § 19 UmwStG auch
bei Auf- oder Abspaltungen von Kapitalgesellschaften die gewerbesteuerlichen Folgen.
Aufgrund der identischen Regelung des § 19 UmwStG für Verschmelzungen und Auf-
bzw. Abspaltungen von Kapitalgesellschaften wird hinsichtlich der Einzelheiten auf Kapitel III, Punkt 5.8.1 „Gewerbesteuer", verwiesen.

5.8.2 Grunderwerbsteuer

Wird bei Auf- oder Abspaltungen inländisches Grundvermögen der zu spaltenden Kapitalgesellschaft auf die übernehmende(n) Kapitalgesellschaft(en) übertragen, fällt gem. § 1
Abs. 1 Nr. 3 GrEStG Grunderwerbsteuer an. Die Ausführungen zur Verschmelzung in
Kapitel II, Punkt 5.5.1 „Grunderwerbsteuer", gelten für die Auf- und Abspaltung entsprechend.

---

[93] Vgl. Sagasser, B./ Bula, T./ Brünger, T., Umwandlungen, 4. Aufl., München 2011, § 20, Rz. 93.

5.8.3   Umsatzsteuer

Die Übertragung von Teilbetrieben i. S. d. § 15 Abs. 1 S. 1 UmwStG bei Auf- oder Abspaltungen kommt umsatzsteuerrechtlich einer Geschäftsveräußerung im Ganzen gleich (§ 1 Abs. 1a S. 2 UStG i. V. m. R 5 UStR). Als solche ist die Übertragung von Teilbetrieben nach § 1 Abs. 1a S. 1 UStG nicht steuerbar.

Dagegen stellt die Übertragung von fiktiven Teilbetrieben i. S. d. § 15 Abs. 1 S. 3 UmwStG (Mitunternehmeranteile/ 100 %ige Beteiligung an einer Kapitalgesellschaft) einen steuerbaren Vorgang dar, der jedoch nach § 4 Nr. 8 Bst. f UStG von der Umsatzsteuer befreit ist.

6 Gesamtübersicht

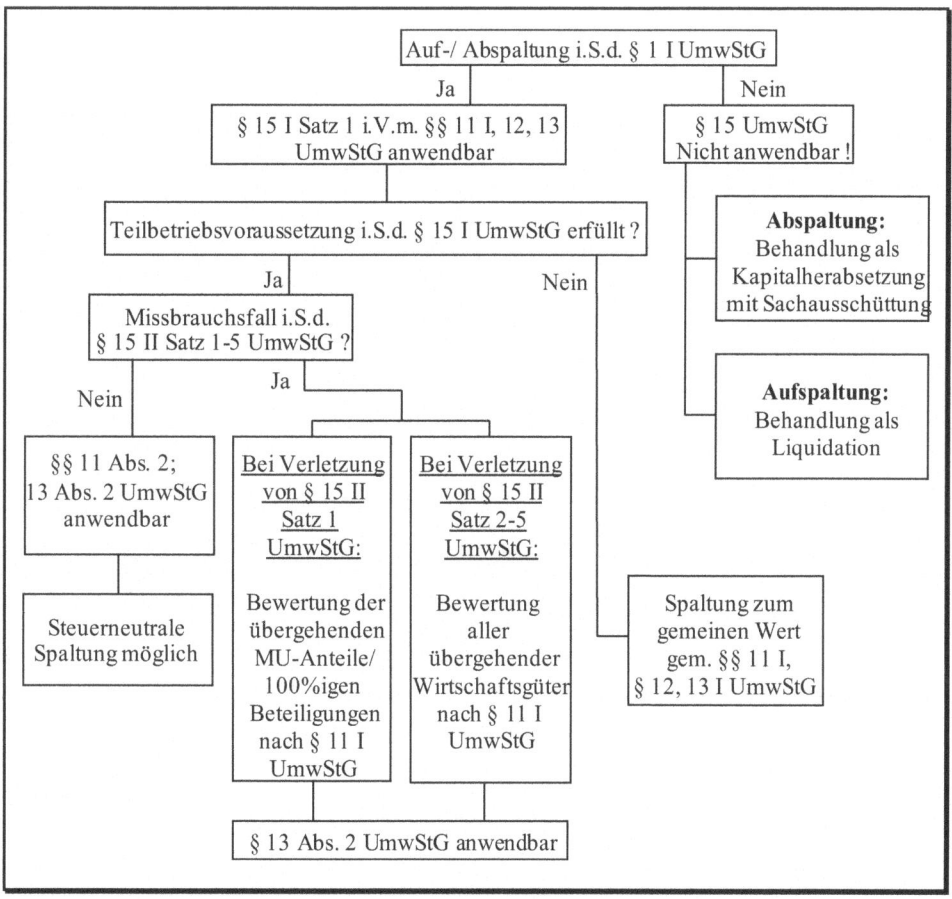

Abbildung 141: Gesamtübersicht über die steuerliche Behandlung der Spaltung von Kapitalgesellschaften I

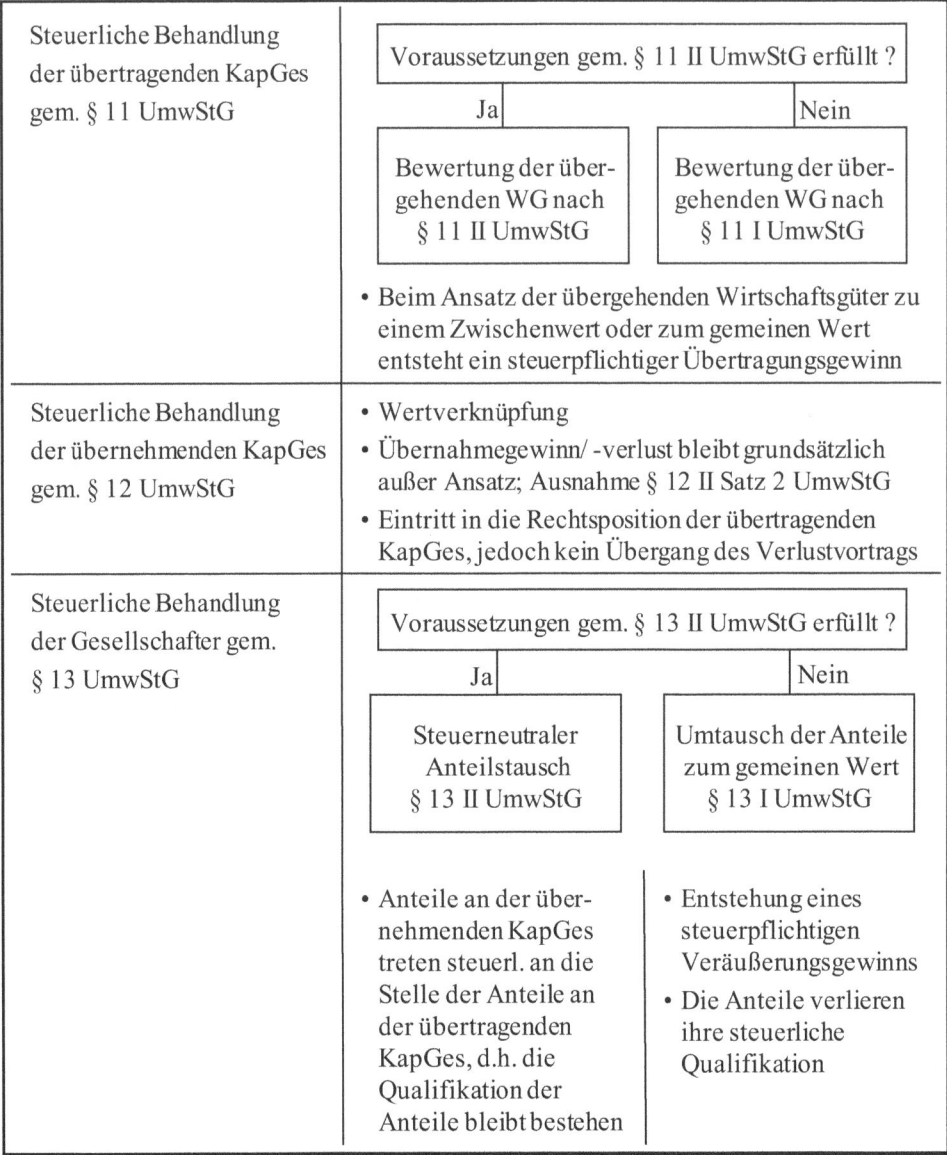

Abbildung 142: Gesamtübersicht über die steuerliche Behandlung der Spaltung von Kapitalgesellschaften II

7 Spaltung von Kapitalgesellschaften über die Grenze

Wie bereits dargestellt, bestehen bisher keine zivilrechtlichen Regelungen zu grenzüberschreitenden Spaltungen, eine Anwendung des § 15 UmwStG müsste nach EU-Recht dennoch zulässig und im Zweifel einklagbar sein.

Die Problematik grenzüberschreitender Spaltungen liegt wie bei grenzüberschreitenden Verschmelzungen im Wesentlichen in der Fortführung der Buchwerte der übergehenden Wirtschaftsgüter bzw. der neuen Anteile der Gesellschafter der übertragenden Kapitalgesellschaft. Gem. § 15 Abs. 1 S. 1 i. V. m. § 11 Abs. 2 S. 1 Nr. 2 UmwStG ist eine Buchwertfortführung nicht möglich, wenn das Recht der Bundesrepublik Deutschland hinsichtlich der Besteuerung der übergehenden Wirtschaftsgüter bei der übernehmenden Körperschaft ausgeschlossen oder beschränkt wird. Als Konsequenz kommt es zum Ansatz des gemeinen Wertes, d. h. der Auflösung der in den übergehenden Wirtschaftsgütern enthaltenen stillen Reserven, und einer damit verbundenen erhöhten Steuerlast der spaltenden Kapitalgesellschaft.

Da § 15 Abs. 1 S. 1 UmwStG auf § 11 UmwStG verweist, können die Erläuterungen bzgl. des Ausschlusses bzw. der Beschränkung des deutschen Besteuerungsrechts bei grenzüberschreitenden Verschmelzungen auch für grenzüberschreitende Spaltungsvorgänge herangezogen werden. Dies ist vor folgendem Hintergrund zu betrachten. Zwar ist die Spaltung wirtschaftlich betrachtet das Spiegelbild einer Verschmelzung, da es hier um die Trennung im Gegensatz zur Konzentration von Vermögen geht, rechtlich betrachtet kann die Spaltung jedoch auch als Unterkategorie einer Verschmelzung aufgefasst werden. Denn bei Spaltungen wie bei Verschmelzungen wird Vermögen gegen Gewährung von Gesellschaftsrechten übertragen.

Für die Problematik der Einschränkung deutschen Besteuerungsrechts macht es daher keinen Unterschied, ob betroffene Wirtschaftsgüter im Zuge einer Spaltung oder einer Verschmelzung auf einen anderen (bereits bestehenden oder neu gegründeten) Rechtsträger übergehen.

Beispiel	**Ausschluss deutschen Besteuerungsrechts durch Verschmelzung** Die in Deutschland ansässige A AG hat in Frankreich belegenes Vermögen (nicht Betriebsstättenvermögen). Die A AG verschmilzt auf die für diesen Zweck neu gegründete B SA. Nach der Verschmelzung wird das in Frankreich belegene Vermögen der A AG der B SA zugeordnet und das deutsche Besteuerungsrecht hinsichtlich der Gewinne aus der Veräußerung dieser Wirtschaftsgüter erlischt. Eine Fortführung der Buchwerte dieser Wirtschaftsgüter ist gem. § 11 Abs. 2 S. 1 Nr. 2 UmwStG nicht möglich.

Beispiel	**Ausschluss deutschen Besteuerungsrechts durch Spaltung** Statt einer Verschmelzung wird eine Spaltung durchgeführt. Die A AG spaltet hierbei den Teilbetrieb ab, welchem das in Frankreich belegene Vermögen zuzuordnen ist. Der Teilbetrieb wird auf die für diesen Zweck gegründete B SA abgespalten. Nach der Verschmelzung wird das in Frankreich belegene Vermögen der B SA zugeordnet, und das deutsche Besteuerungsrecht hinsichtlich der Gewinne aus der Veräußerung dieser Wirtschaftsgüter erlischt. Eine Fortführung der Buchwerte dieser Wirtschaftsgüter ist gem. § 15 Abs. 1 S. 1 i. V. m. 11 Abs. 2 S. 1 Nr. 2 UmwStG nicht möglich.

Gleiches gilt für die neuen Anteile an der übernehmenden Kapitalgesellschaft, welche die Anteilseigner der übertragenden Kapitalgesellschaft als Gegenleistung für die übergehenden Wirtschaftsgüter erhalten. Für den Ausschluss oder die Beschränkung des deutschen Besteuerungsrechts ist es unerheblich, ob die neuen Anteile aufgrund einer Spaltung oder einer Verschmelzung gewährt wurden. Daher gelten die Ausführungen in Kapitel III, Punkt 5.4.1.1 „Ausschluss oder Beschränkung des deutschen Besteuerungsrechts i. S. d. § 11 Abs. 2 S. 1 Nr. 2 UmwStG, Punkt 5.7.1 „Ausschluss oder Beschränkung des deutschen Besteuerungsrechts i. S. d. § 13 Abs. 2 S. 1 Nr. 1 UmwStG" sowie Punkt 6 „Verschmelzung von Kapitalgesellschaften über die Grenze" entsprechend.

> **Merke:** Ausschluss bzw. Beschränkung des deutschen Besteuerungsrechts am Veräußerungsgewinn betreffen die jeweiligen Wirtschaftsgüter bzw. Anteile unabhängig davon, ob eine Verschmelzung oder eine Spaltung vorliegt.

Auch bei der Spaltung richtet sich der Ausschluss bzw. die Beschränkung des deutschen Besteuerungsrechts maßgeblich nach den anzuwendenden DBA. Folglich ist eine Aufdeckung der stillen Reserven gem. § 15 Abs. 1 S. 1 i. V. m. § 11 Abs. 2 S. 1 Nr. 2 UmwStG bzw. § 15 Abs. 1 S. 1 i. V. m. § 13 Abs. 2 S. 1 Nr. 1 UmwStG in vielen Fällen nicht notwendig, da häufig das Betriebsstättenprinzip bzw. das Wohnsitzstaatprinzip zur Anwendung kommen.

8 Abschlussfall

> **Bearbeitungshinweise:**
> - Auf die handelsbilanzielle Darstellung der handelsrechtlichen Behandlung der Aufspaltung soll verzichtet werden.
> - Die Aufspaltung soll für alle Beteiligten (Kapitalgesellschaften und Anteilseigner) möglichst steuerneutral durchgeführt werden.
> - Umsatzsteuerliche, grunderwerbsteuerliche und gewerbesteuerliche Konsequenzen sind nicht zu berücksichtigen.

Sachverhalt:

Die unbeschränkt steuerpflichtige Tim&Struppi GmbH, welche die Teilbetriebe einer Journalistik Agentur und einer Hundefutterproduktion unterhält, soll rückwirkend zum 31.12.2019 aufgespalten werden. Dabei soll die Journalistik Agentur (J A) auf die neu zu gründende Tim AG und die Hundefutterproduktion (HFP) auf die ebenfalls neu zu gründende Dog AG übertragen werden. Die übernehmenden Kapitalgesellschaften werden beide ihren Sitz im Inland haben.

An der aufzuspaltenden Kapitalgesellschaft sind die Gesellschafter Tim zu 80 % und Struppi zu 20 % beteiligt. Tim, der seine Beteiligung seit acht Jahren im Privatvermögen hält (Anschaffungskosten: 260 T€), soll sämtliche Anteile an der Tim AG erhalten. Struppi hat seine Anteile vor 10 Jahren erworben (Anschaffungskosten: 40 T€) und ins Betriebsvermögen (Buchwert: 40 T€) eingelegt. Struppi soll sämtliche Anteile an der Dog AG erhalten.

Dem Vorhaben liegt ein notariell beurkundeter Spaltungsplan vom 19.05.2020 zugrunde. Die Anmeldung der Aufspaltung zur Eintragung ins Handelsregister erfolgt am 25.07.2020 und die Eintragung am 07.09.2020.

Die Bilanz der Tim&Struppi GmbH zum 31.12.2019 zeigt folgendes Bild:

Aktiva			Tim&Struppi GmbH	Passiva
	Buchwert	*Gemeiner Wert*		
J-A	960 T€	*1.440 T€*	Stammkapital	200 T€
KFP	240 T€	*360 T€*	Kapitalrücklage	100 T€
			Gewinnrücklagen	520 T€
			Fremdkapital	380 T€
	1.200 T€	*1.800 T€*		1.200 T€

Das Wirtschaftsjahr der Tim&Struppi GmbH stimmt mit dem Kalenderjahr überein.

Die Eigenkapitalbestände der Tim&Struppi GmbH sind:

	Ausweis in StB		Gesondert festgestelltes EK
	Stamm-kapital	RL lt. StB*)	Steuerliches Einlagekonto
Bestände Tim&Struppi GmbH 31.12.2019	200 T€	620 T€	100 T€

*) RL lt. StB = Kapitalrücklage + Gewinnrücklagen

Die Aufteilung des neutralen Vermögens in Höhe von 520 T€ (in der Bilanz als Gewinn-rücklagen ausgewiesen) und des Fremdkapitals der Tim&Struppi GmbH richtet sich nach der Aufteilung des steuerlichen Einlagekontos.

Der Spaltungsplan enthält folgende Bewertungsangaben:

Unternehmenswert der Tim&Struppi GmbH   = 1.800 T€
Wert des Teilbetriebs Journalistik Agentur   = 1.440 T€
Wert des Teilbetriebs Hundefutterproduktion   =   360 T€

Laut jeweiliger Satzung soll das Nennkapital der Tim AG 200 T€ und das der Dog AG 50 T€ betragen.

Aufgaben:
1. Nach welchen Vorschriften ist die Aufspaltung handelsrechtlich zu behandeln?
2. Skizzieren Sie kurz den Ablauf der Aufspaltung!
3. Wie wird die Aufspaltung steuerrechtlich behandelt?
4. Welche steuerlichen Folgen ergeben sich auf Ebene der Tim&Struppi GmbH, wenn eine Buchwertfortführung angestrebt wird?
5. Welche Auswirkungen hat die Aufspaltung auf das steuerliche Einlagekonto sowie die Gewinnrücklagen der Tim&Struppi GmbH?
6. Welche steuerlichen Konsequenzen ergeben sich auf Ebene der Tim AG bzw. der Dog AG?
7. Stellen Sie die Eröffnungsbilanzen der Tim AG bzw. der Dog AG auf, die sich nach dem Vermögensübergang ergeben!
8. Welche steuerlichen Konsequenzen ergeben sich für die Gesellschafter der Tim&Struppi GmbH?

Lösung:
1. Handelsrechtliche Vorschriften für die Aufspaltung
Bei der Aufspaltung der Tim&Struppi GmbH auf die neu zu gründenden Kapitalgesell-schaften Tim AG und Dog AG handelt es sich um eine Aufspaltung zur Neugründung i. S. d. § 123 Abs. 1 Nr. 2 UmwG. Die Tim&Struppi GmbH überträgt ihr gesamtes Vermö-gen in Teilen (Teilbetriebe) auf die Tim AG sowie die Dog AG und erlischt ohne Abwick-lung. Die Gesellschafter der Tim&Struppi GmbH, Tim und Struppi, erhalten für die Über-tragung des Vermögens Anteile an den übernehmenden Kapitalgesellschaften. Diesbezüg-lich liegt eine nicht verhältniswahrende Aufspaltung vor, denn die Anteilseigner werden jeweils zu 100 % an einer der übernehmenden Kapitalgesellschaften beteiligt.

Für die Aufspaltung gelten – wie für die Abspaltung oder Ausgliederung – die Regeln der §§ 123 - 137 UmwG. Als rechtsformspezifische Normen sind ergänzend die §§ 138 - 173 UmwG anzuwenden. Zudem verweist § 125 UmwG bis auf einige Ausnahmen auf die entsprechende Anwendung der Verschmelzungsvorschriften der §§ 2 - 122 UmwG.

2. Ablauf der Aufspaltung

Grundlage der Aufspaltung zur Neugründung ist der **Spaltungsplan**, der von den Vertretungsorganen der Tim&Struppi GmbH zum 19.05.2020 aufgestellt wurde (§ 136 UmwG). Der Spaltungsplan ist gem. §§ 125, 135 Abs. 1 S. 1 i. V. m. § 6 UmwG notariell zu beurkunden. Die Vertretungsorgane der Tim&Struppi GmbH haben nach § 135 Abs. 1 i. V. m. § 127 S. 1 UmwG einen **Spaltungsbericht** zu erstellen. Der Spaltungsplan unterliegt einer **Spaltungsprüfung** durch sachverständige Prüfer, welche ihre Ergebnisse in einem **Prüfungsbericht** darzulegen haben (§ 125 i. V. m. §§ 9, 12 UmwG).

Der Spaltungsplan wird erst mit dem **Spaltungsbeschluss** wirksam (§ 125 i. V. m. § 13 Abs. 1 UmwG). Da gem. § 50 UmwG eine Mehrheit von mindestens 75 % der abgegebenen Stimmen der Gesellschafter notwendig ist, müssen sowohl Tim als auch Struppi dem Spaltungsplan zustimmen.

Die Aufspaltung der Tim&Struppi GmbH wird erst mit Eintragung ins Handelsregister wirksam. Die Eintragung der Aufspaltung sowie der neu zu gründenden Kapitalgesellschaften muss angemeldet werden (§ 137 Abs. 1, 2 UmwG). Der **Anmeldung** ist u. a. eine handelsrechtliche Schlussbilanz der Tim&Struppi GmbH beizulegen, die auf einen höchstens acht Monate vor der Anmeldung liegenden Stichtag aufgestellt worden ist (§ 17 Abs. 2 UmwG). Da die Anmeldung am 25.07.2020 erfolgt ist, kann die handelsrechtliche Schlussbilanz zum 31.12.2019 als Anlage beigefügt werden.

Das Spaltungsverfahren endet am 07.09.2020 mit der **Eintragung** der Aufspaltung sowie der neuen Rechtsträger ins jeweilige Handelsregister (§ 137 Abs. 3 UmwG).

3. Steuerrechtliche Behandlung der Aufspaltung

a) Gesetzliche Vorschriften

Da es sich im vorliegenden Fall um eine Aufspaltung i. S. d. § 123 Abs. 1 UmwG handelt, kann gem. § 1 Abs. 1 Nr.1 UmwStG auf diesen Vorgang der zweite bis fünfte Teil des UmwStG angewendet werden. Gem. § 15 Abs. 1 S. 1 UmwStG sind die Verschmelzungsvorschriften der §§ 11 - 13 UmwStG vorbehaltlich der in § 15 UmwStG normierten weiteren Voraussetzungen für die Aufspaltung entsprechend anwendbar. Zu einer steuerneutralen Verschmelzung kann es daher nur kommen, wenn die Teilbetriebsvoraussetzung des § 15 Abs. 1 S. 2 UmwStG erfüllt ist und es durch die Spaltung zu keinem für die Anwendung des § 11 Abs. 2 UmwStG schädlichen Missbrauch i. S. d. § 15 Abs. 2 UmwStG kommt.

b) Steuerliche Rückwirkung

Die Aufspaltung der Tim&Struppi GmbH kann rückwirkend auf den 31.12.2019 vorgenommen werden (§ 2 Abs. 1 S. 1 UmwStG). Steuerlicher Übertragungsstichtag ist damit der 31.12.2019. Die Steuerpflicht der Tim&Struppi GmbH endet und die der übernehmenden Tim AG bzw. Dog AG beginnt folglich im Veranlagungszeitraum 2019.

4. Steuerliche Konsequenzen auf Ebene der Tim&Struppi GmbH

Für den steuerneutralen Ablauf der Aufspaltung sind nach § 15 UmwStG eine Reihe von Voraussetzungen zu erfüllen:

Bei der Aufspaltung der Tim&Struppi GmbH werden Teilbetriebe auf die übernehmenden Kapitalgesellschaften übertragen. Die Teilbetriebsvoraussetzung des § 15 Abs. 1 UmwStG ist somit erfüllt und die Bewertungswahlrechte der §§ 11 und 13 UmwStG sind grundsätzlich anwendbar.

Ein Missbrauchstatbestand nach § 15 Abs. 2 UmwStG ist nicht gegeben. Zwar wird durch die Aufspaltung eine Trennung der Gesellschafterstämme vollzogen. Diese Trennung ist allerdings nach § 15 Abs. 2 S. 5 UmwStG unschädlich, da die Beteiligungen der Anteilseigner an der Tim&Struppi GmbH seit mehr als fünf Jahren bestehen. Insofern steht einer Anwendung des Bewertungswahlrechts i. S. d. § 11 Abs. 2 UmwStG nichts im Wege.

Gem. § 15 Abs. 1 S. 1 i. V. m. § 11 Abs. 2 UmwStG kann die Tim&Struppi GmbH die übergehenden Wirtschaftsgüter in der steuerlichen Schlussbilanz zu Buchwerten, Zwischenwerten oder den gemeinen Werten ansetzen, sofern die Voraussetzungen des § 11 Abs. 2 S. 1 Nr. 1 - 3 UmwStG vorliegen. Da die übernehmenden Kapitalgesellschaften im Inland ansässig und unbeschränkt steuerpflichtig sind, ist sichergestellt, dass die in den übergehenden Wirtschaftsgütern enthaltenen stillen Reserven auch nach der Übertragung der deutschen Besteuerung unterliegen (§ 11 Abs. 2 S. 1 Nr. 1 und Nr. 2 UmwStG). Zudem besteht die Gegenleistung für die Vermögensübertragung in Gesellschaftsrechten an den übernehmenden Kapitalgesellschaften (§ 11 Abs. 2 S. 1 Nr. 3 UmwStG). Die Voraussetzungen des § 11 Abs. 2 UmwStG sind damit erfüllt.

Im Ergebnis kann die Tim&Struppi GmbH somit die übergehenden Wirtschaftsgüter zu Buchwerten ansetzen. Ein Übertragungsgewinn ergibt sich folglich nicht.

Die Bilanz der Tim&Struppi GmbH zum 31.12.2019 dient aufgrund des Buchwertansatzes als steuerliche Schlussbilanz.

5. **Auswirkungen auf steuerliches Einlagekonto und Gewinnrücklagen der Tim&Struppi-GmbH**

1. Schritt: Herabsetzung des Nennkapitals der übertragenden Tim&Struppi GmbH nach § 29 Abs. 1 KStG:

Tim&Struppi GmbH	Ausweis in StB		Gesondert festgestelltes EK
	Nenn-kapital	RL lt. StB	Steuerliches Einlagekonto
Beständе 31.12.2019	200 T€	620 T€	100 T€
Herabsetzung des Nennkapitals nach § 29 Abs. 1 KStG: Gutschrift auf stl. Einlagekonto	./. 200 T€	+ 200 T€	+ 200 T€
Beständе 31.12.2019	0 T€	820 T€	300 T€

Zum steuerlichen Übertragungsstichtag weist die Tim&Struppi GmbH ein steuerliches Einlagekonto in Höhe von 300 T€ aus.

2. Schritt: Aufteilung und Übergang des steuerlichen Einlagekontos der übertragenden Tim&Struppi GmbH nach § 29 Abs. 3 KStG:

Nach § 29 Abs. 3 KStG ist das steuerliche Einlagekonto der Tim&Struppi GmbH auf die übernehmenden Kapitalgesellschaften aufzuteilen. Die Aufteilung erfolgt grundsätzlich im Verhältnis der übergehenden Vermögensteile zu dem vor der Aufspaltung bei der Tim&Struppi GmbH bestehenden Vermögen, wie es i. d. R. in den Angaben zum Umtauschverhältnis der Anteile im Spaltungsplan zum Ausdruck kommt (§ 29 Abs. 3 S. 1 KStG). Dies ist bei der vorliegenden nicht verhältniswahrenden Aufspaltung zur Neugründung der Fall: Der Spaltungsplan beinhaltet die für die Ermittlung des Aufteilungsverhältnisses notwendigen Bewertungsangaben, weshalb § 29 Abs. 3 S. 1 KStG anwendbar ist. Das für die Aufteilung des steuerlichen Einlagekontos maßgebliche Wertverhältnis ermittelt sich wie folgt:

$$\frac{\text{Wert der übergehenden Journalistik Agentur}}{\text{Wert des Vermögens der Tim\&Struppi GmbH vor Aufspaltung}} = \frac{1.440 \text{ T€}}{1.800 \text{ T€}} = \mathbf{0{,}8}$$

$$\frac{\text{Wert der übergehenden Hundefutterproduktion}}{\text{Wert des Vermögens der Tim\&Struppi GmbH vor Aufspaltung}} = \frac{360 \text{ T€}}{1.800 \text{ T€}} = \mathbf{0{,}2}$$

Demnach gehen 80 % des steuerlichen Einlagekontos auf die Tim AG und 20 % auf die Dog AG über:

Tim-AG: 300 T€ * 0,8 = **240 T€**

Dog-AG: 300 T€ * 0,2 = **60 T€**

Zwischenschritt: Aufteilung und Übergang des neutralen Vermögens

Laut Angabe ist für die Aufteilung des neutralen Vermögens der Maßstab für die Aufteilung des steuerlichen Einlagekontos heranzuziehen. Somit gehen 80 % des neutralen Vermögens auf die Tim AG und 20 % auf die Dog AG über.

$$\text{Tim AG:} \quad 520\ \text{T€} \ * \ 0,8 \ = \ \textbf{416 T€}$$
$$\text{Dog AG:} \quad 520\ \text{T€} \ * \ 0,2 \ = \ \textbf{104 T€}$$

Die Aufteilung und Übertragung des steuerlichen Einlagekontos und des neutralen Vermögens zwischen der Tim AG und der Dog AG hat auf die Eigenkapital-Bestände der beiden Gesellschaften folgende Auswirkungen:

Tim AG	Ausweis in StB		Gesondert festgestelltes EK
	Nenn-kapital	RL lt. StB	Steuerliches Einlagekonto
Anfangsbestände	0 T€	0 T€	0 T€
Hinzurechnung nach § 29 Abs. 3 S. 1 KStG: Anteil steuerliches Einlagekonto		+ 240 T€	+ 240 T€
Anteiliger Übergang des neutralen Vermögens: Anteil neutrales Vermögen		+ 416 T€	
Bestände 31.12.2019	0 T€	656 T€	240 T€

Dog AG	Ausweis in StB		Gesondert festgestelltes EK
	Nenn-kapital	RL lt. StB	Steuerliches Einlagekonto
Anfangsbestände	0 T€	0 T€	0 T€
Hinzurechnung nach § 29 Abs. 3 S. 1 KStG: Anteil steuerliches Einlagekonto		+ 60 T€	+ 60 T€
Anteiliger Übergang des neutralen Vermögens: Anteil neutrales Vermögen		+ 104 T€	
Bestände 31.12.2019	0 T€	164 T€	60 T€

3. Schritt: Anpassung des Nennkapitals der Tim AG und der Dog AG nach § 29 Abs. 4 KStG

Tim AG	T€	Ausweis in StB		Gesondert festgestelltes EK
		Nenn-kapital	RL lt. StB	Steuerliches Einlagekonto
Bestände 31.12.2019		0 T€	656 T€	240 T€
Anpassung des Nenn-kapitals nach § 29 Abs. 4 KStG: NK lt. Satzung = Gem. § 29 Abs. 4 KStG anzupassen-der Teil des NK Minderung steuerl. Einlagekonto	200 T€ ./. 200 T€ 0 T€	+ 200 T€	./. 200 T€	./. 200 T€
Bestände 31.12.2019		200 T€	456 T€	40 T€

Das Nennkapital der Tim AG kann vollständig durch die Umwandlung von Kapitalrückla-gen finanziert werden. Aufgrund der fehlenden Umwandlung von Gewinnrücklagen in Nennkapital ist kein Sonderausweis festzustellen.

Dog AG	T€	Ausweis in StB		Gesondert festgestelltes EK
		Nenn-kapital	RL lt. StB	Steuerliches Einlagekonto
Bestände 31.12.2019		0 T€	164 T€	60 T€
Anpassung des Nenn-kapitals nach § 29 Abs. 4 KStG: NK lt. Satzung = Gem. § 29 Abs. 4 KStG anzupassender Teil des NK Minderung steuerl. Einlagekonto	50 T€ ./. 50 T€ 0 T€	+ 50 T€	./. 50 T€	./. 50 T€
Bestände 31.12.2019		50 T€	114 T€	10 T€

Bei der Dog AG ist der Bestand des steuerlichen Einlagekontos ebenfalls für die Finanzie-rung des Nennkapitals ausreichend.

6. Steuerliche Konsequenzen auf Ebene der übernehmenden Kapitalgesellschaften

a) Vermögensübergang

Da es sich um eine Aufspaltung zur Neugründung handelt, ist der Vermögensübergang bei den übernehmenden Kapitalgesellschaften Tim AG und Dog AG jeweils in der steuerlichen Eröffnungsbilanz zu erfassen. Die übergehenden Wirtschaftsgüter (Aktiva wie Passiva) sind gem. § 15 Abs. 1 S. 1 i. V. m. § 12 Abs. 1 UmwStG mit den in der steuerlichen Schlussbilanz der Tim&Struppi GmbH angesetzten Werten zu übernehmen.

b) Eintritt in die Rechtsstellung der Tim&Struppi GmbH

Tim AG und Dog AG treten gem. § 15 Abs. 1 S. 1 i. V. m. § 12 Abs. 3 UmwStG bzgl. der AfA, der erhöhten Absetzungen, der Sonderabschreibungen, der Inanspruchnahme einer Bewertungsfreiheit oder eines Bewertungsabschlags, der den steuerlichen Gewinn mindernden Rücklagen, der Vorbesitzzeiten und der Behaltefristen in die Rechtsstellung der Tim&Struppi GmbH ein.

c) Übernahmegewinn

Der Übernahmegewinn ergibt sich aus der Differenz zwischen dem Wert des übergehenden Vermögens und dem Buchwert der evtl. untergehenden Beteiligung. Der Wert des übergehenden Vermögens ist der Unterschiedsbetrag zwischen dem übergehenden Teilbetrieb und den übergehenden Verbindlichkeiten. Letztere sind laut Angabe u. a. wie das steuerliche Einlagekonto auf die Tim AG und die Dog AG aufzuteilen. Maßgebend ist daher das Verhältnis der übergehenden Vermögensteile zu dem vor der Aufspaltung bestehenden Vermögen. Demnach gehen 80 % der Verbindlichkeiten auf die Tim AG und 20 % auf die Dog AG über:

$$\text{Tim AG:} \quad 380 \text{ T€} * 0,8 = \mathbf{304 \text{ T€}}$$
$$\text{Dog AG:} \quad 380 \text{ T€} * 0,2 = \mathbf{76 \text{ T€}}$$

Da der Übernahmegewinn zur Finanzierung einer evtl. Kapitalerhöhung verwendet wird, ist der jeweilige Übernahmegewinn der übernehmenden Kapitalgesellschaften um den jeweils in der Satzung vorgesehenen Nennkapitalausweis zu reduzieren.

Übernahmegewinn der Tim AG:

Wert des übergehenden Vermögens	
(= Saldo aus übergehendem Teilbetrieb und Verbindlichkeiten)	
(= 960 T€ ./. 304 T€)	656 T€
./. Buchwert der untergehenden Beteiligung	0 T€
= Übernahmegewinn	656 T€
./. Nennkapital laut Satzung	200 T€
= Übernahmegewinn nach Kapitalerhöhung	**456 T€**

Übernahmegewinn der Dog AG:

	Wert des übergehenden Vermögens (= Saldo aus übergehendem Teilbetrieb und Verbindlichkeiten) (= 240 T€ ./. 76 T€)	164 T€
./.	Buchwert der untergehenden Beteiligung	0 T€
=	Übernahmegewinn	164 T€
./.	Nennkapital laut Satzung	50 T€
=	Übernahmegewinn nach Kapitalerhöhung	**114 T€**

Der Übernahmegewinn beinhaltet die auf die übernehmenden Kapitalgesellschaften anteilig übergehenden Kapital- und Gewinnrücklagen der Tim&Struppi GmbH, die nach Erhöhung des Nennkapitals verbleiben und in der Bilanz auszuweisen sind. Da die übernehmenden Gesellschaften nicht an der Tim&Struppi GmbH beteiligt waren, kommt § 8b KStG i. V. m. § 12 Abs. 2 S. 2 UmwStG nicht zur Anwendung. Der jeweilige Übernahmegewinn ist daher zu 100 % steuerfrei.

7. Eröffnungsbilanzen der Tim AG und der Dog AG:

Aktiva	Tim AG		Passiva
+ Journalistik Agentur	**960 T€**	Nennkapital	0 T€
		+ Kapitalerhöhung	+ **200 T€** ← 200 T€
		+ Anteil KapitalRL	240 T€
		./. Kapitalerhöhung	./. **200 T€** — 40 T€
		+ Anteil GewinnRL	**416 T€**
		+ Anteil FK	**304 T€**
	960 T€		960 T€

Aktiva	Dog AG		Passiva
+ Hundefutterproduktion	**240 T€**	Nennkapital	0 T€
		+ Kapitalerhöhung	+ **50 T€** ← 50 T€
		+ Anteil KapitalRL	60 T€
		./. Kapitalerhöhung	./. **50 T€** — 10 T€
		+ Anteil GewinnRL	**104 T€**
		+ Anteil FK	**76 T€**
	240 T€		240 T€

8. Steuerliche Konsequenzen für die Gesellschafter der Tim&Struppi GmbH

Die Gesellschafter Tim und Struppi erhalten für ihre untergehenden Anteile an der Tim&Struppi GmbH neue Anteile an jeweils einer der übernehmenden Kapitalgesellschaften.

Hinsichtlich der steuerlichen Konsequenzen des Anteilstausches verweist § 15 Abs. 1 S. 1 UmwStG auf § 13 Abs. 1 UmwStG. Nach dem Grundprinzip des § 13 Abs. 1 UmwStG würde es zu einem Anteilstausch zum gemeinen Wert und somit zu einer steuerwirksamen Auflösung der in den Anteilen enthaltenen stillen Reserven kommen. Allerdings ist, wie bereits festgestellt, die Teilbetriebsvoraussetzung des § 15 Abs. 1 S. 2 UmwStG erfüllt. Somit kann gem. § 15 Abs. 2 S. 2 UmwStG die Vorschrift des § 13 Abs. 2 UmwStG angewendet werden. Da auch das Recht der BRD hinsichtlich der Besteuerung eines Gewinns aus der Veräußerung der Anteile an der übernehmenden Gesellschaft nicht beschränkt oder ausgeschlossen wird (§ 13 Abs. 2 S. 1 Nr.1 UmwStG), ist eine der beiden alternativen Anwendungsvoraussetzungen des § 13 Abs. 2 S. 1 UmwStG erfüllt, so dass der Anteilstausch steuerneutral vollzogen werden kann. Die Anteile an der übernehmenden Gesellschaft treten folglich steuerlich an die Stelle der Anteile an der übertragenden Gesellschaft (§ 13 Abs. 2 S. 2 UmwStG). Die in den Anteilen an der übertragenden Gesellschaft enthaltenen stillen Reserven gehen unversteuert auf die Anteile an der übernehmenden Gesellschaft über. Ein steuerpflichtiger Veräußerungsgewinn entsteht nicht.

Da die Gesellschafter der Tim&Struppi GmbH jeweils nur an einer der übernehmenden Kapitalgesellschaften beteiligt werden, ist eine Aufteilung der Anschaffungskosten bzw. der Buchwerte nicht vorzunehmen. (Eine Aufteilung wäre bspw. vorzunehmen, wenn Tim und Struppi sowohl Anteile der Tim AG als auch Anteile der Dog AG erhielten.)

a) Gesellschafter Tim
Bei den Anteilen, welche Tim an der Tim&Struppi GmbH hält, handelt es sich um Anteile im Privatvermögen i. S. d. § 17 EStG. Gem. § 15 Abs. 1 S. 1 UmwStG i. V. m. § 13 Abs. 2 S. 2 UmwStG treten die neuen Anteile an der Tim AG steuerlich an die Stelle der Anteile an der Tim&Struppi GmbH. Daher sind die neuen Anteile an der Tim AG ebenfalls als Anteile i. S. d. § 17 EStG zu qualifizieren. Ihre Anschaffungskosten betragen daher gleichfalls 260 T€.

b) Gesellschafter Struppi
Struppi hält seine Anteile an der Tim&Struppi GmbH im Betriebsvermögen. Die neuen Anteile an der Dog AG treten gem. § 15 Abs. 1 S. 1 UmwStG i. V. m. § 13 Abs. 2 S. 2 UmwStG steuerlich an die Stelle der Anteile an der Tim&Struppi GmbH. Da der Buchwert der Beteiligung 40 T€ beträgt, werden die neuen Anteile an der Dog AG in Höhe von 100 % ebenfalls mit 40 T€ angesetzt.

Kapitel V: Einbringung in Kapital- und Personengesellschaften

1 Allgemeines

1.1 Systematik

Der Begriff Einbringung wird im UmwG nicht verwendet, sondern ist ein rein steuerrechtlicher Terminus. Die Vorschriften zur Einbringung im Sechsten und Siebten Teil des UmwStG haben keinen direkten Anknüpfungspunkt im Umwandlungsrecht wie etwa die Bestimmungen zur Verschmelzung und Spaltung im Zweiten und Dritten bzw. im Vierten Teil des UmwStG.

Unter diesen rein steuerrechtlichen Begriff der Einbringung fallen eine Reihe zivilrechtlicher Formen der Vermögensübertragung sowohl aus dem UmwG bzw. dessen ausländischen Pendants, dem AktG und GmbHG als auch aus dem HGB und BGB. Diese sind in § 1 Abs. 3 Nr. 1 - 5 UmwStG abschließend katalogisiert.

Somit fallen bei Übertragung durch Gesamtrechtsnachfolge die Verschmelzung, die Auf- und Abspaltung einer Personengesellschaft auf eine Kapitalgesellschaft oder Genossenschaft nach § 123 Abs. 1 und 2 sowie die Ausgliederung von Vermögensteilen nach § 123 Abs. 3 UmwG bzw. vergleichbare ausländische Vorgänge in den Anwendungsbereich der Regelungen zur Einbringung.

Außerdem finden bei einem Formwechsel einer Personengesellschaft in eine Kapitalgesellschaft sowie bei einem Anteilstausch die Regelungen zur Einbringung im UmwStG Anwendung. Gleiches gilt für durch Einzelrechtsnachfolge übergehendes Betriebsvermögen in eine Kapitalgesellschaft wie etwa einer Sacheinlage bei Gründung einer Kapitalgesellschaft oder einer Sachkapitalerhöhung bei einer bestehenden Kapitalgesellschaft.

© Springer Fachmedien Wiesbaden GmbH, ein Teil von Springer Nature 2020
G. Brähler und A. Krenzin, *Umwandlungssteuerrecht*,
https://doi.org/10.1007/978-3-658-27980-6_5

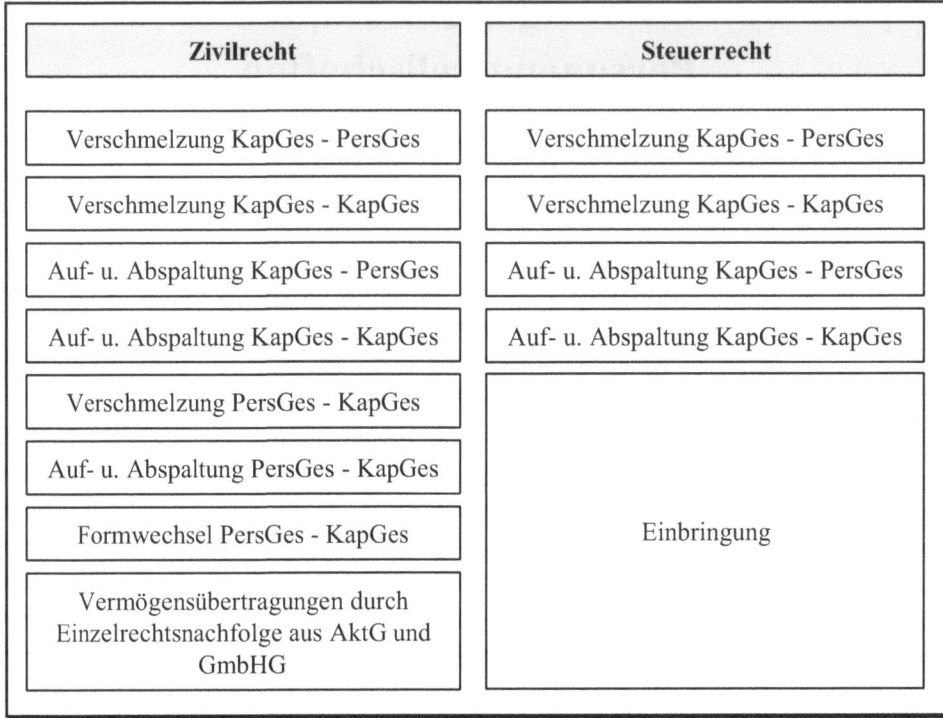

Abbildung 143: Vergleich Zivilrecht mit Steuerrecht bzgl. Umwandlungen

Im Rahmen der Einbringung erfolgt somit kein ausschließlicher Rückgriff auf einen bestimmten umwandlungsrechtlichen Tatbestand wie etwa bei den Bestimmungen zur Verschmelzung oder Spaltung, die direkt an konkrete umwandlungsrechtliche Gestaltungsformen anknüpfen.

> **Merke:** Einbringung ist ein **rein steuerrechtlicher Begriff**. Unterschiedliche zivilrechtliche Möglichkeiten der Vermögensübertragung erfüllen den steuerrechtlichen Tatbestand der Einbringung nach Maßgabe des § 1 Abs. 3 UmwStG.

Die Vorschriften zur Einbringung regeln einen Spezialfall der Vermögensübertragung auf einen anderen Rechtsträger gegen Gewährung einer Gegenleistung, ohne dass es dabei zu einer Realisierung stiller Reserven kommen muss. Dabei wird grundsätzlich unterschieden zwischen der Einbringung von Betrieben, Teilbetrieben und Mitunternehmeranteilen und der Einbringung von Kapitalgesellschaftsanteilen, dem sog. Anteilstausch.

Im Folgenden wird dargelegt, wie sich eine Einbringung von Betriebsvermögen von anderen Möglichkeiten der Vermögensübertragung wie einer Veräußerung oder einem Tausch sowie von den anderen umwandlungssteuerrechtlichen Tatbeständen hinsichtlich der Anwendungsvoraussetzungen und Besteuerungsfolgen unterscheidet.

Zur Verdeutlichung dieser Unterschiede soll ein Unternehmen betrachtet werden, das ein selbst erstelltes Wirtschaftsgut des Anlagevermögens zu Herstellungskosten gem. § 6 Abs. 1 Nr. 1 S. 1 EStG bilanziert. Aufgrund des Anschaffungs- bzw. Herstellungskostenprinzips sind die Anschaffungs- bzw. Herstellungskosten die Obergrenze für eine Bewertung. Es ist daher nicht möglich, einen höheren Wert im Zeitverlauf anzusetzen. Das Wirtschaftsgut erfährt im Folgenden jedoch eine Wertsteigerung, d. h. der gemeine Wert liegt über dem Buchwert, der den planmäßig fortgeführten Herstellungskosten entspricht. Das Unternehmen überträgt das Wirtschaftsgut auf einen anderen Rechtsträger und bekommt eine Gegenleistung in Höhe des gemeinen Werts in Form von Geld.

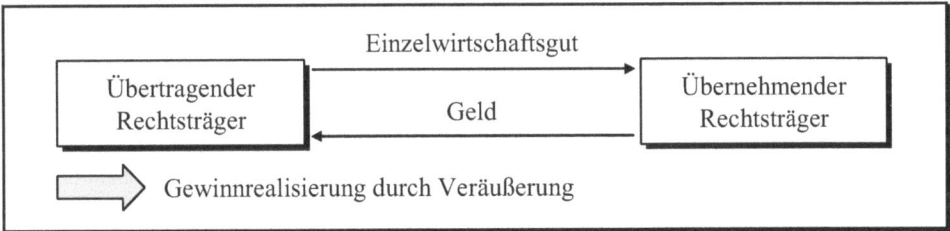

Abbildung 144: Aufdeckung und steuerliche Erfassung stiller Reserven durch Veräuße-
                rung

Der Austausch der Leistungen zwischen den beiden Rechtsträgern ist als **Veräußerungsvorgang** zu qualifizieren. Eine Veräußerung erfüllt den Tatbestand der Marktrealisation. Der entgeltliche Umsatzakt, d. h. die Veräußerung, führt zur Aufdeckung sämtlicher stiller Reserven. Der übertragende Rechtsträger erzielt einen Veräußerungspreis in Höhe des gemeinen Werts des übertragenen Wirtschaftsguts. Die Differenz aus Veräußerungspreis und Buchwert des übertragenen Wirtschaftsguts stellt den steuerpflichtigen Veräußerungsgewinn dar. Diese Differenz entspricht den stillen Reserven, die durch den Leistungsaustausch aufgedeckt werden.

Erhält das Unternehmen als Gegenleistung für die Übertragung des Einzelwirtschaftsguts kein Geld, sondern ebenfalls ein Wirtschaftsgut, liegt kein Veräußerungsvorgang, sondern ein **Tauschvorgang** vor. Es kommt ebenfalls zu einer Gewinnrealisierung in Höhe der Differenz des gemeinen Werts des hingegebenen Wirtschaftsguts und dessen Buchwert.[94] Wäre es möglich, einen Tausch vorzunehmen, ohne dass es dabei zu einer Gewinnrealisierung kommt, würde nur noch getauscht werden.

> **Merke:** Bei einem Tausch gilt der gemeine Wert des übertragenen Wirtschaftsguts als Veräußerungspreis des übertragenen Wirtschaftsguts und ist gem. § 6 Abs. 6 S. 1 EStG zugleich maßgebend für die Anschaffungskosten des als Gegenleistung erhaltenen Wirtschaftsguts.

---

[94] Vgl. BFH v. 13.09.1955, I-246/54-U, BStBl. 1955 III S. 320.

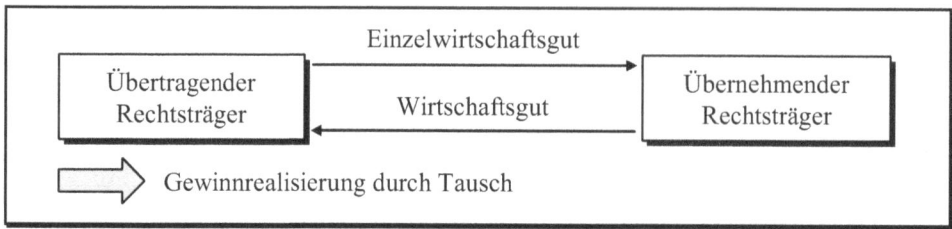

Abbildung 145: Aufdeckung und steuerliche Erfassung stiller Reserven durch Tausch

Merke: Sowohl Veräußerungsvorgänge als auch Tauschvorgänge, bei denen einzelne Wirtschaftsgüter übertragen werden, führen zu einer Aufdeckung stiller Reserven und somit zu einer **Gewinnrealisierung**.

Die Bestimmungen zur Einbringung von Unternehmensteilen und Unternehmensanteilen in eine Kapitalgesellschaft gem. §§ 20 - 23 UmwStG bzw. in eine Personengesellschaft gem. § 24 UmwStG erlauben im Gegensatz zu einer Übertragung durch Veräußerung oder Tausch eine Vermögensübertragung **ohne die Aufdeckung stiller Reserven**. Dafür werden an die Inanspruchnahme der Vorschriften zur Einbringung bestimmte Bedingungen hinsichtlich der Person der beteiligten Rechtsträger sowie des Einbringungsgegenstandes gestellt. Zwingende Voraussetzung für die Anwendbarkeit der Regelungen zur Einbringung im UmwStG ist dabei die Übertragung von **Sachgesamtheiten** wie Betrieben, Teilbetrieben oder Mitunternehmeranteilen im Falle der Einbringung von Betriebsvermögen nach § 20 UmwStG bzw. ein „qualifizierter" Anteilstausch im Falle des § 21 UmwStG. Werden hingegen lediglich einzelne Wirtschaftsgüter übertragen, ist die steuerrechtliche Ausgestaltung der Vermögensübertragung in Form der Einbringung nicht möglich.

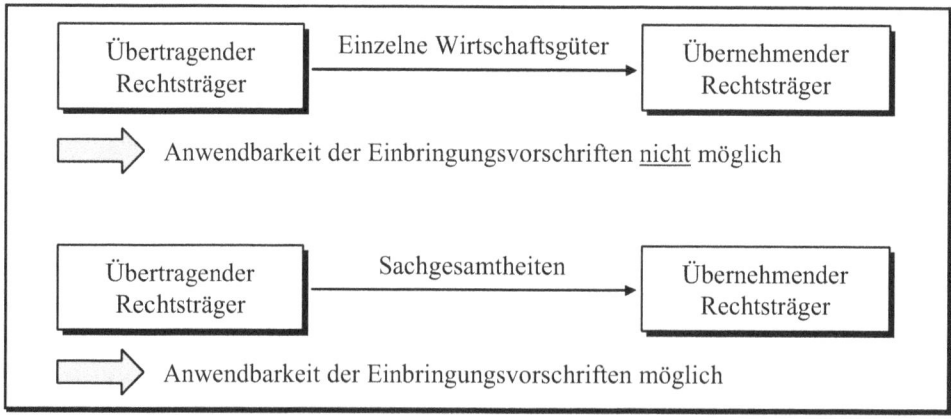

Abbildung 146: Anwendung der Einbringungsvorschriften in Abhängigkeit vom Gegenstand der Einbringung

Merke: Die Möglichkeit, Betriebsvermögen **steuerneutral** auf einen anderen Rechtsträger zu übertragen, erstreckt sich im Rahmen der Einbringung nur auf **Sachgesamtheiten**, wie z. B. einen Betrieb oder einen Teilbetrieb, sowie auf **qualifizierte**, also mehrheitsvermittelnde oder -stärkende, **Anteilstausche.**

Um eine Vermögensübertragung in Form einer Einbringung vornehmen zu können, müssen
allerdings nicht nur die Voraussetzungen, die an das zu übertragende Betriebsvermögen
gestellt werden, erfüllt werden. Auch die **Gegenleistung** bedarf einer bestimmten Form.
Als Gegenleistung müssen dem übertragenden Rechtsträger **Gesellschaftsrechte** am übernehmenden Rechtsträger gewährt werden. Durch eine Übertragung von Betriebsvermögen,
das den Anforderungen der §§ 20 - 24 UmwStG genügen soll, wird daher eine Beteiligung
des übertragenden Rechtsträgers am übernehmenden Rechtsträger begründet. Besteht die
Gegenleistung nicht in Gesellschaftsrechten, sondern in Geld, ist eine steuerneutrale Vermögensübertragung in Form einer Einbringung ausgeschlossen. Der Vorgang erfüllt dann
den Tatbestand einer Betriebsveräußerung i. S. d. § 16 EStG, wobei eine Aufdeckung der
im Betriebsvermögen verhafteten stillen Reserven stattfindet.

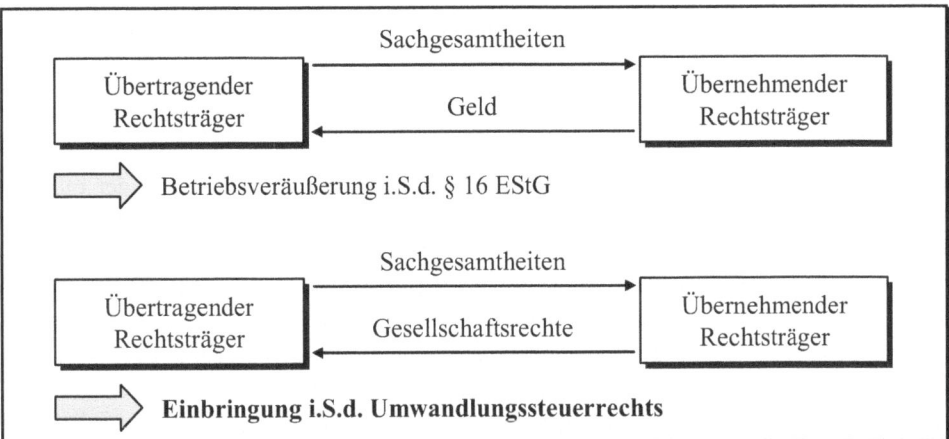

Abbildung 147: Anwendung der Einbringungsvorschriften in Abhängigkeit von der Gegenleistung

Merke: Wird Geld als Gegenleistung für die Vermögensübertragung gewährt, ist die
Anwendbarkeit der §§ 20 - 24 UmwStG ausgeschlossen. Es erfolgt eine Aufde-
ckung der im Vermögen enthaltenen stillen Reserven, da der Tatbestand einer
Betriebsveräußerung i. S. d. § 16 EStG vorliegt.

Die Vorschriften zur Einbringung von Betriebsvermögen bzw. Gesellschaftsanteilen gegen
Gewährung von Gesellschaftsrechten am übernehmenden Rechtsträger ermöglichen es,
Sachgesamtheiten ohne die Rechtsfolge des § 16 EStG auf einen anderen Rechtsträger zu
übertragen.

Merke: Die Vorschriften zur Einbringung von Betrieben, Teilbetrieben und Mitunternehmeranteilen sind **leges speciales** zu § 16 EStG.

Des Weiteren müssen die Voraussetzungen an die Personen des einbringenden und übernehmenden Rechtsträgers laut § 1 Abs. 4 UmwStG erfüllt sein. Im Falle der Einbringung von Betriebsvermögen nach § 20 UmwStG kann jede natürliche oder juristische Person Einbringender sein, sofern sie entweder in der EU bzw. dem EWR ansässig ist oder das Besteuerungsrecht Deutschlands am Gewinn aus der Veräußerung der erhaltenen Anteile nicht ausgeschlossen oder beschränkt ist. Bei einem Anteilstausch nach § 21 UmwStG gibt es hingegen keine Vorschriften bezüglich der Person oder der Ansässigkeit des Einbringenden. Die übernehmende Kapitalgesellschaft muss bei beiden Varianten der Einbringung das Kriterium der doppelten Ansässigkeit erfüllen. Sowohl ihr Sitz als auch der Ort ihrer Geschäftsleitung müssen sich auf dem Gebiet der EU/EWR befinden.

Sind sämtliche Anwendungsvoraussetzungen des § 20 bzw. 21 UmwStG erfüllt, kann der Übertragungsvorgang steuerneutral erfolgen. Die Gesetzessystematik sieht zwar grundsätzlich eine Übertragung zum gemeinen Wert vor, doch auf Antrag wird, wenn das Besteuerungsrecht Deutschlands hinsichtlich der eingebrachten Wirtschaftsgüter gesichert ist bzw. wenn ein qualifizierter Anteilstausch vorliegt, ein Bewertungswahlrecht eingeräumt, das einen Ansatz des übertragenen Betriebsvermögens zu Buch- oder Zwischenwerten ermöglicht. Bei Ansatz eines Werts unter dem gemeinen Wert erfolgt in Höhe der Differenz zwischen dem gemeinen Wert und dem gewählten Wertansatz keine Aufdeckung der im Betriebsvermögen verhafteten stillen Reserven. In Höhe dieser Differenz bleibt der Einbringungsvorgang somit steuerneutral. Ein beim übertragenden Rechtsträger im Zeitpunkt der Übertragung anfallender Übertragungsgewinn bzw. **Einbringungsgewinn** kann daher je nach Wertansatz unterschiedlich hoch ausfallen. Bei Ansatz des Buchwerts beläuft sich dieser auf Null, da eine Aufdeckung stiller Reserven unterbleibt. Werden dagegen stille Reserven im Übertragungszeitpunkt durch einen über dem Buchwert liegenden Ansatz **erfolgswirksam** aufgedeckt, entsteht beim übertragenden Rechtsträger ein zu versteuernder Einbringungsgewinn. Für den Teil der stillen Reserven, der nicht aufgedeckt wird, unterbleibt eine Besteuerung beim übertragenden Rechtsträger im Zeitpunkt der Übertragung.

Merke: Die Vorschriften zur Einbringung gestatten es, eine steuerliche Belastung des übertragenden Rechtsträgers zum Übertragungszeitpunkt gänzlich zu unterbinden, wenn der Buchwertansatz gewählt wird.

Im Fall der Betriebseinbringung nach § 20 UmwStG ist somit die Fortführung des übertragenen Betriebs, Teilbetriebs oder Mitunternehmeranteils, wie er beim übertragenden Rechtsträger bestanden hat, möglich. Stille Reserven wie ein originärer Firmenwert oder eine Reinvestitionsrücklage können durch eine **erfolgsneutrale** Ausgestaltung des Übertragungsvorgangs auf den übernehmenden Rechtsträger übergehen und bleiben dort weiterhin steuerlich verhaftet. Eine mit der Realisierung dieser stillen Reserven einhergehende hohe steuerliche Belastung kann im Zeitpunkt der Vermögensübertragung im Wege eines Einbringungsvorgangs, wobei dem übertragenden Rechtsträger keine Liquidität zufließt, vermieden werden. Eine wirtschaftlich notwendige Umstrukturierung kann daher ohne steuerliche Belastung vollzogen werden.

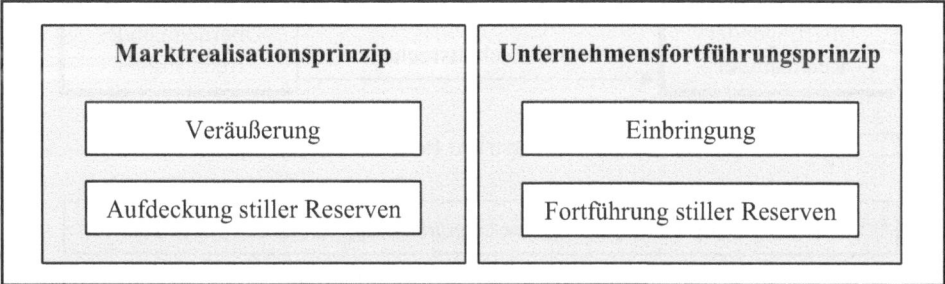

Abbildung 148: Prinzipien bei Betriebsveräußerung bzw. bei Einbringung

Aufgrund der Gesellschafterstellung des übertragenden Rechtsträgers, die durch die Gewährung von Kapitalgesellschaftsanteilen bzw. Mitunternehmeranteilen am übernehmenden Rechtsträger begründet wird, bleibt die **steuerliche Verstrickung** der im Übertragungszeitpunkt nicht aufgedeckten und damit steuerneutral auf den übernehmenden Rechtsträger übergegangenen stillen Reserven beim übertragenden Rechtsträger allerdings gewährleistet. Über seine Gesellschafterstellung ist der übertragende Rechtsträger nach der Vermögensübertragung weiterhin an den stillen Reserven beteiligt. Durch eine steuerneutrale Einbringung von Betriebsvermögen wird eine erfolgswirksame Aufdeckung von stillen Reserven beim übertragenden Rechtsträger daher nur im Zeitpunkt der Vermögensübertragung unterbunden. Eine generelle Vermeidung der steuerlichen Erfassung der übergehenden stillen Reserven wird durch einen Einbringungsvorgang folglich nicht bewirkt. Eine Besteuerung wird lediglich auf den Zeitpunkt verschoben, an dem der übertragende Rechtsträger eine **Entstrickung** der stillen Reserven, z. B. durch eine Veräußerung der Gesellschaftsrechte, vornimmt. Durch diesen Veräußerungsvorgang werden die stillen Reserven, an denen der übertragende Rechtsträger nach der Einbringung immer noch beteiligt war, aufgedeckt und realisiert.

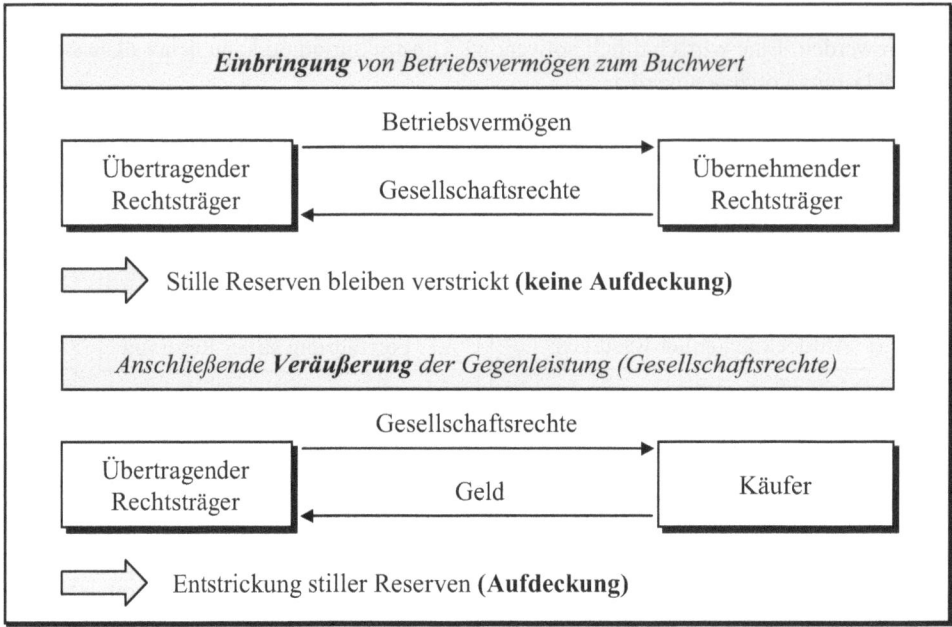

Abbildung 149: Buchwertfortführung und spätere Entstrickung von stillen Reserven

Merke: Im Rahmen einer steuerneutralen Vermögensübertragung im Wege einer Einbringung gehen stille Reserven von einem Rechtsträger auf einen anderen über. Der übertragende Rechtsträger bleibt aufgrund seiner Gesellschafterstellung an den übergehenden stillen Reserven beteiligt. Eine Besteuerung übergehender stiller Reserven kann auf diese Weise nur bis zum Zeitpunkt der Entstrickung durch den übertragenden Rechtsträger aufgeschoben werden.

Damit eine steuerliche Verhaftung von übergegangenen stillen Reserven beim **übertragenden Rechtsträger** gewährleistet bleibt, muss die Gegenleistung für die Einbringung in Form von Gesellschaftsrechten bestehen, wodurch ein Beteiligungsverhältnis begründet wird. Bei einer Verschmelzung gem. §§ 3 - 10 bzw. 11 - 13 UmwStG besteht dagegen i. d. R. bereits vor der Übertragung der Wirtschaftsgüter ein Beteiligungsverhältnis zwischen übertragendem und übernehmendem Rechtsträger. Dieses Beteiligungsverhältnis wird durch den Verschmelzungsvorgang beendet, da bei einer Verschmelzung nach dem UmwG der oder die übertragenden Rechtsträger aufgelöst werden und nur der übernehmende Rechtsträger fortbesteht.

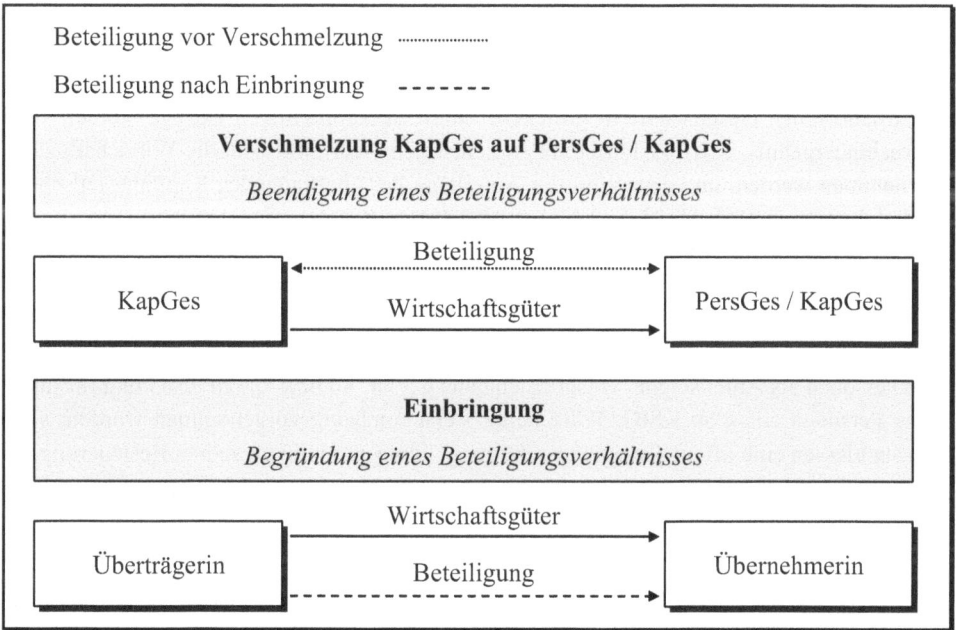

Abbildung 150: Beteiligungsstrukturen bei Verschmelzung bzw. Einbringung

Im Folgenden soll auf diesen Unterschied näher eingegangen werden, da er ursächlich für wesentliche Abweichungen in den Besteuerungsfolgen zwischen Einbringungsvorgängen und den im UmwStG geregelten Verschmelzungen und Spaltungen ist. Wird eine mittels eines Anteilskaufs erworbene Beteiligung des übernehmenden Rechtsträgers an einer **übertragenden Kapitalgesellschaft** gegen Abschreibungspotenzial, d. h. Wirtschaftsgüter, ausgetauscht, kann es im Rahmen einer Verschmelzung zu einem **Übernahmegewinn** beim übernehmenden Rechtsträger kommen, falls der Wert, mit dem die übertragenen Wirtschaftsgüter bei der Übernehmerin anzusetzen sind, den Buchwert der von ihr gehaltenen Beteiligung an der Überträgerin übersteigt.

Thesauriert eine unbeschränkt körperschaftsteuerpflichtige Kapitalgesellschaft, die nach dem **Intransparenzprinzip** besteuert wird, ihre Gewinne, unterliegen diese gem. § 23 Abs. 1 KStG einer Definitivbesteuerung mit 15 %. Wird die Kapitalgesellschaft dann auf eine Personengesellschaft verschmolzen, was mit ihrer Auflösung verbunden ist, werden die thesaurierten Gewinne auf die Personengesellschaft, die nach dem **Transparenzprinzip** besteuert wird, verlagert. Die Anteilseigner der untergehenden Kapitalgesellschaft werden Gesellschafter der Personengesellschaft und könnten nun die thesaurierten Gewinne aus dem Betriebsvermögen der Personengesellschaft entnehmen, ohne dass dies steuerliche Folgen hätte. Eine steuerliche Erfassung der Verschmelzung einer Kapitalgesellschaft auf eine Personengesellschaft erfolgt systematisch auf Ebene der einzelnen Gesellschafter. Um das deutsche Besteuerungsrecht an den offenen Rücklagen der Kapitalgesellschaft sicherzustellen, erfolgt die Besteuerung einer derartigen Verschmelzung durch eine fiktive Ausschüttung der Gewinnrücklagen an jeden einzelnen Gesellschafter. Zunächst werden den

Anteilseignern der Kapitalgesellschaft daher sämtliche offene Gewinnrücklagen einzeln als (fiktive) Einnahmen aus Kapitalvermögen i. S. d. § 20 Abs. 1 Nr. 1 EStG zugerechnet. Durch die darauf entfallende Kapitalertragsteuer wird das deutsche Besteuerungsrecht auch bei ausländischen Gesellschaftern gesichert. Diese steuerpflichtigen Bezüge werden vom Übernahmeergebnis, d. h. der Differenz zwischen dem Wert, mit dem die Wirtschaftsgüter übernommen werden, und dem Wert der Anteile an der übertragenden Kapitalgesellschaft, wieder abgezogen (§ 4 Abs. 5 S. 2 i. V. m. § 7 UmwStG), um eine doppelte Besteuerung der Gewinnrücklagen zu vermeiden. Resultat aus der Zurechnung der Gewinnrücklagen als steuerpflichtige Bezüge aus Kapitalvermögen und anschließenden Abzug vom Übernahmeergebnis ist, dass dieses grundsätzlich nicht positiv ist und sich die Besteuerung somit auf die fiktiven Kapitaleinkünfte beschränkt. Die Besteuerungsfolgen ergeben sich bei natürlichen Personen als Anteilseigner entsprechend aus § 3 Nr. 40 bzw. § 32d EStG und für juristische Personen aus § 8b KStG. Wäre keine Verschmelzung vorgenommen worden, sondern stattdessen eine offene Gewinnausschüttung, käme es somit zur selben Besteuerung.

Bei der Verschmelzung von Kapitalgesellschaften i. S. d. §§ 11 - 13 UmwStG ergibt sich der Übernahmegewinn ebenfalls aus der Differenz des Wertes, mit dem die übernommenen Wirtschaftsgüter bei der übernehmenden Gesellschaft anzusetzen sind, und dem Buchwert der Anteile an der übertragenden Gesellschaft, welche sich im Besitz der übernehmenden Gesellschaft befinden. Allerdings erfolgt hier keine separate Zuweisung und Besteuerung der Gewinnrücklagen der übertragenden Kapitalgesellschaft. Im vom Gesetzgeber unterstellten Gründerfall stimmt der Übernahmegewinn somit mit den Gewinnrücklagen überein. Damit entspricht die Besteuerung des Übernahmegewinns einer fiktiven Ausschüttung der Gewinnrücklagen an juristische Personen und unterliegt dementsprechend auch den Regelungen des § 8b KStG.

Selbst wenn nur Teile des Vermögens im Wege einer Abspaltung i. S. d. §§ 15 und 16 UmwStG bei Fortbestand der übertragenden Kapitalgesellschaft oder das gesamte Vermögen im Wege einer Aufspaltung auf mindestens zwei übernehmende Rechtsträger unter Auflösung der übertragenden Kapitalgesellschaft übertragen werden, kann ein Übernahmegewinn entstehen.

> **Merke:** Bei Verschmelzungen bzw. Auf- und Abspaltungen unter Beteiligung einer **Kapitalgesellschaft** als übertragendem Rechtsträger sind immer die bei der Gewinnentstehung von der übertragenden Kapitalgesellschaft lediglich mit dem Körperschaftsteuersatz versteuerten Gewinnrücklagen steuerlich zu erfassen. Bei der Verschmelzung von Kapitalgesellschaften entsteht ein Übernahmegewinn in Höhe der Gewinnrücklagen. Bei Übertragung auf eine Personengesellschaft hingegen wird eine Ausschüttung der Gewinnrücklagen fingiert, die jeder Anteilseigner der übernehmenden Personengesellschaft separat zu versteuern hat, da ansonsten im Wege einer nicht steuerbaren Privatentnahme Gewinnrücklagen ohne weitere steuerliche Erfassung auf die Gesellschafterebene verlagert werden könnten.

In den Vorschriften zur Einbringung ist hingegen eine Regelung bezüglich eines Übernahmegewinns nicht enthalten, obwohl auch eine Einbringung von Betriebsvermögen durch eine Kapitalgesellschaft in eine an ihr beteiligte Kapitalgesellschaft oder Personengesellschaft möglich ist. Die Konzeption der Einbringung sieht jedoch den Einbringenden, d. h. die Kapitalgesellschaft selbst und nicht deren Gesellschafter, als Empfänger der Gegenleistung vor.

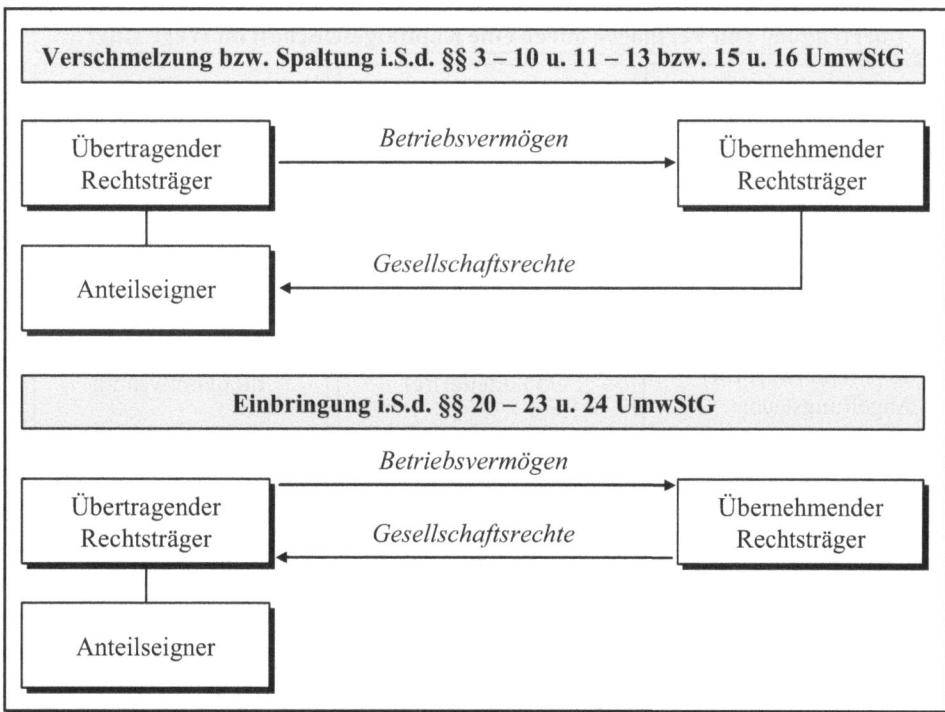

Abbildung 151: Empfänger der Gegenleistung

> **Hinweis:** Bei einer umwandlungsrechtlichen **Ausgliederung besteht der übertragende Rechtsträger fort** und ist im Gegensatz zur umwandlungsrechtlichen Abspaltung **selbst Empfänger der Gegenleistung**. Nur durch eine Ausgliederung kann Betriebsvermögen **einer Kapitalgesellschaft** im Wege einer Einbringung durch Gesamtrechtsnachfolge übertragen werden, denn die Konzeption der umwandlungsrechtlichen Ausgliederung bezüglich des Fortbestands des übertragenden Rechtsträgers und des Empfängers der Gegenleistung ist deckungsgleich mit der umwandlungssteuerrechtlichen Einbringung.

Eine Verlagerung von Gewinnrücklagen der Kapitalgesellschaft auf einen anderen Rechtsträger ist somit im Rahmen einer Einbringung zwar möglich, aber eine steuerliche Erfassung mittels einer Sonderform der Dividendenbesteuerung nicht erforderlich. Dies ist dadurch begründet, dass nicht die Gesellschafter der übertragenden Kapitalgesellschaft,

sondern die intransparent besteuerte übertragende Kapitalgesellschaft selbst Gesellschafterin des übernehmenden Rechtsträgers wird. Eine Verlagerung von thesaurierten Gewinnen
auf die Anteilseigner der übertragenden Kapitalgesellschaft ist nur durch eine offene Gewinnausschüttung möglich mit der Folge einer steuerlichen Erfassung dieser Form der
Gewinnverwendung.

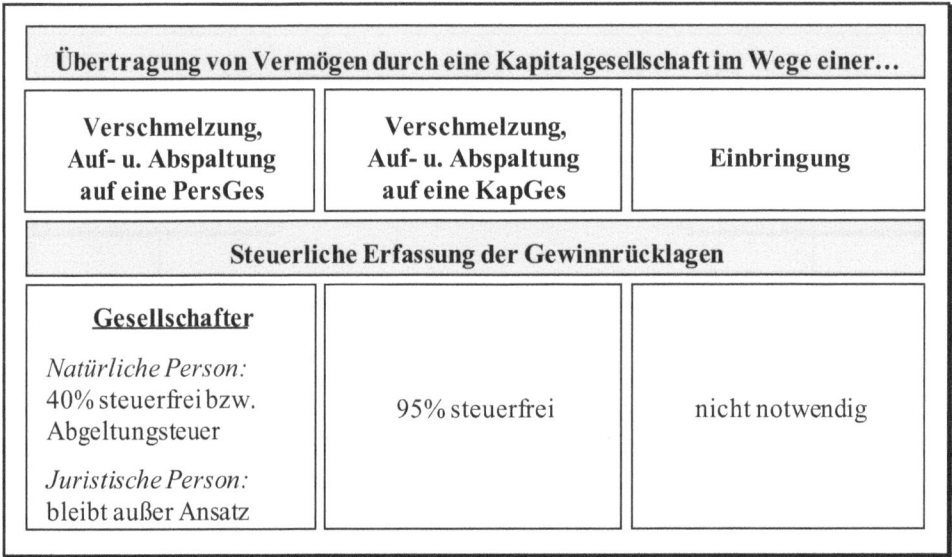

Abbildung 152: Erfassung der Gewinnrücklagen bei Übertragung von Vermögen einer
Kapitalgesellschaft

Zivilrechtliche Verschmelzungen bzw. Auf- und Abspaltungen mit **Personengesellschaften als übertragendem Rechtsträger** i. S. d. §§ 2 und 123 Abs. 1 und 2 UmwG stellen
steuerrechtlich Einbringungsvorgänge dar mit der Folge, dass eine Ermittlung eines Übernahmegewinns beim übernehmenden Rechtsträger nicht vorgenommen wird. Eine diesbe-
zügliche Regelung wurde aus folgenden Gründen unterlassen:

- Personengesellschaften werden transparent besteuert. Wird auf Ebene der Personengesellschaft ein Gewinn erwirtschaftet, wird dieser im Rahmen einer gesonderten
und einheitlichen Gewinnfeststellung für jeden Gesellschafter festgestellt und mit
dessen persönlichem Einkommensteuer- bzw. mit dem Körperschaftsteuersatz versteuert. Besteuert wird daher ausschließlich die **Gewinnentstehung.** Eine Zuführung
der Gewinne zu den Gewinnrücklagen und deren spätere Ausschüttung an die Gesellschafter **(Abschirmungswirkung)** wie bei Kapitalgesellschaften ist durch die
neu geschaffene Thesaurierungsbegünstigung zwar denkbar, dieser Möglichkeit
wird in den umwandlungssteuerrechtlichen Regelungen aber nicht Rechnung getragen.
- Bei einer Personengesellschaft kann es zu keiner Diskrepanz zwischen den Wertansätzen der Wirtschaftsgüter und dem Wert der Beteiligung wie bei einer Kapitalgesellschaft kommen. Eine Beteiligung an einer Personengesellschaft ist kein Wirt-

schaftsgut wie z. B. eine Beteiligung an einer Kapitalgesellschaft, und kann deshalb auch nicht durch eine Teilwert-AfA abgewertet werden. Ein Gesellschafter einer Personengesellschaft besitzt ein anteiliges Eigentumsrecht an jedem einzelnen Wirtschaftsgut der Personengesellschaft. Wertveränderungen der Aktiva und Passiva, an denen der Gesellschafter unmittelbar beteiligt ist, haben somit einen unmittelbaren Einfluss auf den Wert der Beteiligung an der Personengesellschaft. Dagegen erhöht eine vormals auf die Beteiligung vorgenommene **Teilwert-AfA** bei einer Verschmelzung unter Beteiligung einer Kapitalgesellschaft als übertragendem Rechtsträger den Übernahmegewinn.

Merke: Ein Übernahmegewinn kann grundsätzlich nur anfallen, wenn eine **Kapitalgesellschaft** Vermögen auf eine Personengesellschaft oder eine andere Kapitalgesellschaft überträgt. Bringt eine **Kapitalgesellschaft** Vermögen in eine Kapital- oder Personengesellschaft ein, **verbleibt die Beteiligung an den übergegangenen stillen Reserven auf der intransparenten Besteuerungsebene** der übertragenden Kapitalgesellschaft. Eine Sonderform der Dividendenbesteuerung in Gestalt eines Übernahmegewinns ist somit bei einer Einbringung nicht erforderlich, da die fortbestehende übertragende Kapitalgesellschaft selbst Empfänger der Gegenleistung ist.

Verschmelzungen, Aufspaltungen und Abspaltungen unter Beteiligung einer Personengesellschaft als übertragendem Rechtsträger werden steuerrechtlich durch die Einbringung erfasst.

Der Vorgang einer zivilrechtlichen Verschmelzung mit einer Kapitalgesellschaft als übertragendem Rechtsträger erfüllt auch die Anwendungsvoraussetzungen einer Einbringung gem. § 1 Abs. 3 Nr. 1 UmwStG, da in dieser Hinsicht kein Unterschied zu einer Verschmelzung unter Beteiligung einer Personengesellschaft als übertragendem Rechtsträger besteht. Im UmwStG wurden jedoch gesonderte Regelungen getroffen, die der Kapitalgesellschaft als eigenständiges Steuersubjekt Rechnung tragen. Durch die Ausschüttungsfiktion bei der Verlagerung von Gewinnrücklagen von der intransparenten auf die transparente Besteuerungsebene wird eine Steuerumgehung vermieden. **Die Vorschriften zur Verschmelzung von Kapitalgesellschaften auf Personengesellschaften bzw. Kapitalgesellschaften** sind daher als **leges speciales** zu den Einbringungsvorschriften anzusehen.

Die Tatsache, dass der übertragende Rechtsträger selbst Gesellschafter des übernehmenden Rechtsträgers wird, ist die Ursache eines weiteren wesentlichen Unterschieds zwischen den umwandlungssteuerlichen Regelungen zu Verschmelzungen bzw. Spaltungen und Einbringungen. Die Ausübung des ggf. eingeräumten **Bewertungswahlrechts** steht im Rahmen der Einbringung nicht dem übertragenden, sondern dem übernehmenden Rechtsträger zu.

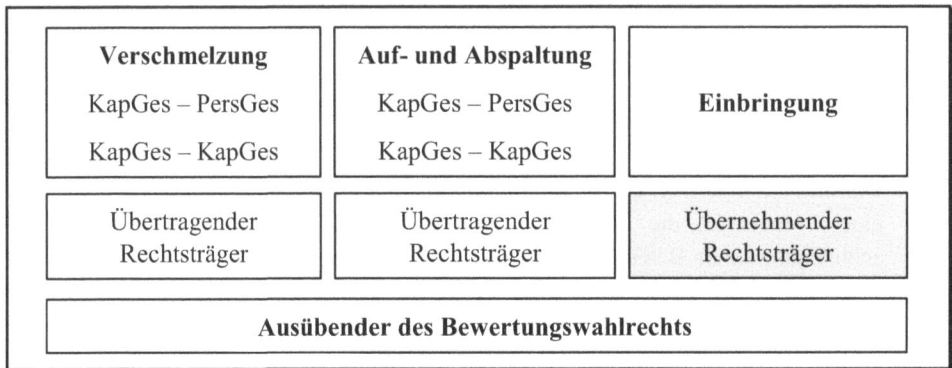

Abbildung 153: Bewertungswahlrecht des übernehmenden Rechtsträgers bei Einbringung

In der Grundkonzeption der Einbringungsvorschriften erhält der übertragende, nach der Vermögensübertragung fortbestehende Rechtsträger Gesellschaftsrechte am übernehmenden Rechtsträger. Erfolgt die Einbringung nicht zum gemeinen Wert, gehen stille Reserven auf den übernehmenden Rechtsträger über, an denen der übertragende Rechtsträger durch seine durch den Einbringungsvorgang begründete Gesellschafterstellung beteiligt ist. Hätte der Einbringende das Bewertungswahlrecht, wäre es ihm möglich, die Höhe der stillen Reserven, an denen er beteiligt ist, selbst zu beeinflussen.

1.2 Der Einbringungskreislauf

Wenn die jeweiligen Anwendungsvoraussetzungen erfüllt sind, ermöglichen die §§ 20 und 21 UmwStG eine steuerneutrale Einbringung durch **Buchwertfortführung** des eingebrachten Vermögens. Wenn der übernehmende Rechtsträger den Buchwert übernimmt, erfolgt keine Aufdeckung der stillen Reserven, so dass kein steuerpflichtiger Einbringungsgewinn beim übertragenden Rechtsträger entsteht und die stillen Reserven bei der übernehmenden Kapitalgesellschaft fortgeführt werden. Damit ebenfalls eine Verstrickung der stillen Reserven beim einbringenden Rechtsträger erreicht wird, gilt der Wert, mit dem die Kapitalgesellschaft das eingebrachte Vermögen ansetzt, für den Einbringenden als Veräußerungspreis und als Anschaffungskosten der Gesellschaftsanteile. Durch diese sog. **Buchwertverknüpfung** soll gewährleistet werden, dass die in die Kapitalgesellschaft eingebrachten stillen Reserven des Vermögens auf die als Gegenleistung gewährten Anteile übergehen und in dieser Form bis zu ihrer Entstrickung repräsentiert bleiben. Diese Kombination von Buchwertfortführung und Buchwertverknüpfung resultiert in einem komplexen steuerlichen System in Form eines **Einbringungskreislaufs**.

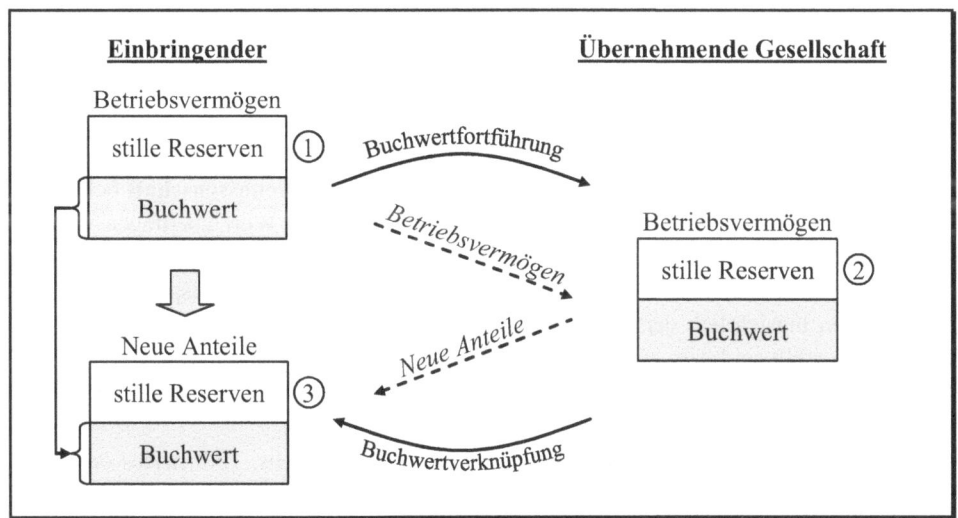

Abbildung 154: Stille Reserven im Einbringungskreislauf

Beispiel

Jessie bringt ihr Einzelunternehmen (Buchwert 100, gemeiner Wert 400) zum Buchwert in die Porzellinchen GmbH ein. Das Betriebsvermögen wird durch das Prinzip der **Buchwertfortführung** von der Porzellinchen GmbH zum Buchwert von 100 angesetzt. Die **Buchwertverknüpfung** führt dazu, dass Jessie ihre aus der Einbringung erhaltenen Anteile ebenfalls mit einem Wert von 100 anzusetzen hat. Somit resultiert der Ansatz der erhaltenen Anteile mittelbar aus dem Buchwert des von Jessie gehaltenen Betriebsvermögens.

Durch diesen Einbringungskreislauf werden die übertragenen **stillen Reserven doppelt steuerverstrickt**. Während sie vor der Einbringung lediglich im Vermögen des einbringenden Rechtsträgers bestanden haben, sind sie nach der Einbringung einmal in den zu Buchwerten übernommenen eingebrachten Wirtschaftsgütern bei der übernehmenden Kapitalgesellschaft enthalten und ein zweites Mal in den als Gegenleistung erhaltenen Kapitalgesellschaftsanteilen, da diese durch die Buchwertverknüpfung ebenfalls mit dem Buchwert des eingebrachten Vermögens bewertet werden. Somit ändert sich die Bilanzsumme des einbringenden Rechtsträgers nicht, weil im Ergebnis ein Tausch von Betriebsvermögen gegen Anteile an der übernehmenden Kapitalgesellschaft vorliegt. Wenn zu Buchwerten übertragen wird, führt dies zu einem Aufschub der Besteuerung des Einbringungsgewinns bis zur Veräußerung der als Gegenleistung erhaltenen Anteile, die die stillen Reserven des ursprünglich eingebrachten Betriebsvermögens enthalten. Dieser Aufschub der Besteuerung ist systematisch gerechtfertigt, da die Einbringung durch die Gewährung von Gesellschaftsanteilen als Gegenleistung auch nicht zu einer Erhöhung der Liquidität bzw. der steuerlichen Leistungskraft des Einbringenden führt.

2 Einbringung in eine Kapitalgesellschaft gem. § 20 UmwStG

In den §§ 20, 22 und 23 UmwStG wird die Sacheinlage von Betriebsvermögen in eine bereits bestehende oder neu gegründete **Kapitalgesellschaft** oder **Genossenschaft** behandelt. Grundsätzlich soll nach der Gesetzessystematik zum gemeinen Wert übertragen werden. Allerdings ermöglicht ein Bewertungswahlrecht dem übernehmenden Rechtsträger die Bilanzierung zum Buch-, Zwischen- oder gemeinen Wert, wenn die entsprechenden Voraussetzungen hinsichtlich der Personen der beteiligten Rechtsträger sowie der Natur der Transaktion erfüllt sind. Um eine Vermögensübertragung auf eine Kapitalgesellschaft steuerneutral im Wege einer Einbringung durchführen zu können, sind folgende in § 20 Abs. 1 S. 1 UmwStG formulierte Voraussetzungen zu erfüllen:

- Einbringung von **Sachgesamtheiten** in Form eines Betriebs, Teilbetriebs oder Mitunternehmeranteils und
- Gegenleistung in Form von **neuen** Kapitalgesellschaftsanteilen.

Das Bewertungswahlrecht zum Ansatz eines niedrigeren als des gemeinen Wertes darf gem. § 20 Abs. 2 S. 2 UmwStG nur ausgeübt werden, soweit das Betriebsvermögen später bei der übernehmenden Körperschaft der Besteuerung mit Körperschaftsteuer unterliegt, das Eigenkapital des eingebrachten Betriebes oder Betriebsteiles nicht negativ ist, das deutsche Besteuerungsrecht hinsichtlich des Gewinns aus der Veräußerung des eingebrachten Betriebsvermögens bei der übernehmenden Gesellschaft nicht ausgeschlossen oder beschränkt ist und der gemeine Wert von sonstigen Gegenleistungen, die neben den Gesellschaftsanteilen gewährt werden, nicht mehr beträgt als 25 % des Buchwerts des eingebrachten Betriebsvermögens oder 500.000 €, höchstens jedoch den Buchwert des eingebrachten Betriebsvermögens. Dieses Wahlrecht wird nur auf Antrag bei dem für die Besteuerung der übernehmenden Gesellschaft zuständigen Finanzamt gewährt.

Einkommensteuerrechtlich ist diese Form der Umwandlung als ein **tauschähnlicher Veräußerungsvorgang** zu qualifizieren, der nach allgemeinen Grundsätzen zu einem Veräußerungsgewinn i. S. d. § 16 EStG führen würde. Diese Rechtsfolge wird durch § 20 UmwStG allerdings außer Kraft gesetzt, indem eine Aufdeckung der stillen Reserven gänzlich oder teilweise durch Ansatz des Buch- oder eines Zwischenwerts der Sacheinlage im Rahmen des Bewertungswahlrechts unabhängig vom Ansatz in der Handelsbilanz vermieden werden kann.

Merke: Durch § 20 UmwStG erfolgt eine **teleologische Reduktion** des § 16 EStG.

Der Zweck des § 20 UmwStG ist die Realisierbarkeit einer aus wirtschaftlichen Gesichtspunkten notwendigen steuerneutralen Anpassung, während im Rahmen des § 16 EStG lediglich Begünstigungen für eine Veräußerung (Umsatzakt) oder die Aufgabe (Entstrickungstatbestand) eines Betriebs, Teilbetriebs oder Mitunternehmeranteils gewährt werden.

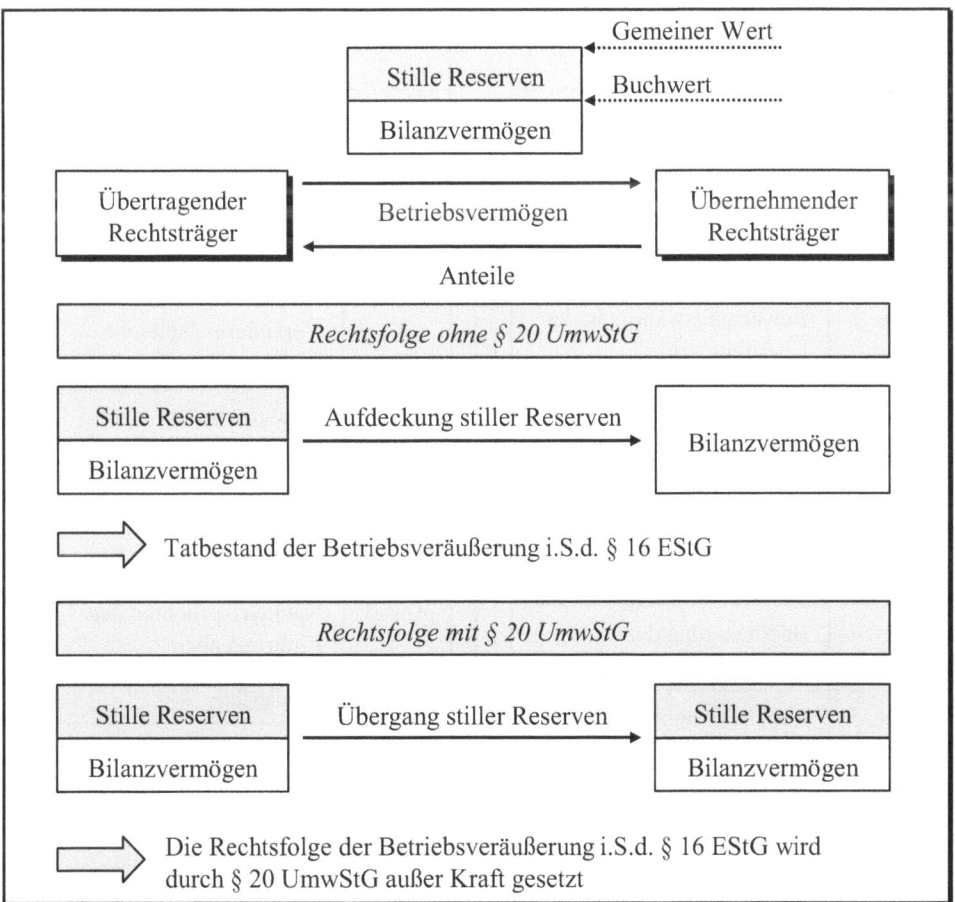

Abbildung 155: Außerkraftsetzung der Rechtsfolge des § 16 EStG durch § 20 UmwStG

2.1 Systematik

In § 20 UmwStG werden neben den Anwendungsvoraussetzungen der steuerneutralen Vermögensübertragung im Wege der Einbringung in eine Kapitalgesellschaft die Bewertung des übertragenen Vermögens sowie der als Gegenleistung gewährten Kapitalgesellschaftsanteile behandelt. Außerdem ist die Besteuerung eines Einbringungsgewinns bei Ansatz eines Zwischen- bzw. des gemeinen Werts, d. h. bei einer Aufdeckung stiller Reserven, geregelt. Schließlich beinhaltet die Vorschrift Bestimmungen zur steuerlichen Rückwirkung und zum steuerlichen Übertragungsstichtag.

Die Besteuerung des Anteilseigners, der im Gegenzug für die Einbringung Gesellschaftsrechte erwirbt, findet sich in § 22 UmwStG. Die weitere steuerliche Behandlung des übergegangenen Vermögens bei der Kapitalgesellschaft und die damit verbundenen Auswirkungen werden in § 23 UmwStG geregelt.

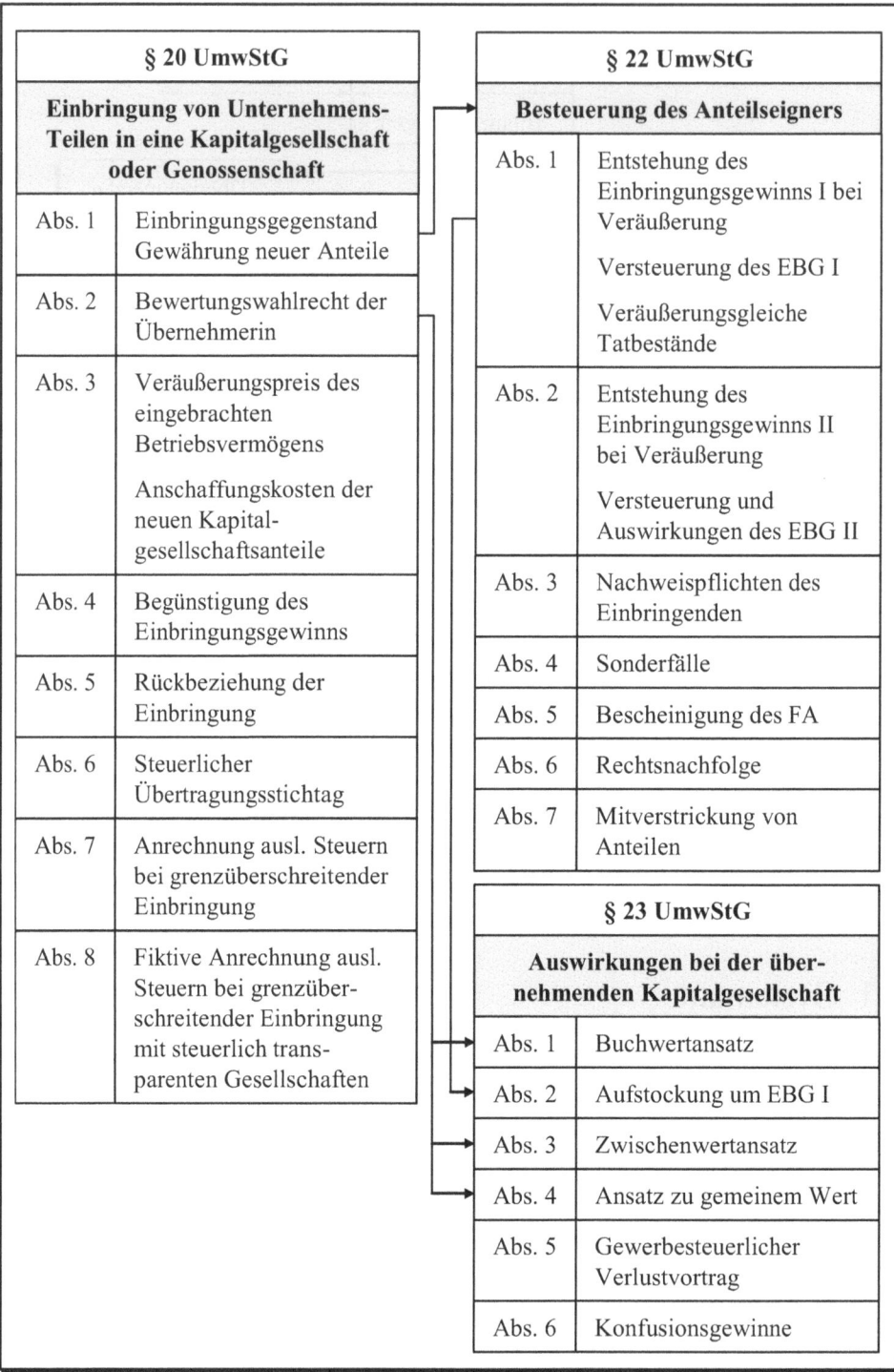

Abbildung 156: Regelungen zur Einbringung von Vermögen in eine Kapitalgesellschaft

2.2 Einbringungsmotive

2.2.1 Konzernumstrukturierung

Werden einzelne Geschäftsbereiche aus einem Unternehmen ausgegliedert, um es zu einer beteiligungsverwaltenden Holding zu entwickeln, erfolgt aus steuerlicher Sicht eine Einbringung in eine Kapitalgesellschaft i. S. d. § 20 UmwStG.

> **Beispiel**
>
> Die Butch AG gliedert einen Geschäftsbereich in die neu gegründete Vega AG aus. (Ausgliederung zur Neugründung gem. § 123 Abs. 3 Nr. 2 UmwG). Durch die Gewährung von Anteilen der Vega AG entsteht ein Mutter-Tochter Verhältnis. Aus steuerlicher Sicht handelt es sich bei dieser Ausgliederung um eine Einbringung eines Teilbetriebs in eine Kapitalgesellschaft i. S. d. § 20 UmwStG.

2.2.2 Wechsel der Rechtsform

Der Wechsel der Rechtsform von einer Personengesellschaft in eine Kapitalgesellschaft kann neben Gründen der Haftungsbeschränkung auch durch einen hohen Eigenkapitalbedarf motiviert sein.

> **Beispiel**
>
> Das stark diversifizierte Pharmaunternehmen California Mountain Snake in der Rechtsform einer KG plant, den forschungsintensiven Geschäftsbereich Biotechnologie beteiligungsfähig zu machen. Dazu wird dieser aus der California Mountain Snake KG ausgegliedert und auf die neu gegründete Black Mamba AG übertragen (Ausgliederung zur Neugründung gem. § 123 Abs. 3 Nr. 2 UmwG). Steuerlich handelt es sich bei diesem Übertragungsvorgang um eine Einbringung in eine Kapitalgesellschaft i. S. d. § 20 UmwStG.

2.3 Zivilrechtliche Anwendungsfälle

Es lassen sich eine Reihe zivilrechtlicher Möglichkeiten zur Vermögensübertragung aus steuerrechtlicher Sicht durch eine Einbringung realisieren, sofern diese unter die in § 1 Abs. 3 Nr. 1 - 4 UmwStG aufgelisteten Fälle fallen und die in § 20 UmwStG genannten Anforderungen erfüllen. Dies kann sowohl im Wege der Gesamtrechtsnachfolge als auch im Wege der Einzelrechtsnachfolge geschehen. Für die Anwendungsvoraussetzungen des § 20 UmwStG ist die Art der Rechtsnachfolge unbeachtlich. Der umwandlungsrechtliche Formwechsel von einer Personengesellschaft in eine Kapitalgesellschaft nach § 190 UmwG ist durch den Verweis in § 25 UmwStG steuerrechtlich wie eine Einbringung in eine Kapitalgesellschaft i. S. d. § 20 UmwStG zu behandeln.

2.3.1 Gesamtrechtsnachfolge

Erfolgt die Vermögensübertragung im Wege einer umwandlungsrechtlichen Alternative, gilt bezüglich des übertragenen Vermögens die Gesamtrechtsnachfolge. Bei der Gesamtrechtsnachfolge gehen sämtliche Vermögensgegenstände des übertragenden Rechtsträgers in einem **einheitlichen Rechtsakt** auf die übernehmende Kapitalgesellschaft über.

Folgende zivilrechtliche Möglichkeiten sind in § 1 Abs. 3 Nr. 1-4 UmwStG für eine Einbringung nach § 20 UmwStG zugelassen:

- Verschmelzung von Personenhandelsgesellschaften auf eine bereits bestehende oder neu gegründete Kapitalgesellschaft in Abs. 3 Nr. 1,
- Aufspaltung oder Abspaltung von Vermögensteilen einer Personenhandelsgesellschaft auf eine bereits bestehende oder neu gegründete Kapitalgesellschaft in Abs. 3 Nr. 1,
- Ausgliederung von Vermögensteilen eines Einzelkaufmanns, einer Personenhandelsgesellschaft, einer Kapitalgesellschaft oder eines sonstigen sowohl in § 1 Abs. 1 KStG als auch in § 124 Abs. 1, Alt. 2 UmwG, § 3 Abs. 1 UmwG genannten Rechtsträgers auf eine bereits bestehende oder neu gegründete Kapitalgesellschaft in Abs. 3 Nr. 2,
- Formwechsel einer Personenhandelsgesellschaft in eine Kapitalgesellschaft oder Genossenschaft i. S. d. § 190 UmwG in § 1 Abs. 3 Nr. 3 sowie § 25 UmwStG.

> **Merke:** Eine umwandlungsrechtliche Verschmelzung von einer Personengesellschaft auf eine Kapitalgesellschaft und eine umwandlungsrechtliche Auf- bzw. Abspaltung von Betriebsvermögen einer Personengesellschaft auf eine Kapitalgesellschaft können steuerlich nur im Rahmen der Einbringung erfolgen.

Wie bei der Abspaltung von Betriebsvermögen besteht auch bei einer Ausgliederung der übertragende Rechtsträger nach der Übertragung fort. Bei einer Abspaltung erhalten die Gesellschafter, wie auch bei einer Aufspaltung und einer Verschmelzung, Gesellschaftsrechte der übernehmenden Kapitalgesellschaft. Bei einer Ausgliederung ist der fortbestehende übertragende Rechtsträger hingegen selbst Empfänger der Gegenleistung. Nicht die Gesellschafter sind im Anschluss an die Vermögensübertragung an den stillen Reserven der übernehmenden Kapitalgesellschaft beteiligt, sondern der übertragende Rechtsträger selbst. Aus diesem Grund wird eine Ausgliederung von Betriebsvermögen durch eine **Kapitalgesellschaft** steuerlich nicht von der Spaltungsvorschrift des § 15 UmwStG erfasst, sondern fällt unter die Einbringung i. S. d. § 20 UmwStG, da dessen Grundkonzeption ebenfalls den übertragenden Rechtsträger als Empfänger der Gegenleistung vorsieht.

Umwandlungsrechtlicher Anwendungsfall	Empfänger der Gegenleistung	Übertragender Rechtsträger
Verschmelzung	Gesellschafter	Auflösung
Aufspaltung		
Abspaltung		Fortbestand
Ausgliederung	Übertragender Rechtsträger	

Abbildung 157: Schicksal des Überträgers und Empfänger der Gegenleistung

Merke: Die Ausgliederung von Vermögensteilen nach § 123 Abs. 3 UmwG kann steuerrechtlich gem. § 1 Abs. 3 Nr. 2 UmwStG **ausschließlich** durch eine Einbringung i. S. d. §§ 20 ff. UmwStG erfolgen.

Sowohl die Abspaltung als auch die Ausgliederung erfolgen im Rahmen der **partiellen Gesamtrechtsnachfolge (Sonderrechtsnachfolge)**, da nur ein Teil des Vermögens auf die übernehmende Kapitalgesellschaft übergeht und sich die Rechtsnachfolge auf das übertragene Vermögen beschränkt. Der übertragende Rechtsträger besteht mit dem verbliebenen Vermögen im Gegensatz zu einer Übertragung in Form einer Verschmelzung fort. Auch eine Aufspaltung erfolgt im Wege der Sonderrechtsnachfolge, obwohl der übertragende Rechtsträger sein gesamtes Vermögen überführt. Allerdings wird dieses bei mehreren Rechtsträgern fortgeführt.

2.3.2 Einzelrechtsnachfolge

Für nicht explizit im UmwG geregelte Tatbestände müssen sämtliche Vermögensgegenstände **einzeln** auf die übernehmende Kapitalgesellschaft übertragen werden. Folgende zivilrechtliche Möglichkeiten für eine Einbringung bestehen gem. Tz. 01.44 UmwStE:

- Sacheinlage i. S. d. § 5 Abs. 4 GmbHG bzw. § 27 AktG bei der Gründung einer Kapitalgesellschaft,
- Sacheinlage im Rahmen einer Kapitalerhöhung bei einer bestehenden Kapitalgesellschaft i. S. d. § 56 GmbHG bzw. §§ 183, 194, 205 AktG.

2.3.3 Formwechsel

Kennzeichnend für eine formwechselnde Umwandlung ist, dass an ihr nur ein Rechtsträger beteiligt ist und es **weder** zu einer **Gesamtrechtsnachfolge** des Vermögens eines Rechtsträgers in das Vermögen eines anderen kommt **noch** es einer **Übertragung der einzelnen Vermögensgegenstände** bedarf.

§ 202 Abs. 1 Nr. 1 UmwG	
„Der formwechselnde Rechtsträger besteht in der im Umwandlungsbeschluss bestimmten Rechtsform weiter."	⇨ **Rechtsträgeridentität**

Da im Rahmen eines Formwechsels von einer Personengesellschaft in eine Kapitalgesellschaft i. S. d. § 190 UmwG keine Vermögensübertragung erfolgt, wären die Vorschriften zur Sacheinlage in eine Kapitalgesellschaft i. S. d. § 20 UmwStG grundsätzlich nicht für die steuerliche Ausgestaltung des zivilrechtlichen Vorgangs heranzuziehen. Deshalb bedarf es **aus steuerlicher Sicht der Fiktion einer Vermögensübertragung.**

§ 25 S. 1 UmwStG	
„In den Fällen des Formwechsels einer Personengesellschaft in eine Kapitalgesellschaft (…) im Sinne des § 190 des Umwandlungsgesetzes (…) oder auf Grund vergleichbarer ausländischer Vorgänge gelten §§ 20 bis 23 entsprechend."	⇨ **Verweis** auf die Vermögensübertragung i. S. d. § 20 UmwStG

Um einen steuerneutralen Formwechsel vornehmen zu können, ist es daher erforderlich, dass neben den Anwendungsvoraussetzungen des § 190 UmwG auch die des § 20 UmwStG vorliegen.

> **Merke:** Während der Formwechsel von einer Kapitalgesellschaft in eine Personengesellschaft steuerlich von den Regelungen der **Verschmelzung** einer Kapitalgesellschaft auf eine Personengesellschaft erfasst wird, fällt der Formwechsel von einer Personengesellschaft in eine Kapitalgesellschaft steuerrechtlich unter die Regelungen der **Einbringung**.

Im Ergebnis kann eine Einbringung i. S. d. § 20 UmwStG zivilrechtlich durch eine Vielzahl von Regelungen erfolgen. Die folgende Abbildung fasst dies noch einmal zusammen:

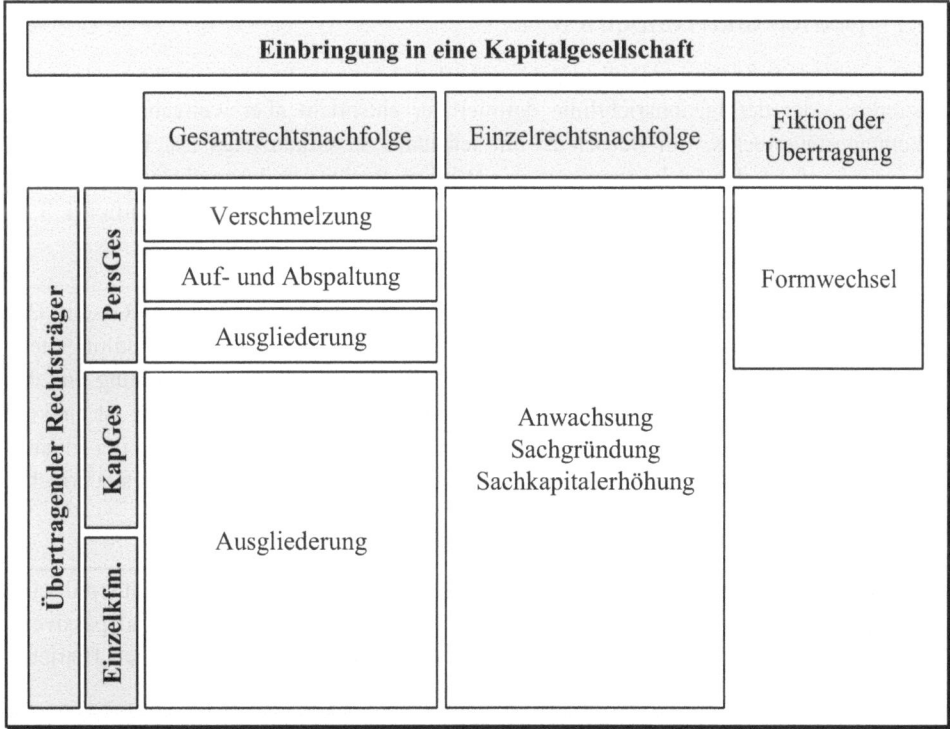

Abbildung 158: Zivilrechtliche Anwendungsfälle im Rahmen einer Einbringung in eine
                Kapitalgesellschaft

Die Art der Rechtsnachfolge ist für die Anwendung des § 20 UmwStG unbeachtlich, solange eine Transaktion i. S. d. § 1 Abs. 3 Nr. 1-4 UmwStG vorliegt. Entscheidend ist ausschließlich, dass die in § 20 Abs. 1 UmwStG genannten Voraussetzungen erfüllt werden. Dabei spielt es keine Rolle, dass im Rahmen der umwandlungsrechtlichen Bestimmungen zur Spaltung (Gesamtrechtsnachfolge) auch einzelne Wirtschaftsgüter übertragen werden können. **§ 20 UmwStG verlangt die Einbringung von Sachgesamtheiten.**

2.4 Einbringungsgegenstand

Um eine steuerneutrale Einbringung im Rahmen des § 20 UmwStG vornehmen zu können, müssen Sachgesamtheiten, d. h. Betriebe, Teilbetriebe und Mitunternehmeranteile, Gegenstand der Vermögensübertragung sein. Dabei richtet sich der Gegenstand der Einbringung gem. Tz. 20.05 UmwStE nach dem zugrunde liegenden Rechtsgeschäft.

2.4.1 Betrieb und Teilbetrieb

Der Begriff des Betriebs ist weder im Umwandlungssteuerrecht noch im Umwandlungssteuererlass oder der Fusionsrichtlinie definiert, er entspricht aber weitgehend dem des Einkommensteuerrechts. Ein Betrieb ist ein selbständiger Organismus des Wirtschaftslebens.[95] Er umfasst die Sachgesamtheit der Wirtschaftsgüter und sonstiger Gegenstände einer selbständigen Organisationseinheit, die der Erzielung von Gewinneinkünften i. S. d. § 2 Abs. 2 Nr. 1 EStG dient.

Auch ein Teilbetrieb kann Gegenstand einer Einbringung i. S. d. § 20 UmwStG sein. Die Finanzverwaltung verweist bezüglich der Teilbetriebsdefinition für das Umwandlungssteuerrecht gem. Tz. 20.06 über 15.02 f. UmwStE auf die Ausführungen zur Spaltung und damit auf Art. 2 Bst. j der Fusionsrichtlinie. In Art. 2 Bst. j der Fusionsrichtlinie ist eine eigenständige Definition des Begriffs Teilbetrieb enthalten, die nach Auffassung der Finanzverwaltung aber inhaltlich weitgehend mit der Definition des deutschen Ertragsteuerrechts übereinstimmt.

> **Art. 2 Bst. j FRL:** „Im Sinne dieser Richtlinie ist (…) 'Teilbetrieb' die Gesamtheit der in einem Unternehmensteil einer Gesellschaft vorhandenen aktiven und passiven Wirtschaftsgüter, die in organisatorischer Hinsicht einen selbständigen Betrieb, d. h. eine aus eigenen Mitteln funktionsfähige Einheit, darstellen."

In der Fusionsrichtlinie wird auf die Funktionsfähigkeit der einzubringenden Einheit abgestellt. Eine Selbständigkeit der einzubringenden Einheit ist darüber hinaus im Gegensatz zur Teilbetriebsdefinition nach R 16 Abs. 3 EStR nicht erforderlich.

2.4.1.1 Übertragung der wesentlichen Betriebsgrundlagen

Wesentliche Betriebsgrundlagen sind Wirtschaftsgüter des Betriebsvermögens, die zur Erreichung des Betriebszwecks erforderlich und für den Betriebsablauf unerlässlich sind.[96] Nur wenn **sämtliche funktional wesentlichen Betriebsgrundlagen** sowie die nach wirtschaftlichen Zusammenhängen einem Teilbetrieb zuordenbaren Wirtschaftsgüter auf die übernehmende Kapitalgesellschaft übertragen werden, wird der (Teil-) Betrieb als Ganzes eingebracht. Nur dann sind die Anwendungsvoraussetzungen des § 20 UmwStG erfüllt.

---

[95] Vgl. BFH v. 11.03.1982, IV-R-25/79, BStBl. 1982 II S. 707.

[96] Vgl. BFH v. 24.08.1989, IV-R-135/86, BStBl. 1989 II S. 1014.

Merke: Eine Einbringung eines Betriebs oder Teilbetriebs i. S. d. § 20 UmwStG liegt nur vor, wenn sämtliche Wirtschaftsgüter, die die funktional wesentlichen Betriebsgrundlagen bilden oder dem Teilbetrieb wirtschaftlich zuzuordnen sind, auf die übernehmende Kapitalgesellschaft übertragen werden.

Bei der Frage, ob ein Wirtschaftsgut eine wesentliche Betriebsgrundlage darstellt, fallen die Betrachtungsweisen des EStG und des UmwStG auseinander. Eine steuerbegünstigte Betriebsveräußerung i. S. d. § 16 EStG setzt ebenfalls voraus, dass alle wesentlichen Betriebsgrundlagen in einem einheitlichen Vorgang veräußert werden. Im Rahmen des § 16 EStG sind Wirtschaftsgüter schon allein deshalb wesentliche Betriebsgrundlagen, weil sie erhebliche stille Reserven enthalten **(quantitative Betrachtungsweise)**.[97] Für eine erfolgsneutrale Vermögensübertragung i. S. d. § 20 UmwStG wird hingegen lediglich auf die Erforderlichkeit, die ein Wirtschaftsgut zur Erreichung des Betriebszwecks besitzt, und seine Unerlässlichkeit für den Betriebsablauf abgestellt **(funktionale Betrachtungsweise)**.[98]

Abbildung 159: Unterschiedliche Erfassung von wesentlichen Betriebsgrundlagen

Zweck einer Betriebsveräußerung i. S. d. § 16 EStG ist es, die sich über einen längeren Zeitraum im Betriebsvermögen angesammelten stillen Reserven begünstigt zu realisieren. Daher werden neben den funktional erforderlichen auch solche Wirtschaftsgüter als wesentliche Betriebsgrundlagen erfasst, die in erheblichem Ausmaß stille Reserven enthalten.

Eine Einbringung eines Betriebs in eine Kapitalgesellschaft stellt zwar nur einen Spezialfall einer Betriebsveräußerung dar, jedoch wird dabei der **Fortführung** des unternehmerischen Engagements in einer anderen Rechtsform Rechnung getragen, wobei die Vermögensübertragung ohne steuerliche Beeinträchtigungen ermöglicht werden soll. Aus diesem Grund wird bei einer Einbringung ausschließlich auf die funktional erforderlichen wesentlichen Betriebsgrundlagen abgestellt (Tz. 20.06 i. V. m. 15.07 ff. UmwStE). Dies bedeutet, dass

---

[97]   Vgl. BFH v. 02.10.1997, IV-R-84/96, BStBl. II 1998, S. 104.

[98]   Vgl. BT-Drucks. 16/2710, S. 69.

funktional unbedeutende Wirtschaftsgüter, auch wenn sie quantitativ wesentlich sind, von der Einbringung ausgenommen werden können, sofern sie in keinem wirtschaftlichen Zusammenhang zum Teilbetrieb stehen.

Bei der Einbringung eines Betriebs sind auch die dazugehörenden Anteile an Kapitalgesellschaften einzubringen, sofern diese zu den wesentlichen Betriebsgrundlagen des Betriebs gehören. Obwohl mit § 21 UmwStG eigenständige Regelungen bezüglich der Einbringung von Kapitalgesellschaftsanteilen vorliegen, ist in diesem Fall eine getrennte Einbringung des Betriebs und der Anteile nicht vorgesehen. Handelt es sich bei den Anteilen allerdings isoliert um eine 100 %ige Beteiligung, gilt diese laut Gesetzesbegründung zum SEStEG-Entwurf **nicht** als Teilbetrieb.[99] § 20 UmwStG kommt nicht zur Anwendung. 100 %ige Beteiligungen müssen gesondert nach § 21 UmwStG übertragen werden.

Merke: Eine 100 %ige Beteiligung an einer Kapitalgesellschaft gilt **nicht** als ein Teilbetrieb. Somit finden bei Übertragung dieser Beteiligung nicht die Regelungen des § 20 UmwStG für Teilbetriebe, sondern die des Anteilstausches nach § 21 UmwStG Anwendung.

2.4.1.2 Zurückbehaltung wesentlicher Betriebsgrundlagen

Werden im Rahmen einer Einbringung funktional wesentliche Betriebsgrundlagen oder nach wirtschaftlichen Zusammenhängen zuordenbare Wirtschaftsgüter mit zeitlichem und wirtschaftlichem Zusammenhang mit der Einbringung eines Teilbetriebs durch den Einbringenden nicht auf die übernehmende Kapitalgesellschaft übertragen, **erfolgt grundsätzlich eine Aufdeckung und steuerliche Erfassung der im eingebrachten Vermögen ruhenden stillen Reserven** (Tz. 20.07 UmwStE). Eine Anwendung des § 20 UmwStG scheidet somit aus. Unschädlich für die Anwendung des § 20 UmwStG ist einzig der Sonderfall, dass ein funktional wesentliches Wirtschaftsgut mit zeitlichem und wirtschaftlichem Zusammenhang mit der Einbringung in ein anderes Betriebsvermögen übertragen, im Zeitpunkt der Einbringung sich also nicht im zu übertragenden Betriebsvermögen befindet, und nach der Einbringung nicht wieder rückübertragen wird. In diesem Fall ist eine steuerneutrale Einbringung möglich **(Gesamtplanrechtsprechung)**.

Auch wenn die eingebrachten Wirtschaftsgüter einen **Teilbetrieb** i. S. d. § 20 UmwStG bilden, zu dessen funktional wesentlichen Betriebsgrundlagen die zurückbehaltenen wesentlichen Betriebsgrundlagen nicht gehören, kann das Bewertungswahlrecht in Bezug auf das eingebrachte Vermögen, also den Teilbetrieb, ausgeübt werden. Im Gegensatz zu den Regelungen der Spaltung ist es in diesem Zusammenhang auch nicht erforderlich, dass ein Teilbetrieb beim Einbringenden zurückbleibt (Tz. 20.08 UmwStE). Die zurückbehaltenen Wirtschaftsgüter müssen allerdings im **Betriebsvermögen** des Einbringenden verbleiben.

---

[99] BT-Drucks. 16/2710, S. 69.

Ansonsten gelten die zurückbehaltenen Wirtschaftsgüter als entnommen, und die in ihnen enthaltenen stillen Reserven sind aufzudecken und zu versteuern.

Merke:	Um eine steuerneutrale Einbringung i. S. d. § 20 UmwStG vornehmen zu können, müssen sämtliche funktional wesentlichen Betriebsgrundlagen eingebracht werden. Besitzen die zurückbehaltenen wesentlichen Betriebsgrundlagen allerdings die Qualifikation einer eigenständigen betrieblichen Einheit, ist deren Zurückbehaltung unschädlich.

Dies gilt insbesondere für:
- Wirtschaftsgüter, die einen eigenen Teilbetrieb darstellen
- Zum Betriebsvermögen gehörende Mitunternehmeranteile.

Dies gilt auch für Wirtschaftsgüter, die in einem zeitlichen und wirtschaftlichen Zusammenhang mit einer Einbringung in ein anderes Betriebsvermögen übertragen und nach der Einbringung nicht rückübertragen wurden.

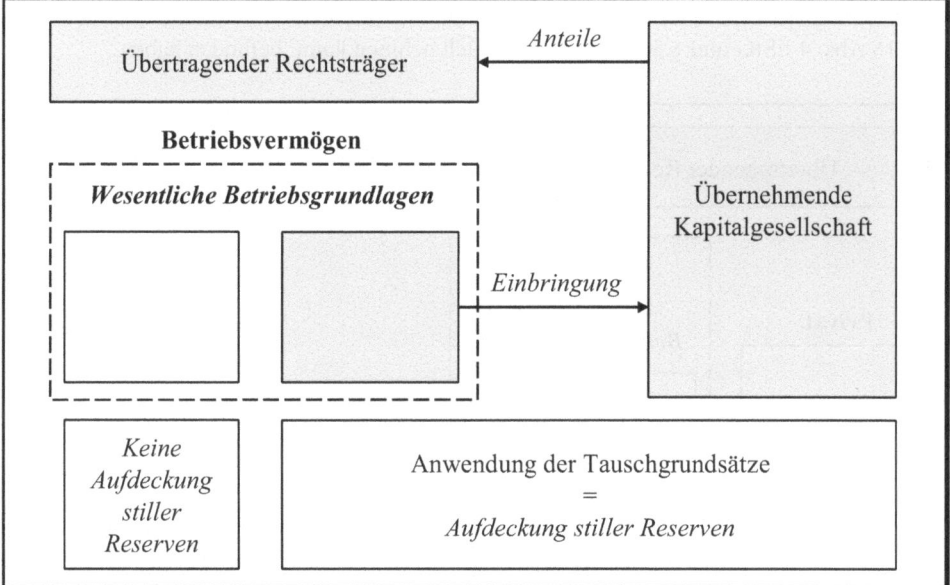

Abbildung 160: Tausch bei Zurückbehaltung wesentlicher Betriebsgrundlagen

Stille Reserven werden in Höhe der Differenz des **gemeinen Werts** und des Buchwerts des eingebrachten Vermögens aufgedeckt, da ein **Tausch** gegen Kapitalgesellschaftsanteile des übernehmenden Rechtsträgers vorgenommen wird. Der dabei üblicherweise entstehende Gewinn unterliegt der laufenden Besteuerung.

Dieser Vorgang gestaltet sich anders, wenn die zurückbehaltenen wesentlichen Betriebsgrundlagen nicht im Betriebsvermögen des übertragenden Rechtsträgers zurückbleiben. Sie gelten als in das **Privatvermögen** eines Einzelunternehmers oder Mitunternehmers entnommen. Es kommt zur Realisierung der sowohl in den zurückbehaltenen als auch in den übertragenen Wirtschaftsgütern ruhenden stillen Reserven. Erfolgen die Entnahme und die Einbringung in die Kapitalgesellschaft in einem einheitlichen Vorgang und wird der Betrieb dadurch aufgelöst, ist der Tatbestand einer **Betriebsaufgabe** erfüllt.[100]

Voraussetzungen einer Betriebsaufgabe i. S. d. § 16 Abs. 3 EStG	
Übertragung aller wesentlichen Betriebs-grundlagen in einem einheitlichen Vorgang und Auflösung des Betriebs:	⇨ Veräußerung an verschiedene Erwerber ⇨ Überführung ins Privatvermögen ⇨ teilweise Veräußerung und teilweise Überführung ins Privatvermögen

Die im Betriebsvermögen ruhenden stillen Reserven werden gem. § 16 Abs. 3 EStG durch Ansatz des Veräußerungspreises der veräußerten Wirtschaftsgüter und durch Ansatz des gemeinen Werts der entnommenen Wirtschaftsgüter aufgedeckt. Ein dabei entstehender **Aufgabegewinn** unterliegt nicht der laufenden Besteuerung, sofern sich die wesentlichen Betriebsgrundlagen im Betriebsvermögen einer natürlichen Person, die die Begünstigungen des § 16 Abs. 4 EStG und § 34 EStG in Anspruch nehmen kann, befunden haben.

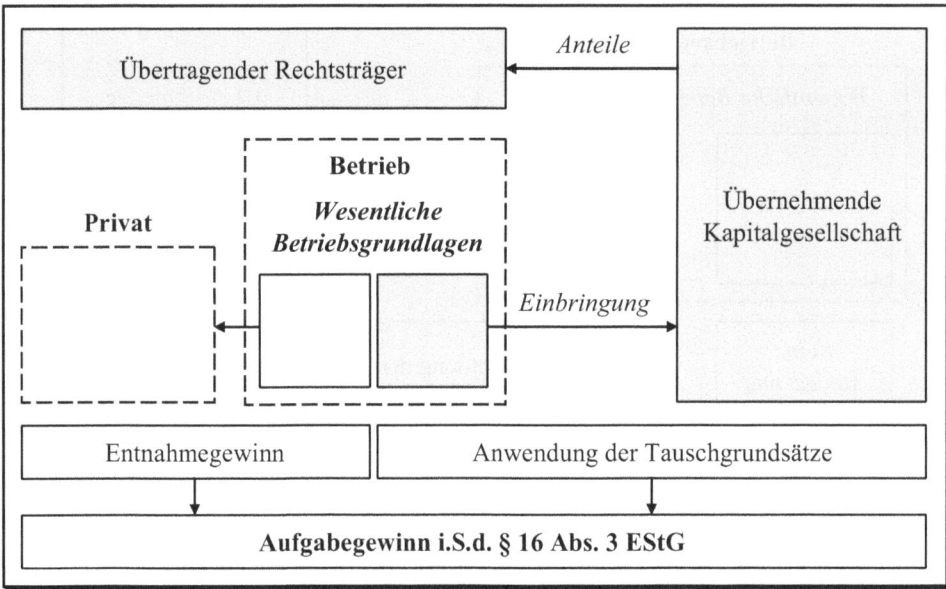

Abbildung 161: Aufgabegewinn bei Zurückbehaltung wesentlicher Betriebsgrundlagen

---

[100] Vgl. BFH v. 07.04.1989, III-R-9/87, BStBl. II 1989, S. 874.

2.4.1.3 Zurückbehaltung nicht wesentlicher Betriebsgrundlagen

Bei einer Zurückbehaltung von Wirtschaftsgütern, die **keine funktional** erforderlichen wesentlichen Betriebsgrundlagen darstellen, ist die Anwendung des § 20 UmwStG bezüglich der eingebrachten Wirtschaftsgüter möglich.[101] Da Verbindlichkeiten keine wesentlichen Betriebsgrundlagen darstellen, ist ihre Zurückbehaltung durch den Einbringenden für eine Anwendung des § 20 UmwStG unschädlich (Tz. 20.08 UmwStE).

Die steuerliche Behandlung der zurückbehaltenen Wirtschaftsgüter hängt davon ab, ob sie im Betriebsvermögen verbleiben. Ist dies der Fall, kommt es nicht zu einer Realisierung stiller Reserven in den zurückbehaltenen Wirtschaftsgütern, da eine **steuerliche Verstrickung** der zurückbehaltenen Wirtschaftsgüter sichergestellt ist und ihre spätere Veräußerung der **Steuerpflicht** unterliegen würde. Werden die zurückbehaltenen Wirtschaftsgüter hingegen ins Privatvermögen überführt, kommt es zu einer **Entstrickung** der in den Wirtschaftsgütern enthaltenen stillen Reserven in Höhe des Differenzbetrags zwischen dem Teilwert und dem Buchwert, da ihre anschließende Veräußerung aus dem Privatvermögen grundsätzlich **nicht steuerbar** wäre.

Das zurückbleibende Betriebsvermögen muss im Gegensatz zu den Vorschriften zur Aufspaltung im UmwStG keine Teilbetriebseigenschaft aufweisen.

2.4.2 Mitunternehmeranteil

Neben Betrieben und Teilbetrieben können im Wege einer Einbringung i. S. d. § 20 UmwStG auch Mitunternehmeranteile Gegenstand der Sacheinlage in eine Kapitalgesellschaft sein (vgl. Tz. 20.10 – 20.12 UmwStE). Der Begriff des Mitunternehmeranteils i. S. d. § 20 UmwStG ist identisch mit dem des Einkommensteuerrechts in § 15 Abs. 1 Nr. 2 EStG und § 16 Abs. 1 Nr. 2 EStG. Wird ein Mitunternehmeranteil eingebracht, müssen dessen gesamte funktional wesentlichen Betriebsgrundlagen in das Eigentum der übernehmenden Kapitalgesellschaft übertragen werden, zumal ein Mitunternehmeranteil eine eigenständige betriebliche Einheit ist. Die wesentlichen Betriebsgrundlagen im Rahmen einer Einbringung eines Mitunternehmeranteils umfassen auch solche Wirtschaftsgüter, die einer Personengesellschaft dienen, aber nur im Eigentum eines Gesellschafters stehen. Das Vorliegen von wesentlichen Betriebsgrundlagen und somit auch die Notwendigkeit, diese im Rahmen einer Einbringung i. S. d. § 20 UmwStG mit zu übertragen, richtet sich nicht danach, ob sie sich im zivilrechtlichen Gesamthandsvermögen der Mitunternehmerschaft oder im Eigentum eines einzelnen Mitunternehmers befinden. Dieses **Sonderbetriebsvermögen des Mitunternehmers** gehört zu seiner gewerblichen Tätigkeit und somit zum Betriebsvermögen der Mitunternehmerschaft.

---

[101] Vgl. BT Drs. 16/2710, S. 42.

Merke: Eine Einbringung eines Mitunternehmeranteils i. S. d. § 20 UmwStG ist nur dann gegeben, wenn **auch die Wirtschaftsgüter des Sonderbetriebsvermögens**, falls es sich bei ihnen um funktional wesentliche Betriebsgrundlagen handelt, auf die übernehmende Kapitalgesellschaft übergehen.

Dabei ist danach zu differenzieren, ob es sich um Sonderbetriebsvermögen handelt, das mit dem Betrieb der Personengesellschaft in Zusammenhang steht **(Sonderbetriebsvermögen I)**, oder ob es nur der Beteiligung des Gesellschafters förderlich ist **(Sonderbetriebsvermögen II)**.

Eine Zurückhaltung von Sonderbetriebsvermögen II ist für die Anwendbarkeit des § 20 UmwStG unschädlich. Sonderbetriebsvermögen I dagegen muss zwingend übertragen werden, um eine Einbringung i. S. d. § 20 UmwStG vornehmen zu können, da es zu den wesentlichen Betriebsgrundlagen gehört. Eine Nutzungsüberlassung der im Sonderbetriebsvermögen I enthaltenen wesentlichen Betriebsgrundlagen an die übernehmende Kapitalgesellschaft ist nicht ausreichend. Bildet das Sonderbetriebsvermögen I für sich allerdings einen Teilbetrieb, also eine eigenständige betriebliche Einheit, ist eine Übertragung für die Anwendung des § 20 UmwStG bezüglich der Einbringung eines Mitunternehmeranteils nicht erforderlich.[102]

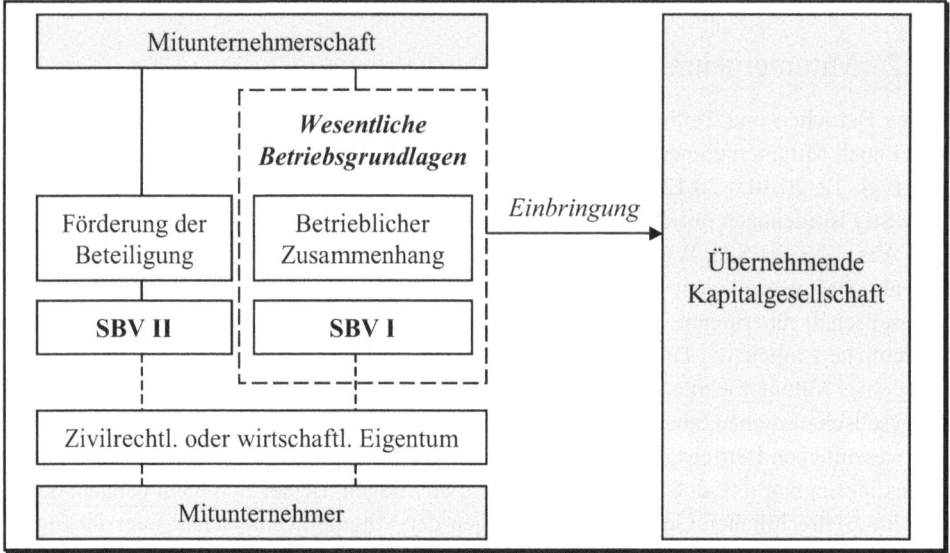

Abbildung 162: Sonderbetriebsvermögen I als wesentliche Betriebsgrundlage

---

[102] Vgl. Schulze zur Wiesche, D., Umwandlung einer Personengesellschaft in eine Kapitalgesellschaft unter Zurückbehaltung von Sonderbetriebsvermögen, GmbHR 1996, S. 751.

2.5 Gegenleistung der Einbringung

Im Rahmen der Einbringung von Betriebsvermögen in eine Kapitalgesellschaft muss grundsätzlich eine **Gegenleistung in Form von Anteilen an der übernehmenden Kapitalgesellschaft** erfolgen, damit eine steuerneutrale Übertragung des Betriebsvermögens möglich ist.

Voraussetzung für die Anwendung der Vorschriften zur Einbringung von Betriebsvermögen in eine Kapitalgesellschaft ist die Gewährung von **neuen** Kapitalgesellschaftsanteilen.

Als neu sind die Kapitalgesellschaftsanteile anzusehen, wenn sie durch Sachgründung oder durch Sachkapitalerhöhung der übernehmenden Kapitalgesellschaft entstehen.

Begründung: Nur durch **neue Anteile** können die im eingebrachten Betriebsvermögen enthaltenen stillen Reserven repräsentiert werden.[103]

Grundsätzlich müssen als Gegenleistung für das eingebrachte Betriebsvermögen neue Anteile gewährt werden. Es besteht jedoch die Möglichkeit, anstelle der Gewährung von neuen Anteilen eine Gutschrift auf die Kapitalrücklage nach § 272 Abs. 2 Nr. 4 HGB vorzunehmen, ohne dass dies schädlich für die Anwendung der §§ 20 ff. UmwStG ist.

Beispiel

John Connor bringt einen Betrieb seines Einzelunternehmens zum Buchwert im Wege einer Sachgründung i. S. d. § 5 Abs. 4 GmbHG in die neu gegründete Connor GmbH ein.

Aktiva	Schlussbilanz John Connor		Passiva
Grund u. Boden	35 T€	Kapital	75 T€
Gebäude	40 T€		
	75 T€		75 T€

Gem. § 5 Abs. 1 GmbHG muss eine GmbH ein Mindeststammkapital von 25.000 € ausweisen. Mindestens in dieser Höhe hat eine Gewährung von neuen Kapitalgesellschaftsanteilen zu erfolgen. Das restliche Kapital kann dann wahlweise dem Stammkapital oder dem steuerlichen Einlagekonto, d. h. den Kapitalrücklagen, zugeführt werden.

Aktiva	Eröffnungsbilanz Connor GmbH		Passiva
Grund u. Boden	35 T€	Stammkapital	25 – 75 T€
Gebäude	40 T€	Kapitalrücklage	50 – 0 T€
	75 T€		75 T€

---

[103] Vgl. BR-Drucks. 292/68 v. 27.05.1968, S. 14.

> **Merke:** Das übergehende Vermögen, das nicht dem gezeichneten Kapital zugerechnet wird, kann der Kapitalrücklage i. S. d. § 272 Abs. 2 Nr. 4 HGB gutgeschrieben werden.

Die als Gegenleistung erhaltenen Anteile gehen bei natürlichen Personen grundsätzlich in das Privatvermögen über. Erfolgt die Einbringung jedoch unter dem gemeinen Wert, was dem Regelfall entspricht, werden die erhaltenen Anteile gem. § 17 Abs. 6 EStG unabhängig von ihrer Beteiligungshöhe als Anteile i. S. d. § 17 EStG eingestuft und damit wie Betriebsvermögen behandelt.

§ 17 Abs. 6 EStG	
„Als Anteile im Sinne des Absatzes 1 Satz 1 gelten auch Anteile an Kapitalgesellschaften, an denen der Veräußerer innerhalb der letzten fünf Jahre am Kapital der Gesellschaft nicht unmittelbar oder mittelbar zu mindestens 1 Prozent beteiligt war, wenn 1. die Anteile auf Grund eines Einbringungsvorgangs im Sinne des Umwandlungssteuergesetzes, bei dem nicht der gemeine Wert zum Ansatz kam, erworben wurden und 2. zum Einbringungszeitpunkt für die eingebrachten Anteile die Voraussetzungen von Absatz 1 Satz 1 erfüllt waren oder **die Anteile auf einer Sacheinlage** im Sinne von § 20 Abs. 1 des Umwandlungssteuergesetzes vom 7. Dezember 2006 (BGBl. I S. 2782, 2791) in der jeweils geltenden Fassung **beruhen**.“	⇨ **Anteile, die eine natürliche Person im Rahmen einer Sacheinlage unter dem gemeinen Wert als Gegenleistung erhält, gelten immer als Anteile i. S. d. § 17 EStG.**

Somit unterliegen die als Gegenleistung erhaltenen Anteile grundsätzlich dem Teileinkünfteverfahren und **nicht** der Abgeltungsteuer, selbst wenn die als Gegenleistung erhaltenen Anteile weniger als 1 % betragen, es sei denn, die Einbringung erfolgt zum gemeinen Wert. Da der Ansatz zum gemeinen Wert jedoch zur Aufdeckung und Versteuerung sämtlicher stiller Reserven führt, ist dies als Ausnahmefall anzusehen.

2.6 An der Einbringung beteiligte Personen

2.6.1 Einbringender

Als Einbringender ist derjenige anzusehen, für dessen Rechnung das Betriebsvermögen eingebracht wird und der dafür neue Gesellschaftsanteile am Vermögen der übernehmenden Kapitalgesellschaft erhält.

Grundsätzlich können alle natürlichen Personen, Personenvereinigungen und Körperschaften, Personenvereinigungen und Vermögensmassen, soweit sie die Voraussetzungen des § 1 Abs. 4 UmwStG erfüllen, Einbringende i. S. d. § 20 UmwStG sein. Für die Anwendungsvoraussetzungen des § 20 UmwStG ist es unerheblich, ob der Einbringende unbeschränkt bzw. beschränkt oder überhaupt nicht steuerpflichtig in Deutschland ist.

§ 1 Abs. 4 i. V. m. Abs. 2 UmwStG schränkt den Anwendungsbereich der Vorschriften des § 20 UmwStG bei Einbringungen ein. Voraussetzung bei einer natürlichen Person ist demnach, dass diese ihren Wohnsitz oder gewöhnlichen Aufenthalt innerhalb des Hoheitsgebiets der EU oder des europäischen Wirtschaftsraumes hat, d. h., dass sie innerhalb der EU/EWR ansässig ist. Ist der Einbringende eine juristische Person, so muss diese gem. § 1 Abs. 4 Nr. 2 Bst. a DBst. aa i. V. m. Abs. 2 S. 1 Nr. 1 UmwStG das Kriterium der sog. „doppelten Ansässigkeit" erfüllen, d. h. die Gesellschaft muss nach den Regelungen eines Staates der EU/EWR gegründet worden sein und es müssen sich sowohl der Sitz der Gesellschaft als auch der Ort ihrer Geschäftsleitung innerhalb der EU/EWR befinden. Dabei müssen der Staat der Gründung und der Sitzstaat nicht identisch sein. Somit werden Kapitalgesellschaften, die in Drittstaaten ansässig sind oder nach den Rechtsvorschriften eines Drittstaates gegründet worden sind, nicht erfasst.

Wenn der Einbringende eine Personengesellschaft oder eine nach deutschem Recht als steuerlich transparent anzusehende Gesellschaft ist, müssen die Voraussetzungen auf Ebene der einzelnen Gesellschafter erfüllt sein, weil die Folgen der Einbringung von Betriebsvermögen einer Personengesellschaft in eine Kapitalgesellschaft, also die aufgeschobene Versteuerung der stillen Reserven bei einer Einbringung unterhalb des gemeinen Werts oder die sofortige Versteuerung bei einer Einbringung zum gemeinen Wert, die Gesellschafter selbst und unmittelbar betreffen. Demnach ist zu prüfen, ob es sich bei den Gesellschaftern der einbringenden Personengesellschaft um Gesellschaften mit doppelter Ansässigkeit in EU/EWR-Staaten oder um in EU/EWR-Staaten ansässige natürliche Personen handelt. Bei Beteiligung eines in einem Drittstaat ansässigen Gesellschafters ist gem. § 1 Abs. 4 S. 1 Nr. 2 Bst. b UmwStG zu prüfen, ob das Recht Deutschlands hinsichtlich der Besteuerung des Gewinns aus der Veräußerung der erhaltenen Anteile nicht ausgeschlossen oder beschränkt ist. Bei mehrstöckigen Personengesellschaften sind die einzelnen Mitunternehmer der obersten Gesellschaftsebene zu betrachten. Somit ist eine Einbringung von Betriebsvermögen einer Personengesellschaft als kollektive Einbringung von Mitunternehmeranteilen durch die Gesellschafter zu betrachten (gesellschafterbezogene Betrachtungsweise).

> **Merke:** Wird Betriebsvermögen einer Personengesellschaft eingebracht, so sind stets die **Mitunternehmer** als Einbringende anzusehen, die einen Mitunternehmeranteil oder einen Teil eines Mitunternehmeranteils einbringen (gesellschafterbezogene Betrachtungsweise).

Ursächlich dafür ist insbesondere die Berücksichtigung **steuerlicher Ergänzungsbilanzen** bei der Ermittlung des Buchwerts als Bewertungsuntergrenze i. S. d. § 20 Abs. 2 S. 2 UmwStG. Steuerliche Ergänzungsbilanzen sind regelmäßig dann aufzustellen, wenn ein Mitunternehmer seinen Mitunternehmeranteil veräußert und der Erwerber einen über dem Buchwert des Anteils liegenden Kaufpreis zahlt. Dieser durch den Erwerber gezahlte **Mehrwert** (aufgedeckte stille Reserven) wird in einer positiven Ergänzungsbilanz des Erwerbers erfasst, indem der Mehrwert auf alle bilanzierten und nicht bilanzierten Wirtschaftsgüter verteilt wird.

Beispiel

Mark Renton und Sick Boy sind zu je 50 % an der Cold Turkey OHG beteiligt.

Aktiva	Gesamthandsbilanz Cold Turkey OHG		Passiva
Aktiva	50 T€	Kapital Mark	25 T€
	____	Kapital Sick Boy	25 T€
	50 T€		50 T€

Die gemeinen Werte der Wirtschaftsgüter betragen insgesamt 100.000 €. Sick Boy veräußert seinen Mitunternehmeranteil zum gemeinen Wert für 50.000 € an Francis Begbie und erzielt einen Veräußerungsgewinn i. S. d. § 16 Abs. 1 Nr. 2 EStG i. H. v. 25.000 €.

Aktiva	Gesamthandsbilanz Cold Turkey OHG		Passiva
Aktiva	50 T€	Kapital Mark	25 T€
	____	Kapital Francis	25 T€
	50 T€		50 T€

Aktiva	Positive Ergänzungsbilanz Francis		Passiva
Aktiva	25 T€	Mehrkapital	25 T€
	25 T€		25 T€

Da Francis die in Sick Boys Mitunternehmeranteil ruhenden stillen Reserven durch den Kaufpreis von 50.000 € abgegolten hat und Sick Boy diese bereits versteuern musste, hat der Mitunternehmeranteil von Francis nun einen Buchwert von 50.000 €, während der Mitunternehmeranteil von Mark nach wie vor einen Buchwert von 25.000 € aufweist.

Als sich beide später dazu entschließen, das gesamte Vermögen der OHG im Rahmen einer Sachgründung in die Cold Turkey GmbH einzubringen, soll eine steuerliche Belastung vermieden werden. Beide bringen ihren Mitunternehmeranteil (gesonderte Einbringungsvorgänge) zum Buchwert in die Cold Turkey GmbH ein. Weder bei Mark noch bei Francis entsteht ein Einbringungsgewinn, obwohl der Wertansatz (Ansatz durch die Cold Turkey GmbH) bei Francis doppelt so hoch ist. Der Mitunternehmeranteil von Francis enthält jedoch keine stillen Reserven, da diese bereits bei der Veräußerung durch Sick Boy realisiert wurden. Hätte die Mitunternehmerschaft die Einbringung vorgenommen, wäre dagegen keine Differenzierung nach bereits versteuerten stillen Reserven in Bezug auf einzelne Mitunternehmer möglich.

2.6.2 Übernehmende Kapitalgesellschaft

Jede inländische und ausländische Kapitalgesellschaft kann übernehmende Gesellschaft sein. Bei nach deutschem Recht gegründeten Gesellschaften sind somit die GmbH, die AG und die KGaA möglich. Ausländische Kapitalgesellschaften können übernehmende Gesellschaft sein, wenn sie das Kriterium der doppelten Ansässigkeit in der EU oder dem EWR erfüllen und darüber hinaus aufgrund des Typenvergleichs in Deutschland als Kapitalgesellschaft gelten. Doppelte Ansässigkeit in der EU oder dem EWR bedeutet, dass die Gesellschaft nach dem Recht eines Staates der EU oder des EWR gegründet worden sein muss und sich sowohl der Firmensitz als auch der Ort ihrer Geschäftsleitung auf dem Gebiet der EU oder des EWR befinden muss. Dementsprechend finden Kapitalgesellschaften, die nach dem Recht von Drittstaaten gegründet wurden oder deren Sitz sich in einem Drittland befindet, keine Berücksichtigung als übernehmende Gesellschaft i. S. d. § 20 UmwStG. § 20 UmwStG fordert nicht den rechtlichen Bestand der übernehmenden Kapitalgesellschaft vor der Einbringung. Eine Gründung der Übernehmerin im Zuge der Sacheinlage ist daher möglich.

Tatbestandsvoraussetzungen des § 20 UmwStG		
Einbringender Rechtsträger	Natürliche Person	Ansässigkeit in EU/EWR
	Kapitalgesellschaft	Doppelte Ansässigkeit in EU/EWR
	Personengesellschaft	Doppelte Ansässigkeit in EU/EWR Ansässigkeit der Gfter in EU/EWR
Übernehmender Rechtsträger	Kapitalgesellschaft	Doppelte Ansässigkeit EU/EWR
Einbringungsgegenstand	Betrieb, Teilbetrieb, Mitunternehmeranteil	
Gegenleistung	Neue Anteile an der übernehmenden Gesellschaft	

2.7 Steuerliches Bewertungswahlrecht der Übernehmerin

2.7.1 Verhältnis des steuerlichen Bewertungswahlrechts zum Handelsrecht

Das **Maßgeblichkeitsprinzip** des § 5 Abs. 1 S. 1 EStG findet laut der Gesetzesbegründung aufgrund der Sonderstellung des steuerbilanziellen Bewertungswahlrechtes im Rahmen des § 20 UmwStG **keine Anwendung**. Daher kann der Ansatz eines Wertes unter dem gemeinen Wert in der Steuerbilanz vollkommen unabhängig vom Wertansatz in der Handelsbilanz vorgenommen werden und ist somit auch dann zulässig, wenn das eingebrachte Betriebsvermögen in der Handelsbilanz mit einem höheren Wert angesetzt werden muss.

§ 5 Abs. 1 S. 1 EStG	
„Bei Gewerbetreibenden, die auf Grund gesetzlicher Vorschriften verpflichtet sind, Bücher zu führen und regelmäßig Abschlüsse zu machen, (…) ist für den Schluss des Wirtschaftsjahres das **Betriebsvermögen** anzusetzen (§ 4 Abs. 1 Satz 1), das nach den **handelsrechtlichen Grundsätzen** ordnungsmäßiger Buchführung **auszuweisen** ist, (…).“	⇨ **Maßgeblichkeit der Handels- für die Steuerbilanz**

Das Prinzip der **Umgekehrten Maßgeblichkeit** i. S. d. § 5 Abs. 1 S. 2 EStG ist durch das Bilanzrechtsmodernisierungsgesetz (BilMoG) mit Wirkung zum 01.01.2010 entfallen.

2.7.1.1 Handelsbilanzielle Aufstockungspflicht

Gründe für einen gegenüber der Steuerbilanz erhöhten Ansatz in der Handelsbilanz können handelsrechtlich zwingend oder wirtschaftlich erwünscht sein.

Ein **zwingend vorzunehmender handelsrechtlicher Wertansatz** liegt beispielsweise dann vor, wenn ein **bestimmtes Mindestkapital** bei der übernehmenden Kapitalgesellschaft aufgrund gesellschaftsrechtlicher Vorschriften aufgebracht werden muss. Wenn der Buchwert des eingebrachten Betriebsvermögens unter dem **handelsrechtlichen Mindeststammkapital** liegt, darf in der Steuerbilanz der Buchwert angesetzt werden, in der Handelsbilanz müssen aber soweit stille Reserven aufgelöst werden, bis das Mindestkapital erreicht ist. Das Mindestkapital muss somit in der Steuerbilanz nicht nachvollzogen werden.[104]

---

[104] Vgl. BFH-Urteil v. 05.06.2007 – I R 97/06, BStBl II 2008, S. 650; BFH-Urteil v. 19.10.2005 – I R 38/04, BStBl II 2006, S. 568.

Beispiel

Maximus möchte das gesamte Betriebsvermögen seines Einzelunternehmens in die neu gegründete Commodus GmbH einbringen. Die Handels- und Steuerbilanz entsprechen einander. Der gemeine Wert der Aktiva beträgt 100.000 €, der Buchwert 10.000 €.

Aktiva	Bilanz Maximus	Passiva
Aktiva	10 T€	Kapital	10 T€
	10 T€		10 T€

Da das Mindeststammkapital bei Gründung einer GmbH gem. § 5 Abs. 1 GmbHG 25.000 € betragen muss, ist eine Wertaufstockung i. H. v. 15.000 € in der Handelsbilanz der Commodus GmbH erforderlich. Müsste dieser Wertansatz aufgrund des Maßgeblichkeitsgrundsatzes i. S. d. § 5 Abs. 1 S. 1 EStG in der Steuerbilanz nachvollzogen werden, hätte dort ebenfalls eine erfolgswirksame Zwangswertaufstockung zu erfolgen.

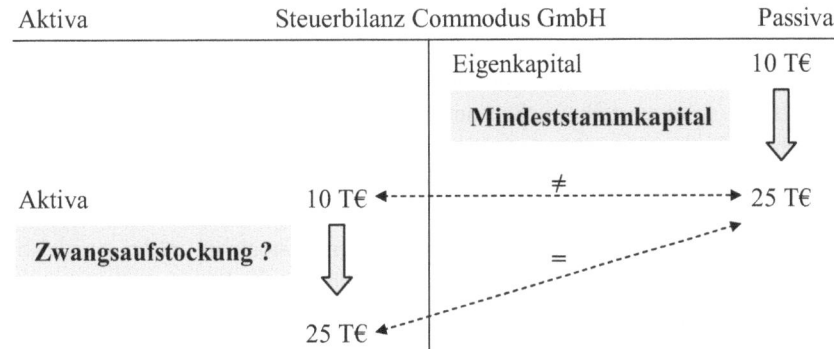

Dies würde jedoch dem Grundprinzip der **Erfolgsneutralität** von Vermögensübertragungen im UmwStG entgegenwirken.

Eine zweite Möglichkeit einer handelsrechtlichen Aufstockungspflicht besteht, wenn ein bestimmtes Nennkapital ausgewiesen werden muss, das der **zutreffenden Darstellung der Beteiligungsverhältnisse** der Gesellschafter dient. Wird eine Sacheinlage in eine bereits bestehende Kapitalgesellschaft geleistet und erhält der Einbringende als Gegenleistung eine Beteiligung an der übernehmenden Kapitalgesellschaft, muss die Beteiligung den Wert des eingebrachten Vermögens widerspiegeln. Der Nennbetrag der gewährten Anteile bemisst sich daher am Teilwert des eingebrachten Vermögens. Wäre dem nicht so, wäre der Einbringende gegenüber den anderen Gesellschaftern benachteiligt bzw. das von ihm eingebrachte Vermögen unterbewertet.

> **Hinweis:** Der Einbringende wird durch die Gewährung der Anteile hinsichtlich seiner Vermögensposition genauso gestellt wie vor der Sacheinlage. Seine Beteiligungsquote (Nennbetrag der gewährten Anteile im Verhältnis zum Stammkapital nach der Einbringung) richtet sich folglich nach dem Verhältnis des Teilwerts seiner geleisteten Sacheinlage zum realen Gesamtwert (Teilwert) der Kapitalgesellschaft nach erfolgter Einbringung.

Der Nennbetrag der gewährten Kapitalgesellschaftsanteile ist dabei die **Bewertungsuntergrenze** für die handelsrechtlichen Anschaffungskosten einer Sacheinlage in eine Kapitalgesellschaft. Um das Beteiligungsverhältnis des Einbringenden zutreffend darzustellen, kann der Nennbetrag der gewährten Anteile den Buchwert des eingebrachten Betriebsvermögens übersteigen, so dass handelsbilanziell eine Wertaufstockung erforderlich ist.

Da die Wahl des Buchwertansatzes in der Steuerbilanz wegen eines fehlenden kongruenten handelsrechtlichen Wahlrechtes in der Handelsbilanz nicht nachvollzogen werden muss, können in der **Handelsbilanz** im Zuge der Einbringung auch **höhere Werte** angesetzt werden, wenn eine **Wertaufstockung nicht verpflichtend** ist, wie dies z. B. bei Mindestkapitalvorschriften der Fall wäre. Grund für einen **freiwilligen** Ansatz höherer Werte in der Handelsbilanz könnte etwa der Wunsch nach einer höheren **Eigenkapitalquote** sein. Die Handelsbilanz folgt wirtschaftlichen anstatt steuerlichen Aspekten und kann somit trotz steuerlich optimaler Gestaltung der Einbringung eine zutreffende Darstellung der wirtschaftlichen Beteiligungsverhältnisse liefern.

In der Steuerbilanz kann daher auch bei einer Wertaufstockung in der Handelsbilanz der optimale Wertansatz gewählt werden. So können die steuerlichen Vorteile einer steuerneutralen Einbringung durch die Fortführung der Buchwerte genutzt werden, ohne dass der höhere Wertansatz der Handelsbilanz nachvollzogen werden müsste. Wird eine Fortführung der Buchwerte gewählt, sind jedoch die steuerlichen Ansatzverbote des § 5 EStG zu beachten (Tz. 20.20 i. V. m. Tz. 03.04., 04.16 UmwStE).

Da in Einbringungsfällen das Prinzip Maßgeblichkeit der Handels- für die Steuerbilanz keine Anwendung findet, kann es zu Differenzen zwischen Handels- und Steuerbilanz kommen. Allerdings stellt sich die Frage, wie dies steuerbilanziell umgesetzt wird.

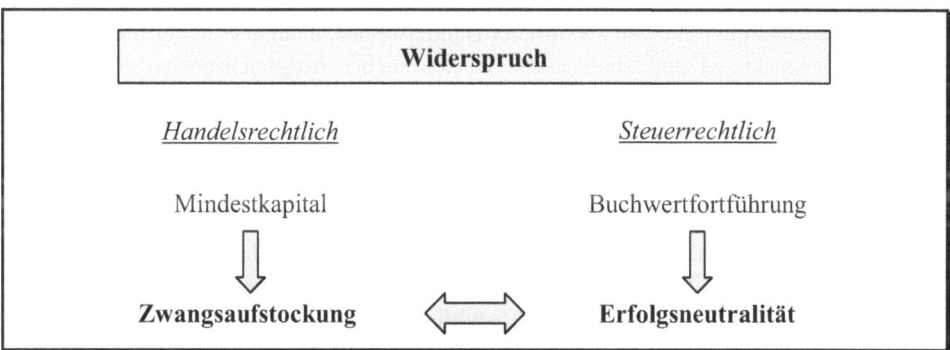

Abbildung 163: Kollision zwischen handelsrechtlicher Zwangswertaufstockung und steuerlicher Buchwertfortführung

2.7.1.2 Ausgleichsposten

In Höhe der stillen Reserven, die in der Handelsbilanz zwingend aufzudecken sind, ist bei
einer steuerlichen Buchwertfortführung ein sog. steuerlicher Ausgleichsposten in der Steuerbilanz der übernehmenden Kapitalgesellschaft auszuweisen. Dieser „**Luftposten**", der zu
keiner Zeit am Betriebsvermögensvergleich teilnimmt und damit erfolgsneutral ist, stellt
lediglich den Ausgleich zwischen Handels- und Steuerbilanz her (Tz. 20.20 UmwStE).

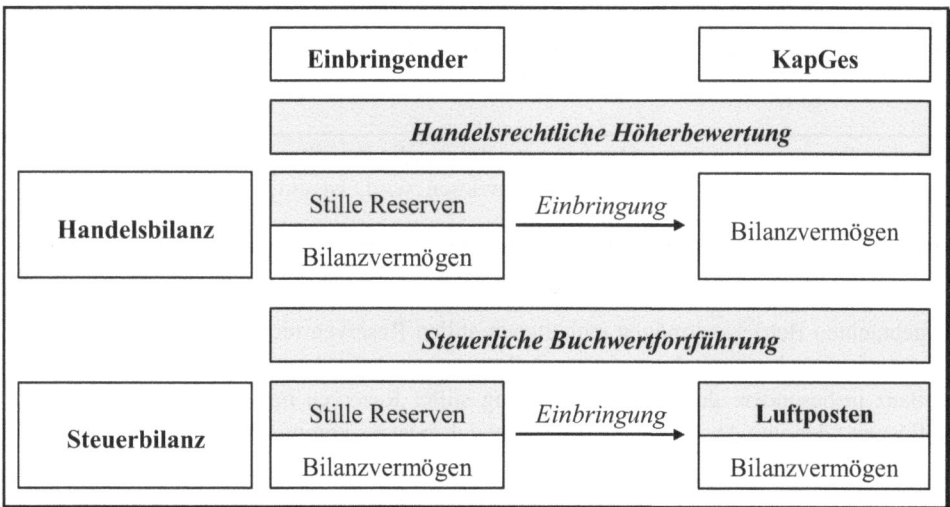

Abbildung 164: Ausgleichsposten bei handelsrechtlicher Höherbewertung

> **Merke:** Werden stille Reserven zwar in der Handelsbilanz, nicht aber in der Steuerbilanz aufgedeckt, ist dort stattdessen ein steuerlicher Ausgleichsposten als **steuerneutraler Platzhalter** auszuweisen.

Lösung

Da bei der Einbringung in die Commodus GmbH jegliche steuerliche Belastung vermieden werden soll, wird in der Steuerbilanz der Buchwertansatz gewählt. In Höhe der stillen Reserven, die in der Handelsbilanz aufgedeckt werden müssen, ist ein Ausgleichsposten auszuweisen (Tz. 20.20 UmwStE). Der Ausgleichsposten sorgt somit dafür, dass die Bilanz trotz Buchwertfortführung und Ausweis des Mindeststammkapitals ausgeglichen ist.

Aktiva	Steuerbilanz Commodus GmbH		Passiva
Aktiva	10 T€	Stammkapital	25 T€
Ausgleichsposten	**15 T€**		————
	25 T€		25 T€

Selbst wenn für das Stammkapital der Commodus GmbH ein Wert über 25.000 € angesetzt worden wäre, wäre eine Buchwertfortführung in der Steuerbilanz möglich.

2.7.1.3 Bilanzsteuerrechtliche Behandlung des Ausgleichspostens

Ein steuerlicher Ausgleichsposten ist kein Bestandteil des Betriebsvermögens i. S. d. § 4 Abs. 1 S. 1 EStG, sondern ein reiner Luftposten.

> **Merke:** Ein steuerlicher Ausgleichsposten, der für die Zwecke des Ausgleichs zwischen Handels- und Steuerbilanz ausgewiesen wird, ist ein **Nihil, d. h. ein „Garnichts"**.

Der Ausgleichsposten beeinflusst daher die spätere Aufdeckung und Versteuerung der im eingebrachten Betriebsvermögen enthaltenen stillen Reserven nicht. Er fällt erfolgsneutral weg, wenn sich die durch ihn gedeckte Differenz zwischen Aktiv- und Passivseite der Steuerbilanz insbesondere durch die Aufdeckung stiller Reserven mindert. Eine anderweitige Auflösung oder eine Abschreibung des Ausgleichspostens kommt nicht in Betracht.[105]

---

[105] Vgl. Benz, S./ Rosenberg, O., Einbringungen von Unternehmensteilen in eine Kapitalgesellschaft und Anteilstausch (§§ 20-23 UmwStG), DB 2012, Beilage 1, S. 42.

Beispiel

Maximus bringt sein Betriebsvermögen (Buchwert i. H. v. 10.000 € und gemeiner Wert i. H. v. 100.000 €) im Wege einer Sachkapitalerhöhung i. S. d. § 56 GmbHG **(Einzelrechtsnachfolge)** in die Aurelius GmbH ein, die ein Stammkapital i. H. v. 450.000 € aufweist. Der gemeine Wert der Aurelius AG beträgt 900.000 €. Die Sacheinlage von Maximus erhöht diesen auf 1.000.000 €. Damit er gemessen an seinem Wertbeitrag entsprechend an der GmbH beteiligt ist, müssen ihm Anteile mit einem Nennbetrag von 50.000 € aus einer Kapitalerhöhung gewährt werden. Das eingebrachte Vermögen **muss** in der Handelsbilanz der Aurelius GmbH in Höhe des Nennbetrags der dafür gewährten Anteile, d. h. mit 50.000 € bewertet werden, da eine Buchwertfortführung i. S. d. § 24 UmwG nicht möglich ist. Insofern besteht ein handelsrechtlicher Zwang zum Ansatz eines Werts, der den Buchwert des eingebrachten Betriebsvermögens i. H. v. 10.000 € übersteigt. Da in Umwandlungsfällen keine Maßgeblichkeit zwischen Handels- und Steuerbilanz existiert, kann in der Steuerbilanz der Aurelius GmbH abweichend vom handelsbilanziellen Wertansatz eine Buchwertfortführung erfolgen. In Höhe der in der Handelsbilanz aufgedeckten stillen Reserven von 40.000 € ist ein **Ausgleichsposten** in der Steuerbilanz auszuweisen.

2.7.2 Voraussetzungen für das Bewertungswahlrecht

Nach der Gesetzessystematik soll gem. § 20 Abs. 2 S. 1 UmwStG grundsätzlich zum **gemeinen Wert** (§ 9 Abs. 2 BewG) übertragen werden, weil dadurch die Besteuerung Deutschlands an den stillen Reserven durch deren Aufdeckung gewahrt bleibt.

> **§ 20 Abs. 2 S. 1 UmwStG:** „Die übernehmende Gesellschaft hat das eingebrachte Betriebsvermögen mit dem gemeinen Wert anzusetzen; für die Bewertung von Pensionsrückstellungen gilt § 6a des Einkommensteuergesetzes."

Die Fortführung der Buchwerte oder der Ansatz eines Zwischenwertes, d. h., eines Wertes, der über dem Buchwert aber unter dem gemeinen Wert liegt, ist **auf Antrag** möglich. Dieser Antrag kann nur **von der übernehmenden Gesellschaft** gestellt werden. Er ist gem. § 20 Abs. 2 S. 3 UmwStG spätestens bis zur Abgabe der ersten steuerlichen Schlussbilanz nach der Einbringung an das für die übernehmende Gesellschaft zuständige Finanzamt zu richten (Tz. 20.18 ff. i. V. m. Tz. 03.07 ff UmwStE). Die Bewilligung des Antrags ist an bestimmte Voraussetzungen in § 20 Abs. 2 S. 2 Nr. 1 - 3 UmwStG geknüpft und führt bei Vorliegen der Voraussetzungen faktisch zu einem **Wahlrecht** zur Aufdeckung der im eingebrachten Betriebsvermögen enthaltenen stillen Reserven. Der Antrag kann für jeden Einbringungsvorgang nur **einheitlich** gestellt werden, eine abweichende Behandlung von einzelnen Wirtschaftsgütern ist nicht möglich. Ist die übertragende Gesellschaft eine Personengesellschaft, handelt es sich aufgrund deren gesellschafterbezogener Betrachtungsweise um eine kollektive Einbringung einzelner Mitunternehmeranteile. Es liegen somit mehrere gesonderte Einbringungsvorgänge vor, für die die übernehmende Gesellschaft die Anträge gesondert stellen kann. Gem. Tz. 20.22 UmwStE hat die Mitunternehmerschaft bei einem höheren Ansatz als dem Buchwert diese Werte im Rahmen einer entsprechenden Ergänzungsbilanz zu berücksichtigen.

Der Antrag ist gem. § 20 Abs. 2 S. 2 Nr. 1 - 4 UmwStG nur zulässig, wenn **kumulativ** die folgenden Voraussetzungen erfüllt sind:

---

§ 20 Abs. 2 S. 2 UmwStG

„Abweichend von Satz 1 kann das übernommene Betriebsvermögen auf Antrag einheitlich mit dem Buchwert oder einem höheren Wert, höchstens jedoch mit dem Wert im Sinne des Satzes 1, angesetzt werden, soweit

1. sichergestellt ist, dass es später bei der übernehmenden Körperschaft der Besteuerung mit Körperschaftsteuer unterliegt,
2. die Passivposten des eingebrachten Betriebsvermögens die Aktivposten nicht übersteigen; dabei ist das Eigenkapital nicht zu berücksichtigen,
3. das Recht der Bundesrepublik Deutschland hinsichtlich der Besteuerung des Gewinns aus der Veräußerung des eingebrachten Betriebsvermögens bei der übernehmenden Gesellschaft nicht ausgeschlossen oder beschränkt wird und
4. der gemeine Wert von sonstigen Gegenleistungen, die neben den neuen Gesellschaftsanteilen gewährt werden, nicht mehr beträgt als
   a) 25 % des Buchwerts des eingebrachten Betriebsvermögens oder
   b) 500.000 €, höchstens jedoch den Buchwert des eingebrachten Betriebsvermögens."

Zu § 20 Abs. 2 S. 2 <u>Nr. 1</u> UmwStG:
Die Anknüpfung des Buch- oder Zwischenwertansatzes an die Besteuerung mit Körperschaftsteuer vermeidet eine Einschränkung des Besteuerungsrechts bei Einbringung von Betriebsvermögen in eine nach § 5 KStG steuerbefreite Körperschaft. Die steuerbefreite Körperschaft könnte das eingebrachte Betriebsvermögen steuerfrei veräußern, so dass dem Grundgedanken des Umwandlungssteuergesetzes, nämlich der einmaligen Besteuerung der in den übergegangenen Wirtschaftsgütern enthaltenen stillen Reserven, nicht entsprochen werden würde. Somit ist bei Einbringung in eine solche Gesellschaft die vollständige Aufdeckung der stillen Reserven durch Ansatz des gemeinen Wertes zwingend erforderlich.

Zu § 20 Abs. 2 S. 2 <u>Nr. 2</u> UmwStG:
Übersteigen die Passivposten ohne Berücksichtigung des Eigenkapitals die Aktivposten in der Steuerbilanz des Einbringenden, hat die übernehmende Kapitalgesellschaft das eingebrachte Betriebsvermögen mindestens so anzusetzen, dass sich die Aktiv- und die Passivposten ausgleichen. Gem. § 20 Abs. 2 S. 1 Nr. 2 UmwStG muss die übernehmende Kapitalgesellschaft die in den eingebrachten Wirtschaftsgütern, Schulden und steuerfreien Rücklagen vorhandenen stillen Reserven um einen einheitlichen Prozentsatz erfolgswirksam aufdecken, bis das Eigenkapital des Einbringenden zumindest **Null** erreicht. Bei eingebrachten Mitunternehmeranteilen sind das vorhandene Sonderbetriebsvermögen sowie die Wertansätze in Ergänzungsbilanzen mit zu berücksichtigen. Dabei dürfen die gemeinen

Werte der einzelnen Wirtschaftsgüter als Höchstgrenze des Wertansatzes allerdings nicht überschritten werden. Es kommt somit zu einem zwingenden Ansatz von **Zwischenwerten**.

Wäre keine Wertaufstockung vorzunehmen, ergäbe sich für das eingebrachte Reinvermögen – da die Passivposten die Aktivposten übersteigen – ein negativer Betrag, was wiederum über den durch die Wertverknüpfung des § 20 Abs. 3 S. 1 UmwStG geschaffenen **Einbringungskreislauf** zu **negativen Anschaffungskosten** der Kapitalgesellschaftsanteile führen würde.

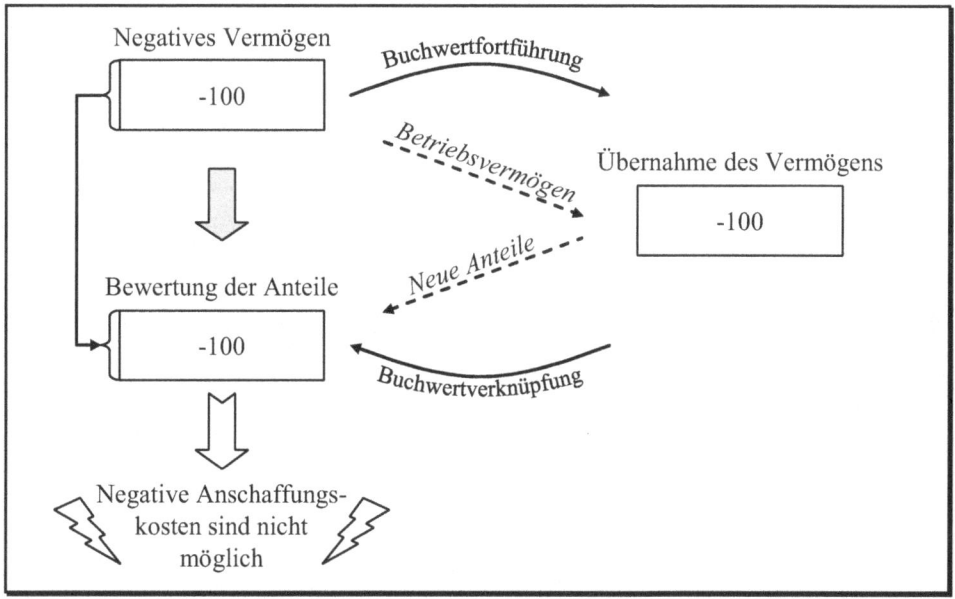

Abbildung 165: Aus negativem Vermögen resultieren negative Anschaffungskosten

Ohne eine Wertaufstockung des Betriebsvermögens vor der Einbringung würde negatives Eigenkapital übertragen. Somit würde die übernehmende Gesellschaft die eingebrachten Wirtschaftsgüter durch die **Buchwertfortführung** als negatives Vermögen übernehmen, und der Einbringende müsste die erhaltenen Anteile durch die **Buchwertverknüpfung** mit eben diesem negativen Wert ansetzen. Die Folge wäre ein Ansatz der Anteile zu negativen Anschaffungskosten. Da es **keine negativen Anschaffungskosten geben kann**, müssen die stillen Reserven bereits zum Zeitpunkt der Einbringung steuerlich erfasst werden, damit sie nicht der Besteuerung entzogen werden.

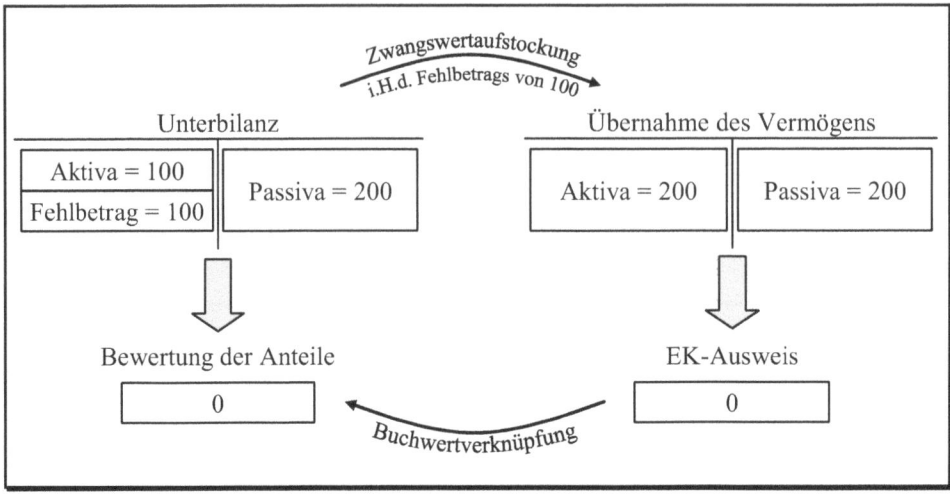

Abbildung 166: Zwangswertaufstockung zur Vermeidung negativer Anschaffungskosten

<table>
<tr><td rowspan="2" style="writing-mode: vertical-rl">Beispiel</td></tr>
</table>

Beispiel

Sheldon hat als Einzelunternehmer durch hohe Privatentnahmen ein negatives Eigenkapital i. H. v. 100 T€. Sein Anlagevermögen weist allerdings erhebliche stille Reserven i. H. v. 900 T€ auf. Sheldon möchte sein Betriebsvermögen in die Leonhard GmbH einbringen.

Fraglich ist, wie die Versteuerung der in dem Einzelunternehmen von Sheldon gebildeten stillen Reserven i. H. v. 900 T€ im Zuge der Einbringung sichergestellt werden kann.

Aktiva		Schlussbilanz Sheldon	Passiva
Aktiva	100 T€	Verbindlichkeiten	200 T€
(gemeiner Wert	1.000 T€)		
Kapital	100 T€		
	200 T€		200 T€

Der Verkehrswert des Einzelunternehmens von Sheldon beträgt 800 T€ (= Verkehrswert der Aktiva i. H. v. 1.000 T€ ./. Verkehrswert der Verbindlichkeiten i. H. v. 200 T€). Wenn Sheldon sein Einzelunternehmen veräußern würde, erzielte er einen Veräußerungsgewinn i. H. v. 900 T€:

Veräußerungspreis = Verkehrswert des Unternehmens	800 T€
./. Buchwert des Unternehmens = Eigenkapital (hier negativ!)	./. (./. 100 T€)
= Veräußerungsgewinn = stille Reserven	900 T€

Die Anschaffungskosten der als Gegenleistung für die Einbringung erhaltenen Anteile müssen somit bei Veräußerung **ebenfalls zu einem Veräußerungsgewinn i. H. v. 900 T€ führen**. Dies ist aber **nicht möglich**, da der Verkehrswert der Anteile lediglich 800 T€ beträgt und negative Anschaffungskosten unzulässig sind. Es gibt somit keine Anschaffungskosten der Anteile, die bei einem Veräußerungspreis von 800 T€ zu einem Veräußerungsgewinn von 900 T€ führen. Wenn die Anschaffungskosten der Anteile Null sind, kann der spätere Veräußerungsgewinn auch nur maximal 800 T€ betragen. Im Fall einer Unterbilanz besteht somit aus Sicht des Gesetzgebers die Gefahr, dass stille Reserven in Höhe des negativen Kapitals (hier: 100 T€) der Besteuerung entzogen werden.

Aus diesem Grund muss Sheldon **unmittelbar im Einbringungszeitpunkt stille Reserven in Höhe des negativen Kapitals von 100 T€ aufdecken und versteuern**; die restlichen stillen Reserven i. H. v. 800 T€ bleiben über die **Anschaffungskosten von Null** weiterhin steuerverhaftet und werden erst dann einer Besteuerung unterworfen, wenn Sheldon seine Anteile veräußert. In der Summe versteuert Sheldon somit systemgerecht die stillen Reserven i. H. v. 900 T€ (100 T€ bei Einbringung und 800 T€ bei späterer Veräußerung), so dass die vollständige Erfassung der stillen Reserven seines Einzelunternehmens im Rahmen der Einbringung auch bei Vorliegen einer Unterbilanz sichergestellt ist.

Auf diese Weise führt die Zwangswertaufstockung der Buchwerte zu **Anschaffungskosten** der gewährten Kapitalgesellschaftsanteile von **Null**. Die Steuerneutralität des Einbringungsvorgangs wird eingeschränkt, um eine steuerliche Erfassung der stillen Reserven sicherzustellen, die ansonsten in den gewährten Anteilen nicht repräsentiert werden würden.

Merke: Die Zwangswertaufstockung bei Einbringung eines negativen Reinvermögens ist ein sehr beliebtes Klausurthema, da zwei Probleme kombiniert auftreten:

1. Eine **zwangsweise Aufdeckung stiller Reserven**, bis ein Kapital von Null ausgewiesen wird.
2. Da ein Kapital von Null ausgewiesen wird, aber Vorschriften für ein Mindestkapital bestehen, ist in dieser Höhe ein **steuerlicher Ausgleichsposten** zu bilden.

Eric Cartman ist Einzelunternehmer. Er bringt sein gesamtes Betriebsvermögen im Wege einer Sachgründung gem. § 5 Abs. 4 GmbHG in die Chefkoch GmbH ein.

Aktiva		Schlussbilanz Eric	Passiva	
Grund u. Boden	10 T€	Verbindlichkeiten		50 T€
Gebäude	15 T€			
Maschinen	10 T€			
Kapital	**15 T€**			
	50 T€			50 T€

In Grund und Boden sind 30.000 €, im Gebäude 9.000 € und in den Maschinen 6.000 € stille Reserven enthalten. Insgesamt ruhen in Erics Betriebsvermögen stille Reserven i. H. v. 45.000 €, von denen anteilig ein Drittel aufdeckt werden muss, damit das einzubringende Reinvermögen einen Betrag von Null aufweist. Um eine ausgeglichene Steuerbilanz aufzuweisen, ist somit in einem **1. Schritt** eine Aufdeckung von stillen Reserven i. H. v. 15.000 € erforderlich.

Dies soll wie folgt verdeutlicht werden:

Aktiva		vor Aufstockung	nach Aufstockung
Grund u. Boden	+ 10 T€ ⟶	10 T€	20 T€
Gebäude	+ 3 T€ ⟶	15 T€	18 T€
Maschinen	+ 2 T€ ⟶	10 T€	12 T€
Kapital		**15 T€**	**0 €**

1. Schritt: Ausgleich der Steuerbilanz

Aktiva		Eröffnungsbilanz Chefkoch GmbH	Passiva	
Grund u. Boden	20 T€	Verbindlichkeiten		50 T€
Gebäude	18 T€			
Maschinen	12 T€			
	50 T€			50 T€

Da das Mindeststammkapital 25.000 € beträgt, ist neben der zwingend vorzunehmenden Aufstockung der Buchwerte in einem **2. Schritt** ein steuerlicher Ausgleichsposten auszuweisen, da § 20 Abs. 2 S. 2 UmwStG eine **Fortführung der zwangsweise aufgestockten Buchwerte** gestattet.

2. Schritt: Ausweis des steuerlichen Ausgleichspostens

Aktiva	Eröffnungsbilanz Chefkoch GmbH		Passiva
Grund u. Boden	20 T€	**Stammkapital**	**25 T€**
Gebäude	18 T€	Verbindlichkeiten	50 T€
Maschinen	12 T€		
Ausgleichsposten	**25 T€**		
	75 T€		75 T€

In Folge der Zwangswertaufstockung (1. Schritt) entsteht für Eric ein originärer **Einbringungsgewinn** i. H. v. 15.000 €, da stille Reserven in derselben Höhe aufgedeckt werden müssen. Der Ausweis des Ausgleichspostens (2. Schritt) bringt dagegen keine steuerliche Belastung mit sich, da für dessen Ausweis keine erfolgswirksame Wertaufstockung erforderlich ist.

Merke: Die Regelung des § 20 Abs. 2 S. 2 Nr. 2 UmwStG zielt auf die steuerliche Erfassung der stillen Reserven beim Einbringenden. Wäre eine Einbringung von negativem Eigenkapital möglich, wäre die durch die doppelte Buchwertverknüpfung im Einbringungskreislauf geschaffene **Äquivalenzfunktion** der Kapitalgesellschaftsanteile beeinträchtigt.

Zu § 20 Abs. 2 S. 2 Nr. 3 UmwStG:
Eine Einschränkung des Besteuerungsrechts liegt zum einen vor, wenn vor der Einbringung ein Besteuerungsrecht Deutschlands ohne Anrechnungsverpflichtung bestanden hat und nach der Einbringung nur noch mit Anrechnungsverpflichtung oder gar nicht mehr besteuert werden darf. Zum anderen ist ebenso eine Einschränkung gegeben, wenn ein Besteuerungsrecht mit Anrechnungsverpflichtung nach der Einbringung nicht mehr existiert.[106] Wichtig ist, dass die Einschränkung nur zur Versagung der Übertragung zu Buchwerten führt, wenn diese ursächlich auf den Einbringungsvorgang zurückgeführt werden kann.

Vorher	Nachher
uneingeschränktes Besteuerungsrecht	- eingeschränktes Besteuerungsrecht (durch Anrechnungsverpflichtung) - kein Besteuerungsrecht
eingeschränktes Besteuerungsrecht	- kein Besteuerungsrecht

Abbildung 167: Einschränkung des deutschen Besteuerungsrechts

---

[106] Vgl. Hagemann, J. et.al., SEStEG - Das neue Konzept der Verstrickung und Entstrickung sowie die Neufassung des Umwandlungssteuergesetzes, NWB, Sonderheft 1/2007, S. 38.

Eine Einschränkung des Besteuerungsrechts ist demnach regelmäßig gegeben, wenn z. B. das Betriebsvermögen einer ausländischen Betriebsstätte in einem Staat mit Anrechnungs-methode für Betriebsstätteneinkünfte in eine EU/EWR-Kapitalgesellschaft eingebracht wird. Mit der Einbringung wird das Recht Deutschlands an der Besteuerung des Gewinns aus der Veräußerung der eingebrachten Betriebsstätte ausgeschlossen. Somit muss das Betriebsstättenvermögen bei der Einbringung zum gemeinen Wert übergehen. Waren die Betriebsstättengewinne aber durch das anwendbare DBA bereits vor der Einbringung von der Besteuerung freigestellt, kommt es bei Einbringung in eine ausländische Kapitalgesell-schaft nicht zu einer Einschränkung des Besteuerungsrechts, weil dieses bereits vor der Einbringung durch das DBA eingeschränkt wurde.

Beispiel

Die Röhrich AG plant die Umwandlung einer in Frankreich unterhaltenen Betriebsstät-te in eine französische Tochtergesellschaft. Deshalb wird das in Frankreich belegene Betriebsstättenvermögen der Röhrich AG in die in Frankreich neu gegründete Obelix S.A. eingebracht. Im Gegenzug wird die Röhrich AG durch die Gewährung von neuen Anteilen an der Obelix AG beteiligt.

Zu klären ist, ob diese Einbringung steuerneutral zu Buchwerten erfolgen darf.

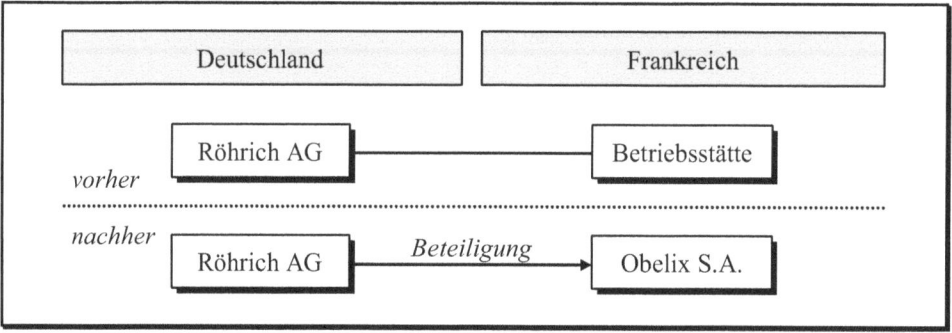

Abbildung 168: Einbringung ausländischer Betriebsstätte in ausländische Gesellschaft

Lösung

Wenn eine im Ausland belegene Betriebsstätte in eine EU/EWR-Kapitalgesellschaft eingebracht wird, hängt die Frage, ob zu Buchwerten übertragen werden darf, davon ab, ob die ausländischen Betriebsstättengewinne vor der Einbringung durch ein anwendbares DBA von der deutschen Besteuerung freigestellt sind. Das DBA zwischen Frankreich und Deutschland sieht in Art. 19 Abs. 1 und 3 eine **Freistellung** der Gewinne aus der Veräußerung von Betriebsstättenvermögen vor. Somit war das deutsche Besteuerungsrecht schon vor der Einbringung ausgeschlossen. Die Klausel des § 20 Abs. 2 S. 2 Nr. 3 UmwStG greift in diesem Falle daher nicht, so dass **zu Buchwerten** übertragen werden darf.

Anders verhält es sich, wenn die Betriebsstätte z. B. in Liechtenstein liegt. Mangels eines DBA mit Liechtenstein gilt vor der Einbringung die **Anrechnungsmethode** für Betriebsstättengewinne. Erfolgt eine Einbringung des Betriebsstättenvermögens in eine Liechtensteiner Kapitalgesellschaft, wird das deutsche Besteuerungsrecht bezüglich des Gewinns aus der Veräußerung des eingebrachten Betriebsvermögens ausgeschlossen. Bei Einbringung der Betriebsstätte in Liechtenstein in eine ausländische Kapitalgesellschaft ist somit der **gemeine Wert** anzusetzen.

Bei Einbringung von in Deutschland befindlichen Betriebsstätten bleibt das deutsche Besteuerungsrecht unberührt, da die übernehmende ausländische Kapitalgesellschaft gem. § 49 Abs. 1 Nr. 2a EStG mit der inländischen Betriebsstätte der beschränkten Steuerpflicht unterliegt, was auch für die Veräußerung des eingebrachten Betriebsvermögens gilt. Art. 13 Abs. 2 des OECD-Musterabkommens führt ebenfalls dazu, dass dem Betriebsstättenstaat die Besteuerung des Gewinnes aus der Veräußerung der inländischen Betriebsstätte zusteht.

Beispiel

Die Röhrich AG mit Sitz in Kiel bringt einen in Deutschland unterhaltenen Teilbetrieb in die französische Obelix S.A. mit Sitz in Brest ein. Im Gegenzug gewährt die Obelix S.A. der Röhrich AG Anteile aus einer Kapitalerhöhung. Somit verbleibt in Deutschland eine Betriebsstätte der französischen Obelix S.A.

Fraglich ist, ob diese Einbringung steuerneutral zu Buchwerten erfolgen darf.

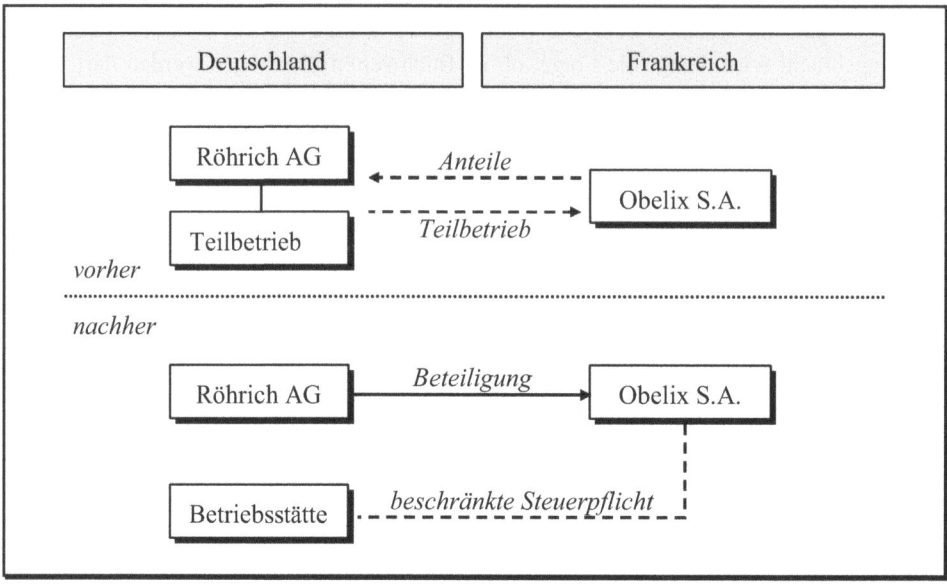

Abbildung 169: Einbringung deutscher Betriebsstätte in ausländische Gesellschaft

Lösung

Wenn eine deutsche Betriebsstätte in eine EU/EWR-Kapitalgesellschaft eingebracht wird, unterliegt die übernehmende Gesellschaft nach der Einbringung mit ihrer inländischen Betriebsstätte der beschränkten Steuerpflicht.

Gem. Art. 13 Abs. 2 OECD-MA bzw. § 49 Abs. 1 Nr. 2 Buchst. a EStG erstreckt sich die beschränkte Steuerpflicht auch auf die Veräußerung der Betriebsstätte.

Das deutsche Besteuerungsrecht hinsichtlich des Gewinns aus der Veräußerung des eingebrachten Betriebsvermögens wird somit weder ausgeschlossen noch eingeschränkt, sondern bleibt in vollem Umfang bestehen. Daher darf zu **Buchwerten** übertragen werden.

Somit kommt § 20 Abs. 2 S. 2 Nr. 3 UmwStG ausschließlich zur Anwendung, wenn ausländische Betriebsstätten in einem Staat mit **Anrechnungsmethode** von einem deutschen Einbringenden in eine ausländische Kapitalgesellschaft eingebracht werden. Dadurch wird verhindert, dass in Deutschland steuerverstricktes Betriebsvermögen durch eine Einbringung entstrickt werden kann, ohne dass eine letztmalige Besteuerung stattfindet.

Merke: Wird eine Betriebsstätte, die in einem Staat liegt, dessen DBA mit Deutschland die **Anrechnungsmethode** vorsieht, in eine **ausländische** Kapitalgesellschaft übertragen, muss dies zum **gemeinen Wert** geschehen, um eine letztmalige Besteuerung der stillen Reserven in Deutschland sicherzustellen.

Zu § 20 Abs. 2 S. 2 Nr. 4 UmwStG:
Die Vorschrift des § 20 Abs. 2 S. 2 Nr. 4 UmwStG stellt eine Neuregelung dar, welche die bis dato ausschließlich geltende Vorschrift des § 20 Abs. 2 S. 4 UmwStG ergänzt und verschärft. Auch wenn § 20 Abs. 2 S. 2 Nr. 4 UmwStG im Gesetz vor § 20 Abs. 2 Nr. 4 UmwStG verortet ist, muss aus didaktischen Gründen trotzdem **zuerst die Erläuterung des § 20 Abs. 2 Nr. 4 UmwStG** vorgenommen werden. Erst anschließend wird die verschärfende Neuregelung erläutert.

> **Merke:** Die Neuregelung des § 20 Abs. 2 S. 2 Nr. 4 UmwStG verschärft die Grundregel des § 20 Abs. 2 S. 4 UmwStG.

> **§ 20 Abs. 2 S. 4 UmwStG:** „Erhält der Einbringende neben den neuen Gesellschaftsanteilen auch sonstige Gegenleistungen, ist das eingebrachte Betriebsvermögen abweichend von Satz 2 mindestens mit dem gemeinen Wert der sonstigen Gegenleistungen anzusetzen, wenn dieser den sich nach Satz 2 ergebenden Wert übersteigt."

Neben den drei bzw. mit der Neuregelung vier oben genannten Grundvoraussetzungen für die Eröffnung des **Bewertungswahlrechts** steht der freien Wahl des Bewertungsansatzes noch eine weitere **Einschränkung** in § 20 Abs. 2 S. 4 UmwStG entgegen. Diese ergibt sich daraus, dass die Gegenleistung für die Einbringung grundsätzlich in neuen Anteilen an der übernehmenden Kapitalgesellschaft bestehen muss.

Es ist allerdings möglich, dass **neben Gesellschaftsanteilen** auch **andere Wirtschaftsgüter als sonstige Gegenleistung** für das eingebrachte Betriebsvermögen gewährt werden, **ohne dass dies schädlich für eine Anwendung des § 20 UmwStG ist.**

Zu diesen **sonstigen Gegenleistungen** zählen insbesondere
- eine **Barzahlung** und
- die Einräumung einer **Darlehensforderung**.[107]

Dies ist eine wichtige Ausnahme von dem Grundsatz, dass das Umwandlungssteuergesetz keine Anwendung findet, wenn die Gegenleistung nicht in Anteilen besteht, da ansonsten eine Veräußerung und keine Fortführung des unternehmerischen Engagements in anderem Rechtskleid gegeben ist.

---

[107] Vgl. Benz, S./ Rosenberg, O., in: Blumenberg, J./ Schäfer K., Das SEStEG, Steuer- und gesellschaftsrechtliche Erläuterungen und Gestaltungshinweise, München 2007, S. 157 f.

Eric bringt im Rahmen einer Sachgründung i. S. d. § 5 Abs. 4 GmbHG den Betrieb seines Einzelunternehmens in die neu gegründete Kenny GmbH ein. Er ist alleiniger Gesellschafter. Neben neuen Anteilen an der Kenny GmbH wird Eric eine Darlehensforderung i. H. v. 50.000 € eingeräumt.

Aktiva	Schlussbilanz Eric		Passiva
Grund u. Boden	50 T€	Kapital	100 T€
Gebäude	30 T€		
Maschinen	20 T€		
	100 T€		100 T€

Es sind stille Reserven i. H. v. 60.000 € vorhanden.

In der Steuerbilanz der Kenny GmbH wird Erics Darlehensforderung als Passivposten ausgewiesen.

Aktiva	Eröffnungsbilanz Kenny GmbH		Passiva
Grund u. Boden	50 T€	Stammkapital	50 T€
Gebäude	30 T€	Darlehen	50 T€
Maschinen	20 T€		
	100 T€		100 T€

Trotz der Gewährung der Darlehensforderung ist eine steuerneutrale Sacheinlage möglich, da der Wert der Darlehensforderung von 50.000 € den Buchwert des eingebrachten Betriebsvermögens von 100.000 € nicht überschreitet.

Übersteigt der **gemeine Wert** der anderen, als Gegenleistung erhaltenen Wirtschaftsgüter jedoch den Buchwert des eingebrachten Betriebsvermögens, muss die übernehmende Kapitalgesellschaft gem. § 20 Abs. 2 S. 4 UmwStG das eingebrachte Betriebsvermögen mindestens mit dem gemeinen Wert der hingegebenen Wirtschaftsgüter ansetzen. Es ist somit erneut eine **erfolgswirksame Zwangswertaufstockung** der Buchwerte des eingebrachten Vermögens vorzunehmen.

> **Merke:** Die Gewährung von sonstigen Gegenleistungen ist als **teilweise Veräußerung** des eingebrachten Betriebsvermögens einzustufen. Es kommt im Zeitpunkt der Einbringung dennoch nicht zu einer steuerlichen Belastung, da nach wie vor eine Buchwertfortführung möglich ist, wenn der gemeine Wert der sonstigen Gegenleistung den Buchwert des eingebrachten Betriebsvermögens nicht überschreitet.

Eine **steuerneutrale Einbringung** kann bei einer Gewährung von sonstigen Gegenleistungen nicht vorgenommen werden, wenn der gemeine Wert der sonstigen Gegenleistung den Buchwert des eingebrachten Betriebsvermögens übersteigt.

> **Merke:** Überschreitet der gemeine Wert der sonstigen Gegenleistung den Buchwert des eingebrachten Betriebsvermögens, ist eine **erfolgswirksame Zwangswertaufstockung** der Buchwerte vorzunehmen.

Beispiel

Eric bringt sein Betriebsvermögen im Rahmen einer Sachgründung i. S. d. § 5 Abs. 4 GmbHG in die neu gegründete Mc Cormick GmbH ein. Er ist deren alleiniger Gesellschafter. Neben neuen Anteile erhält er eine Darlehensforderung i. H. v. 120.000 €.

Da der Betrag von 120.000 € den Buchwert des eingebrachten Betriebsvermögens um 20.000 € übersteigt, ist in der Steuerbilanz der Kenny GmbH eine Zwangswertaufstockung der Buchwerte in entsprechender Höhe vorzunehmen.

Aktiva	Schlussbilanz Eric		Passiva
Grund u. Boden	50 T€	Kapital	100 T€
Gebäude	30 T€		
Maschinen	20 T€		
	100 T€		100 T€

In Erics Betriebsvermögen sind insgesamt stille Reserven i. H. v. 60.000 € enthalten. Im Grund und Boden ruhen stille Reserven von 30.000 €, im Gebäude von 15.000 € und in den Maschinen von 15.000 €.

Da eine Zwangswertaufstockung i. H. v. 20.000 € vorzunehmen ist, muss in einem **1. Schritt** jeweils ein Drittel der in den einzelnen Wirtschaftsgütern enthaltenen stillen Reserven aufgedeckt werden.

Dies soll wie folgt verdeutlicht werden:

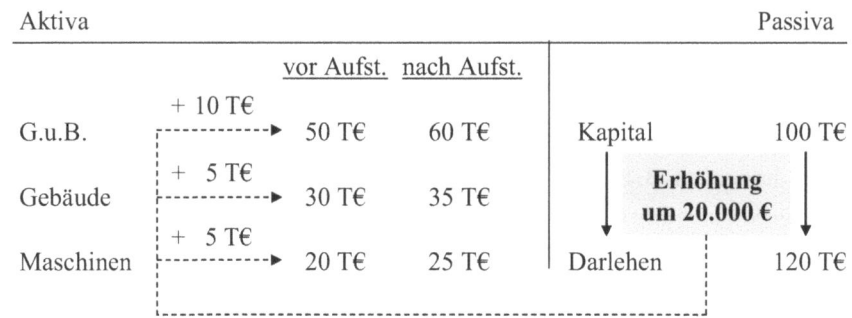

1. Schritt: Zwangswertaufstockung bis zum gemeinen Wert des Darlehens

Aktiva	Eröffnungsbilanz Mc Cormick GmbH		Passiva
Grund u. Boden	60 T€	Darlehen	120 T€
Gebäude	35 T€		
Maschinen	25 T€		
	120 T€		120 T€

Um das Mindeststammkapital i. H. v. 25.000 € auszuweisen, ist keine weitere Buchwertaufstockung erforderlich. In einem **2. Schritt** ist ein steuerlicher Ausgleichsposten anzusetzen, der aufgrund der fehlenden Maßgeblichkeit in Umwandlungsfällen zur Angleichung der Steuerbilanz an den Handelsbilanzansatz dient.

2. Schritt: Ausweis des steuerlichen Ausgleichspostens

Aktiva	Eröffnungsbilanz Mc Cormick GmbH		Passiva
Grund u. Boden	60 T€	**Stammkapital**	**25 T€**
Gebäude	35 T€	Darlehen	120 T€
Maschinen	25 T€		
Ausgleichsposten	**25 T€**		
	145 T€		145 T€

Es entsteht ein **Einbringungsgewinn** i. H. v. 20.000 € (1. Schritt), wohingegen der Ausweis des Ausgleichspostens zu keiner steuerlichen Belastung führt (2. Schritt).

> **Merke:** Auch hier treten wie bei der Einbringung negativen Reinvermögens zwei Probleme kombiniert auf. Zuerst ist eine **Zwangswertaufstockung der Buchwerte** vorzunehmen und anschließend ein **steuerlicher Ausgleichsposten** in Höhe des Stammkapitals auszuweisen.

Zusammenfassend ist festzustellen, dass bis zum Inkrafttreten der verschärfenden Neuregelung des § 20 Abs. 2 S. 2 Nr. 4 UmwStG (!) die Gewährung zusätzlicher Wirtschaftsgüter einen **steuerfreien Verkauf bis zur Höhe der Buchwerte** des Betriebsvermögens ermöglicht hat. Die stillen Reserven werden durch den Abzug von den Anschaffungskosten auf die neuen Gesellschaftsanteile übertragen. Somit wird die **Besteuerung** der stillen Reserven auf den Zeitpunkt der Veräußerung der Anteile **aufgeschoben**, während dem Einbringenden im Zeitpunkt der Einbringung Liquidität ohne sofortige steuerliche Belastung zufließt. Lediglich wenn der gemeine Wert der zusätzlichen Wirtschaftsgüter den Buchwert des eingebrachten Betriebsvermögens übersteigt, ist der überschüssige Betrag als Gewinn im Einbringungszeitraum zu versteuern.

Diese Einschränkung des Bewertungswahlrechtes dient der Sicherstellung der Besteuerung der stillen Reserven beim Einbringenden. Damit die stillen Reserven in den als Gegenleistung gewährten Anteilen wiedergegeben werden, ist es unabdingbar, dass bei den Buchwert des eingebrachten Betriebsvermögens überschreitenden sonstigen Gegenleistungen eine Wertaufstockung erfolgt. Da die Anschaffungskosten der neuen Anteile aufgrund des Einbringungskreislaufes zwar mit dem Ansatz des Betriebsvermögens bei der übernehmenden Gesellschaft verknüpft sind, der gemeine Wert sonstiger gewährter Gegenleistungen aber abgezogen werden muss, würden ansonsten wieder **negative Anschaffungskosten der Anteile** entstehen.

Beispiel

Mia bringt im Rahmen einer Sachgründung i. S. d. § 5 Abs. 4 GmbHG ihr Einzelunternehmen in die Sebastian-GmbH ein. Die Aktiva haben einen Buchwert von 300 T€, es sind allerdings erhebliche stille Reserven i. H. v. 500 T€ enthalten. Den Aktiva stehen Verbindlichkeiten i. H. v. 200 T€ gegenüber, so dass ein Eigenkapitalausweis von 100 T€ besteht.

Mia möchte neben den durch die Sachgründung geschaffenen Anteilen noch eine Darlehensforderung gegenüber der Sebastian GmbH als Gegenleistung für die Einbringung erhalten.

Fall 1:
Die Darlehensforderung beträgt 80 T€:
Gem. § 20 Abs. 3 S. 3 UmwStG ist der gemeine Wert des gewährten Darlehens von den Anschaffungskosten abzuziehen. Da der ursprüngliche Eigenkapitalausweis 100 T€ betragen hat, kommt es hier zu keiner Buchwertaufstockung; die erhaltenen Anteile werden mit (100 T€ ./. 80 T€ =) 20 T€ bewertet.

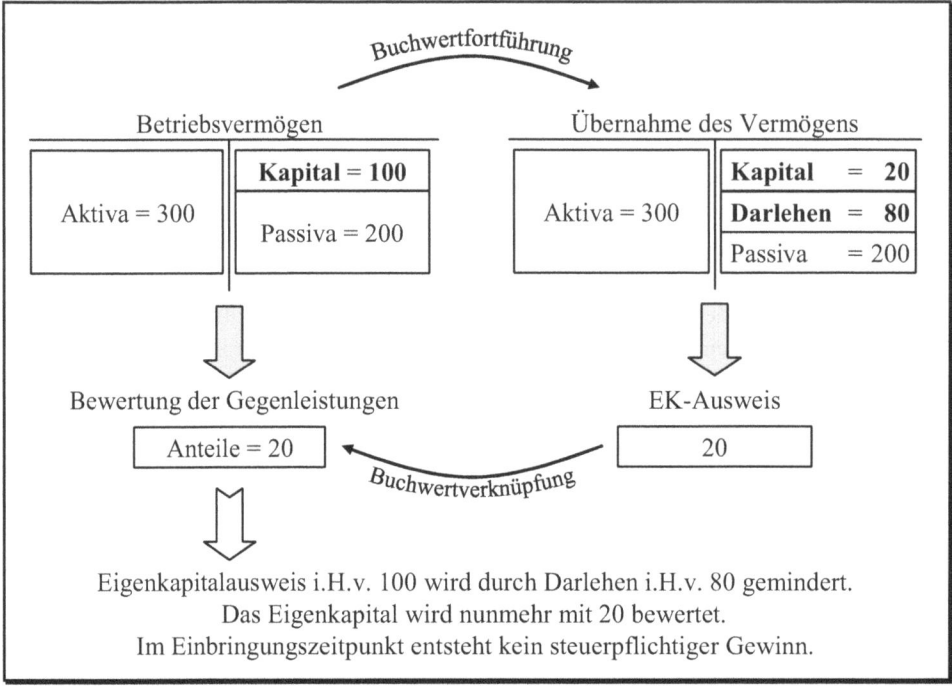

Abbildung 170: Gewährung zusätzlicher Gegenleistungen

Fall 2:

Die Darlehensforderung beträgt 250 T€:

Gem. § 20 Abs. 3 S. 3 UmwStG ist der gemeine Wert des gewährten Darlehens von den Anschaffungskosten abzuziehen. Da der ursprüngliche Eigenkapitalausweis 100 T€ betragen hat, würden die erhaltenen Anteile mit negativen Anschaffungskosten von -150 T€ bewertet.

Deshalb müssen im eingebrachten Betriebsvermögen enthaltene stille Reserven bis zu einer Höhe von 150 T€ aufgedeckt werden, damit die erhaltenen Anteile nicht mit negativen Anschaffungskosten übergehen.

Diese Buchwertaufstockung führt zu einem steuerpflichtigen Einbringungsgewinn i. H. v. 150 T€ im Zeitpunkt der Einbringung.

Beispiel

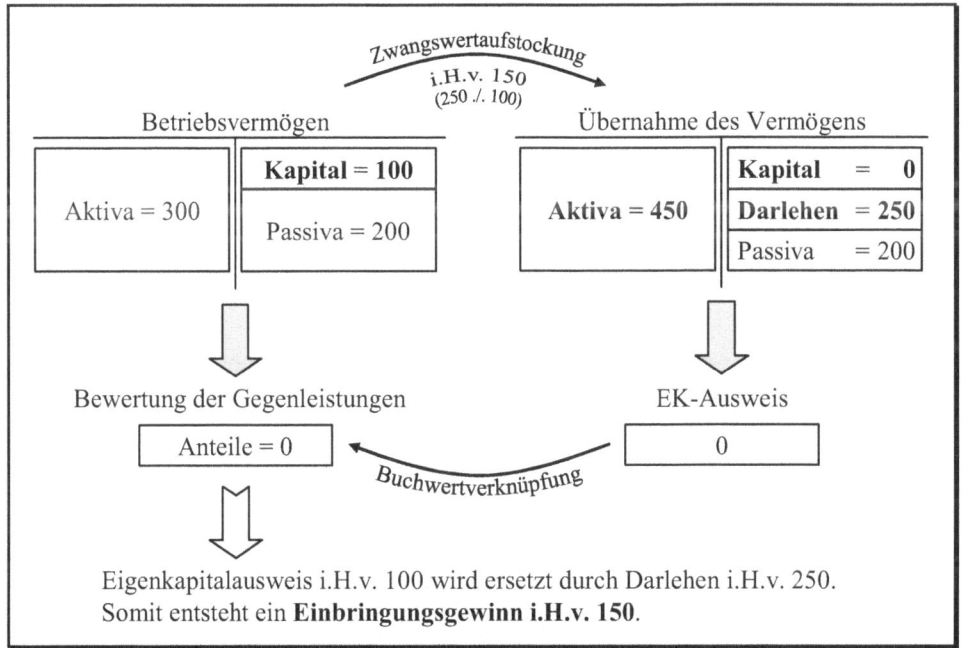

Abbildung 171: Zusätzliche Gegenleistungen über dem gemeinen Wert des Betriebsvermögens

Im Ergebnis erlaubt die Vorschrift des § 20 Abs. 2 S. 4 UmwStG somit eine sonstige Gegenleistung bis zur Höhe des Buchwerts des eingebrachten Vermögens. Dies war vom
Gesetzgeber ausdrücklich so beabsichtigt. Im Jahr 2012 wurde diese Begünstigungsvor-
schrift allerdings medienwirksam ausgenutzt, als der Sportwagenbauer Porsche durch die
Volkswagen AG übernommen wurde (sog. **VW-Porsche-Deal**). Im Rahmen dieser Übernahme hat VW eine Kapitalerhöhung um eine (!) Stammaktie mit einem Nennwert von
2,56 € (in Worten: 2 Euro und sechsundfünfzig Cents) beschlossen und der Porsche SE
darüber hinaus noch 4,46 Milliarden € an liquiden Mitteln bezahlt; nichtsdestotrotz wurden
hierdurch keine stillen Reserven aufgedeckt, da ja der Buchwert des eingebrachten Betriebsvermögens nicht überschritten wurde.[108]

Diese steuerrechtlich zulässige Gestaltung hat den Gesetzgeber dazu veranlasst, für die
Zukunft die steuerneutrale Gewährung von sonstigen Gegenleistungen, die neben den neu-
en Gesellschaftsanteilen gewährt werden, deutlich einzuschränken. Aus diesem Grund
wurde § 20 Abs. 2 S. 2 Nr. 4 UmwStG mit Wirkung für Einbringungen ab 01.01.2015 neu
in das Umwandlungssteuergesetz aufgenommen (§ 27 Abs. 14 UmwStG).

---

[108] Vgl. Marx, F./ Spieker, J., Der Porsche/VW-Steuerdeal, Steuer und Studium 2015, Beilage 1,
S. 2 ff.

Während nach altem Recht also ausschließlich durch § 20 Abs. 2 S. 4 UmwStG eine Beschränkung der sonstigen Gegenleistungen auf die Hohe des Buchwerts des eingebrachten Betriebsvermögens vorgenommen wurde, **bestimmt § 20 Abs. 2 S. 2 Nr. 4 UmwStG nunmehr zusätzlich**, dass der Buchwertansatz darüber hinaus lediglich zulässig ist, soweit die sonstige Gegenleistung nicht mehr beträgt als

a)   25 % des Buchwerts des eingebrachten Betriebsvermögens oder

b)   500.000 €, höchstens jedoch den Buchwert des eingebrachten Betriebsvermögens.

Beispiel

Jimmy McNulty bringt sein Einzelunternehmen in die Bunk GmbH ein. Sein Einzelunternehmen weist ein Eigenkapital i. H. v. 1 Mio. € auf.

Er möchte neben den neuen Anteilen noch eine Gegenleistung ausbezahlt bekommen in Höhe von:

(A) 200.000 €,

(B) 400.000 €,

(C) 600.000 €.

Nach § 20 Abs. 2 S. 4 UmwStG liegt eine schädliche Gegenleistung erst dann vor, wenn der Betrag der Gegenleistung den Buchwert des eingebrachten Betriebsvermögens, d. h. im vorliegenden Fall von 1 Mio. €, überschreitet. Dies ist hier offenkundig nicht der Fall. Nach altem Recht würde somit keine der drei Varianten (A), (B) und (C) zu einer Schädlichkeit führen.

Liegt aber eine schädliche Gegenleistung nach der Neuregelung des § 20 Abs. 2 S. 2 Nr. 4 UmwStG vor?

Lösung

Zu (A):
Die Gegenleistung von 200.000 € liegt unter dem Betrag von 25 % des Eigenkapitals von 1.000.000 € (= 250.000 €) und unter 500.000 € und ist somit unschädlich.

Zu (B):
Die Gegenleistung von 400.000 € liegt zwar über dem Betrag von 25 % des Eigenkapitals von 1.000.000 € (= 250.000 €), aber unter 500.000 € und ist somit unschädlich; der Steuerpflichtige kann somit den günstigeren der beiden Grenzwerte wählen.

Zu (C):
Die Gegenleistung von 600.000 € liegt sowohl über dem Betrag von 25 % des Eigenkapitals von 1.000.000 € (= 250.000 €) als auch über 500.000 €, so dass die Gegenleistung zu einer Schädlichkeit, d. h. zu einer Einschränkung des Buchwertansatzes, führt.

Da der Steuerpflichtige aus der 25 %-Grenze und dem fixen Betrag von 500.000 € die für ihn günstigere Wahl treffen darf (vgl. Gesetzeswort „oder"), ergibt sich, dass für einen

Buchwert bis zu 2 Mio. € die Grenze von 500.000 € und für einen Buchwert von mehr als 2 Mio. € die Grenze von 25 % des eingebrachten Vermögens vorteilhaft ist. Dabei gilt es noch zu beachten, dass die Gegenleistung – weiterhin wie im alten Recht – keinesfalls den Buchwert des eingebrachten Eigenkapitals überschreiten darf.

Hieraus ergibt sich die folgende zusammenfassende Darstellung:

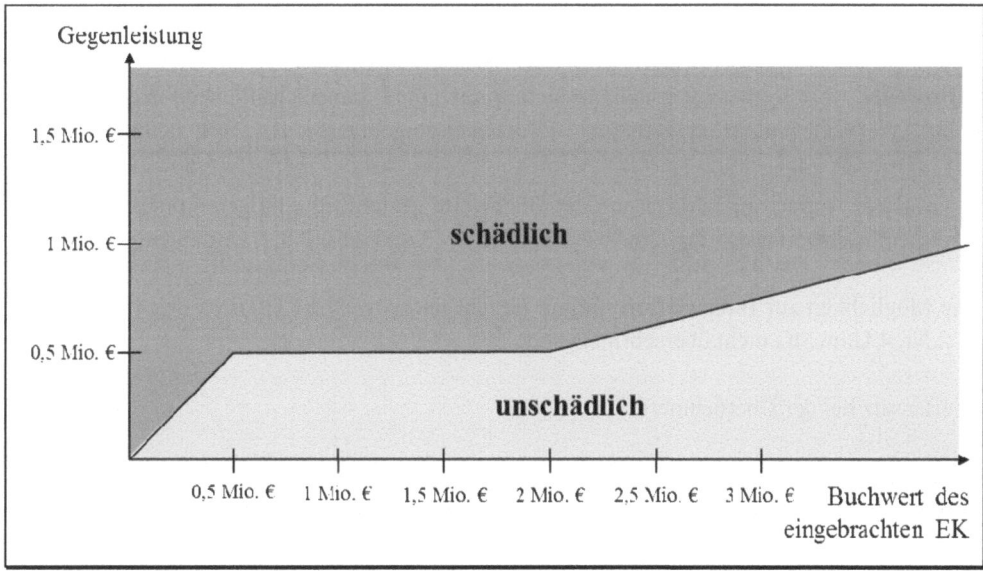

Abbildung 172: Auswirkungen des neuen § 20 Abs. 2 S. 2 Nr. 4 UmwStG

Im Folgenden gilt es allerdings zu beachten, dass im Rahmen des § 20 Abs. 2 S. 2 Nr. 4 UmwStG die **Gegenleistung**, die die zulässige Grenze von 25 % des Buchwertes bzw. 500.000 € **übersteigt**, ausdrücklich (im Gegensatz zu § 20 Abs. 2 S. 4 UmwStG!) **nicht dem Betrag der aufzudeckenden stillen Reserven entspricht**.

> **Beispiel**
>
> Im obigen Beispiel wurde für die Alternative (C) festgestellt, dass die Gegenleistung von 600.000 € sowohl über der 25%-Grenze von 250.000 € als auch über der Grenze von 500.000 € liegt und somit eine Schädlichkeit vorliegt.
> Hieraus ergibt sich aber <u>keinesfalls</u> eine Aufdeckung stiller Reserven i. H. v. 600.000 € ./. 500.000 € = 100.000 €!

Merke: Bei § 20 Abs. 2 S. 4 UmwStG ist der übersteigende schädliche Betrag zur Gänze steuerpflichtig;

bei § 20 Abs. 2 S. 2 Nr. 4 UmwStG ist der übersteigende schädliche Betrag nicht zur Gänze steuerpflichtig; hier müssen weitere Berechnungen erfolgen.

Der Gesetzgeber hat in der Gesetzesbegründung ein komplexes Berechnungsschema im Rahmen eines Beispiels vorgegeben, welches zur Lösung von Fällen des § 20 Abs. 2 S. 2 Nr. 4 UmwStG anzuwenden ist.[109]

Beispiel:[110]
Das eingebrachte Betriebsvermögen hat einen Buchwert i. H. v. 2.000.000 € und einen gemeinen Wert i. H. v. 5.000.000 €. Der Einbringende erhält neue Anteile, die einem gemeinen Wert i. H. v. 4.100.000 EUR entsprechen, und eine Barzahlung i. H. v. 900.000 €.

> **Hinweis:** Nach altem Recht hätte sich damit keine Steuerschädlichkeit ergeben, da Gegenleistung 900.000 € < Buchwert eingebrachtes BV 2.000.000 €.

Es wird ein Antrag auf Fortführung der Buchwerte gestellt; die übrigen Voraussetzungen für einen Buchwertansatz in § 20 Abs. 2 S. 2 Nr. 1 - 3 und Abs. 2 S. 3 UmwStG liegen vor.

Die Möglichkeit zur Buchwertfortführung besteht nur, soweit die Grenzen des § 20 Abs. 2 S. 2 Nr. 4 UmwStG nicht überschritten sind:

Wertansatz bei der Übernehmerin

1. Schritt:
Prüfung der Grenze des § 20 Abs. 2 S. 2 Nr. 4 UmwStG und Ermittlung des übersteigenden Betrags:

Gemeiner Wert der sonstigen Gegenleistung (= Barzahlung)	900.000 €
Höchstens 25 % des Buchwerts des eingebrachten Betriebsvermögens (= 25 % von 2.000.000 € = 500.000 €) oder 500.000 €,	
höchstens jedoch der Buchwert von 2.000.000 €	./. 500.000 €
= Übersteigender Betrag	400.000 €

2. Schritt:
Ermittlung des Verhältnisses des Werts des Betriebsvermögens, für das nach § 20 Abs. 2 S. 2 UmwStG in Abweichung von § 20 Abs. 2 S. 1 UmwStG die Buchwerte fortgeführt werden können:

$$\frac{\text{Gesamtwert des eingebrachten BV ./. übersteigende Gegenleistung}}{\text{Gesamtwert des eingebrachten BV}}$$

$$\frac{5.000.000 \text{ € ./. } 400.000 \text{ €}}{5.000.000 \text{ €}^3} = 92\%$$

---

[109] Vgl. BT-Drs. 18/4902 v. 13.05.2015.

[110] Das Beispiel befindet sich in modifizierter Form in der Gesetzesbegründung.

3. Schritt:
Ermittlung des Wertansatzes des eingebrachten Betriebsvermögens bei der Übernehmerin:

Buchwertfortführung: 92 % von 2.000.000 €	1.840.000 €
Sonstige Gegenleistung, soweit § 20 Abs. 2 S. 2 Nr. 4 UmwStG	
überschritten	+ 400.000 €
= Ansatz des eingebrachten BV bei der Übernehmerin	2.240.000 €

4. Schritt:
Ermittlung des Übertragungsgewinns beim Einbringenden:

Veräußerungspreis (§ 20 Abs. 3 S. 1 UmwStG)	2.240.000 €
Buchwert des eingebrachten Betriebsvermögens	./. 2.000.000 €
= Einbringungsgewinn	240.000 €

Probe: Der Einbringungsgewinn muss (100 % ./. 92 % =) 8 % der stillen Reserven
                 betragen, d. h. 8 % von 300.000 € = 240.000 € ✓

---

5. Schritt:
Ermittlung der Anschaffungskosten der erhaltenen Anteile

Anschaffungskosten der erhaltenen Anteile	
(§ 20 Abs. 3 S. 1 UmwStG)	2.240.000 €
Wert der (gesamten) sonstigen Gegenleistungen	
(§ 20 Abs. 3 S. 3 UmwStG)	./. 900.000 €
= Anschaffungskosten der erhaltenen Anteile	1.340.000 €

Beachte: Würden die erhaltenen neuen Anteile später zu ihrem gemeinen Wert von
                 4.100.000 € (= 5.000.000 € ./. 900.000 €) veräußert, entstünde ungeachtet
                 § 22 UmwStG ein Veräußerungsgewinn i. H. v. 4.100.000 € ./. 1.340.000 €
                 = 2.760.000 €.
                 Dies entspricht den auf die Übernehmerin übergegangenen stillen Reserven
                 (3.000.000 € ./. 240.000 € = 2.760.000 €).
                 Durch den Abzug des gesamten Betrags der sonstigen Gegenleistung bei der
                 Ermittlung der Anschaffungskosten der erhaltenen Anteile bleibt die dem
                 Einbringungsteil zugrundeliegende Systematik der sog. Verdopplung stiller
                 Reserven gewahrt; eine Anpassung des § 20 Abs. 3 S. 3 UmwStG an die
                 Begrenzung in § 20 Abs. 2 S. 2 Nr. 4 UmwStG ist daher nicht erforderlich.

2.7.3 Gemeiner Wert

Grundsätzlich ist nach der Systematik des § 20 UmwStG zum gemeinen Wert nach § 9 Abs. 2 BewG zu übertragen. Anders als bei Bewertung zum Teilwert wird bei der Ermittlung des gemeinen Wertes die Beziehung des Wirtschaftsgutes zum Unternehmen nicht berücksichtigt, allerdings ist ein Gewinnaufschlag für jedes einzelne Wirtschaftsgut enthalten. Bei der Bewertung zum gemeinen Wert sind sämtliche stillen Reserven aufzudecken. Insbesondere selbst geschaffene immaterielle Wirtschaftsgüter einschließlich eines originären Firmenwerts sind anzusetzen und steuerfreie Rücklagen aufzulösen. Eine Ausnahme sind **Pensionsrückstellungen**, denn diese sollen laut § 20 Abs. 2 S. 1 Hs. 2 UmwStG mit dem **Teilwert**, der nach den Grundsätzen des § 6a Abs. 3 EStG ermittelt wird, erfasst werden. Da der tatsächliche Wert der Pensionsrückstellung regelmäßig den Teilwert nach § 6a EStG übersteigt, würde bei Ansatz des gemeinen Wertes in der steuerlichen Schlussbilanz der übertragenden Gesellschaft durch die aufgedeckten stillen Lasten Aufwand gegenüber einem Ansatz zum Teilwert entstehen. Der Zwang zum Teilwert führt also dazu, dass die enthaltenen **stillen Lasten**, die im gemeinen Wert berücksichtig würden, hier **nicht geltend gemacht** werden können. Diese Ausnahme vom Grundsatz des gemeinen Wertes kann so zu einer übermäßigen Besteuerung der Einbringung führen. Der gemeine Wert des Betriebsvermögens ist der Saldo der gemeinen Werte der einzelnen aktiven und passiven Wirtschaftsgüter (Tz. 23.17 f. i. V. m. 20.17 UmwStE). Die gemeinen Werte der einzelnen Wirtschaftsgüter dürfen gem. § 20 Abs. 2 S. 2 UmwStG allerdings nicht überschritten werden.

2.7.4 Zwischenwert

Wählt die übernehmende Kapitalgesellschaft einen über dem Buchwert liegenden Wertansatz, wobei jedoch nicht sämtliche in den Buchwerten des übertragenen Betriebsvermögens ruhenden stillen Reserven aufgedeckt werden, handelt es sich um einen **Zwischenwertansatz**. Der Ansatz von Zwischenwerten kann **freiwillig** geschehen, um auf Seiten des übertragenden Rechtsträgers eventuell noch vorhandene Verlustvorträge steuerlich zu nutzen, da diese nicht übertragen werden dürfen. Der Ansatz von Zwischenwerten kann auch **Pflicht** sein, z. B. nach § 20 Abs. 2 S. 2 Nr. 4 bzw. § 20 Abs. 2 S. 4 UmwStG bei Gewährung von sonstigen Gegenleistungen, deren gemeiner Wert die genannten Wertgrenzen von 25% des eingebrachten BV und 500.000 € bzw. den Buchwert des eingebrachten Betriebsvermögens übersteigt. Soll ein bestimmter Zwischenwert angesetzt werden, stellt sich die Frage, bei welchen übertragenen Wirtschaftsgütern die Buchwerte in welcher Höhe aufgestockt, d. h. stille Reserven aufgedeckt, werden müssen, um zum gewünschten Wertansatz zu gelangen.

Dabei sind die in den eingebrachten Wirtschaftsgütern, Schulden und steuerfreien Rücklagen vorhandenen stillen Reserven um einen einheitlichen Prozentsatz aufzudecken. Das Verhältnis des Aufstockungsbetrags, also der Differenz zwischen dem gewählten Zwischenwert und dem Buchwert des eingebrachten Betriebsvermögens, zum Gesamtbetrag der in den Buchwerten des Betriebsvermögens insgesamt ruhenden stillen Reserven ergibt den Prozentsatz, mit dem die Aufdeckung der stillen Reserven anteilig vorzunehmen ist. Anzuwenden ist der Prozentsatz sowohl auf die in den Wirtschaftsgütern des Anlagevermögens einschließlich der selbst erstellten immateriellen Anlagegüter als auch auf die in den Wirtschaftsgütern des Umlaufvermögens ruhenden stillen Reserven (Tz. 23.14 i. V. m. 03.25 f. UmwStE).

Beispiel	In die Black Pearl AG wird Betriebsvermögen mit einem Buchwert von 100.000 € und einem gemeinen Wert von 300.000 € eingebracht. Im Rahmen des Bewertungswahlrechts setzt die Black Pearl AG das Betriebsvermögen mit 200.000 € an. Die insgesamt vorhandenen stillen Reserven verteilen sich wie folgt: Gebäude 120.000 €, Maschine 60.000 € und Waren 20.000 €. Da der Aufstockungsbetrag 100.000 € beträgt und der Gesamtbetrag der insgesamt vorhandenen stillen Reserven 200.000 €, sind jeweils 50 % der stillen Reserven in den eingebrachten Wirtschaftsgütern aufzudecken. Demzufolge müssen stille Reserven i. H. v. 60.000 € beim Gebäude, 30.000 € bei der Maschine und 10.000 € bei den Waren aufgedeckt werden.

Mit dem Umwandlungssteuererlass 2011 erfolgte bei der Finanzverwaltung eine Abkehr von ihrer Auffassung der sogenannten modifizierten Stufentheorie, bei der ein originärer Firmenwert erst bei Ansatz sämtlicher Wirtschaftsgüter und Schulden mit dem gemeinen Wert, also bei vollständiger Aufdeckung der in ihnen ruhenden stillen Reserven, anzusetzen war, um eine verbleibende Differenz der bisher angesetzten Wirtschaftsgüter zum durch die Kapitalgesellschaft gewählten Wertansatz auszugleichen. Gem. Tz. 23.14 i. V. m. Tz. 03.26 i. V. m. Tz. 03.23 UmwStE sind nunmehr grundsätzlich beim Ansatz eines Zwischenwerts die stillen Reserven aller Wirtschaftsgüter und damit auch der originäre Firmenwert, mit Ausnahme von eventuellen stillen Lasten in Pensionsrückstellungen, anteilig um einen einheitlichen Prozentsatz aufzustocken.

Wird das gesamte eingebrachte Betriebsvermögen mit dem gemeinen Wert bewertet, sind sämtliche stille Reserven aufzudecken. Der gemeine Wert des Betriebsvermögens ist der Saldo der gemeinen Werte der einzelnen aktiven und passiven Wirtschaftsgüter (Tz. 23.17 UmwStE). Die gemeinen Werte der einzelnen Wirtschaftsgüter dürfen gem. § 20 Abs. 2 S. 2 UmwStG allerdings nicht überschritten werden.

2.8 Veräußerungspreis und Ansatz der gewährten Gesellschaftsanteile

Nach dem Einbringungskreislauf nach § 20 Abs. 3 S. 1 UmwStG gilt der Wert, mit dem die übernehmende Kapitalgesellschaft das eingebrachte Betriebsvermögen in ihrer Steuerbilanz ansetzt, für den Einbringenden sowohl als Veräußerungspreis für das übertragene Betriebsvermögen als auch als Anschaffungskosten für die gewährten Kapitalgesellschaftsanteile.

§ 20 Abs. 3 S. 1 UmwStG	
„Der Wert, mit dem die übernehmende Gesellschaft **das eingebrachte Betriebsvermögen** ansetzt, gilt für den Einbringenden als Veräußerungspreis	⇨ **Wertansatz** gilt als
	⇨ **Veräußerungspreis** und als
und als Anschaffungskosten der Gesellschaftsanteile."	⇨ **Anschaffungskosten**

Durch diese **Wertverknüpfung** wird gewährleistet, dass die in die Kapitalgesellschaft eingebrachten stillen Reserven des Betriebsvermögens auf die gewährten Anteile übergehen und dort bis zu ihrer Entstrickung repräsentiert bleiben. Auf diese Weise wird sichergestellt, dass bei einem Ansatz unter dem gemeinen Wert nicht aufgedeckte stille Reserven **beim Einbringenden** auch nach dem Einbringungsvorgang steuerverstrickt bleiben.

Merke: Die Anschaffungskosten der gewährten Kapitalgesellschaftsanteile sind an den Veräußerungspreis des eingebrachten Betriebsvermögens geknüpft, damit diese als ein **wirtschaftliches Äquivalent für die Besteuerung** des erfolgsneutral übertragenen Betriebsvermögens fungieren können.

2.8.1 Verdoppelung stiller Reserven

Wird eine Sacheinlage steuerneutral vorgenommen, werden die vor der Einbringung im Betriebsvermögen ruhenden stillen Reserven bei der übernehmenden Kapitalgesellschaft fortgeführt. Die stillen Reserven, die sich im eingebrachten Vermögen des Einbringenden im Zeitverlauf angesammelt haben, wechseln daher lediglich zum übernehmenden Rechtsträger.

Der Einbringende wird für die geleistete Sacheinlage an der übernehmenden Kapitalgesellschaft so beteiligt, dass der gemeine Wert der erhaltenen Anteile unmittelbar nach der Einbringung dem gemeinen Wert des übertragenen Betriebsvermögens entspricht. Die stillen Reserven werden bei einer steuerneutralen Übertragung des Betriebsvermögens in den Anteilen fortgeführt, indem der Wertansatz des Betriebsvermögens (Veräußerungspreis des übertragenen Vermögens) für die Anteile als Anschaffungskosten gilt. Damit ruhen unmittelbar nach der Sacheinlage stille Reserven in identischer Höhe sowohl im steuerneutral übergegangenen Betriebsvermögen bei der übernehmenden Kapitalgesellschaft als auch in den gewährten Anteilen beim Einbringenden.

Veräußert die übernehmende Kapitalgesellschaft das eingebrachte Betriebsvermögen und der Einbringende die erhaltenen Anteile, fällt bei beiden Veräußerungsvorgängen ein Veräußerungsgewinn an. Hätte der Einbringende anstatt eine Sacheinlage in die Kapitalgesellschaft vorzunehmen, das eingebrachte Betriebsvermögen direkt veräußert, wäre nur einmal ein steuerpflichtiger Veräußerungsgewinn angefallen.

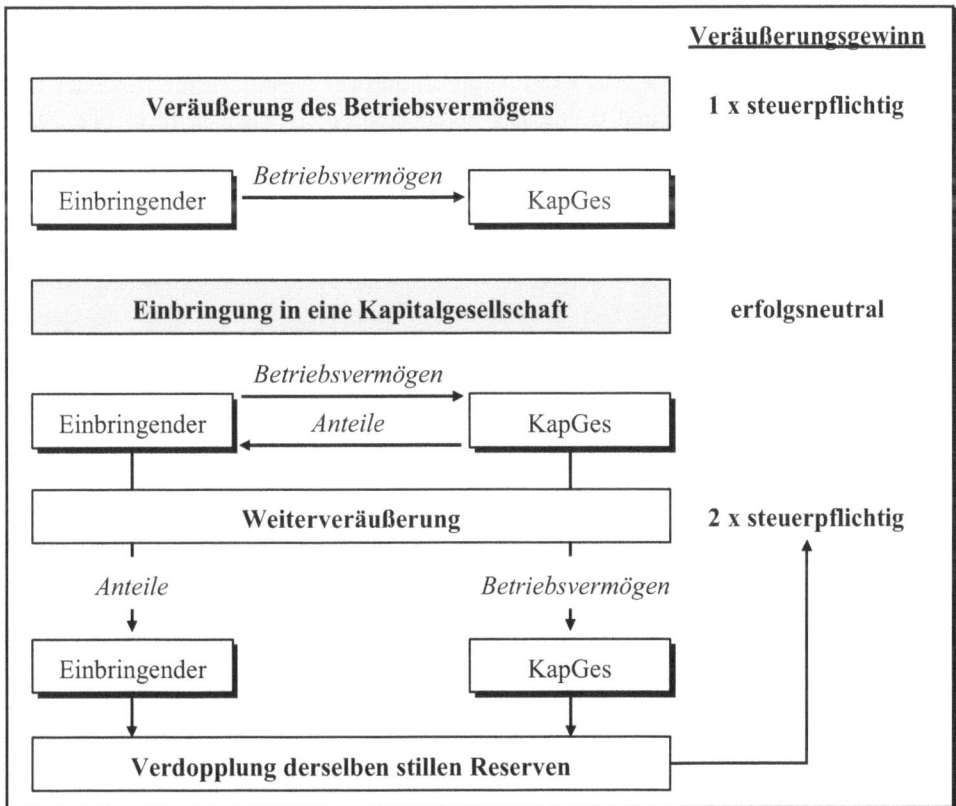

Abbildung 173: Verdopplung stiller Reserven

> **Merke:** Die steuerneutrale Einbringung von Betriebsvermögen in eine Kapitalgesell-
> schaft bewirkt eine Verdopplung stiller Reserven.

Es gilt zu klären, ob die Verdopplung der stillen Reserven zu einer Doppelbesteuerung
führt, wenn sowohl die Anteile als auch das eingebrachte Betriebsvermögen weiterveräußert werden, und wie eine eventuell entstehende Doppelbesteuerung verhindert werden
kann.

2.8.2 Veräußerungspreis des Betriebsvermögens

Der Veräußerungspreis ergibt sich aus dem Ansatz des eingebrachten Reinvermögens in der
Steuerbilanz der übernehmenden Kapitalgesellschaft. Werden durch einen Ansatz über dem
Buchwert steuerfreie Rücklagen, die der Einbringende zuvor gebildet hatte, aufgelöst, er-
höht sich der Veräußerungspreis. Zusätzliche Wirtschaftsgüter als Gegenleistung haben
keine Auswirkung auf den Veräußerungspreis, wenn ihr gemeiner Wert den ursprünglichen
Buchwert des eingebrachten Betriebsvermögens nicht übersteigt und auch die 25%-Grenze

bzw. der Grenzwert von 500.000 € nicht überschritten werden. Wenn dies doch der Fall ist, wirkt sich die sonstige Gegenleistung mittelbar über den Zwang zur Aufstockung auf den Veräußerungspreis aus. Der Ansatz eines Ausgleichspostens beeinflusst die Höhe des eingebrachten Reinvermögens und damit den Veräußerungspreis dagegen nicht (Tz. 20.20 UmwStE).

2.8.3 Anschaffungskosten der Kapitalgesellschaftsanteile

2.8.3.1 Allgemeines

Die in § 20 Abs. 3 S. 1 UmwStG geregelte Wertverknüpfung führt zu Anschaffungskosten der gewährten Kapitalgesellschaftsanteile, die grundsätzlich mit der Höhe des fiktiven Veräußerungspreises des eingebrachten Betriebsvermögens (Wertansatz in der Steuerbilanz der übernehmenden Kapitalgesellschaft) übereinstimmen. Dies ergibt sich aus dem Einbringungskreislauf, da sich über Buchwertfortführung und Buchwertverknüpfung der Wertansatz des übergehenden Vermögens auf die Anschaffungskosten der Anteile auswirkt.

> **Beispiel**
>
> Der Einzelunternehmer Stan bringt einen Betrieb zum Buchwert (Buchwert i. H. v. 50.000 € und gemeiner Wert i. H. v. 100.000 €) im Wege einer Sachkapitalerhöhung i. S. d. § 56 GmbHG in die Kyle GmbH (Stammkapital i. H. v. 50.000 € und gemeiner Wert i. H. v. 200.000 €) ein. Sowohl der Veräußerungspreis des eingebrachten Betriebsvermögens als auch die Anschaffungskosten der Anteile betragen 50.000 € (Wertansatz der übernehmenden Kapitalgesellschaft, d. h. der Buchwert). Die Kyle GmbH führt eine Kapitalerhöhung i. H. v. 25.000 € durch, damit Stan entsprechend seinem durch die Sacheinlage geleisteten Wertbeitrag i. H. v. 100.000 € zu einem Drittel am Stammkapital der Kyle GmbH beteiligt ist.
>
> Als Stan seine Anteile im Nennwert von 25.000 € kurz nach der Einbringung für 100.000 € (ein Drittel des Gesamtwerts der Kyle GmbH i. H. v. 300.000 €) an Kenny veräußert, erzielt er einen Veräußerungsgewinn i. H. v. 50.000 €.

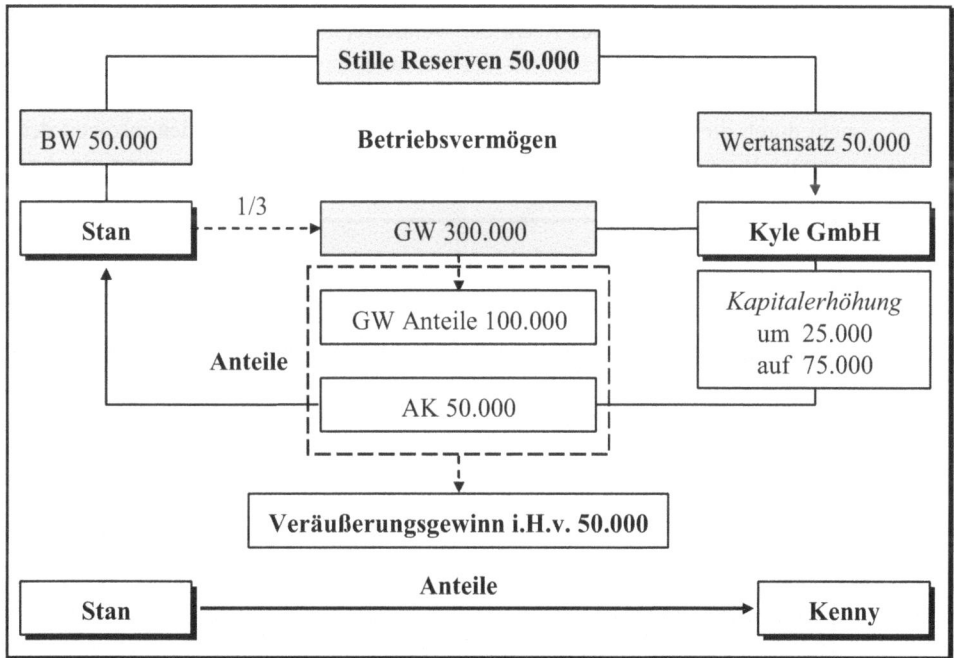

Abbildung 174: Äquivalenzfunktion der gewährten Kapitalgesellschaftsanteile

Hinweis: Hätte Stan sein Betriebsvermögen nicht in die Kyle GmbH eingebracht, sondern unmittelbar veräußert, hätte er ebenfalls einen Veräußerungsgewinn von
50.000 € erzielt. Denn durch die Wertverknüpfung zwischen dem steuerlichen
Wertansatz und den Anschaffungskosten der gewährten Anteile **(Äquivalenzfunktion)** wird gewährleistet, dass im Übertragungszeitpunkt steuerneutral
übergegangene stille Reserven in den Anteilen verstrickt sind. Der Nennbetrag der gewährten Anteile ist für die Höhe der Anschaffungskosten irrelevant. Er sagt lediglich etwas über Stans Beteiligung am Gesamtwert der Kyle
GmbH und somit über den gemeinen Wert der ihm gewährten Anteile aus.

2.8.3.2 Die Auswirkung der Einbringung ausländischen Betriebsstätten-vermögens auf die Anschaffungskosten der Kapitalgesellschafts-anteile

§ 20 Abs. 3 S. 2 formuliert eine Ausnahme zur Wertverknüpfung zwischen dem fiktiven
Veräußerungspreis und den anzusetzenden Anschaffungskosten der erhaltenen Anteile:

> **§ 20 Abs. 3 S. 2 UmwStG:** „Ist das Recht der Bundesrepublik Deutschland hinsichtlich der Besteuerung des Gewinns aus der Veräußerung des eingebrachten Betriebsvermögens im Zeitpunkt der Einbringung ausgeschlossen und wird dieses auch nicht durch die Einbringung begründet, gilt für den Einbringenden insoweit der gemeine Wert des Betriebsvermögens im Zeitpunkt der Einbringung als Anschaffungskosten der Anteile."

Wenn das Recht der Bundesrepublik Deutschland hinsichtlich der Besteuerung des Gewinns aus der Veräußerung des eingebrachten Betriebsvermögens im Zeitpunkt der Einbringung ausgeschlossen ist und dieses durch die Einbringung auch nicht begründet wird, darf der Einbringende seine erhaltenen Anteile insoweit mit dem gemeinen Wert dieses Betriebsvermögens ansetzen. Dieser Wertansatz ist unabhängig von der tatsächlichen Bewertung des eingebrachten Betriebsvermögens durch die übernehmende Gesellschaft, die auch zum Buch- oder Zwischenwert erfolgen kann. Ausgeschlossen ist das deutsche Besteuerungsrecht regelmäßig bei Einbringung von ausländischem Betriebsstättenvermögen aus Ländern, mit denen das DBA eine Freistellung ohne Aktivitätsvorbehalt vorsieht.[111] Folglich wird durch die Einbringung auch kein Besteuerungsrecht begründet, so dass es systematisch falsch wäre, wenn die im ausländischen Vermögen enthaltenen stillen Reserven durch Übertragung auf die gewährten Anteile bei deren Veräußerung in Deutschland zu versteuern wären. Diese Regelung ist von **Vorteil für den Einbringenden**, da auf diese Weise kein Besteuerungsrecht Deutschlands an stillen Reserven, die unter einer fremden Steuerhoheit gebildet wurden, geschaffen wird.

Beispiel

Der Einzelunternehmer Arthur Curry bringt seinen Betrieb zum Buchwert (Buchwert i. H. v. 50.000 € und gemeiner Wert i. H. v. 100.000 €) im Wege einer Sachgründung i. S. d. § 5 Abs. 4 GmbHG in die Atlantis GmbH ein. Teil des Einzelunternehmens ist eine Betriebsstätte von Arthur Curry in Frankreich, auf die 20.000 € der stillen Reserven entfallen. Da das DBA zwischen Frankreich und Deutschland eine Freistellung der Gewinne aus der Veräußerung von Betriebsstättenvermögen vorsieht, hatte Deutschland schon vor der Einbringung kein Besteuerungsrecht an der Betriebsstätte in Frankreich. Die übernehmende Gesellschaft darf das gesamte Vermögen zu Buchwerten übernehmen. Gem. § 20 Abs. 3 S. 1 UmwStG gilt der Wertansatz der übernehmenden Kapitalgesellschaft, d. h. der Buchwert i. H. v. 50.000 €, als Veräußerungspreis des eingebrachten Betriebsvermögens.

Bezüglich der Anschaffungskosten der Anteile von Arthur greift nun § 20 Abs. 3 S. 2 UmwStG. Weil für das französische Betriebsstättenvermögen in Deutschland weder vor noch nach der Einbringung ein Besteuerungsrecht besteht, hat Arthur bei der Bewertung seiner erhaltenen Anteile dessen gemeinen Wert anzusetzen.

---

[111] Vgl. Plewka, H./ Marquardt, M., Handbuch Umstrukturierung von Unternehmen nach UmwG, UmwStG, SEStEG, 2007, S. 388.

> Dementsprechend betragen die Anschaffungskosten der Anteile 70.000 € (Wertansatz der übernehmenden Kapitalgesellschaft, d. h. der Buchwert i. H. v. 50.000 € zuzüglich der auf die französische Betriebsstätte entfallenden stillen Reserven, hier i. H. v. 20.000 €).
>
> Würde Arthur Curry die erhaltenen Anteile lediglich mit 50.000 € bewerten und so nur den Ansatz der übernehmenden Gesellschaft nachvollziehen, wären die in der Betriebsstätte in Frankreich ruhenden stillen Reserven i. H. v. 20.000 € als stille Reserven in den erhaltenen Anteilen abgebildet. Bei einer Veräußerung der Anteile müsste Arthur diese stillen Reserven dann in Deutschland versteuern, obwohl weder vor noch nach der Einbringung ein Besteuerungsrecht Deutschlands an den stillen Reserven der Betriebsstätte besteht.

Durch diese Reglung wird der **Einbringungskreislauf** zugunsten des Steuerpflichtigen **durchbrochen**. Dem Steuerpflichtigen wird gestattet, seine erhaltenen Anteile höher zu bewerten als das System des Einbringungskreislaufs grundsätzlich vorsieht. Auf diese Weise mindert sich der Gewinn aus einer späteren Veräußerung der Anteile, und es kommt damit effektiv zu einer Verhinderung der systemwidrigen Besteuerung von stillen Reserven, die Deutschland nicht zustehen.

2.8.3.3 Die Auswirkung der Gewährung sonstiger Gegenleistungen auf die Anschaffungskosten der Kapitalgesellschaftsanteile

> **§ 20 Abs. 3 S. 3 UmwStG:** „Soweit neben den Gesellschaftsanteilen auch andere Wirtschaftsgüter gewährt werden, ist deren gemeiner Wert bei der Bemessung der Anschaffungskosten der Gesellschaftsanteile von dem sich nach den Sätzen 1 und 2 ergebenden Wert abzuziehen."

Erhält der Einbringende neben den Anteilen an der übernehmenden KapGes noch andere Wirtschaftsgüter, wird **deren gemeiner Wert gem. § 20 Abs. 3 S. 3 UmwStG von den Anschaffungskosten der gewährten KapGes-Anteile abgezogen, um eine spätere Versteuerung der stillen Reserven sicherzustellen**. Nur der Differenzbetrag aus den gem. § 20 Abs. 3 S. 1 - 2 UmwStG zu ermittelnden Anschaffungskosten der Anteile und dem gemeinen Wert der sonstigen Gegenleistung gilt in diesem Fall als Anschaffungskosten der gewährten Anteile. Wird dem Einbringenden neben neuen Kapitalgesellschaftsanteilen eine Barzahlung gewährt oder eine Darlehensforderung eingeräumt, liegt eine teilweise Veräußerung des eingebrachten Betriebsvermögens vor. Diese teilweise Veräußerung von Betriebsvermögen bleibt jedoch für den Einbringenden **zunächst ohne steuerliche Folgen**, d. h. es erfolgt keine Aufdeckung stiller Reserven zum Zeitpunkt der Sacheinlage, soweit der gemeine Wert der anderen Wirtschaftsgüter den Buchwert des eingebrachten Betriebsvermögens nicht übersteigt und auch nicht nach der Neuregelung des § 20 Abs. 2 S. 2 Nr. 4 UmwStG die 25 %-Grenze bzw. 500.000 €-Grenze überschritten werden.

In § 20 Abs. 3 S. 3 UmwStG wird dieser **steuerfreien Veräußerung** des Betriebsvermögens Rechnung getragen. Durch den Abzug des gemeinen Werts der anderen Wirtschaftsgüter i. S. d. § 20 Abs. 3 S. 3 UmwStG von den Anschaffungskosten nach § 20 Abs. 3 S. 1 UmwStG wird eine **vollständige Erfassung der stillen Reserven bei potenzieller späterer Veräußerung** der gewährten Kapitalgesellschaftsanteile bewirkt. In Höhe des gemeinen Werts der anderen Wirtschaftsgüter wird somit eine **Anpassung der Anschaffungskosten der Anteile** vorgenommen.

> **Merke:** Trotz einer **teilweise steuerfreien Veräußerung** des eingebrachten Betriebsvermögens durch die Gewährung anderer Wirtschaftsgüter bleibt die Steuerneutralität des Einbringungsvorgangs unberührt. Diese teilweise steuerfreie Veräußerung des eingebrachten Betriebsvermögens wird jedoch durch die **Übertragung der stillen Reserven** durch den Abzug des gemeinen Werts der anderen Wirtschaftsgüter von den Anschaffungskosten der Kapitalgesellschaftsanteile korrigiert. Die steuerfreie Veräußerung wird somit erst zum **Zeitpunkt der Entstrickung** der stillen Reserven in den Kapitalgesellschaftsanteilen erfolgswirksam.

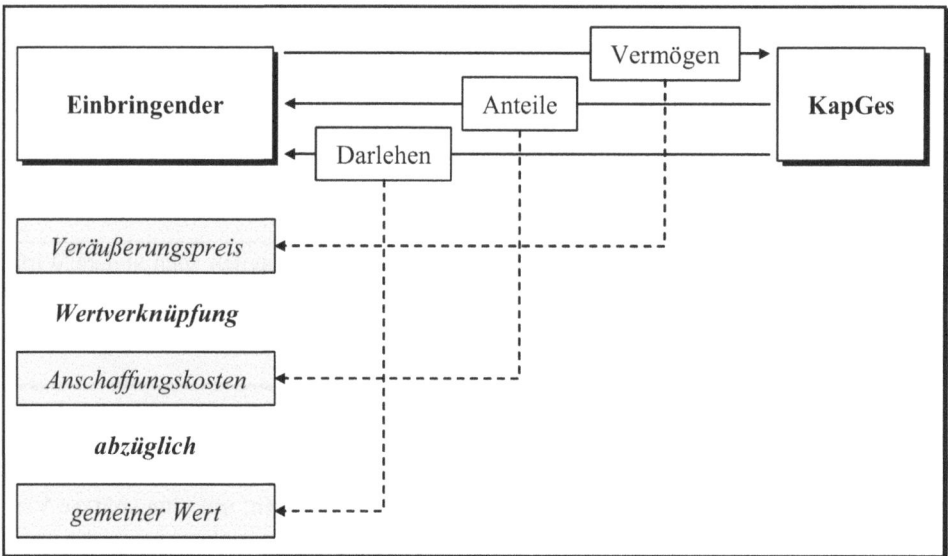

Abbildung 175: Übertragung stiller Reserven in Folge einer Gewährung anderer Wirtschaftsgüter

Beispiel

In Fortführung des Beispiels von S. 457 (Eigenkapital 100 T€ > Darlehen 50 T€) entschließt sich Eric, die ihm als Gegenleistung für die Sacheinlage gewährten Anteile an der Kenny GmbH nach der Einbringung seines Betriebsvermögens weiterzuveräußern.

Aktiva	Eröffnungsbilanz Kenny GmbH		Passiva
Grund u. Boden	50 T€	Stammkapital	50 T€
Gebäude	30 T€	Darlehen	50 T€
Maschinen	20 T€		
	100 T€		100 T€

Er erzielt einen Veräußerungspreis i. H. v. 110.000 € (Buchwerte der Steuerbilanz der Kenny GmbH i. H. v. 50.000 € zuzüglich stiller Reserven i. H. v. 60.000 €).

Die Anschaffungskosten seiner Anteile betragen 50.000 € (Veräußerungspreis des **eingebrachten Betriebsvermögens** und damit Anschaffungskosten i. S. d. § 20 Abs. 3 S. 1 UmwStG i. H. v. 100.000 € abzüglich des gemeinen Werts der Darlehensforderung i. H. v. 50.000 €).

Der Gewinn beläuft sich somit auf 60.000 € (= stille Reserven).

Hätte Eric seinen Betrieb nicht in die Kenny GmbH eingebracht, sondern direkt veräußert, hätte er ebenfalls einen Veräußerungsgewinn i. H. v. 60.000 € erzielt (gemeiner Wert i. H. v. 160.000 € abzüglich der Buchwerte i. H. v. 100.000 €). Der Gewinn aus der Veräußerung der Anteile hat sich gegenüber der direkten Veräußerung des Betriebsvermögens somit nicht geändert. Dies wird durch den Abzug des gemeinen Werts der anderen Wirtschaftsgüter von den Anschaffungskosten i. S. d. § 20 Abs. 3 S. 1 UmwStG erreicht.

Die Veräußerung des Betriebsvermögens erfolgte damit in zwei Schritten. Im ersten Schritt, also der Einräumung der Darlehensforderung, wurde eine Veräußerung des eingebrachten Betriebsvermögens vorgenommen, ohne dass dies steuerliche Folgen hatte. Erst im zweiten Schritt, also der Anteilsveräußerung, wirkt sich die steuerfreie Veräußerung auf den Erfolg aus.

Sofortveräußerung		Einbringung gegen teilweise Darlehensforderung und Veräußerung nach 8 Jahren			
	t_0		t_0		t_3
160.000	Veräußerungspreis	50.000	Darlehen	110.000	Veräußerungspreis
./. 100.000	Buchwert			./. 50.000	Buchwert
60.000	Veräußerungsgewinn	0		60.000	Veräußerungsgewinn

Gleiches Ergebnis = stille Reserven
Versteuerung aber erst zu dem Zeitpunkt, wenn die Anteile
veräußert werden, nicht schon bei Darlehensgewährung

Im Folgenden soll erneut zwischen den beiden Vorschriften § 20 Abs. 2 S. 4 UmwStG und § 20 Abs. 2 S. 2 Nr. 4 UmwStG unterschieden werden:

1.) § 20 Abs. 2 S. 4 UmwStG
Da gem. § 20 Abs. 2 S. 4 UmwStG der gemeine Wert der sonstigen Gegenleistung in der Steuerbilanz der übernehmenden Kapitalgesellschaft angesetzt werden muss, falls dieser den Buchwert des eingebrachten Betriebsvermögens übersteigt, ergeben sich in diesem Fall aufgrund der Wertverknüpfung des § 20 Abs. 3 S. 1 UmwStG und des Abzugs des gemeinen Werts der anderen Wirtschaftsgüter i. S. d. § 20 Abs. 3 S. 3 UmwStG Anschaffungskosten für die Kapitalgesellschaftsanteile von **Null**. Dazu kommt es, weil der Wertansatz in der Steuerbilanz in Folge der Zwangswertaufstockung dem gemeinen Wert der anderen gewährten Wirtschaftsgüter entspricht.

Beispiel

In Fortführung des Beispiels von S. 458 (Eigenkapital 100 T€ < Darlehen 120 T€) veräußert Eric die ihm gewährten Anteile an der Mc Cormick GmbH.

Aktiva	Eröffnungsbilanz Mc Cormick GmbH		Passiva
Grund u. Boden	60 T€	**Stammkapital**	**25 T€**
Gebäude	35 T€	Darlehen	120 T€
Maschinen	25 T€		
Ausgleichsposten	**25 T€**		
	145 T€		145 T€

Zur Erinnerung:
Eric musste bei der Einbringung seines Betriebes in die Mc Cormick GmbH, bei der er auch eine Darlehensforderung i. H. v. 120 T€ erhalten hatte, eine Zwangswertaufstockung der Buchwerte i. H. v. 20 T€ vornehmen. Der aktivierte Ausgleichsposten trägt den handelsrechtlichen Vorschriften über das Mindeststammkapital Rechnung und verhindert eine ergebniswirksame weitere Aufdeckung der stillen Reserven. Im Zeitpunkt der Veräußerung sind noch stille Reserven i. H. v. 40 T€ im Betriebsvermögen enthalten.

Eric erzielt einen Veräußerungspreis i. H. v. 40 T€ (Buchwerte der Steuerbilanz der Mc Cormick GmbH i. H. v. 0 € zuzüglich noch vorhandener stiller Reserven i. H. v. 40 T€).

Die Anschaffungskosten seiner Anteile betragen 0 € (Veräußerungspreis des **eingebrachten Betriebsvermögens** und damit Anschaffungskosten i. S. d. § 20 Abs. 4 S. 1 UmwStG i. H. v. 120.000 € abzüglich des gemeinen Werts der Darlehensforderung i. H. v. 120 T€).

Der Gewinn beläuft sich somit auf 40 T€ (= restliche stille Reserven).

Da Eric in Folge der Zwangswertaufstockung bereits einen originären Einbringungsgewinn von 20 T€ erzielt hat, ergibt sich in der Summe ein Betrag von 60 T€, der der Besteuerung unterliegt. Erneut ergibt sich genau dasselbe Ergebnis wie bei der direkten Veräußerung seines Betriebsvermögens, d. h. Eric erzielt einen gesamten Veräußerungsgewinn i. H. v. 60 T€, der den ursprünglich vorhandenen stillen Reserven entspricht.

Wäre keine Zwangswertaufstockung vorzunehmen gewesen, hätten nicht alle stillen Reserven bei Eric erfasst werden können. **Ohne die Regelung der Zwangswertaufstockung i. S. d. § 20 Abs. 2 S. 4 UmwStG** hätte der Buchwert als Wertansatz und damit als Anschaffungskosten der Kapitalgesellschaftsanteile i. S. d. § 20 Abs. 3 S. 1 UmwStG gegolten. Da der gemeine Wert der anderen Wirtschaftsgüter den Buchwert übersteigt, wäre die **Besteuerung der stillen Reserven nicht sichergestellt**, da der Abzug des gemeinen Werts von den Anschaffungskosten nicht ausreicht, um die steuerfreie Veräußerung des eingebrachten Betriebsvermögens wertmäßig auszugleichen. Denn durch den Abzug des höheren gemeinen Werts von den niedrigeren Anschaffungskosten wären **negative Anschaffungskosten** für die gewährten Kapitalgesellschaftsanteile die Folge. Da es negative Anschaffungskosten nicht gibt, wäre eine Erfassung sämtlicher stiller Reserven im eingebrachten Betriebsvermögen nicht möglich.

Eben dieser Verlust von stillen Reserven wird durch die Zwangswertaufstockung der Buchwerte bis zum gemeinen Wert der anderen gewährten Wirtschaftsgüter unterbunden. Die stillen Reserven, die ohne eine Zwangswertaufstockung verloren gingen, werden deshalb im Zeitpunkt der Übertragung aufgedeckt und steuerlich erfasst.

Der Regelungszweck des § 20 Abs. 2 S. 4 UmwStG ist daher **die Vermeidung der Entstehung negativer Anschaffungskosten und des damit einhergehenden Besteuerungsverlusts stiller Reserven**. Mit dieser Zwangswertaufstockung wird das gleiche Ziel verfolgt wie bei der Einbringung negativen Reinvermögens. Unterschiede bestehen allerdings in der Entstehung der negativen Anschaffungskosten. Während im Fall der Unterbilanz die **Wertverknüpfung** i. S. d. § 20 Abs. 3 S. 1 UmwStG unmittelbar zu negativen Anschaffungskosten führen würde, ist bei einer teilweise steuerfreien Veräußerung die Ursache in der **Sicherstellung der Besteuerung der stillen Reserven** zu sehen.

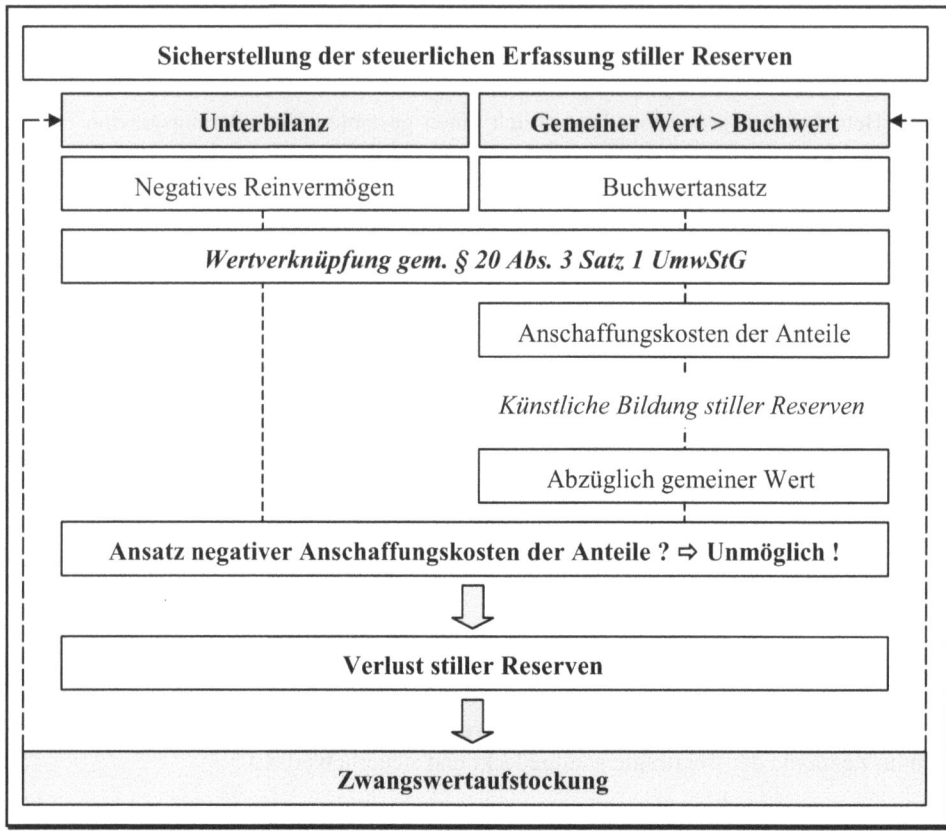

Abbildung 176: Sicherstellung der steuerlichen Erfassung stiller Reserven

Merke: Die Zwangswertaufstockung i. S. d. § 20 Abs. 2 S. 4 UmwStG schränkt die Steuerneutralität des Einbringungsvorgangs ein, da die Übertragung der stillen Reserven eine **natürliche Grenze** (Anschaffungskosten der Kapitalgesellschaftsanteile von Null) besitzt und es sonst zum Besteuerungsverlust stiller Reserven kommen würde. In der Zwangswertaufstockung i. S. d. § 20 Abs. 2 S. 4 UmwStG ist daher ebenso wie in der Zwangswertaufstockung bei einer Unterbilanz i. S. d. § 20 Abs. 2 S. 2 Nr. 2 UmwStG eine **Einschränkung der Steuerneutralität des Umwandlungsvorgangs** zu sehen, die die Erfassung der stillen Reserven sicherstellen soll, die nicht in den gewährten Anteilen repräsentiert werden würden.

Neben dem bei der Zwangswertaufstockung anfallenden Einbringungsgewinn gewährleistet die Wertverknüpfung i. S. d. § 20 Abs. 3 S. 1 UmwStG eine steuerliche Erfassung sämtlicher stiller Reserven. Dies wird dadurch erreicht, dass sowohl bei einer Einbringung negativen Reinvermögens als auch bei einer Gewährung anderer Wirtschaftsgüter, deren gemeiner Wert den Buchwert des eingebrachten Betriebsvermögens übersteigt, **stets Anschaffungskosten von Null die Folge sind**.

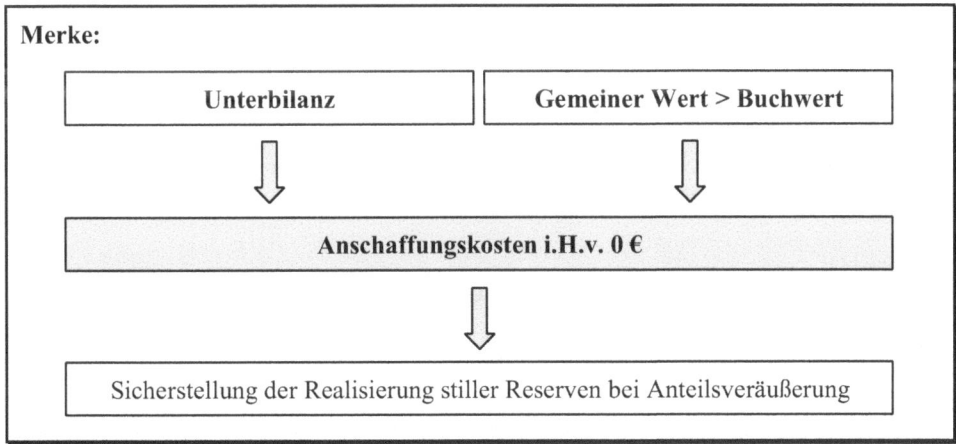

Abbildung 177: Sicherstellung der Erfassung stiller Reserven durch Anschaffungskosten von Null

2.) § 20 Abs. 2 S. 2 Nr. 4 UmwStG

§ 20 Abs. 2 S. 2 Nr. 4 UmwStG führt zwar zu einer Einschränkung der steuerneutral zulässigen Höhe der sonstigen Gegenleistung, an dem Konzept des § 20 Abs. 3 S. 3 UmwStG ändert sich dadurch allerdings nichts. Das bedeutet, dass auch in den Fällen, in welchen eine Zwangswertaufstockung aufgrund des Überschreitens der 25%- bzw. 500.000 €-Grenze erfolgen muss, die Sicherstellung der Besteuerung der stillen Reserven ebenfalls durch eine Kürzung der Anschaffungskosten erfolgt.

Beispiel

Ruth möchte ihr Einzelunternehmen in die Idgie GmbH einbringen. Das Einzelunternehmen hat ein Eigenkapital von 1,2 Mio. € und einen gemeinen Wert von 2 Mio. €. Neben neuen Anteilen an der Idgie GmbH möchte Ruth eine Barzahlung i. H. v. 800.000 € erhalten.
Inwieweit wird durch § 20 Abs. 3 S. 3 UmwStG nun ein zumindest teilweiser Steueraufschub erreicht?

Lösung

Auch wenn § 20 Abs. 2 S. 4 UmwStG keine Anwendung findet, da die sonstige Gegenleistung von 800.000 € unter dem Eigenkapital von 1,2 Mio. € liegt, ist die Vorschrift des § 20 Abs. 2 S. 2 Nr. 4 UmwStG zwingend zu beachten, die gem. § 27 Abs. 14 UmwStG bereits für Einbringungsvorgänge mit Umwandlungsbeschluss ab dem 01.01.2015 in Kraft getreten ist.

Es empfiehlt sich erneut die Vorgehensweise, die der Gesetzgeber in der Gesetzesbegründung vorgegeben hat (s. o. S. 465).

1. Schritt: Ermittlung des Umfangs der schädlichen Gegenleistung
Prüfung der Grenze des § 20 Abs. 2 S. 2 Nr. 4 UmwStG und Ermittlung des übersteigenden Betrags:

Gemeiner Wert der sonstigen Gegenleistung (= Barzahlung)	800.000 €
Höchstens 25 % des Buchwerts des eingebrachten Betriebsvermögens	
(= 25 % von 1,2 Mio. € = 300.000 €) oder 500.000 €,	
höchstens jedoch der Buchwert von 1,2 Mio. €	./. 500.000 €
= Übersteigender Betrag (schädliche Gegenleistung)	300.000 €

Beachte:
Dieser übersteigende Betrag ist nicht der steuerpflichtige Einbringungsgewinn!

2. Schritt: Umfang der Buchwertfortführung
Ermittlung des Verhältnisses des Werts des Betriebsvermögens, für das nach § 20 Abs. 2 S. 2 UmwStG in Abweichung von § 20 Abs. 2 S. 1 UmwStG die Buchwerte fortgeführt werden können:

$$\frac{\text{Gesamtwert des eingebrachten BV ./. übersteigende Gegenleistung}}{\text{Gesamtwert des eingebrachten BV}}$$

$$= \frac{2.000.000\ € ./.\ 300.000\ €}{2.000.000\ €} = 85\ \%$$

3. Schritt: Gesamter Wertansatz Buchwertquote und aufzudeckende Quote
Ermittlung des Wertansatzes des eingebrachten Betriebsvermögens bei der Übernehmerin:

Buchwertfortführung: 85 % von 1.200.000 €	1.020.000 €
Sonstige Gegenleistung, soweit § 20 Abs. 2 S. 2 Nr. 4 UmwStG	
überschritten	+ 300.000 €
= Ansatz des eingebrachten BV bei der Übernehmerin	1.320.000 €

4. Schritt: Aufzudeckende stille Reserven
Ermittlung des Übertragungsgewinns beim Einbringenden:

Veräußerungspreis (§ 20 Abs. 3 S. 1 UmwStG)	1.320.000 €
Buchwert des eingebrachten Betriebsvermögens	./. 1.200.000 €
= Einbringungsgewinn	120.000 €

Probe:
Der Einbringungsgewinn muss (100 % ./. 85 % =) 15 % der stillen Reserven betragen, d. h. 15% von 800.000 € = 120.000 € ✓

5. Schritt: Ermittlung Anschaffungskosten
Ermittlung der Anschaffungskosten der erhaltenen Anteile

Anschaffungskosten der erhaltenen Anteile (§ 20 Abs. 3 S. 1 UmwStG)	1.320.000 €
Wert der (gesamten) sonstigen Gegenleistungen (§ 20 Abs. 3 S. 3 UmwStG)	./. 800.000 €
= Anschaffungskosten der erhaltenen Anteile	520.000 €

Werden die erhaltenen neuen Anteile später zum Verkehrswert von 1.200.000 € (= 2.000.000 € ./. 800.000 €) veräußert, ergibt sich ein Veräußerungsgewinn i. H. v. 1.200.000 € ./. 520.000 € = 680.000 €.

Dieser Betrag von 680.000 € entspricht den auf die Übernehmerin übergegangenen stillen Reserven (= 800.000 € ./. 120.000 €).

Ruth versteuert somit in der Summe die stillen Reserven von 800.000 €:
- 120.000 € sofort im Einbringungszeitpunkt,
- 680.000 € bei Veräußerung der Anteile.

Auch im Rahmen der Neuregelung des § 20 Abs. 2 S. 2 Nr. 4 UmwStG führt § 20 Abs. 3 S. 3 UmwStG dazu, dass durch die Kürzung des gesamten Betrags der sonstigen Gegenleistung bei der Ermittlung der Anschaffungskosten der erhaltenen Anteile die Versteuerung der stillen Reserven sichergestellt bleibt.

2.9 Qualifikation des originären Einbringungsgewinns

Übersteigt der fiktive Veräußerungspreis i. S. d. § 20 Abs. 3 S. 1 UmwStG des eingebrachten Betriebsvermögens dessen Buchwert, entsteht für den Einbringenden ein steuerpflichtiger originärer Einbringungsgewinn. Die steuerlichen Folgen für den Einbringenden sind in § 20 Abs. 4 UmwStG geregelt.

2.9.1 Ansatz des gemeinen Wertes

Für den Fall, dass die übernehmende Kapitalgesellschaft das eingebrachte Betriebsvermögen mit dem gemeinen Wert ansetzt, erfolgt eine steuerliche Belastung wie bei einer **Betriebsveräußerung** i. S. d. § 16 Abs. 1 EStG, wenn ein Betrieb, Teilbetrieb oder ein Mitunternehmeranteil Einbringungsgegenstand i. S. d. § 20 Abs. 1 UmwStG ist. Die Einbringung von Betriebsvermögen stellt lediglich einen Spezialfall einer Betriebsveräußerung i. S. d. § 16 Abs. 1 EStG dar.

Einer natürlichen Person wird im Falle der Einbringung eines Betriebs, Teilbetriebs oder eines kompletten Mitunternehmeranteils zum gemeinen Wert gem. § 20 Abs. 4 S. 1 UmwStG der Freibetrag i. S. d. § 16 Abs. 4 EStG gewährt. Zusätzlich räumt § 20 Abs. 4 S. 2 UmwStG der natürlichen Person entweder die Anwendung der Fünftelregelung i. S. d. § 34 Abs. 1 EStG oder des reduzierten Durchschnittssteuersatzes i. H. v. 56 % i. S. d. § 34 Abs. 3 EStG ein. § 34 EStG kann jedoch nicht für den Teil des zu versteuernden Einkommens in Anspruch genommen werden, der auf Kapitalgesellschaftsanteile im eingebrachten Betriebsvermögen entfällt, da hierauf die Vorschriften des Teileinkünfteverfahrens i. S. d. § 3 Nr. 40 S. 1 Bst. b EStG i. V. m. § 3c Abs. 2 EStG Anwendung finden.

> **Merke:** Die Fünftelregelung und der reduzierte Durchschnittssteuersatz können nur für den Teil des eingebrachten Betriebsvermögens in Anspruch genommen werden, der nicht dem Teileinkünfteverfahren gem. § 3 Nr. 40 Bst. b EStG und § 3c Abs. 2 EStG unterliegt.

Wenn ein Teil eines Mitunternehmeranteils eingebracht wird, werden keine Begünstigungen gewährt, weil dieser Vorgang i. S. d. § 16 Abs. 1 S. 1 Nr. 2 EStG nicht wie eine Betriebsveräußerung behandelt wird. Ein originärer Einbringungsgewinn aus einer Einbringung eines Teiles eines Mitunternehmeranteils ist folglich gem. § 16 Abs. 1 S. 2 EStG als laufender Gewinn zu behandeln.

Einbringungs-gegenstand	Einkünfte i.S.d.	Steuerliche Begünstigungen
Betrieb, Teilbetrieb u. Mitunternehmeranteil	**§ 16 EStG**	§ 16 Abs. 4 EStG § 34 Abs. 1 / Abs. 3 EStG
Veräußerungspreis entfällt anteilig auf Anteile an einer Kapitalgesellschaft		§ 3 Nr. 40 Bst. b EStG § 16 Abs. 4 EStG

Abbildung 178: Besteuerung des Einbringungsgewinns bei Ansatz des gemeinen Wertes

Unterliegt der Einbringende der Körperschaftsteuer, zählt der Einbringungsgewinn zum laufenden Gewinn. Entfällt ein Teil des Veräußerungspreises auf Kapitalgesellschaftsanteile, wird der daraus resultierende Gewinn freigestellt. Nach § 8b Abs. 2 KStG wird ein Gewinn aus deren Veräußerung bei der Gewinnermittlung nicht berücksichtigt.

2.9.2 Zwischenwertansatz

Entsteht ein Einbringungsgewinn durch den Ansatz eines Zwischenwerts, zählt dieser sowohl bei einer Einbringung durch eine natürliche Person als auch durch eine juristische Person zum laufenden Gewinn. Weder der Freibetrag in § 16 Abs. 4 EStG noch die Fünftelregelung in § 34 Abs. 1 EStG oder der reduzierte Durchschnittssteuersatz gem. § 34 Abs. 3 EStG können in Anspruch genommen werden, da nicht sämtliche stillen Reserven im Übertragungszeitpunkt aufgedeckt werden.

Wenn ein Teil des Gegenstandes einer Einbringung nach § 20 UmwStG aus Kapitalgesellschaftsanteilen besteht, wird der auf diese Anteile entfallende Einbringungsgewinn bei der Einbringung durch eine natürliche Person durch das Teileinkünfteverfahren begünstigt und bei der Einbringung durch eine juristische Person gem. § 8b Abs. 2 KStG bei der Gewinnermittlung freigestellt.

Merke: Die Voraussetzung für die Anwendung der Steuervergünstigungen des § 16 Abs. 4 EStG sowie § 34 Abs. 1 und 3 EStG ist immer die **vollständige Aufdeckung** sämtlicher im eingebrachten Betriebsvermögen enthaltenen **stillen Reserven**.

2.10 Anrechnung fiktiver ausländischer Steuern

Wenn das Besteuerungsrecht Deutschlands an ausländischem Betriebsstättenvermögen durch einen Einbringungsvorgang eingeschränkt wird, ist das übergehende Betriebsstättenvermögen insoweit nach § 20 Abs. 2 S. 2 Nr. 3 UmwStG mit dem gemeinen Wert anzusetzen, was eine volle Besteuerung eines so entstehenden originären Einbringungsgewinnes zur Folge hätte. Wenn die übergegangene Betriebsstätte in der EU liegt und das Besteuerungsrecht Deutschlands nicht ohnehin schon durch ein DBA mit Freistellungsmethode ausgeschlossen ist, schränkt die Fusionsrichtlinie die Besteuerung des durch den erzwungenen Ansatz der gemeinen Werte entstandenen originären Einbringungsgewinn in Höhe der in der Betriebsstätte enthaltenen stillen Reserven ein. Durch den Ansatz der gemeinen Werte gilt das ausländische Betriebsstättenvermögen als im Rahmen der Einbringung veräußert. Entsprechend § 3 Abs. 3 UmwStG und Art. 10 FRL ist die fiktive ausländische Steuer, die auf diesen fiktiven Veräußerungsgewinn erhoben worden wäre, gem. § 20 Abs. 7 UmwStG auf die deutsche Steuer anzurechnen. Durch diese Anrechnung wird eine Doppelbesteuerung der in der ausländischen Betriebsstätte enthaltenen stillen Reserven vermieden.

Beispiel

Eine deutsche GmbH bringt ihre slowenische Betriebsstätte, die überwiegend passive Tätigkeiten ausübt, in eine französische SARL ein. Durch den Aktivitätsvorbehalt im DBA zwischen Deutschland und Slowenien ist bei passiven Betriebsstätten die Anrechnungsmethode anzuwenden. So kommt es durch den Einbringungsvorgang zu einem Ausschluss des deutschen Besteuerungsrechts hinsichtlich der Gewinne der Betriebsstätte. Diese gilt somit gem. § 20 Abs. 2 S. 2 Nr. 3 UmwStG im Rahmen der Einbringung als zum gemeinen Wert veräußert, um eine letztmalige Besteuerung sicherzustellen. Da aber in Slowenien die Buchwerte fortgeführt werden, entsteht im Zeitpunkt der Einbringung keine slowenische Steuer, die laut DBA angerechnet werden müsste. Der Einbringungsgewinn wäre somit vollständig in Deutschland zu versteuern. Zu einer Doppelbesteuerung kommt es dann, wenn die stillen Reserven in Slowenien aufgedeckt werden und slowenische Steuer anfällt.

Um dies zu vermeiden, ist die deutsche Steuer auf den fiktiven Veräußerungsgewinn im Zeitpunkt der Einbringung um die fiktive Steuer zu vermindern, die in Slowenien auf den Veräußerungsgewinn angefallen wäre.

2.11 Zeitpunkt der Einbringung und steuerliche Rückwirkung

Die Wirksamkeit einer Einbringung i. S. d. § 20 UmwStG liegt grundsätzlich zu dem Zeitpunkt vor, in dem das wirtschaftliche Eigentum am eingebrachten Vermögen auf die übernehmende Kapitalgesellschaft übergeht. Der steuerlich maßgebliche Zeitpunkt für die Übertragung des wirtschaftlichen Eigentums ist regelmäßig der **Übergang von Nutzen und Lasten am eingebrachten Betriebsvermögen**.

Erfolgt die Sacheinlage i. S. d. § 20 UmwStG im Wege der Gesamtrechtsnachfolge, entspricht der Zeitpunkt des Übergangs von Nutzen und Lasten der Eintragung der Vermögensübertragung ins Handelsregister. Der Zeitpunkt des Übergangs von Nutzen und Lasten wird bei Einzelrechtsnachfolge regelmäßig im Einbringungsvertrag fixiert (Tz. 20.13 UmwStE).

Art der Rechtsnachfolge	Steuerlich maßgeblicher Übertragungszeitpunkt
Gesamtrechtsnachfolge	Übergang von Nutzen und Lasten bei der Eintragung der Umwandlung ins Handelsregister
Einzelrechtsnachfolge	Fixierung des Übergangs von Nutzen und Lasten im Einbringungsvertrag

Abbildung 179: Steuerlich maßgeblicher Übertragungszeitpunkt

Der aus dem eingebrachten Betriebsvermögen generierte Gewinn bzw. Verlust wird ab diesem Zeitpunkt der übernehmenden Kapitalgesellschaft zugerechnet. Auf den zivilrechtlichen Eigentumsübergang ist in diesem Fall nicht abzustellen.[112]

2.11.1 Rückbeziehung des steuerlichen Übertragungszeitpunkts

Abweichend vom Grundsatz der steuerlichen Zurechnung zum Zeitpunkt des Übergangs des wirtschaftlichen Eigentums ist gem. § 20 Abs. 5 S. 1 UmwStG **auf Antrag** der übernehmenden Kapitalgesellschaft das Einkommen und das Vermögen des Einbringenden und der übernehmenden Kapitalgesellschaft zu ermitteln, als ob das eingebrachte Betriebsvermögen bereits **mit Ablauf** eines gem. § 20 Abs. 6 UmwStG zu bestimmenden **zurückliegenden Übertragungsstichtags** übergegangen wäre. Somit sind die Verhältnisse zum zurückliegenden steuerlichen Übertragungszeitpunkt (z. B. die Höhe der Buchwerte des einzubringenden Betriebsvermögens) bei der Ausübung des Bewertungswahlrechts entscheidend. Ebenfalls müssen die Voraussetzungen eines Betriebs, Teilbetriebs oder Mitunternehmeranteils bereits am steuerlichen Übertragungsstichtag vorgelegen haben (Tz. 20.14 i. V. m. Tz. 15.13 f. UmwStE). Der spätere Übergang von Nutzen und Lasten hat insofern keine Relevanz mehr. Die in Bezug auf das übertragene Betriebsvermögen anfallenden ertragsteuerlich relevanten Vorgänge werden nach dem steuerlichen Übertragungsstichtag nicht mehr beim Einbringenden, sondern bei der übernehmenden Kapitalgesellschaft erfasst, obwohl das Vermögen zivilrechtlich noch dem Einbringenden zuzurechnen ist (Tz. 20.15 i. V. m. Tz. 02.11 UmwStE).

2.11.2 Steuerlicher Übertragungsstichtag bei Gesamtrechtsnachfolge

Handelt es sich um eine Vermögensübertragung nach dem UmwG, bei der die Gesamtrechtsnachfolge gilt, darf der steuerliche Übertragungsstichtag gem. § 20 Abs. 6 S. 1 UmwStG **höchstens acht Monate** vor der Anmeldung der Vermögensübertragung zur Eintragung ins Handelsregister liegen. In § 20 Abs. 6 S. 1 UmwStG wird auf § 17 Abs. 2 UmwG verwiesen.

> **§ 17 Abs. 2 S. 4 UmwG:** „Das Registergericht darf die Verschmelzung nur eintragen, wenn die Bilanz auf einen höchstens acht Monate vor der Anmeldung liegenden Stichtag aufgestellt worden ist."

Der übernehmenden KapGes wird somit eingeräumt, den Tag der Aufstellung der handelsrechtlichen Schlussbilanz als steuerlichen Übertragungsstichtag zu wählen. Das Vermögen geht damit aus steuerlicher Sicht bereits mit Ablauf dieses Tages und nicht im Zeitpunkt des Übergangs des wirtschaftlichen Eigentums auf die übernehmende KapGes über.

---

[112] Vgl. Hagemann, J. et. al., SEStEG - Das neue Konzept der Verstrickung und Entstrickung sowie die Neufassung des Umwandlungssteuergesetzes, NWB, Sonderheft 1/2007, S. 38.

Die steuerliche Rückwirkung beginnt daher mit Ablauf des steuerlichen Übertragungsstichtags, d. h. dem Tag der Aufstellung der handelsrechtlichen Schlussbilanz, und reicht bis zur **Eintragung** (Übergang des wirtschaftlichen Eigentums) der Vermögensübertragung ins Handelsregister.

§ 20 Abs. 6 S. 2 UmwStG stellt klar, dass die Rückbeziehung auf den steuerlichen Übertragungsstichtag i. S. d. § 17 Abs. 2 UmwG nicht nur auf umwandlungsrechtliche Verschmelzungen, sondern auf sämtliche umwandlungsrechtliche Vermögensübertragungen, deren steuerrechtliche Ausgestaltung die Einbringung i. S. d. § 20 UmwStG ist, angewendet werden kann.

Ausländische Umwandlungsvorgänge, die ebenfalls eine Vermögensübertragung im Wege der Gesamtrechtsnachfolge darstellen, sind in § 20 Abs. 6 S. 3 UmwStG erfasst.

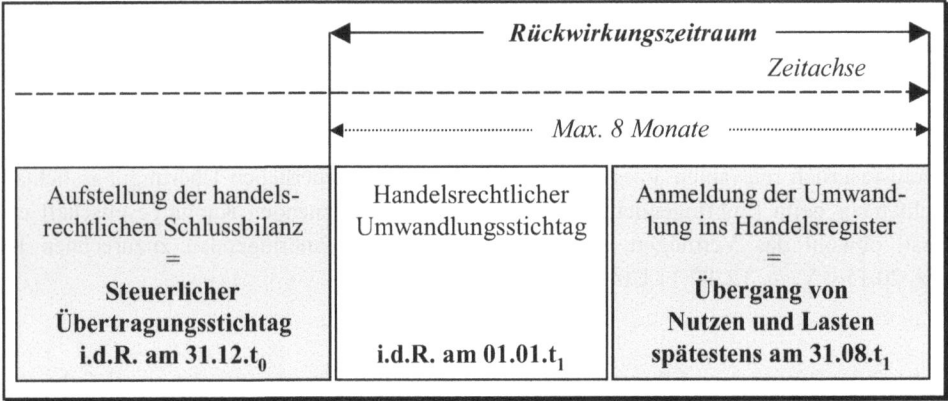

Abbildung 180: Steuerlicher Rückwirkungszeitraum bei Gesamtrechtsnachfolge

2.11.3 Steuerlicher Übertragungsstichtag bei Einzelrechtsnachfolge

Auch wenn die Einbringung des Betriebsvermögens durch Einzelrechtsübertragung erfolgt, ist eine Rückbeziehung auf einen Tag vor der Übertragung des wirtschaftlichen Eigentums möglich. Gem. § 20 Abs. 6 S. 3 UmwStG darf die Einbringung auf einen Tag zurückbezogen werden, der höchstens acht Monate vor dem Tag des Abschlusses des Einbringungsvertrags und höchstens acht Monate vor dem Zeitpunkt liegt, an dem das eingebrachte Betriebsvermögen wirtschaftlich auf die Kapitalgesellschaft übergeht.

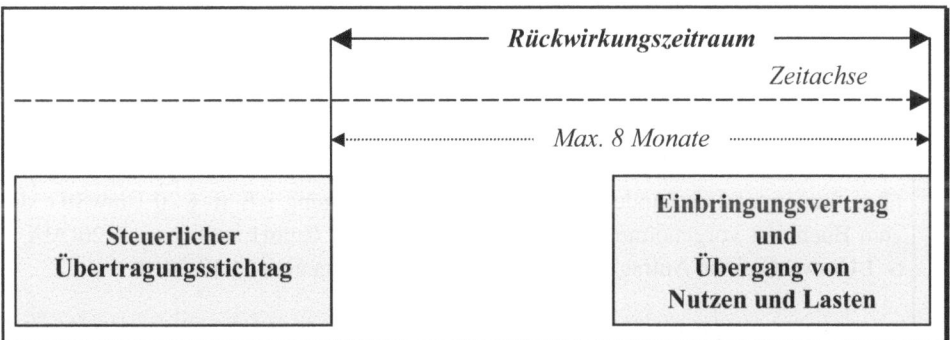

Abbildung 181: Steuerlicher Rückwirkungszeitraum bei Einzelrechtsnachfolge

> **Merke:** Bei Einbringungen, die im Wege der **Gesamtrechtsnachfolge** vorgenommen
> werden, ist der maßgebliche Zeitpunkt zur Ermittlung der Achtmonatsfrist die
> Anmeldung zur Eintragung der Vermögensübertragung ins Handelsregister.
> Bei Einbringungen, die im Wege der **Einzelrechtsnachfolge** vorgenommen
> werden, wird hingegen auf den Abschluss des Einbringungsvertrags und den
> Übergang des wirtschaftlichen Eigentums (Nutzen und Lasten) abgestellt.

2.11.4 Versagung der Rückbeziehung bei doppelter Nichtbesteuerung

Wenn die Rückbeziehung bei Einbringungen mit Auslandsbezug dazu führen würde, dass
Einkünfte in einem anderen Staat der Besteuerung entzogen werden, es also zu weißen
Einkünften käme, wird die Rückbeziehung gem. § 20 Abs. 6 S. 4 i. V. m. § 2 Abs. 3 UmwStG verwehrt. Wenn Rechtsträger aus mehreren Staaten bei der Einbringung beteiligt
sind, könnte es zu weißen Einkünften kommen, wenn die Regelungen zur steuerlichen
Rückbeziehung von Einbringungsvorgängen in den einzelnen Staaten unterschiedlich ausgestaltet sind. In diesen Fällen kommt es gem. § 20 Abs. 6 S. 4 UmwStG somit zu keiner
steuerlichen Rückwirkung.

2.11.5 Vorfälle im Rückwirkungszeitraum

2.11.5.1 Lieferungen und Leistungen

Lieferungen und Leistungen zwischen dem Einbringenden und der übernehmenden Kapitalgesellschaft innerhalb des Rückwirkungszeitraums sind steuerlich zu neutralisieren.

Beispiel

Rocky Balboa veräußert am 29.02.2020 ein Grundstück für 800.000 €, das er bislang mit 500.000 € sowohl in seiner Handelsbilanz als auch in seiner Steuerbilanz angesetzt hat, an die Drago GmbH. Am 31.07.2020 schließt Rocky mit der Drago GmbH einen Einbringungsvertrag ab. Das wirtschaftliche Eigentum am einzubringenden Betrieb, zu dem das zuvor veräußerte Grundstück gehörte, geht am selben Tag auf die GmbH über. Steuerrechtlich handelt es sich um eine Einbringung i. S. d. § 20 UmwStG, die zum Buchwert vorgenommen werden soll. Die Drago GmbH stellt gem. § 20 Abs. 5 S. 1 UmwStG einen Antrag auf steuerliche Rückwirkung zum 31.12.2019.

Da die Drago GmbH den Buchwertansatz wählt, ist das Grundstück mit Ablauf des 31.12.2019 mit 500.000 € in der Steuerbilanz zu bilanzieren. Der Gewinn i. H. v. 300.000 €, den Rocky am 29.02.2020 aus der Veräußerung des Grundstücks realisiert, ist steuerlich zu neutralisieren.

2.11.5.2 Entnahmen und Einlagen

§ 20 Abs. 5 S. 2 UmwStG enthält eine **Ausnahme vom Grundsatz der steuerlichen Rückwirkung**. Die Rückwirkung gilt hinsichtlich des Einkommens und des Gewerbeertrags nicht für innerhalb des Rückwirkungszeitraums durch den Einbringenden vorgenommene Entnahmen und Einlagen. Würden Entnahmen und Einlagen grundsätzlich nach körperschaftsteuerlichen Vorschriften erfasst werden, erfolgte eine steuerliche Erfassung dieser Vorgänge als **verdeckte Gewinnausschüttungen** und **verdeckte Einlagen**. Um diese Rechtsfolge zu vermeiden, werden sie weiterhin dem einbringenden Einzel- bzw. Mitunternehmer zugerechnet.[113]

Gem. § 20 Abs. 5 S. 3 UmwStG sind bei Entnahmen bzw. Einlagen innerhalb des Rückwirkungszeitraums die gem. § 20 Abs. 3 UmwStG zu ermittelnden Anschaffungskosten der Kapitalgesellschaftsanteile um den Buchwert der vorgenommenen Entnahmen zu vermindern bzw. um den Teilwert der Einlagen zu erhöhen.[114] Durch den Abzug bzw. die Hinzurechnung wird eine erfolgswirksame Auswirkung der Entnahmen bzw. Einlagen bei einer späteren Veräußerung der Kapitalgesellschaftsanteile verhindert.

---

[113] Vgl. BFH v. 29.04.1987, I-R-192/82, BStBl. II 1987, S. 797.

[114] Wird das Kapitalkonto durch Entnahmen im Rückwirkungszeitraum negativ, folgt daraus nach Ansicht des BFH keine Aufstockungspflicht. Der BFH nimmt den Ausgleich durch negative Anschaffungskosten vor (vgl. BFH v. 07.03.2018, I R 12/16, BFH/NV 2018, S 1063.

2.12 Besteuerung des Anteilseigners

2.12.1 Gefahr des Missbrauchs der steuerneutralen Einbringung

Wird Betriebsvermögen in Form von Betrieben, Teilbetrieben oder Mitunternehmeranteilen **steuerneutral** in eine unbeschränkt körperschaftsteuerpflichtige Kapitalgesellschaft eingebracht, erhält der Einbringende Anteile an der Übernehmerin als Gegenleistung für seine geleistete Sacheinlage. Der Anknüpfungspunkt für die weitere steuerliche Behandlung dieser Anteile ist § 22 UmwStG. Zielsetzung der Regelungen ist die Verhinderung von missbräuchlichen Gestaltungen nach einer Einbringung zum Buch- oder Zwischenwert. Es soll durch den Einbringungsvorgang nicht möglich sein, einen steuerlichen Vorteil zu erlangen oder gar der Besteuerung gänzlich zu entgehen.

Der Sinn und Zweck der Regelungen zur steuerneutralen Einbringung von Betriebsvermögen in Kapitalgesellschaften liegt in der Ermöglichung der Fortführung des unternehmerischen Engagements als nunmehr neuer Anteilseigner der übernehmenden Kapitalgesellschaft.

Eine eventuelle Veräußerung der aus der Einbringung erhaltenen Anteile kommt dementsprechend einer Aufgabe der unternehmerischen Tätigkeit gleich und soll nicht begünstigt werden. Dies gilt auch wenn die aus der Einbringung resultierenden Anteile gem. § 22 Abs. 6 UmwStG durch einen unentgeltlichen Rechtsnachfolger veräußert werden.

Setzt die übernehmende Kapitalgesellschaft das eingebrachte Betriebsvermögen unter dem gemeinen Wert an, wird eine vollständige Aufdeckung der stillen Reserven aufgeschoben. Durch die Wertverknüpfung zwischen Veräußerungspreis und den Anschaffungskosten der als Gegenleistung gewährten Anteile im Einbringungskreislauf wird sichergestellt, dass im Übertragungszeitpunkt steuerneutral auf die Kapitalgesellschaft übergegangene stille Reserven in den gewährten Anteilen verhaftet sind. Da die Veräußerung von Kapitalgesellschaftsanteilen im Ertragsteuerrecht privilegiert wird, könnte eine begünstigte Veräußerung dieser Anteile im Anschluss an die Umwandlung von steuerlich verstricktem Betriebsvermögen erfolgen. Im Betriebsvermögen ruhende stille Reserven könnten im Wege einer Einbringung in eine Kapitalgesellschaft somit der steuerlich privilegierten Veräußerung von Kapitalgesellschaftsanteilen zugeführt werden.

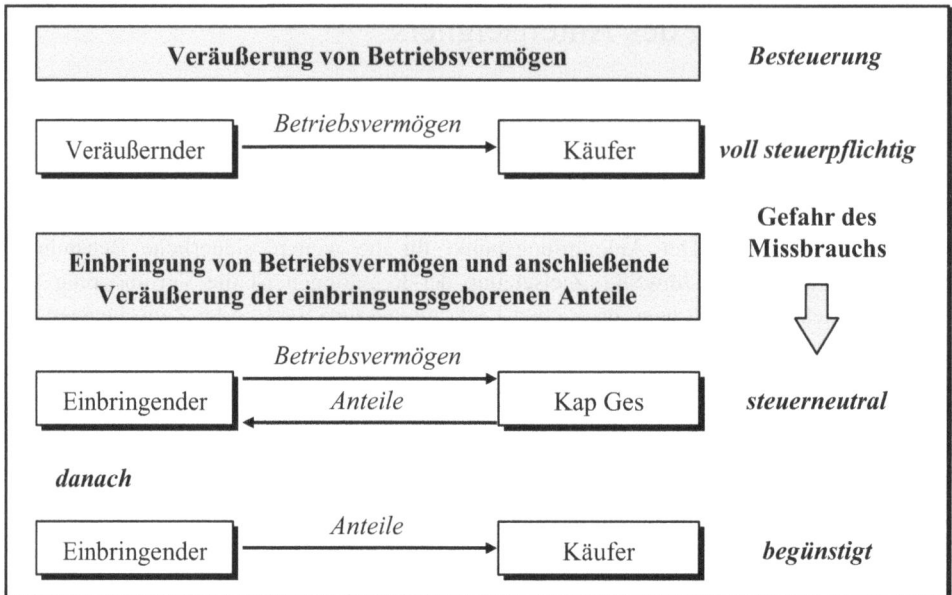

Abbildung 182: Tausch Betriebsvermögen gegen Anteile als Steuersparmodell?

Durch die Umwandlung von Betriebsvermögen, das bei einer Veräußerung durch eine natürliche Person zu begünstigten Einkünften i. S. d. § 16 EStG bzw. bei einer Veräußerung durch eine juristische Person zu einem laufenden Ertrag geführt hätte, in Kapitalgesellschaftanteile im Wege einer Einbringung i. S. d. § 20 UmwStG wäre eine Steuerumgehung möglich.

Die Veräußerung von Kapitalgesellschaftsanteilen wird sowohl durch das EStG als auch durch das KStG privilegiert. Handelt es sich beim Veräußernden um eine natürliche Person, wird der Veräußerungsgewinn durch das Teileinkünfteverfahren i. S. d. § 3 Nr. 40 S. 1 Bst. a, b, oder c i. V. m. § 3c Abs. 2 EStG begünstigt, wenn die Anteile im Betriebsvermögen oder mindestens in Höhe von 1 % gehalten werden, bzw. durch die Abgeltungsteuer gem. § 32d EStG i. V. m. § 20 Abs. 4 EStG, wenn die Anteile im Privatvermögen gehalten werden und weniger als 1 % betragen. Für Anteile, die als Gegenleistung für eine Einbringung von Betriebsvermögen gewährt wurden, ist die Vorschrift des § 17 Abs. 6 EStG zu beachten, wonach der Veräußerungsgewinn grundsätzlich dem Teileinkünfteverfahren unterliegt. Der Gewinn, den eine juristische Person aus der Veräußerung von Kapitalgesellschaftsanteilen erzielt, ist gem. § 8b Abs. 2 KStG i. V. m. § 8b Abs. 3 KStG steuerlich privilegiert.

Veräußerer	Begünstigung des Veräußerungsgewinns	Betriebsausgaben/ Werbungskosten
Natürliche Person	Veräußerungspreis § 3 Nr. 40 EStG Abgeltungssteuer § 32d EStG	§ 3c Abs. 2 Satz 1 EStG § 20 Abs. 4 EStG
Juristische Person	§ 8b Abs. 2 KStG	§ 8b Abs. 3 KStG

Abbildung 183: Allgemeine Veräußerungsprivilegien für Kapitalgesellschaftsanteile

Hinweis: Würde eine zivilrechtliche **Verschmelzung bzw. Auf- und Abspaltung einer Personengesellschaft auf eine Kapitalgesellschaft bzw. ein Formwechsel einer Personengesellschaft in eine Kapitalgesellschaft** von einem umwandlungssteuerrechtlichen Tatbestand erfasst, der keine speziellen Regelungen bezüglich der Veräußerung der gewährten Anteile vorsieht, wäre eine **missbräuchliche Inanspruchnahme der privilegierten Veräußerung von Kapitalgesellschaftsanteilen** für das steuerneutral übertragene Betriebsvermögen möglich.

Werden allerdings bereits im Übertragungszeitpunkt sämtliche im Betriebsvermögen ruhende stille Reserven durch den Ansatz des gemeinen Wertes aufgedeckt, besteht **keine Gefahr eines Missbrauchs**. Aus diesem Grund finden die Regelungen des § 22 UmwStG bei der Einbringung zum **gemeinen Wert** keine Anwendung.

Merke: Die Regelungen zur Missbrauchsverhinderung sind nur notwendig, wenn die übernehmende Kapitalgesellschaft das einzubringende Betriebsvermögen **unterhalb des gemeinen Werts** ansetzt.

Ein Missbrauch der Regelungen zur steuerneutralen Einbringung ist somit grundsätzlich möglich. Da durch die Einbringung im Umwandlungssteuergesetz jedoch nur Sachverhalte, die die Fortführung des unternehmerischen Engagements zum Ziel haben und nicht lediglich als Vorbereitung für eine Veräußerung dienen, begünstigt werden sollen, enthält § 22 UmwStG entsprechende einschränkende Regelungen.

2.12.2 Die rückwirkende Besteuerung der Einbringung

2.12.2.1 Systematik der Sperrfristenregelung

Um eine vom Gesetzgeber nicht gewollte Anwendung der steuerneutralen Einbringung von Betriebsvermögen ohne Fortführung der zugehörigen unternehmerischen Tätigkeit zu verhindern, enthält § 22 UmwStG das Konzept der rückwirkenden Besteuerung des Gewinns aus der Einbringung bei einer schädlichen Veräußerung der erhaltenen Anteile innerhalb einer bestimmten Sperrfrist:

§ 22 Abs. 1 S. 1 UmwStG	
„Soweit in den Fällen einer **Sacheinlage unter dem gemeinen Wert** (§ 20 Abs. 2 Satz 2) der Einbringende die erhaltenen Anteile **innerhalb eines Zeitraums von sieben Jahren** nach dem Einbringungszeitpunkt **veräußert**, ist der **Gewinn** aus der Einbringung **rückwirkend** im Wirtschaftsjahr der Einbringung als Gewinn des Einbringenden im Sinne von § 16 des Einkommensteuergesetzes **zu versteuern** (**Einbringungsgewinn I**); § 16 Abs. 4 und § 34 des Einkommensteuergesetzes sind nicht anzuwenden."	⇨ **Tatbestandsvoraussetzungen:** - Sacheinlage unter Fortführung stiller Reserven. - Veräußerung der erhaltenen Anteile innerhalb der Sperrfrist. ⇨ **Rechtsfolge:** - Rückwirkende Versteuerung des Einbringungsgewinns I

Um eine zeitnahe begünstigte Veräußerung der Anteile, die auf eine Umwandlung von steuerlich verstricktem Betriebsvermögen zurückzuführen ist, zu verhindern, ist zunächst zu bestimmen, welche Transaktionen als schädlich angesehen werden und auf welchen Zeitraum sich eine Regelung zur Missbrauchsverhinderung beziehen soll.

Durch die Einbringung von Betriebsvermögen, d. h. durch die Sacheinlage, erhält der Einbringende als Gegenleistung neue Anteile. Es erfolgt somit ein **Tausch von steuerlich unbegünstigtem in steuerlich begünstigtes Vermögen**. Sollten die als Gegenleistung erhaltenen Anteile zeitnah wieder veräußert werden, liegt die Vermutung nahe, dass die Einbringung selbst nicht aus unternehmerischen Gründen erfolgt ist, sondern lediglich zum Ziel hatte, den steuerpflichtigen Veräußerungsgewinn einer begünstigten Besteuerung zuzuführen.

So ist eine Veräußerung der als Gegenleistung erhaltenen Anteile einen Tag nach der Einbringung eindeutig als Missbrauch der steuerneutralen Einbringung anzusehen, wohingegen eine privilegierte Veräußerung der erhaltenen Anteile 60 Jahre nach der Einbringung mit Sicherheit keinen Missbrauchsgedanken im Zeitpunkt der Einbringung vermuten lässt.

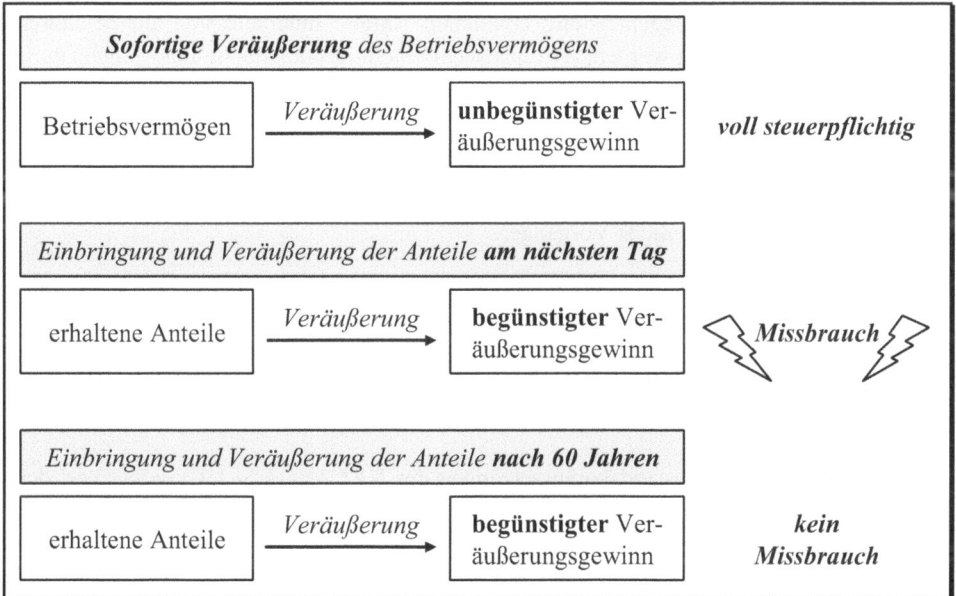

Abbildung 184: Veräußerung und schädliche Veräußerung

Wie lang die Haltefrist sein muss, ist in der Natur der Sache umstritten. Der Gesetzgeber hat sich diesbezüglich zu einer **Frist von 7 Jahren** entschlossen, innerhalb der bei einer Veräußerung der erhaltenen Anteile ein Missbrauchsgedanke im Zeitpunkt der Einbringung vermutet und sanktioniert wird. Aufgrund der pauschalen Natur der Frist ist bei einer Veräußerung innerhalb dieser sieben Jahre eine **Exkulpation nicht möglich**. Eine Veräußerung innerhalb der Frist ist somit immer als schädlich anzusehen. Der Beginn der Frist bestimmt sich nach § 20 Abs. 6 S. 1 UmwStG, d. h. in der Regel erfolgt eine Rückbeziehung des Einbringungszeitpunktes auf den Stichtag der Schlussbilanz des übertragenden Unternehmens.

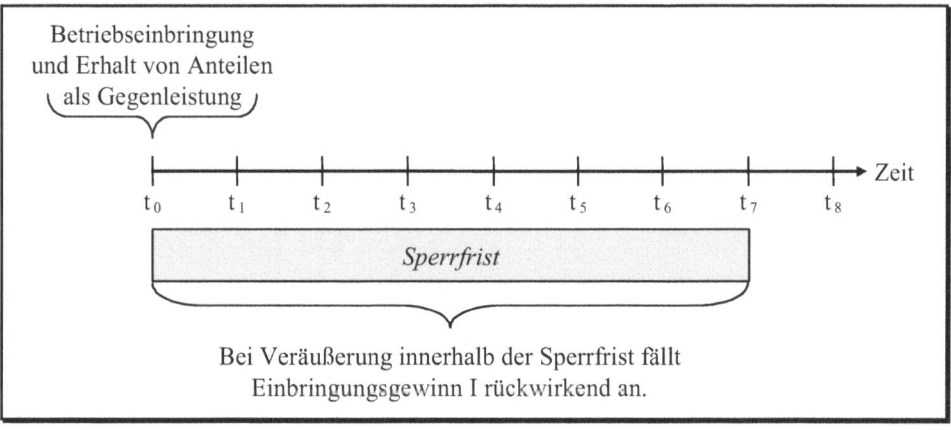

Abbildung 185: Schädliche Veräußerung innerhalb der Sperrfrist

> **Merke:** Wenn die als Gegenleistung erhaltenen Anteile innerhalb von sieben Jahren wieder veräußert werden, wird pauschal eine missbräuchliche Inanspruchnahme der Einbringung unterstellt.

Veräußerung i. S. d. § 22 Abs. 1 S. 1 UmwStG ist jede entgeltliche Übertragung des wirtschaftlichen Eigentums an den Kapitalanteilen auf einen anderen Rechtsträger, wie Verkauf, Tausch und tauschähnliche Vorgänge.

Beispiel

Frodo Beutlin bringt im Jahr 2018 sein Einzelunternehmen zu Buchwerten in die Mittelerde GmbH ein.

Zwei Jahre später, im Jahr 2020, veräußert er die erhaltenen Anteile an der Mittelerde GmbH zum gemeinen Wert an die Gandalf AG.

Hier liegen die Tatbestandsvoraussetzungen des § 22 Abs. 1 S. 1 UmwStG vor, denn es handelte sich um eine Einbringung unter dem gemeinen Wert gem. § 20 Abs. 2 S. 2 UmwStG und die Veräußerung der Anteile erfolgte innerhalb der Sperrfrist von sieben Jahren. Obwohl die Veräußerung der Anteile im Jahr 2020 stattfindet, fällt somit rückwirkend im Jahr 2018 ein Einbringungsgewinn I an.

Aber auch bei einem Veräußerungszeitpunkt innerhalb der siebenjährigen Sperrfrist ist fraglich, inwieweit schädliche Veräußerungen gleich behandelt werden sollen, d. h. ob jemand, der die erhaltenen Anteile schon nach einem Tag veräußert, jemandem gleichgestellt werden soll, der die schädliche Veräußerung erst sechs Jahre und 350 Tage nach der Einbringung vornimmt. Dies ist nach der aktuellen Regelung gerechterweise nicht der Fall. Bei schädlichen Veräußerungen, die innerhalb der willkürlich gewählten Sperrfrist von 7 Jahren auftreten, vermindert sich der Umfang der Nachversteuerung linear über die Zeit, die seit der Einbringung vergangen ist. Eine derartige Regelung trägt zu Gunsten des Steuerpflichtigen einem im Zeitablauf abnehmenden Missbrauchsgedanken Rechnung, wobei ab einer Zeit von 7 Jahren nach der Einbringung kein Missbrauch mehr angenommen wird.

> **Merke:** Je länger mit der Veräußerung gewartet wird, desto höher ist die Wahrscheinlichkeit, dass die Einbringung aus unternehmerischen Gründen durchgeführt wurde und desto geringer ist die Unterstellung eines Missbrauchs.

Das Ausmaß der rückwirkenden Besteuerung verringert sich **pauschal pro Jahr um ein Siebtel**, bis nach sieben Jahren keine Missbrauchsregelungen mehr greifen.

> **Merke:** Die **Sperrfrist**, innerhalb der es zu einer Anwendung der Missbrauchsregeln kommen kann, beträgt **sieben Jahre**. Während dieser Frist sinkt das Ausmaß der Sanktionen aufgrund der über den Zeitablauf **abnehmenden Missbrauchsvermutung** linear ab.

2.12.2.2 Systematik der rückwirkenden Besteuerung

Neben der Fristenregelung, nach deren Maßgabe eine missbräuchliche Absicht im Zeitpunkt der Einbringung unterstellt wird, stellt sich die Frage, auf welche Art und Weise eine Regelung ausgestaltet ist, die eine schädliche Veräußerung der erhaltenen Anteile so sanktionieren will, dass eine Steuerersparnis als missbräuchliches Motiv der Einbringung ausgeschlossen wird.

Die Regelungen zur Missbrauchsverhinderung zielen darauf ab, bei versuchter Steuervermeidung den gleichen steuerlichen Zustand herzustellen, als ob **die Einbringung selbst zum gemeinen Wert erfolgt** und somit **im Einbringungszeitpunkt ein unbegünstigter Veräußerungsgewinn** i. S. d. § 16 EStG entstanden wäre. Durch den jährlich stufenweise abnehmenden Missbrauchsgedanken kommt es allerdings nur bei schädlicher Veräußerung der erhaltenen Anteile innerhalb eines Jahres nach der Einbringung zu einer vollumfänglichen Wirkung der rückwirkenden Besteuerung.

Durch die Regelungen zur rückwirkenden Besteuerung soll der Einbringende so gestellt werden, als habe er das **Betriebsvermögen** selbst und **nicht die gewährten Anteile** zum **gemeinen Wert veräußert**, anstatt eine Einbringung zu Buch- oder Zwischenwerten vorzunehmen. Diese Veräußerung wird auf den Einbringungszeitpunkt rückdatiert und stellt damit ein rückwirkendes Ereignis i. S. d. § 175 Abs. 1 S. 1 Nr. 2 AO dar.

> **Merke:** Die Regelungen zur rückwirkenden Besteuerung fingieren statt der Einbringung eine Veräußerung des Betriebsvermögens zum gemeinen Wert im Einbringungszeitpunkt.

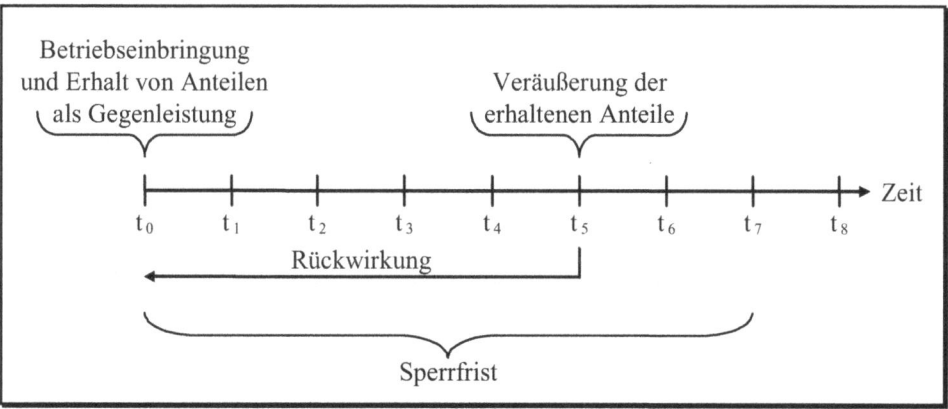

Abbildung 186: Rückwirkung bei schädlicher Veräußerung innerhalb der Sperrfrist

Beispiel

Frodo Beutlin bringt sein Einzelunternehmen unter Fortführung stiller Reserven in die Mittelerde GmbH ein und erhält dafür neue Anteile aus einer Sachkapitalerhöhung der übernehmenden Gesellschaft. Er veräußert die Anteile:

a) unmittelbar nach der Einbringung noch am selben Tag,
b) nach 5 Jahren,
c) nach 10 Jahren.

Fall a): Durch die unmittelbare Veräußerung der erhaltenen Anteile wird vermutet, dass die Einbringung lediglich aus steuerlichen Gesichtspunkten vorgenommen wurde und die Regelungen zur Buchwertfortführung somit missbraucht wurden. Daher soll Frodo so gestellt werden, als habe er das eingebrachte Betriebsvermögen zum gemeinen Wert veräußert. Da die Veräußerung unmittelbar nach der Einbringung erfolgt ist, greift die Siebtelregelung noch nicht.

Fall b): Die Veräußerung nach 5 Jahren fällt noch in die 7-jährige Sperrfrist, so dass ein Missbrauch der Einbringung vermutet wird. Aus diesem Grund greifen die Regelungen zur rückwirkenden Besteuerung. Da allerdings seit der Einbringung 5 Jahre vergangen sind und die Missbrauchsvermutung bis zum Ende der Sperrfrist abnimmt, gilt die Einbringung nur teilweise als missbräuchlich, was sich in einer gemilderten rückwirkenden Besteuerung der Einbringung niederschlägt.

Fall c): Da die Veräußerung nach Ablauf der 7-jährigen Sperrfrist durchgeführt wird, besteht keine pauschale Missbrauchsvermutung mehr, so dass die Anteile ohne rückwirkende Folgen veräußert werden können.

2.12.2.3 Der Einbringungsgewinn I

2.12.2.3.1   Ermittlung des Einbringungsgewinns I

Nach der aktuellen Systematik soll die Einbringung rückwirkend als zum gemeinen Wert vorgenommen gelten und dementsprechend auch rückwirkend besteuert werden. Bei der Einbringung zum gemeinen Wert gehen keine stillen Reserven über. Der entstehende Einbringungsgewinn ist einem Gewinn aus einer Veräußerung des Betriebsvermögens gleichzusetzen.

Es muss also der Gewinn ermittelt werden, der bei einer Einbringung zum gemeinen Wert entstanden wäre, soweit er nicht schon teilweise, etwa durch einen Ansatz von Zwischenwerten, versteuert werden musste.

Im Endeffekt handelt es sich hierbei um die auf den Übertragungsstichtag ermittelten übergegangenen und **nicht aufgedeckten stillen Reserven**. Die Höhe des Einbringungsgewinns I bestimmt sich nach § 22 Abs. 1 S. 3 UmwStG.

§ 22 Abs. 1 S. 3 UmwStG	
„Einbringungsgewinn I ist der Betrag, um den der gemeine Wert des eingebrachten Betriebsvermögens im Einbringungszeitpunkt nach Abzug der Kosten für den Vermögensübergang den Wert, mit dem die übernehmende Gesellschaft dieses einge- brachte Betriebsvermögen angesetzt hat, übersteigt, vermindert um jeweils ein Siebtel für jedes seit dem Einbringungszeitpunkt abgelaufene Zeitjahr."	⇨ **gemeiner Wert** des Betriebsvermögens ⇨ **abzüglich Wertansatz** bei Übernehmerin ⇨ **Siebtelregelung** ⇨ **Einbringungsgewinn I**

Demnach ist der Einbringungsgewinn I die **Differenz** zwischen dem **gemeinen Wer**t des
eingebrachten Betriebsvermögens **im Zeitpunkt der Einbringung** und dem gem. § 20
Abs. 2 UmwStG bei der aufnehmenden Gesellschaft **angesetzten Buch- oder Zwischenwert**.

Davon abzuziehen sind die Kosten des Vermögensüberganges.

Beispiel

Balin bringt sein Einzelunternehmen (gemeiner Wert 100 T€) zum Buchwert in die
Moria GmbH ein und veräußert die erhaltenen Anteile 4 Jahre später für 120 T€.

Obwohl die Anteile für 120 T€ veräußert wurden, wird der anfallende Einbringungsgewinn I anhand des gemeinen Wertes im Zeitpunkt der Einbringung ermittelt. Bemessungsgrundlage ist hier also 100 T€.

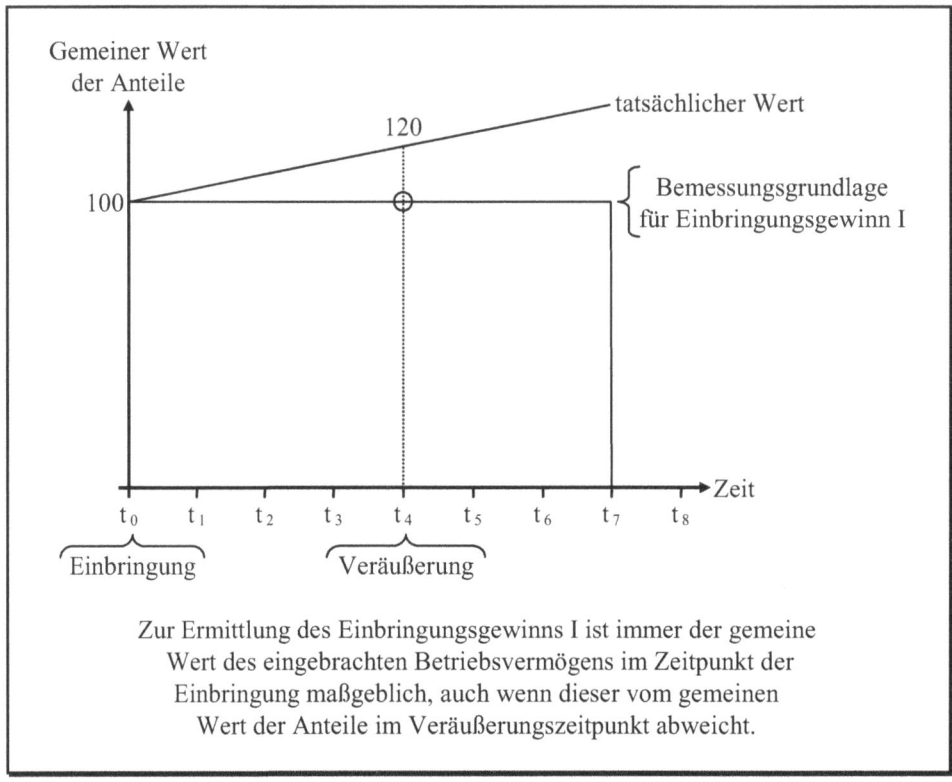

Abbildung 187: Bemessungsgrundlage des Einbringungsgewinns I

Merke: Für die Ermittlung und Besteuerung des **Einbringungsgewinns I** ist der gemeine Wert des übergegangenen Betriebsvermögens im **Zeitpunkt der Einbringung maßgeblich**.
Die Höhe eines letztendlich zu versteuernden **Veräußerungsgewinns** hängt vom gemeinen Wert der Anteile im **Veräußerungszeitpunkt** ab.

Diese Differenz aus gemeinem Wert und tatsächlich angesetztem Wert abzüglich der Veräußerungskosten ist dann noch **abhängig von dem Zeitraum**, der zwischen der Einbringung und dem schädlichen Ereignis liegt, für jedes seit dem Einbringungszeitpunkt abgelaufene Zeitjahr um ein Siebtel **zu verringern**.

Da die nachträgliche Besteuerung des Einbringungsgewinns I nur bei einer schädlichen Veräußerung innerhalb der Sperrfrist von sieben Jahren nach der Einbringung stattfindet und sich dieser während der Frist ratierlich vermindert, ist das Ergebnis dieser Regelungen eine sich über den Zeitablauf **stufenweise verändernde Wertgröße**.

Beispiel

Weil seit der Einbringung in die Moria GmbH 4 Jahre vergangen sind, bis Balin die Anteile veräußert, wird der fällige Einbringungsgewinn für jedes vollständig abgelaufene Zeitjahr um je ein Siebtel verringert. Somit muss Balin nur 3/7 der im Einbringungszeitpunkt übergegangenen stillen Reserven als Einbringungsgewinn I rückwirkend versteuern.

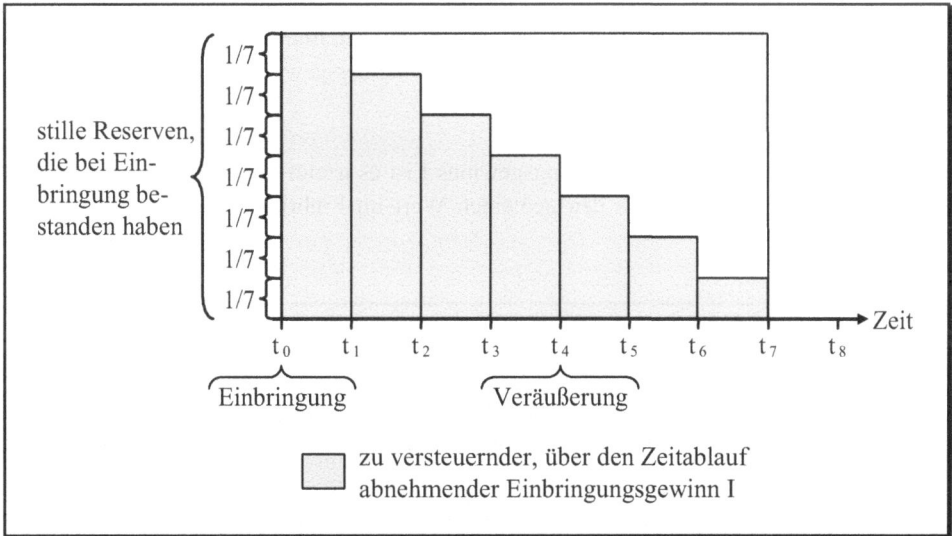

Abbildung 188: Verringerung des Einbringungsgewinns I über den Zeitablauf

Die Reduzierung des Einbringungsgewinns I über sieben Jahre wird damit begründet, dass die Vermutung eines steuerlichen Missbrauchs i. S. d Art. 11 Abs. 1 FRL der Einbringung mit der Zunahme des zeitlichen Abstandes der schädlichen Veräußerung zum Einbringungszeitpunkt abnimmt und damit die Wahrscheinlichkeit sinkt, dass der ursprüngliche Einbringungsvorgang zu Buch- oder Zwischenwerten dazu dienen sollte, die nachträglich erfolgte Veräußerung vorzubereiten. Die Siebtelregelung trägt dieser Abnahme des Missbrauchsgedankens somit zu Gunsten des Steuerpflichtigen Rechnung.

Merke: Je länger mit der Veräußerung gewartet wird, desto geringer ist der unbegünstigt zu besteuernde Einbringungsgewinn I.

Beispiel

Frodo bringt sein Einzelunternehmen (Buchwert 100 T€, gemeiner Wert 800 T€) zum Buchwert in die Mittelerde GmbH ein und veräußert die als Gegenleistung erhaltenen Anteile 5 Jahre später für 1.000 T€.

Da die Veräußerung innerhalb der Sperrfrist erfolgt, fällt ein Einbringungsgewinn I an, der rückwirkend auf den Zeitpunkt der Einbringung zu versteuern ist.

Da das eingebrachte Betriebsvermögen im Einbringungszeitpunkt einen gemeinen Wert von 800 T€ hatte und die übernehmende Gesellschaft dieses mit dem Buchwert von 100 T€ angesetzt hat, entsteht ein Einbringungsgewinn I i. H. v. 700 T€. Bei Buchwertfortführung und unter Vernachlässigung etwaiger Transaktionskosten handelt es sich hier also um die zum Einbringungszeitpunkt in Frodos Einzelunternehmen ruhenden stillen Reserven i. H. v. 700 T€.

Weil seit der Einbringung aber 5 Jahre vergangen sind, mindert sich der Einbringungsgewinn um 5/7, so dass Frodo nur einen Einbringungsgewinn I von 2/7, d. h. 200 T€ rückwirkend zu versteuern hat.

Für die Ermittlung des Einbringungsgewinns I ist es irrelevant, dass Frodo die Anteile für einen höheren Preis als den gemeinen Wert im Einbringungszeitpunkt veräußert hat.

	Gemeiner Wert zum Einbringungszeitpunkt
./.	bei Einbringung angesetzter Wert
=	Differenz
./.	Differenz * 1/7 * vergangene Zeitjahre
=	**Einbringungsgewinn I**

Abbildung 189: Berechnung des Einbringungsgewinns I

Leonidas bringt sein Einzelunternehmen (Buchwert 100 T€, gemeiner Wert 1.500 T€) am 01.01.2020 in die Sparta GmbH ein. Er veräußert die als Gegenleistung erhaltenen Anteile zum Preis von 1.600 T€ jeweils alternativ am 01. Juli der Jahre 2020 - 2027.
Die Basis für die Berechnung des Einbringungsgewinns I sind die im Einbringungszeitpunkt übergegangenen stillen Reserven i. H. v. 1.500 T€ ./. 100 T€ = 1.400 T€. In Abhängigkeit von der seit dem Einbringungsstichtag vergangenen Zeit nimmt der Einbringungsgewinn I pro Jahr um ein Siebtel ab:

01.07.	2020	2021	2022	2023	2024	2025	2026	2027
⇨ EBG I	1.400 T€	1.200 T€	1.000 T€	800 T€	600 T€	400 T€	200 T€	0 T€

Die neu gebildeten stillen Reserven von 1.600 T€ ./. 1.500 T€ = 100 T€ fließen zwar in den von Leonidas erzielten Verkaufspreis ein, sind aber für die Berechnung des Einbringungsgewinns I irrelevant, da sie erst nach dem Einbringungsstichtag entstanden sind.

2.12.2.3.2 Schädliche Veräußerung eines Teils der gewährten Anteile

Wenn der Einbringende nicht sämtliche aus der Einbringung erhaltenen Anteile veräußert, wird der Einbringungsgewinn I nur anteilig besteuert. Hält der Einbringende neben den als Gegenleistung für die Einbringung erhaltenen Anteilen weitere Anteile an der übernehmenden Kapitalgesellschaft und werden diese veräußert, erfolgt keine Umqualifizierung des begünstigten Gewinns. Die Veräußerung ist zudem nur dann schädlich, wenn sie durch den Einbringenden selbst oder gem. § 22 Abs. 6 UmwStG durch seinen unentgeltlichen Rechtsnachfolger erfolgt.

Merke: Wenn der Einbringende die erhaltenen Anteile nur teilweise veräußert, finden die Regelungen zur rückwirkenden Besteuerung der Einbringung nur insoweit Anwendung, wie die Anteile auch tatsächlich veräußert werden.

Beispiel

Frodo Beutlin bringt sein Einzelunternehmen (Buchwert 100 T€, gemeiner Wert 800 T€) zum Buchwert in die Mittelerde GmbH.
Fünf Jahre später veräußert er **die Hälfte** seiner als Gegenleistung aus der Einbringung erhaltenen Anteile an der Mittelerde GmbH an den Finanzinvestor Gandalf.

Weil die Veräußerung innerhalb der Sperrfrist erfolgt ist, fällt ein Einbringungsgewinn I an, der rückwirkend zu versteuern ist. Dieser wird nach den Maßgaben des § 22 Abs. 1 S. 3 UmwStG ermittelt. Da Frodo aber nur die Hälfte der erhaltenen Anteile steuerschädlich veräußert hat, finden die Regelungen zur rückwirkenden Besteuerung dementsprechend auch nur hälftig Anwendung.

Der endgültig zu versteuernde Einbringungsgewinn I beträgt somit nicht die nach § 22 Abs. 1 S. 3 UmwStG ermittelten 200 T€ (2/7 der übergegangenen stillen Reserven), sondern nur die Hälfte, weil auch nur die Hälfte der Anteile veräußert wurde. Daher hat Frodo einen Einbringungsgewinn I i. H. v. 100 T€ zu versteuern.

2.12.2.3.3 Bei Betriebseinbringung mit eingebrachte Anteile

Die gemeinen Werte von mit eingebrachten Gesellschaftsanteilen sind gem. § 22 Abs. 1 S. 5 Hs. 1 UmwStG nicht bei der Ermittlung des Einbringungsgewinns I zu berücksichtigen, da diese bereits vor der Einbringung privilegiert veräußert werden konnten und eine Nachversteuerung im Rahmen des Einbringungsgewinns I daher nicht systemgerecht wäre. Dementsprechend ist allerdings auch der Anteil der Veräußerungskosten, der auf mit eingebrachte Anteile entfällt, nicht abziehbar. Für diese als Teil einer Betriebseinbringung eingebrachten Anteile gelten die Regelungen zur Nachversteuerung bei einem Anteilstausch.

Beispiel

Aragorn bringt sein Einzelunternehmen (Buchwert 100 T€, gemeiner Wert 800 T€) zum Buchwert in die Gefährten GmbH ein. Teil des Betriebsvermögens seines Unternehmens sind mehrere Minderheitsbeteiligungen an Kapitalgesellschaften (Buchwert 50 T€, gemeiner Wert 400 T€), die als wesentliche Betriebsgrundlagen Teil der Sacheinlage i. S. d. § 20 Abs. 1 UmwStG sind. Wenn Aragorn die aus der Einbringung erhaltenen Anteile an der Gefährten GmbH innerhalb der Sperrfrist veräußert, fällt ein Einbringungsgewinn I an. Die mit eingebrachte Anteile werden allerdings nicht in die Ermittlung der Höhe des nachzuversteuernden Einbringungsgewinns I einbezogen, da Aragorn diese Anteile auch vor der Einbringung begünstigt hätte veräußern können. Insoweit ist eine Sanktion der Veräußerung systematisch nicht notwendig.

Der Einbringungsgewinn I stützt sich folglich lediglich auf die im Rest des Betriebsvermögens übergegangenen stillen Reserven i. H. v. 350 T€.

Wenn allerdings das deutsche Besteuerungsrecht hinsichtlich des Gewinns aus der Veräußerung der erhaltenen Anteile, die die in den mit eingebrachten Anteilen ruhenden stillen Reserven enthalten, ausgeschlossen ist, sind die Regelungen zum Einbringungsgewinn I gem. § 22 Abs. 1 S. 5 Hs. 2 UmwStG doch anzuwenden, um eine systemwidrige Nichtbesteuerung der in den mit eingebrachten Anteilen ruhenden stillen Reserven zu vermeiden.

Beispiel

Der **in Frankreich ansässige** Einzelunternehmer Asterix bringt eine **deutsche Betriebsstätte** in die deutsche Kleinbonum GmbH ein. Zu dem eingebrachten Betriebsvermögen gehören auch Anteile an einer Kapitalgesellschaft. Das deutsche Besteuerungsrecht an dem Gewinn aus der Veräußerung der erhaltenen Anteile an der Kleinbonum GmbH durch Asterix ist aufgrund des anzuwendenden DBA ausgeschlossen. Um durch die Einbringung nicht das Besteuerungsrecht an den in den mit eingebrachten Anteilen zu verlieren, bestimmt § 22 Abs. 1 S. 5 Hs. 2 UmwStG, dass in diesem Spezialfall die Regelungen zum Einbringungsgewinn I auch für die eingebrachten Anteile anzuwenden sind.

2.12.2.4 Qualifikation des Einbringungsgewinns I

Der Einbringungsgewinn I unterliegt als Gewinn i. S. d. § 16 EStG der unbegünstigten Besteuerung des EStG bzw. KStG. Der **Sanktionscharakter** des Konstruktes des Einbringungsgewinns I zeigt sich gem. § 22 Abs. 1 S. 1 Halbsatz 2 UmwStG darin, dass die Vergünstigungen des § 16 Abs. 4 und § 34 EStG nicht anwendbar sind (Tz. 22.07 UmwStE).

Beispiel

Im Zuge der Vorbereitungen auf seinen Ruhestand hat Bilbo Beutlin sein Einzelunternehmen unter dem gemeinen Wert in die Hobbit GmbH eingebracht und die erhaltenen Anteile unmittelbar darauf zum gemeinen Wert veräußert. Fraglich ist, ob diese Vorgehensweise vorteilhaft für ihn ist.

Da die Tatbestandsvoraussetzungen des § 22 Abs. 1 S. 1 UmwStG erfüllt sind, fällt bei der Veräußerung der Anteile der Hobbit GmbH ein Einbringungsgewinn I an. Dieser ist, obwohl es sich um die Veräußerung von Kapitalgesellschaftsanteilen handelt, als Gewinn i. S. d. § 16 EStG zu behandeln.

Theoretisch könnte Bilbo demnach für die Besteuerung des Gewinns den reduzierten Durchschnittssteuersatz des § 34 Abs. 3 EStG oder den Freibetrag des § 16 Abs. 4 EStG in Anspruch nehmen. Da bei der unmittelbar auf die Einbringung folgenden schädlichen Veräußerung der erhaltenen Anteile unwiderlegbar ein Missbrauchsgedanke vermutet wird, hat das Konstrukt des Einbringungsgewinns I auch einen Sanktionscharakter. So dürfen laut § 22 Abs. 1 S. 1 Halbsatz 2 UmwStG die Vergünstigungen des § 16 Abs. 4 sowie § 34 EStG nicht in Anspruch genommen werden.

Dadurch wird Bilbo bei dem beschriebenen Vorgehen steuerlich schlechter gestellt als bei einer Veräußerung des Betriebsvermögens ohne vorhergehende Einbringung. Aus diesem Grund wäre es für Bilbo ratsam gewesen, unter diesen Umständen auf die Einbringung zu verzichten und das Betriebsvermögen unmittelbar zu veräußern.

2.12.2.5 Gefahr einer Doppelbesteuerung der stillen Reserven

Die schädliche Veräußerung der erhaltenen Anteile führt darüber hinaus **im Zeitpunkt der tatsächlichen Veräußerung** zu einem **weiteren steuerpflichtigen Tatbestand**, nämlich einem **begünstigten Veräußerungsgewinn**. Dieser ist bei natürlichen Personen gem. § 3 Nr. 40 EStG (Teileinkünfteverfahren über § 17 Abs. 6 EStG!) und bei juristischen Personen gem. § 8b KStG zu versteuern. Da allerdings durch denselben Veräußerungsvorgang gleichzeitig der **Einbringungsgewinn I** rückwirkend im Jahr der Einbringung anfällt, besteht hier die Gefahr einer Doppelbesteuerung.

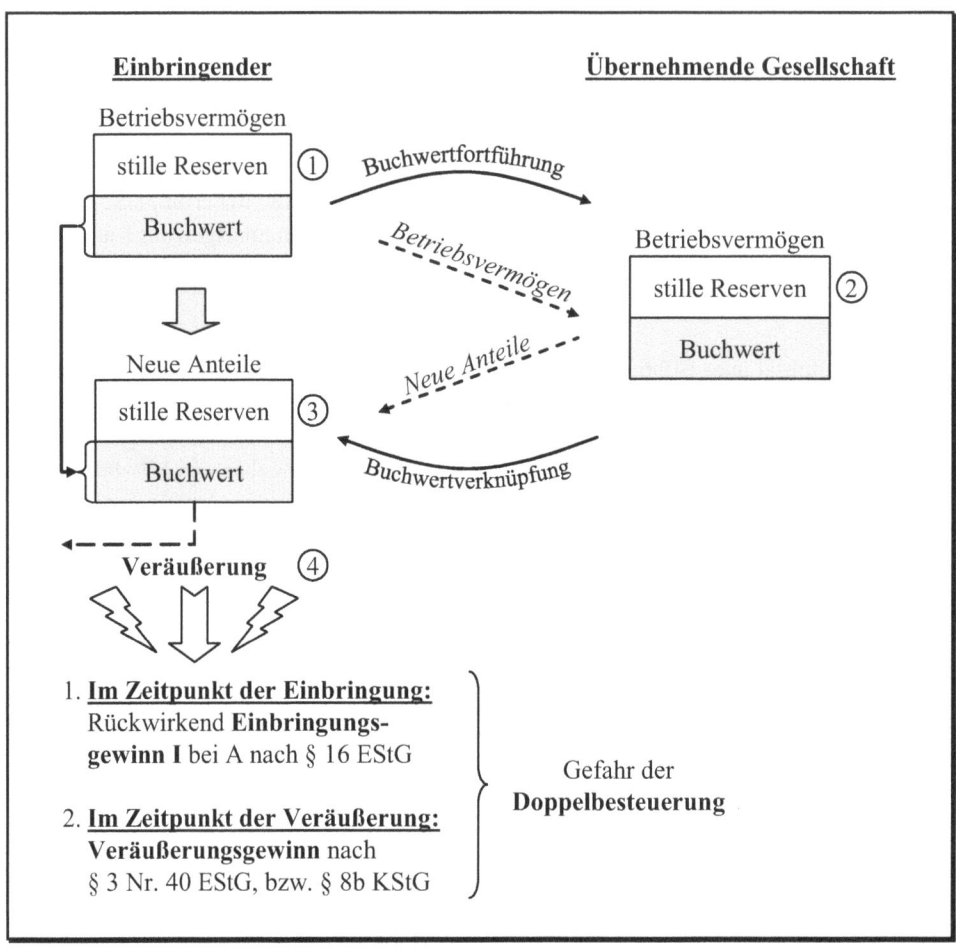

Abbildung 190: Entstehung des Einbringungsgewinns I

Beispiel

Frodo hat sein Einzelunternehmen (Buchwert 100 T€, gemeiner Wert 800 T€) am 01.01.2020 zu Buchwerten in die Mittelerde GmbH eingebracht. Er veräußert die als Gegenleistung erhaltenen Anteile am 15.02.2022 für 800 T€.

Durch die Veräußerung fallen im Einbringungszeitpunkt 5/7 der übergegangenen stillen Reserven als Einbringungsgewinn I i. H. v. 500 T€ an. Allerdings führt die Veräußerung im Jahr 2022 zu einem Veräußerungsgewinn i. H. d. im Veräußerungszeitpunkt in den Anteilen enthaltenen stillen Reserven i. H. v. (800 T€ ./. 100 T€ =) 700 T€, der nach den Maßgaben des § 3 Nr. 40 EStG zu versteuern ist. Es kommt somit zu zwei steuerpflichtigen Gewinnen in zwei verschiedenen Zeitpunkten. Es wären also bei ursprünglich bestehenden stillen Reserven i. H. v. 700 T€ sowohl ein Einbringungsgewinn I i. H. v. 500 T€ rückwirkend im Einbringungszeitpunkt als auch ein Veräußerungsgewinn i. H. v. 700 T€ im Zeitpunkt der Veräußerung zu versteuern.

Eine **Doppelbesteuerung** der in den erhaltenen Anteilen ruhenden stillen Reserven mit Einbringungsgewinn I und Veräußerungsgewinn wird vermieden, indem der Einbringungsgewinn I als **nachträgliche Anschaffungskosten** der erhaltenen Anteile deren **Buchwert rückwirkend erhöht** und somit den **Veräußerungsgewinn mindert**.

2.12.2.6 Nachträgliche Anschaffungskosten beim Einbringenden

> **§ 22 Abs. 1 S. 4 UmwStG:** „Der Einbringungsgewinn I gilt als nachträgliche Anschaffungskosten der erhaltenen Anteile."

Die Anschaffungskosten der erhaltenen Anteile werden gem. § 22 Abs. 1 S. 4 UmwStG nachträglich um den Einbringungsgewinn I erhöht. Damit reduzieren sich die in den Anteilen enthaltenen stillen Reserven entsprechend. Die **Aufstockung** wird zwar durch die schädliche Veräußerung der Anteile erst ausgelöst, findet jedoch chronologisch noch **vor dieser Veräußerung** statt. Auf diese Weise erfolgt die Buchwertaufstockung vor der Ermittlung des Veräußerungsgewinns im Veräußerungszeitpunkt und wirkt sich somit gewinnmindernd aus.

Wäre dies nicht der Fall, würden die bereits durch den Einbringungsgewinn I im Zuge der Nachversteuerung nach § 22 Abs. 1 S. 2 UmwStG aufgedeckten stillen Reserven erneut von der normalen Besteuerung bei Anteilsveräußerung erfasst werden. Das Teileinkünfteverfahren sowie die privilegierte Besteuerung juristischer Personen soll jedoch nur auf die stillen Reserven angewendet werden, die durch den Einbringungsgewinn I noch nicht aufgedeckt wurden. Die Aufstockung der Anschaffungskosten der erhaltenen Anteile dient somit der Vermeidung der Doppelbesteuerung, weil durch den höheren Buchwert im Veräußerungszeitpunkt der Veräußerungsgewinn gemindert wird.

Beispiel

In Fortführung des obigen Beispiels darf Frodo den durch die Veräußerung nach 2 Jahren angefallenen Einbringungsgewinn I i. H. v. 500 T€ als nachträgliche Anschaffungskosten der erhaltenen Anteile geltend machen und deren Wertansatz somit um 500 T€ aufstocken. Folglich beträgt der Veräußerungsgewinn im Jahr 2022 nur noch 800 ./. (100 + 500) = 200 T€, so dass eine Doppelbesteuerung auf diese Weise vermieden wird.

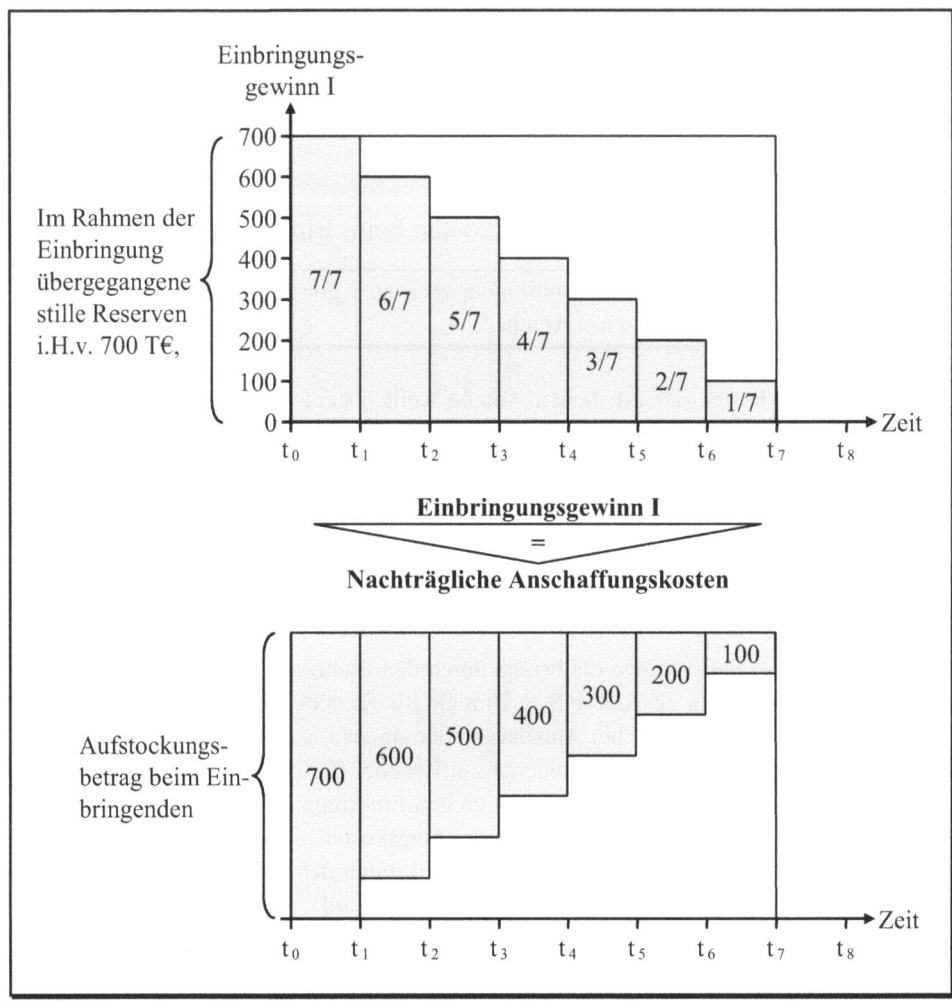

Abbildung 191: EBG I als nachträgliche Anschaffungskosten des Einbringenden

2.12.2.7 Verhältnis von Einbringungsgewinn I und Veräußerungsgewinn

Der **Einbringungsgewinn I** erhöht als **nachträgliche Anschaffungskosten** den Buchwert der erhaltenen Anteile und **mindert** auf diese Weise den im Veräußerungszeitpunkt zu versteuernden begünstigten **Veräußerungsgewinn**. Das Resultat ist eine **Aufspaltung** des durch die Veräußerung der erhaltenen Anteile erzielten Veräußerungsgewinnes in zwei Teile. Der Einbringungsgewinn I ist rückwirkend nach § 16 EStG zu versteuern, während der Rest im Wirtschaftsjahr der Veräußerung als nach § 3 Nr. 40 S. 1 Bst. a, b, oder c i. V. m § 3c Abs. 2 EStG bzw. gem. § 8b Abs. 2 KStG i. V. m. § 8b Abs. 3 KStG begünstigter Gewinn aus der Veräußerung von Kapitalgesellschaftsanteilen besteuert wird.

Da sich der **Einbringungsgewinn I** durch die Siebtelregelung im Zeitablauf **vermindert**, **erhöht** sich der **Veräußerungsgewinn** im Zeitablauf entsprechend, so dass über die siebenjährige Frist die unbegünstigte Besteuerung des Einbringungsgewinn I linear durch die begünstigte Besteuerung des Veräußerungsgewinns **ersetzt wird**.

Verhältnis zwischen Einbringungsgewinn und Veräußerungsgewinn

1. Bestimmung des Einbringungsgewinns I im Zeitpunkt der Einbringung
2. Aufstockung der Anschaffungskosten der Beteiligung
3. Bestimmung des Veräußerungsgewinns im Zeitpunkt der Veräußerung

---

Beispiel

Nachdem Aragorn am 01.01.2020 sein Einzelunternehmen (Buchwert 100 T€, gemeiner Wert 800 T€) zum Buchwert in die Gefährten GmbH eingebracht hat, veräußert er die erhaltenen Anteile am 01.01.2024, also nach 4 Jahren zum gemeinen Wert, der inzwischen 1.000 T€ beträgt.

Zu klären ist, welche steuerlichen Folgen sich aus der Veräußerung für Aragorn ergeben.

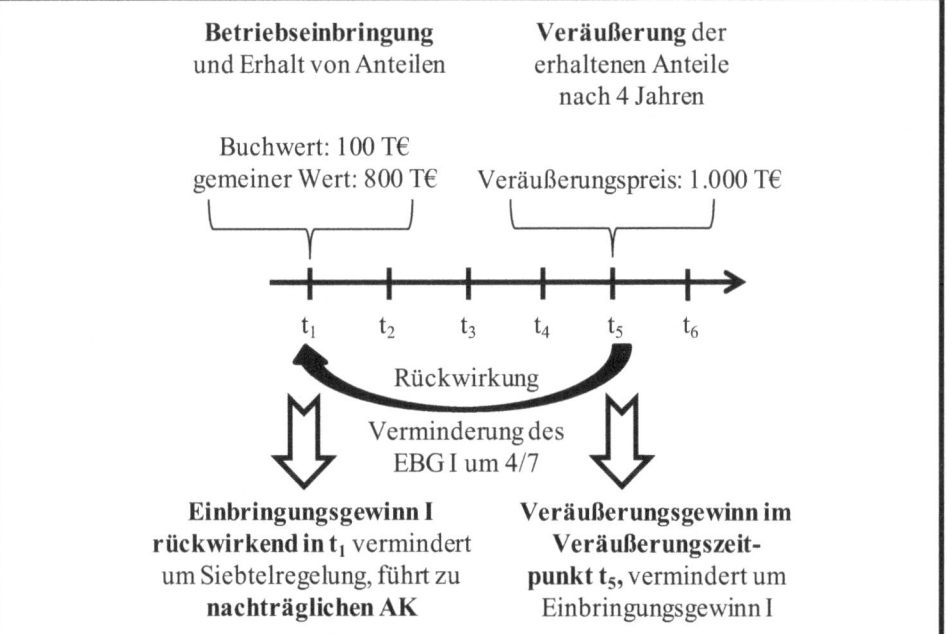

Abbildung 192: Schädliche Veräußerung nach 4 Jahren

Da die Veräußerung innerhalb der Sperrfrist erfolgt, finden die Regelungen zur Missbrauchsverhinderung Anwendung. Aragorn hat folglich den Einbringungsgewinn I rückwirkend auf den 01.01.2020 so zu versteuern, als ob das Betriebsvermögen am Einbringungsstichtag zum damaligen gemeinen Wert veräußert worden wäre. Der Einbringungsgewinn I mindert in Form von nachträglichen Anschaffungskosten den Veräußerungsgewinn von Aragorn, der am 01.01.2024 anfällt.

Im Zeitpunkt der Einbringung bestanden im Betriebsvermögen stille Reserven i. H. v. 700 T€. Da seit der Einbringung vier Zeitjahre abgelaufen sind, wird der Einbringungsgewinn gemäß der Siebtelregelung um 4/7 gemindert. Der Einbringungsgewinn I beträgt somit 3/7 der bei der Einbringung übergegangenen stillen Reserven. Aragorn hat also einen Einbringungsgewinn I i. H. v. 300 T€ rückwirkend als Gewinn i. S. d. § 16 EStG zu versteuern, ohne in den Genuss der Begünstigungen der § 16 Abs. 4 und § 34 EStG zu kommen.

Dieser Einbringungsgewinn erhöht gem. § 22 Abs. 1 S. 4 UmwStG nachträglich die Anschaffungskosten der erhaltenen Anteile, die somit die ursprünglichen Anschaffungskosten von 100 T€ zuzüglich dem Einbringungsgewinn I i. H. v. 300 T€, d. h. 400 T€, betragen. Die Aufstockung erfolgt rückwirkend auf den Zeitpunkt der Einbringung, so dass der am 01.01.2024 anfallende Veräußerungsgewinn gemindert wird.

Der Veräußerungspreis am 01.01.2024 i. H. v. 1.000 T€ umfasst auch die stillen Reserven i. H. v. 200 T€, die erst nach der Einbringung entstanden sind. Der Veräußerungsgewinn bemisst sich aus der Differenz zwischen dem Veräußerungspreis und dem Ansatz der erhaltenen Anteile. Zu beachten ist, dass diese allerdings nicht mehr mit dem ursprünglichen Buchwert von 100 T€ angesetzt sind, weil es durch den Einbringungsgewinn I zu einer Aufstockung i. H. v. 300 T€ aufgrund nachträglicher Anschaffungskosten gekommen ist. Im Veräußerungszeitpunkt werden die erhaltenen Anteile folglich mit 400 T€ bewertet. Bei einem Veräußerungspreis von 1.000 T€ ergibt sich somit ein Veräußerungsgewinn i. H. v. 600 T€.

Dieser dem Teileinkünfteverfahren unterliegende **Veräußerungsgewinn** von 600 T€ lässt sich folglich systematisch in **zwei Komponenten** zerlegen: die restlichen vier Siebtel der im Zuge der Einbringung übergegangenen stillen Reserven i. H. v. 400 T€, um die der Einbringungsgewinn gemindert wurde, sowie die nach der Einbringung entstandenen stillen Reserven i. H. v. 200 T€.

Somit sind durch die Veräußerung der Anteile insgesamt 900 T€ zu versteuern, davon 300 T€ als unbegünstigter Einbringungsgewinn I und 600 T€ als begünstigter Gewinn aus der Veräußerung von Kapitalgesellschaftsanteilen.

	Gemeiner Wert zum Einbringungszeitpunkt	800 T€
./.	bei Einbringung angesetzter Wert	./. 100 T€
=	Differenz	700 T€
./.	Differenz * 1/7 * 4 vergangene Zeitjahre	./. 400 T€
=	**Einbringungsgewinn I**	300 T€

	Veräußerungspreis	1.000 T€
./.	Buchwert zum Einbringungszeitpunkt	./. 100 T€
./.	nachträgliche Anschaffungskosten (EGB I)	./. 300 T€
=	**Veräußerungsgewinn**	600 T€

Die Regelungen bezüglich der nachträglichen Anschaffungskosten führen somit zu einer fortschreitenden **Umqualifizierung des Einbringungsgewinns** von unbegünstigten Einkünften nach § 16 EStG zu Einkünften aus einer Veräußerung von Kapitalgesellschaftsanteilen, die den Begünstigungen des § 3 Nr. 40 EStG bzw. § 8b KStG unterliegen.

Überspitzt formuliert kann gesagt werden, dass der Gewinn aus der Veräußerung mit zunehmendem Abstand zur Einbringung „entgiftet", „reingewaschen" oder „geläutert" wird, weil der begünstigt zu versteuernde Anteil am Gesamtgewinn zunimmt.

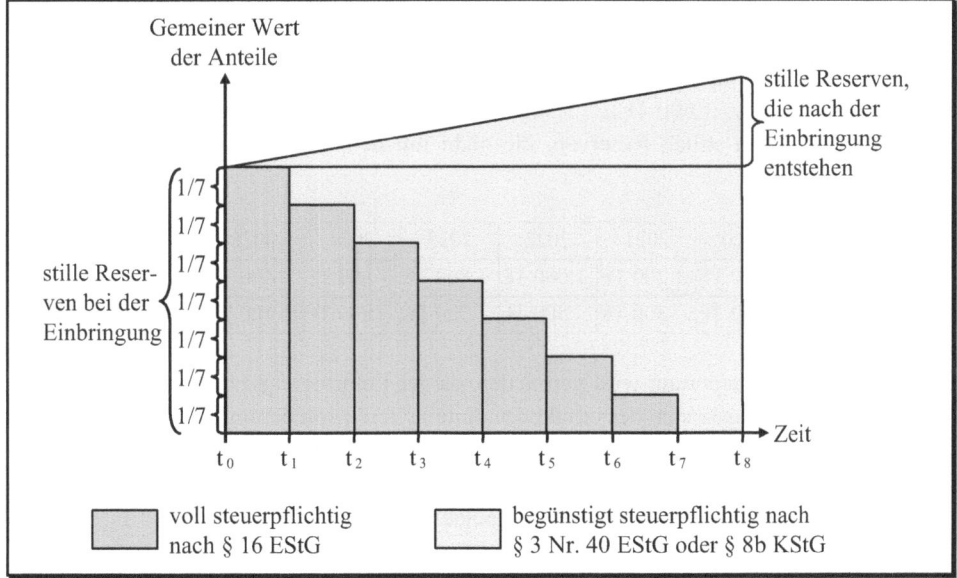

Abbildung 193: Besteuerung der stillen Reserven

Der Einbringungsgewinn I bezieht sich auf die stillen Reserven, die bei der Einbringung bereits vorhanden waren, jedoch erst durch die schädliche Veräußerung aufgedeckt werden. Dies bedeutet, dass die in der Zwischenzeit entstandenen stillen Reserven und die aufgrund der Siebtelregelung nicht aufgedeckten stillen Reserven nicht der Nachversteuerung, sondern bei natürlichen Personen dem Teileinkünfteverfahren und bei Kapitalgesellschaften der privilegierten 95 % Befreiung unterliegen. Haben die erhaltenen Anteile im Zeitpunkt ihrer Veräußerung jedoch an Wert verloren, muss dennoch der Einbringungsgewinn I in voller Höhe entrichtet werden, obwohl der reale Liquiditätszufluss aus dem Verkauf eventuell sogar geringer ist als die zu zahlende Steuer selbst. Eine Verrechnung mit einem Veräußerungsverlust ist gem. § 8b Abs. 3 S. 3 KStG nicht möglich.

Merke: Die schädliche Veräußerung der aus einer Einbringung erhaltenen Anteile führt zu einer **Aufspaltung** der stillen Reserven in einen **Einbringungsgewinn I**, der rückwirkend als unbegünstigter Gewinn i. S. d. § 16 EStG zu versteuern ist, und einen **Veräußerungsgewinn**, der als Gewinn aus der Veräußerung von Kapitalgesellschaftsanteilen begünstigt zu besteuern ist.

Übersichtsbeispiel

Leonidas bringt sein Einzelunternehmen (Buchwert 100 T€, gemeiner Wert 1.500 T€) am 01.01.2020 in die Sparta GmbH ein. Er veräußert die als Gegenleistung erhaltenen Anteile zum Preis von 1.600 T€ jeweils alternativ am 01. Juli der Jahre 2020 - 2027.

Der **Einbringungsgewinn I** basiert auf den im Rahmen der Einbringung übergegangenen stillen Reserven i. H. v. 1.400 T€ und vermindert sich im Zeitablauf.

Der **Veräußerungsgewinn** besteht aus den nach der Einbringung entstandenen stillen Reserven i. H. v. 1.600 T€ ./. 1.500 T€ = 100 T€ sowie dem Teil der ursprünglich übergegangenen stillen Reserven, die nicht mit dem Einbringungsgewinn I belastet werden.

01.07.	2020	2021	2022	2023	2024	2025	2026	2027
⇨ EBG I	1.400 T€	1.200 T€	1.000 T€	800 T€	600 T€	400 T€	200 T€	0 T€
⇨ VG	100 T€	300 T€	500 T€	700 T€	900 T€	1.100 T€	1.300 T€	1.500 T€

Eine Doppelbesteuerung wird vermieden, da der Einbringungsgewinn I als nachträgliche Anschaffungskosten der erhaltenen Anteile den Veräußerungsgewinn mindert. Da der unbegünstigt zu besteuernde Einbringungsgewinn mit zunehmendem Abstand der Veräußerung vom Einbringungsstichtag abnimmt, erhöht sich der begünstigt zu besteuernde Veräußerungsgewinn im Zeitablauf entsprechend.

2.12.2.8 Gefahr der Doppelbesteuerung bei der übernehmenden Gesellschaft

Auch die durch den Einbringungskreislauf entstandene **Verdopplung der stillen Reserven**, die nach der Einbringung sowohl im eingebrachten Betriebsvermögen als auch in den erhaltenen Anteilen ruhen, kann zu einer **doppelten Besteuerung** führen. Wenn der Einbringende die erhaltenen Anteile veräußert und die übernehmende Gesellschaft das eingebrachte Betriebsvermögen ebenfalls verkauft, werden die ursprünglich nur einmal vorhandenen stillen Reserven sowohl beim Einbringenden als auch bei der übernehmenden Gesellschaft besteuert. Um eine doppelte Besteuerung auf dieser Ebene zu verhindern, darf die **übernehmende Gesellschaft** das eingebrachte Betriebsvermögen gem. § 23 Abs. 2 UmwStG um den Einbringungsgewinn I, der beim Einbringenden angefallen ist, **aufstocken**.

§ 23 Abs. 2 S. 1-2 UmwStG	
„In den Fällen des § 22 Abs. 1 kann die übernehmende Gesellschaft auf Antrag den versteuerten Einbringungsgewinn im Wirtschaftsjahr der Veräußerung der Anteile oder eines gleichgestellten Ereignisses (§ 22 Abs. 1 Satz 1 und Satz 6 Nr. 1-6) als Erhöhungsbetrag ansetzen, soweit der Einbringende die auf den Einbringungsgewinn entfallende Steuer entrichtet hat und dies durch Vorlage einer Bescheinigung des zuständigen Finanzamts im Sinne von § 22 Abs. 5 nachgewiesen wurde; der Ansatz des Erhöhungsbetrags bleibt ohne Auswirkung auf den Gewinn. Satz 1 ist nur anzuwenden, soweit das eingebrachte Betriebsvermögen in den Fällen des § 22 Abs. 1 noch zum Betriebsvermögen der übernehmenden Gesellschaft gehört, es sei denn, dieses wurde zum gemeinen Wert übertragen."	⇨ **Einbringungsgewinn I** darf als steuerneutraler **Erhöhungsbetrag** angesetzt werden, **soweit**: ⇨ **Steuer auf EBG gezahlt** und ⇨ **Betriebsvermögen** entweder **noch vorhanden** oder **verkauft.**

Durch den Ansatz des Erhöhungsbetrags vermindert sich das zukünftige steuerliche Ergebnis der übernehmenden Gesellschaft, weil sich einerseits die Bemessungsgrundlage für die AfA erhöht und der Erhöhungsbetrag andererseits den Veräußerungsgewinn mindert, wenn die übernehmende Gesellschaft das eingebrachte Betriebsvermögen veräußert. Auf diese Weise wird konsequent verhindert, dass aus der Verdopplung der stillen Reserven auch eine doppelte Besteuerung resultiert.

Saruman bringt sein Einzelunternehmen (Buchwert 100 T€, gemeiner Wert 800 T€) in die von ihm neu gegründete Ork AG ein. Die erhaltenen Anteile veräußert er 3 Jahre später zum gemeinen Wert von 800 T€ an den Finanzinvestor Sauron. Durch die Veräußerung innerhalb der Sperrfrist fällt ein Einbringungsgewinn I an. Dieser beträgt 400 T€, da die im Einbringungszeitpunkt übergegangenen stillen Reserven unter Vernachlässigung etwaiger Kosten für den Vermögensübergang um 3/7 gemindert werden, da seit der Einbringung 3 Zeitjahre abgelaufen sind. Der Einbringungsgewinn I gilt als nachträgliche Anschaffungskosten der erhaltenen Anteile, so dass Saruman im Zeitpunkt der Veräußerung lediglich 300 T€ als begünstigten Gewinn aus der Veräußerung von Kapitalgesellschaftsanteilen zu versteuern hat.

Da das eingebrachte Betriebsvermögen immer noch mit den fortgeführten Buchwerten im Einbringungszeitpunkt bewertet ist und somit die gesamten stillen Reserven i. H. v. 700 T€ noch vollständig bei der Ork AG vorhanden sind, könnte es zu einer doppelten Besteuerung dieser stillen Reserven kommen, wenn die Ork AG ihrerseits das von Saruman eingebrachte Betriebsvermögen zu dessen gemeinem Wert veräußert.

Gem. § 23 Abs. 2 UmwStG darf die Ork AG das von Saruman **eingebrachte Betriebsvermögen** um den von Saruman versteuerten **Einbringungsgewinn I** i. H. v. 400 T€ **aufstocken**. Die Wertaufstockung bleibt ohne Auswirkung auf den laufenden Gewinn der Ork AG, erhöht aber deren Abschreibungspotenzial und mindert so den zukünftigen Gewinn.

Auf diese Art und Weise wird vermieden, dass die durch Buchwertverknüpfung und Buchwertfortführung im Einbringungskreislauf verdoppelten stillen Reserven auch doppelt besteuert werden, was nicht dem Sinn einer steuerneutralen Einbringung entsprechen würde.

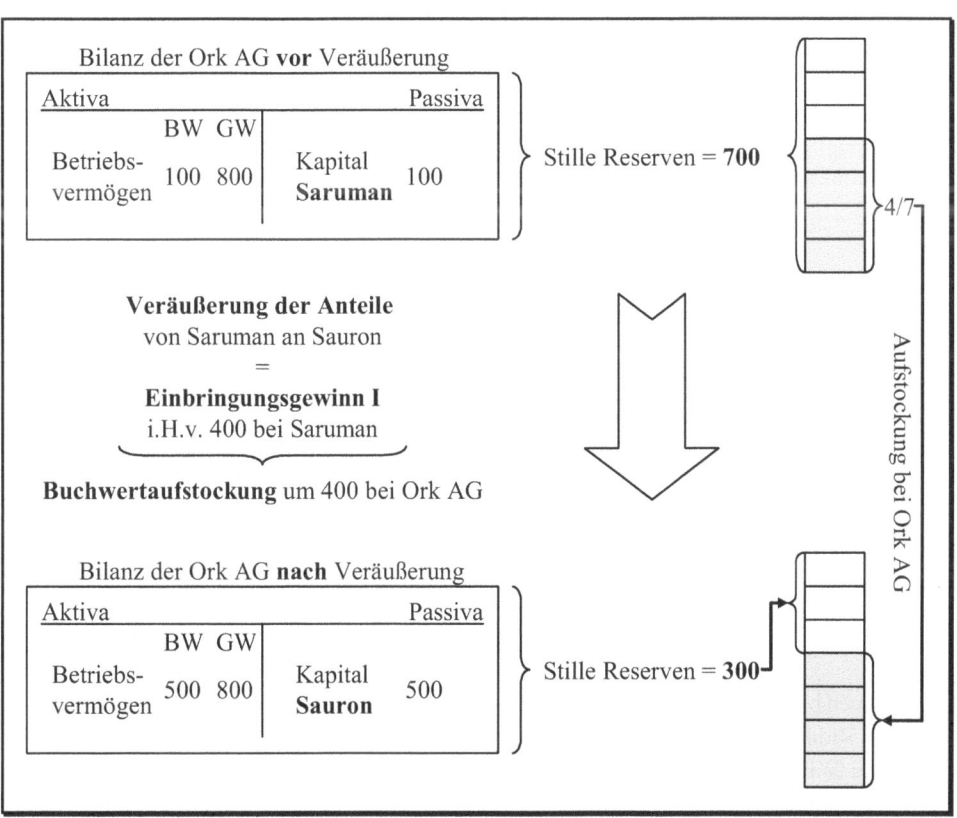

Abbildung 194: EBG I als Erhöhungsbetrag bei der übernehmenden Gesellschaft

Merke: Die doppelte Besteuerung der stillen Reserven auf Ebene des Gesellschafters und der Gesellschaft wird vermieden, weil die Gesellschaft die Buchwerte des eingebrachten Vermögens um den Einbringungsgewinn I aufstocken darf, wenn der Einbringende die erhaltenen Anteile veräußert.

Der Aufstockungsbetrag bemisst sich nach dem Verhältnis der im einzelnen Wirtschaftsgut im Einbringungszeitpunkt übergegangenen stillen Reserven zu der Gesamtsumme der im Zuge der Einbringung übergegangenen stillen Reserven. Jedoch ist anzumerken, dass die Regelungen zur Buchwertaufstockung bei der übernehmenden Kapitalgesellschaft im Gegensatz zu den nachträglichen Anschaffungskosten des Einbringenden **nicht rückwirkend** sind. Insbesondere erfolgt keine rückwirkende Anpassung der Abschreibungen. Die Abschreibungen für die eingebrachten Wirtschaftsgüter sind erst für das Jahr, in dem der Einbringungsgewinn I anfällt, auf Grundlage der erhöhten Buchwerte neu zu berechnen.

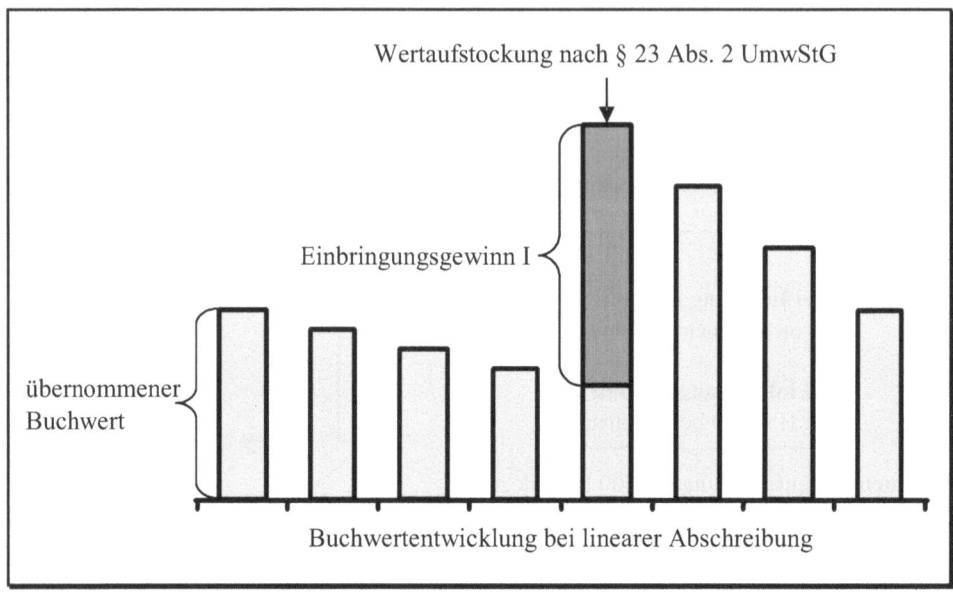

Abbildung 195: EBG I als Abschreibungspotenzial bei der übernehmenden Gesellschaft

Beispiel

Eomer bringt sein Einzelunternehmen (Buchwert 100 T€, gemeiner Wert 620 T€) in die Riddermark AG ein. Das eingebrachte Betriebsvermögen besteht aus lediglich zwei Wirtschaftsgütern, einer Fabrikhalle (Buchwert 50 T€, gemeiner Wert 440 T€) sowie einer automatisierten Fertigungsstraße (Buchwert 50 T€, gemeiner Wert 180 T€). Die als Gegenleistung für die Einbringung erhaltenen Anteile an der Riddermark AG veräußert er 3 Jahre später zum gemeinen Wert von 620 T€ an Theoden. Durch die Veräußerung innerhalb der Sperrfrist fällt ein Einbringungsgewinn I i. H. v. 297 T€ an (4/7 der übergegangenen stillen Reserven i. H. v. 520 T€). Wenn Eomer den Einbringungsgewinn I versteuert und eine entsprechende Bescheinigung des zuständigen Finanzamts vorlegen kann, darf die Riddermark AG die beiden übernommenen Wirtschaftsgüter um insgesamt 297 T€ aufstocken. Die Höhe der Aufstockung für jedes Wirtschaftsgut bemisst sich am Anteil der im einzelnen Wirtschaftsgut übergegangenen stillen Reserven an der Gesamtsumme der stillen Reserven im Einbringungszeitpunkt. Die stillen Reserven der Fabrikhalle i. H. v. 390 T€ machen einen Anteil von 75 % der insgesamt übergegangenen stillen Reserven aus, während die restlichen 25 % auf die Fertigungsstraße entfallen.
Bei einem Aufstockungsbetrag von 297 T€ wird somit die Fabrikhalle um 223 T€ auf einen neuen Buchwert von insgesamt 273 T€ und die Fertigungsstraße um 74 T€ auf 124 T€ aufgestockt.

Wenn Wirtschaftsgüter, die im Zuge der Einbringung auf die übernehmende Gesellschaft übergegangen sind, schon vor dem Anfallen des Einbringungsgewinns I durch die übernehmende Gesellschaft zum gemeinen Wert veräußert worden sind, kann keine Aufstockung mehr erfolgen. Daher ist laut der Gesetzesbegründung ein sofortiger Aufwand in Höhe des auf die veräußerten Gegenstände entfallenden Anteils der stillen Reserven möglich.

Die Aufstockung erfolgt ausschließlich in der Steuerbilanz und hat gem. § 23 Abs. 2 S. 1 Hs. 2 UmwStG keine Auswirkung auf den steuerpflichtigen Gewinn der übernehmenden Gesellschaft. Der Aufstockungsbetrag ist als Zugang im steuerlichen Einlagekonto i. S. d. § 27 KStG zu erfassen.

2.12.3 Zusammenfassung der Systematik des Einbringungsgewinns

Durch die Einbringung unter dem gemeinen Wert i. S. d. § 20 Abs. 2 S. 2 UmwStG verdoppeln sich die im Betriebsvermögen ruhenden stillen Reserven. Bei einer schädlichen Veräußerung der erhaltenen Anteile fallen sowohl ein Einbringungsgewinn I als auch ein Veräußerungsgewinn an. Um dem sich aus dieser Kombination von Faktoren ergebenden Risiko mehrfacher Besteuerung der stillen Reserven zu begegnen, hat das UmwStG mit den Regelungen des § 22 Abs. 1 S. 4 sowie § 23 Abs. 2 S. 1 UmwStG ein System geschaffen, welches die mehrfache Besteuerung der ursprünglich nur im Betriebsvermögen enthaltenen stillen Reserven verhindert.

Die Besteuerung des Einbringungsgewinns I führt demnach sowohl auf Seiten des Einbringenden als auch bei der übernehmenden Gesellschaft zu einer Aufstockung der jeweiligen Wertansätze. Der **Einbringende** darf den Einbringungsgewinn I gem. § 22 Abs. 1 S. 4 UmwStG als **nachträgliche Anschaffungskosten** der erhaltenen Anteile ansetzen und so seinen Veräußerungsgewinn mindern. Die **übernehmende Kapitalgesellschaft** hat gem. § 23 Abs. 2 S. 1 UmwStG die Möglichkeit, den vom Einbringenden versteuerten Einbringungsgewinn als **Erhöhungsbetrag** auf das eingebrachte Betriebsvermögen anzusetzen.

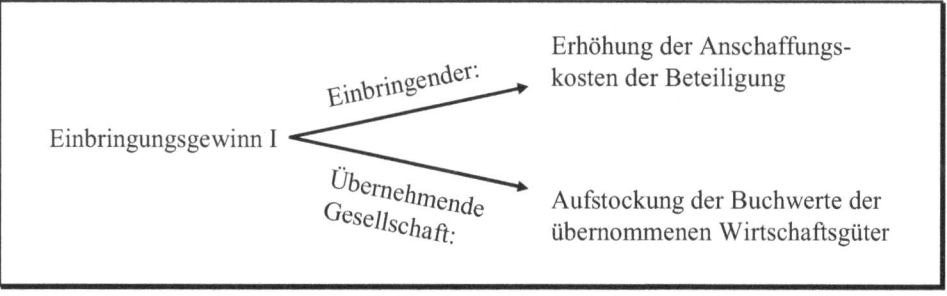

Abbildung 196: Vermeidung der Doppelbesteuerung durch den Einbringungsgewinn I

Dabei ist folgende Prüfungsreihenfolge zu beachten:

Schema zur Ermittlung des Einbringungsgewinns, Veräußerungsgewinns und Erhöhungsbetrags.

1. Bestimmung des Einbringungsgewinns I im Zeitpunkt der Einbringung
2. Aufstockung der Anschaffungskosten der Beteiligung des Einbringenden
3. Bestimmung des Veräußerungsgewinns im Zeitpunkt der Veräußerung
4. Aufstockung bei der übernehmenden Gesellschaft.

Zusammenfassend lässt sich feststellen, dass die Rückwirkungsfiktion den Tatbestand einer direkten Einbringung zum gemeinen Wert abbildet und dennoch verhindert, dass der Einbringende oder die aufnehmende Gesellschaft dabei in ungerechtfertigter Art und Weise belastet wird.

Allerdings wirft die **Rückwirkungsfiktion** ein **Bewertungsproblem** auf, da bis zu sieben Jahre nach der Einbringung der Wert des eingebrachten Betriebsvermögens zu ermitteln ist. Um im Zweifelsfall Streitigkeiten mit dem Finanzamt über den gemeinen Wert der eingebrachten Wirtschaftsgüter im Einbringungszeitpunkt zu vermeiden, könnte es sinnvoll sein, bereits im Rahmen der Einbringung eine Bewertung des Einbringungsgegenstandes vornehmen zu lassen.

2.12.4 Nachweispflichten des Einbringenden

Um sicherzustellen, dass keine schädliche Veräußerung i. S. d. § 22 Abs. 1 S. 1 UmwStG oder ein dieser gleichgestellter Ersatzvorgang i. S. d. § 22 Abs. 1 S. 6 Nr. 1 - 6 UmwStG stattgefunden hat, so dass die Kontrolle des Finanzamts über die Besteuerung des Einbringungsgewinns I gewährleistet werden kann, normiert § 22 Abs. 3 UmwStG Nachweispflichten für den Einbringenden. Demnach hat der Einbringende während der siebenjährigen Sperrfrist dem Finanzamt jährlich zum 31. Mai nachzuweisen, wem die aus der Einbringung erhaltenen Anteile am Jahrestag der Einbringung zuzurechnen sind. Dies gilt auch für Anteile, die aus einer Weitereinbringung der ursprünglich erhaltenen Anteile stammen. Bei einer unentgeltlichen Rechtsnachfolge überträgt sich die Nachweispflicht gem. § 22 Abs. 6 UmwStG auf den Rechtsnachfolger des Einbringenden.

Der Nachweis ist an das für den Einbringenden zuständige Finanzamt zu richten. Bei nicht unbeschränkt Steuerpflichtigen bestimmt sich die Zuständigkeit des Finanzamtes nach § 6 Abs. 7 S. 1 AStG. Dieser Nachweis ist in Form einer schriftlichen Erklärung abzugeben. Wenn die Anteile dem Einbringenden zuzurechnen sind, besteht die Erklärung aus einer Bestätigung der übernehmenden Gesellschaft über seinen Gesellschafterstatus. Allerdings kann die Erklärung auch durch Vorlage eines Auszugs aus dem Aktienregister i. S. d. § 67 AktG oder einer Gesellschafterliste i. S. d. § 40 GmbHG erfolgen. Sind die erhaltenen Anteile dem Einbringenden nicht mehr zuzurechnen, ist nachzuweisen, an wen und auf welche Art und Weise die Anteile übertragen worden sind. Die Zurechnung der Anteile bestimmt sich nach den Maßgaben des § 39 AO.

Wenn dieser Nachweis nicht bis zum 31. Mai erbracht wird, gelten die erhaltenen Anteile als veräußert, und es kommt zu einer Besteuerung des Einbringungsgewinns I.

2.12.5 Veräußerungsgleiche Ersatztatbestände

In § 22 Abs. 1 S. 6 Nr. 1 - 6 UmwStG sind eine Reihe von Tatbeständen aufgeführt, die einer schädlichen Veräußerung gleichgestellt werden und somit ebenfalls die Ermittlung und Nachversteuerung des Einbringungsgewinns I auslösen. Dabei handelt es sich um Sachverhalte, die keine Veräußerung i. S. d. § 22 Abs. 1 S. 1 UmwStG darstellen, dem Einbringenden aber dennoch zumindest indirekt einen wirtschaftlichen Nutzen in Höhe des gemeinen Wertes der erhaltenen Anteile zufließen lassen.

Veräußerungsgleiche Vorgänge sind die verdeckte Einlage, die mittelbare oder unmittelbare Weitereinbringung der Anteile in eine Kapitalgesellschaft unter Aufdeckung von in diesen enthaltenen stillen Reserven, die Veräußerung von zum Buchwert eingebrachten Anteilen durch die übernehmende Gesellschaft und die Auflösung oder Kapitalherabsetzung der Gesellschaft, an der die als Gegenleistung für die Einbringung erhaltenen Anteile bestehen.

---

§ 22 Abs. 1 S. 6 UmwStG: „Die Sätze 1 bis 5 gelten entsprechend, wenn (…)

1. der Einbringende die erhaltenen Anteile unmittelbar oder mittelbar unentgeltlich auf eine Kapitalgesellschaft oder Genossenschaft überträgt, (…).“

Die mittelbare oder unmittelbare unentgeltliche Übertragung der erhaltenen Anteile auf eine Kapitalgesellschaft ist gem. § 22 Abs. 1 S. 6 Nr. 1 UmwStG einer Veräußerung gleichgestellt. Die unentgeltliche Übertragung von als Gegenleistung aus einer Einbringung von Betriebsvermögen erhaltenen Anteilen an Gesellschafter oder verbundene Unternehmen stellt eine verdeckte Gewinnausschüttung bzw. eine verdeckte Einlage dar. Würden diese Transaktionen nicht zu einer Nachversteuerung des Einbringungsgewinns I führen, könnten die eigentlich steuerlich verhafteten Anteile nach einer verdeckten Gewinnausschüttung oder Einlage privilegiert i. S. d § 8b Abs. 2 KStG veräußert werden, so dass die Missbrauchsregelung ausgehebelt werden würde.

Boromir bringt sein Einzelunternehmen zu Buchwerten in die Gondor GmbH ein. Im Betriebsvermögen ruhen erhebliche stille Reserven, die sich aufgrund des Einbringungskreislaufes auch in den als Gegenleistung erhaltenen Anteilen an der Gondor GmbH niederschlagen. Unmittelbar nach der Einbringung überträgt Boromir die erhaltenen Anteile an der Gondor GmbH unentgeltlich auf die Ithilien GmbH, bei der er alleiniger Gesellschafter ist.

Würde diese verdeckte Einlage nicht zu einer rückwirkenden Besteuerung des Einbringungsgewinns führen, wäre ein Missbrauch möglich, da die Ithilien GmbH die Anteile an der Gondor GmbH zu 95 % steuerfrei veräußern kann, während Boromir einen Einbringungsgewinn i. S. d. § 16 EStG zu versteuern hätte, wenn die Übertragung gegen Entgelt erfolgt wäre.

---

§ 22 Abs. 1 S. 6 UmwStG: „Die Sätze 1 bis 5 gelten entsprechend, wenn (…)

2. der Einbringende die erhaltenen Anteile entgeltlich überträgt, es sei denn, er weist nach, dass die Übertragung durch einen Vorgang im Sinne des § 20 Abs. 1 oder § 21 Abs. 1 oder auf Grund vergleichbarer ausländischer Vorgänge zu Buchwerten erfolgte und keine sonstigen Gegenleistungen erbracht wurden, die die Grenze des § 20 Absatz 2 Satz 2 Nummer 4 oder die Grenze des § 21 Absatz 1 Satz 2 Nummer 2 übersteigen, (…).“

Des Weiteren wird die Einbringung rückwirkend besteuert, wenn „der Einbringende die erhaltenen Anteile entgeltlich überträgt". Da eine entgeltliche Übertragung als „Veräußerung" bereits von § 22 Abs. 1 S. 1 UmwStG abgedeckt wird, stellt diese Regelung inhaltlich keine Erweiterung, sondern eine Einschränkung der Schädlichkeit einer Einbringung dar. Entgeltliche Übertragungen sind nicht schädlich, wenn sie durch einen Vorgang i. S. d. § 20 Abs. 1 oder § 21 Abs. 1 UmwStG zum Buchwert erfolgt sind und keine sonstige Gegenleistung, die die 25 %- oder 500.000 €-Grenze überschritten hat, gewährt wurde. Der Sinn der Vorschrift besteht darin, dass bei einer Weitereinbringung der erhaltenen Anteile oder einem vergleichbaren Vorgang zu Buchwerten keine stillen Reserven entstrickt werden und somit die Notwendigkeit einer rückwirkenden Besteuerung der ursprünglichen Einbringung nicht gegeben ist.

Unmittelbar nach der Einbringung überträgt Boromir die erhaltenen Anteile an der Gondor GmbH im Rahmen eines Anteilstausches i. S. d. § 21 Abs. 1 UmwStG zu Buchwerten auf die Ithilien GmbH und erhält als Gegenleistung ausschließlich neue Anteile.
Dieser Anteilstausch stellt eine entgeltliche Übertragung der erhaltenen Anteile dar, weil als Gegenleistung Anteile an der Ithilien GmbH gewährt wurden. Gem. § 22 Abs. 1 S. 6 Nr. 2 UmwStG löst diese entgeltliche Übertragung allerdings keinen Einbringungsgewinn I aus, weil sie durch einen Vorgang i. S. d. § 21 Abs. 1 UmwStG und zu Buchwerten, d. h. ohne Aufdeckung stiller Reserven, durchgeführt wurde.

> **§ 22 Abs. 1 S. 6 UmwStG:** „Die Sätze 1 bis 5 gelten entsprechend, wenn (…)
>
> 3. die Kapitalgesellschaft, an der die Anteile bestehen, aufgelöst und abgewickelt wird oder das Kapital dieser Gesellschaft herabgesetzt und an die Anteilseigner zurückgezahlt wird oder Beträge aus dem steuerlichen Einlagekonto im Sinne des § 27 des Körperschaftsteuergesetzes ausgeschüttet oder zurückgezahlt werden, (…)."

Gem. § 22 Abs. 1 S. 6 Nr. 3 UmwStG wird eine rückwirkende Besteuerung des Einbringungsgewinns I vorgenommen, wenn die übernehmende Gesellschaft aufgelöst und abgewickelt wird. Dies gilt ebenfalls, soweit das Kapital der Gesellschaft herabgesetzt und zurückgezahlt wird, oder soweit das steuerliche Einlagekonto ausgeschüttet oder zurückgezahlt wird. Auf diese Weise soll sichergestellt werden, dass auch im Falle der Liquidation der übernehmenden Gesellschaft die Besteuerung des Einbringungsgewinns I erfolgt, da auch in diesem Fall das unternehmerische Engagement nicht fortgesetzt wird.

> **§ 22 Abs. 1 S. 6 UmwStG:** „Die Sätze 1 bis 5 gelten entsprechend, wenn (…)
>
> 4. der Einbringende die erhaltenen Anteile durch einen Vorgang im Sinne des § 21 Absatz 1 oder einen Vorgang im Sinne des § 20 Absatz 1 oder auf Grund vergleichbarer ausländischer Vorgänge zum Buchwert in eine Kapitalgesellschaft oder eine Genossenschaft eingebracht hat und diese Anteile anschließend unmittelbar oder mittelbar veräußert oder durch einen Vorgang im Sinne der Nummern 1 oder 2 unmittelbar oder mittelbar übertragen werden, es sei denn, er weist nach, dass diese Anteile zu Buchwerten übertragen wurden und keine sonstigen Gegenleistungen erbracht wurden, die die Grenze des § 20 Absatz 2 Satz 2 Nummer 4 oder die Grenze des § 21 Absatz 1 Satz 2 Nummer 2 übersteigen (Ketteneinbringung), (…)."

Wenn der Einbringende die erhaltenen Anteile durch eine Einbringung i. S. d. § 20 Abs. 1, einen Anteilstausch i. S. d. § 21 Abs. 1 UmwStG oder auf Grund vergleichbarer ausländischer Vorgänge in eine Kapitalgesellschaft einbringt und diese Transaktion unter Fortführung der Buchwerte erfolgt, so ist dies allein gem. § 22 Abs. 1 S. 6 Nr. 2 UmwStG noch keiner schädlichen Veräußerung gleich zu setzen. Um aber zu verhindern, dass die übernehmende Kapitalgesellschaft an Stelle des Einbringenden die Anteile veräußert und unter Umgehung der Systematik zur Nachversteuerung die stillen Reserven begünstigt aufdecken könnte, gelten gem. § 22 Abs. 1 S. 6 Nr. 4 UmwStG dieselben Einschränkungen bezüglich Veräußerung und Weitereinbringung, die im Falle des Einbringenden die Nachversteuerung auslösen, auch für die übernehmende Kapitalgesellschaft.

Wenn die eingebrachten Anteile durch die übernehmende Kapitalgesellschaft veräußert werden, unentgeltlich in eine Kapitalgesellschaft eingelegt werden oder zu einem über dem Buchwert liegenden Ansatz in eine Kapitalgesellschaft eingebracht werden, erfolgt die Nachversteuerung auf Ebene des ursprünglich Einbringenden. Dadurch, dass „mittelbare" Veräußerungen und Übertragungen ebenfalls schädlich sind, sind mehrfache Übertragungen und Ketteneinbringungen ebenfalls abgedeckt.

Beispiel

Boromir hat sein Einzelunternehmen zu Buchwerten in die Gondor GmbH eingebracht und die als Gegenleistung erhaltenen Anteile an der Gondor GmbH im Rahmen eines Anteilstausches i. S. d. § 21 Abs. 1 UmwStG zu Buchwerten in die Ithilien GmbH eingelegt und dafür Anteile an der Ithilien GmbH bekommen.

Da die Weitereinbringung der erhaltenen Anteile zwar entgeltlich, aber dennoch zu Buchwerten erfolgt ist, löst diese den Einbringungsgewinn I gem. § 22 Abs. 1 S. 6 Nr. 2 UmwStG noch nicht aus.

Bei dieser Konstellation besteht allerdings die Gefahr, dass die Ithilien GmbH die eingebrachten Anteile an der Gondor GmbH überträgt. Da die Veräußerung von Anteilen durch eine Kapitalgesellschaft zu 95 % steuerfrei ist, könnte so eine begünstigte Entstrickung der Anteile vorgenommen werden.

Daher bestimmt § 22 Abs. 1 S. 6 Nr. 4 UmwStG, dass auf Seiten Boromirs der Einbringungsgewinn I zu versteuern ist, wenn die Ithilien GmbH die Anteile an der Gondor GmbH überträgt, es sei denn, die Übertragung erfolgt im Wege einer Einbringung oder eines Anteilstausches zu Buchwerten, womit es bei der steuerlichen Verstrickung der stillen Reserven bleibt.

---

§ 22 Abs. 1 S. 6 UmwStG: „Die Sätze 1 bis 5 gelten entsprechend, wenn (…)

5. der Einbringende die erhaltenen Anteile in eine Kapitalgesellschaft oder eine Genossenschaft durch einen Vorgang im Sinne des § 20 Absatz 1 oder einen Vorgang im Sinne des § 21 Absatz 1 oder auf Grund vergleichbarer ausländischer Vorgänge zu Buchwerten einbringt und die aus dieser Einbringung erhaltenen Anteile anschließend unmittelbar oder mittelbar veräußert oder durch einen Vorgang im Sinne der Nummern 1 oder 2 unmittelbar oder mittelbar übertragen werden, es sei denn, er weist nach, dass die Einbringung zu Buchwerten erfolgte und keine sonstigen Gegenleistungen erbracht wurden, die die Grenze des § 20 Absatz 2 Satz 2 Nummer 4 oder die Grenze des § 21 Absatz 1 Satz 2 Nummer 2 übersteigen, oder (…).“

Gem. § 22 Abs. 1 S. 6 Nr. 5 UmwStG gelten im Falle einer Ketteneinbringung die gleichen Restriktionen für die daraus erhaltenen Anteile wie für die eingebrachten Anteile. Die Regelungen entsprechen denen aus § 22 Abs. 1 S. 6 Nr. 4 UmwStG. Wenn der Einbringende die aus der ursprünglichen Einbringung erhaltenen Anteile zum Buchwert in eine Kapitalgesellschaft einbringt und die **daraus erhaltenen Anteile** unmittelbar oder mittelbar veräußert oder zu einem über dem Buchwert liegenden Ansatz in eine Kapitalgesellschaft einbringt, zieht dies die Nachversteuerung des Einbringungsgewinns I nach sich.

Beispiel

Boromir hat sein Einzelunternehmen zu Buchwerten in die Gondor GmbH eingebracht und die als Gegenleistung erhaltenen Anteile an der Gondor GmbH im Rahmen eines Anteilstausches i. S. d. § 21 Abs. 1 UmwStG zu Buchwerten in die Ithilien GmbH eingelegt und dafür Anteile an der Ithilien GmbH bekommen.

Da die Weitereinbringung der erhaltenen Anteile zwar entgeltlich, aber dennoch zu Buchwerten erfolgt ist, löst diese den Einbringungsgewinn I gem. § 22 Abs. 1 S. 6 Nr. 2 UmwStG noch nicht aus. Boromir konnte die Anteile an der Gondor GmbH nicht unentgeltlich bzw. entgeltlich über dem Buchwert übertragen, ohne die Besteuerung des Einbringungsgewinns I auszulösen.

Daher wäre es systematisch falsch, wenn Boromir die durch die Weitereinbringung erhaltenen Anteile an der Ithilien GmbH uneingeschränkt übertragen könnte. Gem. § 22 Abs. 1 S. 6 Nr. 5 UmwStG gelten daher für die Anteile an der Ithilien GmbH dieselben Restriktionen bezüglich Übertragung und Veräußerung wie für die ursprünglich erhaltenen Anteile an der Gondor GmbH, um Missbräuche durch Zwischenschaltung von Kapitalgesellschaften zu verhindern.

---

§ 22 Abs. 1 S. 6 UmwStG: „Die Sätze 1 bis 5 gelten entsprechend, wenn (…)

6. für den Einbringenden oder die übernehmende Gesellschaft im Sinne der Nummer 4 die Voraussetzungen im Sinne von § 1 Abs. 4 nicht mehr erfüllt sind."

Wenn die beteiligten Unternehmen nicht mehr die Voraussetzungen zur Anwendbarkeit der Einbringungsregelungen erfüllen, die in § 1 Abs. 4 UmwStG normiert sind, kommt es gem. § 22 Abs. 1 S. 6 Nr. 6 UmwStG ebenfalls zur Nachversteuerung des Einbringungsgewinns I. Die übernehmende Kapitalgesellschaft muss nach den Vorschriften eines EU/EWR-Staates gegründet und innerhalb der EU/EWR doppelt ansässig sein. Für den einbringenden Rechtsträger als juristische Person gelten dieselben Voraussetzungen. Eine natürliche Person als Einbringender muss in der EU/EWR ansässig sein. Bei **Sitzverlegung** einer beteiligten juristischen Person bzw. beim **Wegzug** einer einbringenden natürlichen Person **in einen Drittstaat** sind die Kriterien für die Anwendung der Einbringungsvorschriften nicht mehr gegeben. Unter diesen Umständen löst der Wegzug die Nachversteuerung des Einbringungsgewinns I aus.

<table>
<tr><td>Beispiel</td><td>

Die in Deutschland ansässige wohlhabende Daenerys Targaryen plant, ihren Wohnsitz in die Schweiz zu verlegen. Im Zuge der Vorbereitungen bringt sie ihr Einzelunternehmen in die deutsche Dragon GmbH ein und erhält im Gegenzug neue Anteile.

Wenn Daenerys ihren Wohnsitz in einen Drittstaat verlegt, fallen damit die Anwendungsvoraussetzungen für eine steuerneutrale Einbringung in § 1 Abs. 4 UmwStG weg.

Wenn der Wegzug innerhalb der Sperrfrist erfolgt, hat Daenerys bei Wegzug den Einbringungsgewinn I zu versteuern, da sie die Anteile sonst an ihrem neuen Wohnsitz nach dem dort geltenden Recht veräußern könnte, ohne dass Deutschland ein letztmaliges Besteuerungsrecht an den stillen Reserven hätte.

</td></tr>
</table>

2.13 Auswirkungen auf die übernehmende Gesellschaft

In § 23 UmwStG befinden sich die Vorschriften zur weiteren steuerlichen Behandlung des übergegangenen Vermögens bei der übernehmenden Kapitalgesellschaft. Der Ausgangspunkt für die Auswirkungen bei der Übernehmerin ist dabei der Wertansatz i. S. d. § 20 Abs. 2 S. 1 - 2 UmwStG. Damit ist der Wertansatz nicht nur insoweit relevant, als sich danach die steuerlichen Folgen für den Einbringenden bemessen, sondern auch für die übernehmende Kapitalgesellschaft.

2.13.1 Einbringung zum Buchwert

Wurde die Einbringung steuerneutral vorgenommen, führt die übernehmende Kapitalgesellschaft sämtliche in den Buchwerten der eingebrachten Wirtschaftsgüter ruhenden stillen Reserven fort. Diesem **Prinzip der Unternehmensfortführung** wird in § 23 Abs. 1 UmwStG, der die Auswirkungen bei der übernehmenden Kapitalgesellschaft im Fall der Buchwertfortführung regelt, entsprechend Rechnung getragen. Dort befindet sich sowohl ein Verweis auf § 12 Abs. 3 Hs. 1 UmwStG als auch auf § 4 Abs. 2 S. 3 UmwStG.

§ 23 Abs. 1 UmwStG – sog. Fußstapfentheorie	
„Setzt die übernehmende Gesellschaft das eingebrachte Betriebsvermögen mit **einem unter dem gemeinen Wert liegenden Wert** (§ 20 Abs. 2 S. 2, § 21 Abs. 1 S. 2) an, so gelten **§ 4 Abs. 2 S. 3** und **§ 12 Abs. 3 erster Halbsatz** entsprechend."	⇨ **Besitzzeitanrechnung** ⇨ **Eintritt in die Rechtsstellung des Einbringenden**

Demnach tritt die übernehmende Kapitalgesellschaft in die **steuerliche Rechtsstellung des Einbringenden** ein. Folglich haben die vom Einbringenden ursprünglich angesetzten Anschaffungs- bzw. Herstellungskosten auch für die übernehmende Kapitalgesellschaft Geltung, so dass eine Fortführung der Abschreibungen und Rücklagen gewährleistet ist.

Hinweis: Die Bindung an die ursprünglichen Anschaffungs- bzw. Herstellungskosten ist insoweit von Bedeutung, als diese die Obergrenze für eine mögliche durch die übernehmende Kapitalgesellschaft vorzunehmende Wertaufholung darstellen (Eintritt in die Rechtsstellung des Einbringenden hinsichtlich dessen Wertaufholungspotenzial).

Bezüglich der Absetzung für Abnutzung impliziert der Eintritt in die steuerliche Rechtsstellung des Einbringenden die Bindung der übernehmenden Kapitalgesellschaft an die bisherige AfA-Bemessungsgrundlage der übertragenen Wirtschaftsgüter, die bisher vorgenommene AfA-Methode und die jeweilige vom Einbringenden zu Grunde gelegte Nutzungsdauer (Tz. 23.06 UmwStE). Des Weiteren verweist § 23 Abs. 1 UmwStG auf die **Besitzzeitanrechnung** i. S. d. § 4 Abs. 2 S. 3 UmwStG. Danach wird die Zeit, die ein Wirtschaftsgut zum Betriebsvermögen des Einbringenden gehört, der übernehmenden Kapitalgesellschaft angerechnet. Die Vorbesitzzeit beim Einbringenden ist insbesondere bei der Bildung einer **Reinvestitionsrücklage i. S. d. § 6b Abs. 3 EStG** durch die übernehmende Kapitalgesellschaft von Bedeutung.

---

§ 6b Rücklage bei Ansatz des Buchwerts	
Eintritt in die steuerliche **Rechtsstellung des Einbringenden** i. S. d. § 12 Abs. 3 Hs. 1 UmwStG	⇨ Fortführung einer § 6b Rücklage
Anrechnung von **Vorbesitzzeiten** des Einbringenden i. S. d. § 4 Abs. 2 S. 3 UmwStG	⇨ Bildung einer § 6b Rücklage unter der Anrechnung der Vorbesitzzeit

---

Dabei sind die Voraussetzungen, die an die Bildung einer § 6b Rücklage gestellt werden, zu berücksichtigen.

---

§ 6b Abs. 4 S. 1 Nr. 2 EStG ⇨ Bildung § 6b Rücklage	
„Voraussetzung für die Anwendung der Absätze 1 und 3 ist, dass die veräußerten Wirtschaftsgüter im Zeitpunkt der Veräußerung mindestens sechs Jahre ununterbrochen zum Anlagevermögen einer inländischen Betriebsstätte gehört haben.“	⇨ **6 Jahre Zugehörigkeit zum Anlagevermögen**

<table>
<tr><td>Beispiel</td><td>Der Einzelunternehmer Logan hat zum 31.12.2019 einen Teilbetrieb zum Buchwert in die Jean Grey GmbH eingebracht. Zum übertragenen Betriebsvermögen gehört eine Lagerhalle, die Logan am 30.06.2012 angeschafft hat. Die Jean Grey GmbH veräußert die für ihre Zwecke zu kleine Lagerhalle am 01.07.2020 und gibt den Bau einer größeren Halle in Auftrag. Da mit deren Fertigstellung erst in zwei Jahren zu rechnen ist, bildet die Jean Grey GmbH eine steuerfreie Rücklage i. S. d. § 6b Abs. 3 EStG in Höhe des Gewinns aus der Veräußerung der Lagerhalle.

Die Bildung der Rücklage ist möglich, da Logans Besitzzeit der Lagerhalle angerechnet wird, und sich die Halle somit sechs Jahre ununterbrochen im Anlagevermögen einer inländischen Betriebsstätte i. S. d. § 6b Abs. 4 S. 1 Nr. 2 EStG befunden hat, als sie veräußert wurde.</td></tr>
</table>

2.13.2 Einbringung zum Zwischenwert

Wählt die übernehmende Kapitalgesellschaft einen Zwischenwert als Wertansatz bzw. ist sie aufgrund der Vorschrift des § 20 Abs. 2 S. 2 Nr. 2, Nr. 4 bzw. S. 4 UmwStG dazu verpflichtet, ist der übernehmenden Kapitalgesellschaft eine Anrechnung der Besitzzeit des Einbringenden verwehrt. § 23 Abs. 3 UmwStG, der die weitere steuerliche Behandlung von Betriebsvermögen regelt, das zu einem Zwischenwert in die übernehmende Kapitalgesellschaft eingebracht wird, verweist lediglich auf § 12 Abs. 3 Hs. 1 UmwStG, nicht jedoch auf § 4 Abs. 2 S. 3 UmwStG.

§ 23 Abs. 3 UmwStG – sog. Fußstapfentheorie	
„Setzt die übernehmende Gesellschaft das eingebrachte Betriebsvermögen mit einem **über dem Buchwert,** aber **unter dem gemeinen Wert** liegenden Wert an, so gilt **§ 12 Abs. 3 erster Halbsatz** entsprechend." (Kein Verweis auf **§ 4 Abs. 2 S. 3 UmwStG**)	⇨ **Zwischenwertansatz** ⇨ **Eintritt in die Rechtsstellung** ⇨ **<u>Keine</u> Anrechnung der Vorbesitzzeit**

Der Ansatz des eingebrachten Betriebsvermögens mit einem Zwischenwert hat allerdings im Gegensatz zur Buchwertfortführung zur Folge, dass im Rahmen des Eintritts in die Rechtsstellung des Einbringenden hinsichtlich der Absetzung für Abnutzung der übergegangenen Wirtschaftsgüter eine Bindung der übernehmenden Kapitalgesellschaft einzuschränken ist. Da beim **Zwischenwertansatz** die **Buchwerte** der eingebrachten Wirtschaftsgüter **anteilig aufzustocken** sind, wäre eine Bindung an die bisherige AfA-Bemessungsgrundlage wie bei der Buchwertfortführung nicht sachgerecht. Daher kann gem. § 23 Abs. 3 UmwStG der jeweilige Aufstockungsbetrag, also die im Wege der Einbringung aufgedeckten stillen Reserven, durch die übernehmende Kapitalgesellschaft als AfA-Potenzial geltend gemacht werden.

Dabei ist allerdings danach zu differenzieren, was bzw. wie durch den Einbringenden vor der Sacheinlage abgeschrieben wurde:

- Handelt es sich bei den eingebrachten Wirtschaftsgütern um Gebäude oder um bewegliche Wirtschaftsgüter des Anlagevermögens, die i. S. d. § 7 Abs. 1 EStG **linear** abgeschrieben wurden, wird die AfA-Bemessungsgrundlage i. S. d. § 23 Abs. 3 Nr. 3 UmwStG ermittelt. Die AfA-Bemessungsgrundlage ergibt sich dann aus der Summe der Anschaffungs- oder Herstellungskosten des **Einbringenden** und dem Aufstockungsbetrag. Die bislang angewendete AfA-Methode und die veranschlagte Nutzungsdauer sind beizubehalten, wobei nur **bis zur Höhe des Zwischenwerts** abgeschrieben werden kann (Tz. 23.15 UmwStE).

Beispiel	Zum auf die Jean Grey GmbH übertragenen Betriebsvermögen gehört eine Maschine mit Anschaffungskosten i. H. v. 50.000 € und einer Nutzungsdauer von 5 Jahren, die bisher linear abgeschrieben wurde. Im Zeitpunkt der Einbringung beträgt der Restbuchwert 30.000 € und die Restnutzungsdauer 3 Jahre. Im Rahmen einer vorzunehmenden Buchwertaufstockung wird die Maschine mit 40.000 € angesetzt. Die neue AfA-Bemessungsgrundlage beträgt 60.000 € (AK 50.000 € zuzüglich des Aufstockungsbetrags von 10.000 €). Die jährliche AfA der Maschine ergibt sich durch Multiplikation der AfA-Bemessungsgrundlage mit 20 % (Beibehaltung des AfA-Satzes). Die AfA in 2020 und 2021 beträgt dann jeweils 12.000 €, im Jahr 2022 12.000 € zuzüglich eines Restwerts von 4.000 € (Zwischenwert i. H. v. 40.000 € ./. 36.000 €).

- Handelt es sich dagegen um bislang **degressiv** i. S. d. § 7 Abs. 2 EStG abgeschriebene Wirtschaftsgüter, dient der durch die übernehmende Kapitalgesellschaft angesetzte Zwischenwert als AfA-Bemessungsgrundlage. Im Zeitpunkt der Einbringung ist die Restnutzungsdauer des jeweils abzuschreibenden Wirtschaftsguts neu zu schätzen. Danach richtet sich der neue Abschreibungssatz (Tz. 23.15 UmwStE).

2.13.3 Einbringung zum gemeinen Wert

Wählt die übernehmende Kapitalgesellschaft den gemeinen Wert oder muss sie diesen gem. § 20 Abs. 2 S. 1 UmwStG ansetzen, hängt die weitere steuerliche Behandlung der übertragenen Wirtschaftsgüter maßgeblich von der Art der Rechtsnachfolge ab.

§ 23 Abs. 4 Hs. 1 UmwStG – sog. Fußstapfentheorie gilt <u>nicht</u>	
„Setzt die übernehmende Gesellschaft das eingebrachte Betriebsvermögen mit dem **gemeinen Wert** an, so gelten die eingebrachten Wirtschaftsgüter als im Zeitpunkt der Einbringung von der Kapitalgesellschaft **angeschafft**, wenn die Einbringung des Betriebsvermögens im Wege der **Einzelrechtsnachfolge** erfolgt."	⇨ **Ansatz des gemeinen Wertes** ⇨ **Anschaffungsfiktion** bei ⇨ **Einzelrechtsnachfolge**

(Kein Verweis auf **§ 12 Abs. 3 S. 1 UmwStG**) (Kein Verweis auf **§ 4 Abs. 2 S. 3 UmwStG**)	⇨ **Kein Eintritt in die Rechtsstellung** ⇨ **Keine Anrechnung der Vorbesitzzeit**

Erfolgt die Einbringung im Rahmen der **Einzelrechtsnachfolge**, wird gem. § 23 Abs. 4 Hs. 1 UmwStG die **Anschaffung** der übertragenen Wirtschaftsgüter im Einbringungszeitpunkt fingiert. Daher tritt die übernehmende Kapitalgesellschaft nicht in die Rechtsstellung des Einbringenden ein. Vielmehr sind ausschließlich die Verhältnisse der übernehmenden Kapitalgesellschaft für die weitere Behandlung des **angeschafften** Vermögens von Bedeutung (Tz. 23.21 UmwStE).

Dies bedeutet für die Absetzung für Abnutzung der übertragenen Wirtschaftsgüter, dass als AfA-Bemessungsgrundlage die Anschaffungskosten und damit der gemeine Wert gelten. Die AfA-Methode kann bei beweglichen Wirtschaftsgütern des Anlagevermögens neu gewählt werden. Darüber hinaus ist die Nutzungsdauer neu zu bestimmen. Es ist allerdings zu beachten, dass für Wirtschaftsgüter, die aufgrund einer Einbringung zum gemeinen Wert als neu angeschafft gelten, keine degressive AfA i. S. d. § 7 Abs. 2 EStG a. F. mehr gewählt werden kann. Aufgrund der Anschaffungsfiktion kann des Weiteren das Wahlrecht des § 6 Abs. 2 S. 1 EStG in Anspruch genommen werden. Die Anschaffungskosten für **geringwertige Wirtschaftsgüter** bis zu einem Wert von 150 € können demnach im Wirtschaftsjahr der Anschaffung als Betriebsausgaben abgezogen werden. Für Wirtschaftsgüter mit einem gemeinen Wert von 150 bis 1.000 € ist aufgrund der Anschaffungsfiktion ein Sammelposten i. S. d. § 6 Abs. 2a EStG zu bilden.

§ 23 Abs. 4 Hs. 2 UmwStG – sog. Fußstapfentheorie	
„Erfolgt die Einbringung des Betriebsvermögens im Wege der **Gesamtrechtsnachfolge** nach den Vorschriften des Umwandlungsgesetzes, so gilt **Absatz 3** entsprechend."	⇨ **Gesamtrechtsnachfolge** ⇨ **Eintritt in die Rechtsstellung** ⇨ **Keine Anrechnung der Vorbesitzzeit**

Erfolgt die zivilrechtliche Ausgestaltung der Sacheinlage i. S. d. § 20 UmwStG nach dem UmwG und damit im Wege der Gesamtrechtsnachfolge, verweist § 23 Abs. 4 UmwStG auf die Vorschriften bezüglich des Zwischenwertansatzes.

Unabhängig von der Art der Rechtsnachfolge muss beim Ansatz zum gemeinen Wert auch ein **originärer Firmenwert** in der Steuerbilanz der übernehmenden Kapitalgesellschaft angesetzt werden. Die Abschreibung des Firmenwerts erfolgt dann gem. § 7 Abs. 1 S. 3 EStG über einen Zeitraum von 15 Jahren.

> **Merke:** Die übernehmende Gesellschaft tritt immer dann in die steuerliche Rechtsstellung es Einbringenden ein, wenn sie das übernommene Betriebsvermögen unter dem gemeinen Wert ansetzt.

2.13.4 Verlustabzug

Bei der Einbringung von Betriebsvermögen in Kapitalgesellschaften ist zwischen der Inanspruchnahme eines bestehenden Verlustvortrags der übernehmenden Kapitalgesellschaft und der Nutzung eines Verlustvortrags der einbringenden Person zu unterscheiden.

Für die weitere Inanspruchnahme eines steuerlichen Verlustvortrags der übernehmenden Kapitalgesellschaft ist das **KStG**, insbesondere § 8c i. V. m. § 8d KStG maßgebend. Dies ist dadurch begründet, dass sich die Regelung des § 8c KStG auf einen schädlichen Anteilseignerwechsel bezieht, der auch durch eine Kapitalerhöhung und die Gewährung der neuen Anteile als Gegenleistung einer Einbringung verursacht werden kann. Die Einbringung von Betriebsvermögen i. S. d. § 20 UmwStG gilt als ein vergleichbarer Sachverhalt i. S. d. § 8c KStG. Für Näheres siehe die Ausführungen zur Behandlung von Verlustvorträgen bei der Verschmelzung von Kapitalgesellschaften.

Der Übergang von Verlustvorträgen i. S. d. § 10d EStG vom Einbringenden auf die übernehmende Kapitalgesellschaft ist bei einer Sacheinlage i. S. d. § 20 UmwStG grundsätzlich nicht möglich, weil bei einer Einbringung der Einbringende seine wirtschaftliche Identität nicht verliert. Die Nutzung eines beim Einbringenden bestehenden Verlustvortrages kann nur indirekt erfolgen. Wenn durch Ansatz eines Zwischenwertes auf Seiten der übernehmenden Gesellschaft beim Einbringenden ein originärer Einbringungsgewinn entsteht, so kann dieser mit bestehenden Verlustvorträgen ausgeglichen werden. Auf Seiten der übernehmenden Kapitalgesellschaft entsteht ein erhöhtes Abschreibungspotenzial, so dass der Verlustvortrag indirekt übertragen wird, da die höheren Abschreibungen in der Zukunft das steuerliche Ergebnis der übernehmenden Gesellschaft mindern.

> **Merke:** Eine **direkte Nutzung** des Verlustvortrags der Überträgerin ist **nicht möglich**.

2.13.5 Übernahmefolgegewinn

Gem. § 23 Abs. 6 UmwStG sind § 6 Abs. 1 und 3 UmwStG auf die Einbringung in eine Kapitalgesellschaft i. S. d. § 20 UmwStG entsprechend anwendbar. Erhöht das Erlöschen von Forderungen und Verbindlichkeiten zwischen dem Einbringenden und der übernehmenden Kapitalgesellschaft oder die Auflösung von Rückstellungen den Gewinn der Übernehmerin, kann dieser in eine den steuerlichen Gewinn mindernde **Rücklage** eingestellt werden. Gem. § 6 Abs. 1 S. 2 UmwStG hat deren Auflösung in den auf ihre Bildung folgenden drei Wirtschaftsjahren zu mindestens einem Drittel zu erfolgen. Diese Begünstigung entfällt gem. § 6 Abs. 3 UmwStG rückwirkend, wenn die übernehmende Gesellschaft das eingebrachte Betriebsvermögen innerhalb von fünf Jahren nach der Einbringung wiederum in eine Kapitalgesellschaft einbringt oder veräußert.

2.14 Nebensteuern

2.14.1 Gewerbesteuer

Gewinne, die eine natürliche Person aus der Veräußerung eines Betriebs, Teilbetriebs oder Mitunternehmeranteils erzielt, unterliegen nicht der Gewerbesteuer.[115] Da eine Einbringung in eine Kapitalgesellschaft lediglich eine spezielle Form einer Veräußerung darstellt, ist auch ein bei einer Sacheinlage i. S. d. § 20 UmwStG entstehender **Einbringungsgewinn** bei Ansatz von Zwischen- oder gemeinem Wert von der Gewerbesteuer befreit. Ist der Einbringende allerdings eine Kapitalgesellschaft, wird ein Einbringungsgewinn dem Gewerbeertrag hinzugerechnet.

2.14.2 Grunderwerbsteuer

Gehen im Rahmen einer Einbringung Grundstücke auf die übernehmende Kapitalgesellschaft über, fällt Grunderwerbsteuer an. Wird die Einbringung i. S. d. § 20 UmwStG zivilrechtlich im Wege eines Formwechsels i. S. d. § 190 UmwG vollzogen, wird keine Grunderwerbsteuer erhoben, da kein Wechsel des Rechtsträgers vorgenommen wird (Rechtsträgeridentität).

2.14.3 Umsatzsteuer

Die Einbringung eines Betriebs oder eines Teilbetriebs in eine Kapitalgesellschaft unterliegt gem. § 1 Abs. 1 a S. 2 UStG nicht der Umsatzsteuer. Handelt es sich beim Einbringungsgegenstand um einen Mitunternehmeranteil, ist die Übertragung gem. § 4 Nr. 8 Bst. f UStG von der Umsatzsteuer befreit.

2.15 Abschlussfall zu § 20 UmwStG

Der 60jährige Einzelunternehmer Tyler Durden, wohnhaft in München, will sein Einzelunternehmen steuerneutral im Wege einer Einbringung mit Wirkung zum 31.12.2019 in die neu gegründete Durden GmbH mit Sitz in Bamberg umwandeln.

---

[115] Vgl. BFH v. 27.03.1996, I-R-89/95, BStBl. II 1997, S. 224.

Aktiva		Schlussbilanz Tyler Durden		Passiva
Grund u. Boden	100 T€	Kapital		50 T€
Gebäude	300 T€	§ 6b Rücklage		25 T€
Maschinen	50 T€	Verbindlichkeiten		425 T€
Umlaufvermögen	50 T€			
	500 T€			500 T€

Stille Reserven sind in folgender Höhe vorhanden:
Originärer Firmenwert 20.000 €, Grund und Boden 40.000 €, Gebäude 50.000 € und Maschinen 5.000 €.

Einschließlich der § 6b Rücklage i. H. v. 25.000 € ruhen in Tylers Betriebsvermögen stille Reserven i. H. v. 140.000 €.

Zusätzlich zu den neuen Kapitalgesellschaftsanteilen, die er als Gegenleistung für die Sacheinlage erhält und im Betriebsvermögen hält, wird Tyler eine Darlehensforderung i. H. v. 106.000 € eingeräumt. Die als Gegenleistung gewährten Anteile veräußert er am 15.02.2026.

Aufgabenstellung:

1. Prüfen Sie, ob die Anwendungsvoraussetzungen des § 20 Abs. 1 UmwStG vorliegen.
2. Um welchen zivilrechtlichen Vorgang handelt es sich bei der Umwandlung in die GmbH?
3. Stellen Sie die Eröffnungsbilanz der Durden GmbH zum 31.12.2019 auf und berechnen Sie die für Tyler Durden anfallende Einkommensteuer (Steuersatz 40 %) in den jeweiligen Veranlagungszeiträumen. Gehen sie auch auf eventuelle Auswirkungen der Veräußerung auf die Durden GmbH ein.

Lösung:

1. Aufgabe

Um eine Einbringung i. S. d. § 20 Abs. 1 UmwStG vornehmen zu können, muss es sich beim Gegenstand der Sacheinlage um einen Betrieb, Teilbetrieb oder einen Mitunternehmeranteil handeln. Da Tyler Einzelunternehmer ist und sein gesamtes Betriebsvermögen einbringt, ist ein Betrieb Gegenstand der Sacheinlage. Zwingende Voraussetzung für eine Anwendung des § 20 UmwStG ist gem. § 1 Abs. 3 i. V. m. Abs. 4 UmwStG, dass Tyler seinen Wohnsitz oder gewöhnlichen Aufenthalt in der EU bzw. dem EWR hat und die übernehmende Kapitalgesellschaft ebenfalls in der EU oder dem EWR doppelt ansässig ist. Die Durden GmbH hat ihren Sitz i. S. d. § 11 AO und ihre Geschäftsleitung i. S. d. § 10 AO im Inland. Tyler selbst hat seinen Wohnsitz i. S. d. § 8 AO auch im Inland. Die Voraussetzungen für eine Anwendung des § 20 UmwStG liegen somit vor.

2. Aufgabe

Zivilrechtlich kann es sich bei der Sacheinlage des Betriebsvermögens in die Durden GmbH um eine **Ausgliederung** oder eine **Sachgründung i. S. d. § 5 Abs. 4 GmbHG** handeln. Da sich jedoch eine Ausgliederung auf der Ebene der Durden GmbH nach der Sachgründung richtet, wird diese im Folgenden angenommen. Hinsichtlich des von Tyler auf die GmbH übertragenen Vermögens gilt somit die Einzelrechtsnachfolge. Um eine Sachkapitalerhöhung i. S. d. § 56 GmbHG kann es sich in diesem Fall nicht handeln, da die Einbringung zur Neugründung erfolgt ist.

3. Aufgabe

Um eine Fortführung der Buchwerte des eingebrachten Betriebs vornehmen zu können, ist neben den Anwendungsvoraussetzungen des § 20 Abs. 1 UmwStG zu prüfen, ob die Voraussetzungen für das Bewertungswahlrecht des § 20 Abs. 2 S. 2 UmwStG erfüllt sind und darüber hinaus keine Einschränkungen dieses Bewertungswahlrechts vorliegen.

Das Bewertungswahlrecht des § 20 Abs. 2 S. 2 UmwStG, welches eine Fortführung der Buchwerte in der Durden GmbH ermöglichen würde, wird gewährt, soweit sichergestellt ist, dass das eingebrachte Betriebsvermögen bei der übernehmenden Kapitalgesellschaft der Besteuerung mit Körperschaftsteuer unterliegt, der eingebrachte Betrieb kein negatives Eigenkapital ausweist, das Recht der BRD hinsichtlich der Besteuerung des Gewinns aus der Veräußerung des eingebrachten Betriebsvermögens durch die Durden GmbH nicht ausgeschlossen oder beschränkt ist und keine sonstige Gegenleistung gewährt wird, deren gemeiner Wert 25 % des eingebrachten Betriebsvermögens oder 500.000 € übersteigt.

Die Besteuerung mit Körperschaftsteuer ist sichergestellt, da die Durden GmbH unbeschränkt körperschaftsteuerpflichtig i. S. d. § 1 Abs. 1 KStG ist.
Das Kapital des übertragenen Einzelunternehmens und damit das Reinvermögen weist zudem einen positiven Wert auf.
Darüber hinaus hat die Einbringung keinen Auslandsbezug, durch den das deutsche Besteuerungsrecht eingeschränkt werden könnte.
Allerdings wird eine sonstige Gegenleistung in Form der Darlehensforderung gewährt; diese überschreitet auch den Betrag von 25 % des Eigenkapitals, nicht jedoch den Betrag von 500.000 €, so dass nach § 20 Abs. 2 S. 2 Nr. 4 UmwStG keine schädliche Gegenleistung gegeben ist.

Im Ergebnis sind folglich alle Voraussetzungen gem. § 20 Abs. 2 S. 2 Nr. 1 - 4 UmwStG erfüllt, so dass das übernommene Betriebsvermögen grundsätzlich mit dem Buchwert angesetzt werden darf.

Da Tyler neben neuen Kapitalgesellschaftsanteilen auch eine Darlehensforderung gewährt wird, ist aber noch zu prüfen, ob daraus eine Zwangswertaufstockung i. S. d. § 20 Abs. 2 S. 4 UmwStG folgt. Eine anteilige Aufdeckung stiller Reserven bis zum gemeinen Wert der anderen Wirtschaftsgüter hätte zu erfolgen, wenn dieser den Buchwert des eingebrachten Betriebsvermögens übersteigt.

Dies ist im vorliegenden Beispiel der Fall. Der Wert der Darlehensforderung beträgt 106.000 € und übersteigt den Buchwert des eingebrachten Betriebsvermögens i. H. v. 50.000 € um 56.000 €. Gem. § 20 Abs. 2 S. 4 UmwStG muss deshalb eine Wertaufstockung um 56.000 € vorgenommen werden, was insoweit eine Einschränkung des zuvor gewährten Bewertungswahlrechts darstellt. In den Wirtschaftsgütern ruhende stille Reserven sind insgesamt in Höhe dieses Betrags anteilig aufzudecken. Die anteilige Aufstockung der stillen Reserven für jedes einzelne Wirtschaftsgut ergibt sich dabei aus dem Verhältnis zwischen dem Aufstockungsbetrag von 56.000 € und dem Gesamtbetrag der stillen Reserven i. H. v. 140.000 €.

| | Stille Reserven | Aufstockungsbetrag | Aufstockung |
		Summe stiller Reserven	
Firmenwert	20.000 x	0,4	= 8.000
Grund u. Boden	40.000 x	0,4	= 16.000
Gebäude	50.000 x	0,4	= 20.000
Maschinen	5.000 x	0,4	= 2.000
§ 6b Rücklage	25.000 x	0,4	= 10.000

Gem. § 5 Abs. 1 GmbHG muss ein Mindeststammkapital von 25.000 € ausgewiesen werden. Da § 20 Abs. 2 S. 2 UmwStG aber die Fortführung der **aufgedeckten** Buchwerte ermöglicht, erfährt die Buchwertfortführung keine Einschränkung durch das Maßgeblichkeitsprinzip i. S. d. § 5 Abs. 1 S. 1 EStG, weil dieses in Umwandlungsfällen außer Kraft tritt. Um trotzdem einen formalen Ausgleich zwischen Handels- und Steuerbilanz zu erreichen, kann in entsprechender Höhe ein Ausgleichsposten angesetzt werden.

Aktiva	Eröffnungsbilanz Durden GmbH		Passiva
Firmenwert	8 T€	Stammkapital	25 T€
Grund u. Boden	116 T€	§ 6b Rücklage	15 T€
Gebäude	320 T€	Darlehen Tyler	106 T€
Maschinen	52 T€	Verbindlichkeiten	425 T€
Umlaufvermögen	50 T€		
Ausgleichsposten	25 T€		
	571 T€		571 T€

Der Wertansatz von 106.000 € in der Steuerbilanz gilt gem. § 20 Abs. 3 S. 1 UmwStG als Veräußerungspreis des eingebrachten Betriebsvermögens. Abzüglich des Buchwerts des eingebrachten Betriebsvermögens von 50.000 € ergibt sich ein **originärer Einbringungsgewinn** i. H. v. 56.000 €. Da gem. § 20 Abs. 4 UmwStG auf einen Einbringungsgewinn bei einem Zwischenwertansatz weder der Freibetrag i. S. d. § 16 Abs. 4 EStG noch die Begünstigungen des § 34 EStG gewährt werden, beträgt die Einkommensteuer für Tyler im Veranlagungszeitraum 2019:

$$56.000 € \times 0,4 = \mathbf{22.400 €}$$

Durch die Wertverknüpfung zwischen dem Wertansatz der übernehmenden Kapitalgesellschaft und den Anschaffungskosten für die gewährten Anteile im Einbringungskreislauf würden sich Anschaffungskosten i. H. v. 106.000 € ergeben. Da jedoch der gemeine Wert des Darlehens gem. § 20 Abs. 3 S. 3 UmwStG davon abzuziehen ist, **betragen die Anschaffungskosten 0 €.**

Die Veräußerung der als Gegenleistung für die Einbringung erhaltenen Anteile erfolgt **innerhalb der siebenjährigen Sperrfrist** am 15.02.2026, so dass es sich um eine schädliche Veräußerung i. S. d. § 22 Abs. 1 S. 1 UmwStG handelt, die zur rückwirkenden Besteuerung der Einbringung mit Einbringungsgewinn I führt.

Da im eingebrachten Betriebsvermögen vor der Einbringung stille Reserven von 140.000 € enthalten waren und aufgrund der Zwangswertaufstockung bei Einbringung 56.000 € davon aufgedeckt wurden, sind im Zuge der Einbringung die restlichen 84.000 € übergegangen. Diese bilden die Bemessungsgrundlage für den Einbringungsgewinn I. Seit der Einbringung sind 6 Jahre bis zur schädlichen Veräußerung am 15.02.2026 vergangen. Somit mindert sich der Einbringungsgewinn um 6/7, so dass Tyler Durden nur einen Einbringungsgewinn von 1/7, d. h. 12.000 € rückwirkend für den Veranlagungszeitraum 2019 zu versteuern hat.

Da die Veräußerung der erhaltenen Anteile ein rückwirkendes Ereignis i. S. d. § 175 Abs. 1 Satz. 1 Nr. 2 AO darstellt, ändert sich die Steuerbelastung von Tyler wie folgt, Steuerbescheide sind entsprechend zu ändern:

Steuer auf den originären Einbringungsgewinn:
$$56.000 € \times 0,4 = \mathbf{22.400\ €}$$

Steuer auf den Einbringungsgewinn I:
$$12.000 € \times 0,4 = \mathbf{4.800\ €}$$

Die endgültige Steuerbelastung für Tyler im Veranlagungszeitraum 2019 beträgt **27.200 €.**

Im Veranlagungszeitraum 2026 fällt ein gem. § 3 Nr. 40 S. 1 Bst. b EStG begünstigter Veräußerungsgewinn an.

Ermittlung des Veräußerungspreises der aus der Einbringung resultierenden Anteile:

Firmenwert		20.000
Grund u. Boden	+	140.000
Gebäude	+	350.000
Maschinen	+	55.000
Umlaufvermögen	+	50.000
Darlehen	./.	106.000
Verbindlichkeiten	./.	425.000
Veräußerungspreis	=	**84.000**

Da die ursprünglichen Anschaffungskosten der Kapitalgesellschaftsanteile **0 €** betragen, hätte Tyler einen **Veräußerungsgewinn i. S. d. § 3 Nr. 40 S: 1 Bst. b EStG i. H. v. 84.000 €** zu versteuern. Damit würden 12.000 € der übergegangenen stillen Reserven doppelt als Einbringungsgewinn I und als Veräußerungsgewinn erfasst. Um diese Doppelbesteuerung zu vermeiden, darf Tyler den Einbringungsgewinn I gem. § 22 Abs. 1 S. 4 UmwStG als nachträgliche Anschaffungskosten seiner erhaltenen Anteile ansetzen. Der Ansatz der Beteiligung an der Durden GmbH wird also nachträglich von 0 € auf 12.000 € aufgestockt. Der Veräußerungsgewinn beträgt somit:

Veräußerungspreis		84.000
Anschaffungskosten	./.	12.000
Veräußerungsgewinn	=	**72.000**

Tyler kann den Freibetrag i. S. d. § 17 Abs. 3 EStG in Anspruch nehmen. Da jedoch der Freibetrag i. H. v. 9.060 € um den 36.100 € übersteigenden Anteil des Veräußerungsgewinns gemindert wird, ergibt sich für Tyler ein Freibetrag von Null.

Außerdem können die Begünstigungen des Teileinkünfteverfahrens in Anspruch genommen werden. Steuerpflichtiger Teil des Veräußerungsgewinns: 72.000 x 0,6 = **43.200 €**

Darauf zu entrichtende Steuer:
$$43.200 € \text{ x } 0,4 = \textbf{17.280 €}$$

Die Einkommensteuerschuld im Veranlagungszeitraum 2026 beträgt 17.280 €.

Damit der auf Seiten von Tyler mit Einbringungsgewinn I belastete Teil der stillen Reserven nicht bei der Durden GmbH erneut steuerlich belastet wird, darf die Durden GmbH das eingebrachte Betriebsvermögen im Veranlagungszeitraum 2026 um den von Tyler versteuerten Einbringungsgewinn I i. H. v. 12.000 € erfolgsneutral aufstocken. Der Aufstockungsbetrag bemisst sich für jedes eingebrachte Wirtschaftsgut inkl. dem originären Veräußerungsgewinn nach dem Verhältnis zwischen den in jedem einzelnen Wirtschaftsgut im

Einbringungszeitpunkt ruhenden stillen Reserven zu den gesamten im Zuge der Einbringung übergegangenen stillen Reserven i. H. v. 84.000 €.

	Stille Reserven	Aufstockungsbetrag Summe stiller Reserven		Aufstockung
Grund u. Boden	24.000 x	1/7	=	3.429
Gebäude	30.000 x	1/7	=	4.286
Maschinen	3.000 x	1/7	=	428
§ 6b Rücklage	15.000 x	1/7	=	2.143
Firmenwert	12.000 x	1/7	=	1.714

Die Aufstockung ist zunächst mit dem steuerlichen Ausgleichsposten zu verrechnen. Aus Vereinfachungsgründen wird auf eine Berechnung der zwischenzeitlichen AfA verzichtet.

Aktiva	Bilanz Durden GmbH nach Aufstockung		Passiva
Firmenwert	9.714 €	Stammkapital	25.000 €
Grund u. Boden	119.429 €	§ 6b Rücklage	12.857 €
Gebäude	324.286 €	Darlehen Tyler	106.000 €
Maschinen	52.428 €	Verbindlichkeiten	425.000 €
Umlaufvermögen	50.000 €		
Ausgleichsposten	13.000 €		
	568.857 €		568.857 €

3 Anteilstausch gem. § 21 UmwStG

Mit dem SEStEG wurde der Anteilstausch in einen eigenen Paragraphen gefasst. Dies ist in dem veränderten System der Missbrauchsverhinderungsvorschriften begründet, die bei Betriebseinbringung nach neuem Recht auf den Verbleib der als Gegenleistung gewährten Anteile abzielen, um einen missbräuchlichen Wechsel von der unbegünstigten Besteuerung einer Veräußerung von Betriebsvermögen auf die begünstige Besteuerung von Kapitalgesellschaftsanteilen zu sanktionieren. Dieses System würde bei einem Anteilstausch ins Leere greifen, weil sich durch die Hingabe von Anteilen und der Gewährung von Anteilen als Gegenleistung die Veräußerungsbegünstigung des vom Einbringenden gehaltenen Vermögens nicht verbessert.

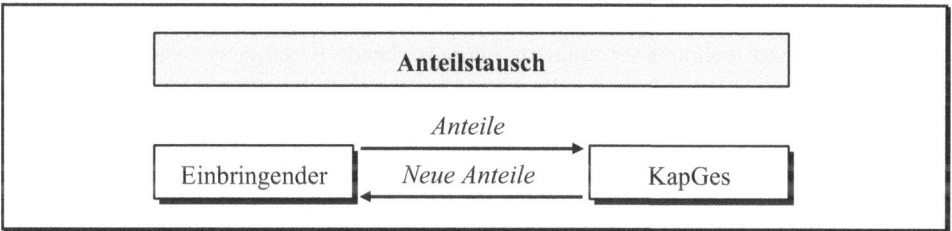

Abbildung 197: Einbringung von Anteilen in eine Kapitalgesellschaft

Demnach gilt das Konzept des Einbringungsgewinns I nicht für den Austausch von Kapitalgesellschaftsanteilen. Die Veräußerung der als Gegenleistung erhaltenen Anteile durch den Einbringenden ist nicht schädlich und löst, anders als bei der Einbringung von Betriebsvermögen, keine rückwirkende Besteuerung durch den Einbringungsgewinn I aus.

> **Merke:** Der Anteilstausch bedarf eigener Missbrauchsregelungen, da es beim Anteiltausch im Gegensatz zur Einbringung von Betriebsvermögen i. S. d. § 20 UmwStG nicht zu einem Tausch von unbegünstigtem in begünstigtes Vermögen kommt.

Darüber hinaus kann bei einem Anteilstausch der Kreis der möglichen Einbringenden erweitert werden, weil sich durch den Tausch von Anteilen gegen Anteile die Besteuerung bei einer Veräußerung nicht ändert und daher keine Auswirkung auf das Besteuerungsrecht Deutschlands besteht. Die Veräußerung der im Rahmen einer Einbringung als Gegenleistung erhaltenen Anteile ist in gleichem Maße begünstigt wie die unmittelbare Veräußerung der Anteile.

In den §§ 21, 22 und 23 UmwStG wird der Anteilstausch, d. h. die Einlage von Anteilen an Kapitalgesellschaften in eine bereits bestehende oder neu gegründete **Kapitalgesellschaft** oder **Genossenschaft** behandelt. Grundsätzlich soll nach der Gesetzessystematik des § 21 UmwStG zum gemeinen Wert übertragen werden. Allerdings ermöglicht ein Bewertungswahlrecht dem übernehmenden Rechtsträger die Bilanzierung zum Buch-, Zwischen- oder gemeinen Wert, wenn die entsprechenden Voraussetzungen hinsichtlich der Personen der beteiligen Rechtsträger sowie der Natur der Transaktion erfüllt sind. Um einen Anteilstausch i. S. d. § 21 Abs. 1 UmwStG durchführen zu können, müssen der persönliche und der sachliche Anwendungsbereich des § 21 UmwStG gegeben sein:

- Einbringung von **Anteilen** an Kapitalgesellschaften oder Genossenschaften und
- Gegenleistung in Form von **neuen** Kapitalgesellschaftsanteilen.

Unter § 21 UmwStG fällt somit jede Form der Anteilsübertragung, sofern die Gegenleistung in neuen Anteilen aus einer Kapitalerhöhung der übernehmenden Gesellschaft besteht. Grundsätzlich soll der Anteilstausch nach der Gesetzessystematik zum gemeinen Wert erfolgen. Ein Bewertungswahlrecht auf Seiten der übernehmenden Gesellschaft zum Ansatz eines niedrigeren als des gemeinen Wertes wird gem. § 21 Abs. 1 S. 2 UmwStG auf Antrag nur dann gewährt, wenn es sich bei den eingebrachten Anteilen um eine für die übernehmende Gesellschaft mehrheitsvermittelnde oder -stärkende Beteiligung handelt und somit ein „qualifizierter Anteilstausch" vorliegt; zudem darf für die Steuerneutralität entsprechend der Regelung bei der Betriebseinbringung eine sonstige Gegenleistung nicht mehr betragen als 25 % des Buchwerts der eingebrachten Anteile oder 500.000 €, höchstens jedoch der Buchwert der eingebrachten Anteile.

Einkommensteuerrechtlich ist diese Form der Umwandlung als ein **tauschähnlicher Veräußerungsvorgang** zu qualifizieren, der nach allgemeinen Grundsätzen zu einem Veräußerungsgewinn i. S. d. § 17 EStG bzw. § 20 Abs. 2 EStG führen würde. Diese Rechtsfolge wird durch § 21 UmwStG allerdings außer Kraft gesetzt, indem eine Aufdeckung der stillen Reserven gänzlich oder teilweise durch Ansatz des Buch- oder eines Zwischenwerts der Sacheinlage im Rahmen des Bewertungswahlrechts unabhängig vom Ansatz in der Handelsbilanz vermieden werden kann. In Analogie zur Verschmelzung enthält § 21 UmwStG den Verzicht der Aufdeckung und der damit verbundenen Besteuerung der stillen Reserven zum Zeitpunkt der Umwandlung, sofern deren spätere steuerliche Erfassung gesichert bleibt.

Bei Erfüllung der Anwendungsvoraussetzungen des § 21 UmwStG richten sich die Besteuerungsfolgen nach den dort getroffenen Regelungen, so dass qualifizierte Anteilstausche steuerneutral durchführbar sind und eine Anpassung der Unternehmensstruktur an die betriebswirtschaftlichen und unternehmenspolitischen Erfordernisse erfolgen kann. Der Zweck des § 21 UmwStG ist die Realisierbarkeit dieser aus wirtschaftlichen Gesichtspunkten notwendigen Anpassung.

3.1 Systematik

In § 21 UmwStG werden neben den Anwendungsvoraussetzungen der steuerneutralen Vermögensübertragung im Wege des Anteilstauschs die Bewertung der übertragenen sowie der als Gegenleistung gewährten Kapitalgesellschaftsanteile behandelt. Außerdem ist die Besteuerung eines Einbringungsgewinns bei Ansatz eines Zwischen- bzw. des gemeinen Werts, d. h. bei einer Aufdeckung stiller Reserven, geregelt.

Die Besteuerung des Anteilseigners, der Gesellschaftsrechte an der übernehmenden Gesellschaft erwirbt, findet sich in § 22 UmwStG. Die weitere steuerliche Behandlung des übergegangenen Vermögens bei der Kapitalgesellschaft und die damit verbundenen Auswirkungen werden in § 23 UmwStG geregelt.

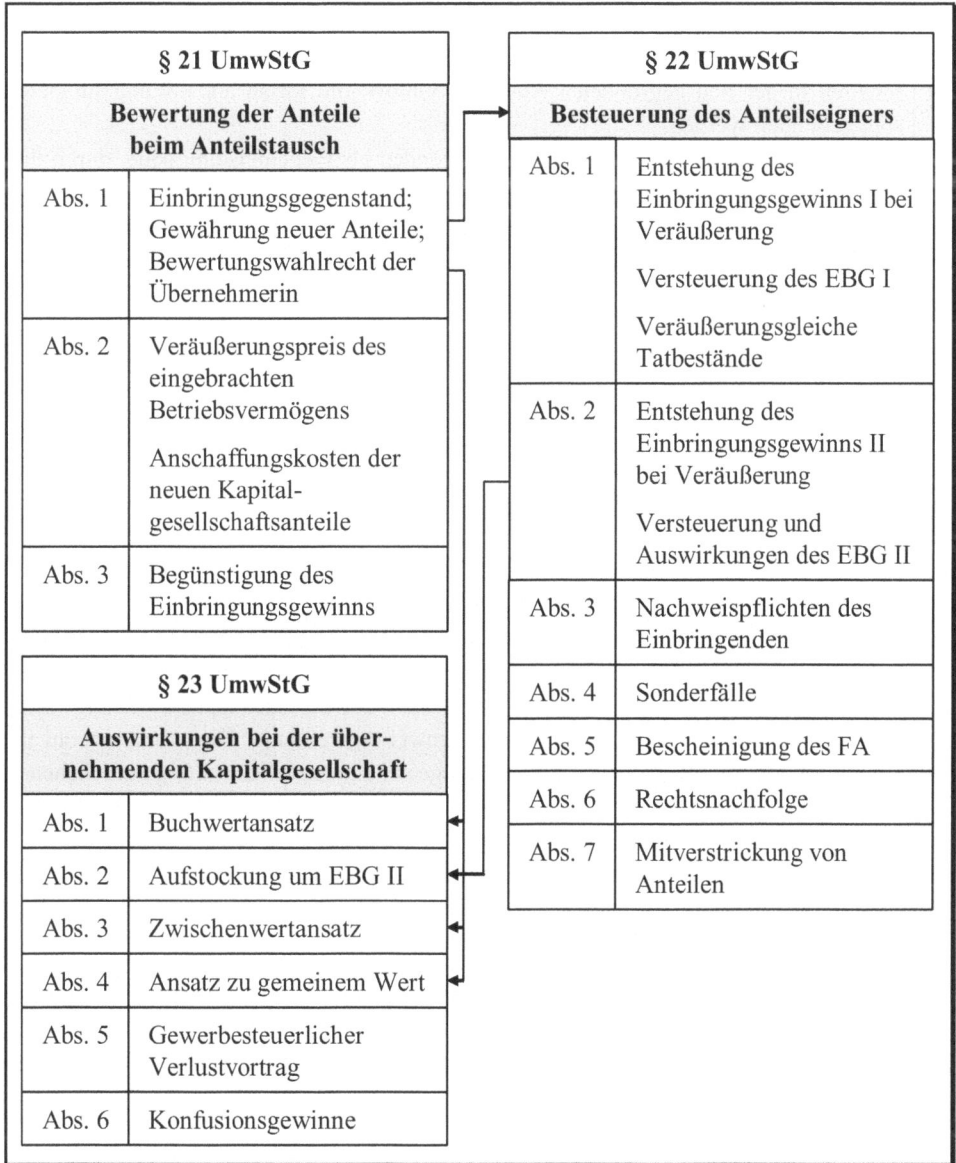

Abbildung 198: Regelungen zur Einbringung von Anteilen in eine Kapitalgesellschaft

3.2 Einbringungsmotive

Werden bestehende Beteiligungsverhältnisse innerhalb einer Konzernstruktur umgegliedert, um eine beteiligungsverwaltende Holding zu erschaffen, erfolgt aus steuerlicher Sicht ein Anteilstausch zwischen Kapitalgesellschaften i. S. d. § 21 UmwStG.

Beispiel

Um eine einheitliche Koordination aller Gesellschaften der Hobbit-Unternehmensgruppe zu gewährleisten, sollen die Beteiligungen aller Tochtergesellschaften in der neu gegründeten Auenland GmbH, die fortan als Holding fungieren soll, gebündelt werden.

Die Auenland GmbH gewährt den Einbringenden als Gegenleistung neue, durch ihre Gründung geschaffene Anteile. Die ursprünglichen Anteilseigner der unter dem Dach der Auenland GmbH gebündelten Kapitalgesellschaften sind jetzt als Anteilseigner der Holding nur noch mittelbar an den Gesellschaften beteiligt. Aus steuerlicher Sicht handelt es sich bei diesen Umgliederungen um Anteilstausche i. S. d. § 21 UmwStG.

3.3 Zivilrechtliche Anwendungsfälle

Es lassen sich eine Reihe zivilrechtlicher Möglichkeiten zur Vermögensübertragung aus steuerrechtlicher Sicht durch einen Anteilstausch realisieren, solange diese unter die formalen Anforderungen des § 1 Abs. 3 Nr. 1 - 4 UmwStG fallen und die in § 21 Abs. 1 UmwStG zusätzlich genannten Anforderungen erfüllen. Diese sind aber sehr allgemein gehalten, so dass zunächst jede Form der Anteilsübertragung erfasst wird. Da aber die als Gegenleistung zu gewährenden Anteile an der übernehmenden Gesellschaft nur aus einer Neugründung oder Kapitalerhöhung stammen dürfen, finden die Vorschriften des § 21 UmwStG im Endeffekt nur auf Anteilsübertragungen im Wege der Sachkapitalerhöhung sowie der Ausgliederung gemäß § 123 Abs. 1 Nr. 2 UmwG Anwendung. Dies kann sowohl im Wege der Gesamtrechtsnachfolge als auch im Wege der Einzelrechtsnachfolge geschehen.

Aus der Liste der in § 1 Abs. 3 UmwStG genannten Möglichkeiten ist für einen Anteilstausch im Wege der **Gesamtrechtsnachfolge** lediglich die **Ausgliederung** von Vermögensteilen eines Einzelkaufmanns, einer Personenhandelsgesellschaft, einer Kapitalgesellschaft oder eines sonstigen sowohl in § 1 Abs. 1 KStG als auch in § 124 Abs. 1, Alt. 2 UmwG, § 3 Abs. 1 UmwG genannten Rechtsträgers auf eine bereits bestehende oder neu gegründete Kapitalgesellschaft relevant.

> **Merke:** Die Ausgliederung von Vermögensteilen nach § 123 Abs. 3 UmwG kann steuerrechtlich gem. § 1 Abs. 3 Nr. 2 UmwStG **ausschließlich** durch eine Einbringung erfolgen. Handelt es sich dabei um auszugliedernde Kapitalgesellschaftsanteile, finden die Regelungen zum Anteilstausch i. S. d. § 21 UmwStG Anwendung.

Für nicht explizit im UmwG geregelte Tatbestände müssen sämtliche Vermögensgegenstände **einzeln** auf die übernehmende KapGes übertragen werden. Folgende zivilrechtliche Möglichkeiten für einen Anteilstausch im Wege der **Einzelrechtsnachfolge** bestehen:

- Sacheinlage i. S. d. § 5 Abs. 4 GmbHG bzw. § 27 AktG bei Gründung einer Kapitalgesellschaft,
- Sacheinlage im Rahmen einer Kapitalerhöhung bei einer bestehenden Kapitalgesellschaft i. S. d. § 56 GmbHG bzw. §§ 183, 194, 205 AktG.

> **Merke:** Die Art der Rechtsnachfolge ist für die Anwendung des § 21 UmwStG unbeachtlich, solange eine Transaktion i. S. d. § 1 Abs. 3 Nr. 1 - 5 UmwStG vorliegt und zusätzlich die Anforderungen des § 21 Abs. 1 S. 1 erfüllt sind.

3.4 Einbringungsgegenstand

> **§ 21 Abs. 1 S. 1 UmwStG:** „Werden Anteile an einer Kapitalgesellschaft oder einer Genossenschaft (erworbene Gesellschaft) in eine Kapitalgesellschaft oder Genossenschaft (übernehmende Gesellschaft) gegen Gewährung neuer Anteile an der übernehmenden Gesellschaft eingebracht (Anteilstausch), hat die übernehmende Gesellschaft die eingebrachten Anteile mit dem gemeinen Wert anzusetzen."

Einbringungsgegenstand bei einem Anteilstausch i. S. d. § 21 UmwStG sind **Anteile an einer Kapitalgesellschaft oder Genossenschaft**. Es bestehen **keine weiteren Beschränkungen** hinsichtlich der Ansässigkeit der Kapitalgesellschaft oder der Genossenschaft, so dass auch Anteile von Drittstaatsgesellschaften Gegenstand eines Anteilstauschs sein können. § 21 UmwStG ist darüber hinaus nur auf Anteile im Betriebsvermögen, Anteile im Privatvermögen i. S. d. § 17 EStG und einbringungsgeborene Anteile i. S. d. § 21 Abs. 1 UmwStG 1995 anzuwenden. Bei allen übrigen Anteilen kommt § 20 Abs. 4a S. 1 und 2 EStG zur Anwendung (Tz. 21.02 UmwStE). Fällt der Anteilstausch unter § 21 UmwStG, so ist die Höhe der Beteiligung für die Frage relevant, ob der übernehmenden Gesellschaft ein Bewertungswahlrecht im Fall eines qualifizierten Anteilstauschs eingeräumt wird. Kommt § 20 Abs. 4a EStG zur Anwendung, so sind die ursprünglichen Anschaffungskosten für die eingebrachten Anteile auch als die Anschaffungskosten für die erhaltenen Anteile fortzuführen.[116]

3.5 Gegenleistung der Einbringung

Im Rahmen des Anteilstauschs muss eine Gegenleistung in Form von **neuen** Anteilen an der übernehmenden Kapitalgesellschaft erfolgen. Als neu sind die Kapitalgesellschaftsanteile anzusehen, wenn sie durch Sachgründung oder durch Sachkapitalerhöhung der übernehmenden Kapitalgesellschaft entstehen.

> **Begründung:** Nur durch **neue Anteile** können die in den eingebrachten Anteilen enthaltenen stillen Reserven repräsentiert werden.[117]

---

[116] Vgl. Benz, S./ Rosenberg, O., Einbringungen von Unternehmensteilen in eine Kapitalgesellschaft und Anteilstausch (§§ 20-23 UmwStG), DB 2012, Heft 2, Beilage 1, S. 45.

[117] Vgl. BR-Drucks. 292/68 v. 27.05.1968, S. 14.

Da Gewinne aus der Veräußerung von Kapitalgesellschaftsanteilen aus dem Privatvermögen grundsätzlich dem Teileinkünfteverfahren oder der Abgeltungsteuer unterworfen werden können, gilt es für eine eventuelle spätere Veräußerung zu klären, ob es sich bei den
neuen Anteilen um Anteile i. S. d. § 17 EStG handelt, welche dem Teileinkünfteverfahren
unterliegen. Andernfalls handelt es sich bei dem Veräußerungsgewinn um Einkünfte i. S. d.
§ 20 Abs. 2 EStG, die grundsätzlich der Abgeltungsteuer unterworfen werden. Gem. § 17
Abs. 6 EStG gelten auch neue Anteile, welche eine Beteiligung von unter 1 % repräsentieren, als Anteile i. S. d. § 17 EStG, wenn die eingebrachten Anteile bereits Anteile i. S. d.
§ 17 EStG waren und die Einbringung zum Buch- oder Zwischenwert erfolgt. Hierdurch
ergibt sich folgende Übersicht:

eingebrachte Anteile	neue Anteile	Folge für neue Anteile
Beteiligung ≥ 1 %	Beteiligung ≥ 1 %	§ 17 EStG
	Beteiligung < 1 %	
Beteiligung < 1 %	Beteiligung ≥ 1 %	
	Beteiligung < 1 %	§ 20 Abs. 2 EStG

Abbildung 199: Status der als Gegenleistung gewährten Anteile

Bei neuen Anteilen kommt die Abgeltungsteuer folglich nur in Betracht, wenn sowohl die
eingebrachten Anteile als auch die neuen Anteile eine Beteiligung von weniger als 1 %
repräsentieren.

Neben neuen Anteilen können auch sonstige Gegenleistungen erbracht werden. Des Weiteren besteht auch beim Anteilstausch die Möglichkeit, anstelle der ausschließlichen Gewährung von neuen Anteilen eine Gutschrift auf die Kapitalrücklage der übernehmenden Gesellschaft vorzunehmen. Hinsichtlich der Gegenleistungen gelten dieselben Regeln wie für
Einbringungen von Betriebsvermögen i. S. d. § 20 UmwStG.

3.6 An der Einbringung beteiligte Personen

3.6.1 Einbringender

Als Einbringender ist derjenige anzusehen, für dessen Rechnung die Anteile an der erworbenen Gesellschaft eingebracht werden und der dafür neue Gesellschaftsanteile am Vermögen der übernehmenden Kapitalgesellschaft erhält.

In § 1 UmwStG finden sich keine Beschränkungen hinsichtlich der Person des Einbringenden. Somit kann jede natürliche oder juristische Person unabhängig von Wohnsitz, gewöhnlichem Aufenthalt oder von Sitz, dem Ort der Geschäftsleitung oder dem Staat der Gründung als Einbringender i. S. d. § 21 UmwStG auftreten.

Auch die Ausgliederung von Vermögensteilen i. S. d. § 123 Abs. 3 UmwG kann im Weg des Anteilstauschs erfolgen, wenn der ausgegliederte Vermögensteil aus Kapitalgesellschaftsanteilen besteht. Bei einer Betriebseinbringung i. S. d. § 20 UmwStG im zivilrechtlichen Rahmen einer solchen Ausgliederung werden gem. § 1 Abs. 4 S. 1 Nr. 2 UmwStG weitere Voraussetzungen bezüglich der Person des Einbringenden gefordert. Dies ist bei einem Anteilstausch im Rahmen einer Ausgliederung nicht der Fall, da sich dieser auch unter § 1 Abs. 3 Nr. 5 UmwStG subsumieren lässt. Somit ist der Begriff des Einbringenden beim Anteilstausch deutlich weiter gefasst als bei der Einbringung von Betriebsvermögen.

3.6.2 Übernehmende Kapitalgesellschaft

Die Anforderungen an die übernehmende Kapitalgesellschaft bei einem Anteilstausch entsprechen denen bei einer Einbringung von Betriebsvermögen. Gem. § 1 Abs. 4 S. 1 Nr. 1 i. V. m. Abs. 2 S. 1 Nr. 1 UmwStG kann somit jede inländische und ausländische Kapitalgesellschaft als übernehmende Gesellschaft bei einem Anteilstausch fungieren. Bei nach deutschem Recht gegründeten Gesellschaften sind somit die GmbH, die AG und die KGaA möglich. Ausländische Kapitalgesellschaften können übernehmende Gesellschaft sein, wenn sie das Kriterium der doppelten Ansässigkeit in der EU oder dem EWR erfüllen und darüber hinaus aufgrund des Typenvergleichs in Deutschland als Kapitalgesellschaft gelten. Doppelte Ansässigkeit in der EU oder dem EWR bedeutet, dass die Gesellschaft nach dem Recht eines Staates der EU oder des EWR gegründet worden sein muss und sich sowohl der Firmensitz als auch der Ort ihrer Geschäftsleitung auf dem Gebiet der EU oder des EWR befinden muss. Dementsprechend finden Kapitalgesellschaften, die nach dem Recht von Drittstaaten gegründet wurden oder deren Sitz sich in einem Drittland befindet, keine Berücksichtigung als übernehmende Gesellschaft i. S. d. § 21 UmwStG.

Tatbestandsvoraussetzungen des § 21 UmwStG		
Einbringender Rechtsträger	Natürliche Person	keine Voraussetzungen
	Kapitalgesellschaft	
	Personengesellschaft	
Übernehmender Rechtsträger	Kapitalgesellschaft	Doppelte Ansässigkeit EU/EWR
Einbringungsgegenstand	Anteil an Kapitalgesellschaft	
Gegenleistung	Neue Anteile an der übernehmenden Gesellschaft	

3.6.3 Anteilstausch mit Drittstaatsbezug

Durch die Neufassung des UmwStG im Rahmen des SEStEG ist es zu einer Europäisierung des Umwandlungssteuerrechts gekommen, so dass auch Gesellschaften, die in EU/EWR-Staaten ansässig sind, an einer steuerneutralen Einbringung von Betriebsvermögen oder einem steuerneutralen Anteilstausch teilnehmen können. Natürliche und juristische Personen aus Drittstaaten sind aber von steuerneutralen Einbringungen von Betriebsvermögen ausgeschlossen. Da die Restriktionen bezüglich der Person des Einbringenden beim Anteilstausch i. S. d. § 21 UmwStG nicht so streng wie bei Betriebseinbringung sind, ist es möglich, dass ein Anteilstausch auch dann zu Buchwerten durchgeführt wird, wenn der Einbringende eine juristische oder natürliche Person eines Drittstaates ist. Für die übernehmende Gesellschaft gilt wie bei der Betriebseinbringung das Erfordernis der doppelten Ansässigkeit in der EU/EWR, so dass nur Einbringungsvorgänge, bei denen von Drittstaatsangehörigen eingebrachte Beteiligungen in eine EU/EWR-Gesellschaft eingebracht werden, in den Anwendungsbereich von § 21 UmwStG fallen. Folglich ist unter Drittstaatsbeteiligung unter deutschem Recht lediglich ein Inbound-Anteilstausch denkbar.

3.7 Bewertung der eingebrachten Anteile

3.7.1 Einfacher Anteilstausch

Grundsätzlich sind die eingebrachten Anteile von der übernehmenden Kapitalgesellschaft mit ihrem gemeinen Wert anzusetzen. Dies gilt unabhängig von der Höhe der Beteiligung. Diese Regelung entspricht der Übertragung eines einzelnen Wirtschaftsguts im Wege des Tauschs gem. § 6 Abs. 6 S. 1 EStG.

> **§ 6 Abs. 6 S. 1 EStG:** „Wird ein einzelnes Wirtschaftsgut im Wege des Tausches übertragen, bemessen sich die Anschaffungskosten nach dem gemeinen Wert des hingegebenen Wirtschaftsguts."

§ 21 UmwStG ist als spezialgesetzliche Regelung zu § 6 Abs. 6 S. 1 EStG zu sehen.

3.7.2   Bewertungswahlrecht bei qualifiziertem Anteilstausch

Im Rahmen des § 21 UmwStG wird der übernehmenden Kapitalgesellschaft unter bestimmten Voraussetzungen ein steuerliches Bewertungswahlrecht bezüglich des Ansatzes der eingebrachten Anteile eingeräumt. Die Voraussetzungen finden sich in § 21 Abs. 1 S. 2 UmwStG.

---

§ 21 Abs. 1 S. 2 UmwStG: „Abweichend von Satz 1 können die eingebrachten Anteile auf Antrag mit dem Buchwert oder einem höheren Wert, höchstens jedoch mit dem gemeinen Wert, angesetzt werden, wenn

1. die übernehmende Gesellschaft nach der Einbringung auf Grund ihrer Beteiligung einschließlich der eingebrachten Anteile nachweisbar unmittelbar die Mehrheit der Stimmrechte an der erworbenen Gesellschaft hat (qualifizierter Anteilstausch) und soweit

2. der gemeine Wert von sonstigen Gegenleistungen, die neben den neuen Anteilen gewährt werden, nicht mehr beträgt als
   a) 25 % des Buchwerts der eingebrachten Anteile oder
   b) 500.000 €, höchstens jedoch den Buchwert der eingebrachten Anteile."

3.7.2.1   Antrag auf Buchwertfortführung

Die Fortführung der Buchwerte oder der Ansatz eines Zwischenwertes, d. h. eines Wertes, der über dem Buchwert aber unter dem gemeinen Wert liegt, ist **auf Antrag** möglich, der **von der übernehmenden Gesellschaft** an das für sie zuständige Finanzamt gestellt werden kann. Es gelten die Regelungen zu Betriebseinbringungen i. S. d. § 20 UmwStG auch für den Bewertungsantrag beim Anteilstausch.

Der Antrag ist laut § 21 Abs. 1 S. 2 Nr. 1 UmwStG nur zulässig, wenn es sich um einen „qualifizierten Anteilstausch" handelt. Ein Anteilstausch gilt dann als „qualifiziert", wenn die übernehmende Kapitalgesellschaft nach der Übertragung nachweisbar **unmittelbar** die Stimmrechtsmehrheit an der Kapitalgesellschaft hält, deren Anteile eingebracht wurden. Ist die übernehmende Kapitalgesellschaft bereits vor der Übertragung an der Kapitalgesellschaft, deren Anteile eingebracht werden, beteiligt, ist die Einbringung mehrheitsvermittelnder Anteile i. S. d. § 21 Abs. 1 S. 2 Nr. 1 UmwStG ebenfalls möglich. Eine Stimmrechtsmehrheit der übernehmenden Kapitalgesellschaft muss dann entweder durch den Einbringungsvorgang begründet oder im Falle einer bereits bestehenden Stimmrechtsmehrheit aufgestockt werden.

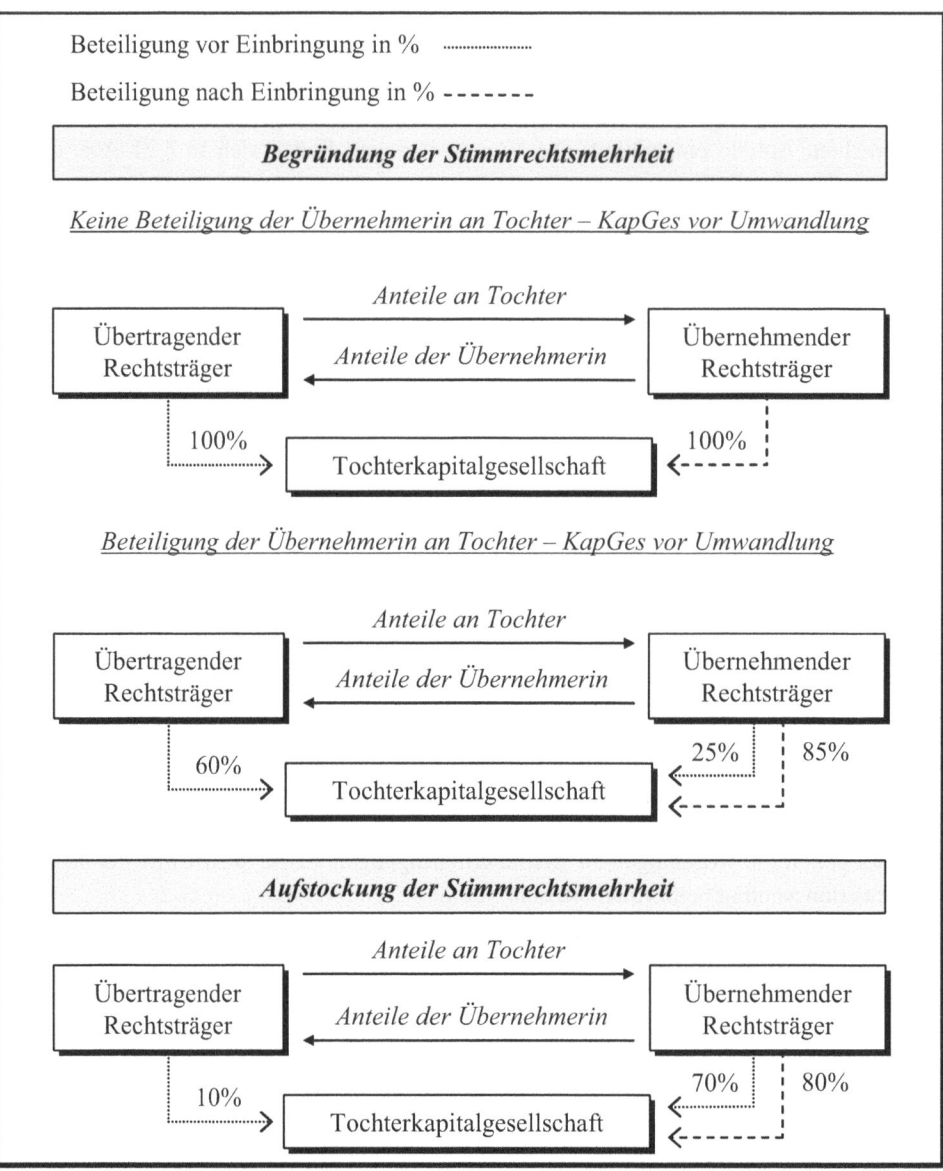

Abbildung 200: Begründung und Aufstockung einer Mehrheitsbeteiligung

Merke: Im Rahmen des Anteilstausches i. S. d. § 21 UmwStG wird ein **Bewertungs-**
wahlrecht gewährt, wenn es sich um eine Einbringung von unmittelbar **mehr-**
heitsvermittelnden oder **mehrheitsstärkenden** Anteilen handelt.

Im Rahmen des § 21 Abs. 1 S. 2 Nr. 1 UmwStG genügt es, wenn mehrere Personen, die nicht einzeln, sondern nur insgesamt die Voraussetzungen einer Einbringung mehrheitsvermittelnder Anteile erfüllen, Kapitalgesellschaftsanteile einbringen. Die Einbringungen müssen lediglich auf einem einheitlichen Gründungs- oder Kapitalerhöhungsvorgang beruhen (Tz. 21.09 UmwStE).

Zur Klarstellung soll erwähnt werden, dass grundsätzlich auch eine im **Privatvermögen** des Einbringenden gehaltene Beteiligung im Rahmen des § 21 UmwStG in eine Kapitalgesellschaft eingebracht werden kann.

3.7.2.2 Sonstige Gegenleistungen

> **§ 21 Abs. 1 S. 4 UmwStG:** „Erhält der Einbringende neben den neuen Gesellschaftsanteilen auch sonstige Gegenleistungen, sind die eingebrachten Anteile abweichend von Satz 2 mindestens mit dem gemeinen Wert der sonstigen Gegenleistungen anzusetzen, wenn dieser den sich nach Satz 2 ergebenden Wert übersteigt.“

Neben der Grundvoraussetzung des qualifizierten Anteilstauschs für die Eröffnung des **Bewertungswahlrechts** steht der freien Wahl des Bewertungsansatzes neben der obenstehenden einschränkenden Vorschrift des § 21 Abs. 1 S. 2 Nr. 2 UmwStG noch eine weitere **Einschränkung** in § 21 Abs. 1 S. 4 UmwStG entgegen. Wie im Fall der Betriebseinbringung gilt es somit auch im Fall des Anteilstausches zwischen zwei verschiedenen Einschränkungsnormen bei sonstigen Gegenleistungen zu unterscheiden.

> **Merke:** § 21 Abs. 1 S. 4 UmwStG entspricht § 20 Abs. 2 S. 4 UmwStG.
> → Gegenleistung beschränkt auf Buchwert des Einbringungsgegenstandes.
>
> § 21 Abs. 1 S. 2 Nr. 2 UmwStG entspricht § 20 Abs. 2 S. 2 Nr. 4 UmwStG.
> → Gegenleistung beschränkt auf 25 % des Buchwerts oder 500.000 €.

Grundsätzlich muss also auch bei einem Anteilstausch die Gegenleistung für die Einbringung in neuen Anteilen an der übernehmenden Kapitalgesellschaft bestehen. Es ist allerdings möglich, dass neben Gesellschaftsanteilen auch andere Wirtschaftsgüter als Gegenleistung für das eingebrachte Betriebsvermögen gewährt werden, ohne dass dies schädlich für eine Anwendung des § 20 UmwStG ist. Dazu zählen unter anderem eine Barzahlung und die Einräumung einer Darlehensforderung.

1.) § 21 Abs. 1 S. 4 UmwStG
Übersteigt der **gemeine Wert** der anderen, als Gegenleistung erhaltenen Wirtschaftsgüter den Buchwert der eingebrachten Anteile, muss die übernehmende Kapitalgesellschaft gem. § 21 Abs. 1 S. 4 UmwStG die eingebrachten Anteile mindestens mit dem gemeinen Wert der hingegebenen Wirtschaftsgüter ansetzen. Es ist somit eine **erfolgswirksame Zwangswertaufstockung** der Buchwerte des eingebrachten Vermögens vorzunehmen. Diese Regelungen sind identisch mit denen zur Betriebseinbringung in § 20 Abs. 2 S. 4 UmwStG.

2.) § 21 Abs. 1 S. 2 Nr. 2 UmwStG

Entsprechend zu § 20 Abs. 2 S. 2 Nr. 4 UmwStG gibt es aufgrund des VW-Porsche-Deals auch im Fall des Anteilstausches eine zusätzliche Einschränkung der Gewährung sonstiger Gegenleistungen. Diese ist geregelt in § 21 Abs. 1 S. 2 Nr. 2 UmwStG, die für Anteilstausche ab dem 01.01.2015 bestimmt, dass der Buchwert nur angesetzt werden darf, wenn der gemeine Wert von sonstigen Gegenleistungen, die neben den neuen Anteilen gewährt werden, nicht mehr beträgt als

   a) 25 % des Buchwerts der eingebrachten Anteile oder
   b) 500.000 €, höchstens jedoch den Buchwert der eingebrachten Anteile.

Somit ist ebenso wie im Fall der Betriebseinbringung auch im Rahmen eines qualifizierten Anteilstausches die zusätzliche Einschränkung der sonstigen Gegenleistungen zu berücksichtigen.

3.8 Veräußerungspreis und Ansatz der gewährten Gesellschaftsanteile

Der Aufbau dieser Vorschriften folgt dem Prinzip **Grundsatz – Ausnahme – Rückausnahme** bezüglich der doppelten Buchwertverknüpfung zwischen dem Ansatz der eingebrachten Anteile durch die übernehmende Gesellschaft und dem Ansatz der gewährten Anteile durch den Einbringenden.

3.8.1 Grundsatz der doppelten Wertverknüpfung

Gem. § 21 Abs. 2 S. 1 UmwStG gilt der Wert, mit dem die übernehmende Kapitalgesellschaft die eingebrachten Anteile in ihrer Steuerbilanz ansetzt, für den Einbringenden sowohl als Veräußerungspreis für die übertragenen Anteile als auch als Anschaffungskosten für die gewährten Kapitalgesellschaftsanteile. Somit gilt auch hier wie bei der Einbringung von Betriebsvermögen der **Einbringungskreislauf**.

§ 21 Abs. 2 S. 1 UmwStG	
„Der Wert, mit dem die übernehmende Gesellschaft **die eingebrachten Anteile** ansetzt,	⇨ **Wertansatz** gilt als
gilt für den Einbringenden als Veräußerungspreis der eingebrachten Anteile	⇨ **Veräußerungspreis** und als
und als Anschaffungskosten der erhaltenen Anteile.“	⇨ **Anschaffungskosten**

Durch diese **Wertverknüpfung** soll gewährleistet werden, dass die in die Kapitalgesellschaft eingebrachten stillen Reserven der Anteile an der erworbenen Gesellschaft auf die gewährten Anteile übergehen. Auf diese Weise wird sichergestellt, dass bei einem Ansatz unter dem gemeinen Wert nicht aufgedeckte stille Reserven **beim Einbringenden** auch nach dem Anteilstausch steuerlich verstrickt bleiben.

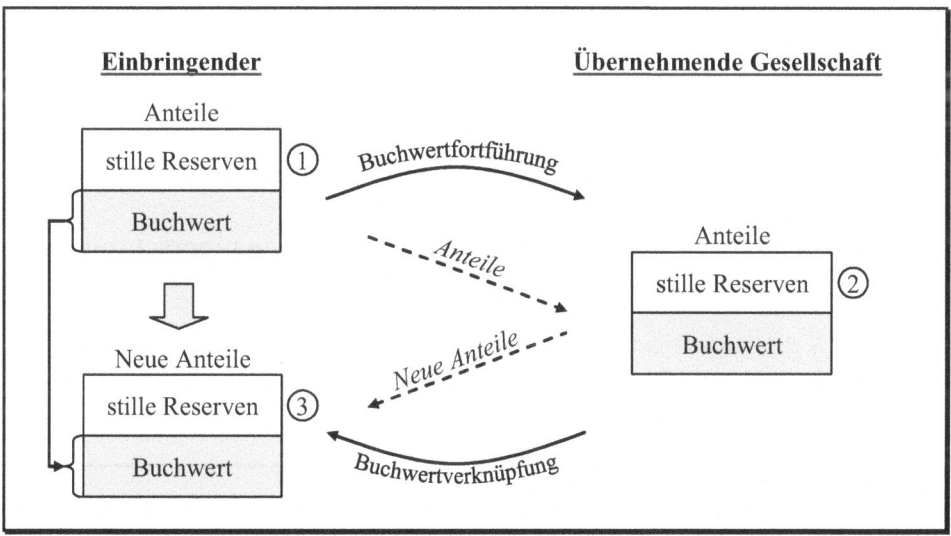

Abbildung 201: Einbringung von Anteilen in eine Kapitalgesellschaft

Beispiel

Frodo bringt seine im Betriebsvermögen seiner Einzelunternehmung gehaltene Mehrheitsbeteiligung an der Mittelerde GmbH zum Buchwert (Buchwert i. H. v. 50.000 € und gemeiner Wert i. H. v. 100.000 €) im Wege einer Sachgründung i. S. d. § 5 Abs. 4 GmbHG in die Auenland GmbH ein. Sowohl der Veräußerungspreis der eingebrachten Anteile an der Mittelerde GmbH als auch die Anschaffungskosten der neuen Anteile an der Auenland GmbH betragen 50.000 € (Wertansatz der übernehmenden Kapitalgesellschaft, d. h. der Buchwert).

Wenn im Zuge des Anteilstausches durch einen Ansatz eines über dem ursprünglichen Buchwert der eingebrachten Anteile liegenden Zwischenwertes stille Reserven aufgedeckt werden, erhöht sich so der Veräußerungspreis, und es entsteht beim Einbringenden ein Gewinn aus der Veräußerung von Kapitalgesellschaftsanteilen.

Zusätzlich zu den Anteilen an der übernehmenden Gesellschaft gewährte sonstige Gegenleistungen haben nur Auswirkungen auf den Veräußerungspreis, wenn es im Zuge der Einbringung zu einer Zwangsaufstockung kommt, weil ihr gemeiner Wert den Buchwert der einzubringenden Anteile übersteigt bzw. die 25 %- oder 500.000 €-Grenze übersteigt.

Da aufgrund der Wertverknüpfung der gemeine Wert der erhaltenen Anteile unmittelbar nach der Einbringung dem gemeinen Wert der eingebrachten Anteile entspricht, kommt es bei Fortführung der Buchwerte beim Anteilstausch ebenso wie bei der Einbringung von Betriebsvermögen nach § 20 UmwStG zu einer Verdopplung der stillen Reserven.

> **Merke:** Die steuerneutrale Einbringung von Anteilen in eine Kapitalgesellschaft bewirkt eine Verdopplung stiller Reserven.

Es gilt erneut zu klären, ob die Verdopplung der stillen Reserven trotz der Begünstigungen für eine Veräußerung von Kapitalgesellschaftsanteilen zu einer Doppelbesteuerung führt, wenn sowohl die als Gegenleistung erhaltenen Anteile an der übernehmenden Gesellschaft als auch die eingebrachten Anteile an der erworbenen Gesellschaft weiterveräußert werden.

3.8.2 Ausnahme von der Wertverknüpfung bei grenzüberschreitendem Anteilstausch

§ 21 Abs. 2 S. 2 UmwStG enthält eine Ausnahme zur doppelten Wertverknüpfung zwischen dem fiktiven Veräußerungspreis und den anzusetzenden Anschaffungskosten der erhaltenen Anteile im Fall von grenzüberschreitenden Einbringungen:

§ 21 Abs. 2 S. 2 UmwStG	
„Abweichend von Satz 1 gilt für den Einbringenden der gemeine Wert der eingebrachten Anteile als Veräußerungspreis und als Anschaffungskosten der erhaltenen Anteile, wenn für die eingebrachten Anteile nach der Einbringung das Recht der Bundesrepublik Deutschland hinsichtlich der Besteuerung des Gewinns aus der Veräußerung dieser Anteile ausgeschlossen oder beschränkt ist; dies gilt auch, wenn das Recht der Bundesrepublik Deutschland hinsichtlich der Besteuerung des Gewinns aus der Veräußerung der erhaltenen Anteile ausgeschlossen oder beschränkt ist."	⇨ **Gemeiner Wert** gilt als ⇨ **Veräußerungspreis** und **Anschaffungskosten** bei Ausschluss/Beschränkung des Besteuerungsrechts an ⇨ **eingebrachten Anteilen** und/oder ⇨ **erhaltenen Anteilen**

Die Regelung des § 21 Abs. 2 S. 2 UmwStG stellt eine **Durchbrechung des Einbringungskreislaufs** dar. Wenn das deutsche Besteuerungsrecht an den erhaltenen oder den eingebrachten Anteilen nach der Einbringung **ausgeschlossen** oder **eingeschränkt** ist, gilt der gemeine Wert der eingebrachten Anteile für den Einbringenden als Veräußerungspreis und Anschaffungskosten der erhaltenen Anteile. Dieser Wertansatz auf Seiten des Einbringenden ist unabhängig von der tatsächlichen Bewertung des eingebrachten Betriebsvermögens durch die übernehmende Gesellschaft, die auch zum Buch- oder Zwischenwert erfolgen kann.

Ausgeschlossen ist das deutsche Besteuerungsrecht regelmäßig dann, wenn der Anteilstausch einen grenzüberschreitenden Bezug hat und das entsprechende DBA das Recht zur Besteuerung des Gewinns aus der Veräußerung der erhaltenen oder der eingebrachten Anteile dem Ansässigkeitsstaat eines am Anteilstausch Beteiligten zuordnet, der nicht in

Deutschland ansässig ist. Eine **Beschränkung** des Besteuerungsrechts liegt vor, wenn hinsichtlich der eingebrachten Anteile ein Besteuerungsrecht **ohne Anrechnungsverpflichtung** bestanden hat und nach der Einbringung hinsichtlich der erhaltenen Anteile ein deutsches Besteuerungsrecht **mit Anrechnungsverpflichtung** besteht.

Durch diese Durchbrechung des Einbringungskreislaufs sichert sich der Fiskus ein letztmaliges Besteuerungsrecht an den in den eingebrachten Anteilen enthaltenen stillen Reserven, sofern dieses Besteuerungsrecht vor der Einbringung überhaupt Bestand hatte. Ist der Einbringende eine nicht in Deutschland ansässige Person, hat das deutsche Steuerrecht und somit das in § 21 Abs. 2 S. 2 UmwStG enthaltene Wertaufstockungsgebot für die erhaltenen Anteile keine praktische Relevanz für den Einbringenden. Bei einem in Deutschland steuerpflichtigen Einbringenden wird bei einem Anteilstausch, durch den das Besteuerungsrecht ausgeschlossen würde, gem. § 21 Abs. 2 S. 2 UmwStG eine letztmalige Besteuerung der stillen Reserven in Deutschland sichergestellt.

3.8.3   Rückausnahme

§ 21 Abs. 2 S. 3 UmwStG enthält Rückausnahmen von der Durchbrechung des Einbringungskreislaufs.

§ 21 Abs. 2 S. 3 UmwStG	
„Auf Antrag gilt in den Fällen des Satzes 2 unter den Voraussetzungen des Absatzes 1 Satz 2 der Buchwert oder ein höherer Wert, höchstens der gemeine Wert, als Veräußerungspreis der eingebrachten Anteile und als Anschaffungskosten der erhaltenen Anteile, wenn:	⇨ **Rückausnahme** ⇨ **Bewertung mit Buch-** oder **Zwischenwert** sofern
1. das Recht der Bundesrepublik Deutschland hinsichtlich der Besteuerung des Gewinns aus der Veräußerung der erhaltenen Anteile nicht ausgeschlossen oder beschränkt ist oder	⇨ Besteuerungsrecht an **erhaltenen** Anteilen nicht ausgeschlossen
2. der Gewinn aus dem Anteilstausch auf Grund Artikel 8 der Richtlinie 90/434/EWG nicht besteuert werden darf; in diesem Fall ist der Gewinn aus einer späteren Veräußerung der erhaltenen Anteile ungeachtet der Bestimmungen eines Abkommens zur Vermeidung der Doppelbesteuerung in der gleichen Art und Weise zu besteuern, wie die Veräußerung der Anteile an der erworbenen Gesellschaft zu besteuern gewesen wäre; § 15 Abs. 1a Satz 2 des Einkommensteuergesetzes ist entsprechend anzuwenden."	oder ⇨ Art. 8 **Fusionsrichtlinie** findet Anwendung

Somit kommt die Ausnahme des § 21 Abs. 2 S. 2 UmwStG von der Wertverknüpfung doch nicht zur Anwendung, wenn der Einbringende nachweist, dass das Besteuerungsrecht Deutschlands hinsichtlich des Gewinns aus der Veräußerung der **erhaltenen** Anteile nicht ausgeschlossen oder beschränkt ist. Das ist der Fall, wenn die Ausnahme des Satzes 2 dahingehend greifen würde, dass der Gewinn aus der Veräußerung der eingebrachten Anteile in Deutschland nicht besteuert werden dürfte, aber hinsichtlich der erhaltenen Anteile ein deutsches Besteuerungsrecht besteht. Durch die steuerliche Verstrickung der erhaltenen Anteile ist eine Aufdeckung der stillen Reserven im Zeitpunkt des Anteilstauschs zur Sicherung der deutschen Besteuerung nicht mehr nötig.

Die zweite Rückausnahme greift, wenn das deutsche Besteuerungsrecht bezüglich der Veräußerung der erhaltenen und/oder eingebrachten Anteile zwar eingeschränkt ist, aber der Gewinn aus dem Anteilstausch selbst aufgrund der Fusionsrichtlinie nicht besteuert werden darf. In diesem Fall unterliegt der Gewinn aus der späteren Veräußerung der Anteile unabhängig von etwaigen entgegenlautenden Bestimmungen eines DBA der Besteuerung in Deutschland (treaty override). Durch diese Regelung ist es dem deutschen Fiskus möglich, den Gewinn aus einer späteren Veräußerung so zu besteuern, wie eine Veräußerung der Anteile an der erworbenen Gesellschaft anstatt der Einbringung besteuert worden wäre (Tz. 21.15 UmwStE).

Zu beachten ist, dass das im Falle der Rückausnahme gewährte Bewertungswahlrecht für den Einbringenden unabhängig vom Wertansatz der übernehmenden Gesellschaft besteht, so dass im Endeffekt **keine grenzüberschreitende steuerliche Wertverknüpfung** mehr vorliegt. Es handelt sich bei der Regelung des § 21 Abs. 2 S. 3 UmwStG nicht um eine „Rückausnahme" im eigentlichen Sinn, sondern um eine weitere Ausnahme von der Ausnahme, da die Ausnahme von der Wertverknüpfung des § 21 Abs. 2 S. 1 UmwStG in Form des Ansatzes des gemeinen Wertes auf Seiten des Einbringenden gem. § 21 Abs. 2 S. 2 UmwStG nicht rückgängig gemacht wird, sondern im Ausnahmefall des § 21 Abs. 2 S. 3 UmwStG ein von der steuerlichen Wertverknüpfung unabhängiges Bewertungswahlrecht gewährt wird.

3.8.4 Auswirkung von sonstigen Gegenleistungen auf die Anschaffungskosten der erhaltenen Anteile

§ 21 Abs. 2 S. 6 UmwStG: „§ 20 Abs. 3 Satz 3 und 4 gilt entsprechend."

§ 20 Abs. 3 S. 3 UmwStG: „Soweit neben den Gesellschaftsanteilen auch andere Wirtschaftsgüter gewährt werden, ist deren gemeiner Wert bei der Bemessung der Anschaffungskosten der Gesellschaftsanteile von dem sich nach den Sätzen 1 und 2 ergebenden Wert abzuziehen."

Erhält der Einbringende neben den Anteilen an der übernehmenden Gesellschaft eine zusätzliche Gegenleistung, so ist deren gemeiner Wert von den Anschaffungskosten der gewährten Anteile abzuziehen. So wird eine spätere Versteuerung der stillen Reserven sichergestellt und eine teilweise Veräußerung bis zur Höhe der Buchwerte im Rahmen des Anteilstausches ohne sofortige steuerliche Folgen im Zeitpunkt der Einbringung ermöglicht. Die Regelungen des § 20 Abs. 3 S. 3 UmwStG gelten auch für den Anteilstausch.

3.9 Qualifikation des originären Einbringungsgewinns

Übersteigt der fiktive Veräußerungspreis i. S. d. § 21 Abs. 2 UmwStG der eingebrachten Anteile deren Buchwert, entsteht für den Einbringenden ein steuerpflichtiger originärer Einbringungsgewinn. Die steuerlichen Folgen für den Einbringenden sind in § 21 Abs. 3 UmwStG geregelt.

---

§ 21 Abs. 3 UmwStG: „[1]Auf den beim Anteilstausch entstehenden Veräußerungsgewinn ist § 17 Abs. 3 des Einkommensteuergesetzes nur anzuwenden, wenn der Einbringende eine natürliche Person ist und die übernehmende Gesellschaft die eingebrachten Anteile nach Absatz 1 Satz 1 oder in den Fällen des Absatzes 2 Satz 2 der Einbringende mit dem gemeinen Wert ansetzt; dies gilt für die Anwendung von § 16 Abs. 4 des Einkommensteuergesetzes unter der Voraussetzung, dass eine im Betriebsvermögen gehaltene Beteiligung an einer Kapitalgesellschaft eingebracht wird, die das gesamte Nennkapital der Kapitalgesellschaft umfasst. [2]§ 34 Abs. 1 des Einkommensteuergesetzes findet keine Anwendung."

Diese Regelungen beziehen sich nur auf den Fall, dass der Einbringende eine natürliche Person ist, da bei Kapitalgesellschaften der Gewinn aus der Veräußerung von Anteilen effektiv zu 95 % steuerfrei ist und lediglich bei den Freibeträgen des § 17 Abs. 3 und § 16 Abs. 4 EStG, die nur für natürliche Personen in Frage kommen, Regelungsbedarf besteht.

3.9.1 Ansatz des gemeinen Wertes

Wenn es sich um eine natürliche Person als Einbringenden handelt und entweder die übernehmende Gesellschaft oder im Fall des § 21 Abs. 2 S. 2 UmwStG der Einbringende selbst den gemeinen Wert ansetzt und somit ein originärer Einbringungsgewinn in Höhe der gesamten stillen Reserven anfällt, darf der Freibetrag des § 17 Abs. 3 EStG in Anspruch genommen werden. Das gleiche gilt für den Freibetrag des § 16 Abs. 4 EStG, wenn es sich zusätzlich zum Erfordernis des angesetzten gemeinen Werts beim Gegenstand der Einbringung um eine 100 %ige Beteiligung an der erworbenen Gesellschaft handelt und somit die Voraussetzungen für eine Betriebsveräußerung i. S. d. § 16 Abs. 1 S. 1 Nr. 1 S. 2 EStG vorliegen. Da auf den originären Einbringungsgewinn bei natürlichen Personen das Teileinkünfteverfahren i. S. d. § 3 Nr. 40 S. 1 Bst. b EStG i. V. m. § 3c Abs. 2 EStG bzw. die Abgeltungsteuer gem. § 32d EStG i. V. m. § 20 Abs. 4 EStG Anwendung findet, kann weder die Fünftelregelung i. S. d. § 34 Abs. 1 EStG noch der reduzierte Durchschnittssteuersatz i. S. d. § 34 Abs. 3 EStG i. H. v. 56 % genutzt werden, da gem. § 34 Abs. 2 Nr. 1 EStG keine außerordentlichen Einkünfte vorliegen.

Einbringungs-gegenstand	Einkünfte i.S.d.	Steuerliche Begünstigungen
100 %ige Beteiligung an Kapitalgesellschaft aus Betriebsvermögen	§ 16 EStG	§ 3 Nr. 40 Bst. b EStG § 16 Abs. 4 EStG
Mehrheitsvermittelnde Beteiligung aus dem Betriebsvermögen	§ 15 EStG	§ 3 Nr. 40 Bst. a EStG
Mehrheitsvermittelnde Beteiligung aus dem Privatvermögen	§ 17 EStG	§ 3 Nr. 40 Bst. c EStG § 17 Abs. 3 EStG
	§ 20 EStG	§ 32d EStG § 20 Abs. 4 EStG

Abbildung 202: Besteuerung des Einbringungsgewinns bei Ansatz des gemeinen Wertes

3.9.2 Zwischenwertansatz

Entsteht ein originärer Einbringungsgewinn durch den Ansatz eines Zwischenwerts, zählt dieser sowohl bei einer Einbringung durch eine natürliche Person als auch durch eine juristische Person zum laufenden Gewinn. Dieser ist als Gewinn aus einer Veräußerung von Kapitalgesellschaftsanteilen bei der Einbringung durch eine natürliche Person durch das Teileinkünfteverfahren bzw. die Abgeltungsteuer begünstigt und bei der Einbringung durch eine juristische Person gem. § 8b Abs. 2 KStG bei der Gewinnermittlung freigestellt.

Merke: Die Voraussetzung für die Anwendung der Steuervergünstigungen des § 17 Abs. 3 sowie § 16 Abs. 4 EStG ist immer die **vollständige Aufdeckung** von sämtlichen in den eingebrachten Anteilen enthaltenen **stillen Reserven**.

3.10 Besteuerung des Anteilseigners

3.10.1 Gefahr des Missbrauchs der steuerneutralen Einbringung

Auch wenn Kapitalgesellschaftsanteile Gegenstand einer steuerneutralen Einbringung sind, bedarf es Regelungen zur Verhinderung von Missbrauch. Die Intention der Regelungen zur steuerneutralen Einbringung von Betriebsvermögen in Kapitalgesellschaften ist die Ermöglichung der Fortführung des unternehmerischen Engagements als nunmehr neuer Anteilseigner der übernehmenden Kapitalgesellschaft. Durch den Anteiltausch soll es aber nicht möglich sein, einen steuerlichen Vorteil zu erlangen. Da eine Veräußerung der als Gegenleistung aus der Einbringung erhaltenen Anteile steuerlich nicht besser gestellt ist als eine Veräußerung der ursprünglichen Anteile durch den Einbringenden, kann ein steuerlicher Vorteil lediglich auf der Ebene der übernehmenden Gesellschaft bei einer Weiterveräußerung der eingebrachten Anteile auftreten. Daher knüpfen die Regelungen zum Einbringungsgewinn II an der Behandlung der eingebrachten Anteile auf Seiten der übernehmenden Gesellschaft an. Die entsprechenden Normen finden sich in § 22 UmwStG.

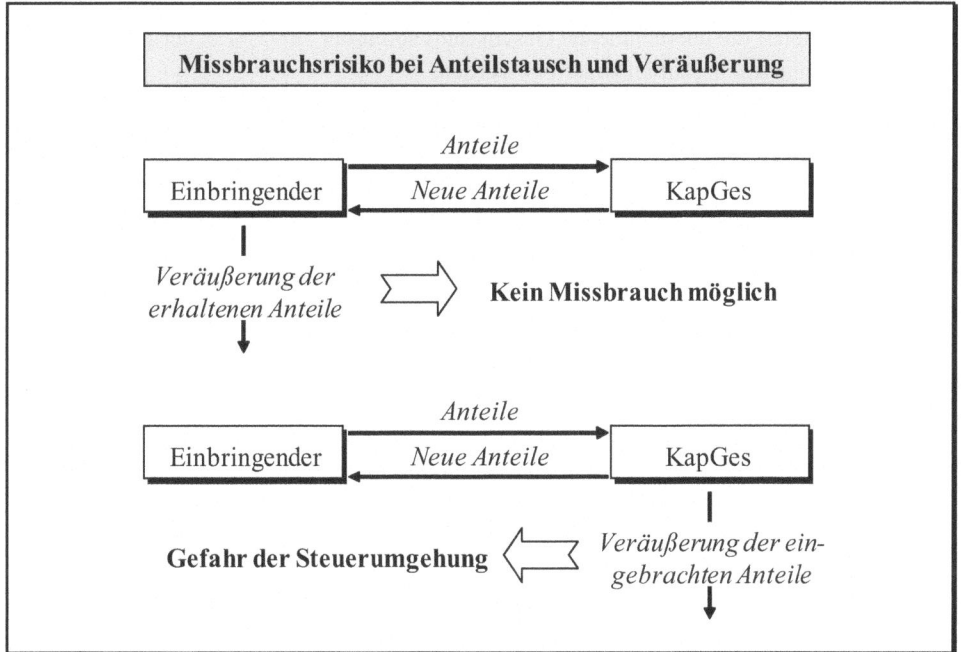

Abbildung 203: Missbrauchsrisiko bei Veräußerungsvorgängen nach Anteilstausch

Da die Veräußerung von Kapitalgesellschaftsanteilen durch natürliche Personen dem Teileinkünfteverfahren i. S. d. § 3 Nr. 40 S. 1 Bst. a, b, oder c i. V. m. § 3c Abs. 2 EStG bzw. der Abgeltungsteuer gem. § 32d i. V. m. § 20 Abs. 4 EStG unterliegt und somit nur zu 60 % bzw. mit einem niedrigeren Steuersatz besteuert wird, bei Veräußerung durch Kapitalgesellschaften hingegen gem. § 8b Abs. 2 KStG i. V. m. § 8b Abs. 3 KStG zu 95 % steuerfrei gestellt ist, könnte eine Veräußerung der eingebrachten Anteile durch die übernehmende Kapitalgesellschaft erfolgen. Die steuerneutral übergegangenen stillen Reserven könnten auf diese Weise nur zu 5 % besteuert aufgedeckt werden und würden dem als Anteilseigner an der übernehmenden Gesellschaft beteiligten somit **mittelbar zugute kommen**. Eine Steuerumgehung beim Anteilstausch ist somit nur möglich, wenn es sich beim Einbringenden um eine natürliche Person handelt, da eine Kapitalgesellschaft als einbringende Person die Anteile zu 95 % steuerfrei hätte veräußern können und sich durch die Einbringung und anschließende Veräußerung durch die übernehmende Gesellschaft kein steuerlicher Vorteil ergibt.

> **Merke:** Ein Missbrauch des steuerneutralen Anteilstauschs ist nur denkbar, wenn es sich beim Einbringenden um eine dem Teileinkünfteverfahren oder der Abgeltungsteuer unterliegende natürliche Person handelt.

In den ursprünglichen Anteilen ruhende stille Reserven, die im Veräußerungsfall durch das Teileinkünfteverfahren zu 60 % bzw. durch die Abgeltungsteuer mit einem Steuersatz von 25 % hätten versteuert werden müssen, können im Wege eines Anteilstauschs und einer Veräußerung durch die übernehmende Gesellschaft somit der zu 95 % steuerfreien Begünstigung für Kapitalgesellschaften zugeführt werden.

> **Merke:** Die Regelungen zur Missbrauchsverhinderung bei Anteilstausch unter dem gemeinen Wert knüpfen an der Veräußerung der eingebrachten Anteile durch die übernehmende Gesellschaft an, da nur auf dieser Ebene die Gefahr einer Steuerumgehung besteht.

Beispiel

Der Einzelunternehmer Alexander von Eich hält 100 % der Anteile an der Franziskar GmbH. In seiner Beteiligung sind erhebliche stille Reserven enthalten.

Werden die Anteile an der Franziskar GmbH veräußert, hat Alexander den entstehenden Veräußerungsgewinn nach dem Teileinkünfteverfahren zu 60 % zu versteuern.

Da Alexander die Besteuerung mit dem Teileinkünfteverfahren vermeiden möchte, kommt er auf die Idee, die Anteile in die Ecke GmbH einzubringen, von der er 100 % der Anteile hält, damit die Ecke GmbH die Anteile veräußert, was zu 95 % steuerfrei ist.

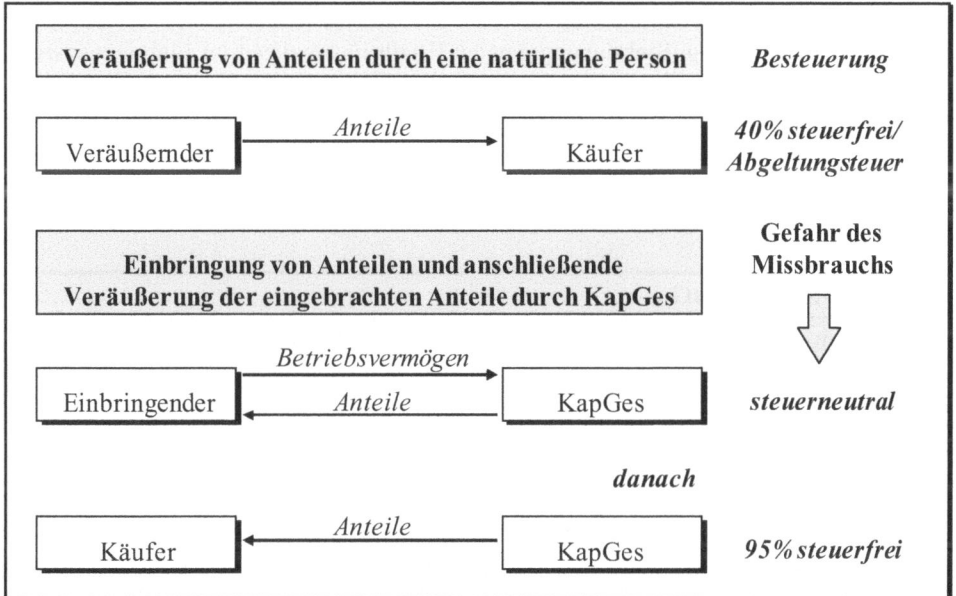

Abbildung 204: Anteilstausch als Steuersparmodell?

Mit der Übertragung von Anteilen, die bei einer Veräußerung zu 60 % bzw. aufgrund der Abgeltungsteuer mit einem niedrigeren Steuersatz besteuert werden würden, auf einen Rechtsträger, der diese Veräußerung nur zu 5 % versteuern müsste, wäre im Wege eines Anteilstauschs i. S. d. § 21 UmwStG eine Steuerumgehung möglich.

Auch beim Anteilstausch gilt, dass es nur zu einem Missbrauch kommen kann, wenn zuvor stille Reserven übertragen wurden. Wurde hingegen zum gemeinen Wert getauscht, kommt es schon im Zeitpunkt des Anteilstauschs zu einer vollständigen erfolgswirksamen Aufdeckung der stillen Reserven.

> **Merke:** Durch die Zwischenschaltung einer Kapitalgesellschaft werden die stillen Reserven, die in einer durch eine natürliche Person gehaltenen Beteiligung an einer Kapitalgesellschaft ruhen, anstatt zu 60 % bzw. im Falle der Abgeltungsteuer mit dem begünstigten Steuersatz von 25 % lediglich i. H. v. 5 % besteuert.

3.10.2 Die rückwirkende Besteuerung der Einbringung

3.10.2.1 Entstehung von Einbringungsgewinn II

Um eine missbräuchliche Anwendung des steuerneutralen Anteilstauschs zur Steuerumgehung statt einer Fortführung des wirtschaftlichen Engagements zu verhindern, sieht auch § 22 Abs. 2 UmwStG eine rückwirkende Besteuerung der Einbringung vor, wenn die übernehmende Kapitalgesellschaft die eingebrachten Anteile innerhalb einer bestimmten Sperrfrist veräußert. Dieser sog. Einbringungsgewinn II fällt rückwirkend im Einbringungszeitpunkt an und ist vom Einbringenden zu versteuern. Da die Veräußerung der eingebrachten Anteile durch die übernehmende Gesellschaft zur rückwirkenden Besteuerung führt, ist anzumerken, dass beim Anteilstausch derjenige, der die schädliche Handlung auslöst und derjenige, der den Einbringungsgewinn zu versteuern hat, im Gegensatz zur Systematik des Einbringungsgewinns I bei Betriebseinbringungen, nicht identisch sind.

§ 22 Abs. 2 S. 1 UmwStG	
„[1]Soweit im Rahmen einer Sacheinlage (§ 20 Abs. 1) oder eines Anteilstausches (§ 21 Abs. 1) unter dem gemeinen Wert **eingebrachte Anteile** innerhalb eines Zeitraums von **sieben Jahren** nach dem Einbringungszeitpunkt **durch die übernehmende Gesellschaft unmittelbar oder mittelbar veräußert** werden und soweit beim Einbringenden der Gewinn aus der Veräußerung dieser Anteile im Einbringungszeitpunkt nicht nach § 8b Abs. 2 KStG steuerfrei gewesen wäre, ist der Gewinn aus der Einbringung im Wirtschaftsjahr der Einbringung rückwirkend als Gewinn des Einbringenden aus der Veräußerung von Anteilen zu versteuern (**Einbringungsgewinn II**); § 16 Abs. 4 EStG ist nicht anzuwenden.“	⇨ **Tatbestandsvoraussetzungen:** - Einlage von Anteilen unter Fortführung stiller Reserven - Veräußerung der **eingebrachten** Anteile durch die übernehmende Gesellschaft innerhalb der Sperrfrist - Einbringender ist keine Kapitalgesellschaft ⇨ **Rechtsfolge:** - Rückwirkende Versteuerung des Einbringungsgewinns II

Durch die Einbringung von Anteilen von einer nicht von § 8b Abs. 2 KStG begünstigten Person in eine KapGes erhöht sich die Begünstigung bei einer Veräußerung der eingebrachten Anteile von der 40%igen Begünstigung durch das Teileinkünfteverfahren bzw. der Begünstigung durch die Abgeltungsteuer auf eine 95 %ige Begünstigung durch § 8b Abs. 2 i. V. m. Abs. 3 KStG. Sollten die eingebrachten Anteile somit zeitnah nach der Einbringung durch die übernehmende Gesellschaft veräußert werden, liegt die Vermutung nahe, dass der Anteilstausch selbst nicht aus unternehmerischen Gründen erfolgt ist, sondern lediglich zum Ziel hatte, den steuerpflichtigen Anteil eines Veräußerungsgewinns zu reduzieren.

Der Gesetzgeber hat sich beim Anteilstausch erneut zu einer **Frist von 7 Jahren** entschlossen, innerhalb derer bei einer Weiterveräußerung der eingebrachten Anteile durch die übernehmende Gesellschaft ein **pauschaler Missbrauchsgedanke** im Zeitpunkt der Einbringung angenommen wird.

> **Merke:** Auch beim **Anteilstausch** beträgt die **Sperrfrist**, innerhalb derer Veräußerungen zu einer rückwirkenden Besteuerung der Einbringung führen, **sieben Jahre**.

Beispiel

Alexander von Eich bringt im Jahr 2020 100 % der Anteile der Franziskar GmbH zu Buchwerten in die Ecke GmbH ein. Zwei Jahre später, im Jahr 2022, veräußert die Ecke GmbH die eingebrachten Anteile an der Franziskar GmbH zum gemeinen Wert an die Veith AG.

Hier liegen die Tatbestandsvoraussetzungen des § 22 Abs. 2 S. 1 UmwStG vor, denn es handelte sich um eine Einbringung unter dem gemeinen Wert gem. § 21 Abs. 1 S. 2 UmwStG, Alexander von Eich ist als natürliche Person nicht von § 8b Abs. 2 KStG begünstigt und die Veräußerung der eingebrachten Anteile durch die Ecke GmbH ist innerhalb der Sperrfrist von sieben Jahren erfolgt. Obwohl die Veräußerung der Anteile im Jahr 2022 stattfindet, fällt somit rückwirkend im Jahr 2020 ein Einbringungsgewinn II bei Alexander an.

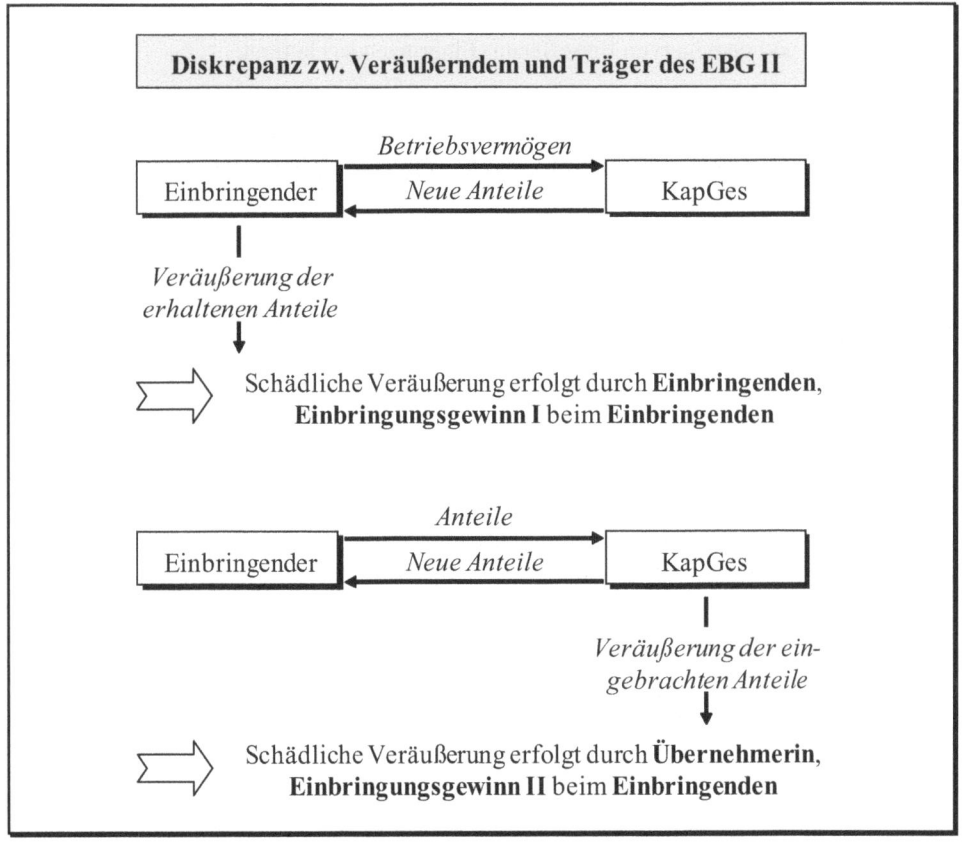

Abbildung 205: Schädliche Veräußerung als Auslöser des Einbringungsgewinns

3.10.2.2 Systematik der rückwirkenden Besteuerung

Auch beim Anteilstausch zielen die Regelungen zur Missbrauchsverhinderung darauf ab, den gleichen Zustand herzustellen, der eingetreten wäre, wenn der Anteilstausch zum gemeinen Wert erfolgt wäre. Der Einbringende wird also so gestellt, als habe der die Anteile statt eines Anteilstauschs i. S. d. § 21 UmwStG zum gemeinen Wert veräußert.

Aufgrund der begünstigten Natur der Kapitalgesellschaftsanteile liegt die Missbrauchsgefahr bei der Veräußerung der eingebrachten Anteile durch die übernehmende Gesellschaft. Aus diesem Grund setzen die Regelungen zur Nachversteuerung auch an den eingebrachten Anteilen an. Das heißt jedoch, dass es zu einer rückwirkenden Besteuerung des Einbringungsgewinns II auf Seiten des Einbringenden kommt, wenn die Kapitalgesellschaft die Veräußerung vornimmt. Auffällig ist hierbei, dass die Handlung der übernehmenden Kapitalgesellschaft zu einer Nachversteuerung des Einbringenden führt, es demnach zu einer Divergenz zwischen dem die schädlichen Rechtsfolgen Auslösenden (aufnehmende Kapitalgesellschaft) und dem hiervon Betroffenen (Einbringender) kommt.

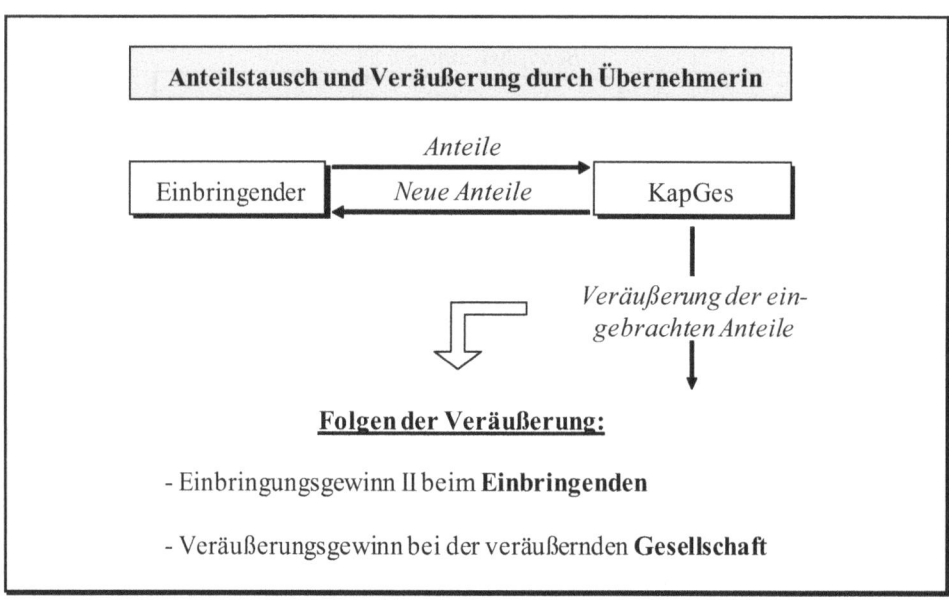

Abbildung 206: Auseinanderfallen von Veräußerndem und Träger des EBG II

3.10.2.3 Der Einbringungsgewinn II

Die Höhe des Einbringungsgewinns II bestimmt sich nach § 22 Abs. 2 S. 3 UmwStG.

§ 22 Abs. 2 S. 3 UmwStG	
„Einbringungsgewinn II ist der Betrag, um den der gemeine Wert der eingebrachten Anteile im Einbringungszeitpunkt nach Abzug der Kosten für den Vermögensübergang den Wert,	⇨ **gemeiner Wert** der Anteile
mit dem der Einbringende die erhaltenen Anteile angesetzt hat, übersteigt,	⇨ **abzüglich Wertansatz** beim Einbringenden
vermindert um jeweils ein Siebtel für jedes seit dem Einbringungszeitpunkt abgelaufene Zeitjahr."	⇨ **Siebtelregelung**
	⇨ **Einbringungsgewinn II**

Analog zum Ermittlungsschema des Einbringungsgewinns I handelt es sich hier also um die im Zuge des Anteilstauschs im Einbringungszeitpunkt übergegangenen stillen Reserven. Nach dem Übertragungsstichtag entstandene stille Reserven oder Lasten fallen auch beim Anteilstausch nicht ins Gewicht.

Beispiel

Andy Dufresne bringt eine 100 %ige Beteiligung an der Heywood GmbH (Buchwert 100 T€, gemeiner Wert 170 T€) zum Buchwert in die Red GmbH ein. Die Red GmbH veräußert die Anteile an der Heywood GmbH innerhalb eines Jahres für 200 T€.

Obwohl die Anteile für 200 T€ veräußert wurden, wird der anfallende Einbringungsgewinn II anhand der im Zeitpunkt des Anteilstauschs übergegangenen stillen Reserven ermittelt. Der Einbringungsgewinn II beträgt daher 70 T€.

Aufgrund der mit zunehmendem Zeitablauf abnehmenden Missbrauchsvermutung vermindert sich auch der Einbringungsgewinn II für jedes abgelaufene Jahr nach dem Anteilstausch um ein Siebtel.

Beispiel

Wenn die Red GmbH die von Andy Dufresne eingebrachten Anteile nach dem Anteilstausch veräußert, wird der fällige Einbringungsgewinn für jedes vollständig abgelaufene Zeitjahr um je ein Siebtel verringert. Somit muss Andy Dufresne beispielsweise bei einer Weiterveräußerung der eingebrachten Anteile durch die Red GmbH 4 Jahre nach dem Übertragungsstichtag nur 3/7 der im Einbringungszeitpunkt übergegangenen stillen Reserven als Einbringungsgewinn II rückwirkend versteuern.

	Gemeiner Wert zum Einbringungszeitpunkt
./.	bei Einbringung angesetzter Wert
=	Differenz
./.	Differenz * 1/7 * vergangene Zeitjahre
=	**Einbringungsgewinn II**

Abbildung 207: Berechnung des Einbringungsgewinns II

3.10.2.4 Qualifikation des Einbringungsgewinns II

Der Einbringungsgewinn II unterliegt als Gewinn aus der Veräußerung von Kapitalgesell-schaftsanteilen der gewöhnlichen Besteuerung im Teileinkünfteverfahren bzw. der Abgel-tungsteuer. Der **Sanktionscharakter** des Einbringungsgewinns II besteht darin, dass der Freibetrag des § 16 Abs. 4 EStG nicht anzuwenden ist. Wären die Anteile im Zuge des Anteilstauschs mit dem gemeinen Wert angesetzt worden, hätte der Einbringende den Frei-betrag nutzen können.

3.10.2.5 Gefahr einer Doppelbesteuerung der stillen Reserven

3.10.2.5.1 Doppelbesteuerung beim Einbringenden

Die schädliche Veräußerung der eingebrachten Anteile durch die übernehmende Gesell-schaft führt zu einer Besteuerung der in den gewährten Anteilen auf Seiten des Einbringen-den enthaltenen stillen Reserven. Wenn die stillen Reserven im Zuge der Nachversteuerung des Einbringungsgewinns II nicht aufgedeckt würden, käme es im Fall einer Veräußerung der erhaltenen Anteile durch den Einbringenden zu einer doppelten Besteuerung dieser stillen Reserven mit Einbringungsgewinn II und einem Veräußerungsgewinn.

Beispiel

Alexander von Eich hat seine Mehrheitsbeteiligung an der Knut GmbH (Buchwert 100 T€, gemeiner Wert 800 T€) zum Buchwert in die Veith AG eingebracht. Zwei Jahre nach der Einbringung veräußert die Veith AG die eingebrachte Beteiligung an der Knut GmbH für 800 T€. Ein Jahr darauf verkauft Alexander seine als Gegenleistung erhaltenen Anteile an der Veith AG ebenfalls für 800 T€.

Da die Veräußerung durch die Veith AG innerhalb der Sperrfrist stattfindet, fällt bei Alexander ein Einbringungsgewinn II i. H. v. 500 T€ an, der durch das Teileinkünfteverfahren zu 60 % zu besteuern ist. Wenn Alexander die als Gegenleistung aus der Einbringung erhaltenen Anteile drei Jahre nach dem Anteilstausch für 800 T€ veräußert, fällt ein Veräußerungsgewinn i. H. v. 700 T€ an, der ebenfalls zu 60 % zu versteuern ist.

Alexander müsste bei ursprünglich vorhandenen stillen Reserven i. H. v. 700 T€, die sich durch den Anteilstausch verdoppelt haben, insgesamt 1.200 € als Gewinn versteuern, davon 500 € als Einbringungsgewinn II rückwirkend im Zeitpunkt der Einbringung und 700 € als Veräußerungsgewinn im Veräußerungszeitpunkt.

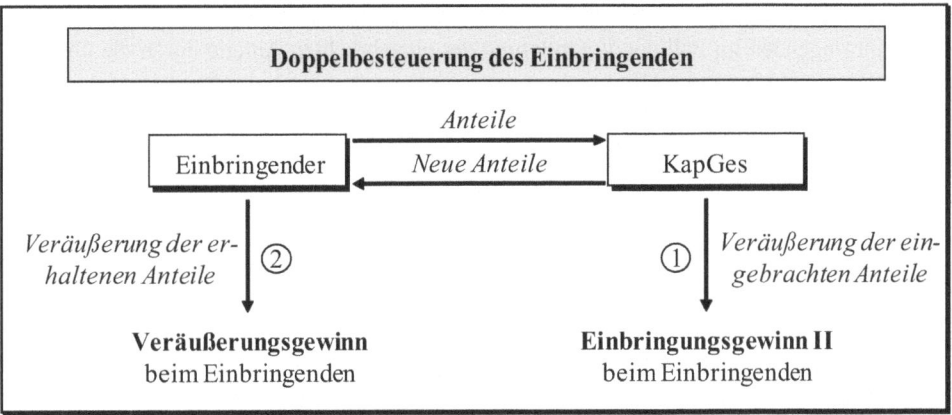

Abbildung 208: Doppelbesteuerung des Einbringenden

§ 22 Abs. 2 S. 4 und 5 UmwStG: „Der Einbringungsgewinn II gilt als nachträgliche An-schaffungskosten der erhaltenen Anteile. Sätze 1 bis 4 sind nicht anzuwenden, soweit der Einbringende die erhaltenen Anteile veräußert hat."

Um eine derartige unsystematische Doppelbesteuerung zu vermeiden, sehen § 22 Abs. 2 S. 4 und 5 UmwStG entsprechende Regelungen vor. So darf der Einbringende den durch ein Rechtsgeschäft der übernehmenden Gesellschaft ausgelösten Einbringungsgewinn II als nachträgliche Anschaffungskosten der als Gegenleistung erhaltenen Anteile ansetzen. Durch die Buchwerterhöhung vermindert sich ein späterer Veräußerungsgewinn. Auf diese Weise wird eine Doppelbesteuerung vermieden, wenn die schädliche Veräußerung der eingebrachten Anteile vor einer Veräußerung der erhaltenen Anteile durch den Einbringenden erfolgt.

| Beispiel | Um zu verhindern, dass die beim Anteilstausch übergegangenen stillen Reserven doppelt belastet werden, darf Alexander den Einbringungsgewinn II als nachträgliche Anschaffungskosten auf den Buchwert seiner erhaltenen Anteile aufschlagen. Nach der schädlichen Veräußerung der eingebrachten Anteile an der Knut GmbH darf Alexander die Bewertung seiner Beteiligung an der Veith AG um den Einbringungsgewinn II i. H. v. 500 T€ aufstocken. Deren Buchwert beträgt dann 600 T€. Auf diese Weise mindert sich der Veräußerungsgewinn, den Alexander durch die anschließende Veräußerung seiner Anteile an der Veith AG erzielt. Aufgrund des erhöhten Buchwertes beträgt der Veräußerungsgewinn nunmehr nur 200 T€.

Durch die Buchwertaufstockung muss Alexander also nur noch insgesamt 500 + 200 = 700 T€ versteuern, was den ursprünglichen stillen Reserven entspricht. |

Wenn der Einbringende die erhaltenen Anteile bereits veräußert hat, ist es im Zuge der Veräußerung zu einer nur durch das Teileinkünfteverfahren bzw. die Abgeltungsteuer begünstigten Besteuerung der stillen Reserven gekommen. Daher wäre es unsystematisch, dem Einbringenden im Fall der Veräußerung der eingebrachten Anteile durch die übernehmende Gesellschaft mit dem Einbringungsgewinn II noch einmal eine Steuer auf die stillen Reserven abzuverlangen. Daher verfügt § 22 Abs. 2 S. 5 UmwStG, dass die Regelungen zum Einbringungsgewinn II nicht anwendbar sind, soweit der Einbringende die erhaltenen Anteile veräußert hat.

| Beispiel | Hat Alexander die als Gegenleistung erhaltenen Anteile an der Veith AG aber bereits vor der schädlichen Veräußerung der eingebrachten Anteile durch die Veith AG veräußert, so finden die Regelungen zum Einbringungsgewinn II keine Anwendung. Durch die vorhergehende Veräußerung musste Alexander schon sämtliche in seiner Beteiligung ruhende stille Reserven versteuern, so dass es keiner zusätzlichen Besteuerung mit Einbringungsgewinn II zur Missbrauchsverhinderung mehr bedarf. |

> **Merke:** Eine Doppelbesteuerung des Einbringenden wird vermieden, indem der Einbringungsgewinn II durch nachträgliche Anschaffungskosten der erhaltenen Anteile deren Buchwert erhöht und so einen Gewinn bei Veräußerung mindert.
> Wurden die erhaltenen Anteile schon vor der schädlichen Veräußerung durch die übernehmende Gesellschaft vom Einbringenden veräußert, so finden die Regelungen zum Einbringungsgewinn II insoweit keine Anwendung.

3.10.2.5.2 Doppelbesteuerung bei der übernehmenden Gesellschaft

Die Möglichkeit der Doppelbesteuerung auf Seiten des Einbringenden mit Einbringungsgewinn II und einem Veräußerungsgewinn aus dem Verkauf der erhaltenen Anteile wird durch die Möglichkeit des Ansatzes von nachträglichen Anschaffungskosten bzw. der Nichtanwendbarkeit des Einbringungsgewinns II bei bereits veräußerten Anteilen verhindert.

Durch die Verdopplung der stillen Reserven besteht allerdings noch die Gefahr, dass es zu einer doppelten Besteuerung als Veräußerungsgewinn auf Seiten der übernehmenden Gesellschaft und als Einbringungsgewinn I auf Seiten des Einbringenden kommen kann. Diese Doppelbesteuerung wäre allerdings auf lediglich 5 % der stillen Reserven beschränkt, da ein Veräußerungsgewinn der übernehmenden Kapitalgesellschaft gem. § 8b Abs. 2 i. V. m. Abs. 3 KStG zu 95 % steuerfrei gestellt ist.

> **§ 23 Abs. 2 S. 3 UmwStG:** „Wurden die veräußerten Anteile auf Grund einer Einbringung von Anteilen nach § 20 Abs. 1 oder § 21 Abs. 1 (§ 22 Abs. 2) erworben, erhöhen sich die Anschaffungskosten der eingebrachten Anteile in Höhe des versteuerten Einbringungsgewinns, soweit der Einbringende die auf den Einbringungsgewinn entfallende Steuer entrichtet hat."

Die entsprechenden Regelungen zur Verhinderung dieser nichtsdestotrotz systemwidrigen Doppelbesteuerung beim Anteilstausch sind analog denen zur Aufstockung bei Einbringung von Betriebsvermögen i. S. d. § 20 UmwStG ausgestaltet. Gem. § 23 Abs. 2 S. 3 UmwStG darf die übernehmende Gesellschaft die Anschaffungskosten der eingebrachten Anteile um den vom Einbringenden versteuerten Einbringungsgewinn II erhöhen. Da der Einbringungsgewinn II rückwirkend und somit zeitlich vor der Veräußerung anfällt, hat die Erhöhung der Anschaffungskosten auf Seiten der übernehmenden Gesellschaft den Effekt, dass der Veräußerungsgewinn gemindert wird. Somit kommt es nur zur einfachen Besteuerung der stillen Reserven, die sich auf einen Teil, der mit Einbringungsgewinn II besteuert wird, und einen Teil, der als Veräußerungsgewinn auf Seiten der übernehmenden Gesellschaft besteuert wird, aufspalten.

Da sich der **Einbringungsgewinn II** durch die Siebtelregelung im Zeitablauf **vermindert**, **erhöht** sich der **Veräußerungsgewinn** im Zeitablauf entsprechend, so dass über die siebenjährige Frist die nur durch das Teileinkünfteverfahren bzw. die Abgeltungsteuer begünstigte Besteuerung des Einbringungsgewinn II linear durch die 95 %ige Steuerfreiheit des Veräußerungsgewinns ersetzt wird.

Elsa bringt ihre bisher im Privatvermögen gehaltene Beteiligung an der Anna GmbH (Buchwert 100 T€, gemeiner Wert 1.500 T€) am 01.01.2020 in ihre eigene Olaf GmbH ein.

Die Olaf GmbH veräußert die eingebrachte Beteiligung an der Anna GmbH zum Preis von 1.600 T€ jeweils alternativ am 01. Juli der Jahre 2020 - 2027.

Der durch die schädliche Veräußerung entstehende und von Elsa zu versteuernde Einbringungsgewinn II basiert auf den im Rahmen der Einbringung übergegangenen stillen Reserven i. H. v. 1.400 T€ und vermindert sich im Zeitablauf.

Der Veräußerungsgewinn auf Seiten der Olaf GmbH besteht aus den nach der Einbringung entstandenen stillen Reserven i. H. v. 1.600 T€ ./. 1.500 T€ = 100 T€ sowie dem Teil der ursprünglich übergegangenen stillen Reserven, die nicht schon auf Seiten Elsas mit dem Einbringungsgewinn II belastet wurden.

01.07.	2020	2021	2022	2023	2024	2025	2026	2027
⇨ EBG II	1.400 T€	1.200 T€	1.000 T€	800 T€	600 T€	400 T€	200 T€	0 T€
⇨ VG	100 T€	300 T€	500 T€	700 T€	900 T€	1.100 T€	1.300 T€	1.500 T€

Eine Doppelbesteuerung wird vermieden, da der Einbringungsgewinn II als nachträgliche Anschaffungskosten der eingebrachten Beteiligung an der Anna GmbH den Veräußerungsgewinn auf Seiten der Olaf GmbH mindert. Da der nach dem Teileinkünfteverfahren zu besteuernde Einbringungsgewinn mit zunehmendem Abstand der Veräußerung vom Einbringungsstichtag abnimmt, erhöht sich der zu 95 % steuerfreie Veräußerungsgewinn der Olaf GmbH im Zeitablauf entsprechend.

3.10.3 Zusammenfassung der Systematik des Einbringungsgewinns

Durch die Einbringung unter dem gemeinen Wert i. S. d. § 21 Abs. 1 S. 2 UmwStG verdoppeln sich die in den Anteilen ruhenden stillen Reserven. Bei einer schädlichen Veräußerung der eingebrachten Anteile durch die übernehmende Gesellschaft fallen sowohl ein Einbringungsgewinn II als auch ein Veräußerungsgewinn an. Um dem sich aus dieser Kombination von Faktoren ergebenden Risiko mehrfacher Besteuerung der stillen Reserven zu begegnen, hat das UmwStG mit den Regelungen des § 22 Abs. 2 S. 4 - 5 sowie § 23 Abs. 2 S. 3 UmwStG ein System geschaffen, welches die mehrfache Besteuerung der ursprünglich nur einfach in den Anteilen enthaltenen stillen Reserven verhindert.

> **Merke:** Eine mehrfache Besteuerung der stillen Reserven nach einem Anteilstausch ist auf zwei Arten denkbar: Einerseits besteht grundsätzlich eine doppelte Belastung mit Einbringungsgewinn II beim Einbringenden und Veräußerungsgewinn bei der übernehmenden Gesellschaft. Andererseits besteht nach der erstmaligen Besteuerung der stillen Reserven durch den Einbringungsgewinn II beim Einbringenden das Risiko, dass die durch den Einbringungskreislauf verdoppelten stillen Reserven bei einer von ihm selbst vorgenommenen Veräußerung der erhaltenen Anteile ein weiteres Mal versteuert werden müssen.

Die Besteuerung des Einbringungsgewinns II führt daher sowohl auf Seiten des Einbringenden als auch bei der übernehmenden Gesellschaft zu einer Aufstockung der jeweiligen Wertansätze. Der **Einbringende** darf den Einbringungsgewinn II gem. § 22 Abs. 2 S. 4 UmwStG als **nachträgliche Anschaffungskosten** der erhaltenen Anteile ansetzen und so im Fall einer Veräußerung den Veräußerungsgewinn mindern. Für die **übernehmende Kapitalgesellschaft** gilt der vom Einbringenden versteuerte Einbringungsgewinn gem. § 23 Abs. 2 S. 3 UmwStG als **Erhöhung der Anschaffungskosten** der eingebrachten Anteile, wodurch der Veräußerungsgewinn gemindert wird.

Dabei ist folgende Prüfungsreihenfolge einzuhalten:

> **Schema zur Ermittlung des Einbringungsgewinns, Veräußerungsgewinns und Erhöhungsbetrags.**
> 1. Bestimmung des Einbringungsgewinns II im Zeitpunkt der Einbringung
> 2. Aufstockung der Anschaffungskosten der Beteiligung des Einbringenden
> 3. Aufstockung bei der übernehmenden Gesellschaft
> 4. Bestimmung des Veräußerungsgewinns im Zeitpunkt der Veräußerung.

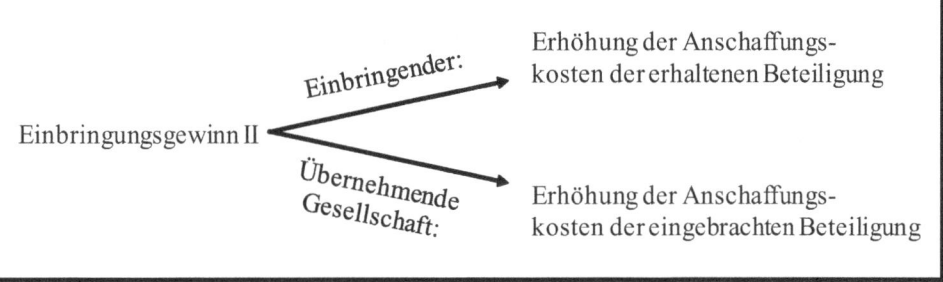

Abbildung 209: Vermeidung der Doppelbesteuerung durch den Einbringungsgewinn II

> **Merke:** Eine mehrfache Besteuerung der stillen Reserven beim Einbringenden durch Einbringungsgewinn II und einen eigenen Veräußerungsgewinn oder durch Einbringungsgewinn II beim Einbringenden und einen Veräußerungsgewinn der übernehmenden Gesellschaft wird vermieden, indem der Einbringungsgewinn II auf beiden Seiten auf den Wertansatz der jeweiligen Anteile aufgeschlagen werden darf.

3.10.4 Nachweispflichten des Einbringenden

Um sicherzustellen, dass keine schädliche Veräußerung i. S. d. § 22 Abs. 2 S. 1 UmwStG stattgefunden hat und somit die Kontrolle des Finanzamts über die Besteuerung des Einbringungsgewinns II zu gewährleisten, normiert § 22 Abs. 3 UmwStG Nachweispflichten für den Einbringenden. Demnach hat der Einbringende während der siebenjährigen Sperrfrist dem Finanzamt jährlich zum 31. Mai nachzuweisen, wem die eingebrachten Anteile am Jahrestag der Einbringung zuzurechnen sind. Dies gilt auch für Anteile, die aus einer Weitereinbringung der ursprünglich eingebrachten Anteile durch die übernehmende Gesellschaft stammen. An dieser Stelle ergibt sich ein Problem, da der Einbringende Rechenschaft über den Verbleib von Anteilen abzulegen hat, über die er keine unmittelbare Verfügungsgewalt hat. Wenn zum Beispiel eine Einbringung einer geringfügigen mehrheitsstärkenden Beteiligung in ein Unternehmen erfolgt und die Gegenleistung somit aus der Übertragung von nur wenigen Stimmrechten erfolgt, hat der Einbringende als Minderheitsgesellschafter der übernehmenden Gesellschaft kaum Verfügungsmacht über die eingebrachten Anteile. Da es sich bei der Einbringung im Beispiel um eine mehrheitsstärkende Beteiligung handelt und die übernehmende Gesellschaft folglich über weitere Anteile an der erworbenen Gesellschaft verfügt, ist es kaum zu definieren, welche Anteile bei einer teilweisen Veräußerung durch die übernehmende Gesellschaft mit veräußert wurden und was dem Finanzamt folglich zu melden wäre. Daher sollte gerade bei einem Anteilstausch, der dem Einbringenden nicht die Kontrolle über die aufnehmende Gesellschaft gewährt, bereits bei der Einbringung ein Informationsrecht für den Einbringenden bezüglich der eingebrachten Anteile vertraglich festgelegt werden.

Der Nachweis ist an das für den Einbringenden zuständige Finanzamt zu richten. Wenn dieser Nachweis nicht bis zum 31. Mai erbracht wird, gelten die eingebrachten Anteile als veräußert, und es kommt zu einer Besteuerung des Einbringungsgewinns II.

3.11 Nebensteuern

Die Einbringung von mehrheitsvermittelnden Beteiligungen in eine Kapitalgesellschaft ist gem. § 4 Nr. 8 Bst. f UStG von der Umsatzsteuer befreit.

3.12 Vergleich Einbringungsgewinn I mit Einbringungsgewinn II

In der folgenden Übersicht werden die wesentlichen Unterschiede zwischen dem EBG I und dem EBG II zusammenfassend verdeutlicht:

	Einbringungsgewinn I	**Einbringungsgewinn II**
DER „TÄTER"	Einbringender	Aufnehmende KapGes (= KapGes, in die die Anteile eingebracht werden)
DIE „TAT"	Veräußerung der als Gegenleistung für die Einbringung erhaltenen Anteile innerhalb von 7 Jahren	Veräußerung der durch eine nicht von § 8b KStG begünstigte Person eingebrachten Anteile innerhalb von 7 Jahren
DER „BESTRAFTE"	Einbringender	Einbringender
DIE „STRAFE"	Die Veräußerung der als Gegenleistung erhaltenen Anteile unterliegt (anteilig je nach Veräußerungszeitpunkt) nicht dem Teileinkünfteverfahren, sondern ist unbegünstigt	Der Einbringende muss einen Veräußerungsgewinn nach dem Teileinkünfteverfahren versteuern, obwohl nicht er, sondern die Kapitalgesellschaft die Veräußerung vorgenommen hat

3.13 Abschlussfall zu § 21 UmwStG

Sam Winchester hat am 09. Januar 2017 einen 25 %igen Anteil an der Supernatural AG zum Kaufpreis von 100.000 € erworben. Am 19. Februar 2018 hat er diesen Anteil steuerneutral in die Dean GmbH gegen Gewährung von Gesellschaftsrechten an der Dean GmbH i. H. v. 17 % eingebracht; der Verkehrswert seines Anteils betrug zu diesem Zeitpunkt 170.000 €.

Aufgabenstellung:
Heute, am 09. März 2020, erscheint Sam Winchester in Ihrem Büro und bittet Sie um Lösung der folgenden beiden für ihn denkbaren, alternativen Szenarien:
1. Sam möchte die Anteile an der Dean GmbH im Mai 2020 verkaufen; ein möglicher Käufer hat ihm bereits einen Betrag i. H. v. 200.000 € geboten. Was muss Sam diesbezüglich steuerlich beachten?
2. Die Dean GmbH möchte die Anteile an der Supernatural AG im September 2020 veräußern und hat bereits einen Käufer gefunden, der für diese Anteile einen Betrag i. H. v. 215.000 € zu zahlen bereit wäre.

Sam teilt Ihnen mit, dass er in diesem Fall seine Anteile an der Dean GmbH erst am 18. April 2021 verkaufen will und in diesem Fall einen Veräußerungspreis von 230.000 € für wahrscheinlich hält.

Erläutern Sie sämtliche für die Dean GmbH und für Sam steuerlich relevanten Vorgänge.

Lösung:

1. Aufgabe

Laut Sachverhalt sind die Voraussetzungen für einen steuerneutralen Anteilstausch gem. § 21 Abs. 1 S. 2 erfüllt.

In diesem Aufgabenteil ist zu beachten, dass überhaupt kein umwandlungssteuerrechtlich relevanter Sachverhalt gegeben ist. Es ist weder ein Einbringungsgewinn I (EBG I) noch ein Einbringungsgewinn II (EBG II) zu ermitteln. Insbesondere eine Berechnung eines EBG I könnte naheliegen, da Sam die als Gegenleistung für die Einbringung der Anteile im Februar 2018 erhaltenen Anteile bereits im Mai 2020 weiterveräußert. Der Anteilstausch wird aber vom EBG I nicht erfasst; Sam hätte die Anteile an der Supernatural AG auch vor dem Anteilstausch durch das Teileinkünfteverfahren (TEV) begünstigt veräußern können, so dass die spätere Veräußerung der als Gegenleistung erhaltenen Anteile an der Dean GmbH nicht missbräuchlich ist und somit auch normal dem TEV unterliegt.

Sam erzielt durch die Veräußerung der aus dem Anteilstausch erhaltenen Anteile im Mai 2020 für 200.000 € folglich „lediglich" Einkünfte aus Gewerbebetrieb gem. § 17 EStG. Diese unterliegen gem. § 3 Nr. 40 EStG i. V. m. § 17 Abs. 6 EStG dem TEV.

	60% des Veräußerungspreises (§ 3 Nr. 40 S. 1 Bst. c EStG)	120.000 €
./.	60% der Anschaffungskosten (§ 3 Nr. 40 Abs. 2 EStG)	60.000 €
=	Veräußerungsgewinn	60.000 €
./.	Freibetrag i. S. d. § 17 Abs. 3 EStG	0 €
	Möglicher FB (17% * 9.060 €)	
	./. Ermäßigungsbetrag (60.000 € ./. 17% * 36.100 €)	
=	Stpfl. Veräußerungsgewinn	60.000 €

Die tarifliche Einkommensteuerbelastung bestimmt sich gem. § 32a Abs. 1 Nr. 4 EStG

$$0{,}42 * 60.000 ./. 8.394 = 16.806$$

Die Einkommensteuer aus der Veräußerung der Anteile i. H. v. 17% an der Dean-AG beträgt für Sam im VZ 2020 somit 16.806 €.

2. Aufgabe

Die Dean GmbH beabsichtigt, die aus der Einbringung von Sam stammenden Anteile an der Supernatural AG innerhalb der Sperrfrist von sieben Jahren im September 2020 für

215.000 € zu veräußern. Dies hat gem. § 22 Abs. 2 S. 1 i. V. m. § 21 Abs. 1 UmwStG eine rückwirkende Besteuerung der Einbringung zur Folge. Die Einbringung ist damit rückwirkend als zum gemeinen Wert erfolgt zu behandeln.

	Verkehrswert der Anteile bei Einbringung	170.000 €
./.	Buchwert der Anteile bei Einbringung	100.000 €
=	Differenzbetrag	70.000 €
./.	Abschmelzbetrag (2/7)	20.000 €
=	Stpfl. Einbringungsgewinn II	50.000 €

Somit muss Sam, obwohl die Anteile durch die übernehmende Dean GmbH veräußert werden, gem. § 22 Abs. 2 S. 1 i. V. m. Abs. 2 S. 3 UmwStG rückwirkend im Veranlagungszeitraum 2018 den Einbringungsgewinn II mit dem TEV gem. § 3 Nr. 40 EStG i. V. m. § 17 Abs. 6 EStG versteuern. Die Veräußerung der erhaltenen Anteile stellt ein rückwirkendes Ereignis i. S. d. § 175 Abs. 1 S. 1 Nr. 2 AO dar, daher ist der Steuerbescheid des Veranlagungszeitraums 2018 entsprechend zu ändern.

	Stpfl. Einbringungsgewinn II	50.000 €
./.	zu 40 % steuerbefreit (TEV gem. § 3 Nr. 40 EStG)	20.000 €
=	nachträglich in 2018 zu versteuerndes Einkommen	30.000 €
*	40 % Einkommensteuertarif (Annahme)	12.000 €

Unter der Annahme eines persönlichen Einkommensteuersatzes von 40 % erhöht sich die Einkommensteuerbelastung von Sam für den Veranlagungszeitraum 2018 um die Steuer auf den EBG II i. H. v. 12.000 €.

Der EBG II gilt gem. § 22 Abs. 2 S. 4 UmwStG als nachträgliche Anschaffungskosten der erhaltenen Anteile, d. h. Sam darf den EBG II auf die Anschaffungskosten für die Dean GmbH aufschlagen. Der Buchwert seiner Anteile an der Dean GmbH beträgt damit

	Buchwert der Anteile bei Einbringung	100.000 €
+	EBG II	50.000 €
=	Buchwert der Anteile nach EBG II	150.000 €
	(Anschaffungskosten gem. § 22 Abs. 2 S. 4 UmwStG)	

Dieser erhöhte Buchwert wirkt sich aus, wenn Sam die Anteile an der Dean GmbH im Jahr 2021 veräußert. In diesem Jahr ergibt sich somit für Sam ein gem. § 3 Nr. 40 S. 1 Bst. b EStG begünstigter Veräußerungsgewinn i. H. v.

	Veräußerungspreis	230.000 €
./.	Anschaffungskosten gem. § 22 Abs. 2 S. 4 UmwStG	150.000 €
=	Veräußerungsgewinn	80.000 €

Sam kann den Freibetrag i. S. d. § 17 Abs. 3 EStG in Anspruch nehmen. Da jedoch der Freibetrag von 9.060 € um den 36.100 € übersteigenden Anteil des Veräußerungsgewinns i. H. v. 80.000 € gemindert wird, ergibt sich für Sam ein Freibetrag von Null.

Der Veräußerungsgewinn unterliegt im Veranlagungszeitraum 2021 gem. § 3 Nr. 40 EStG i. V. m. § 17 Abs. 6 EStG dem TEV.

	Veräußerungsgewinn	80.000 €
./.	zu 40 % steuerbefreit (TEV gem. § 3 Nr. 40 EStG)	32.000 €
=	zu versteuerndes Einkommen	48.000 €
*	40 % Einkommensteuertarif (Annahme)	19.200 €

Unter der Annahme eines persönlichen Einkommensteuersatzes von 40 % beträgt die Einkommensteuerbelastung von Sam für den Veranlagungszeitraum 2021 19.200 €.

Die beim Anteilstausch übernehmende und die Anteile an der Supernatural AG veräußernde Dean GmbH darf gem. § 23 Abs. 2 S. 3 UmwStG die Anschaffungskosten der eingebrachten Anteile um den vom Einbringenden versteuerten EBG II ebenfalls erhöhen. Da der EBG II rückwirkend und somit zeitlich vor der Veräußerung anfällt, führt die Erhöhung der Anschaffungskosten bei der Dean GmbH zu einer Reduzierung des Veräußerungsgewinns.

	BW der Anteile bei Einbringung in Dean GmbH	100.000 €
+	EBG II (durch Einbringenden nachträglich zu versteuern)	50.000 €
=	BW der Anteile nach Versteuerung des EBG II durch Einbringenden (Anschaffungskosten gem. § 23 Abs. 2 S. 3 UmwStG)	150.000 €

Bestimmung des Veräußerungsgewinns der Dean GmbH:

	Veräußerungspreis	215.000 €
./.	Anschaffungskosten gem. § 23 Abs. 2 S. 3 UmwStG	150.000 €
=	Veräußerungsgewinn	65.000 €

Gem. § 8b Abs. 2 und 3 KStG ist der Veräußerungsgewinn der Dean GmbH zwar steuerfrei, jedoch gelten 5 % als nichtabzugsfähige Betriebsausgaben. Somit muss die Dean GmbH im Jahr 2020 ihr steuerpflichtiges Einkommen außerhalb der Bilanz um 3.250 € erhöhen.

Zusammenfassend muss also der EBG II i. H. v. 50.000 € nicht von der veräußernden Dean GmbH (zu 95 % steuerfrei) versteuert werden, sondern vom anteilstauschenden Sam (nur zu 40 % steuerfrei).

4 Einbringung in eine Personengesellschaft gem. § 24 UmwStG

Gem. § 24 Abs. 1 UmwStG sind auch bei der Einbringung in eine Personengesellschaft Betriebe, Teilbetriebe oder Mitunternehmeranteile einzubringen, um eine steuerneutrale Vermögensübertragung vornehmen zu können. Bezüglich der Notwendigkeit, sämtliche wesentlichen Betriebsgrundlagen übertragen zu müssen, ist auf § 20 UmwStG zu verweisen.

Eine dem Anteilstausch i. S. d. § 21 Abs. 1 UmwStG vergleichbare Vorschrift zur Einbringung einer mehrheitsvermittelnden Beteiligung ist in § 24 UmwStG hingegen nicht vorgesehen. Lediglich eine 100 %ige Beteiligung an einer Kapitalgesellschaft kann Gegenstand der Einbringung in eine Personengesellschaft sein (Tz. 24.02 UmwStE).

Auch im Rahmen des § 24 UmwStG müssen dem Einbringenden Gesellschaftsrechte an der übernehmenden Gesellschaft gewährt werden, so dass auch bei der Einbringung in eine Personengesellschaft ein Beteiligungsverhältnis in Folge der Vermögensübertragung begründet wird.

Merke: Die Einbringung in eine Personengesellschaft stellt einen **tauschähnlichen Veräußerungsvorgang** dar. Durch § 24 UmwStG wird eine teleologische Reduktion des § 16 EStG vorgenommen. § 24 UmwStG ist damit ebenfalls lex specialis zu § 16 EStG.

Durch die Gewährung eines Mitunternehmeranteils wird der Einbringende direkt an allen aktiven und passiven Wirtschaftsgütern der übernehmenden Personengesellschaft beteiligt. Eine gesetzlich geregelte Wertverknüpfung zwischen dem Veräußerungspreis des eingebrachten Betriebsvermögens und den Anschaffungskosten der gewährten Beteiligung ist somit im Rahmen der Einbringung in eine Personengesellschaft nicht erforderlich. Eine Umwandlung von steuerlich verstricktem Betriebsvermögen in Anteile, die der Einbringende wie bei der Einbringung in eine Kapitalgesellschaft steuerlich begünstigt veräußern könnte, ist daher nicht gegeben.

Veräußert der Einbringende im Anschluss an eine steuerneutrale Einbringung i. S. d. § 24 UmwStG den ihm gewährten Mitunternehmeranteil, kommt es zu einer direkten Veräußerung von anteiligen Eigentumsrechten an jedem einzelnen Wirtschaftsgut, und es erfolgt eine Besteuerung gem. § 16 Abs. 1 Nr. 2 EStG. Es treten somit die Rechtsfolgen ein, die sich ergeben hätten, wenn eine unmittelbare Veräußerung des Betriebsvermögens i. S. d. § 16 EStG vorgenommen worden wäre.

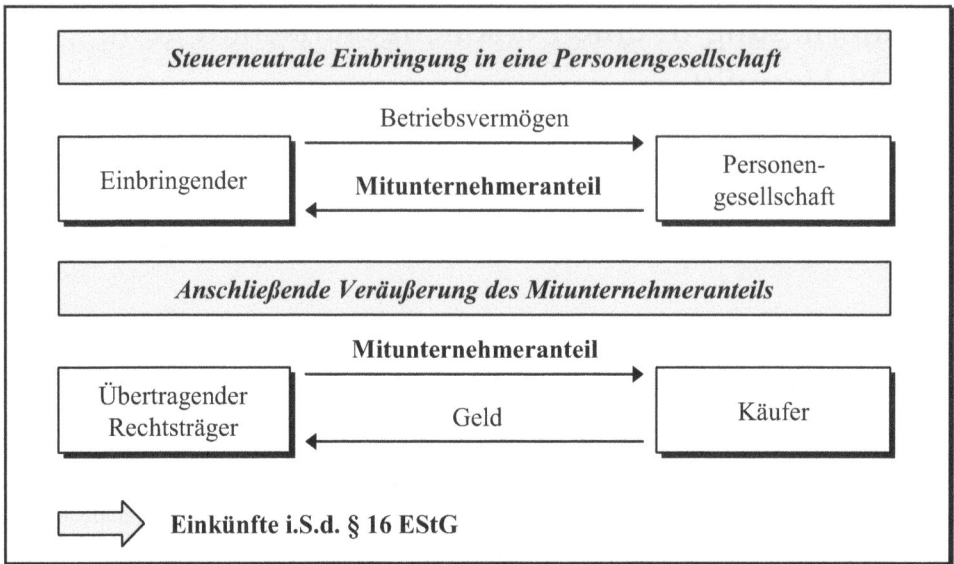

Abbildung 210: Einbringung von Betriebsvermögen in eine Personengesellschaft

> **Merke:** Im Rahmen einer Einbringung in eine Personengesellschaft tritt das Problem der Bewertung der gewährten Gesellschaftsrechte, um eine steuerliche Erfassung von übergegangenen stillen Reserven zu gewährleisten, nicht auf. Ein Mitunternehmeranteil beteiligt den Einbringenden unmittelbar an den Aktiva und Passiva der übernehmenden Personengesellschaft. Zu einer Verdopplung stiller Reserven kann es daher nicht kommen, da der Einbringende direkt an den von ihm steuerneutral übertragenen stillen Reserven beteiligt wird. Für die Veräußerung der Gegenleistung bedarf es daher **keiner Missbrauchsvorschriften**.

Eine Steuerumgehung durch die Einbringung in eine Personengesellschaft ist aber möglich, wenn eine 100 %ige Beteiligung an einer Kapitalgesellschaft durch eine natürliche Person unter dem gemeinen Wert in eine Personengesellschaft eingebracht wird, an der auch Kapitalgesellschaften beteiligt sind. Wenn die übernehmende Personengesellschaft die eingebrachten Anteile veräußert, unterliegen die aufgedeckten stillen Reserven anteilig der begünstigten Besteuerung des § 8b Abs. 2 KStG. Insoweit kann der Umfang der Besteuerung gegenüber einer Veräußerung durch den Einbringenden selbst vermindert werden.

4.1 Zivilrechtliche Anwendungsfälle

Der sachliche Anwendungsbereich der Vorschriften zur steuerneutralen Einbringung von Betriebsvermögen in Personengesellschaften wird durch § 1 Abs. 3 UmwStG eröffnet und umfasst im Wege der Gesamtrechtsnachfolge durch das UmwG geregelte Umwandlungsvorgänge und vergleichbare ausländische Sachverhalten sowie Einbringungsmöglichkeiten im Wege der Einzelrechtsnachfolge.

4.1.1 Gesamtrechtsnachfolge

Auch bei der Einbringung von Betriebsvermögen in eine Personengesellschaft gibt es zivilrechtliche Ausgestaltungen der Vermögensübertragung nach dem UmwG. Folgende zivilrechtliche Möglichkeiten der Vermögensübertragung bestehen:

- Verschmelzung von Personengesellschaften i. S. d. §§ 2, 39 ff. UmwG,
- Auf- oder Abspaltung des Vermögens einer Personengesellschaft auf eine bereits bestehende oder neu gegründete Personengesellschaft i. S. d. §§ 123 Abs. 1 und 2 UmwG,
- Ausgliederung von Körperschaften, Personengesellschaften oder Einzelunternehmen auf eine Personengesellschaft i. S. d. § 123 Abs. 3 UmwG.

4.1.2 Einzelrechtsnachfolge

Folgende zivilrechtliche Möglichkeiten der Vermögensübertragung bestehen:

- **Aufnahme** eines Gesellschafters in ein bestehendes Einzelunternehmen gegen Geldeinlage oder Einlage anderer Wirtschaftsgüter. Dabei bringt aus Sicht des § 24 UmwStG der Einzelunternehmer seinen Betrieb in die durch die Aufnahme des Gesellschafters **neu** entstehende Personengesellschaft ein.

- **Eintritt** eines weiteren Gesellschafters in eine **bereits** bestehende Personengesellschaft gegen Geldeinlage oder Einlage anderer Wirtschaftsgüter. Als Einbringungsvorgänge i. S. d. § 24 UmwStG sind die Übertragungen der Mitunternehmeranteile an der **bisherigen** Personengesellschaft in die durch den Eintritt des neuen Gesellschafters **neu** entstehende Personengesellschaft anzusehen.

> **Merke:** Hinsichtlich der Geld- oder Sacheinlage des aufzunehmenden bzw. eintretenden Gesellschafters liegt keine Einbringung vor.

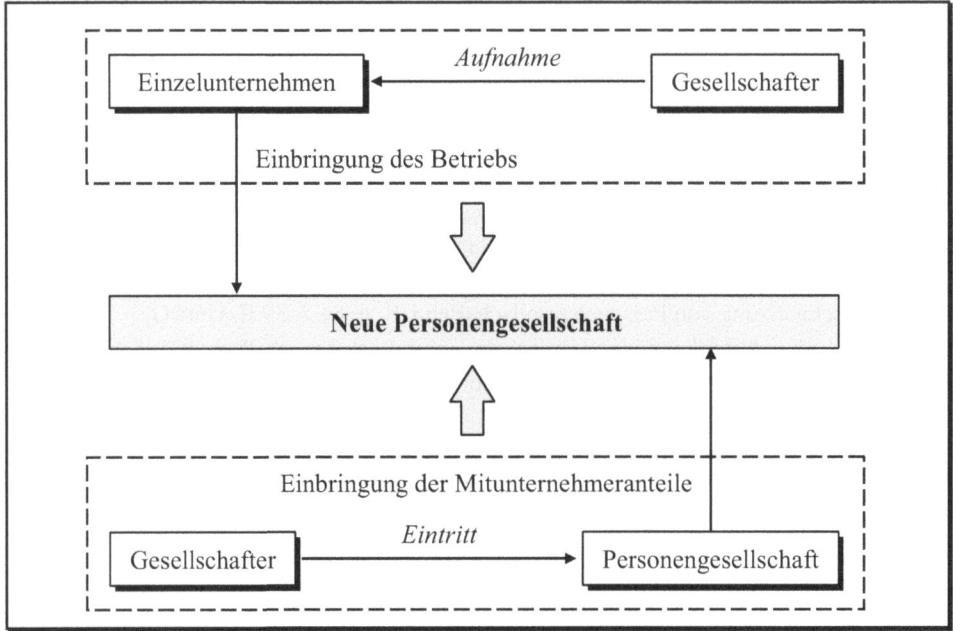

Abbildung 211: Entstehung einer neuen Personengesellschaft aus Sicht des § 24 UmwStG

- Einbringung eines Einzelunternehmens in eine **bereits** bestehende Personengesellschaft oder durch Zusammenschluss von mehreren Einzelunternehmen, die ihre Betriebe in eine **neu** entstehende Personengesellschaft einbringen.

Merke: Bei der Einbringung eines Einzelunternehmens in eine bestehende Personengesellschaft ist der **hinzutretende Einzelunternehmer als Einbringender** i. S. d. § 24 UmwStG anzusehen.

→ Einbringungsgegenstand: **Betrieb**

Tritt ein Gesellschafter gegen eine Geldzahlung oder Leistung anderer Wirtschaftsgüter in eine bestehende Personengesellschaft ein, sind sämtliche **Gesellschafter der Personengesellschaft als Einbringende** anzusehen, die ihre Mitunternehmeranteile auf eine neu entstehende Personengesellschaft übertragen.

→ Einbringungsgegenstand: **Mitunternehmeranteil**

4.2 Eintritt eines Gesellschafters

Die Einbringung von Betriebsvermögen in eine Personengesellschaft bedeutet sowohl im Wege der Gesamtrechtsnachfolge als auch der Einzelrechtsnachfolge einen Gesellschaftereintritt bzw. die Aufnahme eines Gesellschafters.

Dabei ist zwischen folgenden Fällen zu unterscheiden:

- Gewährung eines Mitunternehmeranteils,
- Aufstockung eines Mitunternehmeranteils,
- Gewährung eines **neuen** Mitunternehmeranteils für die einbringenden Gesellschafter der **alten** Personengesellschaft, wenn aus Sicht des § 24 UmwStG eine neue Personengesellschaft entsteht.

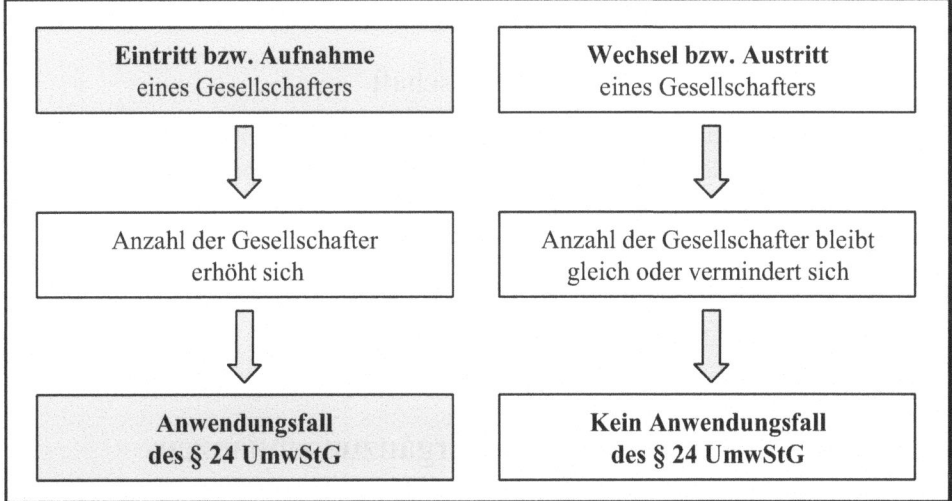

Abbildung 212: Eintritt und Wechsel in eine Personengesellschaft

> **Merke:** Von § 24 UmwStG wird nur der **Eintritt bzw. die Aufnahme** eines oder mehrerer Gesellschafter erfasst. Ein **Gesellschafteraustritt bzw. ein Gesellschafterwechsel** wird in § 24 UmwStG nicht geregelt.

4.3 An der Einbringung beteiligte Personen

4.3.1 Einbringender

Sowohl natürliche als auch juristische Personen können Einbringende i. S. d. § 24 UmwStG sein. Die Einschränkungen des persönlichen Anwendungsbereiches in § 1 Abs. 4 S. 1 UmwStG gelten gem. § 1 Abs. 4 S. 2 UmwStG nicht für Einbringende in Personengesellschaften, so dass keine Einschränkungen hinsichtlich der Person oder Ansässigkeit des Einbringenden bestehen.

Wird ein Gesellschafter durch Geldeinlage oder Einlage anderer Wirtschaftsgüter in ein Einzelunternehmen aufgenommen, bringt nur der Einzelunternehmer seinen Betrieb i. S. d. § 24 UmwStG in die neu entstehende Personengesellschaft ein. Hinsichtlich der Einlage des aufgenommenen Gesellschafters liegt **kein Einbringungsvorgang** nach § 24 UmwStG vor.

Bei Eintritt eines neuen Gesellschafters in eine bereits bestehende Personengesellschaft fingiert das Steuerrecht einen Einbringungsvorgang hinsichtlich der Mitunternehmeranteile an der bestehenden Personengesellschaft in die **neu** entstehende Personengesellschaft. Der eintretende Gesellschafter nimmt **keine Einbringung** i. S. d. § 24 UmwStG vor.

4.3.2 Übernehmende Personengesellschaft

Übernehmende Personengesellschaft kann jede Gesellschaft i. S. d. § 15 Abs. 1 S. 1 Nr. 2 EStG sein. Ist eine ausländische Personengesellschaft als eine solche Gesellschaft anzuerkennen, kann eine Einbringung i. S. d. § 24 UmwStG vorgenommen werden, wenn die Vermögensübertragung in eine inländische Betriebsstätte der Personengesellschaft erfolgt oder dadurch eine inländische Betriebsstätte begründet wird. Auch eine von der Fusionsrichtlinie erfasste Gesellschaft kann Übernehmerin i. S. d. § 24 UmwStG sein, wenn sie nach deutschem Recht als steuerlich transparent anzusehen ist.

4.4 Bewertungswahlrecht und Ergänzungsbilanzen

Grundsätzlich hat die übernehmende Personengesellschaft das eingebrachte Betriebsvermögen einschließlich der **Ergänzungsbilanzen** für ihre Gesellschafter gem. § 24 Abs. 2 S. 1 UmwStG mit dem **gemeinen Wert** anzusetzen, wobei Pensionsrückstellungen gem. § 6a EStG bewertet werden.

Auf **Antrag** kann der **Buchwert** oder ein Zwischenwert angesetzt werden, soweit das Recht der Bundesrepublik Deutschland hinsichtlich der Besteuerung des eingebrachten Betriebsvermögens durch die Einbringung nicht ausgeschlossen oder beschränkt wird. Der gewählte Wertansatz gilt gem. § 24 Abs. 3 S. 1 UmwStG als Veräußerungspreis des übertragenen Vermögens.

Entsteht bei der Einbringung in die Personengesellschaft durch einen über dem Buchwert liegenden Wertansatz ein Einbringungsgewinn, ist dieser wie folgt zu ermitteln:

> Veräußerungspreis (Wertansatz des eingebrachten Betriebsvermögens
> in der **Gesamthandsbilanz** der übernehmenden Personengesellschaft
> und den **Ergänzungsbilanzen** des einbringenden Gesellschafters)
>
> ./. Veräußerungskosten
>
> ./. Buchwert des eingebrachten Betriebsvermögens
> _____
>
> = Einbringungsgewinn / Einbringungsverlust

Analog zu § 20 Abs. 2 S. 2 Nr. 4 UmwStG und § 21 Abs. 1 S. 2 Nr. 2 UmwStG bestimmt auch § 24 Abs. 2 S. 2 Nr. 2 UmwStG, dass ein Buchwertansatz nur zulässig ist, soweit der gemeine Wert von sonstigen Gegenleistungen, die neben den neuen Gesellschaftsanteilen gewährt werden, nicht mehr beträgt als

a)   25 % des Buchwerts des eingebrachten Betriebsvermögens oder
b)   500.000 €, höchstens jedoch den Buchwert des eingebrachten Betriebsvermögens.

Eine dem § 20 Abs. 2 S. 2 Nr. 3 UmwStG in seinem Regelungszweck analoge Norm zur Aufdeckung sämtlicher stiller Reserven im Einbringungszeitpunkt ist bei der Einbringung von Betriebsvermögen in eine Personengesellschaft nicht erforderlich. Es kann nicht zu einem Wechsel des Besteuerungsrechts an den eingebrachten stillen Reserven wie bei einer Sacheinlage in eine Kapitalgesellschaft kommen, da die Veräußerung des als Gegenleistung gewährten Mitunternehmeranteils in Deutschland **stets** der beschränkten Steuerpflicht unterliegt. Der gewährte Mitunternehmeranteil umfasst im Inland steuerlich verstricktes Betriebsvermögen i. S. d. § 49 Abs. 1 Nr. 2 Bst. a EStG.

> **Merke:** Da eine Einbringung i. S. d. § 24 UmwStG ausschließlich mit Inlandsbezug erfolgen kann, ist die Veräußerung des gewährten Mitunternehmeranteils in Deutschland stets steuerpflichtig.

Auch eine Zwangswertaufstockung der Buchwerte bei einem negativen Kapital scheidet aus. § 24 UmwStG enthält keine das Bewertungswahlrecht der übernehmenden Gesellschaft einschränkende Vorschrift i. S. d. § 20 Abs. 2 S. 2 Nr. 2 UmwStG, die die Einbringung negativen Reinvermögens unterbindet, um eine Erfassung der stillen Reserven in den gewährten Kapitalgesellschaftsanteilen zu gewährleisten. Wird negatives Reinvermögen in eine Personengesellschaft eingebracht, können in der Gegenleistung ruhende stille Reserven nicht verloren gehen, da der Einbringende über die ihm gewährte Mitunternehmerstellung unmittelbar an den übergegangenen stillen Reserven beteiligt ist. Eine Einbringung negativen Reinvermögens in eine Personengesellschaft ist daher möglich.

> **Merke:** Die Einbringung von **negativem Reinvermögen** ist unschädlich für die Anwendung des § 24 UmwStG.

Wenn das eingebrachte Betriebsvermögen stille Reserven enthält, muss sich die zu leistende Geldzahlung des eintretenden Gesellschafters am **gemeinen Wert** der gewährten Mitunternehmerstellung bemessen. Da die Geldzahlung des eintretenden Gesellschafters Betriebsvermögen der übernehmenden Personengesellschaft wird, **liegt keine Veräußerung des eingebrachten Betriebsvermögens vor** (Tz. 24.08 UmwStE), und es kommt zu keiner steuerlichen Belastung. Sollen aber die Beteiligungsverhältnisse der Gesellschafter nach der Einbringung in zutreffender Weise abgebildet werden, stellt sich die Frage der steuerbilanziellen Umsetzung. Die Buchwerte des eingebrachten Betriebsvermögens müssten bis zum **gemeinen Wert** aufgestockt werden, um den einbringenden Gesellschafter im gleichen

Verhältnis wie den zahlenden Gesellschafter zu beteiligen. Die zutreffende Darstellung der Beteiligungsverhältnisse ginge dann zu Lasten der Steuerneutralität.

Beispiel

Der Einzelunternehmer Bertie Wooster möchte expandieren. Daher nimmt er seinen Bekannten, Reginald Jeeves, zum 01.01.2020 in sein Einzelunternehmen auf.

Aktiva	Schlussbilanz Bertie Wooster		Passiva
Aktiva	200 T€	Kapital	200 T€
	200 T€		200 T€

Wooster bringt folglich sein Einzelunternehmen (Gemeiner Wert i. H. v. 500.000 €) zum Buchwert i. H. v. 200.000 € in die von ihm und Jeeves gegründete Wooster-Jeeves OHG ein, an der beide zu 50 % beteiligt sein sollen. Daher muss Jeeves eine Bareinlage von 500.000 € leisten, um den gleichen Wertbeitrag wie Wooster zu leisten.

Aktiva	Eröffnungsbilanz Wooster-Jeeves OHG		Passiva
Aktiva	200 T€	Kapital Wooster	200 T€
Kasse	500 T€	Kapital Jeeves	500 T€
	700 T€		700 T€

Da die von Jeeves geleistete Zahlung i. H. v. 500.000 € Betriebsvermögen der Personengesellschaft wird, liegt keine Veräußerung des eingebrachten Vermögens vor. Die Kapitalkonten der beiden Mitunternehmer spiegeln jedoch nicht das Beteiligungsverhältnis von 50:50 wider. Um dies zu erreichen, wäre eine Buchwertaufstockung des eingebrachten Betriebsvermögens vorzunehmen.

Aktiva	Eröffnungsbilanz Wooster-Jeeves OHG		Passiva
Aktiva	500 T€	Kapital Wooster	500 T€
Buchwertaufstockung			
Stille Reserven	300 T€		
Kasse	500 T€	Kapital Jeeves	500 T€
	1000 T€		1000 T€

Die zutreffende Darstellung der Beteiligungsverhältnisse geht in diesem Fall jedoch **zu Lasten der Steuerneutralität**. Für Wooster entstünde ein steuerpflichtiger Einbringungsgewinn i. H. v. 300.000 €.

Eine Möglichkeit, die Beteiligungsverhältnisse der Gesellschafter bei gleichzeitiger Steuerneutralität zutreffend darzustellen, bieten sog. **steuerliche Ergänzungsbilanzen**.

Steuerliche Ergänzungsbilanzen
Steuerliche Ergänzungsbilanzen werden bei Personengesellschaften gebildet, um **Wertkorrekturen** für einzelne Gesellschafter vorzunehmen.
Mittels einer Ergänzungsbilanz kann eine **gesellschafterbezogene** Aufdeckung bzw. Legung stiller Reserven erfolgen.
Ergänzungsbilanzen sind **periodisch fortzuentwickeln**.
Positive Ergänzungsbilanzen enthalten **Mehrwerte**, die in den folgenden Perioden abgeschrieben werden, negative Ergänzungsbilanzen dagegen **Minderwerte**, die künftig zuzuschreiben sind.
Bei der Veräußerung eines Mitunternehmeranteils **vermindert** die Wertkorrektur in einer **positiven Ergänzungsbilanz** einen anfallenden Veräußerungsgewinn. Umgekehrt **erhöht** sich ein Veräußerungsgewinn, wenn zuvor eine **negative Ergänzungsbilanz** gebildet wurde.

Für die konkrete Umsetzung des Buchwertansatzes mithilfe von Ergänzungsbilanzen stehen grundsätzlich die sogenannte Netto- und die Bruttomethode zur Verfügung. Auch wenn die Darstellung unterschiedlich ist, führen beide Methoden zu steuerlich identischen Ergebnissen.

4.4.1 Buchwertfortführung durch Nettomethode

Bei der Nettomethode werden in der Gesamthandsbilanz die Buchwerte fortgeführt. Dies hat allerdings zur Folge, dass die Kapitalkonten der Gesellschafter in der Gesamthandsbilanz nicht mehr den steuerlich zutreffenden Werten entsprechen. Über positive und negative Ergänzungsbilanzen werden die Kapitalkonten aus der Gesamthandsbilanz daher korrigiert.

Durch eine **Angleichung der Kapitalkonten** der Gesellschafter kommt es nicht zu einer erfolgswirksamen Aufstockung der Buchwerte.

Aktiva	Eröffnungsbilanz Wooster-Jeeves OHG		Passiva
Aktiva	200 T€	Kapital Wooster	350 T€
Kasse	500 T€	Kapital Jeeves	350 T€
	700 T€		700 T€

Bei diesem bilanziellen Ansatz wird jedoch offensichtlich, dass Jeeves durch seine Bareinlage 150.000 € mehr geleistet hat, als sein buchmäßiges Eigenkapital ausweist. Durch seine Geldzahlung hat er in Woosters Betriebsvermögen ruhende stille Reserven i. H. v. 150.000 € abgegolten. Da dieser Betrag in der Gesamthandsbilanz nicht ausgewiesen wird, hat Jeeves eine **positive Ergänzungsbilanz** zu bilden.

Aktiva	Positive Ergänzungsbilanz Jeeves		Passiva
Aktiva	150 T€	Mehrkapital	150 T€
	150 T€		150 T€

Durch den Ausweis der vergüteten stillen Reserven in Jeeves positiver Ergänzungsbilanz werden diese aufgedeckt, und Wooster erzielt einen **grundsätzlich steuerpflichtigen Einbringungsgewinn** i. H. v. 150.000 €.

§ 24 Abs. 2 S. 1 UmwStG gewährt dem Einbringenden jedoch die Möglichkeit, die in Jeeves positiver Ergänzungsbilanz aufgedeckten stillen Reserven durch Ausweis von **Minderwerten in einer negativen Ergänzungsbilanz zu neutralisieren**.

Aktiva	Negative Ergänzungsbilanz Wooster		Passiva
Minderkapital	150 T€	Aktiva	150 T€
	150 T€		150 T€

Die Mehr- bzw. Minderwerte in den Ergänzungsbilanzen neutralisieren einander, so dass der Wertansatz i. S. d. § 24 Abs. 2 S. 1 UmwStG 200.000 € und damit dem Buchwert entspricht. Auch der Veräußerungspreis i. S. d. § 24 Abs. 3 S. 1 UmwStG beträgt 200.000 €, so dass sich **durch die Bildung von Woosters negativer Ergänzungsbilanz ein Einbringungsgewinn vermeiden lässt.**

Durch eine planmäßige lineare Abschreibung der Aktiva über 10 Jahre in der Gesamthandsbilanz weist die Wooster-Jeeves OHG am Jahresende folgende Schlussbilanz aus:

Aktiva	Schlussbilanz Wooster-Jeeves OHG		Passiva
Aktiva	180 T€	Kapital Wooster	340 T€
Kasse	500 T€	Kapital Jeeves	340 T€
	680 T€		680 T€

Da die gebildeten Ergänzungsbilanzen **periodisch fortzuentwickeln** sind, muss die in der Gesamthandsbilanz vorgenommene Abschreibung dort nachvollzogen werden (Mehr-AfA: 150 T€ / 10 Jahre = 15 T€).

Aktiva	Positive Ergänzungsbilanz Jeeves		Passiva
Aktiva	135 T€	Mehrkapital	135 T€
	135 T€		135 T€

Von der AfA aus der Gesamthandsbilanz entfallen 10.000 € auf Jeeves.

Zusammen mit der AfA der Mehrwerte aus seiner positiven Ergänzungsbilanz kann er damit insgesamt eine gewinnmindernde AfA von 25.000 € geltend machen.

Von der AfA aus der Gesamthandsbilanz entfallen auch auf Wooster 10.000 €.

Auch seine negative Ergänzungsbilanz ist über den Abschreibungszeitraum fortzuentwickeln.

Aktiva	Negative Ergänzungsbilanz Wooster		Passiva
Minderkapital	135 T€	Aktiva	135 T€
	135 T€		135 T€

Für Wooster ergibt sich folglich in der Summe eine gewinnerhöhende Zuschreibung von 5.000 €, da eine gewinnmindernde AfA i. H. v. 10.000 € und eine gewinnerhöhende Zuschreibung i. H. v. 15.000 € auf ihn entfallen.

Die stillen Reserven, die er im Zeitpunkt der Einbringung durch die Bildung einer negativen Ergänzungsbilanz gelegt hat, lösen sich daher im Zeitablauf auf.

Bei den Mehr- bzw. Minderwerten in steuerlichen Ergänzungsbilanzen handelt es sich um Wertkorrekturen. Auf diese Weise wird ein erfolgswirksamer Ausgleich in Folge einer Aufdeckung stiller Reserven (durch erhöhte AfA) bzw. eine erfolgswirksame Anpassung bei der Vermeidung einer steuerlichen Belastung im Wege der Legung stiller Reserven (durch verminderte AfA bzw. Zuschreibung) erreicht.

> **Merke:** Bei Anwendung der Nettomethode werden in der **Gesamthandsbilanz die Buchwerte** fortgeführt. Um für die einzelnen Gesellschafter zutreffende Wertansätze darstellen zu können, sind **negative und positive Ergänzungsbilanzen** erforderlich.

4.4.2 Buchwertfortführung durch Bruttomethode

Die steuerliche Fortführung der Buchwerte kann auch trotz Aufdeckung der stillen Reserven in der Gesamthandsbilanz erreicht werden. Die stillen Reserven werden in diesem Fall durch eine negative Ergänzungsbilanz wieder neutralisiert.

Es erfolgt eine **Aufstockung der stillen Reserven** in der Gesamthandsbilanz.

Aktiva	Eröffnungsbilanz Wooster-Jeeves OHG		Passiva
Aktiva	500 T€	Kapital Wooster	500 T€
Kasse	500 T€	Kapital Jeeves	500 T€
	1.000 T€		1.000 T€

Bei diesem bilanziellen Ansatz wird jedoch offensichtlich, dass die **stillen Reserven** in den Aktiva i.H.v. 300 T€ **aufgestockt** wurden und Wooster sein buchmäßiges Eigenkapital erhöht hat.

§ 24 Abs. 2 S. 1 UmwStG gewährt dem Einbringenden jedoch die Möglichkeit, die in der Gesamthandsbilanz aufgedeckten stillen Reserven durch Ausweis von **Minderwerten in einer negativen Ergänzungsbilanz zu neutralisieren**. Dadurch kann Wooster einen steuerpflichtigen Einbringungsgewinn vermeiden.

Aktiva	Negative Ergänzungsbilanz Wooster	Passiva
Minderkapital	300 T€	Aktiva	300 T€
	300 T€		300 T€

Die Aktiva sind durch die negative Ergänzungsbilanz steuerlich weiterhin i.H.v. 200 T€ angesetzt. Dadurch wird ein **steuerpflichtiger Einbringungsgewinn vermieden**.

Die Minderwerte in der Ergänzungsbilanz neutralisieren die in der Gesamthandsbilanz aufgestockten stillen Reserven, so dass der Wertansatz i. S. d. § 24 Abs. 2 S. 1 UmwStG 200.000 € und damit dem Buchwert entspricht. Auch der Veräußerungspreis i. S. d. § 24 Abs. 3 S. 1 UmwStG beträgt 200.000 €, so dass sich **durch die Bildung von Woosters negativer Ergänzungsbilanz ein Einbringungsgewinn vermeiden lässt.**

Durch eine planmäßige lineare Abschreibung der Aktiva über 10 Jahre in der Gesamthandsbilanz weist die Wooster-Jeeves OHG am Jahresende folgende Schlussbilanz aus:

Aktiva	Schlussbilanz Wooster-Jeeves OHG		Passiva
Aktiva	450 T€	Kapital Wooster	475 T€
Kasse	500 T€	Kapital Jeeves	475 T€
	950 T€		950 T€

Da auch die gebildete negative Ergänzungsbilanz **periodisch fortzuentwickeln** ist, muss die in der Gesamthandsbilanz vorgenommene Abschreibung dort nachvollzogen werden.

Von der AfA aus der Gesamthandsbilanz entfallen 25.000 € auf Wooster.

Der Minderwert in der negativen Ergänzungsbilanz von Wooster ist über den Abschreibungszeitraum von 10 Jahren aufzulösen. Daher resultiert aus der negativen Ergänzungsbilanz eine Zuschreibung bzw. Minder-AfA von 30.000 € pro Jahr.

Aktiva	Negative Ergänzungsbilanz Wooster		Passiva
Minderkapital	270 T€	Aktiva	270 T€
	270 T€		270 T€

Für Wooster ergibt sich folglich in der Summe eine gewinnerhöhende Zuschreibung bzw. Minder-AfA von 5.000 €, da eine gewinnmindernde AfA i. H. v. 25.000 € und eine gewinnerhöhende Zuschreibung bzw. Minder-AfA i. H. v. 30.000 € auf ihn entfallen.

Die stillen Reserven, die er im Zeitpunkt der Einbringung durch die Bildung einer negativen Ergänzungsbilanz gelegt hat, lösen sich daher im Zeitablauf auf.

> **Hinweis:** Bei der Bruttomethode ist nur für Wooster eine negative Ergänzungsbilanz zu erstellen. Die Gesamthandsbilanz vermittelt für Jeeves zutreffende Wertansätze, weshalb die Aufstellung einer positiven oder negativen Ergänzungsbilanz für ihn nicht erforderlich ist (Tz. 24.14 UmwStE).

> **Merke:** Bei Anwendung der Bruttomethode werden in der **Gesamthandsbilanz die stillen Reserven aufgedeckt**. Um für den einbringenden Gesellschafter die Buchwerte fortzuführen, ist für ihn zusätzlich eine **negative Ergänzungsbilanz** erforderlich.

4.5 Steuerbegünstigung des Einbringungsgewinns

Gem. § 24 Abs. 3 S. 2 UmwStG können die Vergünstigungen des § 16 Abs. 4 EStG nur in Anspruch genommen werden, wenn die übernehmende Personengesellschaft den gemeinen Wert ansetzt. Ein Ansatz des gemeinen Wertes des eingebrachten Betriebsvermögens liegt nur dann vor, wenn alle bilanzierten und nicht bilanzierten Wirtschaftsgüter einschließlich eines originären Firmenwerts ausgewiesen werden.

Für den Anteil des Einbringungsgewinns, der schon teilweise durch die Anwendung des Teileinkünfteverfahrens gem. § 3 Nr. 40 S. 1 Bst. b i. V. m. § 3c Abs. 2 EStG begünstigt ist, kann die Fünftelregelung nach § 34 Abs. 1 EStG oder der reduzierte Durchschnittssteuersatz nach § 34 Abs. 3 EStG nicht mehr in Anspruch genommen werden.

§ 24 Abs. 3 S. 3 UmwStG verweist auf § 16 Abs. 2 S. 3 EStG, wonach die Vergünstigungen des § 16 und des § 34 EStG nicht auf einen Einbringungsgewinn anzuwenden sind, wenn die Tatbestandsvoraussetzungen einer sog. **„Veräußerung an sich selbst"** vorliegen.

> **Merke:** Soweit auf der Seite des Veräußernden und auf der Seite des Erwerbers dieselben Personen Unternehmer oder Mitunternehmer sind, gilt der Einbringungsgewinn **trotz der Zahlung ins Betriebsvermögen als laufender Gewinn** (Tz. 24.16 UmwStE).

Beispiel

Jeeves und Wooster sind jeweils zu 50 % an der Wooster-Jeeves OHG beteiligt. Tuppy Glossop soll gegen eine Bareinlage in das Betriebsvermögen der Personengesellschaft als dritter Gesellschafter aufgenommen werden. An der aus Sicht des § 24 UmwStG neuen Personengesellschaft sollen alle zu je einem Drittel beteiligt sein. Wirtschaftlich betrachtet geben sowohl Jeeves als auch Wooster ein Drittel ihrer Gesellschaftsrechte an Glossop ab. **Die Einbringung des Betriebsvermögens erfolgt zum gemeinen Wert.** Da beide Mitunternehmer auch Gesellschafter der neuen Personengesellschaft sind, veräußern sie jeweils zwei Drittel ihres Mitunternehmeranteils an sich selbst. Die Vergünstigungen des § 16 Abs. 4 EStG und der § 34 Abs. 1 EStG oder § 34 Abs. 3 EStG sind lediglich auf das Drittel des Mitunternehmeranteils anwendbar, das Jeeves und Wooster an Glossop veräußern.

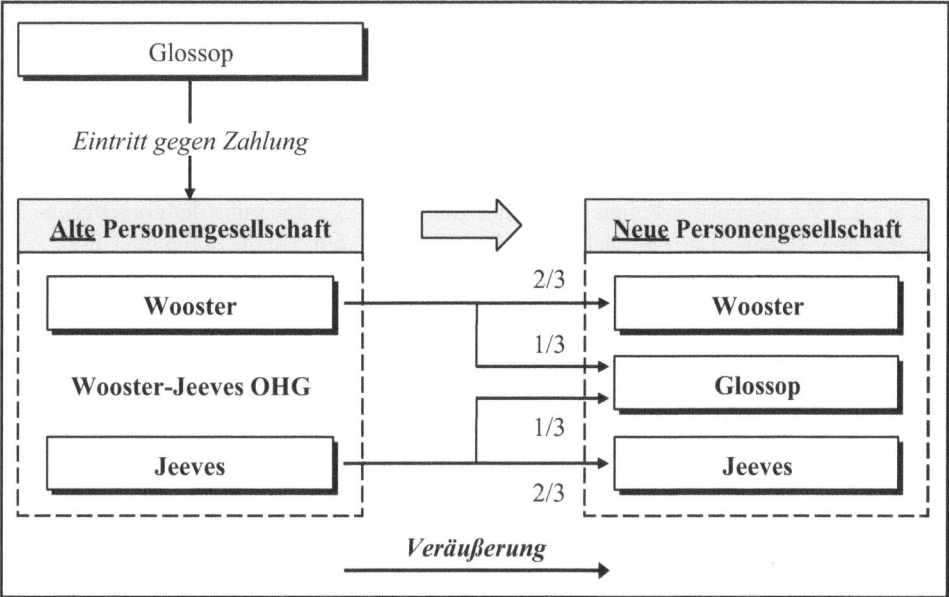

Abbildung 213: In-sich-Geschäft

4.6 Nachträgliche Besteuerung bei Einbringung von Anteilen an Kapitalgesellschaften

Wenn eine natürliche Person eine 100 %ige Beteiligung an einer Kapitalgesellschaft in eine Personengesellschaft einbringt, werden alle Gesellschafter der übernehmenden Personengesellschaft anteilig Eigentümer der Beteiligung. Bei einer Veräußerung der eingebrachten Beteiligung durch die übernehmende Gesellschaft ist der Veräußerungsgewinn auf jeden Mitunternehmer zuzuordnen und von diesem mit seinem persönlichen Steuersatz zu versteuern. Wenn Kapitalgesellschaften an der übernehmenden Personengesellschaft beteiligt sind, müssen diese den Veräußerungsgewinn gem. § 8b Abs. 2 KStG nur zu 5 % versteuern. Daher kann durch die Einbringung von Kapitalgesellschaftsanteilen und anschließende Veräußerung durch die Übernehmerin die Besteuerung des Veräußerungsgewinns durch das Teileinkünfteverfahren bzw. durch die Abgeltungsteuer insoweit umgangen werden, wie Körperschaften an der Übernehmerin beteiligt sind.

Um einen derartigen Missbrauch zu verhindern, enthält § 24 Abs. 5 UmwStG eine Regelung zur rückwirkenden Besteuerung der Einbringung, die analog zu den Regelungen des Einbringungsgewinns II aufgebaut sind. Der Einbringungsgewinn II ist deshalb relevant, weil durch die Einbringung von Kapitalgesellschaftsanteilen in eine Personengesellschaft als Mitunternehmer beteiligte Kapitalgesellschaften anteiliges Eigentum an der Beteiligung erhalten und so eine vergleichbare Ausgangssituation bezüglich Missbrauchsgefahr wie beim Anteilstausch i. S. d. § 21 Abs. 1 UmwStG besteht.

§ 24 Abs. 5 UmwStG	
„Soweit im Rahmen einer Einbringung nach Absatz 1 **unter dem gemeinen Wert** eingebrachte Anteile an einer Körperschaft, Personenvereinigung oder Vermögensmasse innerhalb eines Zeitraums von **sieben Jahren** nach dem Einbringungszeitpunkt **durch die übernehmende Personengesellschaft veräußert** oder durch einen Vorgang nach § 22 Absatz 1 Satz 6 Nummer 1 bis 5 weiter übertragen werden und soweit beim Einbringenden der Gewinn aus der Veräußerung dieser Anteile im Einbringungszeitpunkt nicht nach § 8b Absatz 2 KStG steuerfrei gewesen wäre, ist § 22 Absatz 2, 3 und 5 bis 7 insoweit entsprechend anzuwenden, als der Gewinn aus der Veräußerung der eingebrachten Anteile auf einen Mitunternehmer entfällt, für den insoweit § 8b Absatz 2 KStG Anwendung findet.“	⇨ **Tatbestandsvoraussetzungen:** - Einlage von Anteilen unter Fortführung stiller Reserven - Veräußerung der **eingebrachten** Anteile durch die Übernehmerin innerhalb der Sperrfrist - Einbringender ist keine Kapitalgesellschaft ⇨ **Rechtsfolge:** **Verweis** auf die Vorschriften zur rückwirkenden Besteuerung bei Anteilstausch (**Einbringungsgewinn II**), soweit Körperschaften beteiligt sind.

Bei einer schädlichen Veräußerung sind somit die Regelungen zum EBG II anzuwenden, wobei aber zu beachten ist, dass der EBG II nur in dem Ausmaß anfällt, in dem Kapitalgesellschaften an der übernehmenden Personengesellschaft beteiligt sind.

4.7 Analoge Anwendung der Regelungen zu §§ 20, 23 UmwStG

Die steuerliche Behandlung des übertragenen Betriebsvermögens bei der Personengesellschaft erfolgt durch Verweis in § 24 Abs. 4 UmwStG analog zu den Bestimmungen in § 23 UmwStG für die Einbringung in eine Kapitalgesellschaft.

§ 24 Abs. 4 UmwStG	
„§ 23 Abs. 1, 3, 4 gilt entsprechend;"	⇨ **Verweis** auf die Vorschriften zur steuerlichen Behandlung des übertragenen Betriebsvermögens bei der Einbringung in eine Kapitalgesellschaft

Eine steuerliche Rückbeziehung der Einbringung i. S. d. § 24 UmwStG ist grundsätzlich **nur** dann möglich, wenn die zivilrechtliche Vermögensübertragung **im Wege der Gesamtrechtsnachfolge** erfolgt. Insoweit ist auf die Bestimmungen des § 20 Abs. 5 und Abs. 6 UmwStG für den Fall, dass zivilrechtlich eine Verschmelzung von Personengesellschaften oder eine Ausgliederung von Betriebsvermögen auf eine PersGes vorliegt, zu verweisen.

Bei einer Einbringung in eine Personengesellschaft, die im Wege der **Einzelrechtsnachfolge** vorgenommen wird, ist aufgrund des fehlenden Verweises auf § 20 Abs. 6 S. 3 UmwStG in § 24 Abs. 4 UmwStG keine Rückwirkung des steuerlichen Übertragungsstichtags möglich. Die steuerlich relevante Vermögensübertragung findet somit **ausschließlich** zum im Einbringungsvertrag vereinbarten Zeitpunkt **des Übergangs von Nutzen und Lasten** statt.

§ 24 Abs. 4 UmwStG	
„§ 23 Abs. 1, 3, 4 und 6 gilt entsprechend; in den Fällen der Einbringung in eine Personengesellschaft im Wege der **Gesamtrechtsnachfolge** gilt auch § 20 Abs. 5 und 6 entsprechend." (Kein Verweis auf **§ 20 Abs. 6 S. 3 UmwStG**)	⇨ **Steuerliche Rückwirkung** ⇨ **Keine Rückwirkung bei Einzelrechtsnachfolge**

Hinsichtlich der Nebensteuern Gewerbesteuer, Umsatzsteuer und Grunderwerbsteuer wird auf die Ausführungen zur Einbringung von Betriebsvermögen in eine KapGes verwiesen.

Unterliegt allerdings ein Gewinn aus der Einbringung von Betriebsvermögen in eine Personengesellschaft gem. § 24 Abs. 3 S. 3 UmwStG i. V. m. § 16 Abs. 2 S. 3 EStG kraft gesetzlicher Fiktion der laufenden Besteuerung (**In-sich-Geschäft** bzw. **Veräußerung an sich selbst**), ist dieser auch gewerbesteuerpflichtig (Tz. 24.17).

The manufacturer's authorised representative in the EU is Springer
Nature Customer Service Centre GmbH, Europaplatz 3, 69115 Heidelberg,
Germany. If you have any concerns regarding our products, please
contact ProductSafety@springernature.com

Printed and bound by CPI Group (UK) Ltd, Croydon, CR0 4YY
27/04/2026
02097656-0014